TEXTES DE LA RENAISSANCE
sous la direction de Jean-Charles Monferran
243

Œuvres complètes

Ouvrage publié avec le soutien du Centre national du livre

Catherine d'Amboise

Œuvres complètes

Édition critique par Evelyne Berriot-Salvadore
et Catherine M. Müller

PARIS
CLASSIQUES GARNIER
2022

Evelyne Berriot-Salvadore, professeure émérite de littérature du XVIe siècle à l'université Paul-Valéry – Montpellier III, a publié plusieurs éditions critiques dont les *Œuvres spirituelles* de Gabrielle de Bourbon (Paris, 1999). Ses livres sur *Les Femmes dans la société française de la Renaissance* (Genève, 1990) et *La Femme dans la médecine de la Renaissance* (Paris, 1994) ont fait date.

Catherine M. Müller, spécialiste de l'écriture des femmes au Moyen Âge et à la Renaissance, a publié un ouvrage pionnier intitulé *Marguerite Porete et Marguerite d'Oingt de l'autre côté du miroir* (New York, 1999), une édition des *Poésies* de Catherine d'Amboise (Montréal, 2002) et plusieurs études sur Marie de Clèves, Marguerite d'Autriche et Anne de Graville. Elle enseigne à la Haute école pédagogique de Zurich.

ISBN 978-2-406-12633-1 (livre broché)
ISBN 978-2-406-12634-8 (livre relié)
ISSN 1262-2842

AVANT-PROPOS

Les historiens de l'art, tout particulièrement, ont attiré l'attention sur les manuscrits enluminés qui conservent les œuvres de Catherine d'Amboise. Pourtant, si les poésies ont été publiées, sous le titre de *Devotes epistres*, par l'Abbé Bourassé dès le milieu du XIXe siècle et ont connu deux nouvelles éditions en 2002, les ouvrages en prose, le *Livre des prudens et imprudens des siecles passés* et la *Complaincte de la dame pasmée contre Fortune*, sont encore inédits, malgré une thèse d'École des chartes qui leur a été consacrée. Alors que se multiplient les études sur le mécénat, la vie intellectuelle, l'influence spirituelle des femmes à la fin du Moyen Âge et à la Renaissance, il est temps de donner à lire, dans leur intégralité, les écrits de cette dame de haut rang, issue d'une famille des plus prestigieuses du siècle de Louis XII. Tout récemment, la redécouverte d'un manuscrit portant les armes d'Amboise, *La Passe solitaire* qu'il faut nommer plus justement *Les Continuelles meditations*, a ouvert une nouvelle enquête sur les œuvres de Catherine d'Amboise. Bien qu'il soit hasardeux de lui attribuer ce texte, l'éditer nous est apparu nécessaire, car s'il n'a pas pour autrice la dame de Lignières, il a pu être composé pour elle ou pour son entourage.

INTRODUCTION

> Le sien parler desduyt si doctement
> Que Paulia qui fut des Grachus mere
> Auprès de ceste auroit cas de se taire.
>
> O fiere, faulce et follastre Fortune
> Michel D'AMBOISE, *Les Epistres veneriennes.*

LA DAME DE LIGNIÈRES

Les chroniques et histoires ont laissé une bien modeste place à Catherine d'Amboise, comme occultée par l'aura de ses oncles et de ses frères qui contribuèrent, de manière éclatante, au renouveau des arts dans la première décennie du XVIe siècle[1]. Si les pièces d'archives, les collections de manuscrits, l'architecture civile et religieuse illustrent abondamment le rôle politique et culturel que jouèrent le cardinal-ministre Georges d'Amboise ou le grand maître Charles de Chaumont-d'Amboise, de Catherine d'Amboise le temps a presque tout effacé. Le château même de Lignières-en-Berry n'est plus celui où elle vécut et composa ses œuvres ; en partie dévasté en 1562, incendié en 1653, le château féodal à haute tour a laissé place à la vaste demeure dessinée par François Le Vau[2]. Le chartrier a connu, sans doute, des vicissitudes

1 Outre l'étude toujours essentielle de G. Souchal (« Le mécénat de la famille d'Amboise », *Bulletin de la Société des Antiquaires de l'Ouest*, 3e trimestre 1976, 4e série, t. 13, p. 485-526, 567-612), voir, entre autres, *Une Renaissance en Normandie. Le cardinal Georges d'Amboise bibliophile et mécène*, dir. F. Calame-Lervert, M. Hermant et G. Toscano, Éditions Gourcuff Gradenigo, 2017 ; *Georges Ier d'Amboise 1460-1510. Une figure plurielle de la Renaissance*, dir. J. Dumont et L. Fagnart, Presses Universitaires de Rennes, 2013.

2 Le château féodal, datant de 1268, était constitué d'une haute tour et d'un logis attenant qui comprenait quatre pièces superposées (voir *Description du Berry et diocèse de Bourges au XVIe siècle, par Nicolas de Nicolay, Dauphinois, géographe et valet de chambre du roi Charles IX,*

semblables ; aucun compte, aucun testament, aucun inventaire ne permettent de reconstituer avec certitude la vie sociale, culturelle et spirituelle de Catherine d'Amboise[3]. Cependant, l'essentiel est demeuré : les manuscrits enluminés qui conservent le *Livre des prudens et imprudens*, la *Complaincte de la dame pasmée contre Fortune*, et le recueil de ses *Espiltres*. Tout ce que nous connaissons de l'existence de Catherine provient des notations autobiographiques insérées dans ses œuvres mêmes, des dédicaces et poésies par lesquelles Michel d'Amboise rend hommage à sa protectrice et enfin de *Mémoires* rédigés, au XVIIe siècle, par le chanoine Gilles Le Duc, doyen du chapitre de Lignières, et recueillis par un de ses successeurs, J. B. Dupré[4].

Catherine d'Amboise, dernière née de Charles Ier d'Amboise, seigneur de Chaumont, et de Catherine de Chauvigny, est la nièce du cardinal Georges d'Amboise, ministre tout puissant de Louis XII, la sœur de l'évêque d'Albi, Louis d'Amboise, et du fameux Charles Chaumont-d'Amboise, le grand maître de la maison du roi, le lieutenant-général du Milanais que Marguerite de Navarre s'est plu à évoquer dans ses nouvelles[5]. Pourtant, la maison d'Amboise, qui fut un temps au faîte de la gloire, peut attester ces caprices de la fortune, dont Michel d'Amboise a fait un thème privilégié de sa poésie[6]. La mort du cardinal en 1510, puis celle de ses héritiers, Chaumont-d'Amboise, en 1511, et Georges, son seul fils légitime, en 1525, laissent les Amboise sans descendance masculine[7]. Le château de Chaumont et ses appartenances, le château de

---

éd. V. Advielle, Paris, A. Aubry, 1865, p. 81-82 ; et R. de Maulde La Clavière, *Jeanne de France duchesse d'Orléans et de Berry (1464-1505)*, Paris, Champion, 1883, chap. II « Jeanne de France à Linières », p. 25). Celui qui existe actuellement fut reconstruit par Jérôme de Nouveau au XVIIe siècle ; il appartient au prince Henri de Bourbon-Parme.

3 Des recherches récentes ont montré que ce que livrent, par ailleurs, les Archives est seulement trace infime, attestant des possessions ou des liens de vassalité : par exemple A. D. du Cher, série E, 864, « acte de foi et hommage rendu à la dame de Linières » (voir A. Bergeron-Foote, *Les œuvres en prose de Catherine d'Amboise, dame de Lignières (1481-1550)*, position de thèse de l'École des Chartes, 2002).

4 Gilles Le Duc (1692) / J. B. Dupré (1786), *Mémoires inédits pour servir à l'histoire de la ville et des seigneurs de Linières-en-Berri*, éd. L. Jeny, Bourges, Imprimerie et lithographie H., 1890.

5 *L'Heptaméron*, éd. G. Mathieu-Castellani, Le Livre de Poche classique, 1999, n. 14, p. 231 ; n. 16, p. 257 ; n. 30, p. 405.

6 R. Cooper, « Le thème de la fortune dans la poésie de Michel d'Amboise (c. 1505-c. 1547) », *Il tema della fortuna nella letteratura francese e italiana del Rinascimento. Studi in memoria di Enzo Giudici*, Florence, L.S. Olschki, 1990, p. 107-122.

7 Le frère de Charles Chaumont-d'Amboise, Louis, évêque d'Autun puis d'Albi, s'éteint aussi en 1511. Voir plus loin, p. 37, note 80.

Meillant, une partie des trésors assemblés par le cardinal et son neveu, sont désormais entre les mains de Catherine qui, elle-même sans héritier direct, les léguera à sa nièce, Antoinette d'Amboise, dame de Ravel.

Le malheur et la mort, qui inspirent la première œuvre littéraire de Catherine d'Amboise, président à sa vie même et à sa renommée. Née sans doute en 1482, peu après le décès de son père, elle est mariée très jeune à Christophe de Tournon, seigneur de Beauchâtel, échanson du roi Charles VIII. L'enfant qui naît de cette union ne vit pas et bientôt Catherine est veuve une première fois « en l'aage de dix et sept ans ou environ » (f. 4 v°). Mais le cardinal d'Amboise ne laisse pas longtemps sa nièce dans son état de viduité. Le 10 novembre 1501, Catherine épouse Philibert de Beaujeu, fils de Jacques de Beaujeu et de Jacqueline des Ursins[8]. La dot de Catherine s'élève à 10 000 écus d'or et celle de Philibert comprend la seigneurie de Lignières-en-Berry, entrée dans les possessions des Beaujeu depuis 1430[9] et qui devient la demeure de prédilection des nouveaux seigneurs.

Cette terre de Berry est aussi le lieu où le destin de Catherine va croiser celui d'une princesse qui marque, en ces premières années du XVIe siècle, la vie de cour et la vie spirituelle de Bourges et des châteaux voisins. Depuis 1469, en effet, la fille de Louis XI, Jeanne de France, sœur cadette d'Anne de Beaujeu, a été confiée à François de Bourbon-Beaujeu, cousin du roi, et à son épouse, Anne de Culan – grands-parents de Philibert de Beaujeu. Les premières années de la princesse se passent dans la demeure féodale de Lignières. Après la dissolution de son mariage avec Louis d'Orléans, devenu Louis XII, Jeanne de France reçoit, par ordonnance du 26 décembre 1498, le duché de Berry ; elle s'installe alors à Bourges, dans le palais des ducs. La nouvelle duchesse, durant les sept années de son administration, s'attache à deux œuvres majeures : la reconstruction de Bourges, dévastée en 1487 par un incendie, et la fondation de l'Ordre des Annonciades. Au moment où Catherine d'Amboise épouse Philibert de Beaujeu et s'installe à Lignières – ce château aimé où elle composera toutes ses œuvres –, le Berry connaît donc un intense renouveau culturel et spirituel. Jeanne a rassemblé autour d'elle, pour l'accompagner dans son action, une petite cour de conseillers fidèles, parmi lesquels le frère

8 Fille de Guillaume Jouvenel des Ursins, le chancelier de Charles VII.

9 Par le mariage de Jacqueline de Lignières et d'Edouard de Beaujeu (voir *Mémoires inédits pour servir à l'histoire de la ville et des seigneuries de Linières-en-Berri*, ouvr. cité, p. 286).

de Catherine, Louis II d'Amboise, évêque d'Albi, et des dames de haut lignage, comme la belle-sœur de Catherine, Jeanne Mallet de Graville, épouse de Chaumont-d'Amboise, seigneur de Meillant. Ce cercle devient aussi, par les liens familiaux, celui de Catherine d'Amboise et de Philibert de Beaujeu, que ses qualités d'homme de cour[10] et son nom rapprochent de la cour de Bourges où il possède un hôtel particulier, dit « Maison de Linières[11] ».

Après la mort de Jeanne de France, en 1505, le Berry va connaître une autre floraison de la vie culturelle grâce à Marguerite d'Angoulême à laquelle son frère, François Ier, donne le duché en 1517. Même si Bourges n'est pas sa résidence ordinaire, Marguerite encourage le développement de l'Université qui acquiert tout son rayonnement avec l'arrivée d'André Alciat en 1529[12]. Parmi les étudiants qui affluent alors pour suivre les cours du juriste milanais, on compte Calvin, de l'été 1529 au début de l'année 1531. Les Beaujeu-Lignières ne restent pas étrangers à cette effervescence intellectuelle car, si l'on donne crédit au témoignage de Théodore de Bèze dans son *Histoire ecclésiastique*, Calvin qui d'écolier « s'estoit fait promptement enseigneur » prêchait « au dehors, en quelques châteaux et bourgades », en particulier dans une grange de Lignières où le seigneur et la dame du lieu seraient venus l'entendre « parce que, au moins, il disait du nouveau[13] ». Les Chaumont-Amboise semblent manifester le même intérêt pour ses sermons puisque c'est depuis Meillant, le 6 septembre 1530, que Calvin écrit à son ami François Daniel. Il est évidemment impossible de mesurer l'influence que purent avoir ces prêches sur la pensée religieuse de Catherine d'Amboise puisqu'aucun écrit ne nous reste d'elle qui soit postérieur à cette époque.

Ville universitaire dans un duché qui jouit, au XVIe siècle, du prestige d'une fille et d'une sœur de roi, Bourges attire aussi les poètes qui cherchent appui auprès des grandes familles bourgeoises et aristocratiques. Catherine d'Amboise, héritière d'une tradition familiale de mécénat,

---

10 Au moment de la mort de Jeanne de France, en 1505, Philibert porte le dais, avec Jean de Culant, Jean d'Aumont, et un représentant de la ville de Bourges (L. Raynal, *Histoire du Berry*, vol. 3, Bourges, De Vermeil, 1844, p. 232).

11 Voir L. Jeny, « Quelques notes sur l'hôtel de Linières à Bourges », *Mémoires de la Société historique, littéraire, artistique et scientifique du Cher (1889-1890)*, série 4, vol. 16, 1901, p. 243-250.

12 Il donne sa leçon inaugurale le 19 avril 1529 (Raynal, ouvr. cité, p. 305).

13 Cité par J.-Y. Ribault, « Calvin à Bourges, un état des lieux », *Calvin : naissance d'une pensée*, dir. J. Varet, Presses Universitaires de Rennes, 2012, p. 49-54.

ne déroge pas. Michel d'Amboise, dit l'Esclave fortuné, ne mesure pas ses éloges pour celle qui le recueille après que les guerres d'Italie lui ont ravi son père, Charles Chaumont-d'Amboise, et son frère Georges : plus hospitalière que Phillis, plus magnanime que Thomiris, plus docte que la mère des Gracques, elle n'a sa pareille au monde[14]... Catherine d'Amboise, par son seul nom, en effet, mérite qu'un poète délaissé de Fortune recherche auprès d'elle refuge[15]. Après un premier séjour chez la dame de Lignières en avril 1525, Michel d'Amboise assure pendant quatre ans, de 1526 à 1529, une charge de secrétaire auprès d'Antoinette, la nièce aimée de Catherine d'Amboise[16]. Même si les relations entre le poète et ses protectrices connaissent quelques vicissitudes, elles n'empêchent pas Michel de leur rendre hommage dans ses premières publications.

Le portrait d'une généreuse princesse « riche sur toute, et sur toute humillime / Qui faict son nom en maintz pays famer[17] » n'a pas seulement les traits de la rhétorique encomiastique. Quelques années plus tard, autour de 1537-1538, un autre poète, tout aussi impécunieux, Nicolas Le Jouvre, trouve aide auprès de la dame de Lignières ; Charles Fontaine l'en félicite :

> Je suis joyeux qu'as si bien rencontré,
> Qu'es en estat, grace, et promesse entré,
> Envers la Dame en cueur des plus entieres,
> C'est à savoir madame de Lynieres,
> Que pleust à Dieu qu'en veissions maintes telles,
> Je n'aurois pas ainsi courtes les ailes,
> Un peu plus hault voleroit nostre stile :
> Un Mecenas fait bien un bon Vergile[18].

14 Michel d'Amboise, *La Penthaire de l'Esclave fortuné*, Paris, A. Lotrian et D. Janot, 1530, « Epistre envoyée à haulte et puissante dame madame Katherine d'Amboyse Dame de Lignieres », sig. B iii r° et *Les Epistres veneriennes* [1532], « La douziesme Epistre envoyée à haulte et puissante dame ma dame Katherine d'Amboyse dame de Lignieres », v. 103-120 (annexe IV).

15 Michel d'Amboise recourt à la protection de sa tante après la disparition de Georges d'Amboise, tué à Pavie en février 1525. Depuis la mort de son père, Charles, en 1511, Georges avait pris en charge ce demi-frère avec lequel il avait été élevé. Voir *Dictionnaire de biographie française*, dir. J. Balteau et M. Barroux, Paris, 1933, t. 2, col. 520-521.

16 Nous remercions Pauline Dorio et Sandra Provini, qui, généreusement, nous ont communiqué leurs notes ou leurs études inédites sur Michel d'Amboise.

17 *La Penthaire*, sig. B iii r° et *Epistres veneriennes*, annexe IV, v. 112-113.

18 *Sensuyvent les ruisseaux de Fontaine*, Lyon, T. Payan, 1555, p. 26. Sur les relations entre Charles Fontaine et Nicolas Le Jouvre, voir P. Dorio, "*La Plume en l'absence*" *: le devenir*

Jusqu'au soir de sa vie, Catherine d'Amboise est louée pour sa noble générosité. Le médecin, Nicolas de La Roche, qui lui dédie, en 1542, un traité sur les maladies des femmes, énumère les multiples qualités qui font d'elle la digne héritière d'une lignée remontant à Énée, Ascagne, Jules César : sa faconde, la belle harmonie de ses phrases, sa modestie, sa prudence, sa chasteté, son christianisme, sa connaissance des historiens, sa pitié pour les pauvres, ses prières assidues[19].

Si la faconde et le savoir de Catherine sont mis en lumière par ses obligés, nul n'a transmis, à l'instar de Jean Bouchet pour Gabrielle de Bourbon, la liste de ses œuvres au titre de l'éloge. Faut-il penser que, dans son âge mûr, la vie spirituelle de Catherine d'Amboise a pris un autre chemin et que ses œuvres sont désormais dans le cabinet secret de sa mémoire ? De sa vie, lors de son bref troisième mariage (1542) avec un seigneur de la maison de Nevers, Louis de Clèves, et de son dernier veuvage (1545-1550) nous ne savons rien d'autre que ce que nous a transmis, un siècle et demi après la disparition de Catherine, le doyen du chapitre de Lignières, Gilles Le Duc : l'union n'aurait pas été heureuse, comme en témoignait un document du chartrier, aujourd'hui disparu[20]. La *Complaincte de la dame pasmée contre Fortune*, semble ainsi annoncer la destinée de Catherine d'Amboise.

---

familier de l'épître en vers dans les recueils imprimés de poésie française (1527-1555), Genève, Droz, 2020, p. 235-239, 315, 449-453.

19 *De morbis mulierum curandis, authore Nicolao Rocheo doctore medico*, Paris, J. Foucher, 1542, sig. Aii r°-Aiii v°. Le médecin rappelle qu'au mois d'octobre précédant, à Paris, Catherine d'Amboise lui a demandé de venir en sa maison pour s'occuper d'éventuelles maladies de ses femmes. Il n'a pu répondre à cette invitation, aussi écrit-il ce livre en latin quoiqu'il ne soit pas indigne d'enseigner les femmes en français. Celle qui est comme les neuf filles de Jupiter pourra bien le comprendre, en attestent toutes ses qualités (« venusta verborum concinnitas, facundia, modestia, mores probatissimi, prudentia, castitas, christianismus, omnium historiarum tenax memoria, pietatis in pauperes opera, precationes assiduæ, et cætera id genus »), peu étonnantes pour la descendante d'une lignée qui remonte à Énée, Ascagne et Jules César ; lignée qui s'est illustrée encore avec Georges d'Amboise et Charles Chaumont-d'Amboise.

20 *Mémoires inédits pour servir à l'histoire de la ville et des seigneurs de Linières-en-Berri*, ouvr. cité, p. 313 : « une enquête faite après la mort de Catherine d'Amboise à la requête de ses héritiers contre les seigneurs ducs de Nevers, qui contient [les] circonstances et d'autres du mauvais traitement qu'il faisoit à sa femme. »

Généalogies

Branche aînée des Amboise

Louis d'Amboise,
Vicomte de Thouars
(1392-1469)
∞ Marie de Rieux

- Françoise d'Amboise (1427-1485)
  ∞ 1442
  Pierre, duc de Bretagne † 1457
  Fondatrice du premier Carmel en Bretagne
- Jeanne ∞ Guillaume d'Harcourt
- Marguerite d'Amboise
  ∞ 1446
  Louis Ier de La Trémoille
  - Louis II de La Trémoille
    ∞ 1485
    Gabrielle de Bourbon † 1516

Branche cadette

Pierre d'Amboise, s^r de Bussy † 1473 ∞ 1428 Anne de Bueil	**Charles Ier († 1481)** **∞ Catherine de Chauvigny** Jean Ier († 1498), évêque de Langres Aimery (1434-1512), Grand maître de Rhodes Louis Ier († 1503), évêque d'Albi Jean, s^r de Bussy ∞ Catherine de Saint-Belin (16 enfants, dont Jean † 1515 et Georges II d'Amboise, 1487-1550) Pierre (1450 ?-1505), évêque de Poitiers Jacques († 1516), abbé de Cluny, évêque de Clermont Hugues († 1507 ?), s^r d'Aubijoux ∞ Madeleine d'Armagnac Georges Ier (1460-1510), archevêque de Rouen, cardinal Anne ∞ Jacques de Chazeron Marie ∞ Jean de Hangest, s^r de Genlis Catherine ∞ Pierre dit Tristan de Castelnau et de Clermont-Lodève Louise ∞ Guillaume de Gouffier, s^r de Boissy Charlotte († 1497), prieure de Poissy Madeleine († 1550), abbesse de Saint-Menou Françoise, religieuse à Fontevrault Marguerite ∞ 1. Jean Crespin, s^r du Bec 2. Jean de Rochechouard

Charles Ier († 1481)
∞ Catherine de Chauvigny

Charles, sr de Chaumont
(1473-1511)
∞ Jeanne Malet de Graville

Michel d'Amboise

Georges († 1525)

François, prieur de Saint-Lazare
Louis II (1477-1511), évêque d'Albi, cardinal
Guy, sr du Ravel († ? 1508)
∞ Françoise Dauphin de Combronde

Catherine ∞ François II de la Tour, vicomte de Turenne
Antoinette, dame de Ravel († 1552)
∞ 1. Jacques d'Amboise, sr de Bussy († 1515)
2. Antoine de La Rochefoucauld, sr de Barbezieux († 1537)
3. (1543) Louis de Luxembourg

Marie ∞ 1. Robert de Sarrebrück

Guillemette
∞ Robert de La Mark, sr de Floranges

2. Jean VI de Créquy

Catherine d'Amboise (1482 ?-1550)
∞ 1. Christophe de Tournon, sr de Beauchastel († ? 1499)
2. Philippe de Beaujeu, sr de Linières († 1541)
3. Louis de Clèves, comte d'Auxerre († 1545)

LES LECTURES DE CATHERINE D'AMBOISE

La mort qui frappe successivement la descendance masculine des Amboise a fait de Catherine, en 1525, l'héritière des châteaux et d'une partie des trésors assemblés par le cardinal Georges d'Amboise et par son neveu Charles : vraisemblablement les livres français de Gaillon[21]. Mais aucun inventaire du château de Lignières-en-Berry, dont elle a fait sa résidence principale depuis son mariage avec Philibert de Beaujeu, en 1501, ne permet de connaître avec exactitude la bibliothèque et les œuvres d'art qu'elle posséda en propre. Les liens privilégiés de la « dame de Lignières » avec sa belle-sœur, Jeanne de Graville, n'interdisent pas de supposer une circulation des manuscrits que possédaient les descendantes de l'amiral de Graville et de son épouse, Marie de Balsac. Toutefois, on connaît mieux la bibliothèque d'Anne de Graville que celle de sa sœur Jeanne, dont on suppose seulement qu'elle hérita des *Grandes chroniques de France* (BnF, fr. 20350) et qu'elle posséda un bréviaire romain (BnF, lat. 1058)[22].

Ce sont les œuvres mêmes de Catherine d'Amboise qui invitent à circonscrire plus précisément ce que furent ses lectures. Dans le *Livre des prudens*, l'autrice exhibe, pour des raisons que nous analysons par ailleurs, ses sources principales : la Bible, essentiellement l'Ancien Testament (Genèse, livres des Rois, Daniel, Judith, Maccabées) ; *Josephus* [Flavius Josèphe] ; le *Livre de Boccace* ; *La Mer des histoires* ; *Le Volume d'Auroze* [Orose] ; *Vincent l'Historial* [Vincent de Beauvais] ; *Les Eneides, Georgicques* et *Buccolicques* de Virgile ; les *Romaines histoires* ; la *Chronique des rois* ; les *Anciennes histoires* ; les *Croniques romaines* ; Lucain ; l'*Histoire des quatre filz Aymon* ; *De la vieillesse* et *De l'amitié* de Cicéron ; l'*Ystoire de Paule* [Paul Diacre] ; *Le Livre de consolation* de Boèce.

21 Par testament du 31 octobre 1509, le cardinal Georges d'Amboise lègue ses livres français à son petit-neveu, Georges III, fils de Charles Chaumont d'Amboise, dont Catherine hérite en 1525 (Voir G. Souchal, « Le mécénat de la famille d'Amboise », ouvr. cité, p. 585 et 598).

22 Voir M. Deldicque, « Bibliophile de mère en fille : Marie de Balsac († 1504) et Anne de Graville († 1540) », *Les Femmes, la culture et les arts en Europe entre Moyen Âge et Renaissance*, dir. C. Brown et A.-M. Legaré, Turnhout, Brepols, 2016, p. 85.

La bibliothèque ainsi reconstituée pour le lecteur ne diffère en rien de ce qui caractérise la culture des nobles à la fin du Moyen Âge[23] : un goût pour l'histoire troyenne et l'histoire romaine qui pouvait être comblé grâce aux traductions et aux compilations, comme *Les Faits des Romains* ou l'*Histoire ancienne jusqu'à César* ; un intérêt pour l'histoire sainte, satisfait par la *Bible historiale* de Guiart des Moulins et aussi par les *Antiquités judaïques* de Flavius Josèphe ; une attention pour les grandes sommes, comme le *Miroir historial* de Vincent de Beauvais ; une passion, à partir du XVe siècle, pour l'histoire de France retracée dans les *Grandes chroniques.* Le peu que nous savons des livres français du cardinal Georges d'Amboise, qui furent transportés à Chaumont après sa mort, confirme cette orientation ; parmi ceux qui sont conservés, on trouve la *Fleur des histoires* de Jean Mansel – dont le tome 2 contient les *Histoires romaines* –, les *Faits des Romains*, Flavius Josèphe, les *Chroniques* de Monstrelet[24]. Les inventaires après décès qui ont été étudiés, ceux, par exemple, de Gabrielle de La Tour et de sa fille, Gabrielle de Bourbon, permettent aussi de dresser une sorte de bibliothèque-témoin pour une grande princesse de la fin du XVe siècle et du début du XVIe siècle ; la littérature de spiritualité et d'édification y occupe une large place[25] avec plusieurs livres d'Heures, l'*ABC* de Jean Gerson, l'*Horloge de sapience* de Henri Suso, le *Livre de méditation* de Robert Ciboule, et autres *Contemplations* sur les douleurs et les joies de Marie, sans oublier les mystères de *La Passion nostre Seigneur.* La part de l'histoire toutefois est tout aussi notable, histoire sacrée où la *Cité de Dieu* de saint Augustin est bien représentée, histoire profane antique – celle de Troyes ou de Rome – et moderne, avec les *Chroniques.* Enfin la littérature didactique et exemplaire se trouve illustrée avec

---

23 Voir B. Guenée, *Histoire et culture historique dans l'Occident médiéval*, Paris, Aubier-Montaigne, 1980, chap. VII, II, 1 « Clercs et laïques », p. 317-318. Et « La culture historique des nobles : le succès des *Faits des Romains* (XIIIe-XIVe siècles) », *La noblesse au Moyen Âge, XIe-XVe siècles. Essais à la mémoire de Robert Boutruche*, dir. Ph. Contamine, Paris, PUF, 1976, p. 261-288.

24 Voir M.-P. Laffitte, « La librairie de Georges d'Amboise à Gaillon », dans *Léonard de Vinci entre France et Italie*, dir. S. Fabrizio-Costa et J.-P. Le Goff, Presses Universitaires de Caen, 1999, p. 261-273 ; « Georges d'Amboise et les livres », *Georges Ier d'Amboise, 1460-1510. Une figure plurielle de la Renaissance*, dir. J. Dumont et L. Fagnart, Presses Universitaires de Rennes, 2013, p. 189-197.

25 Voir G. Hasenohr, « L'essor des bibliothèques privées aux XIVe et XVe siècles », dans *Les bibliothèques médiévales du VIe siècle à 1530*, éd. A. Vernet, Paris, Promodis-Éd. du Cercle de la Librairie, 1989, p. 242-257.

Boccace, Christine de Pizan, Jacques de Voragine, Jacques Legrand et Alain Chartier[26].

Il est néanmoins difficile de savoir dans quels manuscrits ou imprimés – pour lesquels la famille d'Amboise a manifesté son intérêt[27] – Catherine d'Amboise a choisi sa matière. Sauf pour la Bible, il est peu d'insertions littérales : elle résume, voire réoriente ses lectures.

LA BIBLE

Jusqu'au premier tiers du XVIe siècle, l'histoire sainte est diffusée grâce aux traductions de Guyart des Moulins qui, sous le titre de *Bible historiale*, offre une adaptation de l'*Historia scolastica* de Pierre le Mangeur, complétée par le texte biblique et son commentaire. Cette version qui, tout en présentant une interprétation conforme aux enseignements de l'Église, empruntait aussi à Flavius Josèphe et aux *Apocryphes*, pouvait être lue comme un livre d'histoire du monde[28], et c'est bien ainsi que Catherine d'Amboise l'explore[29]. Elle puise essentiellement dans l'Ancien Testament, du moins pour le *Livre des prudens*, privilégiant la Genèse et les livres des Rois. Sauf pour trois histoires (Caïn, f. 12 r°; Abel, f. 23 v°; Noé, f. 25 v°), où elle se contente de se référer à la Bible, elle précise les livres vétérotestamentaires sur lesquels elle s'appuie : la Genèse (Joseph, f. 50 v°); le livre des Juges (Déborah, f. 55 v°); le livre des Rois (Ruth,

26 Voir A.-M. de Boislisle, « Inventaire des bijoux, vêtements, manuscrits et objets précieux appartenant à la comtesse de Montpensier. 1474 », *Annuaire-Bulletin de la Société de l'Histoire de France*, 1880, t. 17, p. 297-309. Et Gabrielle de Bourbon, *Œuvres spirituelles 1510-1516*, Paris, Champion, 1999, Introduction, p. 19-23. Les études sur les bibliothèques féminines se sont multipliées ces dernières années ; on consultera notamment, *Livres et lectures de femmes en Europe entre Moyen Âge et Renaissance*, dir. A.-M. Legaré, Turnhout, Brepols, 2007, où sont examinées, notamment, les collections de Marie de Berry (1375-1434), Jeanne d'Artois (1353-c. 1420), Marie de Bretagne (1424-1477), Catherine de Coëtivy (c. 1460-1529).

27 Voir M.-P. Laffitte, « Georges d'Amboise et les livres », art. cité, p. 189-197. Cet intérêt pour le livre imprimé est partagé par d'autres grandes familles princières. On en trouve mention, dans l'inventaire après décès de Gabrielle de Bourbon, pour les *Croniques de France*, *Orose*, *La Mer des histoires*, entre autres (Archives Nationales, 1 AP 219).

28 Voir *Lectures françaises de la fin du Moyen Âge. Petite anthologie commentée de succès littéraire*, éd. F. Duval, Genève, Droz, 2007, p. 37-44. Et l'article « Bible française » dans le *Dictionnaire des lettres françaises. Le Moyen Âge*, Paris, Fayard, « La Pochothèque », 1992, p. 179-196.

29 La première Bible française imprimée chez Antoine Verard en 1495 ne s'écarte pas des modèles qu'offraient nombre de manuscrits de la *Bible historiale complétée* ou *Grande Bible historiale*, dont on trouve un témoin dans le manuscrit du duc de Berry (BnF, fr. 159). Nous avons donc choisi de donner, chaque fois que nécessaire, les références scripturaires d'après une édition Verard, celle de 1498 disponible en ligne.

f. 58 r°) ; le 1er livre des Rois (Anne, f. 60 r°) ; le 1er et 2e livre des Rois (David, f. 78 r°) ; le 3e livre des Rois (Jéroboam, f. 70 r° ; Élie, f. 80 v°) ; le 4e livre des Rois (Sédécias, roi de Juda, f. 76 v°) ; le livre de Daniel (Suzanne, f. 91 v°) ; le livre de Judith (Holoferne, f. 94 v°) ; le second livre d'Esdras (Zorobabel, f. 97 v°) ; le second livre des Maccabées (Des sept fils et de leur mère, f. 99 r°). Pour ces « histoires bibliennes » (f. 101 r°-v°), elle fait aussi appel aux *Antiquités judaïques* de Flavius Josèphe, traduites dès le règne de Charles V.

Tout en renvoyant ses lecteurs et auditeurs[30] « qui plus amplement en voudra[ient] voir » (f. 23 v°) à la Bible, elle introduit parfois une glose qui n'est pas sans quelque distorsion avec la lettre ; on le constate avec l'histoire de Caïn (f. 13 r°) ou avec celle de Jézabel à laquelle elle attribue la mort la plus ignominieuse, le suicide (f. 73 v°). Il arrive encore qu'elle s'écarte de la tradition par l'éclairage qu'elle donne aux faits eux-mêmes. Ainsi dans l'histoire de Judith préfère-t-elle montrer une « vefve craignant et observant les commandemens de Dieu » (f. 94 r°), priant dans son oratoire avant d'accomplir l'acte libérateur, plutôt que la décapitation qui a tant inspiré la littérature et l'art.

BOCCACE

Dans le *Livre des prudens*, Catherine allègue explicitement trois fois Boccace, mais sans indiquer un titre d'œuvre (Nemrod, f. 27 v° ; Sardanapale, f. 87 v° ; Julien l'Apostat, f. 112 v°) ; c'est la *Complainete* qui apporte cette précision en se référant, à propos de l'instabilité de la Fortune, au « livre parlant des nobles malheureux » (f. 11 v°).

Achevé en 1363 ou 1364, le *De casibus virorum illustrium* de Boccace est traduit en français par Laurent de Premierfait en 1400 et en 1409. Sa version, trois fois plus longue que l'original latin, est enrichie de développements explicatifs et de commentaires moraux. La traduction de 1409 a été largement diffusée comme l'attestent les 70 manuscrits conservés et les deux éditions incunables, sous les titres de *Cas des nobles hommes et femmes, Cas des nobles malheureux* ou encore *Des cas et ruyne des nobles hommes et femmes*[31]. L'absence d'inventaire pour les livres français

30 Selon les termes qu'emploie Catherine d'Amboise pour désigner ses destinataires (f. 17 r°).

31 Dès 1476, un imprimeur de Bruges, Colard Mansion, offre une édition imprimée de la première traduction *De la ruine des nobles hommes et femmes*, mais c'est Jehan du Pré, à Paris, qui imprime en 1483 la seconde traduction, *Des cas et ruyne des nobles hommes et femmes*,

de Georges d'Amboise laisse en suspens la question de la présence d'un Boccace-Premierfait dans sa bibliothèque. Toutefois, à supposer que Catherine n'en eût pas elle-même détenu un exemplaire, elle avait bien d'autres possibilités de consultation dans les milieux aristocratiques qui lui étaient proches ; en atteste le manuscrit *Des cas des nobles hommes et femmes* possédé par le bailli de Philibert de Beaujeu, Jacques d'Availles[32].

Le *De mulieribus claris*, rédigé par Boccace en 1361-1362 et traduit en français en 1401 sous le titre *Des nobles et cleres dames*, connaît une diffusion tout aussi large ; il exerça une influence notable sur les recueils de femmes illustres, comme on l'a montré pour *La Cité des dames* de Christine de Pizan ou pour *Les Vies des femmes célèbres* d'Antoine Dufour. Nombre de bibliothèques aristocratiques ou princières recélaient ce recueil dont la première édition imprimée est présentée au roi par Antoine Verard en 1493[33]. Si Catherine d'Amboise a eu directement accès à cette œuvre, dans un manuscrit ou un imprimé, elle n'y fait pas explicitement référence.

---

lui assurant ainsi une diffusion encore plus grande en France. Voir *Boccace en France. De l'humanisme à l'érotisme*, Bibliothèque Nationale, 1975, 2. « Laurent de Premierfait et les premières traductions », p. 53-62, et 4. « Premières éditions », p. 66, notice 117. – Nous utilisons, dans les notes, l'édition Du Pré de 1483.

32 Ce manuscrit du XVe siècle (Fondation Martin Bodmer, cod. 174) a l'intérêt particulier de porter au f. 338 r°, dans une écriture cursive du XVIe siècle, non seulement un *ex libris* mais aussi le récit des obsèques de Philibert de Beaujeu : « Ce livre apartient a Jaques D'Availles, chevalier seigneur Du Plaisis, cappitaine de Tisy et d'Amplepuis, bailly pour Monseigneur de Linieres Mesire Philibert de Beaujeu au Païs Bas et Hault de Beaujoloys ainsy que les terres dudit seigneur s'estandent et comportent. Et morut ledit messire Philbert de Beaujeu en son chastel de Lyinieres le dixieme jour febvrier l'an mil V^c^ quarante, et print l'extresme uncion par son curé dudit Lynieres en la presence de tous ses pouvres habitans dudit lieu, et en leurs presence rendit l'esperit a Nostre Seigneur et puis fut embasmé et porté en sa chappelle dudit chastel ou il repoza par l'espace de quarante jours, ou estoit faict chascun jour le dyvin ser[v]yce de Nostre Seigneur par messire les doyen et chapitre de Nostre Dame de Lynieres avec luminaire ardant jour et nuyt ; et depuis ledit trespas jusques a son enterrement avoit en ladite chappelle hordinairement six prebstre, tant carmes, cordeliers et seculiers, qui disoient jour et nuyt les sautier avec les sufrages et horaisons [*suit le récit de l'enterrement*] [...] Lesquelles choses sudictes Madame Caterine d'Amboize, son espose, ordonna et fist fere les choses devant dictes. Dieu ayde l'ame des trespassé. Amen. » Voir F. Vielliard, *Manuscrits français du Moyen Âge*, Cologny-Genève, 1975, p. 141-145.

33 *France 1500. Entre Moyen Âge et Renaissance*, Paris, Éditions de la Réunion des musées nationaux, 2011, p. 240-241. Voir aussi l'introduction de J. Baroin et J. Haffen à Boccace, *Des cleres et nobles femmes. Ms. Bibl. Nat. 12420 (Chap. I-LII)*, Annales littéraires de l'Université de Besançon, n° 498, Paris, Les Belles Lettres, 1993, p. VII-X. Dans les notes, nous utilisons cette édition moderne pour les chap. I-LII, et l'édition Verard pour les autres chapitres.

Quoi qu'il en soit, elle utilise Boccace beaucoup plus qu'elle ne le nomme ; il s'agit moins, il est vrai, d'emprunts textuels que d'une forme d'écriture. Elle use aussi du schéma épico-narratif[34], imaginant que les personnages lui apparaissent pour s'adresser directement à eux, usant de l'exclamation et de l'invective à l'encontre des imprudents, insérant dans les récits réflexions et exhortations morales contre les vices. À la différence de Boccace cependant, elle n'instaure un véritable dialogue que dans un seul cas, celui d'Ève, qui répond directement à son questionnement. Catherine explique au reste la raison de ce traitement particulier[35].

Dans bien d'autres cas, elle rompt avec ses modèles. Si elle a pu lire aussi bien chez Boccace que dans le *Miroir historial* la vie héroïque de l'incestueuse Sémiramis, elle n'en retient que le vice pour une condamnation sans appel, car « nulle de nous n'est tenue de toy bien dire » (f. 30 r°).

LES ANCIENNES HISTOIRES ET L'HISTOIRE ROMAINE

Pour les cas exemplaires tirés de l'histoire antique, Catherine d'Amboise invite son lecteur à lire les *Romaines hystoires*, les *Anciennes histoires*, les *Cronicques romaines*, le *Volume d'Auroze*, *Lucain*, *Vincent l'Istorial*, *La Mere des hystoires.* S'il est aisé de reconnaître en ces deux derniers titres, d'abord le *Miroir historial* de Vincent de Beauvais, traduit par Jean de Vignay en 1333 et diffusé par plusieurs incunables[36], puis *La Mer des histoires*, traduction française d'une vaste chronique universelle, *Rudimentum novitiorum*, d'abord compilée et imprimée à Lübeck en 1475[37], il est plus hasardeux d'identifier précisément les textes correspondant aux autres titres. Parmi les nombreuses compilations historiques se distingue l'*Histoire ancienne*, retraçant l'histoire du monde depuis la Genèse jusqu'à César, composé au début du XIIIe siècle, plusieurs fois remanié aux XIVe et XVe siècles. Le succès n'est pas moindre pour *Les Faits des Romains*, compilé au XIIIe siècle à partir d'extraits traduits de

34 Voir l'introduction de V. Zaccaria au *De casibus virorum illustrium*, *in Tutte le opere di Giovanni Boccaccio*, vol. 9, Milan, Mondadori, 1983, p. XXV-XXVI.

35 Voir plus loin, p. 51-52.

36 Nous utilisons l'édition A. Verard, 1495-1496, pour les parties qui ne sont pas dans Jean de Vignay, *Le Miroir historial. Volume I, Tome I (livres I-IV)*, éd. M. Cavagna, Paris, Société des Anciens Textes Français, Abbeville, F. Paillart, 2017.

37 Voir *France 1500. Entre Moyen Âge et Renaissance*, ouvr. cité, p. 234. *La Mer des hystoires* (Paris, Pierre Le Rouge pour Vincent Commin, 1488-1489) est « le premier livre imprimé entré dans la bibliothèque du roi Charles VIII ».

Suétone, de Salluste, de Lucain, et consacré presque exclusivement à César[38]. C'est ce texte nettement rajeuni qu'Antoine Verard publie en 1490 et 1500 sous le titre de *Lucan, Suetone et Saluste en françoys*[39]. Dans plusieurs manuscrits toutefois, l'*Histoire ancienne* est associé aux *Faits des Romains*[40], ce qui rend l'identification encore plus difficile, d'autant que parfois *Enciennes hystoires* est le nom que peuvent porter *Les Faits des Romains*, intitulé aussi *Le Livre de Lucan*[41]. Les titres ne sont donc pas un repère suffisant pour identifier une source, comme il apparaît de manière encore plus significative avec le *Livre d'Orose*, titre donné à des manuscrits qui contiennent, en réalité, l'*Histoire ancienne jusqu'à César*[42]. En 1491, c'est avec un ouvrage imprimé sous le titre de *Premier Volume d'Orose* et *Second Volume d'Orose* qu'Antoine Verard offre à Charles VIII ce qui n'est qu'une réécriture de l'*Histoire ancienne jusqu'à César*, incluant des fragments traduits d'Orose[43]. Catherine d'Amboise qui recommande de « visiter le volume d'Auroze » (f. 37 r°) et le « livre de Auroze » (f. 44 r°) n'a pas pour source directe les *Histoires* d'Orose mais, plus vraisemblablement, ce remaniement de l'*Histoire ancienne*, qu'elle l'ait consulté dans une version manuscrite ou dans une des éditions Verard.

Ses allégations aux *Romaines hystoires* ou aux *Chroniques romaines* peuvent référer aux *Hystoires romaines* de Jean Mansel, deuxième livre de *La Fleur des histoires*, « une des compilations historiques les plus célèbres de la seconde moitié du XVe siècle[44] ». Il est d'autant plus probable que Catherine ait pu connaître cette compilation qu'un exemplaire figurait dans la bibliothèque de Georges d'Amboise, comme nous l'avons vu[45].

---

38 Voir B. Guenée, « La culture historique des nobles : le succès des *Faits des Romains* (XIIIe-XIVe siècles) », art. cité, et F. Duval, *Lectures françaises de la fin du Moyen Âge*, ouvr. cité, p. 285-287.

39 Nous utilisons l'édition de 1500 dans les notes.

40 Voir P. Meyer, « Les premières compilations françaises d'histoire ancienne », *Romania*, vol. 14, 1885, p. 37 et 50.

41 Voir, L.-F. Flutre, *Les Manuscrits des Faits des Romains*, Genève, Slatkine reprints, 1974, p. 17, 41 et 72.

42 Voir P. Meyer, ouvr. cité, p. 60-62.

43 Voir C. Gaullier-Bougassas, « Les renouvellements de l'*Histoire Ancienne jusqu'à César* dans l'imprimé d'Antoine Vérard, le *Volume d'Orose* (1491) », dans *Raconter en prose. XIVe-XVIe siècle*, dir. P. Cifarelli et *al.*, Paris, Classiques Garnier, 2017, p. 209-224.

44 *France 1500. Entre Moyen Âge et Renaissance*, ouvr. cité, p. 232. Sur Jean Mansel, voir *Dictionnaire des lettres françaises. Le Moyen Âge*, Paris, Fayard, « La Pochothèque », 1992.

45 Dans les notes, nous avons utilisé le manuscrit 54 de la BnF qui porte les armes du cardinal d'Amboise.

LES CHRONIQUES DE FRANCE

Catherine d'Amboise n'allègue qu'une seule fois, à propos de Francus (f. 85 v°), les *Cronicques [des roys].* Elle s'inspire néanmoins bien davantage de ce qui fut un grand succès de la fin du Moyen Âge. Ces *Grandes chroniques de France* dites aussi *Chroniques de Saint-Denis*, commencées par un moine de cette abbaye à la demande de Louis XI, furent poursuivies jusqu'au milieu du XIVe siècle. Comprenant une histoire des rois de France depuis les mythiques origines troyennes, les *Chroniques* furent abondamment diffusées, sous divers titres : *Croniques des roys de France*, *Geste des roys de France*, *Genealogie des roys de France.* Si les premières éditions imprimées – en 1477 par Pasquier Bonhomme puis en 1493 – attestent leur fortune à partir de la fin du XVe siècle, d'autres remaniements viennent néanmoins les supplanter, comme les *Annales et chroniques de France*, composées par Nicole Gilles[46], que Catherine semble bien avoir utilisées (f. 117 r°).

BOÈCE

Le *Livre des prudens* se clôt sur l'évocation de la figure de Boèce dit « de consoulation », le « port » (f. 133 r°-v°) où tend le cheminement de « l'explorateure » à travers l'histoire des siècles passés. Dans la *Complaincte de la dame pasmée contre Fortune*, Boèce n'est plus directement nommé et pourtant sa *Consolation de philosophie* sous-tend ce voyage allégorique vers le « parc d'amour divine ».

La *Consolatio philosophiae* a connu une douzaine de traductions distinctes entre le XIIIe et le XVe siècle, celles de Jean de Meun, Renaut de Louhans, Pierre de Paris, Bonaventure de Demena, et les autres anonymes. À partir de la deuxième moitié du XIVe siècle se sont ajoutées des gloses de Guillaume de Conches, de Guillaume d'Aragon, de Nicolas Treveth ou de Regnier de Saint-Trond. Au XVe siècle, c'est la version glosée qui fut la mieux connue, comme en témoigne le nombre de manuscrits conservés (49). C'est très certainement à une version de ce type que Catherine a pu avoir accès[47].

---

46 Voir F. Duval, *Lectures françaises*, ouvr. cité, p. 316-319. Et *Dictionnaire des lettres françaises*, ouvr. cité, p. 296-298 et 1070-1071.

47 Nos références renvoient donc au *Livre de Boece de consolation de philosophie*, publié à Bruges par Colard Mansion en 1477, avec les commentaires de Regnier de Saint-Trond,

TRAITÉS DE MORALE,
MANUELS DE DÉVOTION ET DE MÉDITATION

Cependant l'arrière-plan de la *Complaincte* ne peut se limiter à Boèce. Le thème de la Fortune est en effet omniprésent à la fin du Moyen Âge et au début du XVIe siècle, qu'il s'agisse de poésie, comme *La Mutacion de fortune* de Christine de Pizan, ou de prose et prosimètre, comme *L'Estrif de Fortune et Vertu* de Martin Le Franc[48]. Sans renvoi direct à tel ou tel texte, la *Complaincte* use de procédés récurrents dans des œuvres que, vraisemblablement, elle a pu lire, tel le *Livre de l'Esperance* d'Alain Chartier. Ses liens familiaux avec Gabrielle de Bourbon[49] dessinent aussi un cercle intellectuel où Jean Bouchet occupe une place singulière. La date supposée de la composition de la *Complaincte*[50] ne permet pas d'établir un lien direct avec le *Labirynth de fortune et Séjour des trois nobles dames* que Jean Bouchet publie en 1522. Toujours est-il que les questionnements de Catherine sur la Fortune et sur la justice de Dieu sont ceux-là mêmes qui occupent une place prépondérante dans l'œuvre du procureur de Poitiers.

La forme donnée à la *Complaincte* manifeste surtout l'influence du pèlerinage allégorique qui, depuis *La voie de Paradis* de Rutebeuf et le *Pèlerinage de vie humaine* de Guillaume de Digulleville, a inspiré nombre d'œuvres en vers et en prose, telles les *Continuelles meditations* peut-être composées à l'intention des Beaujeu-Amboise[51]. Le pèlerinage allégorique peut aussi exprimer la dévotion des princesses, à la fois cheminement personnel et exemple édifiant, comme le montre le *Voyage espirituel* de Gabrielle de Bourbon[52]. Que Catherine ait eu ou non connaissance de l'œuvre de sa parente, elle partage avec elle ce même fonds littéraire et spirituel.

---

et également, pour plus de commodité, à l'édition qu'a donnée G. M. Cropp du *Livre de Boece de consolacion* glosé (Genève, Droz, 2006).

48 Voir Jean Bouchet, *Œuvres complètes, Tome II, Le Labirynth de fortune et Sejour des trois nobles dames*, éd. P. Chiron et N. Dauvois, Paris, Classiques Garnier, 2015, Introduction, p. XVI-XVIII.

49 Louis II de la Trémoille, son mari, était le fils de Marguerite d'Amboise, elle-même fille de Louis, vicomte de Thouars, dernier descendant mâle de la branche aînée des Amboise. Voir Généalogie, p. 15.

50 Voir p. 37.

51 Voir p. 314.

52 Gabrielle de Bourbon, *Œuvres spirituelles 1510-1516*, éd. E. Berriot-Salvadore, Paris, Champion, 1999, p. 139-198.

POÉSIE MARIALE

Même si Catherine d'Amboise ne revendique aucune source pour ses *Espiltres*, la phraséologie employée dans ses vers, marquée par un usage topique de rimes et de métaphores, relève d'une profonde innutrition de louanges mariales, aussi bien par les oraisons à la Vierge comprises dans les livres d'Heures que par la fréquentation de recueils palinodiques, dont un au moins a hanté son pupitre puisqu'elle y trouve les deux premiers vers de sa deuxième missive, tirés de l'envoi du *Chant royal dialogué* de Charles Morel[53]. Il n'est certes pas possible d'identifier le manuscrit qui était sous ses yeux. Néanmoins, ce type de recueil circulait indéniablement au sein de la maison d'Amboise et d'autres familles alliées. L'écrivaine Anne de Graville, sœur de sa belle-sœur Jeanne, a possédé plusieurs manuscrits de chants royaux, dont le BnF, fr. 25535, qui regroupe les palinods présentés au Puy de Rouen en 1524 et que lui dédie Nicolas de Cocquainvilliez, poète et évêque coadjuteur de Georges II d'Amboise, le cousin de Catherine[54]. Dans la bibliothèque du gendre d'Anne de Graville, Claude d'Urfé[55], on retrouve également une compilation majoritairement palinodique (BnF, fr. 24315) où est recopiée aux f. 100 v°-104 v° une déploration sur la mort de Georges Ier d'Amboise[56], un élément qui tendrait à rendre plausible sa lecture par Catherine.

RECUEILS DE CHANSONS ET DE ROMANS DU MOYEN ÂGE

La mention aux v. 337-340 des *Espiltres* de « la chansson / De moy aymée, aornée de plaisant son / Où il y a, à l'ombre d'ung bissonnet, / L'aurée d'une soullaye au matinet », suggère que Catherine possédait

53 Ce poème à la Vierge de Charles Morel est conservé dans trois manuscrits : le BnF, fr. 1538 (vraisemblablement antérieur à 1515), où cette composition figure de manière anonyme et avec le même envoi sous le titre de *Chant royal de Nostre Dame en dyalogues* (f. 195 r°-196 r°) ; le BnF, fr. 2206 (f. 6 v°-7 v°) ; le BnF, fr. 379 où l'attribution à « Messire Charles Morel » est explicite (mais dans lequel le mot « aultres » se substitue à « anges »). Voir annexe III.

54 Postérieurement, Georges II d'Amboise sera lui-même prince du Puy de la Conception, en sa qualité d'archevêque de Rouen. D. Hüe (*Petite anthologie palinodique (1486-1550)*, Paris, Champion, 2002, p. 309-310 et 413).

55 C. Longeon, *Documents sur la Vie Intellectuelle en Forez au* XVIe *siècle*, Saint-Étienne, Centre d'études foréziennes, 1973, « Catalogue des livres de la bibliothèque de la maison d'Urfé », p. 152.

56 *Les Nouvelles complaintes de tous estas, en forme de vision, touchant la mort de tresillustre, tresrenommé et tressingulier prelat mons^{r} Georges d'Amboise, en son vivant legat en France et archevesque de Rouen.* Voir plus loin, p. 32 et annexe I.

peut-être elle aussi une ou plusieurs compilations apparentées aux manuscrits BnF, fr. 1597, fr. 2245 ou fr. 12744 où sont recopiées des versions de cette chanson.

Par ailleurs, Catherine convoque dans son chant royal le personnage romanesque de Florimonde, ce qui pourrait indiquer qu'elle avait lu ou entendu parler du *Roman de Florent et Octavien* dont il existait plusieurs manuscrits accessibles datant du XVe siècle[57].

LA POÉSIE DE JEAN BOUCHET ET LE GENRE ÉPISTOLAIRE

La première *espiltre* de Catherine d'Amboise (v. 1-208) est la récriture d'une composition de 192 vers adressée par Jean Bouchet à sa protectrice Gabrielle de Bourbon intitulée *Epistre envoyée par l'acteur à ladicte Vicontesse de Thouars, en la personne de l'ame, qui rescrit à son amy par amours Jesus, par le bon Ange*. Le texte d'origine a disparu mais il a été inclus (probablement après avoir été revu et corrigé par l'auteur) dans les *Epistres morales et familieres du Traverseur* publiées chez J. et E. de Marnef en 1545[58]. Nous ignorons à quel moment et dans quelles circonstances Catherine d'Amboise a pu avoir connaissance de cette *epistre* composée entre 1510 et 1516[59]. Il n'est pas impossible qu'une version anonyme de ce texte ait circulé dans un cercle restreint après 1516, date de la mort de Gabrielle, et soit parvenue à la connaissance de la dame de Lignières. Quoi qu'il en soit, cette réappropriation montre que Catherine appréciait les épîtres en vers et s'était familiarisée avec ce genre, dont elle reprend certaines conventions formelles[60]. La popularité des *Héroïdes* d'Ovide dans la traduction d'Octovien de Saint-Gelais rend en outre plausible sa connaissance des codes de l'écriture épistolaire.

---

57 Entre autres le ms. BnF, fr. 24384, le fr. 12564, le NAF 21069.

58 *Epistre familiere* X ; voir annexe II.

59 Voir plus loin, p. 39.

60 Pour les détails, voir ci-dessous, p. 63-64.

LES ŒUVRES

LES MANUSCRITS

Livre des prudens et imprudens, BnF, Arsenal 2037

Velin, 273 x 197 mm, 136 feuillets. Réglure à l'encre rouge. Écriture bâtarde, à longues lignes (28 par pages). Titre des chapitres rubriqués. Reliure en parchemin blanc. Orné de 76 miniatures. Lacune entre le f. 21 v° et 22 r°.
F. 1 r°, dans la bordure et dans la miniature, les armes d'Amboise : palé d'or et de gueules de six pièces.
F. 133 r°, écu parti de Catherine d'Amboise : d'or au lion léopardé de sable lampassé et armé de gueules, chargé d'un lambel de gueules brochant sur le tout (Beaujeu) et comme dessus.

– Provenance

Le feuillet de garde porte la cote de la collection d'Antoine-René Paulmy-d'Argenson : histoire n° 527 C. Et, au-dessus : *ma couté chez Gibon le Cadet 720 livres.*

Au milieu de la page est collé un rectangle de papier, avec cette note : *Le Livre des Prudens et imprudens des Siecles passés, composé en 1509 par Catherine d'Amboise, en* XII *livres. L'Auteur nous apprend dans le Prologue de son ouvrage qu'elle avoit perdu de très bonne heure ses Pere et Mere et son Mari à l'âge de 17 ans ou environ, ainsi qu'un Enfant qu'elle avoit eu de lui.*

– Les enluminures

Hormis la première page encadrée, où figurent une miniature et les armes d'Amboise portées par deux anges, et la page de la dernière miniature (f. 133), toutes celles qui sont illustrées, à l'exception du f. 63 r°, ont une marge gauche ornée d'entrelacs, de motifs floraux, animaux et de grotesques qui peuvent, parfois, présenter un lien avec le sujet principal[61]. Les miniatures elles-mêmes, qui occupent environ le tiers de la page, sont présentées dans un cadre doré avec un double

61 Dans ce cas, nous le signalons dans les descriptions des miniatures qui figurent en notes.

liseret ocre. Chaque chapitre, rubriqué avant ou après la miniature, est introduit par une lettrine ornée[62].

Les scènes s'inscrivent dans trois types de décor : intérieur (25), extérieur (46), intérieur/extérieur (5). Une seule miniature comporte plusieurs vignettes (f. 48 v°, Joseph), mais parfois l'enlumineur représente différents épisodes de l'histoire dans la même image, grâce à des plans successifs (f. 95 r°, Aman).

Les décors intérieurs, plus ou moins chargés, ont un style unique : sol en damier, murs en grisaille décorés de motifs floraux où d'éléments architecturés. Sauf dans la miniature du f. 63 r°, certainement due à un autre artiste, tous les paysages offrent les mêmes caractéristiques : sol verdoyant où apparaît souvent un chemin avec des formes rondes représentant des cailloux, arbres à frondaison touffue vert foncé, buissons ; arrière-plan vallonné, châteaux, dans une teinte bleutée.

Katherine[63] est figurée dans la première lettre historiée et dans 24 miniatures, soit en prière, mains jointes, soit dans l'attitude de celle qui reçoit un enseignement ou qui parle et commente, index droit tendu vers le pouce de la main gauche ouverte, ou doigts tendus vers un interlocuteur, signifiant argumentation, affirmation d'une opinion ou discussion[64]. Les vêtements qu'elle porte correspondent vraisemblablement à la mode des premières années du XVIe siècle : longue robe serrée à la taille par une ceinture, lâchement ajustée au corps et évasée aux hanches, avec des manches à bombarde, revers orné de fourrure ; l'encolure carrée laisse voir la chemise de dessous. La coiffe de velours noir est portée sur un couvre-chef de toile gaufrée. Mises à part les personnifications et les figures mythologiques, les autres personnages féminins portent le même type de robe et de coiffe, ou bien des robes plus amples à col rond. Les personnages masculins sont vêtus soit de surcot et de chausses correspondant sans doute à la mode des années 1500-1510, soit de mantels et de robes signifiant une fonction (roi, empereur, dignitaire ecclésiastique), soit de robes et de bonnets coniques marquant l'appartenance au peuple juif[65].

---

62 À une exception près : au f. 76 r°, il manque la lettrine et, au folio suivant, la rubrique.

63 Nous distinguerons désormais par l'orthographe le personnage de la « descripvante » et protagoniste, *Katherine*, de l'autrice Catherine.

64 Voir F. Garnier, *Le Langage de l'image au Moyen Âge. Signification et symbolique*, Paris, Le Léopard d'or, 1982, chap. IX « Gestes de la main et du bras », p. 209-212.

65 Voir A. H. Van Buren, *Illuminating Fashion. Dress in the Art of Medieval France and the Netherlands 1325-1515*, New York, The Morgan Library and Museum, 2011, p. 17.

Pour la plupart, les miniatures sont fidèles au texte, dont elles peuvent illustrer tantôt l'idée générale, tantôt une seule phrase, où qu'elle soit placée dans le chapitre. Quelques-unes d'entre elles toutefois présentent un caractère plus singulier. Elles résument le récit, comme avec l'histoire de Joseph (f. 48 v°) et celle d'Aman (f. 95 r°), ou l'explicitent lorsque le texte reste allusif ou muet sur un élément consacré par la tradition (le sacrifice d'Abraham, f. 37 v° ; les armes utilisées par Caïn, f. 12 r° et 23 r°). Dans un cas seulement (Julien l'Apostat, f. 111 r°), l'enlumineur représente un épisode que ni le texte ni la tradition n'imposent.

– Attribution, datation, destination

Le *Livre des prudens et imprudens* est la seule œuvre de Catherine d'Amboise à inscrire de manière explicite, dans le texte même, à la fois son titre (f. 136 r°), sa date, 1509 (f. 1 r° et 85 r°), et son nom, Katherine d'Amboise (f. 1 r°). Si la question de l'attribution ne se pose guère, d'autant que ces indices textuels sont encore confirmés par l'héraldique (écu parti, f. 133 r°), celle du destinataire implicite ou de la motivation de cette première œuvre reste plus ouverte. Une des hypothèses avancées invite à lire les *Prudens* comme un hommage rendu à Jeanne de France, la fondatrice des Annonciades[66]. Cette interprétation se fonde principalement sur la miniature initiale du manuscrit qui représente trois personnages. Une des deux dames debout devant le lit où repose Katherine serait la pieuse princesse, portant l'habit des Annonciades[67]. La commémoration de Prudence pourrait être alors comme un rappel d'une de ces dix vertus de Marie que célèbre leur règle[68] et dont les initiales sont sculptées au-dessus de la porte d'entrée du couvent, à Bourges. Cette hypothèse n'est pas dépourvue de résonnances biographiques et historiques si l'on prend en considération les liens de Catherine d'Amboise avec les Annonciades avant la mort de Jeanne de France, et sans doute

66 Voir A. Passot-Mannooretonil, *Poètes et pédagogues de la Réforme catholique*, Paris, Classiques Garnier, 2019, p. 264.

67 Si la robe gris-mauve de ce personnage peut évoquer le vêtement gris dont sont dotées les religieuses, la cotte et la ceinture noires, la guimpe blanche ne permettent guère de reconnaître le scapulaire rouge qui avertissait les sœurs que « passion Notre Seigneur devait être sans cesse présente à leur cœur » (C.-C. Perquin de Gembloux, *Histoire de Jeanne de Valois, duchesse d'Orléans et de Berry, reine de France, fondatrice de l'ordre des Annonciades*, Paris, Gaume frères, 1840, p. 171-172).

68 Voir *Prudens*, f. 21 v° et note 105.

après, grâce à sa belle-sœur, Jeanne de Graville qui joua ensuite un rôle important dans l'expansion du couvent[69]. Pourtant, elle ne laisse pas de poser problème dès lors que l'analyse du texte prévaut. Les « deux grans vielles chymeres » qui apparaissent à Katherine, allongée sur son lit dans un demi-sommeil, sont Justice/Injustice et Trahison ; la première, « difforme et abhominable », cloche « du costé dextre » et a les mains « plaines d'or et d'argent » ; la seconde, qui s'approche de sa couche, pousse « des souppirs en faignant estre courroucée et deplaisante de [son] inconveniant, cuydant [l]'aplaudir et cacher par fiction sa trahison mauldittte et entreprise ruyneuse ». Il est aisé de reconnaître, sur la miniature, Injustice à sa tenue et à sa main pleine d'argent ; l'autre dame, plus près du lit de Katherine, est vraisemblablement la personnification de Trahison que l'enlumineur a représentée selon un vocabulaire iconographique habituellement réservé à Papelardie : robe grise de religieuse, guimpe blanche, psautier et chapelet dans les mains[70].

Sans doute la prudence est-elle par excellence la vertu de Marie dont le culte est primordial pour Jeanne de France et ses Annonciades, mais elle est également une vertu civile dont se réclame la famille d'Amboise. La présence de l'écu plein – palé d'or et de gueules de six pièces – sur le premier feuillet[71] n'interdit pas de lire les *Prudens* comme une célébration de prudence digne d'être offerte au puissant ministre Georges d'Amboise[72] qui est, pour ses thuriféraires, l'incarnation même de cette vertu[73].

69 Voir J.-M. Le Gall, *Les Moines au temps des réformes. France (1480-1560)*, Paris, Champ Vallon, 2001, p. 85.

70 « Une ymage ot ilec escrite / Qui sambloit bien estre ypocrite : / Papelardie estoit apelee. C'est cele qui en recelee / Quant nus ne s'en puet penre garde, / De nul mal fere n'est coarde. / Ele fait dehors le marmiteus, / Si a le vis simple et piteus / Et semble sainte creature ; / Mes soz ciel n'a male aventure / Qu'ele ne pens en son corage. / Mout la resembloit bien l'ymage / Qui faite fu a sa semblance, / Qu'ele fu de simple contenance / Et si fu chaucie et vestue / Tout aussi com fame rendue. / En sa main .i. saitier tenoit. » (Guillaume de Lorris, Jean de Meun, *Le Roman de la* Rose, éd. A. Strubel, Paris, Le Livre de Poche, « Lettres gothiques », 1992, p. 62, v. 407-423) Pour l'iconographie, voir par exemple, le *Roman de la Rose*, Bnf, ms. fr. 12595, f. 4 v°. Dans le Harley 4425 de la British Library, Papelardie (f. 11 r°) porte une coiffe noire sur sa guimpe blanche, un manteau de bure sur sa robe grise ; elle penche la tête et baisse les yeux vers son psautier.

71 Selon les règles de l'héraldique, les armes des femmes mariées forment un écu parti (voir M. Pastoureau, *L'Art héraldique au Moyen Âge*, Paris, Seuil, 2009, p. 62), tel celui qui figure au f. 133 r°.

72 Ou au prestigieux maître de France, Charles d'Amboise ?

73 Voir notamment, *Les Faictz et gestes de tresreverend pere en Dieu monsieur le legat, translatéz de latin en francoys par maistre Jehan d'Ivry bachelier en medecine selon le texte de Fauste Andrelin*, s.l.n.d.

La Complaincte de la dame pasmée contre fortune

• BnF, NAF 28878 [S.M.A.F. 79-7]

Velin, 195 x 130 mm, 32 feuillets non foliotés, précédés de 4 f. de garde modernes en papier, et d'un f. en velin ; suivis de 4 f. de garde en papier. Réglure à l'encre rouge. Écriture à longues lignes, 22 par page, bâtarde du début du XVIe siècle. Reliure du XVIIIe siècle en veau rouge et à décor doré. Orné de huit miniatures[74].
F. 1 r°, en bas et au milieu de l'encadrement de la miniature, les armes d'Amboise : palé d'or et de gueules de six pièces.

– Provenance

En haut du folio de garde en parchemin (r°), Léonor de Rohan Guémené (1539-1583)[75], fille aînée de François de Rohan et de Catherine de Silly-La Roche-Guyon, épouse (en 1561) de Louis VI de Rohan, a apposé son chiffre sous la mention manuscrite : *Ce Libvre est a Leonor de Rohan princesse de / Guemene*

– Les enluminures

Les huit miniatures, placées au début du prologue, et après les titres des sept chapitres, occupent la pleine page. Elles sont encadrées de portiques très ornés, avec des motifs architecturaux différents pour chacune d'entre elles. Les trois premières lignes des chapitres qui commencent par une lettrine ornée sont placées dans un phylactère posé sur la base de l'encadrement. Trois miniatures représentent des scènes d'intérieur d'un même style : la chambre de la « dame pasmée », avec un fond architectural gris sur lequel tranchent les couleurs blanche et rouge d'un lit à courtine ; la salle où la dame converse avec Raison, avec un

[Paris, 1509 ?], f. A iiii v° : « Vous estez tant en la grace royalle / Par vostre sens et prudence loyale / Qu'en vostre main commect sans nul contraire / Ce qu'au royaulme voit estre necessaire / Pour acomplir du tout à vostre veuil ». Et *Les Nouvelles complaintes*, annexe I, v. 59-60.

74 Voir J.-B. Lebigue, « Catherine d'Amboise. Complainte de la dame pasmee contre fortune. France, 1525-1540 », *Manuscrit du Moyen-Âge et manuscrits littéraires modernes. La collection de manuscrits des assureurs français*, s. l., janvier 2001, p. 124-129.

75 Léonor de Rohan est la sœur de Jacqueline de Rohan († 1578), première épouse de François de Balsac, fils de Guillaume, neveu et héritier de Jeanne de Graville.

fond architecturé du même gris, sur lequel se détache l'éclat de la robe et des ailes de Raison. Dans les scènes d'extérieur, composées comme un tableau, les personnages occupent la place centrale, laissant peu de marge pour des détails d'arrière-plan. Dans toutes les miniatures, la personnification de Raison est représentée avec la même vêture blanche ombrée de rose ; quant à la « dame pasmée », présente sur 7 d'entre elles, elle porte des robes de teintes différentes mais de même forme, apparemment caractéristique de la mode du premier quart du XVIe siècle.

• BnF, NAF 19738

Velin, 200 x 140 mm, 22 feuillets [les 2 premiers non numérotés] précédés et suivis de deux gardes papier du XVIIe siècle et d'une contregarde papier marbré. Écriture bâtarde à longues lignes (33 par pages) ; réglure à l'encre rouge. Reliure maroquin rouge aux armes du chancelier Séguier. Double encadrement de filets dorés avec fleurs de lys aux coins de l'encadrement intérieur, semis de fleurs de lys au dos. Tranches dorées. Orné de 8 miniatures (f. 1 r°, 2 r°, 3 v°, 5 r°, 8 r°, 9 v°, 11 r°, 13 r°).

Incipit : « Ung jour pesant morne et fastigue que je estoys seul en ma chambre sur ung lit de cam. »
Explicit : « Or demourasmes aveques pacience actendent avoir a la fin de noz jours ce quelle nous avoit promis ou nous puissions par bonnes euvres pervenir. Amen. »

– Provenance

En bas du 2e feuillet de garde papier est noté : *Ce manuscrit a été déposé à la Bibliothèque Nationale par la Société Nationale des Antiquaires de France le 24 avril 1989.*
Sur le 1er feuillet velin non numéroté : *Livre de Morale*
Et au-dessous : *Traité de Morale sur la fortune* [titre du XVIIe s.]
Et, en bas de page :
A la Société nationale des Antiquaires de France comme gage respectueux de
Nicolas Soultanoff
St Petersbourg
18 $^{15}_{III}$ 91

Après la dernière ligne de texte, f. 15 v°, est portée la mention : *ex Museo Petri Dubrowsky.*

Le manuscrit, offert à la Société Nationale des Antiquaires par Nicolas Soultanoff, professeur d'archéologie à Saint-Pétersbourg, a appartenu, au XVIIe siècle, au chancelier Séguier ; à sa mort, en 1672, il devient la propriété de son petit-fils, Henri-Charles de Coislin, évêque de Metz jusqu'en 1732, qui le lègue ensuite à l'abbaye de Saint-Germain-des-Prés, où il fut probablement volé en 1791, avec bien d'autres manuscrits. Un secrétaire de l'ambassade russe à Paris, Pierre Dubrowsky, en fit l'acquisition et les céda, en 1805, au gouvernement russe[76].

– Les enluminures

Réalisé par un autre enlumineur – Le maître des entrées de Paris[77] ? – que celui du NAF 28878, le programme iconographique suit la même distribution, mais avec quelques différences notables dans la représentation. Miniature 1 : C'est un homme d'église qui remet à la dame, allongée sur un lit, la lettre porteuse de mauvaises nouvelles. Sur le baldaquin est inscrite la devise, *Sola fides sufficit ad firmandum cor s[incerum]* tirée du *Pange lingua.* Miniature 3 : Raison aide la dame à se relever, du sol de sa chambre, pour lui expliquer que « Fortune, c'est Dieu ». Miniature 4 : la Misère de ce monde est figurée par une femme sur les flots, le pied gauche sur une sphère, dénudée jusqu'à la taille, et tenant une voile ; sur la rive deux couples d'hommes se combattent à l'épée et, dans les vagues, des corps surnagent.

76 Voir H. Omont, « Note et communication », *Bulletin de la Société nationale des Antiquaires de France*, Paris, Klincksiek, 1891, p. 154-157 ; et M. Sacquin, dans *Manuscrit du Moyen Âge et de la Renaissance. Enrichissements du département des Manuscrits, 1983-1992*, dir. J. Sclafer, Paris, BnF, 1994, p. 104-106.

77 Selon M. D. Orth, « Dedicating Women : Manuscript Culture in the French Renaissance, and the Cases of Catherine d'Amboise and Anne de Graville. », *Journal of the Early Book Society*, dir. M. W. Driver, vol. 1, n° 1, 1997, p. 21 ; et *Renaissance manuscripts : the sixteenth century*, Londres, Hervey Miller, 2015, vol. 2, Catalogue n° 22, où l'on trouvera une description du manuscrit qui est, comme le NAF 28878, consultable sur Gallica.

• Londres, Sam Fogg *Rare Books and Manuscripts*

Velin, 216 x 152 mm, 24 feuillets, précédés et suivis de 2 feuillets de garde papier ; 22 lignes par page, écriture gothique bâtarde ; orné de 8 miniatures (f. 1 r°, 2 v°, 6 r°, 8 r°, 12 r°, 14 r°, 16 v°, 19 v°).
F. 1 r° : écu parti aux armes de Catherine d'Amboise

Incipit : « Ung jour pesant morne et fasitiguee que jestois seule en ma chambre sur ung lict de cam »
Explicit : « Or demourasme avecques Pacience, actendent avoir a la fin de nos jours ce qu'elle nous avoit promis ou nous puissions par bonnes euvres parvenir. Amen. »

– Provenance

Ex libris John Ruskin [1819-1900] – Brantwood.
Vente Sotheby's 24 août 1930[78].

– Les enluminures

Un troisième artiste a réalisé le programme iconographique de ce manuscrit qui suit la distribution du NAF 28878 et du NAF 19738. Comme le NAF 28878, c'est un chevalier vêtu de noir qui remet la lettre à Katherine. La variante la plus notable se trouve encore dans la miniature 4, « la misere de ce monde[79] » : [Fortune] est un homme assis dont les pieds sont posés sur le globe du monde ; il est habillé

78 Voir Sam Fogg, *Illuminated manuscripts : an exhibition at the Blumka Gallery from January 27 to February 12, 1999*, Londres, Sam Fogg, 1998, p. 128-131. Ce catalogue reproduit les miniatures du f. 1 r° et 8 r°. Nous donnons l'*incipit* d'après la reproduction du f. 1 r° et non d'après le catalogue qui, par erreur, transcrit *seul* au lieu de *seule*. – Pour des comparaisons entre les miniatures des trois manuscrits, dont le programme iconographique suit la même distribution, il faut se référer à l'article de Myra D. Orth, qui a pu consulter ce manuscrit de Londres (« Dedicating Women : Manuscript Culture in the French Renaissance, and the Cases of Catherine d'Amboise and Anne de Graville. », art. cité, p. 17-39) ainsi qu'à Sandra Hindman et Ariane Bergeron-Foote, qui donnent une description complète du manuscrit (*Flowering of Medieval France Literature. « Au parler que m'aprist ma mere »*, Londres, Paul Holberton, 2014, p. 202-217).

79 Reproduite dans *Flowering*, p. 205, ainsi que les miniatures 3 (« Raison explique à Catherine ce qu'est Fortune », f. 6 r°), 4 (« La misere de ce monde », f. 8 r°), 7 (« Catherine et Raison sur le chemin de Patience », f. 16 v°) et 8 (« Catherine dans le parc d'Amour divine », f. 19 v°).

richement (manteau de fourrure et jambières d'armure) seulement sur son côté droit, celui où apparaît un personnage avec épée et lance, vêtu moitié en jaune, moitié en rouge. À sa gauche, une femme, pieds nus, robe dorée déchirée, tient une épée et une verge.

– Attribution, datation, destination

Des trois manuscrits conservés, un seul (ms. Fogg) porte l'écu parti de Catherine d'Amboise, le NAF 28878 présentant celui des Amboise. Contrairement au livre des *Prudens* et aux *Espiltres*, la *Complaincte* n'inscrit pas dans son texte même le nom de Katherine d'Amboise, mais le NAF 28878 et le Fogg comprennent plusieurs développements autobiographiques (f. 4 r°-5 r°) par lesquels l'autrice se dévoile. Dans l'*incipit* du BnF fr. 19738, le narrateur se désigne au masculin mais au féminin dans BnF NAF 28878 et Fogg.

La datation pose des questions plus complexes. L'évocation de la mort de Georges d'Amboise († 1510) et celle des frères de Catherine (f. 5 r°-v°), Louis II d'Amboise († 1511[80]) et Charles de Chaumont d'Amboise († 1511), « au service du roy decedé », montreraient que la rédaction ne peut être antérieure à 1515 – date de la mort de Louis XII. Mais la fiction autobiographique semble situer le récit en 1511 :

> [...] m'avez presentement envoyé nouvelles de la chose que plus je doubtoie, c'est la mort de mes bons freres [...] (f. 5 v°)

Les lettres closes qui sont remises par le « chevalier vestu de noir » (f. 1 v°) apparaissent bien comme l'annonce de la mort de Charles et de Louis, et la dame éplorée qui accompagne la protagoniste[81] sur le chemin de Patience pourrait évoquer Jeanne de Graville, épouse de Chaumont d'Amboise[82]. S'il est plausible alors que Catherine ait

80 La date de 1517, indiquée parfois, pour la mort de Louis II d'Amboise, ne peut être retenue car le 15 juin 1511, son successeur, Charles Robertet, prend possession de l'évêché d'Albi. Louis d'Amboise meurt en Italie, le 3 mars 1511, à la suite d'un pèlerinage à Lorette, en compagnie de son cousin, François-Guillaume de Castelnau. Voir M. H. Fisquet, *La France pontificale (Gallia christiana). Histoire chronologique et biographique des archevêques et évêques de tous les diocèses de France, Métropole d'Avignon*, Paris, Étienne Repos, 1864, p. 510.

81 « Je ne la voulu sur ce interroguer, car bien je savois la cause de sa douleur. » (f. 20 v°).

82 F. Buttay-Jutier propose une autre interprétation, en se fondant sur une illustration du ms. NAF 19738, f. 11 r° : la dame éplorée serait Louise de Savoie après la défaite de

offert cette *Complaincte* consolatoire à sa belle-sœur[83], il n'est guère compréhensible qu'elle l'ait composée quatre années après que le malheur avait frappé. Le curieux changement de temps verbal dans la phrase

> [...] la mort de mes bons freres, dont cardinal l'un *estoit*, tant plain de vertus et de science exquise, et l'autre *estoit* chevalier et grand maistre de France, gouverneur de Millan et lieutenant general ès guerres ytalienes, liguriennes et venicienes où il *est* au service du roy decedé, qui *estoit* le vray escu et support de nostre maison [...]. (f. 5 v°)

laisserait supposer, avec quelque vraisemblance, que le copiste de ce manuscrit, travaillant après 1515, a cru bon d'actualiser partiellement la *Complaincte*, rédigée en 1511.

Les Espiltres, BnF fr. 2282

Velin, 215 x 150 mm, 19 feuillets, précédés d'un feuillet de garde non numéroté ; écriture du XVIᵉ siècle à longues lignes ; réglures à la mine de plomb. Reliure velours brun foncé sur ais de bois. Orné de trois miniatures.
F. 1 r°, en bas et au milieu de l'encadrement de la miniature, écu parti de Catherine d'Amboise.

– Provenance

Bibliothèque royale ; les feuillets 1 r° et 18 v° en portent l'estampille ronde (les trois lys surmontés de la couronne royale) avec la mention *Bibliothecae regiae.* La cote de l'ancien fonds figure en haut à droite du f. 1 r° : *8033*.

Pavie (*Fortuna. Usages politiques d'une allégorie* morale *à la Renaissance*, Paris, Presses de l'Université Paris-Sorbonne, 2008, p. 150-151).

83 La provenance du NAF 28878 qui fut dans la collection de Léonor de Rohan Guémené, sœur de Jacqueline de Rohan, première épouse du fils de Guillaume de Balsac, héritier de Jeanne de Graville, donne poids à cette hypothèse. Myra Orth, qui a très justement attiré l'attention sur l'ex-libris de ce manuscrit, en déduit, quant à elle, que Catherine aurait pu composer la *Complaincte* après la mort de son neveu Georges, à Pavie, en 1525 (Voir « Family Values : Manuscripts as Gifts and Legacies among French Renaissance Women », *Journal of the Early Book Society*, 2001, art. cité, p. 92 ; *Renaissance manuscripts*, ouvr. cité, n° 22). Mais comment comprendre alors que Catherine, énumérant ses deuils, n'évoque aucunement la mort de son neveu ?

Sur le verso du feuillet de garde est noté, dans une écriture cursive du XIXe siècle (?) : *Poesies de Catherine d'Amboise, mariée en secondes noces à Philberd de Beaujeu, chambellan de François Ier*. Au centre inférieur de ce folio est apposé le chiffre 363.

– Les enluminures

Les trois enluminures, placées au début de chacune des épîtres, occupent les 4/5e de la page, suivies d'une lettrine ornée et de quatre lignes de texte. Les motifs ornementaux des cadres sont différents pour chacune d'entre elles, mais le programme iconographique est analogue pour les trois. Katherine d'Amboise y apparaît dans la même position, avec les mêmes vêtements et le même attribut – un livre ouvert –, au milieu du même type de paysage, et toujours accompagnée d'une autre dame dans une semblable attitude, mais en retrait. La partie haute de l'image, réservée aux destinataires des épîtres et au messager angélique, figure avec cohérence la progression du récit, la 3e miniature rassemblant dans un seul tableau, tous les protagonistes.

– Datation

Aucun élément linguistique, stylistique ou référentiel inhérent au contenu de cette œuvre ne permet d'arrêter une date précise de composition. Les hypothèses qu'il est possible de formuler se fondent à la fois sur les sources de Catherine d'Amboise et sur l'iconographie du seul manuscrit connu.

La première *espiltre* est, comme nous l'avons signalé, une récriture d'une lettre spirituelle en vers que Jean Bouchet a dédiée à sa mécène Gabrielle de Bourbon lorsqu'il était à son service, entre 1510 et 1516[84]. Comme la dame de Lignières entretenait avec Gabrielle un lien familial[85], il est peu probable qu'elle ait repris ce texte du vivant de sa parente. Il est encore moins vraisemblable qu'elle l'ait fait après 1545, date à laquelle les *Epistres morales et familieres du Traverseur* ont été publiées.

---

84 L'*Epistre envoyée par l'acteur à ladicte Vicontesse de Thouars, en la personne de l'ame, qui rescrit à son amy par amours Jesus, par le bon Ange* n'est apparemment pas datable plus précisément (J. Britnell, *Jean Bouchet*, Édimbourg, UP, 1986, p. 286).

85 Voir plus haut, note 49 et Généalogie, p. 15.

L'étude des enluminures effectuée par Myra D. Orth et François Avril a permis cependant une datation autour de 1525-1530 ; en conséquence, nous retiendrons, pour la composition des *Espiltres*, une amplitude temporelle située entre 1516 et 1530[86].

NOTES DE LANGUE

Les remarques qui suivent ne prétendent pas à une étude exhaustive ; elles ont pour but de faciliter la lecture et la compréhension du texte. Lorsque des différences notables apparaissent entre le manuscrit des *Prudens* (*P*), celui de la *Complaincte* (*C*), et celui des *Espiltres* (*E*) nous les signalons. Pour ne pas alourdir la présentation, nous ne donnons qu'un nombre limité de renvois.

Vocalisme

– *a* en hiatus, maintien graphique : *paeur* (*P* 15 v°), *aournée* (*P* 22 v°) ; *paour* (*C* 16 v°) ; *aornée* (*E* 10 r°)
– alternance *a*/*au* : *sçaroit* (*P* 14 v°) / *sçauroit* (*P* 89 r°) ; *sçauroit* (*E* 8 r°) / *sçaroist* (*E* 11 r°)
– alternance *ai*/*e* : *jamès* (*P* 4 v°) / *jamais* (*P* 63 v°), *mectz* (*P* 11 r°) / *mais* (*P* 11 v°), *fesant* (*P* 27 v°) / *faisant* (*P* 27 v°) ; *mais* (*E* 1 r°) / *mès* (*E* 15 v°)
– alternance *aige*/*age* devant chuintante : *sage* (*P* 6 r°) / *saige* (*P* 104 v°). Mais préférence pour la graphie *aige* dans *P* et *C* : *compaigne* (*P* 2 r°), *visaige* (*P* 80 r°), *passaige* (*P* 105 r°) ; *langaiges* (*C* 11 r°), *bocaiges* (*C* 12 r°), *personnaiges* (*C* 16 r°) ; *lignaige* (*E* 5 r°) / *lignage* (*E* 10 r°)
– alternance *a*/*e* devant *r* : *aparceustes* (*P* 9 v°) / *aperceustez* (*P* 31 v°) ; *caterres* (*C* 14 v°) ; *pecharresse* (*E* 7 v°), *espergner* (*E* 16 r°)
– alternance *a*/*e* pour les nasales : *excellante* (*P* 7 r°) / *excellente* (*P* 33 v°), *comprandre* (*P* 8 v°) / *comprendre* (*P* 22 r°), *pourpancer* (*P* 17 r°) / *pourpencer* (*P* 19 r°) ; *prendre* (*C* 4 v°) / *prandre* (*C* 10 v°) ; *habandonnée* (*E* 2 v°) / *habendonné* (*E* 9 r°)
– alternance *ai*/*ei*/*e* : *delesser* (*P* 3 r°) / *delaisseray* (*P* 17 r°), *paine* (*P* 1 v°) / *peine* (*P* 87 v°), *paraillement* (*P* 5 v°) / *pareillement* (*P* 70 v°) / *parelz* (*P* 9 v°) ; *parail* (*E* 5 r°) / pareil (*E* 17 v°)

86 Nous remercions aussi Cynthia J. Brown, Anne-Marie Legaré, Elisabeth L'Estrange, Marie Beth Winn dont les conseils ont été précieux.

- alternance *i/e* : *premier* (*P* 6 v°) / *primier* (*P* 7 v°) ; la forme *primier* est absente de *C* où l'on trouve une occurrence de *promier* (*C* 17 r°)
- alternance *ei/i* : *milleure* (*P* 5 v°) / *meilleure* (*P* 63 v°) ; *milleur* (*E* 15 r°)
- *e/u* : *fumelle* (*P* 15 r°)
- alternance des graphies *ins(e)/is(e)* : *pris/comprins* (*E* 10 r°), *entreprins* (*E* 7 v°), *emprinses* (*E* 8 r°)
- alternance des graphies *i/y* dans *P*, *C* et *E*
- maintien ou non du *ie* après chuintante : *chief* (*P* 46 r°) / *derechef* (*P* 46 r°) ; *chief* (*C* 5 v°) ; *cheif* (*E* 7 v°)
- maintien ou non de formes avec voyelle d'appui *e* : *esperit* (*P* 1 v° ; *C* 7 v° ; *E* 8 v°) / *esprit* (*P* 63 r°)
- alternance *eu/ou* : *seuffrir* (*P* 4 v°) / *souffrir* (*P* 8 r°), *demourer* (*P* 4 v°) / *demeurerent* (*P* 85 r°), *treuvent* (*P* 33 v°) / *trouva* (*P* 35 v°) ; *plourant* (*C* 9 r°), *teurmentent* (*C* 14 r°) ; *demourée* (*E* 3 r°)
- alternance *o/ou* : *proumesse* (*P* 4 v°) / *promesse* (*P* 82 r°), *houneur* (*P* 3 r°) / *honneur* (*P* 5 v°), *toust* (*P* 88 r°) / *tost* (*P* 101 v°) ; *arrousa* (*C* 2 r°), *tormenter* (*C* 3 v°), *chouse* (*C* 9 v°), *courrocer* (*C* 16 v°) ; *soppire* (*E* 8 r°), *promettre* (*E* 17 r°) / *proumect* (*E* 17 r°), *repoux* (*E* 18 r°)
- réduction de *oi* à *o* devant consonne nasale : *pognée* (*C* 8 v°)
- hésitation entre *eu* et sa forme réduite *u* : *murtriere* (*P* 4 r°) / *meurtrier* (*P* 30 v°), *futeur* (*P* 1 r°) / *future* (*P* 16 r°), *fleuve/fluve* (*P* 52 v°), *peur* (*P* 59 v°) / *pur* (*P* 108 r°) ; *sousteneu* (*C* 4 r°), *pluresiz* (*C* 14 v°) ; *assure/asseurant* (*E* 9 r°)
- réduction de *ui* à *i* : *bissonnet* (*E* 10 r°), *escondire* (*E* 14 r°)
- réduction *ueil/euil* à *eil* : *veillez* (*E* 1 r°), *veil* (*E* 14 r°)
- maintien de la graphie savante *un* : *umbre* (*P* 2 v°), *succumbée* (*P* 4 r°), *profunde* (*P* 5 r°) ; *presumption* (*C* 9 r°), *calumpnyeux* (*C* 15 v°) ; *volunté* (*E* 8 v°)
- évitement de la séquence *eee* au féminin : *creé* (*P* 8 v°)
- redoublement discriminant du *u* : *desceuue* (*P* 9 r°), *deuue* (*P* 10 r°), *receuue* (*P* 13 r°)

Consonantisme

- amuïssement ou non du *b* et du *d* implosifs : *otemperer* (*P* 9 v°), *hostiné* (*P* 49 v°), *avint* (*P* 51 r°), *adversité* (*P* 4 r°) ; *oscure* (*C* 4 v°), *aversitéz* (*C* 6 v°) / *adversités* (*C* 9 r°), *obstinés* (*C* 9 r°) ; *ostinée* (*E* 7 v°)

– hésitation dans la graphie *c/ch* : *arriva ces Abel* (*P* 55 v°) / *chez luy* (*P* 43 v°) ; *chailloux* (*C* 20 v°), *sercher* (*C* 17 r°)
– *c* et *s* confondus devant *e* et *i*, en position initiale des monosyllabes : pronom démonstratif et pronom réfléchi *ce/se* dans *P*, *C* (1 seule occ. 6 v°) et *E*.
– alternance *c/ct/tt/t* : *descripction* (*P* 1 v°) / *description* (*P* 15 r°), *reverberacion* (*P* 3 r°), *expettacion* (*P* 5 v°), *forfaicture* (*P* 8 v°) / *forfaitture* (*P* 10 v°), *mactiere* (*P* 51 v°) / *matiere* (*P* 53 v°) ; *lectre* (*C* 1 v°), *complaincte* (*C* 2 v°), *vexaction* (*C* 3 v°), *Grectz/Grecz* (*C* 11 r°), *regrectz* (*C* 5 v°) / *regret* (*C* 16 r°) ; *traicté* (*E* 11 r°), *dicté* (*E* 16 r°)
– alternance *c/sc/ss/s/x* : *fasson* (*P* 2 r°) / *façon* (*P* 69 r°), *abscenterent* (*P* 2 v°) / *absentas* (*P* 13 r°), *commenssas* (*P* 13 r°) / *commença* (*P* 88 r°), *Pascience* (*P* 4 r°) / *Pacience* (*P* 134 v°), *scienne* (*P* 6 r°) / *sienne* (*P* 63 v°), *scens* (*P* 9 r°) / *sens* (*P* 79 r°), *sessa* (*P* 9 v°) / *cessa* (*P* 28 v°), *ainxi* (*P* 9 r°) / *ainsi* (*P* 9 v°) / *ainssi* (*P* 43 v°), *conscitoire* (*P* 18 r°) / *consistoire* (*P* 18 v°), *rasse* (*P* 19 v°) / *race* (*P* 67 r°) ; *pascience* (*C* 9 v°) / *pacience* (*C* 17 v°) ; *transcy* (*E* 1 v°), *abscentera* (*E* 17 r°)
– échange graphique *j/g* : *pourrai ge* (*P* 5 v°), *getté* (*P* 10 r°) ; *subgectz* (*C* 11 v°) ; *getter* (*E* 7 v°)
– amuïssement ou non de *h* : *orreur* (*P* 11 r°), *homme* (*P* 6 v°) / *omme* (*P* 9 v°), *heure* (*P* 9 r°) / *eure* (*P* 15 v°), *honneur* (*P* 4 r°) / *ouneur* (*P* 25 r°) ; *eure* (*E* 8 r°), *orreur* (*E* 3 v°)
– déplacement ou ajout de *h* : *iherarchyez* (*P* 22 r°), *thué* (*P* 46 v°), *heut* (*P* 33 v°) ; *hors* [ords] (*E* 7 v°), *heusse* (*E* 8 r°), *throsnes* (*E* 8 v°)
– alternance de la graphie *n/m* en finale et à l'intérieur d'un mot devant les sonores *b*, *m*, *p* : *renon* (*P* 5 v°), *inprudence* (*P* 2 v°) / *imprudence* (*P* 63 v°), *menbres* (*P* 13 r°) / *membre* (*P* 98 v°), *non* (*P* 18 r°, 20 r°, 34 r°, 39 r°) / *nom* (*P* 23 v°), *em* (*P* 16 v°) ; *inmarcessible* (*C* 18 r°) ; *aucum* (*E* 2 r°), *em* (*E* 8 v°)
– métathèse de *r* : *inproveu* (*P* 13 r°), *pourpoctz* (*P* 18 v°) ; *pourpos* (*E* 8 v°), *percursant* (*E* 12 r°)
– maintien du *r* médian dans *plurieux* (*P* 1 r° – après le f. 60 v°, une seule occurrence)
– amuïssement de *r* : *abre* (*C* 19 v°)
– échange entre *n palatal* et *n* : *resnez* (*P* 22 r°) / *resgnerez* (*P* 22 r°), *magnierez* (*P* 27 v°) / *maniere* (*P* 72 v°), *inorance* (*P* 33 r°) / *ignorance* (*P* 15 v°), *preigne* (*P* 23 v°) / *prenant* (*P* 57 r°)

- échange graphique *n/u* et *u/n* : *neaumoinctz* (*P* 6 v°), *donner* (*P* 1 v°) / *douné* (*P* 4 v°), *on* [ou] (*P* 24 v°, 50 r°) – Propre à *P*
- échange graphique *t/d* en fin de mot : *grant* (*P* 3 r° ; *C* 20 v°) ; *ort* (*E* 10 v°)
- *s*, *z*, *x*, *r* confondus en fin de mot dans *P*, *C* et *E*
- consonne (*r*, *s*) redoublée après le *a* proclitique : *assouffrir* (*P* 8 r°), *assavoir* (*P* 16 v° ; *C* 23 r°) ; *arrequoy* (*E* 10 r°)
- redoublement de consonnes : *seulle* (*P* 2 v°), *souppirer* (*P* 3 v°), *genrre* (*P* 4 r°), *enffer* (*P* 11 r°), *rempplie* (*P* 12 r°), *bruttes* (*P* 14 v°), *enffans* (*P* 15 r°), *disertte* (*P* 17 r°), *pecchearresse* (*P* 22 v°), *superbbe* (*P* 27 v°) ; *ellevéz* (*C* 1 v°), *volle* (*C* 2 r°), *voullés* (*C* 6 v°), *villainnement* (*C* 11 r°) ; *seullement* (*E* 2 r°)
- graphie latinisante par insertion des consonnes *b*, *c*, *l*, *p* : *soubz* (*P* 1 r°), *parfaicte* (*P* 19 r°), *fruictz* (*P* 92 v°), *coulpe* (*P* 8 v°), *chapiltre* (*P* 15 v°), *descripre* (*P* 1 v°) ; *maulvaise* (*C* 1 v°), *mauldict* (*C* 6 v°), *subgectes* (*C* 14 r°), *escript* (*C* 8 v°) ; *Principaultés* (*E* 11 r°), *sepme* (*E* 12 v°)
- maintien de la forme *espiltre* < *epistula* dans *E*
- concurrence des formes *esperit* (*E* 5 v°) / *Esperilz* (*E* 12 v°)

Morphologie

– Articles

L'article défini présente des formes d'enclise dans *P* et *C* :

- en le, dans le > *ou* : *ou lieu dont j'estoie sortie* (*P* 3 r° – souvent graphié *on*) ; *mectre ou chemyn* (*C* 20 v°)
- en les> *es* : *ès ensciennes hystoires* (*P* 86 r°), *ès maisons de Anne* (*C* 26 v°)

– Possessifs

Dans *P* et *E* coexistent les deux formes d'adjectifs possessifs : *mon*/*a* (dominant très nettement) ; *le myen* / *la myenne* ; *men* féminin singulier (*men matiere* *P* 58 r°)

– Démonstratifs

Dans *P*, *C* et *E* sont attestées les différentes formes des séries *cist*, *cil*, *ce*.

- *cestuy*, *cest* ; *ceste*
- *sil* [*cil*], *celuy* ; *celle*, *cel* f. ; *ceulx* ; *celles* ; *iceluy* ; *icelle* ; *iceulx* ; *icelles*
- *ce* ; *ces* ; [*cen*] (*sen que dict est davant P* 14 r°)

Mais *C* et *E* marquent une nette préférence pour l'adjectif démonstratif masculin *ce*.

– Pronoms personnels

Persistance des formes :
il féminin singulier (*P* 2 r°)[87]
ilz féminin pluriel (*E* 17 v°)
el féminin singulier (*P* 18 r° – *E* 13 v°)
il masculin pluriel (*C* 9 v°)
qui pour *qu'il* (*P* 9 v°)
y pour *il* (*C* 10 v°)
si pour *s'il* ou *s'ils* (*P* 85 v° ; *E* 10 v°)

– Verbes

Esse pour *Est ce* (*P* 11 r° – *E* 4 v°)
présent P1 désinence Ø : *doi ge* (*P* 58 v°)
parfait P1 alternance désinence *ai/e* : *transporté* (*P* 1 v°), *me trouvé* (*P* 3 v°) ; *commencé* (*C* 2 r°) / *commençay* (*C* 3 v°) ; *Je t'oublié* (*E* 2 v°), *j'é* (*E* 11 r°)
subjonctif imparfait P 3 [vouloir] : *vausist* (*P* 16 v°)
impératif 1er gr. désinence *s* : *impetrez* (*E* 8 v°)
impératif 3e gr. désinence Ø : *pren* (*P* 52 v°) *vien* (*E* 12 v°) *Dy* (*E* 15 r°)
futur : amuïssement du *e* thématique *goustroye* (*P* 9 r°), *donrray* (*P* 19 r°)

87 Selon C. Marchello-Nizia, « cet emploi est rare et semble caractéristique des dialectes de l'Est et du Nord » (*La Langue française aux* XIVe *et* XVe *siècles*, Paris, Armand Colin, 2005, p. 222).

– Prépositions

o = *avec* : *o toute diligence* (*P* 64 v°, 72 v°)[88]
pour marquant la cause : *Pour le parler du faulx serpent* (*E* 2 v°)

– Adverbes

Dont = d'où (*P* 3 r°, 5 r°, 16 v°, 17 v°, 18 r°, 20 v°, 32 v°, 38 v°, 58 r°, 60 r°, 63 v°, 67 r°, 72 r°, 76 r°, 84 v°, 95 v°, 108 v°, 109 r° ; *C* 18 r°) – marque aussi la cause = donc, alors (*P passim*)
Illec = en ce lieu (*C* 4 v°, 11 r°, 21 r° ; *P* Ø occ. ; *E* Ø occ.)
Si = ainsi (*P* 9 r°, 12 r°, 39 r°, 43 v°, 83 v°, 108 r° ; *C* 25 r°) ; aussi (*P* 98 v° ; *C* 15 v° ; *E* 9 r°) ; tellement, à tel point (*P* 6 r°, 13 v°) ; pourtant, néanmoins (*P* 18 v°, 24 r°)
Si que = de sorte que (*P* 95 v° ; *E* 7 v°)

– Conjonctions

Que : valeur causale = car (*E* 17 v°) ou consécutive = de sorte que (*P* 4 v°)
Que : valeur comparative = comme (*P* 9 r°)

– Syntaxe

- réduplication synonymique : *ramentevoir et ramener à memoire* (*P* 4 r°) ; *tollut et ousta* (*P* 4 v°), *aymée et cherye* (*E* 1 v°) ; *mesurer et compasser* (*E* 2 r°) ; *paine et labeur* (*E* 3 r°), *Pour et affin* (*E* 8 r°) – Ce phénomène n'est pas notable dans *C*
- sujet postposé : *me augmenta le couraige* (*C* 20 r°-v°), *entreprist ladicte dame faire le chemyn* (*C* 21 r°) ; *ce mect à l'aventure / Ta povre serve* (*E* 1 v°)
- pronom personnel complément indirect placé immédiatement avant le verbe : *Je la t'envoye* (*E* 9 r°), *luy mesme le m'afferme* (*E* 9 v°)
- antéposition du participe passé : *agitée fus et assaillie* (*P* 1 r°) ; *reprins avés contre moy* (*C* 6 r°), *livré m'avés* (*C* 6 r°), *faictes furent* (*C* 10 v°) ; *pour espouse prise as* (*E* 3 v°)

---

88 Une préposition qui apparaît au XVIe siècle comme un mot dialectal des régions de l'Ouest (C. Marchello-Nizia, p. 345).

– participe passé séparé de l'auxiliaire par le complément : *j'ay contre vous fait* (C 6 v°) ; *fus à vice habandonnée* (E 2 v°)
– infinitif complément antéposé au verbe : *laquelle disner nous feit ensemble* (C 21 r°)

ÉTUDE DES *PRUDENS ET IMPRUDENS*

Contenu

– Le cadre allégorique

f. 1 r°-2 v° Apparition de Justice mauvaise et de Trahison devant Katherine, écrasée de tristesse.
f. 3 r° Oraison au Christ et à la Vierge.
f. 3 v° Apparition de Prudence ; son discours de consolation.
f. 6 r° Katherine projette d'écrire une œuvre où Prudence sera commémorée.
f. 6 r°-v° L'annonce de la composition : par chapitres, définis par leur titre, traitant des hommes et des femmes, depuis le premier âge jusqu'au 6e âge du monde.

– Le recueil de cas en douze livres

f. 6 v°-26 r° Premier âge
f. 6 v° à 17 v° Livre I
Après un éloge de Prudence, 5 cas d'imprudence – Adam et Ève, Luciabel, Caïn, Lamech, les imprudents du temps du Déluge – suivis d'un chapitre sur Imprudence, cause de tout le mal.
f. 17 v° à 26 r° Livre II
Katherine soudain endormie songe qu'elle est transportée jusqu'au consistoire divin où Prudence, après lui avoir présenté la Trinité, l'engage à mettre en mémoire ce qu'elle a vu.
Avant de poursuivre, Katherine demande aide à la Vierge Marie (21 r°), puis aux anges. Trois cas de prudents sont alors retenus : Abel, Énoch, Noé.
f. 26 r° à 39 r° Second âge
f. 26 r° à 31 v° Livre III
Katherine regrette de devoir commencer ce livre avec le très imprudent Cham que suivent Nemrod, Ninus, Sémiramis, Linus et les idolâtres assyriens.

f. 31 v° à 39 r° Livre IV
Melchisédech-Sem, « souche » de la Vierge Marie, donne « lustre » à l'ouverture du livre qui se poursuit avec Minerve, Cérès, Isis, Cécrops et Abraham.
f. 39 r°-62 v° Tiers âge
f. 39 r°-48 r° Livre V
Pour « detester les invertueux » du tiers âge, Katherine choisit en tout premier Pharaon, puis Dâtan et Abirâm, les adorateurs du veau d'or, Laïus, Amphiaraos et Saül.
f. 48 r°-62 v° Livre VI
Joseph, fils de Jacob, le très parfait, introduit la liste des vertueux, qui comprend Josué, Déborah, Ruth, Anne, mère de Samuel, et s'achève avec Ascagne (f. 60 v°), de la lignée des César à laquelle Katherine appartient ; elle ne présente aucun autre vertueux pour ce troisième âge, puisqu'elle a projeté de ne mettre en chaque livre que six chapitres.
f. 62 v°-85 v° Quatrième âge
f. 63 r°-76 v° Livre VII
Katherine, pour ne rien laisser inachevé, poursuit son entreprise, avec l'aide du Saint Esprit et de Prudence. Absalon est le premier exemple d'imprudence, puis viennent Roboam, roi de Juda, Jéroboam, roi d'Israël, Jézabel, Sennachérib, Jéchomas [Yehoyaqim], roi de Juda.
f. 76 v°-85 v° Livre VIII
Avec l'aide de Prudence, Katherine espère parler comme il convient de David ; elle donnera ensuite place à la reine de Saba, à Élie, à Ézéchias, à Jérémie. Puis, pour exalter la « noble tige française » dont elle est issue, elle narre l'histoire de Francus.
f. 85 v°-107 r° Cinquième âge
f. 85 v°-96 v° Livre IX
Se suivent comme imprudents, Balthazar, roi des Caldéens, Sardanapale, Tullia, les juges de sainte Suzanne, Holopherne et Aman.
f. 96 v°-107 r° Livre X
Zorobabel, de la généalogie de la Vierge, est suivi de la mère des Maccabées, de Judas Maccabée. Pour ne pas ennuyer le lecteur, Katherine laisse alors les histoires « bibliennes » (101 v°) pour parler de Jules César, de Cicéron et de Virgile.
f. 107 r°-136 r° [Sixième âge]
f. 107 r°-120 r° Livre XI

Néron l'infâme, « l'outrepasse » de tous les *invertueux*, est premier dans une suite où figurent Simon le Magicien, Julien l'Apostat, Mahomet, Brunehilde et le pape Jean XII.
f. 120 r°-136 r° Livre XII
L'empereur Constantin introduit la liste des vertueux, parmi lesquels Katherine choisit Clovis, Thierry, roi d'Italie, Arthur, roi d'Angleterre, Charlemagne et, enfin, Boèce (133 r°) pour parvenir au terme de son labeur.

Pour mieux donner la matière à entendre

Explicitement annoncé comme une commémoration de Prudence, que le cadre allégorique et la fiction autobiographique ont fait apparaître comme la « mere » consolatrice et « maitresse » de Katherine d'Amboise[89] (f. 5 v°), ce « primier coup d'essai » s'inscrit d'emblée dans la tradition de la littérature exemplaire et du *compendium*. La mise en valeur des règles de composition en est un élément obligé (f. 6 r°). Cette « petite opuscule » construite par chapitres, délimités par leurs titres pour « mieulx donner la matiere à entendre », suit un ordre chronologique, celui de l'histoire du monde, du 1er au 6e âge. La division en douze livres n'est pas expliquée ; elle se déduit toutefois de l'intention première : remémorer des *prudens* et des *imprudens* du 1er au 6e âge. Pour chaque âge existent donc deux livres parallèles, dont certains construits en miroir, parfaitement comme les livres I et II (Ève / la Vierge ; Lucifer / les anges ; Caïn/Abel ; Lamech/ Énoch ; Le Déluge / Noé), ou partiellement comme les livres V et VI. Au centre des *Prudens* (liv. VI, chap. 6), là où est magnifiée la lignée de César et donc la famille d'Amboise, la « descripvante » réaffirme son impératif de composition : « ma fantasie et object n'estoit d'escrire et mettre en chascun livre que six chapitrez » (60 v°)[90]. Le chiffre 6, celui de la création, de la perfection de l'œuvre[91] et le chiffre 12, celui des douze portes de la cité céleste (Ap., 21^{10-12}) donnent sens à l'itinéraire de Katherine et à celui du lecteur de bonne volonté qui « trouvera du fruict » (6 v°) à ces exemples édifiants.

89 Nous distinguons, comme précisé plus haut, Katherine, le personnage, et Catherine d'Amboise, l'autrice.

90 L'exception à cette règle, dans le livre I, est évidemment significative : le septième chapitre est consacré à Imprudence.

91 Saint Augustin, *Cité de Dieu*, *Œuvres II*, éd. L. Jerphagnon, Paris, Gallimard, « Bibliothèque de La Pléiade », 2000, liv. XI, chap. xxx, p. 463-464.

Comme la disposition du volume, le style adopté par Catherine d'Amboise relève d'une volonté didactique. D'une manière sentencieuse s'exprime l'exigence de clarté et de brièveté, car

> La chose breifve bien descripte est plus digne de memoire et à louer que longue narracion mal comprise. (f. 15 v°)

Cette règle de brièveté[92] est rappelée par des formules récurrentes : « pour narrer [...] en briefz termes », « pour en brief descripre », « en brief langaige » (f. 67 r°, 74 r°, 91 v°) ; « si je voulois tout au long descripre [...], serois par trop prolixe » (f. 101 r°, et 132 r°, 136 r°...). Le renvoi aux textes sources est également un procédé qui permet et justifie l'abréviation du récit : « Et qui plus des actez d'iceluy vouldra voir, le livre de Bouccace en parle plus amplement » (f. 27 v°) ; « Plus je n'en dis de se present chapitre, qui plus en vouldra voir *La mere des hystoirez* l'en fera sage » (f. 31 v°).

Le *topos* de l'ineffable vient aussi opportunément interrompre la narration lorsqu'elle touche aux vices. Ainsi des « sodomites » dont le nom ne figure même pas dans le titre du chapitre[93]. La spécificité revendiquée de la parole féminine impose également des silences :

> De quoy, en tant que moy, expositeur de ce present opuscule, suis femme, m'est plus d'honneur m'en taire que d'esposer telz faictz villains, par quoy m'en tais d'une partie pour la putrefaction d'iceulx. Qui amplement les vouldra veoir, regarde *La mere des histoires*, Bocace et Vincent l'Istorial où plus à plain les verra. (f. 87 r°-v°)

Il n'est pas, au reste, que la pudeur qui oblige au raccourci ; la narratrice circonscrit aussi les limites de son propos dans le domaine du pouvoir, civil et ecclésiastique. Si elle interrompt le récit des exactions du pape Jean XII, c'est « que ce n'est l'espac à feminyn sexe aucunement toucher des fais ecclesiasticques » (f. 119 r°). Enfin si elle ne développe

---

92 *Topos* de la littérature médiévale (E. Curtius, ouvr. cité, p. 487-494), la brièveté est une exigence explicite ou implicite que formulent de nombreux prologues. Voir par exemple Boccace, *Des cas et ruyne des nobles hommes et femmes*, Paris, J. du Pré, 1483, f. A iii v° : « [...] dès le commencement du monde jusques à nostre temps nous voulons briefment demener et descrire en appert les fortunes et cas d'aulcuns roys, ducz et autres nobles hommes et femmes [...] ».

93 « Je delesse à parler ne aulcunement toucher de leur infamye abhominable pour l'esnormité d'icelle. » (f. 39 v°)

pas davantage le chapitre sur Charlemagne, c'est que, appartenant au « pouvre sexe femynyn », elle craint d'en être reprise (f. 132 r°).

La *brevitas* n'interdit pas toutefois l'*amplificatio*, qui est alors soulignée comme nécessaire ; c'est le cas pour Jézabel, dont la mort par suicide se veut exemplaire – « Atant me tays car ledit chapitre a trop duré, mais impossible ne m'a esté plus abreger. » (f. 73 v°) – ou encore pour Jules César, dont la gloire rejaillit sur les Amboise : « Dont pour parler d'icelluy bien amplement, comme celle qui y prent son plaisir pour les vertus que descendent ou descendirent de luy, toucheray depuis sa naissance. » (f. 101 v°)

La modestie affichée de la « povre aprentisse » qui ne peut écrire qu'en « bas stille » puisque, femme, elle n'a pu « aller sà et là auxz universitéz » (f. 6 v°) n'implique évidemment pas l'ignorance des principes élémentaires de la rhétorique. Pour que les lecteurs et auditeurs tirent profit de ces histoires exemplaires, il faut qu'ils y trouvent le plaisir de la diversité :

> Tousjours maintenir ung propos souvant ennuye. Je diz ce que si cothidiennement parler voulois des histoires bibliennes seroit fastidieux aux oyans. (f. 101 r°-v°)[94]

Les *Prudens* usent de toutes les figures propres à la persuasion. Le dialogisme et la communication, largement exploités dans de nombreux chapitres, sont présentés comme un procédé efficace d'édification ou de mise en lumière d'un personnage, comme Ève :

> Car au personnage de qui est l'affaire, est plus parler que de le voir par escript. (f. 10 r°)

La fiction d'oralité, caractéristique de la diatribe[95], est particulièrement exploitée pour les « imprudens » et pour celle qui les représente tous, Imprudence (f. 16 r°-v°). Le procédé, encore souligné par les invocations, vitupérations qui introduisent certains chapitres, alterne avec un autre modèle, celui de l'*exemplum*, illustrant l'adage qui précède la narration[96].

---

94 Outre les deux personnifications, Prudence et Imprudence, 41 cas sont choisis dans l'Ancien Testament, 1 dans le Nouveau, 25 dans l'histoire antique et les chroniques, 3 dans la mythologie. On compte en tout 17 personnages féminins.

95 Voir M. Clément, *Le Cynisme à la Renaissance*, Genève, Droz, 2005, p. 100.

96 En particulier dans les livres IX, X, XI.

En termes femynins

Les expressions par lesquelles Katherine d'Amboise s'autodésigne « pouvre descripvante » (f. 68 r°) et définit son « labeur assez mal cultivé » (f. 133 r°), participent à la fois du *topos* d'indignité, propre aux compilations[97] et, plus particulièrement, de l'*excusatio* des écrits féminins. Toutefois, le motif du livre et de la lecture[98], présent dans le texte comme dans l'enluminure, dessine finalement une autre figure, celle d'une grande dame qui laisse là les « histoires bibliennes » pour ne pas lasser ses lecteurs mais aussi parce que l'on « pourroit dire qu'on n'auroit veu ny occuppé temps en aultre lieu ny estude » (f. 101 v°). Les renvois aux œuvres qui ont amplement traité des personnages qu'elle a retenus ne sont pas seulement dictés par l'exigence de brièveté ; ils accréditent aussi, par la formule récurrente « comme j'ai lu », la parole de l'« explorateure de se present volume » (f. 36 r°), doublement autorisée, par la grâce divine[99] et par la lignée à laquelle elle appartient. Le cinquième âge s'achève ainsi avec la louange de Cicéron et celle de Virgile, dont Katherine veut se montrer la débitrice aussi bien dans le texte – « à toy me tiens tenue et obligée » (f. 106 v°) – que dans l'illustration qui l'accompagne.

Catherine d'Amboise donne alors écho aux valeurs culturelles et aux débats du monde aristocratique qui est le sien, à l'aube de la Renaissance. De la même manière qu'elle fait place au mythe des origines troyennes de la « noble tige françoise » et aux réflexions morales sur la justice, elle laisse entendre sa propre voix dans la « Querelle des femmes ». Le traitement particulier de la figure d'Ève[100], dont le modèle ne se trouve ni chez Boccace, ni chez Christine de Pizan, inscrit de la sorte toutes les autres *prudentes* (12) et *imprudentes* (4) dans un affect personnel :

---

97 Voir *Prudens*, f. 6 r°, note 27.

98 Voir E. Berriot-Salvadore, « Les manuscrits de Gabrielle de Bourbon et de Catherine d'Amboise : miroir d'un itinéraire », *Dix ans de recherche sur les femmes de l'Ancien Régime : influences et confluences. Mélanges offerts à Hannah Fournier*, Presses de l'Université de Laval, 2008, p. 89-112.

99 Le « haultain Pere » a éclairé son « entendement, [lui] donnant à congnoistre aucune chose des segrectz de sa divinité inestimable » (f. 20 r°).

100 Voir C. M. Müller, « Catherine d'Amboise's *Livre des prudens et imprudens* : negotiating space for female voices in political discourse », *Virtue, Liberty and Toleration*, dir. J. Broad et K. Green, 2007, p. 44-48 « Conversing with Eve ».

> [...] m'en viens tumber sur le passage de nostre povre mere Eve, parlant à elle gracieusement et plus privement que je n'ay faict d'Adam, car il n'est du party du sexe femynin, qui m'a gardée en toucher plus amplement. Et pource supplie aux lecteurs de se present livre que de leur grace ne soist point mal edifiéz si, privement et en termes femynins, parle à icelle nostre povre mere Eve ; le cas me touche. (f. 8 r°)

Pourtant, même si Catherine d'Amboise use du vocabulaire de la querelle en dressant la louange de Minerve contre les « maulvaiz langagiers » (f. 33 v°) et celle d'Isis pour faire taire les « contreversez du sexe feminin » (f. 36 r°), elle n'est pas pour autant du parti de toutes les femmes. Sémiramis, Jézabel, Tullia et Brunehilde apparaissent comme incarnations du vice, n'appelant qu'une condamnation absolue, contrairement à la tradition des dames illustres qui peuvent, malgré leur dévoiement reconnu – tel celui de Sémiramis –, mériter louange pour leur héroïsme. Tout comme Anne de Beaujeu, Catherine d'Amboise fait entendre le discours d'une « dame de grand' façon[101] » qui doit exprimer l'exécration du péché de chair, aussi nettement pour les hommes que pour les femmes. Son « honneur » lui dicte en outre un impératif de décence qui l'engage à écourter certains récits ou à les réorienter lorsque la violence, fût-elle acte vertueux, s'accorde mal à la « prudence » féminine : ainsi de Judith qui n'apparaît qu'à la fin d'un chapitre consacré aux méfaits du général de Nabuchodonosor pour montrer que « orgueil deçoit tousjours son maistre ». Quant à l'épisode de la décapitation, le lecteur ne le trouvera illustré ni dans le texte, ni dans la miniature[102].

Le chemin de dame Prudence

La prudence, première des vertus cardinales, ainsi que le rappellent nombre de traités depuis Brunetto Latini[103], est constitutive, dans sa dimension morale et politique, de la noblesse. Elle occupe une place

---

101 L'expression scande les *Enseignements d'Anne de France [...] à sa fille Susanne de Bourbon* (éd. A.-M. Chazaud, Moulins, C. Desrosiers, 1878).

102 « [elle] mist à mort le predit tirant, en la forme et maniere que le pourrez veoir ou livre de la predicte histoire Judich. » (f. 94 v°)

103 Brunetto Latini n'est certes pas le premier à parler de la vertu de prudence mais il est un des premiers à le faire dans une somme en vernaculaire. Voir A. Strubel, « Brunetto Latini : la prudence mère de toutes les vertus », *La Vertu de prudence entre Moyen Âge et âge classique*, éd. E. Berriot-Salvadore, C. Pascal, F. Roudaut et T. Tran, Paris, Classiques Garnier, 2012, p. 13-31.

essentielle dans la tradition des Miroirs du Prince[104] à laquelle ne déroge pas Anne de France en écrivant, pour sa fille, Susanne de Bourbon, ses *Enseignements* :

> [...] noblesse, tant soit grande, ne vault riens, si elle n'est aournée de vertus. Par quoy, donc, ma fille, si vous avez couraige de gentil femme, et que désiriez avoir bon et honnorable bruit, si, vous monstrez en toutes choses vertueuse et prudente [...][105].

Dans son exploration historique, morale et spirituelle, Catherine d'Amboise chemine aussi sous « l'escu et baniere de dame Prudence » (f. 58 r°), cette noble vertu à laquelle elle se tient « la plus tenue et obligée » (f. 18 r°). La nièce de Georges d'Amboise, comme la donatrice d'un retable, place sa propre figuration à côté de celle qu'elle exalte pour recevoir reconnaissance de son rang : « O seur et loyalle amye, en qui gist tout bruyt, los et honneur, exitez vous, levez vous sus, reprenez vous esperilz. » (f. 4 r°)

La prudence, vertu active qui porte sur des faits contingents, peut s'acquérir par un savoir rétrospectif où la mémoire joue un rôle majeur[106]. La « commémoration[107] » est d'abord intime : l'*incipit* – le 1er juillet 1509 – s'il peut servir de repère pour dater l'essai de Catherine d'Amboise, marque davantage encore l'événement personnel qui conduit Katherine, terrassée par l'injustice, au ravissement et à une renaissance spirituelle (f. 5 r°). Prudence même – sa *sœur* et son *amye* – guide le processus de remémoration[108], lequel à son terme engage toute l'œuvre.

Les *Prudens*, en effet, offrent par la connaissance des expériences passées, personnelles et universelles, une sorte de miroir moral. Le rôle de « l'explorateure » est d'orienter sa signifiance qui peut aussi prendre une coloration plus politique. Une fois seulement, avec l'exemple de

---

104 Voir N. Dauvois, « Prudence et politique chez les Grands Rhétoriqueurs », *La Vertu de prudence*, ouvr. cité, p. 55-71.

105 Ouvr. cité, p. 57-58.

106 Les *Prudens* comptent 51 occurrences du mot « memoire », 6 de « rememorer », 1 de « ramentevoir », 11 de « commemoracion », 9 de « commemorer ».

107 « Et porce doncques, ains que plus avant proceder, puis que venue suis et cheutte à l'object de souvenir pour parler d'icelle vertus, ne desplaise aux lecteurs et auditeurs si d'icelle fais commemoracion et en parle souvant et mesmement à tous mes chapiltrez. » (f. 24 v°)

108 « N'avez vous heu, depuis l'aage de vostre congnoissance, plus grande adversité que ceste cy ? Certez, cy avez, et, *pour le ramentevoir et ramener à memoire*, suis deliberée, pour confondre vostre ennuy, vous en descripre aulcuns [...]. » (f. 4 r°)

l'*imprudent* Roboam, Catherine d'Amboise désigne explicitement les destinataires privilégiés de sa leçon :

> Pource vous prie la pouvre descripvante en tant que possible luy est, vous tous, roys, princes et seigneurs, que croyez le conseil plus seur que ledict, c'est les sages et sciens non les jeunes legiers d'esprit qui n'ont pas veu. (f. 68 r°)

Plusieurs de ses commentaires, néanmoins, invitent nobles et princes à retrouver les valeurs qui devraient leur être consubstantielles : l'honneur, « où tout esperit noble doit tacher » (f. 5 v°) et la justice, qui « seroit chose celeste si bien justement et prudemment estoit gouvernée » (f. 91 r°). Ce n'est pas en vain que Catherine d'Amboise adopte la légende d'Abraham, fondateur de la chevalerie (f. 38 r°) : elle en fait le modèle et le patron des vertus nobiliaires, « pour le présent » trop souvent oubliées.

Si l'apologie de Prudence est exaltation d'une vertu nobiliaire par excellence et célébration de cette « noble tige » des Amboise, à laquelle les « haultz dieux » ont donné « de Prudence accointance[109] », elle porte aussi un enseignement spirituel clairement annoncé :

> Car sans ton confort, ayde et secours, nully ne peult parvenir au resgne celeste, où doit estre l'expettacion des bienheurés, ne paraillement attaindre au merite d'onneur mondain, où tout esperit noble doit tacher. (f. 5 v°)

L'itinéraire spirituel prend forme dès le début du livre II, où Katherine se met à nouveau en scène (f. 18 v°). Dans un état de *dorveille*[110], elle est transportée – « ravye en esperict » – devant le « consistoire divin » ; c'est alors sa guide, dame Prudence, mandatée par la « glorieuse Mere » (f. 4 r°), qui lui explique le sens de ce qu'elle voit, la Trinité, « ung seul Dieu en trois personnes », tenant justement dans sa main le miroir, symbole traditionnel de Prudence. Moment charnière qui permet de présenter cette vision spirituelle comme un déclencheur légitimant l'acte d'écrire :

> Alors et tout subitement, moy retournée en esperict, pris papier et ancre, mettant la main à l'euvre pour copier et descripre la vision plaisante et gracieuse à moy survenue, par le vouloir de Dieu et grace divine. (f. 20 v°)

---

109 Selon *Les Nouvelles complaintes* sur la mort de Georges d'Amboise, annexe I, v. 106-107. Voir aussi, à propos de la prudence du légat, ci-dessus, p. 32.

110 La *dorveille* est l'état de celui qui « dort de l'ueil et dou cueur veille » selon Machaut (voir *DMF*). Sur ce motif littéraire médiéval, voir Y. Foehr-Janssens, « Songes creux et insomnies dans les récits médiévaux », *Le Rêve médiéval*, éd. A. Corbellari et J.-Y. Tilliette, p. 129-132.

La première des commémorations est alors consacrée à la prudente des prudentes, la « tresdigne et sacrée Vierge Marie », sous la protection de laquelle est placée toute l'entreprise de la « povre femme despourveue de sçavoir » (f. 21 v°). Catherine d'Amboise, toute nourrie de l'exemple de Jeanne de France et de ses Annonciades, ne saurait ignorer que la prudence est une des dix vertus de Marie. Dans les *Prudens*, dame Prudence et Marie peuvent parfois se confondre, ainsi que l'a entendu l'enlumineur qui les dote du même mantel bleu.

Ce *premier coup d'essai* de Catherine d'Amboise est en somme une œuvre qui mêle divers genres, compilations historiques, recueils d'*exempla* mais aussi itinéraire spirituel où la mémoire peut ou doit conduire à la contemplation et à la méditation :

> O glorieux Filz eternel, sapience divine, en Trinité regnant, qui as daigné toy vestir de nostre povre humanité en laquelle as tant souffert pour les pechés de nous povres pelerins mondains. Helas, Seigneur, je sçay de vroy que tous ceulx qui à toy se retournent *ayant memoire* de ton acerbe et doloreuse passion, as tousjours les bras tendus pour les recepvoir. (f. 3 r°)

> Que tout *cueur contemplatif* doit bien escripre ces graces specialles en sa pensée et *mediter* commant nostre Seigneur veille pour ses amys. (f. 82 v°)

En cela aussi Catherine d'Amboise fleurit la tige dont elle est sortie. La dévotion au Christ mort ne marque-t-elle pas particulièrement le mécénat des Amboise[111] ?

Le chemin de Prudence ne s'achève pas avec l'*explicit* des *Prudens.* Il conduit, sous l'enseigne de Patience, à l'arbre de la croix, dressé à la fin de la *Complaincte*, et à l'union mystique espérée dans les *Espiltres* de la « prudente » Katherine[112].

---

111 Voir G. Souchal, ouvr. cité, p. 591.

112 C'est ainsi que la qualifie le Christ, parce qu'elle a choisi sa Mère comme avocate, v. 489.

ÉTUDE DE LA *COMPLAINCTE DE LA DAME PASMÉE CONTRE FORTUNE*

Contenu

– La dame dolente

f. 1 r°-7 r° Alors que, seule dans sa chambre, la dame médite tristement sur l'injustice du monde, arrive un messager de mauvaise mine porteur de « lettres closes » qui provoquent son évanouissement ; soudain lui apparaît une dame resplendissante, Raison, qui la fait relever de pamoison en lui versant sur le visage de l'eau de « congnoissance de soymesme ». Commence alors la « complaincte de la dame pasmée contre Fortune » (f. 3 r°) qui ne s'est jamais lassée de la tourmenter, en la privant de ses parents, de son mari, de son fils, en l'affligeant de maladies, enfin en frappant Georges d'Amboise, son oncle, et deux de ses frères.

– Les admonestations de Raison

f. 7 r° Raison admoneste la dame lui remontrant que Fortune n'est rien d'autre que l'abus du monde mortel et que seuls les idolâtres font d'elle une déesse ; elle lui enseigne à connaître les misères du monde, sans autre remède que la patience (f. 10 r°). Le discours de Raison achevé, une vieille effrayante, Tristesse, se présente et interpelle la dame pour la persuader que le meilleur est de mettre fin à ses jours, comme l'ont fait bien des personnages héroïques de l'histoire profane et sacrée, dont les épitaphes sont dans la forêt de Desespoir.
f. 16 v° La dame, effrayée, se retire vers Raison qui lui explique la différence entre la mauvaise tristesse, celle du désespoir, et la bonne tristesse, celle du repentir.
f. 18 r° Rassérénée, la dame interroge Raison pour savoir qui est cette Patience qui peut chasser la détestable Tristesse. Elle apprend qu'elle demeure au parc d'Amour divine, sous l'arbre de la croix et que, pour la rejoindre, il faut emprunter le chemin de bon vouloir et passer par neuf refuges.

– Le voyage au Parc d'Amour divine

f. 20 r° La dame et Raison se mettent en chemin et font la première halte où elles rencontrent une autre dame de haute renommée, plongée dans le malheur, et qui décide de faire aussi le voyage pour trouver Patience. L'hôtelière est là, commise par Dieu, pour indiquer le chemin, celui de la méditation sur la Passion.
f. 21 v°-22 r° Les trois voyageuses arrivent, pour la deuxième halte, au logis de Saincte Escripture qui leur raconte plusieurs histoires de vertueux qui ont été récompensés au ciel, grâce à Patience.
f. 22 r° Au matin, le voyage se poursuit jusqu'à une maisonnette où Souvenance de ses péchés indique le sentier d'adversité qu'il faut prendre avant d'arriver au logis de Congnoissance de la Divine Misericorde.
f. 22 v° La cinquième halte des voyageuses est chez Consideration des abuseurs de humayne felicité qui les met en garde contre les pécheurs qui ne rencontrent pas d'adversité en ce monde.
f. 22 v° Le sixième hôtel qui les accueille est celui de Consideration de ce que prosperité conduit les gens à ignorance ; quant au septième, c'est celui de Consideration de briefve durée de ce monde.
f. 23 r° La huitième halte se fait dans une chaumière de Consideration de la petite perte, tandis que la neuvième et dernière est un grand château où se tient Consideration de la divine Providence.

– Le parc d'Amour divine

f. 24 v° La dame du château les conduit au parc d'Amour divine, clos des murailles de charité. Le portail est fait de cognoissance de soymesmes et la portière se nomme Cognoissance de Dieu. Au milieu du jardin, se trouve l'arbre de la croix, au pied duquel est assise Patience qui délivre une dernière leçon sur le sens de la Passion, qui convertit la tristesse mondaine en joie spirituelle.

La destitution de Fortune

Catherine d'Amboise illustre un thème dont la fécondité est loin d'être tarie après la fin du Moyen Âge[113]. Délaissant le modèle élaboré par Martin Le Franc[114], qui a fait de Fortune un personnage interlocuteur de Vertu et Raison, elle inscrit sa *Complaincte* dans une tradition où Fortune est une force longuement décrite mais absente de la mise en scène, à l'instar de la *Complainte de Fortune* de Georges Chastellain[115]. L'allégorie se fait alors plus discrète au profit d'un propos qui recourt aux *exempla* pour démontrer l'instabilité des choses humaines, dans une perspective chrétienne[116]. Les lecteurs de Boccace, qu'il s'agisse de Christine de Pizan ou de Martin Le Franc, ont bien retenu que Fortune n'est qu'un nom pour désigner les malheurs que Dieu envoie aux puissants, ou bien qu'elle n'est que la « chamberiere » de la volonté divine[117]. La Raison personnifiée par Catherine d'Amboise fait écho à cette révision du mythe caractéristique du Moyen Âge finissant où l'on se préoccupe d'éclaircir les rapports de la providence divine avec une notion née de la philosophie antique[118]. En somme Fortune n'est interpellée que pour mieux remettre en cause la représentation qui en est trop

113 On verra, dans l'Introduction du *Labirynth de Fortune et Sejour des trois nobles dames* de Jean Bouchet (*Œuvres complètes. Tome II*, éd. P. Chiron et N. Dauvois, Paris, Classiques Garnier, 2015, p. XVI-XVII), quelques-uns des titres qui s'inscrivent dans cette longue tradition, depuis le *Remede de Fortune* de Guillaume Machaut jusqu'à *L'Estrif de Fortune et Vertu* de Martin Le Franc et à la *Moralité de Fortune, Eur, Maleur, Povreté et Destinée.*

114 Voir M. Lacassagne, « *L'Estrif de Fortune et Vertu* de Martin Le Franc. De l'*exemplum* boécien au miroir de Fortune », dans *Boèce au fil du temps. Son influence sur les lettres européennes du Moyen Âge à nos jours*, dir. S. Conte et *al.*, Paris, Classiques Garnier, 2019, p. 383-396.

115 « La complainte de Fortune », *Œuvres de Georges Chastellain*, éd. K. de Lettenhove, t. 8, Bruxelles, Victor Devaux, 1866, p. 323-346.

116 Voir A. Strubel, *« Grant senefiance a » : Allégorie et littérature au Moyen Âge*, Paris, Champion, 2009, p. 307.

117 *Des cas et ruyne des nobles hommes et femmes*, Paris, J. du Pré, 1483, Prologue et liv. V, chap. XIII. Christine de Pizan adopte cette dernière expression dans le *Livre de l'advision* : Fortune est la « chamberiere mercenaire » d'Opinion, « premiere cause de toutes choses bonnes ou mauvaises » (*Le Livre de l'advision Christine*, éd. C. Reno et L. Dulac, Paris, Champion, 2001, Seconde partie, p. 76). Quant à Martin Le Franc, il montre, par les propos de Raison, que Fortune n'est qu'un mot dont on abuse (*L'Estrif de Fortune et Vertu*, éd. Peter F. Dembowski, Genève, Droz, 1999, p. 67).

118 On consultera, sur cette question, J.-C. Mühlethaler, « Quand fortune, ce sont les hommes. Aspects de la démythification de la déesse, d'Adam de La Halle à Alain Chartier », *La Fortune. Thèmes, représentations, discours*, dir. Y. Foehr-Janssens et E. Métry, Genève, Droz, 2003, p. 186.

souvent donnée[119]. Les héritages du *Boece de consolation* permettent enfin de délivrer un enseignement qui déjoue les apparences pour révéler un ordre supérieur, et qui détrône la fausse déesse, créée par les « idolâtres ».

L'apparition de Raison, devant la dame dans un état de demi-conscience, s'inscrit dans un cadre que, depuis Boèce, nombre d'œuvres moralisantes ont emprunté, qu'il s'agisse du *Roman de la Rose*[120], de la *Cité des dames* de Christine de Pizan[121] ou des *Lunettes des Princes* de Jean Meschinot qui confie à la dame descendue des nues, « richement de vestemens aornee[122] », le soin de secourir grâce à son argumentation le poète accablé par Désespoir. Tout en adoptant les éléments descriptifs – le visage « luysant comme le soleil », les cheveux « à fin or ressemblans » – qui font de Raison un personnage inspiré par le divin, Catherine d'Amboise y adjoint les attributs de la pureté et de la charité – la « couronne de laurier », la robe « de satin blanc » et les ailes rouges – qui la rapprochent aussi de l'Avocate céleste, guide dans le chemin du monde :

> [...] le fault traverser par bon voulloir soubz l'esperance d'avoir après brief labeur long repos. (9 r°)

Un voyage spirituel

L'empreinte de Boèce, clairement identifiée à la fin des *Prudens*[123], trouve sa forme dans la structure même de la première partie de la *Complaincte* en trois moments : 1. Les plaintes de la dame sur son état misérable. 2. L'arrivée de Raison (de Philosophie chez Boèce). 3. Son discours dévoilant le sens des tribulations humaines, pour enseigner ensuite le chemin de Patience et de la « joye spirituelle ». La fiction autobiographique, qui permet en premier lieu une « opération purgative[124] » grâce à laquelle la dame pourra « regarder la verité » (f. 8 r°), relie aussi la *Complaincte* aux *Prudens* où Boèce est le « candelabre » éclairant le

---

119 Ainsi que procédera plus tard Jean Bouchet dans son *Labirynth* (éd. citée, p. XVII).

120 Guillaume de Lorris et Jean de Meun, *Le Roman de la Rose*, éd. citée, p. 186, v. 2969-2986.

121 Christine de Pizan, [*Le Livre de la Cité des Dames*], *La Città delle dame*, dir. P. Caraffi, éd. E. J. Richards, Rome, Carocci, 2004, part. I, II, p. 46.

122 Éd. C. Martineau-Genieys, Genève, Droz, 1972, p. 17, strophes XLV-XLIX.

123 Voir plus haut, « Les lectures de Catherine d'Amboise », p. 25.

124 Nous empruntons cette expression à Marc Fumaroli qui l'applique à Boèce (*Consolation de la Philosophie*, trad. du latin par C. Lazam, Paris, Payot et Rivages, 2006, Préface, p. 27).

cheminement de l'écriture vers le « port » du « desir », ici le seul qui vaille, celui de la sagesse chrétienne.

La deuxième partie, annoncée par les propos de Raison – il faut passer par les « destroictz » du monde (f. 14 v°) – entre dans un second cadre, celui du pèlerinage allégorique auquel s'est essayée une autre grande princesse, Gabrielle de Bourbon, liée par l'ascendance féminine de son époux, Louis II de La Trémoille, aux Amboise. Mais le *Voyage espirituel* de Gabrielle suit un itinéraire fidèle à la tradition des psychomachies où les tentations du monde et les vices s'affrontent aux vertus chrétiennes[125]. Il n'en va pas de même dans la *Complaincte* : le « chemyn fort estroit » (20 v°) qu'empruntent la dame et ses compagnes, ainsi que les neuf étapes de leur voyage, ne sont que la forme narrativisée de la doctrine déjà exposée par Raison. La première « hostellerie » n'a pas de nom mais elle montre la voie de la méditation qui passe d'abord par la « repue » de Saincte Escripture pour arriver chez Souvenance de ses péchés et aussitôt après au refuge de Congnoissance de la Divine Misericorde. Les « repues » suivantes, par le nom seul de leurs hôtesses, résument tous les arguments propres à dessiller les yeux du pèlerin sur les vanités du monde et à le préparer à la 9ᵉ et dernière étape : celle qui permet de se connaître, pour mieux connaître Dieu et le Christ de douleur. Avec la conclusion donnée à son itinéraire spirituel, Catherine d'Amboise se distingue encore de Gabrielle de Bourbon dont les sept journées du *Voyage espirituel* s'achèvent par le couronnement glorieux de l'Âme dévote parvenue à la Cité céleste[126]. Dans la *Complaincte*, le chemin que Raison fait suivre à la dame s'interrompt bien avant : les neuf étapes du voyage ne conduisent qu'à la patience et à une méditation sur la Passion. La noble dame et la dame de « haulte et grande renommée » (f. 20 v°), qui la rejoint dès le premier jour du voyage, appartiennent à la vie active ; la doctrine de Raison et la conversion spirituelle, allégorisées par le voyage, apprennent ce qui est accessible à des mondains : devenir « ung vray pascient qui ne craint les paynes transitoires de ce monde pour avoir joye eternelle » (f. 19 r°). Faut-il penser que l'ultime étape du pèlerinage allégorique de Catherine d'Amboise trouve sa forme dans les *Espiltres*, où s'accomplit, grâce à l'intercession mariale, la « tresbonne retribucion » promise par Patience ?

---

125 On retrouve cette tradition dans les *Continuelles meditations* que nous publions dans ce volume.

126 Gabrielle de Bourbon, *Le Voyage espirituel*, éd. citée, p. 196-197.

ÉTUDE DES *ESPILTRES*

Contenu

– L'Espiltre au Christ v. 1-208

v. 1-24 Katherine adresse une requête au Christ, par l'intermédiaire d'un « courrier » qui l'encourage à vaincre sa crainte d'être éconduite, tant elle a faussé sa foi.
v. 25-62 Elle médite sur l'amour du Père éternel pour la créature, formée à son image, gratifiée de tous les biens de la terre, dotée de mémoire, entendement et volonté, enfin accompagnée de l'Ange, celui-là même qui présente son épître devant le trône céleste.
v. 63-80 Malgré tous ces bienfaits, elle a oublié le « bon Jésus ». Défigurée par la lèpre et l'ordure du péché, elle a été chassée du paradis et jetée en la terre de douleur.
v. 81-114 Le Christ secourable a cependant plaidé devant le consistoire divin pour qu'elle soit rachetée par le sacrifice de la Passion.
v. 115-150 Elle a encore multiplié les offenses qui appelleraient sur elle tous les châtiments du ciel et de la terre. Son désespoir est si grand qu'il va jusqu'à la tentation du suicide.
v. 151-194 Elle sait néanmoins que la repentance de cœur sincère plait au « bon Jésus ». L'épître qu'elle lui adresse est confession de ses fautes et engagement de fidélité, pour que les fiançailles célébrées par le baptême s'achèvent par des épousailles dans l'éternité.
v. 195-208 Écrite au lieu secret du château de Lignières où « Katherine d'Amboyse » fait souvent oraison, l'épître est dépêchée par l'Ange ; la « povre ancelle » de Jésus attend la réponse avec angoisse.

– L'Espiltre à la Vierge v. 209-386

v. 209-229 C'est à sa « maistresse et amye » que Katherine adresse cette épître, consciente qu'en offensant le Fils, elle a offensé la Mère.
v. 230-254 Toutefois l'intercession de la Vierge peut apaiser la colère de l'Époux divin, aussi Katherine entreprend-elle d'exposer son cas à la bénigne avocate.
v. 255-287 Elle la prie de lire l'épître écrite à son Fils et de plaider sa cause. La Vierge n'est-elle pas « Mère de paix », aimée et obéie de toute

la cour céleste ? Pour avoir rémission de ses péchés, elle ne peut avoir meilleure adresse.
v. 288-314 Le gage d'amendement est « son douloureux cœur » dont la Vierge fera présent à son Fils.
v. 315-365 Katherine imagine déjà le retour de l'Ange porteur de bonnes nouvelles ; l'espérance fait couler les larmes de joie et entonner la chanson du renouveau. Sa confiance est grande en Miséricorde, fille aînée de Dieu et de Marie, grâce à laquelle son âme trouvera repos avec les Bienheureux.
v. 366-386 En signe d'amour, Katherine offre humblement un chant royal à la Vierge.

– Chant royal v. 387-446

v. 387-397 Les neuf ordres angéliques sont invités à descendre des cieux pour la naissance de « la plus belle qui jamais fut au monde ».
v. 398-408 Trois ordres religieux (Carmes, Cordeliers, Augustins) prêcheront, trois peuples (Chaldéens, Hébreux, Latins) chanteront pour célébrer la rencontre de sainte Anne et Joachim d'où est venue, sans le péché originel, la Vierge.
v. 409-419 Dieu, pour qu'elle nourrisse son Fils, l'a faite belle, pudique et pure par-dessus toute conception.
v. 420-441 La poésie, la musique, la nature, les héroïnes bibliques ou profanes sont appelées au concert de louange.
v. 442-446 [envoi] Les esprits dévots verront la Vierge dans les palais qu'elle fonde au Paradis pour les recevoir.

– Le retour de l'ange v. 447-450

Katherine accueille son bon Ange qui lui remet, de la part du Christ, l'anneau nuptial.

– L'espiltre de Jésus-Christ v. 451-666

v. 451-466 Le Christ a reçu avec bienveillance l'épître de Katherine qui s'est confessée avec humilité, signe de salut.
v. 467-486 Malgré les grands forfaits de Katherine, le Christ ne lui refuse pas Miséricorde, comme les Évangiles l'en assurent : celui qui confesse ses péchés du fond du cœur recevra pardon.

v. 487-509 Il ne peut donc repousser sa requête d'autant qu'elle a choisi, avec prudence, la Reine de son empire comme avocate. De plus, elle lui a donné son cœur qu'il prend en garde pour faire d'elle son épouse aimée et fidèle.
v. 510-542 Pour sceller leur amour, il lui envoie l'anneau de paix qui la protégera de tout dévoiement
v. 543-578 Katherine ne se séparera plus de son Ange ; si elle l'avait suivi, elle n'aurait pas été trompée par la Chair, le Monde et le Diable, guetteurs de l'enfer.
v. 579-606 Elle doit contempler et suivre la charité de son Ami qui est miséricordieux aux pécheurs. S'il les éprouve parfois, c'est que tribulations et tentations sont sentier de paradis. Guidé par Patience, le dévoyé évite le désespoir.
v. 607-649 Il n'est autre refuge que le Crucifié. Marie-Madeleine et Marie l'Égyptienne l'ont montré.
v. 650-666 Si l'épouse suit les conseils de son loyal Époux, elle trouvera repos dans le manoir d'oraison où Charité et Raison ont audience.

Le poème épistolaire

Après deux traités en prose, aucune allusion référentielle ne permet de savoir si c'est en vertu de son potentiel musical ou de la *delectatio* inhérente au vers[127] que Catherine d'Amboise choisit pour sa troisième œuvre l'épître poétique, un genre nouveau[128], apprécié en particulier de Jean Lemaire, Guillaume Cretin, Michel d'Amboise[129] et Jean Bouchet. Parmi les *Epistres morales et familières* de ce dernier, le « Traverseur des

127 « L'art de rithmer [...] est plus plaisant que la prose, car les proportions et mesures delectent plus l'entendement que simple prose. » (P. Fabri, *Le Grand et vray art de pleine rhétorique*, éd. A. Héron, Genève, Slatkine, 1969, II, p. 2.)

128 La première publication d'une épître personnelle en vers accompagnant une œuvre date de 1504. (Il s'agit en l'occurrence du *Temple d'honneur* de Jean Lemaire). Ces missives ont parfois été insérées parmi les pièces liminaires de recueils poétiques, comme ce fut le cas des toutes premières épîtres personnelles identifiées par Pauline Dorio, publiées de façon posthume en 1527 dans les *Chantz royaulx* en hommage à Guillaume Cretin (P. Dorio, « "Les épîtres de *L'Adolescence clémentine*" : le parti-pris du familier », *Les voix de « L'Adolescence clémentine »*, *Babel Littératures plurielles*, Hors-série Agrégation, 2019, p. 123-144, note 2).

129 Le neveu de Catherine d'Amboise suivra cette mode éditoriale dans la publication de ses *Epistres veneriennes de l'Esclave fortuné privé de la cours d'amours, nouvellement faictes et composées par luy*, Paris, A. Lotrian et D. Janot, 1532. Sur cette œuvre, voir P. Dorio, « *Les Epistres*

voies périlleuses », certaines missives à proprement parler spirituelles voire théologiques, n'ont jusqu'alors reçu aucune attention critique ; c'est le cas de l'épître envoyée à Gabrielle de Bourbon entre 1512 et 1516 dont Catherine d'Amboise s'est servie pour composer sa première *Espiltre*[130].

Les sources de l'*espitre* en vers de Bouchet sont encore inexplorées. Il va sans dire que l'art épistolaire en prose, fondé sur les *artes dictaminis*, était prévalent dans le contexte spirituel. Il est évident aussi que la popularité des *Héroïdes* d'Ovide, traduites en 1500 par Octovien de Saint-Gelais, ont suscité un engouement pour la missive fictionnelle en vers. Mais la substitution du cadre profane par une trame religieuse (l'Âme amante s'adressant à l'Époux divin), même si elle a caractérisé la mystique courtoise dès le XIVe siècle, ne semble pas présente dans l'épistolaire au seuil de la Renaissance. Tout porte à croire, alors, que Jean Bouchet, quarante ans avant les *Epistres heroides* de François Habert[131], a fondé le genre de l'épître spirituelle que l'on retrouve chez Catherine d'Amboise.

Dans sa première *espiltre*, l'autrice adopte, à l'instar du Traverseur, les cinq parties des *artes dictaminis* (*salutatio* ou exorde, *captatio benevolentiae*, *narratio*, *petitio*, *conclusio*), en y ajoutant comme lui une *laudatio* avant la narration. Elle le suit également dans son recours à un messager, habituel dans les héroïdes ovidiennes. Comme chez Bouchet, ce sont les étapes de la pénitence[132] qui dictent la posture narrative, de sorte que la structure de cette lettre en vers n'est pas sans rappeler le voyage spirituel[133].

---

veneriennes de Michel d'Amboise ; une transformation de l'essai marotique », *Camenae*, vol. 25, mai 2020, p. 1-13.

130 Les différences sémantiques entre son *espiltre* et celle que Bouchet fait imprimer en 1545 sont indiquées en notes au fil de notre édition, tandis que celles qui relèvent plutôt de préférences métriques sont signalées sous Versification. L'*Epistre* complète à Gabrielle de Bourbon est transcrite dans l'annexe II.

131 François Habert, *Epistres heroides, tressalutaires, pour servir d'exemple à toute ame fidele*, Paris, M. Fezandat, 1550. Sur la transformation du texte ovidien à la Renaissance, voir P. Chiron, « Traduction et "conversion" des épîtres héroïdes d'Ovide à la Renaissance », *Anabases*, vol. 17, 2013, p. 119-133.

132 La conscience du péché, le repentir, la confession et la satisfaction. La première *espiltre*, qui s'annonce dès le troisième vers comme une « requeste », emprunte d'abord la voie de la lamentation (v. 7-8), puis celle de la louange (v. 20-62), avant d'entamer une longue narration – suivant les étapes pénitentielles de la mémoire du péché (v. 63-79), de la prise de conscience (v. 80-121), de l'auto-accusation (v. 122-150), de la repentance (v. 151-165), de l'amendement de soi et de la promesse de fidélité (v. 166-181) –, pour oser enfin la supplication (v. 182-194).

133 Dans la troisième *espiltre* de Catherine (la réponse de l'époux divin), le genre du pèlerinage est encore plus explicite par son recours à des figures allégoriques.

Mais Catherine d'Amboise personnalise les vers du rhétoriqueur pour les faire correspondre à sa réalité biographique[134], en transformant le cadre fictionnel de la *salutatio* en un contexte référentiel (le château de Lignières), et en y apposant son nom, « Katherine d'Amboyse ». Elle ajoute à cette fin onze vers, où apparaissent trois thématiques centrales de sa spiritualité : la courtoisie, l'humilité et la joie[135], récurrentes dans ses deux autres *espiltres*. Catherine récrit également l'envoi de l'*epistre* de l'auteur poitevin[136] en une salutation à Marie pour créer une transition entre la première et la deuxième *espiltre*. Dans la logique mariale de l'œuvre de Catherine, cette modification peut être lue comme un geste identificatoire entre la « povre ancelle » et l'*Ancilla Dei*.

La missive à la Vierge est accompagnée, quant à elle, non pas d'un envoi épistolaire, mais de deux dons tangibles en *signe* de fidélité et d'amour : celui du cœur (v. 292-294) et celui du *champ royal* (v. 366-367 et 387-446) – dont l'*envoy* s'étend à tous les dédicataires spirituels qui séjournent au Paradis.

Dans la seconde *espiltre*, les proportions entre les parties de la lettre s'altèrent considérablement. Non seulement la *captatio benevolentiae* traverse le propos[137], mais le panégyrique envahit le discours. En effet, après un exorde où l'on retrouve, résumée, une adresse élogieuse à la destinataire – avec une *excusatio* et un bref rappel des fautes perpétrées –, la narration, fort brève, fait place à une longue requête à la Vierge avocate entremêlée de louanges, où domine, plus qu'ailleurs dans les *espiltres*, une rhétorique de la persuasion[138].

La troisième *espiltre* adopte encore plus librement les catégories conventionnelles de l'art épistolaire. Rédigée « benignement » par « l'Amoureux si parfaict » (v. 133), cette lettre de consolation, évidemment

134 Une marque essentielle de ce changement est le cadre fictif d'une lettre véritable, recevant une réponse ; les pronoms *je* et *tu* remplacent systématiquement les formulations indéfinies, proverbiales ou passives de Bouchet (ex. v. 14, 24, 47). Ce choix esthétique du référentiel et de la courtoisie implique également la tendance à l'euphémisme lorsque les images du Traverseur sont crues (des termes comme *paillard*, *bordeau*, *veroleuse*, *fumier* et *desfleurée* n'étant pas adoptés pour rappeler les fautes commises, v. 64-88, 138).

135 V. 198, 201, 204.

136 L'adresse à l'Ange sera récupérée dans une sorte de suscription entre la 2e et la 3e *espiltres* (v. 447-450).

137 V. 215, 301, 368, 370-372.

138 Avec des effets de style plus marqués qu'ailleurs, comme l'anaphore (ex. v. 224-225 et 232-233) et la réduplication synonymique (ex. v. 235-238).

dépourvue d'*excusatio*, devient exhortation : la *narratio* s'éclipse au profit du *sermo*. Or, contre toute attente, la *laudatio* n'en est pas absente : le Christ approuve la démarche spirituelle de sa correspondante et souligne la dignité de son propos (v. 457). Quant à sa *conclusio* (où la formule « Prenent congé atant que je te voye » est détournée de son emploi topique pour revêtir un sens spirituel : la confirmation des retrouvailles au paradis), elle est immédiatement suivie de la signature « K. d'Amboyse », créant un fascinant brouillage entre fiction et réalité, dans la mesure où elle fait de la destinataire, de l'émettrice et de l'autrice une seule et même personne, récipiendaire des louanges de Jésus. Et pour souligner cette analogie, le lieu même de la rédaction de la lettre christique (le « palais royal », « le manoir d'oraison », v. 659, 661) fait écho à celui de la poétesse :

> [...] *ta* maison
> De Lynïeres, où souvent oraison
> Te presente Katherine d'Amboyse. (v. 195-197)

Enfin, la réponse de l'Amant confirme implicitement le bien-fondé du langage de Katherine, puisqu'il répète, pour s'auto-désigner, la terminologie qu'elle avait adoptée elle-même dans ses deux premières *espiltres* – « prince », « beau des beaux » – et reprend les choix poétiques et théologiques opérés par Catherine : le recours à la mystique courtoise (don du cœur et noces spirituelles), les allusions au « bon Ange » et aux trois ennemis de l'âme (la Chair, le Monde, le Diable), et, par dessus tout, la prédilection pour l'éloge marial, considéré explicitement par le Christ comme un signe de prudence de la part de son *amye* (v. 489).

Quoi de plus stratégique, en somme, pour faire honneur à la « requeste » d'une « povre serve, indigne creature », et autoriser de voix divine la poésie religieuse d'une laïque ?

Le chant royal

Le choix générique du chant royal[139], forme fixe[140] particulièrement appréciée des rhétoriqueurs[141], est d'abord pour Catherine d'Amboise une manière de s'afficher comme héritière d'une tradition proprement familiale, à la fois de dévotion mariale et de collection de chants royaux[142]. Sa prédilection reflète sans doute aussi une adéquation aux goûts princiers, la notoriété des recueils palinodiques ayant de loin dépassé le cadre des puys septentrionaux dès le premier quart du XVIe siècle pour se répandre à la cour de France[143]. Outre ces motivations propres à une dame de haut rang, ce sont assurément le propos religieux et, comme nous le verrons, le tissu musical lui servant d'écrin, qui justifient le recours à cette forme poétique caractérisée par sa réflexion théologique et son style élevé.

La graphie *champ royal* adoptée par Catherine n'est pas anodine. Pierre Fabri, théoricien du chant royal et prince du Puy de Rouen en 1487, l'explique par sa connotation de fertilité – dans la mesure où cette forme versifiée produit de nouveaux fruits, aussi bien littéraires que théologiques, en louant Celle qui incarne la fructification suprême[144] –

139 Considéré comme royal et de style élevé par le théoricien Pierre Fabri parce qu'il est « de noble et armonieuse consonnance pour la gravité de la substance et de la doulceur de son éloquence », *Le grand et vray art de pleine rhétorique*, ouvr. cité, II, p. 99. Cela fait dire à Étienne Pasquier qu'il s'agit d'une forme difficile (*Les recherches de la France*, éd. s. la dir. de M.-M. Fragonard et F. Roudaut, Paris, Champion, 1996, t. 2, livre VII, chap. v, p. 1399-1401).

140 Voir ci-dessous Versification.

141 Par exemple Jean Marot, André de la Vigne et Guillaume Cretin.

142 Voir ci-dessus p. 27.

143 Un somptueux manuscrit palinodique enluminé (BnF, fr. 145) est offert à Louise de Savoie en 1518. Par ailleurs, le célèbre imprimé de 1525 des *Palinods présentés au Puy de Rouen. Recueil de Pierre Vidoue* (éd. fac-similé E. de Robillard de Beaurepaire, Société des bibliophiles normands, 57, 1897) contribue à diffuser les chants royaux à une large audience parisienne.

144 Comme l'atteste par exemple une composition palinodique de Nicole Dupuys qui fait de la Vierge aussi bien la « Fleur du champ belle par excellence » que le champ lui-même, renouvelé par « l'eau de grace eternelle, / Pour germiner fleur de salvation », une occasion pour le poète de louer la perfection de la rédemption divine en même temps que son propre champ royal comme choix poétique : « O champ muny de dons seigneuriaulx / Pour reparer les offenses forfaictes [la référence au péché d'Adam et Ève est explicite dans les vers qui précèdent] / Champ excellent sur tous les champs royaulx, / O champ et fleur, mere et fille parfaicte. » (Édité par D. Hüe dans *Petite anthologie palinodique* (1486-1550), Paris, Champion, 2002, p. 94-95.)

et par sa notion de « champ de bataille » où les candidats luttent corps et âme pour remporter la palme[145]. Face à la montée de la Réforme, ces concours poétiques en l'honneur de la Vierge, et en particulier de son Immaculée Conception, se teinteront peu à peu d'une couleur idéologique, voire militante, allant jusqu'à défendre explicitement l'autorité de la Sorbonne[146]. Sachant combien la piété mariale caractérise la famille d'Amboise, il n'est pas impossible que l'insistance de Catherine sur la pureté[147] et la divinité de Marie soient à lire dans ce sens. C'est ce que tendrait à confirmer son allusion aux *contredictz* (v. 361).

Le palinod[148] illustre, comme le veut la règle, la teneur théologique du chant. Celui que choisit Catherine met d'emblée l'accent sur l'hyperbole : « La plus belle qui jamais fut au monde ». L'hyperdulie prend alors la forme de la globalité[149]. « Couché par inventoyre » (v. 385), son panégyrique convoque l'ensemble des hiérarchies célestes, divers ordres religieux ainsi que des voix bibliques, historiques, légendaires et musicales. On retrouve certes une notion de totalité dans la tradition de la dévotion mariale, caractérisée par une variation sur le même[150], mais la musique et la mythologie s'insèrent dans la louange de ce *champ royal* de façon beaucoup moins topique[151].

Catherine présente son offrande d'abord comme un *traicté* (v. 384) théologique. Dans son *excusatio*, elle ne se mesure d'ailleurs pas aux poètes, mais aux « sainctz docteurs et orateurs » (v. 373). Sa *souvenance* est avant tout la mise en chant d'une *memoyre* qui se veut témoignage

---

145 *Le Grand et vray art de pleine rhétorique*, ouvr. cité, II, p. 99.

146 G. Gros, *Le Poème du Puy marial*, Paris, Klincksieck, 1996, p. 161-165.

147 L'idée centrale de l'Immaculée Conception est réitérée de façon insistante dans son *champ royal* : « Sans point sentir vices originaulz », « beaux lieux intestins », « sans macule », « Toute clere, necte, pudicque et monde / Toute pure par dessus tous vesseaulx ».

148 C'est le refrain du chant royal. « Pallinode est terme grec qui signifie semblable consonance ; lequel terme noz peres ont appliqué en cest art en deux manieres, c'est assavoir pour les dernieres lignes de champ royal, qui se reprennent a chascune clause, et sont appellees le pallinode, et en ballade l'en les appelle refrain » (Fabri, ouvr. cité, II, p. 77). Parfois, par synecdoque, ce terme désigne le chant royal lui-même, mais par souci de clarté nous éviterons ce sens dans cette édition. Pour une analyse détaillée de l'origine et de l'usage de cette terminologie, voir G. Gros, *Le Poète, la Vierge et le Prince du Puy*, ouvr. cité, p. 28-29.

149 Une caractéristique fréquente de ce genre encomiastique que Gérard Gros qualifie joliment de « microcosme de l'inventaire » (*Le Poème du Puy marial*, ouvr. cité, p. 243).

150 Th. Mantovani, « Le manuscrit BNF ms. fr. 1538 », *Première poésie française de la Renaissance*, ouvr. cité, p. 89, 96.

151 Voir ci-dessous, « "Vien musique" ou la transformation du chant », p. 69.

savant. Elle s'inscrit en cela dans une pratique du *cantus regalis* comme glose des textes et des symboles qui font autorité, participant ainsi à l'enrichissement de la symbolique mariale[152] qui la précède. Bien qu'elle définisse son poème encomiastique comme un « petit Champ royal » en « langaige rural » (v. 367-368), elle revendique pour son effort (« son povoir au surplus », v. 377) le mérite d'une *louenge* (v. 378), suggérant par là que son *voulloir escrire* (v. 383-384) relève davantage d'une audace que d'un aveu de non savoir. La double facette de modestie et de détermination est joliment résumée par le vers qui suit l'inscription de son nom dans le tissu poétique : « D'ung franc voulloir en toute humilité » (v. 383).

L'identification explicite à la figure mariale[153] suit le chemin de la pénitence et de l'allégeance, pénitence par la mémoire de ses propres fautes, allégeance avec le *champ royal*, « vroy signe d'amour et souvenance » (v. 366), qui permet à la Mère de son Époux divin d'avoir elle aussi *memoyre* de Katherine (v. 386), sa *servante* (v. 371). Compte tenu des marques référentielles au sein de son œuvre, concrétisée ici par l'inscription de son nom (f. 12 v°), on mesure combien ce don palinodial, sous l'égide de la *Mater Dei*, est pour Catherine d'Amboise une façon de souligner la pureté de sa dévotion et l'autorité spirituelle de sa démarche poétique. C'est également une manière de s'inscrire dans la vaste communauté des poètes inspirés.

« Vien musique » ou la transformation du chant

Les traités de Gerson nous ont habitués à voir la musique, dans le contexte de la piété mariale, comme « le langage par excellence de la vie spirituelle, tant du point de vue sensible (dans le chant liturgique) que moral (dans l'examen de conscience purgeant le cœur de ses 'dissonances') et intellectuel[154] ». Rien de plus vrai pour la poésie de Catherine. Si la présence explicite de la musique est somme toute assez peu fréquente dans les corpus palinodiques[155], dans les *Espiltres* elle est effectivement

152 Selon l'expression de G. Gros (*Le poème du Puy marial*, ouvr. cité, p. 197).

153 L'identification entre Katherine et la Vierge est soulignée dans les *Espiltres* par les termes *ancelle*, *amye*, *maistresse*, *tourterelle* et *espouse* associés aux deux.

154 I. Fabre, « La "Symphonie inachevée" de Jean Gerson : musique et mystique dans le "Tractatus super Cantica Canticorum" (1429) », *Mystique, langage, musique : dire l'indicible au Moyen Âge*, éd. R. Wetzel et L. Wuidar, Wiesbaden, Reichert, 2019, p. 238.

155 Parmi les chants royaux cités par G. Gros et D. Hüe, nous n'avons trouvé qu'un seul exemple de personnification de la musique (BnF, fr. 1715, f. 56 v° édité dans *Petite anthologie*

« au cœur du poème », pas uniquement « comme la nostalgie d'un langage qui cherche l'harmonie[156] », mais comme cri de joie et ferveur lyrique devant Celle qui incarne l'Harmonie même[157].

Pour préparer cette émergence du chant, toute la deuxième *espiltre* thématise et exemplifie l'importance de la musicalité, et ceci à un endroit où le *je* poétique, dans une euphorie qui vient supplanter la dysphorie de sa condition de *povrette mondaine* (v. 300), apprend de l'ange-messager, que le pardon divin lui sera accordé (v. 321-328). La certitude de cette annonce, par l'emploi du mot *misericorde* (v. 328), provoque une telle joie mystique qu'elle déclenche, pour la première et unique fois dans cette œuvre, un déferlement de procédés musicaux et d'ornements, créés aussi bien par une versification irrégulière que par des allitérations, des anaphores[158] et même une rime interne équivoquée[159], procédés peu fréquents par ailleurs (v. 329-348).

Cette parenthèse jubilatoire n'a d'autre fonction, dans la trame de l'*espiltre*, que de démontrer les effets de cette allégresse sur le corps et l'âme et de suggérer son rôle dans la création du *petit champ royal* que Katherine se propose d'offrir à la Vierge. Il s'agit d'une pause à la fois musicale et métatextuelle dans le discours théologique, où le *je* lyrique fait état d'une lutte entre un désir quasiment physiologique de s'épancher musicalement et la nécessité de recourir à Raison pour l'en empêcher, comme si la musique comportait en soi le risque du plaisir temporel (avec une *chansson [...] de gaytté mondaine*) avant qu'il ne soit transmué en chant *spirituel*[160].

---

palinodique (1486-1550), Paris, Champion, 2002, p. 188). Dame Musique est néanmoins la figure centrale de l'hommage de Guillaume Cretin à la mort du compositeur Ockeghem (*Œuvres poétiques*, éd. K. Chesney, Paris, 1932, p. 60-73).

156 G. Gros, *Le Poème du Puy marial*, Paris, Klincksieck, 1996, p. 312.

157 L'association explicite entre la Vierge et la musique, relativement rare, éclot ici ou là dans le corpus palinodique rouennais (D. Hüe, *La Poésie palinodique à Rouen (1486-1550)*, Paris, Champion, 2002, p. 727).

158 Abondante chez Bouchet, la répétition lexicale n'est pas particulièrement récurrente chez Catherine, sauf lorsque le propos évoque un enthousiasme spirituel. C'est le cas ici, où le mot *misericorde* du v. 328, déclencheur de la joie et du chant, est repris de manière anaphorique aux v. 344, 345, 356.

159 La rime interne est rare chez Catherine ; l'équivoquée n'intervient que dans le passage qui nous occupe, où la sonorité du verbe *gouste* à la rime (v. 330) est reprise en écho dans le vers suivant en tant que substantif : « goutte de joye ».

160 « Je me prendroye à dire la chansson / De moy aymée, aornée de plaisant son, / Où il y a, à l'ombre d'ung bissonnet, / L'aurée d'une soullaye au matinet. / Non de gaytté mondaine

Ainsi, cette exploration des pouvoirs du langage poétique passe d'abord par les sens, et notamment ceux de l'ouïe et du goût. La protagoniste *escoutte* et *gouste* le mot *misericorde* (v. 328-330) qui résume le propos de l'ange, déclenchant l'apostrophe emphatique « O deffective » pour marquer l'entrée dans une phase auto-réflexive, comme un besoin de s'arrêter un instant sur elle-même et de comprendre ce qui lui arrive. Le *gaillart maintien* (v. 334) qu'elle observe en elle est immédiatement connoté négativement comme un chaos potentiel auquel son *esperit* s'oppose, sous la conduite de Raison (v. 335-336). Pourtant, alors même que le plaisir sonore se répand dans son corps, le désordre s'installe au sein de ses vers. Avant que la louange mariale ne puisse se déployer, une *chansson* populaire *aymée*, écho d'une oralité incarnée, s'impose à la mémoire. En dépit de la prétérition (v. 342), l'évocation même de la chansonnette profane donne lieu aussi bien à une réflexion sur la joie du chant qu'à une expérimentation des possibilités langagières qu'elle susciterait[161], une musicalité encore inouïe qui trouvera son aboutissement spirituel dans le poème offert à Marie.

En invitant la Musique personnifiée et les poètes musiciens de la mythologie, en faisant résonner les instruments, les *sibillacïons* du vent et les voix chorales, Catherine d'Amboise adopte en effet dans son *Champ royal* une pratique peu suivie des poètes palinodiques[162]. Même si les trois premières strophes illustrent le *saint concept* en enveloppant les allusions théologiques dans une rhétorique digne de la prouesse des puys, les deux dernières, déclenchées par une invocation aux *Muses*, font soudain place à un enthousiasme poétique bien loin de la démonstration verbale. Le cortège musical, d'inspiration biblique[163], s'avance dans une ferveur incantatoire rythmée par l'anaphore *vien*

---

qui chancelle / Ne chanteroye, mais de spirituelle. » (v. 337-342)

161 Notamment par la particularité rythmique des vers dans ce passage. En voici deux exemples : A) Les deux hiatus des v. 338-339 (« De moy aymé(e), aorné(e) de plaisant son » et « Où il y a, à l'ombr(e) d'ung bissonnet ») créent une prosodie syncopée. B) Catherine place l'indéfini *une* à la coupe dans « L'auré(e) d'une soullay(e) au matinet » (v. 340) – une audace peu conventionnelle, encore soulignée par l'accentuation du *-e* final du déterminant qui crée ici une coupe épique, avec une scansion 2/6/10, la seule de toute cette œuvre.

162 On mentionnera néanmoins les quelques compositions rouennaises étudiées par D. Hüe dans *La Poésie palinodique à Rouen (1486-1550)*, ouvr. cité, p. 727-758, et la *Petite anthologie palinodique (1486-1550)* qui lui correspond, p. 179-208.

163 La convocation des peuples à louer Dieu de façon jubilatoire par le chant et les instruments a son origine dans les Psaumes (par ex. 98[1, 4-6]).

(réitérée six fois), puis par une succession d'injonctions (*venés*, *transmigrés*, *acompaignez*, *sepme*, *lessés*, *sonnés*, *sonne*, *caulaudés*) propres à faire de la surenchère une litanie[164], qu'une prosodie toujours dissemblable[165] relance à chaque vers. Devenue pure musique, à l'instar de certains Psaumes, cette composition offerte comme « vroy signe d'amour et souvenance » fait entendre alors une autre mémoire, celle de la lyrique courtoise, source mélodique et mystique de son propre « chant du cœur[166] ».

La versification

– Le mètre

Dans les *Espiltres*, le décasyllabe à rimes plates – sans alternance stricte entre féminines et masculines – est le seul vers employé ; il est coupé 4/6, ce que le manuscrit souligne fréquemment par une barre oblique ou un point, parfois les deux[167], et occasionnellement par une majuscule. Pour son chant royal, Catherine d'Amboise respecte la forme carrée de cinq onzains de décasyllabes[168] suivie d'un envoi de cinq vers et adopte le schéma de rimes[169] préconisé par Pierre Fabri,

164 Seule la *Deploracion* de Guillaume Cretin sur le trépas du compositeur Ockeghem adopte de manière analogue une succession d'impératifs et de figures musicales propres à évoquer un cortège, ici évidemment plus funèbre que jubilatoire (*Œuvres poétiques*, éd. K. Chesney, ouvr. cité, p. 60-73). Le chant royal de Mommain à la louange des musiciens de Rouen suit également la logique d'un rassemblement (« viens », « venez »), mais sur un ton léger (ms. fr. 24408, f. 5 r°).

165 Malgré un respect du 4/6, aucun vers ne possède les mêmes accents prosodiques que l'autre, à l'exception des v. 425 et 427 (1-4-7-10).

166 Sur la lyrique courtoise de la fin du Moyen Âge, on se référera à l'ouvrage fondateur de J. Cerquiglini-Toulet, *« Un engin si soutil », Guillaume de Machaut et l'écriture au XIVe siècle*, Paris, Champion, 1985.

167 Un peu moins d'un sixième des vers seulement en est dépourvu.

168 « Champ royal donq se faict de dix ou unze lignes autant que contient de syllabes le pallinod, a celle fin qu'il soit carré, combien que l'en en treuve de bons qui sont de douze lignes et plus, mais ilz ne sont point si magistraulx que les carrez. » (P. Fabri, *Le Grand et vrai art de pleine rhétorique*, ouvr. cité, II, p. 99.)

169 « Et doibt avoir les quattre premieres lignes et les deux dernieres croisees, qui ne veult doubler les deux premieres, et puis la cinquiesme et sixiesme lignes leonines [comprendre ici *plates* ou *suivies*, ce terme étant employé aussi dans cette acception chez Fabri] et d'aultre rithme des quattre premieres, et le demourant leonine ou croisé a la volunté du facteur, excepté les deux dernieres qui doibvent estre croisees, comme il est dict devant. » (*ibid.*)

choisissant celui généralement pratiqué à Amiens (ababbccdedE, avec un envoi ddedE), sans que l'on puisse attester d'un contact particulier avec ce Puy.

Dans ces deux genres poétiques, la scansion adoptée par Catherine ne suit pas forcément les conventions des poètes contemporains. Les nombreuses césures épiques et lyriques introduites à certains moments clés du texte permettent d'en infléchir le sens.

– Césure

Même si la césure 4/6 du décasyllabe est respectée, une des particularités de Catherine d'Amboise dans la composition de ses vers est son abondant usage de la coupe épique (5e syllabe muette et pourtant placée devant une consonne : « Une request(e), mais je crains pour tout voir », v. 3) et lyrique (*e* final accentué sur la 4e syllabe : « Ma povre ame succomber et deffaire », v. 136), deux césures qui, sous l'influence de Jean Lemaire, ne sont plus fréquemment pratiquées par les poètes de cour à partir de 1512, la coupe féminine étant préférablement suivie d'un mot commençant par une voyelle pour pouvoir s'élider et former un rythme plus fluide. On parle alors de coupe enjambante : « Ta povre serve, indigne creature » (v. 6), que Catherine pratique aussi mais moins souvent (une trentaine de fois[170]).

Il est particulièrement intéressant à ce propos d'observer la différence entre la composition de la première *espiltre* de Catherine d'Amboise et celle que Jean Bouchet avait adressée à Gabrielle de Bourbon. La version modèle n'ayant pas été retrouvée, il n'est pas possible de connaître avec exactitude la spécificité de l'*espitre* du Traverseur au moment de l'emprunt de la dame de Lignières. Une observation de l'évolution des habitudes du poète entre 1510 – date de son entrée en fonction chez Gabrielle – et 1545 – date de la publication de ses *Epistres morales et familieres* –, fondée sur ses propres déclarations et sur l'analyse de ses autres œuvres, nous permet néanmoins de formuler quelques hypothèses quant à la différence entre les choix formels de Catherine et ceux de son prédécesseur, notamment pour les césures.

170 Aux v. 6, 21, 52, 74, 92, 96, 164, 180, 196, 242, 251, 262, 264, 292, 337, 338, 344, 381, 395, 488, 491, 501, 526, 578, 584, 592, 598, 633, 644, 645, 656.

En effet, comme le rappelle Jennifer Britnell, dès 1516, Jean Bouchet n'emploie plus la coupe féminine non élidée ni la césure lyrique. C'est donc systématiquement la coupe enjambante qui est de mise. Mais on ne sait pas quelle fut sa tendance avant 1516 – date de la mort de sa mécène –, même s'il est permis de croire qu'à partir de 1512, sous l'influence de Jean Lemaire, sa pratique suivait déjà fortement le nouvel usage d'éviter la coupe épique[171]. On ignore par conséquent si la version que Catherine d'Amboise a pu avoir entre les mains était différente de celle qu'il a publiée en 1545, dans laquelle les césures épiques et lyriques sont absentes. Sa réputation de grande rigueur incite à penser que le poète a pu, à l'instar de Jean Marot, corriger tous ses vers antérieurs non conformes avant la parution de l'imprimé[172]. Mais on ne peut pas exclure que l'*espitre* ait échappé à son auteur et circulé à son insu, avec les variantes que l'on retrouve dans l'*espiltre* de Catherine.

Quoi qu'il en soit, les différences observées entre cette *espiltre* et celle que le rhétoriqueur publie en 1545 manifestent d'autres préférences en matière de métrique[173]. Ainsi plusieurs coupes enjambantes du texte à Gabrielle deviennent coupes épiques chez Catherine[174].

Ses vers contiennent en outre des césures lyriques là où ceux de Bouchet n'en ont pas : v. 136. C'est aussi le cas du v. 197, ajouté au service de la fiction autobiographique. On verra d'ailleurs ci-dessous que, contrairement à l'habitude du Traverseur (qui l'évite presque totalement dès 1516[175]), la coupe lyrique est privilégiée dans les *Espiltres*, particulièrement dans le chant royal.

Cette observation de l'usage de la coupe dans la première *espiltre* de Catherine d'Amboise tendrait à faire penser que les adaptations sémantiques de la poétesse sont principalement motivées par un besoin d'adéquation référentielle, tandis que les différences purement formelles observées entre ses vers et ceux de *l'epistre* à Gabrielle de 1545 pourraient

171 Voir J. Britnell, *Jean Bouchet*, Édimbourg, University Press, 1986, p. 27-28.

172 On sait en effet qu'il a encouragé la correction de vers fautifs dans des recueils à éditer dès 1520 (J. Britnell, ouvr. cité, p. 82).

173 Par ex. « De mon offence conduytte par faulz art » des *Espiltres* correspond à « Puys qu'offensé je t'ay par un tel art » dans l'édition de Bouchet, où la césure épique a disparu (voir annexe II, v. 130).

174 V. 3, 7, 14, 27, 49, 108, 202.

175 J. Britnell, *Jean Bouchet*, ouvr. cité, p. 27.

être liées à des corrections effectuées par le poète lui-même sur sa version initiale antérieure à 1516.

Dans les deux autres *espiltres* de Catherine, les césures épiques apparaissent 68 fois[176]. Avec les 12 occurrences dans la première épître[177], cette pratique concerne un huitième de tous les vers. En examinant les différentes occurrences, on constate que cette forte respiration dans la prosodie met particulièrement en évidence le mot à la coupe, souvent essentiel dans le propos, comme par exemple le nom de la protagoniste dans la fiction épistolaire[178] : « De Katherin(e) d'Amboyse au vroy congneue » (v. 382). C'est d'autant plus le cas lors d'enjambements ou lorsque la première lettre du terme qui suit est la même que la dernière consonne audible, comme le *m* au v. 227 (« trop mieulx me vauldroit / En une *abism(e) me* getter »), où l'allitération sur la même lettre orne déjà le vers précédent[179].

Dans le *Champ royal* qu'elle adresse à Marie (v. 387-446), la coupe épique n'est présente qu'une fois[180]. La césure lyrique, par contre, devient

176 Pour la 2e épître aux v. 209, 227, 229, 243, 246, 273, 274, 279, 284, 290, 292, 293, 300, 311, 313, 319, 322, 323, 328, 329, 331, 351, 352, 355, 356, 360, 366, 370, 372, 382, dans la suscription au v. 447, et pour la 3e épître aux v. 459, 461, 474, 475, 479, 489, 496, 498, 499, 507, 508, 523, 536, 539, 549, 559, 566, 582, 594, 597, 598, 605, 607, 608, 612, 615, 616, 620, 621, 623, 624, 626, 628, 629, 649, 650, 655. Pour rappel, cette liste ne comprend pas les vers qui contiennent un mot féminin à la coupe se terminant par une diphtongue avec un « e » muet excédentaire (ex. *ie*, *oie*, *oye*, *ée*, etc.), puisque Catherine, de même que Fabri, les considère comme un monosyllabe ne requérant pas l'élision.

177 Aux v. 3, 4, 7, 14, 39, 49, 50, 77, 87, 108, 130, 202. Pour Bouchet, cette liste serait plus longue, incluant les v. 18, 27, 47, 141 et 160.

178 Éponyme de la signature de l'autrice à la fin de ces deux missives : « Fin par moy : K. d'Amboyse » (f. 12 v° et 18 r°).

179 D'autres exemples : le *t* aux v. 313 et 507 (« À celle fin que tel dueil et tristesse / Gueres ne port(e), tu en as le povoir », « Constante et fort(e) te maintiendras et ferme »), le *s* aux v. 319 et 459 (« Quant de l'emprins(e), ce n'est rien quant à toy », « Mais que le fass(es) sans rompre ta promesse ») ou le *l* aux v. 323 et 474 (« Bonne nouvell(es), luy mesmes le m'afferme », « Mon Evvangill(e) l'affermë »). Ce procédé de reprises sonores s'opère aussi parfois par des consonnes très proches (*td*, v. 229, 649).

180 Vers 436 : « Que ma maistress(e), la Vïerge honnorée ». On sait que la césure épique était interdite par les statuts du Puy de Rouen, comme le montre l'affiche publiée en 1516 : « Au meilleur chant royal contenant le nombre de XI lignes pour chascun baston sans coupes féminines s'ilz ne sont synalimphees » (cité par A. Héron dans son édition de P. Fabri, ouvr. cité, III, p. 63). Fabri prône un mot masculin à la coupe du 4/6 (II, p. 99) et tolère un terme féminin, pourvu qu'il y ait synalèphe, c'est-à-dire une élision pour que la coupe soit enjambante. Ce n'est pas cette voie que choisit de suivre Catherine, puisqu'elle ne fait qu'un seul usage de la coupe féminine élidée : « De la Vïerg(e) où toute grace habonde » (v. 395), à laquelle on pourrait éventuellement ajouter l'*incipit* :

la norme, puisque le palinod choisi par Catherine l'adopte et qu'il revient six fois, comme le veut le genre, conférant ainsi sa musicalité particulière à tout le chant. En dehors de la ligne palinodiale, cette coupe intervient encore à onze reprises[181]. Sur 60 vers, 17 privilégient donc cet usage, ce qui équivaut à plus d'un quart du poème ; ce n'est certes pas anodin, compte tenu de l'emploi relativement rare de cette coupe dans les recueils palinodiques de la même époque. La première conséquence de cette particularité métrique chez Catherine est une prosodie inhabituelle, créant un balancement qui fait ressortir un mot ou un autre de manière inattendue. Le rythme est toujours marqué par au moins trois accents toniques, placés irrégulièrement : parfois, comme dans le palinod, il marque la 3e, 6e, et 10e syllabe (et même la 1re et la 2e si l'on veut faire ressortir l'hyperbole « la plus »), parfois il est fondé sur une accentuation des syllabes 1, 3, 10, comme dans l'*incipit*. Toutefois l'accent tonique sur la 4e, 6e ou de la 7e syllabe est plus fréquent que sur la 3e et la 8e.

Catherine recourt à la césure lyrique également en dehors du *Champ royal*, mais dans une moindre mesure : 17 fois sur 600 vers[182] (dont uniquement deux fois dans la première épître, ce qui s'explique peut-être par le fait que Bouchet ne l'emploie pas). La plupart de ces coupes permettent une forte mise en relief du terme clé, surtout après un enjambement. C'est le cas par exemple du mot *espiltre* : « Du bon du cueur humblement te supplie / Une espiltre que t'envoy(e) recepvoir » (v. 210-211). Au v. 378, c'est par ce procédé que le texte accentue le mot *louenge* (« Celuy qui faict son povoir au surplus / De louenge ne doit estre forclus, / Mais exalté en public de chacun »), contrecarrant quelque peu le *topos* de modestie qui le précède et éclairant d'une lumière plus vive son audacieux effort de composer ce chant royal.

« Anges, throsnes et dominatïons » dont la liaison permet une transition fluide après le *e* métrique et rend la césure lyrique moins forte. On verra qu'elle recourt à dix autres césures lyriques dans son champ royal, mais sans liaison avec le mot qui suit.

181 Aux v. 387, 393, 396, 405, 409, 412, 416, 417, 418, 426, 435.

182 Dans la 1re aux v. 136, 197, dans la 2e aux v. 211, 220, 226, 281, 291, 316, 349, 357, 367, 378 et dans la 3e aux v. 487, 506, 543, 556, 619 et 653.

– Élisions, enclises et hiatus

Conformément aux habitudes de l'époque, le texte tel qu'il nous a été livré n'élide pas toujours le *e* atone de *je*, *de*, *me*, *ne*, *que*, *se*, *te* lors de hiatus, mais il ne compte pas dans le mètre : par ex. *j(e) habitoys* (v. 85)[183].

On signalera en outre un cas d'enclise : « De ton espoux, bien t'en pourr(a)‿avenir » (v. 516). De plus, les groupes *qui en* (v. 297), *luy en* (v. 496) et *Tu as* (v. 654) sont monosyllabiques.

En revanche, certains hiatus demeurent chez Catherine, notamment à la césure du 4/6, comme au v. 217 : « les pech<u>é</u>(s) <u>et</u> <u>e</u>snormes deslys[184] ». C'est le cas également de quelques vers où un mot féminin à la coupe contient une diphtongue se terminant par un *e* muet post-tonique excédentaire : ex. « Des eau(es) aussi qui me sont tresduysans » (v. 40)[185].

– Diérèses

Comme aujourd'hui, *obeyr* est trissyllabique (v. 169, 570) chez Catherine tandis que l'expression *ouy dire* (v. 376) ne subit pas la diérèse. La terminaison *-ion*, par contre, est le plus souvent dissyllabique, un mot comme *re/mi/ssï/on* (v. 229, 286, 513) se prononçant en quatre syllabes. Très apprécié des rhétoriqueurs et abondant dans les recueils palinodiques, cet usage se généralise dans le *Champ royal* de Catherine[186] et concerne aussi les suffixes *-ieu* et *-iau* : ex. *precïeuse* (v. 393)[187] et *imperïaulx* (v. 396). La prédilection pour la diérèse se vérifie dans le reste des *Espiltres* et pas uniquement dans les vers qu'elle a repris de Jean Bouchet et de Charles Morel. On compte cependant quelques exceptions : *injunctions* (v. 465), *perdition* (v. 613) et *passion* (v. 625).

183 Autres exemples aux v. 21, 148, 169, 225, 244, 282, 287, 290, 292, 318, 538, 561, 562, 563, 627. Par contre, on ne fera pas l'élision au v. 475, la coupe épique étant plus logique ici que la césure lyrique ; il faut donc lire, selon nous : « Qu<u>e</u> à quelqu(e) heur(e) que le pecheur dira ». L'élision n'intervient pas non plus au v. 643 : « Qu<u>e</u> au plus tost que ma croix embrassée ».

184 Autres exemples : « Ma povrett<u>é</u> <u>et</u> mon impacïence » (v. 269) et « Où il y <u>a</u>, <u>à</u> l'ombr(e) d'ung bissonnet » (v. 339).

185 Autres exemples : « Fus nestoy<u>é</u>(e) <u>et</u> mise entierement » (v. 104), « De l'ostin<u>é</u>(e) <u>et</u> pecharresse ingrate » (v. 236), « Soit excus<u>é</u>(e) <u>et</u> le tout pardonné » (v. 301), « De moy aym<u>é</u>(e), <u>a</u>orné(e) de plaisant son » (v. 338). En dehors de la césure, pour que le 4/6 soit respecté, se sont glissés d'autres phénomènes de hiatus : « Atant fays fin, pour l'eur<u>e</u> il suffit » (v. 206), « Mon Evvangill(e) l'afferm<u>e</u> et asseure » (v. 474), « De mocqueri(e) voysin<u>e</u> <u>et</u> parente » (v. 550), « O mon espous(e), mamy<u>e</u> <u>et</u> sans faincte » (v. 650).

186 V. 387, 389, 398, 400, 409, 411, 420, 422, 425.

187 Également : *Hebrïeux* (v. 401), *stigïeulx* (v. 434).

– Synérèses

La contraction s'opère pour le verbe dans cinq des dix-neuf formes au futur : *Ous(e)ray je* (v. 215), *recepv(e)ras* (v. 369), *port(e)ray* (v. 450), *gard(e) ras* (v. 515), *pourt(e)ras* (v. 537). Le *e* est atone également dans *esp(e)rit* (v. 188)[188], *pay(e)ment* (v. 576) et *enn(e)my* (v. 633).

– Diphtongues et *e* muet post tonique

Comme le précise Pierre Fabri, certains *e* se prononcent parfois à la terminaison des formes verbales, *alloient* et *venoient* comptant pour deux ou trois syllabes selon les régions[189]. Chez Catherine, le *e* de la terminaison verbale *-oie* ou *-oye* au présent et au conditionnel est le plus souvent muet et ne compte donc pas dans le mètre (« Plus ne vouldroy(e) vivre avec les humains », v. 147[190]), avec deux exceptions (v. 354[191] et v. 367[192]). Le *e* est atone au passé simple : *craignyr(ent)* (v. 647).

Fabri considère tous les groupes vocaliques comme des monosyllabes[193], ce que suit par exemple Catherine dans l'adjectif dissyllabique *(a)or/né(e)* au v. 338. Chez elle, le *e* post tonique est majoritairement muet et excédentaire dans les syllabes *ée*[194], *eue*, *ie*, *oie*, *oye*, *ue*, *ye*, *yes*, *yez* des adjectifs, des verbes et des substantifs, même quand ils ne sont pas à la rime. Toutefois, il est métrique aux v. 204 et 331 (*joy/e̱*), 396 (*decreté/e̱*), 551 (*ay/e̱z ˬesgard*), 562 et 650 (*amy/e̱*, contrairement au v. 610).

Le *e* final caduque est fréquent dans la poésie de Catherine même en dehors des diphtongues, et notamment à la coupe, ce qui crée des césures épiques : ex. *veill(ez)* au v. 4.

---

188 Aussi aux v. 302, 324, 454, 566, contrairement aux v. 275 et 336 où il forme un trissyllabe.

189 P. Fabri, ouvr. cité, II, p. 7, 26-27.

190 Les autres occurrences sont : *occiroy(e)* (v. 148), *tacheroy(e)* (v. 149), *envoy(e)* (v. 211, 294, 514), *chanteroy(e)* (v. 342), *sçauroy(e)* (v. 481).

191 Un vers où *ve̱/oy/e̱* forme un étrange trissyllabe.

192 Ici, la finale de *envoy/e̱* est prononcée, contrairement à toutes les autres occurrences de ce verbe.

193 *aa*, *ae*, *ay*, *ao*, *au*, *ea*, *eau*, *ee*, *ei*, *eu*, *ia*, *ieu*, *oa*, *oe*, *oi*, *ou*, *uau*, *ui*, *uoy* (P. Fabri, ouvr. cité, II, p. 11).

194 Les *Espiltres* ne suivent pas en cela l'usage de Jean Bouchet qui considère la terminaison *ée* comme un dissyllabe sauf devant une voyelle (*Le Labirynth*, Introduction, p. XXXIX).

– Monosyllabes à la césure :

Les mots *de*, *je*, *le*, *se*, etc. sont interdits à la rime mais tolérés à la coupe ; il en va de même pour les féminins pluriels[195] ; Catherine respecte cette règle et n'emploie qu'une fois le déterminant *le* à la césure de la 4e syllabe : « M'esclaire le tresluÿsant souleil » (v. 128)[196].

La rime

Dans les vers qui ne proviennent pas de l'œuvre de Jean Bouchet ou de Charles Morel, Catherine d'Amboise fait usage de quelques rimes apparemment peu usitées comme *yre-affuyre* (v. 231-232), *meritoyre-scabraire* (v. 265-266), *fye-fulcye* (359-360), *repositoyre-triumphatoire* (v. 519-520).

Pour son chant royal, elle puise dans un trésor commun de rimes propre à la plupart des recueils palinodiques parvenus jusqu'à nous. Ainsi en est-il de tous les termes en *-onde* (*monde*, *faconde*, *habonde*, *redonde*, *fonde*), quoique nous n'ayons pas trouvé dans le contexte marial celui de *Florimonde* (v. 428). De même les rimes en *-ïon* sont privilégiées par les poètes des puys, notamment pour rimer avec *conceptïon*, mais des substantifs comme *sibillacïons* et *inundatïons* sont peu fréquents, et il n'a pas été repéré d'autres occurrences de *ludïacïons* (v. 422). Semblablement, des mots à la rime comme *cabalins*, *matutins* et *clarins* sont rares (v. 421, 423, 424).

Dans toute son œuvre, Catherine use principalement de rimes sinon riches ou léonines[197] (ex. *demander-amender*, v. 297-298), du moins suffisantes (ex. *humilité-ligereté*, v. 453-454), rarement pauvres (ex. *dye-jalousye*,

195 P. Fabri, ouvr. cité, II, p. 8-9.

196 On notera à ce propos qu'un tel usage a peut-être surpris la personne qui recopiait le manuscrit, puisque la barre oblique est placée après la 3e syllabe dans ce vers : « M'esclaire / le tresluysant soleil », suggérant aussi que la diérèse sur *tresluÿsant* n'a pas été spontanément retenue et qu'un mot a pu être oublié dans le manuscrit des *Espiltres*. Chez Bouchet, on lit en effet : « M'esclairent *plus* la Lune et le Soleil » (voir annexe II, v. 128).

197 Ce que depuis Sébillet on nommera rime *riche* (« de deux ou plusieurs syllabes toutes pareilles, mais en divers mots ») est appelé *léonine* par Molinet (« quand deux dictions finales ont pareilles consonance et sillabe », avec l'exemple *Denis-fenix*). Ces deux termes sont donc souvent interchangeables à l'époque de Catherine (G. Hecq et L. Paris, *La Poétique française au Moyen Âge et à la Renaissance*, Paris, Librairie Émile Bouillon / Bruxelles, Société belge de librairie, 1896, p. 167, 171-172).

v. 539-540)[198]. Une seule rime irrégulière est à signaler : l'assonance *excepte-experte* (v. 241-242)[199].

La première *espiltre*, qui reprend une grande partie des rimes de Bouchet, se distingue des deux autres par un emploi plus abondant de la rime équivoque, encore très prisée des théoriciens à cette époque-là[200] : *envoye-en voye* (v. 9-10), *presente-presente* (v. 61-62)[201], *habandonnée-aux bancz donnée* (v. 69-70), *assemblé-a semblé* (v. 87-88), *prisas-prise as* (v. 107-108), *art* (brûle)-*art* (manière) (v. 129-130)[202], *tristesse-triste esse* (v. 155-156), *par don-pardon* (v. 183-184), *estre* (substantif)-*estre* (verbe) (v. 193-194). Elle contient en revanche une rime du même au même absente de l'édition du Traverseur : *contens* (mépris)-*contens* (v. 119-120).

Dans ses autres *espiltres*, mis à part une reprise de *pardon-par don* (v. 477-478), Catherine emploie les rimes équivoquées suivantes : *veoir* (vraiment)-*veoir* (apercevoir) (v. 227-228), *par voye* (envoyée)-*voye* (façon) (v. 249-250), *faire-faire* (même forme, même sens) (v. 259-260), *present*

198 Catherine emploie par ailleurs trois diphtongues picardes, c'est-à-dire des rimes pour la vue dont seul un des deux termes subit la diérèse. Dans l'épître qu'elle récrit du Traverseur, on ne signalera que *tresgracïeulx-yeulx* (v. 1-2), dans son chant royal *joyaulx-specïaulx* (v. 427-429) et dans l'épître de Jésus *mieulx-envïeulx* (v. 543-544). P. Fabri ne la condamne pas mais montre, en citant le *Jardin de plaisance*, que dans un monosyllabe (*pié-lier*), la rime ne serait pas riche (ouvr. cité, p. 26). En tout cas, ce n'est pas une rime que Bouchet cherche absolument à éviter ; on en trouve par exemple dans le *Labirynth* (Introduction, p. XLII).

199 Pour rappel, les rimes *pris-comprins* (v. 343-344), *registre-espiltre* (v. 451-452), *profunde-habonde* (v. 579-580), *ordre-misericorde* (v. 635-636), parce qu'elles ne diffèrent à l'écrit que par une consonne et se prononcent à l'identique, ne sont pas considérées comme imparfaites par Fabri (ouvr. cité, p. 24-25). En outre, contrairement à l'usage moderne, la différence de graphie entre *Mere* et *affaire* (v. 487-488) ne rend pas la rime fautive, même si Fabri plaide pour le maintien de la même orthographe, considérant la rime « plus basse » lorsqu'elle n'est identique qu'à l'oral (p. 25). Par ailleurs, une rime comme *aymée-reclamée* (v. 271-272) est riche, à cause de la prononciation identique de *ay* et *a*.

200 La rime équivoquée est d'ailleurs considérée par Fabri comme « la plus noble et excellente » (ouvr. cité, II, p. 41) et même ultérieurement par Sébillet comme « la plus difficile » et « la plus élégante » parce qu'elle rend « plus poignante l'ouye » (G. Hecq et L. Paris, ouvr. cité, p. 63).

201 Cette licence consistant à employer deux termes identiques sur le plan sémantique et formel est décriée par Fabri (ouvr. cité, II, p. 17, 21-22).

202 Les rimes équivoques, selon Fabri, possèdent en général au moins deux syllabes en commun (ouvr. cité II, p. 17) mais peuvent parfois concerner des monosyllabes s'ils sont sémantiquement dissemblables (p. 18). Même si Sébillet insistera ultérieurement sur deux syllabes et plus, notons que Molinet définit la rime équivoque à partir d'un monosyllabe : « Terme de equivocque est quand une seule diction [nuyt] signifie *porter dommage* et privation de jour » (G. Hecq et L. Paris, ouvr. cité p. 160, 162).

(cadeau)-*present* (témoin) (v. 295-296), *monde* (pure)-*monde* (terre) (v. 417 et 419), et *fais* (2e personne du verbe *faire*)-*fes* (poids) (v. 449-450)[203].

Comme Bouchet, Catherine ne se prive pas de rimes dérivatives et étymologiques[204]. Dans la première *espiltre*, nous en comptons 19 cas[205], dans la deuxième 14[206] (dont aucun dans le chant royal) et dans la troisième 22 occurrences[207]. L'édition du Traverseur de 1545 fait apparaître quelques fois un usage différent en matière de rimes[208].

---

203 Normalement, une rime doit être de « semblable orthographie, accentuation et prononciation » (P. Fabri, ouvr. cité, p. 16). Mais en matière d'orthographes divergentes, le théoricien est parfois plus nuancé, sinon contradictoire. Si notre compréhension des exemples qu'il tire du *Jardin de plaisance* est correcte, il considérerait la rime équivoque de Catherine *fais-fes* comme « plus basse » et « moins propre » (p. 20).

204 Fabri les tolère mais condamne celles qui sont basées sur une forme préfixée dont le sens est proche (comme *mise-remise*, v. 105-106), une pratique que Bouchet conserve dans d'autres œuvres (par ex. *Labirynth*, Introduction, p. XLII). Sébillet sera lui aussi moins sévère que Fabri à cet égard : « Tu peux rymer bien et deuëment le simple contre le composé, combien que aucuns veuillent soutenir le contraire, mais sans apparence de raison. Car je ne voy point pourquoy on puisse appeler mauvaise ryme, *faire*, contre *refaire* : *mettre*, contre *permettre* : *dire*, contre *mesdire* : *assembler*, contre *desassembler* : *joindre*, contre *conjoindre* : et telle ryme à proportion pareille attendu nommément que Marot, Saingelais, Salel, Heroet, Sceve, et tous les savans et famés poëtes de ce temps en usent ordinairement et sans scrupule » (G. Hecq et L. Paris, ouvr. cité, p. 169).

205 *faictes-sattifaictes* (v. 15-16), *faire-affaire* (v. 29-30), *tousjours-jours* (v. 41-42), *habandonnée-donnée* (v. 69-70), *forfaict-sattifaict* (v. 81-82), *mise-remise* (v. 105-106), *proferer-differer* (v. 115-116), *faire-deffaire* (v. 135-136), *recorde-misericorde* (v. 143-144, *deffaire-satiffaire* (v. 149-150), *plaisir-deplaisir* (v. 151-152), *souvient-devient* (v. 159-160), *offence-deffence* (v. 161-162), *excuser-accuser* (v. 163-164), *tresloyal-desloyal* (v. 167-168), *benefices-mallefices* (v. 171-172), *retourner-destourner* (v. 185-186), *parvoller-convoller* (v. 189-190), *indigne-digne* (v. 201-202).

206 *emprendre-mesprendre* (v. 215-216), *concorde-misericorde* (v. 221-222), *esgard-regard* (v. 223-224), *faire-affaire* (v. 243-244), *veoir-prevoir* (v. 255-256), *livrée-deslivrée* (v. 261-262), *demise-remise* (v. 263-264), *faict-meffait* (v. 287-288), *pardonné-habendonné* (v. 301-302), *porte-aporte* (v. 321-322), *desordre-ordre* (v. 335-336), *venus-advenus* (v. 345-346), *esperdue-perdue* (v. 353-354), *contredictz-benedictz* (v. 361-362).

207 *fait-forfaict* (v. 461-462), *dictz-interdictz* (v. 465-466), *concorde-Misericorde* (v. 469-470), *seure-asseure* (v. 473-474), *predict-contredict* (v. 479-480), *injuste-juste* (v. 481-482), *desdict-interdict* (v. 495-496), *souvenir-avenir* (v. 515-516), *garde-saulvegarde* (v. 521-522), *voye-envoye* (v. 527-528), *comportes-portes* (v. 529-530), *maintenir-tenir* (v. 547-548), *emprins-mesprins* (v. 553-554), *advertir-divertir* (v. 559-560), *tyrer-retyrés* (v. 589-590), *retourner-destourner* (v. 601-602), *espoir-Desespoir* (v. 605-606), *mectz-entremectz* (v. 609-610), *survient-souvient* (v. 615-616), *predictz-contredictz* (v. 627-628), *mauldicte-interdicte* (v. 647-648), *faire-deffaire* (v. 651-652).

208 Par ex. *faicte-parfaicte* qui se substitue à *parfaicte-necte* (v. 49-50), *empire-pire* au lieu de *empire-tyre* (v. 109-110) et *dire-contredire* plutôt que *mauldire-pire* (v. 117-118).

CHRONOLOGIE

1464 (23 avril)	Naissance de Jeanne de France
c. 1469	Jeanne de France reçoit comme gouverneur François de Bourbon-Beaujeu, seigneur de Lignières, marié à Anne de Culant, et vit au château de Lignières
1473 (octobre)	Mariage de Jeanne de France avec Louis d'Orléans
1481	Mort de Charles Ier d'Amboise
c. 1482	Naissance de Catherine d'Amboise
1483	Mort de Louis XI, avènement de Charles VIII
1485	Mort de Catherine de Chauvigny
1488 (13 avril)	Entrée solennelle d'Anne de Beaujeu à Bourges
1493	Georges d'Amboise archevêque de Rouen
1495	Naissance d'Antoinette d'Amboise, fille de Guy d'Amboise
1497	Mariage de Catherine d'Amboise avec Christophe de Tournon, seigneur de Beauchastel
1498	Mort de Charles VIII ; Georges d'Amboise, premier ministre de Louis XII, accède au cardinalat (décembre)
1498 (17 décembre)	Annulation du mariage de Louis XII et de Jeanne de France
1498 (26 décembre)	Jeanne de France, duchesse de Berry ; Jeanne Malet de Graville, épouse de Charles Chaumont d'Amboise, dame d'honneur
1499 (8 janvier)	Mariage de Louis XII et d'Anne de Bretagne
1499 (février)	Jeanne de France, duchesse de Berry, fait son entrée solennelle à Bourges

1499	Charles II Chaumont d'Amboise, grand maître de la maison du roi
1500	Mort de Christophe de Tournon
1501	Mariage de Catherine d'Amboise avec Philibert de Beaujeu
1501 (avril)	Georges d'Amboise légat du pape en France
1502	Fondation de l'ordre des Annonciades
1504	Charles II Chaumont d'Amboise, maréchal de France
c. 1505	Naissance de Michel d'Amboise
1505 (4 février)	Mort de Jeanne de France ; Louis d'Amboise est son exécuteur testamentaire
1505 (21 février)	Philibert de Beaujeu, baron de Lignières, porte le dais lors des funérailles
1505 (2 mars)	Entrée solennelle de Louis XII à Bourges
1507	Début du procès entre Jacques de Beaujeu-Lignières et Anne de Beaujeu pour les possessions du Beaujolais
1508	Charles Chaumont d'Amboise amiral
1509 (1er juillet)	Entrée de Louis XII à Milan
1509 (31 octobre)	Par son testament, Georges d'Amboise lègue ses livres français à Georges III d'Amboise
1510 (25 mai)	Mort du cardinal Georges d'Amboise
1510 (octobre)	Début de la guerre contre le pape, conduite par Charles Chaumont d'Amboise
1511 (11 février)	Mort de Charles Chaumont d'Amboise
1511 (3 mars)	Mort de Louis II d'Amboise, évêque d'Albi
1515 (1er janvier)	Mort de Louis XII, avènement de François Ier
1515	Mort de Jacques d'Amboise, époux d'Antoinette d'Amboise
1516 (27 mai)	Mort de Jacques de Beaujeu (père de Philibert)
1516 (5 octobre)	Philibert de Beaujeu abandonne ses droits sur le Beaujolais

1517	Marguerite d'Angoulême, duchesse de Berry
1518 (octobre)	Mariage d'Antoinette d'Amboise avec Antoine de La Rochefoucauld, seigneur de Barbezieux
1524 (23 juillet)	Entrée solennelle de Marguerite, duchesse de Berry, à Bourges
1525	Mort de Georges III d'Amboise à Pavie
1525 (19 juin)	Louise de Savoie remet à Catherine d'Amboise tous les droits seigneuriaux de Georges III d'Amboise
1525 (avril)	Michel d'Amboise séjourne chez Catherine d'Amboise
1526	Michel d'Amboise entre au service d'Antoinette d'Amboise
1527	Louise de Savoie est reçue à Chaumont
1528 (14 janvier)	Par testament, Philibert de Beaujeu donne à Catherine d'Amboise la terre de Lignières
1528 (août)	Mort d'Antoine de La Rochefoucauld
c. 1528-1529	Michel d'Amboise est chassé par Antoinette d'Amboise
1529 (avril)	Alciat à la faculté de droit à Bourges
1529 (été ?)	Arrivée de Calvin et de Théodore de Bèze à Bourges
1530 (6 septembre)	Calvin séjourne à Meillant
1530 [1531 n.s.]	Michel d'Amboise publie *La Penthaire de l'Esclave fortuné* et rend hommage à Catherine d'Amboise
1535	Georges II d'Amboise (1488-1550), cousin de Catherine, archevêque de Rouen après la mort de son oncle, commande la copie d'un manuscrit de palinods
1536	Mariage d'Antoinette d'Amboise avec Louis de Luxembourg-Brienne
1539	Philibert de Beaujeu est élu aux états du Berry
1540 (février)	Par un codicille, Philibert de Beaujeu arrête que sa sépulture sera dans une chapelle bâtie dans l'oratoire seigneurial de l'église de Lignières

1541	Mort de Philibert de Beaujeu
1542	Mariage de Catherine d'Amboise avec Louis de Clèves, comte d'Auxerre
1542	Catherine lègue à sa nièce, Antoinette, les terres de Charenton, Meillant, Lignières et Chaumont
1545	Mort de Louis de Clèves
1548	Mort de Michel d'Amboise
1550	Mort de Catherine d'Amboise

ÉTABLISSEMENT DES TEXTES

Des trois œuvres de Catherine d'Amboise, une seule, *La Complaincte*, est connue d'après plusieurs manuscrits. Nous avons transcrit le BnF NAF 28878, qui intègre les développements autobiographiques, absents du BnF NAF 19738. La question du choix entre le NAF 28878 et le Fogg ne peut se poser puisque celui-ci appartient à un fonds privé. Pour la même raison les variantes ne prennent en compte que le NAF 19738.

Les titres que nous avons retenus pour les quatre œuvres publiées ici sont inclus dans le texte même pour *Les Prudens* et la *Complaincte* :

- « contrainte suis imposer fin en mon euvre, intitullé *Livre des prudens et imprudens* » (f. 136 r°)
- « *La Complaincte de la dame pasmée contre Fortune* » (f. 2 v°)

Nous désignons les poésies, par le titre *Espiltres* ainsi que Katherine les désigne (f. 1 v°, 2 v°, 5 r°, 6 v°, 8 r°, 13 r°).

Quant à l'œuvre anonyme aux armes d'Amboise, nous établissons son titre d'après l'*incipit.*

L'emplacement des miniatures est signalé ; nous les avons numérotées, dotées d'un titre. Leur description figure en note.

Pour l'ensemble des textes, y compris les inédits cités en note et les annexes, nous avons suivi les règles suivantes :

- Dissimilation *i/j* et *u/v.*
- Distinction *a* et *à*, *la* et *là*, *ou* et *où.*
- *E* tonique en finale accentué : *é*, *ée*, *és*, *ées*, *éz.*
- Accent grave sur *desjà*, *dès*, *près*, *auprès*, *après*, *jamès.*
- Résolution des abréviations (notamment *xp*, transcrit *cr*, dans *trescrestiens*, *P* f. 85 v°) selon les formes pleines se trouvant dans le texte ;

lorsque la graphie en est variable, nous retenons la dominante. (ainsi *īpossible* développé *inpossible* jusqu'au f. 63 r° des *Prudens* mais ensuite *impossible* puisque n'est plus observé cet échange graphique entre *n* et *m*).

- Échanges graphiques entre *s* et *z* en finale conservés, notamment pour les impératifs et l'indicatif présent 5. Toutefois, pour éviter toute confusion de sens nous avons normalisé la finale des infinitifs, indiquant toujours notre intervention en note.
- Les graphies *ce* ou *se* pour le démonstratif, le pronom réfléchi, *ces* ou *ses* pour le démonstratif et le possessif sont conservées.
- La graphie *n* pour *m* est conservée (propre aux f. 1-63 des *Prudens*).
- Lorsque le *c* [*s*] n'est pas transcrit par *cz*, une cédille est introduite.
- L'adverbe *tres* est presque toujours lié à l'adjectif qui le suit ; nous avons respecté cette graphie.
- L'apostrophe est introduite selon l'usage moderne.
- Les majuscules sont ajoutées aux noms propres.

Les noms qui désignent Dieu, les trois personnes divines et la Vierge sont dotés d'une majuscule même s'ils sont précédés d'un article défini ou d'un possessif (« le Fils de Dieu » ; « sa Mere »).
Diable prend une majuscule lorsqu'il désigne Satan, tout comme Ange lorsqu'il est personnage (*Prudens, Espiltres*).
Il en va de même pour les personnifications ou les noms abstraits qui font office de toponyme (« region de Mondanité »).
En revanche, pour les réifications les minuscules sont conservées (« molin de remort »).

- La ponctuation est modifiée selon l'usage pour l'édition des manuscrits, les *Prudens* ne comportant que deux types de signes (« . » ; « : »), la *Complaincte*, un seul (« . »), les *Espiltres*, deux (« / » ; « . »), celui des *Continuelles meditations*, deux (« / » ; « . »).

Pour les imprimés du XVIe siècle (annexes ; notes), nous sommes restées au plus près de la ponctuation, en remplaçant la *virgula* « / » par une virgule, les « : » par « ; » lorsque le sens l'exigeait. Nous avons aussi introduit un « . » en fin de phrase ou de strophe.

– Un tiret est utilisé pour la présentation des dialogues.
– Dans les *Espiltres*, nous avons usé du tréma pour faciliter la lecture lorsque la diérèse ou le hiatus sont nécessaires à la mesure du vers.

– [] indique un ajout.
– < > une suppression.
– Les leçons rejetées sont signalées en note.

Les numéros de page dans le Glossaire et les Index sont ceux des manuscrits ; il en est de même pour les références données dans l'Introduction ou dans les notes.

LES ŒUVRES
DE CATHERINE D'AMBOISE

LE LIVRE
DES PRUDENS ET IMPRUDENS
DES SIECLES PASSÉS

[Arsenal ms 2037]

[1 r°]
Enluminure 1 : Injustice et Trahison face à Katherine[1]

De jullet le primier jour du moys, l'an qu'on disoit mil cinq cens et neuf[2], iceluy jour peulz bien nommer mal fortuné pour moy, Katherine

1 Enluminure 1 : À gauche, Injustice, cheveux roux déliés et serre-tête, vêtue d'une robe rayée de diverses couleurs criardes et à manchons de fourrure, porte, suspendue au cou, une gibecière qui pend du côté droit ; elle tend l'index droit et tient dans la main gauche des pièces de monnaie. Devant elle, Trahison, tête inclinée, coiffée d'une guimpe blanche, porte une robe mauve à encolure rectangulaire sur une cotte noire à col en V ; mains jointes, elle tient un long chapelet. Toutes deux sont debout devant Katherine couchée dans son lit, mains jointes, et qui les regarde. Elle est vêtue d'une robe de velours noir aux poignets à bombarde ornés de larges bords de fourrure et d'une double coiffe, de même velours, posé sur lin gaufré rouge. Le dais porte un écusson aux armes d'Amboise. La chambre, pavée en damier [ainsi que le seront toutes les salles représentées dans les autres enluminures], est décorée de fresques sur le mur du fond, où l'on reconnaît une dame jouant du luth, peut-être un autre musicien et un ou plusieurs acteurs (?). Sous la fresque, apparaît un prie-Dieu. La lettrine initiale D est historiée : Katherine, vêtue d'une robe de velours gris-or aux manchons de vair, est assise dans sa chambre, un cahier ouvert sur les genoux, et écrit. Au bas de l'encadrement enluminé de la page, deux anges présentent l'écusson aux armes d'Amboise. [À propos de l'interprétation de cette première enluminure, voir p. 32.]

2 Elle est alors âgée de 27 ans. On ne peut dire à quel événement personnel se rattache le 1er juillet 1509 – qui est aussi la date où Louis XII entre à Milan en triomphateur. La gloire de son frère, Chaumont d'Amboise, nommé amiral l'année précédente, n'a fait que croître avec la victoire contre Venise, en mai 1509 ; il est vrai que le cardinal Georges d'Amboise, qui assiste à la bataille, souffre déjà de la maladie qui l'emportera le 25 mai 1510. Mais faut-il plutôt penser à un épisode du long procès qui oppose les Beaujeu-Lignières à Anne de Beaujeu et au duc de Bourbon ? (Voir M. Méras « Du Beaujolais au Berry : les Beaujeu-Linières (XVe-XVIe siècles) », *Mélanges offerts à Jean-Yves Ribault*, Cahiers d'archéologie et d'histoire du Berry, 1996, p. 239-243). Quoi qu'il en soit, cette mise en scène s'inscrit dans une tradition littéraire qu'illustre Alain Chartier dans *Le*

d'Amboise, car agitée fus et assaillie de pertubacions plurieux et ennuys quasi incomprehensibles, pour la souvenance de milles pencées infructueuses et accidens que doubtoie m'avenir, rememorant le present temps preterict et futeur, congnoissant en moy que, si se n'eust esté dame Raison qui me donna secours, feusse demourée soubz le fais. Et dis plus, que je ne [1 v°] <que je ne> sache et n'ay congnu personne, tant discrette ou prudente soit elle, que autant ou plus que moy n'eust bien esté esperdue d'esperit. Ainsi me voyant supprise de toustes ces perturbacions predittes, me transporté et mis paine me retirer en mon petit cabinet, où j'ay de coustume me retraire pour faire mes lamentacions et femynins regrectz. Entre dedans comme fastidiée et lasse de porter tristesses si desmesurées, me gette sur mon lict de chan paré de douleur, les yeulx tournéz au ciel, comme celle qui aspire et desire sans fin y monter, moyennant l'aide de mon Createur en qui gist ma parfaitte fiance. Perturbée en esperit, comme j'ay dict davant, plus que mon fais, commance à soumiler sans du tout estre endormie, mais comme une personne inpassible qui n'a puissance de soy mouvoir. Advis me fut que vis entrer[3] deux grans vielles chymeres tant difformes que imposible seroit les sçavoir bien descripre au vroy, et ad ce que je peulz comprandre, pour denoter et donner[4] à congnoistre la descripction de leurs noms, avoist chascun ung escripteau sur ellez. L'ungne se nommoit Justice, que trouve à merveille difforme et abhominable, la segonde se nommoit Trahison ainsi que je peulz comprandre. La predicte Justice aperceuz estre corumpue et clochoit du cousté dextre, de quoy je fuz tout emerveillée. Oultre avoit toustez plaines les mains d'or et d'argent, qui plus m'esbahist que davant, car c'est contre droit et raison[5]. S'aprocha ladicte Justice de moy, que puis nommer sans craintte de conscience [2 r°] Injustice, me disant tellez parolles :

Livre de l'Espérance, où l'auteur, absorbé dans de douloureuses pensées, est d'abord visité par une vieille hideuse, Mélancolie, avant que les trois vertus théologales le consolent (éd. F. Rouy, Paris, Champion, 1989, p. 1-4).

3 Leçon rejetée : *entrez*.

4 Leçon rejetée : *denotez* et *donnez*.

5 Pour le traducteur du *De casibus virorum illustrium*, la justice et la clémence sont les piliers de la vie civile ; un royaume où ces vertus sont perverties n'est plus royaume mais « larroniere » (*Des cas et ruyne des nobles hommes et femmes*, Paris, J. du Pré, 1483, liv. VIII, chap. XVI, sig. qq vi v° – Voir C. Bozzolo, « La conception du pouvoir chez Laurent de Premierfait », dans *Préludes à la Renaissance. Aspects de la vie intellectuelle en France au XVe siècle*, Paris, CNRS, 1992, p. 191-205).

– Femme, dist il, qu'as tu d'ainsi plorer et plaindre ?

Alors luy feiz responce assez scabreuse, en tellez parollez ou semblablez :

– De toy me plains, Injustice faulce et diverse, de toy me plains. Tu es l'inventive de ma douleur extresme par le moyen de rapine et usure mauvaise, fraudulentement m'a substraitte une portion de ma substencialle vie. Non pour cella, avecques l'aide du benoist Jhesus et sa tresdigne Mere sacrée, ne s'abessera mon train ny estat qui n'atins à ta faulceté dampnable[6].

Voyant icelle estre ainsi de moy très fort redarguée[7] qu'el n'a de coustume d'estre, de courroux devint toulte noircye et pencifve. Alors fist silence et plus ne parla, mais demoura comme toulte mutte sans plus soy mouvoir. Lors s'aprocha sa compaigne, Traïson, de ma couche, fesant souppirs en faignant estre courroucée et deplaisante de mon inconveniant, cuydant m'aplaudir et cacher[8] par fiction sa trahison maulditte et entreprise ruyneuse. Mais, par inspiration divine et grace specialle de mon Createur, congneuz la faulceté d'icelle, à laquelle adroissé ma parolle, non en magniere doulce mais le plus rudement et en fasson yreuse que posible me fut, comme celle qui bien en avoit l'occasion, luy dis :

– Beste serpentine, crapauldine puante, abhominable, infecte et putrefaitte, mauditte sur tous vices et pechés, commant, dis je, as tu heu le cueur si inhumain et volage que moy, où devoit estre toulte la felicité de toy et des tiens, as daigné entreprendre ainsi faulcement me trahir ? [2 v°] Nommer te puis ung segond Judas, car tout en la forme et magniere qu'il vendit nostre Sieur et livra entre les mains de ces ennemis, ainsi m'as tu livrée, soubz umbre de bonne foy, entre les mains de mon ennemye, Injustice. Tant que si mon Dieu ne m'eust prouevue d'aultrez biens que ceulx que tu m'as tollus par ton avarice et inprudence maulvaise, me feusse bien trouvée esperdue et desnuée. Or es tu bien malheureuse et infame que, par ta forfaicture et faulceté, es desgradée et deshonnorée en ce monde icy et en dangier d'estre perdue en l'autre esternellement.

Adonc Justice et elle, mes parolles et exclamations finées, s'esvaderent et abscenterent de moy, comme advis me fut, en une tempeste orible

6 Comprendre : malgré les tentatives de *ta faulceté dampnable* ?

7 Ce passage a été corrigé dans le manuscrit : *Voyant icelle estre estre de moy ainsi de moy*[tres fort] *estre redarguee.*

8 Leçon rejetée : *cachez.*

et impetueuse, dont je demouré seulle esperdue, fluctuant en pleurs et larmes, faisant comme davant mes souppirs et regrectz piteulx. Ainsi me voyant desnuée d'espoir et gouvernée d'ennuy, me soublevé en retournant devers la Mere de pitié, en son giron tenant son precieulx et bien aymé Filz, faisant une exclamation telle qu'elle s'ensuyt :

Enluminure 2 : L'oraison de Katherine au Christ et à la Vierge[9]

[3 r°]

– O glorieux Filz eternel, sapience divine, en Trinité regnant, qui as daigné toy vestir de nostre povre humanité en laquelle as tant souffert pour les pechés de nous povres pelerins mondains. Helas, Seigneur, je sçay de vroy que tous ceulx qui à toy se retournent[10], ayant memoire de ton acerbe et doloreuse passion, as tousjours les bras tendus pour les recepvoir. J'acours au pié de ta tressaincte croix, te supliant de toustes mes forces et puissances que, en la perturbacion et grant ennuy où je suis, me veillez secourir et conforter. Sans toy ne peult la povre desolée sortir du greif ennuy et forfaict qu'on luy a perpetré à tort, sans l'avoir desservy. Et toy aussi, Dame de misericorde, où gist tout mon espoir, helas Dame, ne me veillez oublier, en toy a tousjours esté mon singulier espoir, de quoy la tienne grace me suis jusques icy bien trouvée, encor te suppli que ad ce besoing ne me veilles delesser.

Mon oraison finée, retourné ou lieu dont j'estoie sortie. Lors aperceux entrer par la victre de mon predit cabinet, nommé pour lors repaire d'ennuy, une dame refulgente et magnificque, ayant en elle une reverberacion si plaisant et doulce que advis me fut que plus estoit divine que terraine. Et quelques doleurs que m'eussent faictes ces predites chymeres davant dictes, la beaulté, houneur et faconde joyeuse d'icelle me feist quasi tout oublier [3 v°] mon ennuy et douleurs extresmes, pousé que mon las cueur ne se tint du tout de souppirer et getter parfois quelques regrectz piteulx. Pour vous descripre le non d'icelle, lequel ne

9 Enluminure 2 : À gauche, Katherine, vêtue d'une robe bleue aux manchons de vair et d'une coiffe noire, est agenouillée au pied de son lit ; mains jointes en prière, elle regarde à sa droite la Pietà nimbée, assise sur un coffre et drapée de son long mantel bleu sur une robe pourpre. La Vierge, mains jointes, contemple son Fils, dont le périzonium est de la même teinte que le linge qui ceint l'épaule droite de sa Mère. Un ange, vêtu d'une tunique du même pourpre et portant des ailes rouges, tend les bras, soutenant la tête du Christ.

10 Autre correction dans le manuscrit : *qui a toy se retournent <u>a toy</u> ayant memoire.*

doit estre cellé, je aperceux à soy pendant ung riche fermeil d'or, aourné d'ungne riche escarboucle[11] où je congneux son non alentour escript en roumaine lectre, et se nommoit icelle, dame Prudence[12]. De raconter plus amplement de son acoustrement m'en tais de peur d'encourir le vice de prolixité. On doit entendre qu'elle estoit acoustrée ainsi que à son estat apartenoit, si tresrichement que imposible seroit l'estimer veritablement. Ainsi la voyant auprès en face si plaisant et gracieuse de plus, me trouvé consolée en esperict. S'aprocha laditte plus près de moy que davant, me commenssant à raisonner, me pousant la main dexstre sur mon cheif et la senestre sur mon cueur, et me dist telles parolles :

Enluminure 3 : Prudence encourage Katherine[13]

[4 r°]

– O seur et loyalle amye, en qui gist tout bruyt, los et honneur, exitez vous, levez vous sus, reprenez vous esperilz. Dieu a exsaucée votre priere par l'inpetracion et requeste de sa tressacrée et glorieuse Mere, laquelle m'a icy transmise pour vous secourir et donner[14] confort. Soublevez vous, fille. Estez vous succumbée ? Jusques icy, comme suis bien <bien> advertie, <es> avez[15] esté si constante et de vertus remplie, tousjours suyvant le sentier de dame Pascience, ma bonne et loyalle seur, laquelle en toustes vos affaires, qui n'ont pas esté petites, vous a tousjours suportée et secourue, vous avertissant que iceulx[16] vous ont esté par mon moyen et non par aultre sans reproche, car tel service et support

11 Associée à la vertu de Prudence et à la Vierge, l'escarboucle (rubis ou grenat) est considérée dans les lapidaires chrétiens comme la pierre la plus précieuse, contenant toutes les vertus morales et physiques. On la retrouve dans le chant royal de Catherine (*Espiltres*, v. 214).

12 *Cf.* Symphorien Champier, *La Nef des dames vertueuses* [1503], éd. J. Kem, Paris, Champion, 2007, p. 44 : l'« acteur », retiré dans son étude, voit apparaître une dame « belle à merveille », entourée de sept demoiselles, qu'il peut identifier grâce à un « escripteau grant [...] / Où il avoit moult solennellement / Prudence en lettre grosse communement ».

13 Enluminure 3 : Prudence, couronnée, portant une robe rouge à manches serrées et encapuchonnée dans un long mantel bleu (identique à celui que porte la Vierge dans la miniature précédente), l'index de la main droite touchant le pouce de la main gauche, est debout devant le lit à dais – portant les armes d'Amboise – où Katherine, en robe de velours rouge ourlée de noir aux manchons et à l'encolure, est assise, mains jointes, le regard tourné vers Prudence.

14 Leçon rejetée : *donnez.*

15 Ajout porté dans la marge.

16 C'est-à-dire : *vos affaires.*

vous est bien deu par le merite des graces qui en vous desmeurent. Et doncques, ma fille et bonne amye, vous tenez vous pour trebuchée ? Vous tenez vous pour convainquue ? N'avez vous heu, depuis l'aage de vostre congnoissance, plus grande adversité que ceste cy ? Certez, cy avez, et, pour le ramentevoir et ramener à memoire, suis deliberée, pour confondre vostre ennuy, vous en descripre aulcuns, de quoy le moindre est de plus consequence grande sans comparaison que n'est cestuy cy, car sont esté pertez inrrecuparablez. Primierement, la perte de vostre noble pere[17] et mere que, en vostre jeunesse et tendres ans, perdistez par Atropos, murtriere du povre genrre humain, combien que alors ne fust en vous raison de congnoistre au vroy vostre perte tresgrande, depuis l'avez heue, que [4 v°] <que> force vous a bien esté seuffrir et porter ceste angoisse. Et pour proceder plus oultre, tant d'aversités obscures procedantes de maladies, tant et en si grande quantité, qu'aultrefois on vous a veuue preste à expirer et demourer soubz le faictz. Que dirai je plus fort pour tousjours d[ire] vostre douleur extresme ? En l'aage de dix et sept ans ou environ, ladicte Atropos, larronnesse de vye humaine, vous tollut et ousta vostre bien aymé et primier mary[18] et, oultre, ung enffant de luy descendu, que seroit imposible à cens humain exprimer au vroy icelle douleur, à bien la comprandre. Considerez donc que la moindre douleur de moy cy refferées oultrepasse celle dont vous faictes vos exclamacions et si piteulx regrectz. A mamye, en cest affaire, ne usez pas de mon conseil ! Ne sçavez vous pas que la personne prudente est congneuue en adversité non en prosperité ? N'avez vous pas plurieux fois entendu le canticque sainct de nostre mere l'Esglise, disant, en la personne de Job : Dieu m'a douné des biens terriens et puis les m'a oustés, son non tressainct soit benist et glorifié[19]. Et pource, fille, nottez tous mes predicas. Parlons, vous et moy, emsemble, entendez et retenez, et j'espere que si vous me voullez croire, que je n'espere que facez le contraire, comme par cy davant l'avez tousjours bien monstré, que vostre affaire, qui n'est de petit pois, yra mieulx que jamès. Et plus, vous fays proumesse noble : c'est de jamès ne vous habandonner ne lesser, [5 r°] si à vous ne tient, jusques atant que l'ame et corps feront separation. Vous advertissant derecheif que si mon conseil voullez croire, et le moyen que

17 Son père, Charles Ier d'Amboise, meurt en 1481.
18 Christophe de Tournon, Chambellan de Charles VIII, meurt en 1499 ou 1500.
19 Job, 1[21].

vous donneray à congnoistre, que parviendrez à l'estat de perfection où tout bon vouloir doit tacher parvenir.

Incontinant, sans arester et tout subit ces mellifluez et doulces parolles finées, me soublevé comme celle qui du tout estoit ravye en esperict, ayant en mon cueur une joye si tresprofunde et une suaveur si doulce et amenieuse[20] que à paine me fut possible quasi d'entreouvrir la bouche et desserrer le dens pour parler et araisonner avecques elle, tant puissante et refulgente dame. Mais peu après, mon extasie estaincte et passée, comme celle qui vient et ne sçaict d'où ne le lieu dont elle est issue, esbaye en soy et du tout esmerveillée voir dame de si grant magnificence, commancé à getter ung souppir hault et merveilleux oultre mesure, contenant et donnant à entendre tellez parollez :

Enluminure 4 : Katherine offre son cœur à Prudence[21]

[5 v°]

– O noble dame, treschere mere et maitresse, helas quel guerdon te pourrai ge rendre, quel service te pourrai ge faire, quel present te pourrai ge offrir, que à moy, fresle et debille d'esperict, indigne de telle honneur, as voullu prandre pitié de venir à mon exclamacion piteuse. O vertus sur toustes cardinalle. Vertus sur toustes ayant bruyt et renon, non sans merite, car il t'apartient los inestimable, et d'onneur la couronne royalle et refulgente. Car sans ton confort, ayde et secours, nully ne peult parvenir au resgne celeste, où doit estre l'expettacion des bienheurés, ne paraillement attaindre au merite d'onneur mondain, où tout esperit noble doit tacher[22] : or doncques ma puissante et treshonnorée dame et maitresse, que tant doiz clamer, reverer[23] et honnorer, puis que c'est le tien plaisir avec moy faire residence, ung tel don n'est pas de reffus. Je l'acepte tresjoyeusement et tant humblement que faire le puis, te remercye et gracie, comme celle qui s'avanture te faire ung present, et pousé que il soit de petite efficace et peu de value se nonostant te plaise l'avoir

20 Correction dans le manuscrit : *doulce et amenieuse* <u>*et doulce*</u> *que a paine.*

21 Enluminure 4 : À gauche, Prudence, main gauche tendue, s'adresse à Katherine, qui, debout devant son lit, en robe de velours noir à manchons de vair et à ceinture rouge, porte la main gauche à l'oreille et tend la droite sur laquelle est posé un cœur rouge. Entre elles deux, apparaît en arrière plan le prie-Dieu. Prudence porte sous sa capuche la guimpe et la barbette blanches des religieuses absentes dans la miniature précédente.

22 Leçon rejetée : *tachez.*

23 Leçon rejetée : *reverez.*

acceptable, car pour le present mieulx ne te puis faire, c'est mon triste et povre cueur que te donne[24], qui est la milleure partie que congnoisse en moy. Et plus, te donne le myen povre fresle entendement, qui te plaira regir et gouverner par ta grant puissance et vertu. [6 r°] Et pour avoir de toy perpetuelle memoire le temps futeur[25], ay proposé, moyennant ton aide et secours sans lequel nul ne peult prosper[er], faire une petite euvre, soubz ta baniere et confidence. De hault toucher en matiere profunde me seroit imposible car encor ne suy je apprentisse que soubz les maneuvres, comme la decleracion visiblement le[26] desmontre[27]. Et oultre plus, est icy le myen primier coup d'essay, qui donne matiere plus ample d'excusacion. Et pource doncques, ma chere dame et maitresse, donnez moy faveur, en ceste petite opuscullle, que selon la capacité de mon fresle entendement et tendre esperict, en toy caulaudant, de mes forces bastiray la myenne emprise. En inplorant l'aide d'ung seul Dieu, resgnant en trois personnez, auquel en ceste euvre et toustes aultres treshum[b]lement me recommande, à[28] la scienne grace, secours et aide, car imposible seroit à la creature, sans icelle, parvenir à son optat.

En ferveur deliberée suis, selon le myen possible, faire et construyre madite euvre et entreprise par chapitres, comme l'intitulacion en fera desmontrance, pource et afin de mieulx donner la matiere à entendre[29].

---

24 Dans les *Espiltres* (v. 498 et sv.), c'est au Christ que Katherine offre son cœur, grâce aux bons offices de la Vierge.

25 Catherine d'Amboise suit ici une définition de la prudence selon la tradition thomiste (*Somme théologique*, La Prudence, Q. XLVIII « De partibus prudentiae ») : la prudence est tout d'abord une connaissance qui s'établit par la mémoire (*memoria*) de l'expérience passée et par l'intelligence (*intelligentia*). Cette connaissance s'affermit ensuite par la docilité (*docilitas*) à se laisser enseigner et conseiller.

26 Leçon rejetée : *les*.

27 Le *topos* d'indignité, caractéristique des préfaces d'œuvres traduites ou compilées à la fin du Moyen Âge (voir E. Curtius, *La littérature européenne et le Moyen Âge latin*, PUF, 1956, p. 106), prend ici une dimension plus personnelle puisqu'il souligne le début d'une expérience d'écriture.

28 Lettre corrigée dans le manuscrit : initialement le copiste avait écrit *de*.

29 La mise en valeur de la *dispositio*, élément essentiel du processus de mémorisation, est un lieu commun dans le genre du *compendium*. Voir, par exemple, *Le Tresor de sapience*, BnF, ms. Arsenal 5076, f. 7 r°, « Prologue » : « Qui le tresor de sapience veult mettre en l'aumaire de sa memoire et l'enseignement des saiges ès tables de son cuer escrire, sur toutes choses il doit fuir le fardel de confusion car elle engendre ignorance et est mere d'oubliance, mais discrecions et distinccions enlumme entendement et conferme memoire, par ordonnance fait les choses veoir si comme elles sont et les met en retenance et en legier recort. »

Car, comme dit le sage, autant vault celuy qui list et ne l'entend comme cil qui chasse et rien ne prent[30]. En poursuyvant ma preditte euvre, selon le myen petit sçavoir, des hommes et femes, [6 v°] depuis cest age jusques à l'aage sixiesme[31], que, pour avoir delessé le sentier vertueulx de dame Prudence, sont tombéz en descadence ruyneuse et en peril perpetuel, comme bien au cler sera veu aux chapitres cy après contenuz. Et pousé que lesdictz chapiltrez soist couchéz en bas stille, se neaumoinctz, à les bien comprandre et soigneusement entendre, s'i trouvera du fruict, lequel, si le lecteur le gouste amoureusement y prenant saveur, luy pourra proffiter en temps et lieu. Et pource supplie treshumblement et tant que le puis aux auditeurs de ce predit volume que de leur grace benigne m[e] veillent avoir pour excusée et le myen tendre esperict lequel, par faulte de sçavoir et comprandre, ne peult pas coucher[32] les termes de rethoricque, que voulentiers feroye se possible m'estoit[33]. Excusez

30 BnF, ms. fr. 916, *Les Dictz et Proverbes des saiges*, f. 170 r° : « Aristote – Il vient mieulx oir et aprandre / Que ne fait lire sans entendre / Autant vault qui oit et n'entent / Com cil qui chace et rien ne prent ». On trouve une autre forme de ce proverbe dans *Le Livre du Chevalier de La Tour Landry, pour l'enseignement de ses filles*, éd. A. de Montaiglon, Paris, P. Jannet, 1854, p. 28 : « autant vault cellui qui oit et riens n'entant, comme celui qui chasse et riens ne prend ».

31 Cette division de l'histoire du monde repose sur des sources chrétiennes : puisque la création a duré six jours, l'histoire doit également avoir six parties, définies et expliquées par saint Augustin (*De Trinitate*, IV, 7 – *La Trinité*, *Œuvres III*, Paris, Gallimard, « Bibliothèque de La Pléiade », 2002, p. 373) et par Isidore de Séville (*Étymologie*, V, 38-9 ; *PL* 82, c. 223-228), voir B. Guenée, *Histoire et culture historique dans l'Occident médiéval*, Paris, Aubier-Montaigne, 1980, p. 148-154 ; et J. Leeker, « Formes médiévales de la vénération de l'Antiquité », *La transmission des savoirs au Moyen Âge et à la Renaissance*, vol. 1 du XIIe au XVe siècle, éd. P. Nobel, Presses Universitaires de Franche-Comté, 2005, p. 84-87 « Périodisation de l'histoire du Salut ». D'après ce schéma, présent dans *Orose*, explicitement nommé par Catherine d'Amboise, le premier âge s'étend d'Adam à Noé, le deuxième jusqu'à Abraham, le troisième dure jusqu'au début du règne de David, le quatrième de David à la captivité du peuple juif à Babylone, le cinquième jusqu'à la nativité de Jésus-Christ, là où commence le sixième âge (*Le Premier volume de Orose en françois*, Paris, A. Verard, 1504, f. xiii r°). Cette division est celle qu'adopte Christine de Pizan dans la *Mutacion de Fortune* (éd. S. Solente, Paris, A. et J. Picard, 1959, p. 143-144, v. 8355-8399).

32 Leçon rejetée : *couchez.*

33 Le dialogue avec dame Prudence se transforme finalement en adresse au lecteur bienveillant. Le *topos* d'indignité est alors décliné sous une nouvelle forme introduisant l'*excusacion* attendue pour tout œuvre de femme, tel qu'on le rencontre chez Christine de Pizan (*Le chemin de longue étude*, éd. A. Tarnowski, Paris, Le Livre de Poche, « Lettres gothiques », 2000, p. 88) ou encore chez Gabrielle de Bourbon (*Œuvres spirituelles, 1510-1516*, éd. E. Berriot-Salvadore, Paris, Champion, 1999, p. 55). Pour un traitement de ce

donc l'esperict debille de la povre aprentisse ; se vous sera honneur, et deshonneur de la redarguer. C'est euvre de femme, qui donne rason peremptoire d'excusacion, plus ample que d'ung homme qui a liberté aller sà et là auxz universitéz et estudez où il peult comprandre toustes sciences par solicitude, qui n'est l'estat du sexe femynin. Et pource donc mon excusacion si descripte en termes puerilles, vous, lecteurs et auditeurs, qui me ferés ceste honneur de lyre ou entendre se predict volume mal construict, usez de charité, c'est qu'il vous plaise excuser ma povrette ynorance.

Le premier chapitre parlant de la vertus de Prudence[34]

[7 r°]
Enluminure 5 : Katherine rend hommage à Prudence[35].

Pour toy louer, vertus tant venerable, ma chere dame et maitresse, dame Prudence, mon espoir singulier, ouserai ge enprendre descripre les tiennes vertus tant caulaudables, ay je en moy assez de sçavoir ? Certez nenny, dame, mais en me confiant à ta proumesse me adventureray, comme celle qui est de ferveur esprise et d'amour divine entrelassée. Toy suppliant, dame courtoise et benigne, que si tu congnois que moy, fresle et debille, chancelle soubz le fais, me daignes adresser[36] et conduyre, car sans toy ne peulz tant petite euvre qui soit parfaire. O vertus digne de tresexcellante gloire, par sus toustes cardinalle, sans toy ne peult la totalle fabricque parvenir ou hault degré de perfection, [7 v°] considerant l'inprudence du temps preterit, tant de hommes que de femmes que, pour n'avoir suyvy ta sente spirituelle, sont tumbés en grande ruyne et desolation. Dont et en ceste substance est la myenne intencion prandre ma matiere et commancer à l'inprudence de nostre

---

topos dans les écrits de femmes de la Renaissance, voir K. D. Read et F. Rigolot, « Discours liminaire et identité littéraire. Remarques sur la préface féminine au XVIe siècle », *Versants*, n° 15, 1989, p. 75-98.

34 Nous corrigeons, en fonction du contexte : *patience.*

35 Enluminure 5 : Katherine, portant la même robe que dans l'enluminure 2, est debout devant Prudence assise en majesté – robe rouge et mantel bleu comme dans l'enluminure 3 –, tenant de la main droite un sceptre surmonté d'une fleur de lys. Le décor est celui de la chambre de Katherine éclairée par une fenêtre à vitraux, comme dans les miniatures 2, 3 et 4.

36 Leçon rejetée : *adressez.*

primier pere, Adam, et Eve, et consecutivement aux inprudens après eulx venus, comme verrez par les chapitres cy après escripz. Quant est de l'inprudence de nostre dict primier pere, n'est mon intention en toucher[37] gueres car de ce m'en raporte aux hommes, mais en tant que l'inprudence de nostre primiere mere, Eve, me touche, à cause du sexe femynin, me dispose en toucher selon la capacité du myen esperict, sans blaphesme mais seullement pour advertir tous ceulx et celles qui après nous viendront, pource et afin de les garder d'enchoir en ceste pouvreté ruyneuse. Et tout charitablement ainsi est la myenne intencion proceder.

Enluminure 6 : Katherine converse avec Adam et Ève[38]

[8 r°]

Le segont chapitre parlent de l'inprudence d'Adam et Eve

Par l'inprudence d'Adam, le primier pere et terrien seigneur, est la cause motifve de tous les accidens qu'ont heu et auront pouvres humains jusqu'à la fin de leurs jours, et tout par l'inobediance qu'il perpetra contre le Createur. O racine faulce, o rameau de douleur, inobedience[39] mauldite, par toy avons et aurons tant assouffrir que inpossible est de le narrer. O Adam, par ton delict et avoir delessée la vroye rectitude de dame Prudence sont entréz les vices au monde comme princes puissans et victorieux. Et tant de povretéz, comme perturbacions, ennuys, soucy, maladies grevaines, eschoir en vielesse, estre en servitude et exil, avoir froict, chault, fain, soif et aultres milles povretés qui sont inestimables dont la povre creature humaine est agitée et assalye depuis le primier jour de sa nativité jusques au jour de son trespas[40]. Or considerons donc

37 Leçon rejetée : *touchez.*

38 Enluminure 6 : Katherine, à droite, vêtue d'une robe de velours noir aux manchons d'hermine, tête couverte de la même coiffe que dans la première miniature, la main gauche tenant sa ceinture bleue, tend la main droite vers Adam et Ève, debout dans un jardin, masquant leur nudité de la main gauche, et tendant la droite vers Katherine. Tandis qu'Ève se tient très droite et regarde Katherine, Adam a la tête légèrement inclinée et la jambe droite déjetée. Entre Katherine et les premiers parents, l'espace est délimité par un monticule herbeux, crevassé du côté droit. À l'arrière-plan, se dresse un château sur un fond bleuté.

39 Leçon rejetée : *inbbediance.*

40 *Cf.* Boccace, éd. citée, liv. I, chap. I « De Adam et Eve noz premiers parens » : « Ce pechié d'inobedience qui est tant maudit, il fut la racine de tous maulx, et le destruiment de l'umain lignage, par ce pechié entrerent au monde les vices à portes ouvertes comme

le grant mal et vitupere que par l'inprudence de nostre dit primier pere nous est advenu[41]. Atant me tais dudict et m'en viens tumber sur le passage de nostre povre mere Eve, parlant à elle gracieusement et plus privement que je n'ay faict d'Adam, car il n'est du party du sexe femynin, qui m'a gardée en toucher plus amplement. Et pource supplie aux lecteurs de se present livre que de leur grace ne soist point mal edifiéz si, privement et en termes femynins, parle à icelle nostre povre mere Eve ; le cas me touche[42]. O mere, mere, ne t'esbais si en parlant à toy je suis ung petit rude ; ton forfaict [8 v°] en seroit bien cause. Oultre, ta playe inparfaicte et mauvaise touche à moy, ta povre fille, et aultres jusquez au cueur. Las, quant je rememore que toy, povre mere, delessas l'exortement et bon conseil de dame Prudence et que, par ceste nonchalance et desdaing, nous as obligées à tant de miseres, paines et travaulx, je trebuche d'esperict quasi comme une personne qui est en extasie. O respondz moy, mere : qui fut la cause et motif primier de ton inprudence par laquelle sommes plus que esclaves forbanis ? Ad ce respond la povre mere, comme femme transye et offusquée de pleurs et larmes, en disant :

– A fille, fille, tu me remenbres mes douleurs et ma coulpe, ramenant à memoire mes inperfections et legereté d'esperit. Non obstant se, te feray responce, ma chere fille et amye, sans moy excuser, car je ne sçaroye, mais accuser comme je dois. Puis, fille, que tu as si grant envye sçavoir la cause et le motif de ma forfaicture, t'en diray sans en mentir la verité pure, mieulx et plus veritablement que volume que puissez lire ny avoir leuz, car moy seulle ay faict le cas. Vroy est, ma chere fille et amye, que toust après que le Plasmateur m'eut creé et formée par sa divine puissance et faict tant de graces que impossible seroit de les

victorieux, povreté desnuée de tous biens, meschances douloureuses, maladies pales, et vieillesse piteable, et pesance de son propre fais, servitude et exil et labour continuel. »

41 Catherine d'Amboise s'écarte du modèle boccacien, qu'elle suit jusque-là, pour mettre la faute principalement sur Adam, puis pour traiter le cas d'Ève séparément. *Cf. Des cas*, *ibid.* : « Et ces deux Adam et Eve pechans comme dit est, et qui par leur meffait dannerent toute leur lignée. »

42 Le parti pris féminin, plusieurs fois souligné, est certes une ostensible signature mais il peut être vu aussi comme un procédé rhétorique qui désigne les destinataires privilégiées de cette œuvre. Voir, par exemple, ce qu'écrit Pierre de Lesnauderie à propos de la *Cité des dames* de Christine de Pizan (*La Louange de mariage*, Paris, N. Couteau, 1527, f. xxxv) : « lequel livre est tresbeau et bon à veoir et estudier pour les dames, attendu qu'il est composé par une femme. »

sçavoir narrer ne comprandre, moy estant par sa providence ou sainct lieu de felicité, c'est paradis terrestre, me feist deffence et à mon mary paraillement, [9 r°] sus paine d'inobediance et de mort eternelle, de ne gouster nullement du fruyt de l'arbre de vye, me habandonnant tous aultres fruictz delicieux qui estoist audict lieu precieux. Mais moy, lasse, povre femme, tendre et debille et esperdue de mon scens, par l'incitacion et exortement d'ungne beste serpentine, laquelle me vint araisonner et blandir de parolles, fus desceuue, me disant icelle tellez parollez ou semblables :

– Pour qoy ne goustez tu de se fruict, femme, lequel est tant doulz et savoureux ? Voy, regarde et choisis en tastant, si tu fais que sage.

Alors comme toulte esperdue, expavescente et troublée en esperict, luy feiz responce telle ou semblable :

– Je n'ouseroye, dis je, car celuy qui m'a creé et formée, c'est le haultain Plasmateur, si le m'a deffendu haultement, et plus m'a dict que à quelque heure que j'en goustroye, mourroye de mort, et croy que ainxi seroit par avanture.

Adonc me respond la faulce beste mensongiere :

– Non, non, dist ele, mais tu ne sçais la cause pourquoy t'a faicte telle deffence, c'est pource que sedict fruict a telle vertus que, si tu en goustes, seras semblable à luy. Et porce si tu veulx parvenir à ceste grande efficace et dignité grande, croy mon opinion et conseil, et bien t'en adviendra.

Alors moy, povre, dolante et miserable, hastive de croyre trop plus toust que ne devoye, comme incensée et desprouveue de cens et prudence, creuz le conseil de ceste faulce vipere en goustant d'iceluy fruict divin. O mauldit et cruel morceau, oncques [9 v°] si amer ne fut ! Et plus te dis, fille et amye, qui ne suffist pas à ceste faulce beste de m'avoir ainsi desceue et trompée malicieusement, mès encor, par son astuce et temptacion perilleuse, me exita en faire gouster à mon povre mari, lequel en feist aucunement reffus mais, pour à moy otemperer et complaire, en gousta par instigacion mauvaise, dont par icelle exortacion, et que ledict me creut, dequoy commist le forfaict. Par cella est venu et est la cause pourquoy est subjette la femme à l'omme, là où auparavant estoist parelz, non pas sa subjette mais compaigne tant seullement.

Alors sessa de parler la povre mere comme dolante et esplorée. Et moy, luy commançay à dire et faire une demande en telle forme, disant :

– Je m'esbais, dis je, bonne mere, quant vous aparceustes estre tombée en tant d'inperfections et inconvenians que alors que nostre Seigneur apella vostre mary en paradis terrestre quant il luy dist « Adam, Adam où es tu ? », luy demandant la cause de la forfaicture qu'il avoit commise, commant il fut si inprudent de soy excuser sur vous, et vous, si esperdue en esperict de vous excuser sur une beste[43]. Que ausi bien n'adresastez vostre parolle à luy demander misericorde et pardon, car vostre excuse estoit frustre. Alors avoit il ausi grant puissance comme il a, et est l'opinion de plurieux que si, pour lors, eussiés demandé pardon et grace qu'il la vous eust donnée.

Alors me dist la povre mere en voix casse, comme toulte esplorée :

– Fille, mamye, helas, se fut par mon inprudence et ligereté d'esperict, dont [10 r°] depuis en ay getté mainctez larmes et gemissemens, en fesant penitance tant que à Dieu elle a pleu, pousé qu'elle ne fust suffisante à la transgression qu'envers luy avoye commise et faicte.

Adonc se tinct de parler la dolante mere, où toust après luy commance à dire :

– A mere, mere, ce n'est pas excusacion patente car nous, povres femmes, après toy procedantes, par ton i[n]portune transgression, sommes subjettes et nous aservis à tant de miseres, povrettés et afflictions, qui n'est orateur ne rethoric tant sachant bien escripre[44] qui bien justement les sceussent exprimer ne mettre en forme deuue. Et mesmement et par sur toustes, la greifve passion et martire d'avoir enffant, qui est douleur inestimable, et tant d'aultres maladyes segrettes de quoy je me tais pour le present, car cachez icelles vault mieulx et est plus honneste que les descouvrir. Dont d'icelles en es la source et droicte origine pour avoir delessé le sentier de rectitude et exortement de dame Prudence.

Atant s'en part la bonne mere Eve d'avecques moy et plus ne parla. Et moy, par cas parail, me retiray d'aultre part où ma fantasie et object s'adonnoist, ung peu plus certaine et veritable des choses predictes que je n'estoye, qui m'alegea tout le cueur car au personnage de qui

43 Les gloses de la Bible soulignent ce qui fut encore un autre péché d'Adam et Ève : Adam remit sa faute sur sa femme, et Ève « ne se accusa mie mais se excusa et mist le pechier sur le serpent » (*Bible historiale*, BnF, fr. 15370, f. v r°). *Cf.* les *Continuelles meditations*, où cette faute est aussi dénoncée (f. 32 v°).

44 Correction dans le manuscrit : *bien ny escripre.*

est l'affaire, est plus parler que de le voir par escript[45]. Faisant fin à se present chapistre, en procedant plus avant sus aultrez matierez.

Le tiers chapitre parlant de l'inprudence et fierté du faulx serpent Luciabel, nommé à presant Lucifer, prince des dampnés

[10 v°]
Enluminure 7 : Katherine vitupère Luciabel[46]

Qui me gardera de toy parler, serpent mauldit et venimeux, qui fus la cause principalle de la destruction de nous, povres humaines creatures, et non seullement du povre humain lignage mais, qui pis es, de la destruction totalle de la tierce partie des ordres angelicques[47] ? Et plus, par ta mauvaise inclinacion et forfaitture que leur as faicte perpetrer, ont perdu par icelle et faict changement de non d'ange à non de diable. O inprudent dagron ravissant, on te doit bien inproperer reprochez vehementes que toy qui estois de Dieu formé et construitte la plus belle creature par sur toustes ordres[48] refulgentes, et que par ta grant splendeur irradieuse estois nommé Luciabel, [11 r°] non si magnific, et maintenant par ton inprudence et orgueil est verti en Lucifer, non d'orreur et abhominacion. Helas, toy qui estois en si grande perfection creé[49],

45 Pour l'importance de la rhétorique de la *conversatio* chez Catherine d'Amboise, voir C. M. Müller, « Catherine d'Amboise's *Livre des prudents et imprudents* : negotiating space for female voices in political discourse », *Virtue, Liberty, and Toleration*, dir. J. Broad, K. Green, 2007, p. 44-48.

46 Enluminure 7 : À gauche, Katherine, dans un jardin, tête couverte d'une longue coiffe gris foncé, vêtue d'une robe grise aux manchons de vair et à la ceinture jaune, tend deux doigts de la main droite vers le pouce gauche ; elle regarde Luciabel, serpent à tête humaine et cheveux blonds déliés, enroulé autour de l'arbre de la Genèse, devant un énorme monstre, entouré de flammes, dont la gueule dentée laisse apparaître d'autres figures infernales. Dans la marge enluminée, parmi les entrelacs et les fleurs, apparaît un diable griffu et cornu qui porte sur le dos une femme nue, tête en bas.

47 Selon une interprétation de l'Apocalypse de saint Jean (12[4]) : « Sa queue, qui balayait le tiers des étoiles du ciel, les précipita sur la terre ». Voir *Le premier volume de Vincent Miroir historial*, Paris, A. Verard, 1495, liv. II, chap. x, f. xvi r° : « Et en cheant [Lucifer] il tira avec luy la tierce partie des estoiles, ce fut la tierce partie des anges [...] ».

48 Leçon rejetée : *ordes*.

49 *Cf. Orose en françois*, éd. citée, vol. I, f. iiii v° : « Du peché Adam – Pour avoir evidente congnoissance de la transgression Adam et Eve, nous devons noter que nostre seigneur

commant eulx tu vouloir et pancer si tresdesordonné de mescongnoistre le tien Fabricateur, celuy qui tant de graces et honneurs t'avoit faictes ? Et mal pour bien, par ta grande ingratitude, luy as voullu brasser. Mais ton enprise mauvaise et falacieuse est tombée et cheute en ruyne ainsi que raison le doit. O des diables le plus hydeux et abhominable, qui soulois triumpher aux mentions supresmes en principaulté magistralle, et maintenant, par ton orgueil perilleux, es sucumbé et abismé aux palus pluthonicques pour toulte reconpance. Or, me respons, esse bien faist de mescongnoistre son Createur et Plasmateur ? Esse ung beau faict à toy avoir erré et cuyder derroger et succumber justice, droit et esquité ? En enffer, prison obscure et tenebreuse de douleur tapicée, est et sera ton repaire et manoir à tousjours mectz[50] esternellement, et non sans demerite car tu as desservy, et plus dix mille fois, icelle captivité par la detestable et abhominable aprehension que tu pris, fesant de bien à mal par ton inprudence mauvaise et inparfaitte. Or me respons, creature perdue et condempnée, quel douleur as tu de jour en jour, quel tristesse, quel ennuy ouyr le chant melodieux des anges sainctz, lassus on Royaulme esternel ? Pour joye [11 v°] qu'ilz ont, tu as dueil et ennuy, pour bon repos tristesse desnuée, pour vroye clarté la prison tenebreuse, pour liberté seras serf à jamès, pour honneur grant auras toulte diffame à tousjours, sans jamès trouver fin. Et pour conclure à tes paines predictes, sans nul repit es forbany d'espoir du Plasmateur, condempné à tousjours souffrir, porter tristesses innombrables, tout procedant de ton orgueil predict.

Atant me tais de parler de tes faictz, pour l'infructuosité d'iceulx, car les inconvenians et accidens mauvailz qui de toy sont descenduz et procedéz seroit à cens humain les narrer[51] ne descripre, tous procedans de ton inprudence interditte et mauvaise. Et pource donc, la personne conduyte et guydée par dame Prudence est bien heureuse et à Dieu fort tenuee, car, par icelle et sa conduitte seure, peult eschapper de tes rais et lyens lesquelz, comme chascun sçait, fais de jour et nuyt tendre et mettre

Dieu qui avoit creé les anges premierement les avoit fait beaulx clercs et luysans sus toutes choses. Mais l'ung d'entre eulx, nommé Luciabel, presumptueux de sa beaulté et innumerable refulgence, avecques plusieurs siens colleges et complices, sans aucun instigateur de propre mallice, voulut surmonter et se coequaliser à la souveraine magesté de Dieu […]. »

50 Comprendre *à tousjours mais*, c'est-à-dire : à jamais.

51 Leçon rejetée : *narrez*.

au vent par tes satrappes diabolicques, car sans fin circuys pour devorer comme le lyon ravissant[52]. Mais nostre Plasmateur, voyant et congnoissant ta falace mauvaise, nous donne grace specialle par sa bonté, tant et à si grant habundance que chascun congnoist ton astuce maligne, par quoy et soubz sa baniere chascun peult esviter ta fraude et traïson mauldicte.

Le quart chapitre parlant de l'inprudence de Cayin, le primier qui corrumpit nature humaine par l'occision d'Abel, son frere

[12 r°]

Enluminure 8 : Katherine interpelle Caïn[53]

Je parle à toy, Cayn le tresinjuste[54], dy moy l'effect, la cause et raison qui esmeult tant tom vouloir inparfaict de mettre à mort et occire en l'estat ton frere, Abel, tant doulz et aimable, sans nul ennuy t'avoir faict ne grevance. Fais moy certaine de la tienne inprudence, inconstance[55] de traïson rempplie. Le mien desir est tout insaciable sçavoir le cas bien au vroy du forfaict, commant et qui de ce fut inventeur, ou si se fut par ton mauvailz vouloir ou temptacion du serpent venimeulx. Ne parles tu ? Pour toy feray responce. En verité, comme comprandre le myen esperit le peult, fresle, tendre et labille, et comme ay veu aux hystoires et Bible veritable[56], je dis pour toy que ton malfaict vicieulx et infame si proceda par la tienne inprudence, et qu'ancy soit, je le te veil prouver. Ton envye fut [12 v°] de se la vroye racine, car quant tu vis, ainsi comme j'ay leu[57], le plaisant sacrifice plus hault monter que le tien

52 I Pierre, 5[8] : « le diable, comme un lion rugissant, rôde, cherchant qui dévorer ».

53 Enluminure 8 : Katherine, vêtue d'une robe dorée décorée de motifs floraux bleus, tête couverte d'une coiffe grise (avec le même geste des mains que dans la miniature 7), regarde Caïn, qui se tient debout face à elle, habillé d'une saie rouge sur une cotte bleue et une chemise dorée, coiffé d'un chapeau gris à bords plats, tenant à la main droite une mâchoire d'âne et, de la main gauche, un gourdin. Au coin droit, au milieu de buissons, Abel, portant une cotte bleue, est étendu au sol. À l'arrière-plan, dans un décor bleuté, on distingue plusieurs châteaux.

54 Leçon rejetée : *inuste.*

55 Leçon rejetée : *inconstante.*

56 Genèse, 4[1-15].

57 *Orose*, vol. I, f. vi v° : « [...] Cayn, frappé d'une mauldite envie intrinseque, delibera en son courage mauvais de destruire son frere Abel et le mettre à mort, comme nous verrons

inutile, fus machiné et troublé en ton cueur d'envye suppris. Lors, par inprudence comme incensé et forclus de vertus, pris de despit, machinas sa mort, qui tant estoit doulz et begnin. O miserable, qui primier fus inventeur d'ynnover homicide sur terre et respandre le sang humain piteulx, hayr te doit la totalle fabrique car, par toy, sont advenus et adviendront plurieux maulz sur la terre. O murtrier, par sus tous inparfaict, le tien delict vicieulx et mauvais cuydas celler qui ne te fut possible, car nostre mere, la terre bien aymée, injuriée, cria sur toy vengence, si haultement en voix altissime qu'el trenpercza les sainctz cieulx reffulgens dont, de cella, le haultain Plasmateur, esmeu du cry de nostre dicte mere, descendit bas pour voir la forfaicture et oultreplus pour ton delict vanger. Puis, quant te dist en rigoreuse sorte « Cayn, Cayn, qu'as tu faict de ton frere ? », luy fis responce de mensonge confite comme celuy qui son forfaict cuyde cellé, disant : « Le m'as tu baillé à garder ? » O responce de nulle efficace ! Povre incensé et de vertus bany, commant ousoys tu emprandre celler à ton Fabricateur, qui tout sçaict et congnoist, ta sedittion maulditte ? Qui lors te dist en fureur magn[a]nime : « Cayn, Cayn, le sang humain de mon servant, ton frere, a cryé et me demande vengence de toy. » [13 r°] Alors comme forcené et d'inprudence espris, sans misericorde demander ne querir, dis telz parolles en desepoir confites, disant que ton peché estoit plus grant que la clemence et pitié dudict[58]. Ainsi parlant sans consideration, comme celuy qui plus avoit de peur de la mort corporelle que de la mort eternelle. Et plus luy dis comme inproveu d'esperict, congnoissant ta grant forfaicture, que tout chascun qui te verroit te vouldroit occire et mettre à destruction. Alors le bon Sieur, meu de pitié[59], ne voullant du tout toy delesser et faisant tousjours le bien contre le mal comme il a de coustume, te dist en toy reconfortant :

---

cy après. – Comme Cayn tua Abel. »

58 Dans Genèse, 4[13], Caïn dit que le châtiment serait trop grand pour être supporté. Catherine d'Amboise utilise une *Bible historiale* : « Donc dist Cayn à nostre seigneur : Mes pechez sont plus grant que mercy que je puisse desservir. » (*Premier volume de la Bible historiée*, Paris, A. Verard, 1498-1499, f. xi r°.)

59 Cette interprétation s'éloigne de la glose quant à la raison de l'interdiction du châtiment : « Mais quiconque occira Cayn il sera pugny cent fois double » (*Ibid.*). Et *Bible historiale*, BnF, fr. 15370, f. vi : « Sil que touera sera pugnis à VII doubles pour ce qu'il te delivrera de travail et de misere. ». Elle est plus proche de la lecture d'*Orose*, vol. I, f. vii : « Et adonc nostre Seigneur luy dist : ainsi ne sera pas, car nonobstant ton peché, je ne vueil que beste ne chose qui te voye te mecte à mort, mais quiconques te verroit et te occiroit mal luy en prendroit et seroit en grant peine. »

– Non, non, Cayn, ainsi ne se fera pas, de toy ne veil prandre vengence telle qu'apartient à ton delict. Ung signe te bailleray pource et afin que hommes et femmes, mesmement les bestes, te congnoissent, donnant la malediction, en sept doublez plus qu'à toy, à celuy qui te occira, c'est que trembleras de tous tes menbres comme tous desnervés, corrumpus et deffaictz[60].

Adonc tout incontinant, sans nulle resistance ne aucun delay, la parolle du Plasmateur finée, commenssas à trembler et fremir. Alors et tout incontinant la maledition receuue, te absentas dudict Plasmateur en pleur et grant gemissement comme celuy qui bien cause en avoyt. Atant feray [fin] à ceste presente hystoire comme cel à qui semble en avoir assez touché.

Le Ve chapitre parlant de la grant inprudence quant Lameht encorut les maledicions que Dieu donna à celuy qui turoit Caym

[13 v°]

Enluminure 9 : Katherine vitupère Lamech[61]

De t'espergner, bigame inparfaict[62] qui heuz non Lameht, n'est mon intencion, comme celuy qui plus ou autant est digne de reprehension que Cayn, que j'ay davant nommé. Et qui soit vroy, le prouveray par exemples peremptoires et patentes. Tout primierement, et pour donner à entendre la tienne inprudence maulvaise, tu delessas ton Createur et Plasmateur lequel t'avoit faict tant de graces et vertus, si à toy n'eust tins, que imposible seroit les narrer[63]. Il te donna vie si treslongue et spacieuse[64], que de vielesse en fin perdis la veue[65]. Ayant ferme creance

60 Le tremblement comme « signe sur Caïn » (Genèse, 4^{15}) vient aussi de la glose : « [...] mist Dieux ung signe en Chayn pour quoy nulz ne l'occist car ilz ly donna trambleson de chief pour quoy chacun sceut qu'il estoit ainsy pugnis de Dieu [...]. » (*Bible historiale, ibid.*)

61 Enluminure 9 : À droite, Katherine, vêtue de la même robe que dans l'image précédente, debout à l'avant d'un château, regarde Lamech (robe bleue, tunique dorée et chapeau-turban conique), tête inclinée et yeux fermés, appuyé sur un arc et tenant des flèches de la main gauche. Derrière lui se tient un jouvenceau (saie rouge et chausses bleues) qui pose la main gauche sur son épaule.

62 Genèse, 4^{19}.

63 Leçon rejetée : *narrez.*

64 Genèse, 5^{31}.

65 Selon une légende apocryphe largement répandue (Voir *Dictionnaire des Apocryphes*, éd. Abbé Migne, t. 1, Paris, J.-P. Migne, 1856, p. 343). Elle est développée par Jean

que plus fut par ton inprudence et nonchaloir que par viellesse decrepite car, comme ay leu[66], tu fuz de si tresmal affaire [14 r°] qui ne te suffist pas de la loy preordonnée de Dieu mais voullus avoir, par ta libidineuse volunté, le deshonneur d'estre dit primier avoir heu deux femmes. O inprudent, ton exemple mauvaise est cause de beaucoup maulz, et, tant que humain lignage durera, ta playe et ciquatrice ne sera curée. Je ne m'esmerveil, ausi ne doit faire nul esperict, si tu as encouru les sept doubles maledicions de Dieu le Createur. Et ouse dire, sans craintte de nully, reiterant encor sen que dict est davant, que tes operations visées qu'elles sont trouvées pires que ne furent cellez de Cayn. Et plus je dictz, par l'occision que tu fis d'iceluy, que tu fuz double murtrier, et que plus est greif ton forfaict de soixante et dix et sept fois que ne fut celuy de Cayn predict[67]. Ne fuz tu pas d'ungne fasson bien diverse, que après le bon et loyal service tans diurne que nocturne que te faisoit le povre jouvenceau[68], te conduysant sà et là, pour toulte retribution de son bon et loal service, le mis à mort iniquement et faulcement par ton couroux et yre tresmaulditte ? O murtrier, o inhumain qui primier fus inventeur de rendre mal pour bien, que doyvent dire ceulx qui après toy sont venus, comme moy et les aultres ? Certes, plus mal que bien si c'estoit honneur d'aultruy mal parler. Atant de se present chapitre pour l'orreur d'iceluy me tairay[69], pour l'inperfection qui est en iceluy facheuse et ennuyse à descripre.

---

d'Outremeuse, *Ly Myreur des histors*, éd. Ad. Borgnet, t. 1, Bruxelles, M. Hayez, 1864, p. 324-325.

66 *Orose*, vol. I, f. vii v°, « Comme Lameth occist Cayn – [...] ainsi que dit Comestor, cestuy Lameth fut tresmauvais et fut le premier qui congneut plus d'une femme adultere, et de qui premierement vint bigamie » ; *Miroir historial*, éd. M. Cavagna, Paris, Société des Anciens Textes Français, 2017, liv. II, chap. 57, p. 281 : « Lameth fu le premier qui ot II femmes contre nature et bonnes meurs et commist avoutire [adultère]. » (*Miroir historial*, éd. 1495, vol. I, f. xxv v°.)

67 Genèse, 4^{24}.

68 Le jouvenceau qui guide Lamech n'est pas Caïn ; selon Jean d'Outremeuse (lieu cit.), Lamech, aveugle, se fait conduire dans une forêt par un jeune garçon nommé Balach. Alors qu'il entend du bruit venant d'un buisson, il tire une flèche sur ce qu'il croit être une bête sauvage, et atteint Caïn.

69 Leçon rejetée : *taisay*.

Le VIᵉ chapitre parlant des inprudens maleuseurs qui perirent au deluge pour leurs desmerites

[14 v°]
Enluminure 10 : L'arche de Noé[70]

En breif langage suis deliberée parler en termes couvers des inprudens malhereux qui perirent au deluge par leur inprudence maulvaise, quant de narrer[71] leurs vices abhominables et incestes ne seroit à moy possible pour l'inperfection d'iceulx. Oultre je dis plus, que le cueur noble ne sçaroit ouyr ne porter tellez punaisies de peché car tout primier, par leur inprudence et mauvaise conduitte, delesserent le commandement de leur Createur, vivant bestiallement tout en l'estat ou pis que bestes bruttes et sauvages, en commettant vices si tresenormes et en si grant multitute que ciel et terre et aultres elemens en furent corrumpus et infaictz, criant à Dieu vengence. Mais le bon Sieur plain de misericorde[72], esmeu de pitié, voyant sa povre facture seduicte, s'aparut au juste Nouel, luy disant tellez doulces parolles[73] :

[15 r°] – Nouel, Nouel, mon serviteur tresloyal, les iniquités de mon peuple terrain crye contre eulx vengence, tellement qui me deplaist d'avoir formé l'omme et leur avoir donné franc arbitre[74] si plantureux et magnanime, lequel si gardé l'eussent et prudentement entretins, par iceluy eussent gaigné la couronne de victoire, comme mon espoir est donner à tous mes loyaux serviteus qui feront mes commandemens. Pource lève sus, bon Nouel, marches en avant. Temps n'est que tu te

70 Enluminure 10 : Sur une mer démontée flotte une nef d'où s'élève une tour à trois étages. Au deuxième, Noé apparaît à une fenêtre ; une autre, grillagée, laisse apercevoir un oiseau. Des hommes et des femmes nus tentent de rejoindre l'arche, environnée de débris des châteaux abattus par la tempête. Des nuages, formant des volutes bleues, tombe une pluie serrée. Dans la marge enluminée, deux oiseaux s'accouplent.

71 Leçon rejetée : *narrez.*

72 Leçon rejetée : *miszicorde.*

73 Genèse, 6[13-22].

74 *Cf. Miroir historial*, éd. 2017, liv. II, chap. 39, p. 245 : « Franche volenté est faculté de raison et de volenté par quoi est esleu par grace, et le mal est esleu grace deffaillante » (éd. 1495, f. xxvii v°). Voir Origène, *Traité des principes*, trad. M. Harl et *al.*, Paris, 1976, p. 149-174 ; et saint Augustin, *Cité de Dieu*, liv. XXII, chap. I (*Œuvres II. La Cité de Dieu*, dir. Lucien Jerphagnon, Paris, Gallimard, « Bibliothèque de La Pléiade », 2000, p. 1022) : Dieu, au commencement du monde, a donné à l'homme un « libre arbitre de nature à lui permettre d'abandonner Dieu et, bien entendu, sa béatitude, non sans en subir un préjudice immédiat. »

reposes. Pitié m'esmeult, va secourir ton semblable, les amonnestant qu'ilz fassent penitance, delessant leurs vices et pechéz ou aultrement, dedans six vingctz ans, suis deliberé les succumber et abismer depuis [petit] jusques au grant. Mais quant est de toy, Nouel, mon bon et loyal serviteur, ta femme et tes trois enffans et leurs femmes, est ma volunté tous vous saulver[75]. Car davant je t'ay trouvé juste, pource te exorte et admonneste que facez faire une arche durant se dict terme, ayant ladicte arche trois cens coudées de longueur et cinquante de largeur et trante de haulteur jusques au planchier. Et veil qu'il y aict en ladicte cinq estages[76], ung pour toy, ta femme et tes enffans et leurs femmes, l'autre pour ta provision et de bestes et oyseaulx qui seront avecques toy, et l'autre pour les bestes domestiques, malle et fumelle, et en l'autre seront les bestes cruelles et non privées, l'autre pour les oyseaulx de plurieux genrres. Et pource notte bien ces moctz, faisant le contenu d'iceulx. [15 v°] Presche le peuple cothidiennement affin qu'il n'ait cause d'ignorance ne d'excuse aucune.

Lors le bon Nouel, remply de toulte obediance, en toulte diligence se leva et de là se partit pour aller faire et acomplir le vouloir du Createur. Non obstant quelque exortement et predicacion qui sceust faire le temps predit et quelque menasse de par le Createur premise, ne pour cella desmoureront obstinéz en desdaignant leur dict Createur et le bon nunciateur Nouel. O miserables, inprudens et mal fortunés, dittez moy vostre excuse. Voullez vous redarguer le Createur ? O Justice faulce ! Feusse sa faulte que ne vous saulva ? Nenny, pour vroy, car il se

---

75 Leçon rejetée : *sauves*.

76 Le récit biblique (Genèse, 6[16]) compte trois étages à l'arche – ce que représente la miniature –, mais Catherine suit les commentaires où apparaissent des variations quant à leur nombre et à leur destination, « chambres », ou « mansions », et ce depuis saint Augustin (*Cité de Dieu*, liv. XV, chap. XXVI, éd. citée, p. 643). Voir *Orose*, vol. I, f. viii v° « Comme Noe fist l'arche du deluge », le *Miroir historial*, liv. II, chap. 59, p. 283 et *La Mer des histoires*, Lyon, J. du Pré, 1491, vol. I, f. xxviii r° : « Selon un docteur nommé Stabo, en icelle furent XV distinctions et chambres diverses, mais VI seulement selon sainct Augustin. Car il dit que sur le fons estoyt une place vuide comme est ès navieres où estoyt l'esgout, au dessus estoyt ung plancher couvert, incontinent au dessoubz de ladicte couverture estoyent trois chambres. Et au dessoubz d'icelles deux aultres, dont l'une estoyt comme ung gardemenger ou sellier, ouquel estoyent gardées les viandes des hommes et des bestes, et l'autre estoyt chambre privée ou latrines. Quant aux trois aultres, la moyenne estoyt pour l'abitation des hommes, et des deux aultres, l'une estoyt pour bestes privées et doulces, l'autre pour indontables et terribles. Ainsi sont VI parties en ladicte arche, combien que aulcuns les disposent et ordonent aultrement. »

mist en son devoir et vous donna le terme suffisant pour faire penitance et plorez vos transgressions. Mais vos cueurs mauldictz et obstinéz ne se voullurent onc amollir, de quoy mal vous en fut et non sans l'avoir desservy. Atant me tais de se present chapiltre de paeur d'ennuyer, pousé que plus et assez longuement en eusse touché. Et pource plaise aux lecteurs et auditeurs avoir suffisance pour l'eure de present, ayant à considerer une auctorité assez prouvée du sage, c'est que la chose breifve bien descripte est plus digne de memoire et à louer que longue narracion mal comprise[77].

Le VIIe chapitre et dernier parlant de la faulce chymere, Inprudence, cause et motive de tout le mal davant escript

[16 r°]
Enluminure 11 : Katherine met en garde contre Imprudence[78]

Hayr te doit la totalle fabricque, faulce chymere, Inprudence nommée, car par toy est la preteritte tombée en descadence et ruyne, et la future en dangier si elle ensuyt ta doctrine mauvaise. O vice apostat, vice puant et putrefaict ! Tous les greifz maulz qui de par toy sont venus, esperict humain ne les sçaroit narrer ne descripre pour l'enormité d'iceulx. Que dirai ge de toy, faulce et maligne beste contagieuse, quelle injure te pourrai ge faire ? Certez, je ne t'en sçarois ne exitez à te dire qu'il t'en apartient[79]. Et si tu me demandois qui me cause d'ainxi toy irriter, te ferois responce que pitié et regrect me contrainct ad ce, c'est quant je considere que tant et à si grant nombre de mes semblables as mis à perdicion par ton art diabolic, que se voyant ne [16 v°] <ne> me puis tenir

77 La *brevitas*, considérée comme une des *virtutes narrationes* (Quintilien, IV, 2, 32 et 40 ; *Rhétorique à Herennius*, I, 15) apparaît ici, comme chez bien des auteurs du Moyen Âge, marque affichée d'une connaissance des règles de la rhétorique ; voir E. Curtius, ouvr. cité, p. 592-599. Voir Introduction, p. 49.

78 Enluminure 11 : À droite, Katherine, dans sa robe bleue à manchons de vair, tend deux doigts de la main droite vers Imprudence, créature hybride à tête humaine juchée sur un moulin : la queue d'un crocodile ; le buste vert et le bonnet à oreilles pointues d'un dragon femelle avec des ailes rouges, mouchetées de cercles noirs ; les jambes d'un cerf ; les bras poilus d'un lion. Elle tient, de la main droite, un moulinet à vent à long manche, et à gauche une oriflamme portant des armes (?). À l'arrière-plan, on aperçoit collines et châteaux. Dans la marge enluminée, apparaît une chouette.

79 Comprendre : je ne saurais, ni ne pourrais être poussée à te dire ce que tu mérites ?

de toy blaphemer, t'avertissant que se faire te sçavoye pis, du milleur de mon cueur m'y empleroye. Dont pour venir à toy descripre, selon le myen petit sçavoir, depuis les piedz jusqu'à la teste, primierement, je te demande de ta geniture. Tu es absente, pour toy parleray, non pas que soit en fasson charitable en te faisant plaisir, mais desplaisir, deshonneur et vitupere de tout mon povoir. Ton habit difforme et fassons desmesurées desmontrent et descripvent bien au vroy ta genelogye et le lieu dont tu es sortye. Et, comme ay leu, tu es issue et produite du pluthonicque serpent venimeux que, te engendrant, feist une orrible geniture si tres-difforme que mieulx vausist qui le fust avorté, car ta naissance est cause de tous les maulz que ton fabricateur a souffers et souffrira, qui sont inestimables[80]. Tu es si pondereuse et em peché agravée que sil mesmes qui t'a engendrée ne t'a sceu supporter pour la punaisie, putrefaction et ordure qui de toy distille de jour en jour. Et ainsi, comme dit le sage, à l'ouvrage congnoist on l'ouvrier[81], c'est assavoir la personne prudente à ces faictz et honnestes magnieres. Quant est de toy, ne desrogues à ton predict fabricateur car, ainsi que luy, es ville, puante, infecte, salle et orde, vicieuse, decrepiteuse, externative et grinbondeuse. Et plus, toustes les injures que langue humaine sçaroit [17 r°] descripre ne esprimer, tant soit elle disertte et <et> melliflue, ne seroit condigne ne suffisante toy villenner ainsi qu'il t'apartient. Et m'esbaiz souvantesfois, à par moy, come tant de povres mondains prenent et cherchent aliance avecques toy, voyant la difformité de ton personnage et encores plus de tes faictz. Donc, pour assouvir mon cueur pencif de dire tes verités selon le myen fresle esperict, emsemble tes falaces, porce et affin que chascun lecteur et auditeur de toy et de ta falace et object mauldit se donnent garde. J'ay en moy grant freur et orreur en te contemplant et plus tremeur

---

80 Dans les représentations les plus communes, c'est plutôt Orgueil, engendré par Satan, qui cause finalement les souffrances éternelles de son propre géniteur. On verra *Le Diable au Moyen Âge. Doctrine, problèmes moraux, représentations*, Sénéfiance, n° 16, Aix-en-Provence, 1979 ; en particulier, G. Gros, « Le diable et son adversaire dans *l'Advocacie Nostre Dame* », p. 237-258 ; M. Salvat, « La présentation du diable par un encyclopédiste du XIIIe siècle : Bartelemi l'Anglais », p. 473-492 ; J. Subrenat, « Lucifer et sa mesnie dans le *Pèlerinage de l'âme* de Guillaume de Digulleville », p. 507-527.

81 Cet adage, qui donne un sous-titre à une fable de Phèdre (liv. III, XIII), est répandu. Voir Arnoul Greban, *Le Mystère de la Passion*, v. 15091 : « L'ouvrier congnoist on par l'ouvraige », ou encore, avec une variante, Martin Le Franc, *L'Estrif de Fortune et Vertu*, éd. P. F. Dembowski, Genève, Droz, 1999, p. 9 : « [...] pour l'ouvrage on parle de l'ouvrier. »

escripvant de tes inperfections, ne pour cella ne delaisseray poursuyvre mon intencion. Je te demande que veult dire se que tu es située et assize sur ung moulin à vent ? Rien ne aultre chose ne y puis pourpancer ne comprandre, si non qu'il desmontre ton instabilité, aultre chose ne y puis concepvoir[82]. Oultre plus, tes piedz et jambez de cerf[83] ? Rien ne puis mieulx estimer si non par cas parail ta ligeretté et folye. Et qui m'esbaist, c'est ton corps difforme qui me semble estre semblable à ung griffon vollant, transendant et transvollant sà et là comme beste devorant et rapineuse. Quant de tes mains semblablez aux grifz d'ung lyon ravissant, ainsi fais tu, car tout destruictz et ravis par où tu passes. Voyant ta teste me soubrictz [17 v°] sans m'esbair[84] trop fort car, voyant ta cappe de folle, te juge telle que tu es. De ton visage ainsi corrumpu de varians couleurs, fort seroit à descripre et exprimer plus que tu ne vaulz. Ceulx qui te verront te exposeront à leur fantasie, eulx suppliant que se soit à la plus grande honte et confusion que faire il pourront. Et sur ce feray fin à ce present chapiltre darnier du primier livre des inprudens, qui ont[85] suyvy ceste chymere davant escripte de quoy tresmal se sont trouvéz, comme on a peu voir aux chapiltres precedens.

---

82 On peut être surpris, en effet, par cette représentation, alors que le moulin à vent est, dans certaines figurations des vertus cardinales, associé à la tempérance. Voir le *Compendium historial*, BnF, fr. 9186, f. 304, dans F. Avril et N. Reynaud, *Les Manuscrits à peintures en France. 1440-1520*, Paris, Flammarion, Bibliothèque Nationale, 1994, p. 48. Mais le moulin à vent peut être aussi, par similitude, associé à la roue, l'attribut de Fortune (voir *La Somme le roi par Frère Laurent*, éd. E. Brayer et A.-F. Leurquin-Labie, Paris, Société des Anciens Textes Français, 2008, chap. 32, p. 123 : « [...] quant dame Fortune a sa roe tornee et a l'omme eslevé et assis ou haut de sa roe comme molin a vent [...] ») et à la voile qui va à tout vent. Voir aussi l'illustration dans le manuscrit BnF, NAF 19738, de la *Complaincte*, f. 5 r°.

83 Dans le traité des vertus cardinales, que François Demoulins compose pour Louise de Savoie en 1509, le cerf apparaît comme un attribut de Prudence (BnF, fr. 12247, f. 4). Voir A.-M. Lecoq, *François Ier imaginaire. Symbolique et politique à l'aube de la Renaissance*, Paris, Macula, 1987, p. 95. Ici, comme dans les romans médiévaux, c'est l'hybridité du personnage qui en fait un monstre. Voir C. Ferlampin-Acher, *Merveilles et topique merveilleuse dans les romans médiévaux*, Paris, Champion, 2003, p. 279.

84 Leçon rejetée : *esbaiz.*

85 Leçon rejetée : *on.*

Sy commence le segont livre et primier chapitre et parlera dont fut produicte dame Prudence

Enluminure 12 : Prudence explique à Katherine ce qu'est la Trinité[86]

[18 r°]

Pource que par cy davant ay descript, selon le mien petit sçavoir, dont est issue et produitte ceste inpetueuse lice mauldite, prenommée Inprudence, à present veil au contraire parler de ceste tresillustre inmarcessible et glorieuse vertus, nommée dame Prudence, ma bonne maitresse et amye, et le lieu dont elle [est] sortye. Et pousé que primier et beaucoup de temps fust produitte et divinement construitte de Dieu esternel, là sus en conscitoire divin, avant que la faulce statue, inutille et vicieuse Inprudence davant prenommée, j'ay primierement parlé de sa naissance vicieuse et artiffice maudite en la detestant et desgradent selon le mien petit povoir, considerant le grant mal qu'el feist, durant l'aage primier, à nostre pere Adam, et Eve nostre mere, et aultrez parens, ainsi qu'on a peu voir aux hystoirez davant escriptez. Delaisser veil à parler de ceste preditte faulce, nommée Inprudence, car son pancer me fastidie et ennuye tout l'esperit pour la rudité seullement d'entendre son non. Parvenir veil en ardeur de charité, moyennant l'aide du Sainct Esperict, de hault toucher icelle bonne dame et maitresse, davant nommée Prudence, comme celle des noblez vertus à qui je me tiens la plus tenue et obligée cherir[87], reverer et honorer. Seulle à par moy au cabinet [18 v°] predit, lassée et attenuée en esperict pour la consideracion d'ennuyeuses pencées que sur mon cueur portoye, comme suprise d'ung somme pondereux, advis me fut estre ravye en esperict et transportée en plurieux lieux incongneux, lesquelz estoist plaisans à merveilles. Et pour au vroy parler de mon predit transport, me sembla que se fust en lieux haulz à merveillez, quasi oultrepassant les neuf ordrez angelicquez[88].

---

86 Enluminure 12 : Dans une vallée verdoyante, au pied d'un château, Katherine, vêtue d'une robe de velours rouge à encolure noire, et d'une coiffe semblable à celle de l'enluminure 7, se tient, mains jointes, derrière Prudence qui, bras écartés, tend la main gauche vers elle et l'index de la main droite vers le ciel, où apparaissent, à droite, dans un limbe, le Père, le Fils, le Saint Esprit, tenant un livre ouvert.

87 Leçon rejetée : *cheriz*.

88 Le Pseudo-Denys l'Aréopagite (*De hierarchia celesti*) répartit les anges en neuf catégories et en trois hiérarchies : 1. Les séraphins, les chérubins, les trônes 2. les dominations, les vertus, les puissances 3. Les principautés, les archanges, les anges. La première hiérarchie

Presentée davant le consistoire divin, où me trouvé estonnée et esperdue à merveillez, pour la grande et tresillustre beaulté inestimable que je apperceux en se palais et hault lieu radieux, lors comme toulte espense et esbaye, se nonobstant me pris à contempler[89] et regarder hault et bas où je apperceux merveilleusez[90] choses. Disant que si j'avoye autant de languez que en la teste ay de cheveux, et d'entendement autant que tous les humains, si seroi ce quant à moy inpossible exprimer, dire ny escripre la grant merveille que je vis en se lieu predit[91], dont par magnere de passetemps et pour recreation d'esperict, ainsi que le peulz comprandre, en tiendray quelque petit pourpoctz. Et pour le primier point decider simplement, advis me fut que au plus hault lieu de ce predict palaiz, vis trois seigneurs sumptueux à merveillez, d'ungne grandeur, d'ungne semblance et speciosité, et les juge, selon le myen sçavoir, [19 r°] eulz troys estre prochez parens. Et tout ainsi que à par moy peulz congnoistre, c'estoit ung cueur, ung vouloir, ungne pancée, une force, ugne essence parfaicte. Adoncques quant j'euz bien contemplé et regardé leurs fassons magnificques et pompeuses, la grant luminosité et resplendeur dudit lieu, me trouvé toulte esperdue et esgarée de mon scens. Alors et tout incontinant me retiray devers ma dame et maitresse, dame Prudence, qui moy estoit conduisant, luy dis telle parollez expavescentez :

– Helas dame, où suy je arrivée ? Donnez moy secours et aide, sans vous ne puis et aussi ne vouldroye rien pourpencer contre vostre vouloir. Dictez, dame, si vous plaist, où nous sommes et me donnez[92] à entendre se que je voy. Je m'aperçoy tumber soubz le fais sans vostre bon secours.

Adonc me respond dame Prudence :

– Fille et amye tresloyalle, ne soyez esperdue, n'ayez tremeur ne crainte aucune. Ne doubtez estre arrivée à mal port. Demandez moy ce que vouldrez en me descouvrant vostre doulce pancée et de tresbon cueur vous donrray[93] à entendre ce que de vous ne pourriez concepvoir.

---

entoure Dieu, la deuxième régit les étoiles et les éléments ; dans la troisième, les principautés protègent les royaumes de la terre, et archanges et anges sont les messagers divins. Voir *Espiltres*, v. 189, 387-390.

89 Leçon rejetée : *compler.*

90 Leçon rejetée : *merveilleurez.*

91 Le *topos* de l'ineffable est typique de la phraséologie panégyrique (E. Curtius, ouvr. cité, p. 196-197).

92 Leçon rejetée : *donner.*

93 Leçon rejetée : *dourray.*

Alors comme toulte esjouye et revenue d'esperit, en la remerciant humblement, me pris à luy demander de ces trois personnagez l'efficace.

– Mere, dis je, qu'esse de l'effect d'iceulx ?

Alors me respond dame Prudence :

– Mamye, dist el, ne te mectz trop avant [19 v°] à enquerir d'iceulx, car c'est chose incomprehensible à cens humain ny angelic[94]. Mais simplement te en diray quelque chose pour assouvir et allegir ton ardente ferveur et devotion. Mamye, ces trois personnages que tu voys là hault intronisés, c'est la benoiste et glorieuse Trinité, Pere, Filz et Sainct Espericṭ, ung seul Dieu en trois personnes, et bien les as descrips[95] cy davant car ce n'est q'ung vouloir et ungne pencée, et sont lesdictz sans commancement et sans fin. Et t'avertis, ma fille et amye, que c'est mon Pere et celuy qui m'a produitte esternellement, tout par sa divine bonté et clemence, pour à chascun povre humain donner[96] aide et secours. Et le motif primier qui m'a exitée cy te conduyre et adresser, c'est pourtant que je sçay bien que jà piessa ton singulier desir estoit de sçavoir mon origine et le lieu d'où j'estoye issue. Et pource doncques, fille mamye, soys assovye maintenant, n'ayez plus de doubte de ma progeniture[97].

Ces parollez finées, luy dis :

– O mere, dis je, helas et que vous estez bien heurée d'estre issue de si haultaine[98] rasse et noble lignée, plus que jamès vous ayme et cheris. Helas, bonne mere, dittez moy encor deux moctz se c'est le vostre bon

94 Catherine d'Amboise ne s'aventure pas dans un domaine qui est celui des docteurs de l'Église et manifeste, en somme, la même réserve que Christine de Pizan dans *Le Livre de l'advision Cristine* : « De celle benoite Trinité ung petit parlons pour plus grant efficace selon les ditz des saints docteurs. [...] Mais comment oseras-tu entrer a la mediter, toy povre miserable creature ? Car dit saint Augustin ou *Livre de la Trinité* que tout l'ost de pensee humaine n'est pas assez fort pour soy fichier en celle excellente lumiere pardurable. [...] Et pour ce, comme dit saint Bernart en un sermon : trop enquerir de la benoite Trinité, c'est perverse curiosité ; fermement croire et tenir de la Trinité ainsi que tient l'Eglise et la foy catholique, c'est seureté. » (Éd. C. Reno et L. Dulac, Paris, Champion, 2001, p. 138.)

95 Leçon rejetée : *descpris*.

96 Leçon rejetée : *donnez*.

97 Le thème des filles de Dieu est popularisé par la prédication. Selon Jean Gerson, « Charité l'amoureuse » est la première de toutes, mais elle a fort belle compagnie, avec ses sœurs : « Sapience et Verité, Prudence et Entendement, Conseil et Foy [...], d'autre part Force, Continence, Loyaulté, Justice, Paix, Misericorde, Humilité, Diligence, Largesse et Benignité [...]. » (*Sermon de la Conception Nostre Dame*, dans *Six sermons français inédits*, éd. L. Mourin, Paris, Vrin, 1946, p. 392-393.)

98 Leçon rejetée : *haulaine*.

plaisir, que signifie se mirouer tant precieulx que voustre Pere tient en sa benoiste main, si tresplaisant à regarder que plus on ne pourroit.

– Fille, dist elle, [20 r°] mamye, ne t'esmerveille et ne t'avence à regarder icelluy par trop. Pour te dire sa proprietté et le non d'icelluy, ledict s'apelle le mirouer almific et triumphal, où mon Pere congnoist toustez chosez qui sont, furent et seront, comme celuy qui en est le vroy Acteur et Conducteur[99]. Et atant te veille suffire de ceste matiere, remerciant icelluy mondict haultain Pere et Plasmateur de toustez tes forces, qui t'a faict telle grace par sus toustes inestimable que luy a pleu te ouvrir l'entendement, te donnant à congnoistre aucune chose des segrectz de sa divinité inestimable, et pource faire humilye toy et te pouse à deux genoulz, proferant après moy les parollez que diray primiere :

– O Trinité tresexcellante, Pere, Filz et Sainct Esperict, ung seul Dieu resnant en trinité, je te regracie et mercye, qui t'a pleu de ta bonté et clemence à moy, ta povre facture indigne, faire digne comprandre se jourduy ung si haultain effect de ta divinité. Helas seigneur Dieu et Maistre, commant te pourray je rendre gracez meritoirez et condignez, veu que moy, povre pecharesse, à se faire suis insuffisante et incapable, nonobstant selon le myen petit sçavoir et la grace qu'il t'a pleu me impartir, à tout devoir selon le myen possible, de toustez mes forcez et puissances te remercye de tout mon cueur.

Mon oraison finée me dist dame Prudence :

– Sus, sus, fille et amye, debout. [20 v°] Je congnois bien ton bon vouloir et que mieulx feroys voluntiers, et oultre congnois vostre devotion plus grande que ne la desmontrez. Il suffist. Le Plasmateur congnoist le cueur et voluntéz des personnez trop mieulx qu'ellez mesmez ne font. Retyrons nous, fille, et ne mettés en oubli se que vous avez veu, car servir vous pourra en temps et lieu.

Lors comme toulte estonnée et esperdue, ainsi que une personne qui ne sçait dont elle vient, me soublevé de mon somme plaisant et gracieulx. Alors et tout subitement, moy retournée en esperict, pris

---

99 Symbole de la connaissance, le miroir de Dieu se confond ici avec celui de la prudence – comme mémoire du passé, connaissance du présent et prévoyance du futur – dont l'iconographie est fixée depuis la fin du XVe siècle. Dans le *Triumphe des Vertuz*, de Jean Thenaud, Prudence remet à sa fille, Marguerite, son miroir et son compas (voir N. Dauvois, « Prudence et politique chez les Grands Rhétoriqueurs », *La Vertu de prudence entre Moyen Âge et âge classique*, Paris, Classiques Garnier, 2012, p. 69). On verra aussi l'illustration du *Livre du gouvernement des princes* de Gilles de Rome, Bnf, ms. Arsenal 5062, f. 17.

papier et ancre, mettant la main à l'euvre pour copier et descripre la vision plaisante et gracieuse à moy survenue, par le vouloir de Dieu et grace divine. Et par peur d'ennuyer ou facher les auditeurs et lecteurs de se present chapiltre, feray fin, suppliant iceulx moy excuser si par trop ay esté prolixe.

Le segond chapitre fera commemoracion de la prudence de la tresdigne[100] et sacrée Vierge Marie

Enluminure 13 : L'oraison de Katherine à la Vierge[101]

[21 r°]

Genoulz flexis de cueur intencieux, benigne Dame, aide je te demande : qui te plaise, par ta bonté et clemence, me donner aide et suport, esperict agille, pousé que soye indigne et insuffisante de hault louer l'efficace de ta haultaine prudence. C'est le comble de mon simple vouloir que parvenir ad se si possible m'estoit. Mais helas, benigne Dame, sans ton secours ay peur de desmourer soubz le fais. Nonobstant, la grant ferveur et confidence que j'ay en toy me faict enhardir, penssant en moy que toulte personne qui à toy se confie ne peult succumber, mais tousjours vient à l'acomplissement de ces desirs. De ce certaine suis, l'experience ay esprouvée moy mesmez. Donc que diray je ? Que feray je ? Toulte esjouye suis et en esperict esprise, quant de toy fault que face memoire ou escripve[102]. L'eure me plaist sus toustes et ne m'est que par trop courte. Toustez fantasiez, toustez pertez et tristessez de moy s'esloignent en te resumant, considerant ta sainttеté, bonté et clemence piteuse. Donc pour commancer exalter la tienne prudence davant dicte, soubz la conduitte de ma gouvernante nommée

---

100 Leçon rejetée : *tesdigne.*

101 Enluminure 13 : Dans une vallée, devant un château, Katherine portant la même coiffe que dans la miniature précédente et une robe de velours rouge (aux manches bordées de vair et à la ceinture tressée terminée par deux pompons), est agenouillée près d'un ruisseau ; mains jointes, elle prie la Vierge et l'Enfant, représentés, à l'angle droit du ciel, dans un limbe. Sous son mantel bleu – qui ne recouvre plus ses cheveux blonds –, la Vierge est vêtue d'or et l'enfant Jésus porte un vêtement blanc ombré de rose. À l'arrière-plan, un paysage bleuté avec plusieurs châteaux.

102 Sur l'écriture comme acte de mémoire, voir E. Berriot-Salvadore, « Vies et morts exemplaires : les *Prudens et Imprudens* de Catherine d'Amboise », *De bonne vie s'ensuit bonne mort. Récits de mort, récits de vie en Europe (XVe-XVIIe siècle)*, éd. P. Eichel-Lojkine, Paris, Champion, 2006, p. 17-41.

piessa, primierement quant je remenbre et mectz à memoire le grant bien inestimable qui par toy nous est advenu, de joye suis toulte lacrimable. Disant, moy, [21 v°] pouvre femme, lasse que feusse de nous se ne feussez, le povre genrre humain cheoit en descadence et tenebreuse ruyne, veu le delict et forfaict de nostre primier pere, et mere Eve. O Dame souveraine, par toy sommes garentilz de se lac tenebreux et abhominable, là où ladicte Eve, par son inprudence, nous avoit submis[103]. O Dame refulgente, par ta vertus almificque as tout le monde sucité, non seullement le sexe femynin mais toulte nature humaine, de quoy moy, femme moindre de toustez, me tiens fort consolée en esperict, pourtant que tu es de nostre party[104]. O Dame, si je vouloys raconter les grans biens que par ta prudence nous sont venus, en moy n'ay cens ne sçavoir de les comprandre[105]. Commant sçavoir ? Il n'est ange, archange ne sainct en paradis qui soit digne de toy escripre, narrer ne proferer et encor plus mettre par escript la moindre des graces et vertus inestimables qui en toy redondent. Commant doncques moy, povre femme despourveue de sçavoir, ouseroye plus proceder de toy descripre, veu et consideré que tant de sainctez gens et docteurs devoctz ont de toy escript, mesmement les quatre Evvangelistes, qui jamès ne sceurent trouver le bout de la moindre louenge qui en toy redonde ? Conclusion :

103 La figure de Marie comme nouvelle Ève salvatrice du genre humain (dont l'origine remonte à la transposition par les premiers Pères de l'Église du nouvel Adam de Romains, 5 ou de I Corinthiens, 15[45]) devient un lieu commun de la dévotion mariale dès l'*Ave maris stella* de Venance Fortunat, où *Ave* est explicitement mis en rapport avec *Eva*. Voir, par exemple, Jehan Henry, *Le Livre de meditation sur la reparation de nature humaine*, Paris, J. Petit, s.d., sig. ciii r°-v°, « Comme Eve la premiere mere reçoit joieusement le messagier angelicque. [...] Adonc celle bonne mere ancienne accompaignée de Anne mere de Samuel, et de Sarra, de Judich et autres anciennes dames, va tourner sa face vers elles et leur dit en ceste maniere. Mes filles voiez vous bien ce loyal et diligent herault angelicque, certainement nous devrions baiser les pas par où il marche et ne le saurions trop honnourer en regratier. Car c'est celuy qui premier trouva mon nom de malediction qui est Eva en nom de benediction qui est Ave, quant il salua ma fille Marie disant ave [...]. »

104 Voir par exemple *L'Oroyson Nostre Dame* de Christine de Pizan : « Vierge mere, de Dieu ancelle [...] / Sur toutes femmes tu es celle / Qui de grace eus prevencion / Pour le devot sexe des femmes. » (*Œuvres poétiques de Christine de Pisan*, éd. M. Roy, Paris, Firmin Didot, 1886, III, p. 8.)

105 La prudence est par excellence une vertu mariale, entendue comme sagesse de l'agir mais aussi comme une sagesse suprême que l'Assomption réalise. Sur cette question, on lira I. Fabre « *Virgo prudentissima* : Marie, figure exemplaire dans la doctrine du *Chant du cœur* de Jean Gerson », *La Vertu de prudence*, ouvr. cité, p. 173-191. Les Annonciades de Jeanne de France qui, selon leur règle, célèbrent les dix vertus de Marie, chantent à Laudes : *Sancta Maria, mater Dei, in tua peregrinatione prudentissima* (C.-A. Maurin, *Littérature mariale : les saluts d'amour. I. Les Troubadours de Notre-Dame. (1932-1935)*, Slatkine Reprints, 1977, p. 286).

tes graces et vertus sont inestimables, doncques, comme dict le sage[106], mieulx vault mettre fin à mes dictz que dire chose ou mettre par escript de quoy soye mesprisée. Et pource, m'areste.

[22 r°]

et[107] haultement louer, vous caulaudant et glorifiant de tout povoir, comme je y suis tenue et tout genrre humain, pour les vertus et grans biens que par vos prudences tresdignes nous sont advenues et adviennent de jour en jour. Que diray je donc moy, povre, lasse, de peché fangée et maculée ? Ouseray je emprandre de parler de vos haultainez iherarchyez ? Ouy, soubz vostre baniere et conduitte, car sans icelle nulle creature humaine ne peult estre guydée en ceste valée de misere. Grace premise à vous tous du trosne divin, vous seraphins, gubernateurs de prudence divine, fortifiéz et, par charité sublime, reluysans soubz vison sublime. O que bien heuréz fustez, quant vous esleuttez et prensistez du Plasmateur et Redempteur, en renonçant la faulce vipere diabolicque et son inutille conseil, dequoy et par cella resnez en gloire esternelle et resgnerez[108] pardurablement. Je parle à toustez ordrez angelicques, cherubins, throsnez, dominacions, puissancez, principaultez, vertus, angez, archangez, de quelques ordrez qu'ellez soist. Que diray plus de vos magnificences si treshaultainez et refulgentez ? Certez, imposible seroit à moy povre debille en dire se qui en est, faulte de comprendre. Parquoy m'en tais, car le bien et los qui est en vous est inestimable et incomprehensible, et pource feray fin de plus toucher en si hault estage, fors seullement ugne petite oraison, vous suppliant [22 v°] tous estre mes adjuteurs et conducteurs :

– Anges tressainctz, messagiers de Dieu excellans, qui estez creés pour tous humains garder[109], desquelz les honneurs sont au divin consistoire refulgentes, et en se monde estez la cause vroye pour tous

106 *Second volume de la Bible historiée*, Paris, A. Verard, c. 1505, *L'Ecclesiastique*, chap. xx, f. xxvii « Comment il vault mieulx se taire que trop parler », [...] « Ilz sont aucuns qui sont mauvais parleurs et jangleurs / ilz sont aucuns qui se taisent et n'ont pas sens de parler. Et sont aucuns qui se taisent et congnoissent bien le temps quant on doit parler. Celluy qui use de moult de parolles trompe son ame / et celluy sera hay qui prent à soy puissance contre droicture. »

107 Le manuscrit est ici lacunaire. Il manque le début du chapitre sur la prudence des anges.

108 Leçon rejetée : *resner* et *resgnerer*.

109 Selon une interprétation de Hébreux, 1[14]. Voir P. Faure, « Les anges gardiens (xiiie-xve siècles). Modes et finalités d'une protection rapprochées », dans *La Protection spirituelle au Moyen Âge, Cahiers de Recherches Médiévales*, n° 8, 2001, p. 23-41.

maulz retarder. Moy, vostre povre servante indigne, qui ay en vous si tresgrande affection, vous supplie et fais treshumble requeste que, de vos graces et bontéz divines en charité, veillez estre davant la Trinité pour moy, peccharresse. Principallement toy, mon bon et tressainct Ange[110], qui par sus tous es commis pour moy deffendre et garder de mon ennemy : je te suppli ne me laisse point desviez, ayez bon œil, car je sçay bien que se faulz lyon ravissant[111] ne cherche que à me desvorer et que sans cesse est en aguet pour me supprandre en desarroy. Sans toy ne puis eschapper de ces rais et perilleux cordages. Pource te supplie derecheif, tant humblement que faire le puis, que de moy fassez telle garde. Quant se viendra payer le tribut de nature[112], piteusement me veillez presenter sans aucune tremeur davant le consistoire divin où est gloire infinie et perpetuelle[113] sans fin.

Atant me tais, parachevant ma preditte oraison, mal aournée de françoiz, pour plus oultre proceder, tousjours soubz la confidence et aide du benoist Createur, et paraillement de ma bonne maitresse et amye, dame Prudence, [23 r°] vertus refulgente et cardinalle sus toustes, de laquelle, comme chascun peult voir, nully ne se pourroit passer ne directement conduyre.

Le IIIIe chapitre du segont livre parlant de la prudence d'Abel le juste

Enluminure 14 : Abel sacrifie au Créateur[114]

Habel, Abel, juste et tresprudent te puis je bien nommer, car davant Dieu ton non a esté presenté, non sans merite. Que diray de toy, si non que tu fus le primier viateur qui sur la terre fut digne [23 v°] d'avoir

110 *Cf. Espiltres*, v. 9, 202, 296, 315, 447, 564.

111 I Pierre, 5^8.

112 *Cf. Continuelles meditations*, f. 74 r°-v°.

113 Leçon rejetée : *pertuelle.*

114 Enluminure 14 : Abel, en longue tunique bleue sur une robe dorée, tête nue, est agenouillé, les mains jointes, devant un autel de sacrifice dont les fumées montent vers le ciel où apparaît Dieu le Père dans un limbe, main droite levée paume à l'extérieur, main gauche tenant un globe, et tête inclinée vers Abel. À l'arrière, à droite, Caïn sort d'un bois – il porte comme dans l'enluminure 8 une mâchoire d'âne. Dans la marge enluminée, un petit personnage en chausses et barrette rouges et en chemise bleue s'appuie contre un entrelacs.

l'acointance et familiarité à dame Prudence ? O homme heureux, homme bien fortuné, icelle dame te fut adjutoire car de sa grace te desmontra le chemin vertueulx, dont bien te fut, car, par icelle tressaincte exortacion, as merité et gaigné le resgne pardurable, et le non digne et sainct d'estre apellé Abel le juste. O non de suaveur et doulceur, nom consolatif, procedé du throsne glorieux, dire je puis de ta saincte personne que, en cestuy monde, tu fuz plus que martir, chascun le sçaict[115]. Car ton frere le tresinvertueulx, nommé Cayn, par ugne envye, laquelle conceupt toy voyant sacrifier au Createur de cueur non putrefaict, aussi voyant icelluy le tien predict sacrifice aller droit au ciel et le scien demourez en bas, te occist et mist à mort. O martir, jouvenceau tresplaisant, riche vesseau de virginité, tes euvres doivent bien estre louéz et prisés et misez en cronicque pour en avoir perpetuelle memoire car, ainsi que dict le sage, des bons et justes doit on tenir pourpos, les maulvais lesser en darriere sans qu'il en soit jamès parlé, si se n'est en les detestant et desprisant porce et afin que chascun y preigne exemple[116]. Faisant fin à ce present chapiltre, et qui plus amplement en vouldra voir le trouvera en la Bible[117]. Mon intencion ne a esté seullement si non que en breif parler de tes vertus, en le caulaudant de mon [24 r°] povoir et puissance petite, non luy seul mais tous vertueulx ayant suyvy le sentier de dame Prudence comme ledit, aussi les invertueulx desgrader et detester selon mon povoir.

115 « Abel le juste » que Matthieu (23^{35}) assimile aux martyrs de la foi, préfigure le sacrifice du Christ (Hébreux, 13^{24}).

116 « La remembrance du juste est les louenges et le nom des felons perira » (*Second volume de la Bible historiée*, f. iii v° ; Proverbes, 10^{7}).

117 Genèse, $4^{2\text{-}5}$.

Le cinquiesme chapitre parlant d'Enoch le prophete tressainct

Enluminure 15 : Katherine s'adresse à Énoch[118]

De hault louer ta saincteté valable, prophette heureux esleu du Plasmateur, imposible est à moy, povre debille. Si mon esperict espris de ferveur et[119] deliberé parler de tes faictz magnificques selon le myen [24 v°] <le myen> povoir, car iceulx sont espars et florissans par tous climactz universelz, pour avoir ensuyvy la tresillustre et magnificque dame, madame Prudence, ma chere maitresse et amye specialle, digne de memoire sus toustez vertus. Et porce doncques, ains que plus avant proceder, puis que venue suis et cheutte à l'object de souvenir pour parler d'icelle vertus, ne desplaise aux lecteurs et auditeurs si d'icelle fais commemoracion et en parle souvant et mesmement à tous mes chapiltrez. Tenue me tiens dire bien d'elle, comme dame et maitresse dominateure sus toutez aultrez vertus[120] et par laquelle sont parvenuez tous les vertueulx à leurs desirs spirituelz et mesmement le tressainct Enoch[121] de qui sommez deliberéz tenir pourpouz. Le merite grant que icelluy a acquis en est cause icelle bonne dame davant nommée. O sainct prophette, des bienheuréz l'eslite, quant je contemple et regarde la peregrinacion que le Plasmateur te feist faire vertueusement, esmerveillée suis, considerant le tresresplendissant chariot triumphal lequel te vint translater et porter par le vouloir deific de grace espicialle, plus que davant suis esbahye tout se pourpensant, par lequel chariot fus conduict et mené divinement on lieu sainct plain de felicité, c'est paradis terrestre, pour à tousjours en estre garde et custode jusques au jour du jugement[122].

118 Enluminure 15 : Katherine – avec la même robe que dans les enluminures 8 et 9 – index de la main droite tendu vers le pouce de la main gauche ouverte, regarde le prophète nimbé, en long manteau bleu sur une robe à chaperon d'épaules gris ; il tient un long bâton de la main gauche, et de la main droite un livre ouvert vers Katherine. À l'arrière-plan, plusieurs châteaux. Dans la marge enluminée, entre fraises et fleurs, apparaît une créature fantastique : un dragon à bec d'oiseau dont le ventre est une tête humaine, vue de profil.

119 Pour *ay* ?

120 *Cf. Seneque des IIII vertus*, Prologue : « La premiere [vertu] est Prudence. Quelque bien qu'on faict, n'est à louer, s'il n'est faict prudentement. »

121 Genèse, $5^{21\text{-}24}$; Hébreux, 11^{5}.

122 Selon Genèse, 5^{21}, Énoch, âgé de 365 ans, disparut car « Dieu l'avait enlevé » et la Vulgate ajoute qu'il fut « transporté au paradis » (Eccl., 44^{16}). Par la précision du « chariot »,

O grace specialle, [25 r°] grace digne d'estre refferée et louée, avoir esté preservé du tribut mortel. Que Dieu, le Filz et sa benoiste Mere, Vierge trespure, tous sainctz et sainctez, n'en sont point eschappéz. Que dirai je plus de cest affaire, si non que c'est don prerogatif et singuliere grace par sus tous et toustez ? Et plus y a, ainsi que tient l'Esglise nostre mere, auras l'ouneur triumphant, qui te fera gloire perpetuelle, sera de prescher et disputer contre le faulz chien matin, le tresinprudent Entecrist, lequel par son sort et courage mauldit, ainsi qu'il est escript, te fera mourir. Laquelle mort te sera bien advantageuse et heureuse car, par icelle, receveras l'aureolle et vroye couronne de martire. Faisant fin à ce present chapiltre, en poursuyvant ma matiere subjette.

Le VIe chapitre et dernier parlera de la prudence haultaine de Nouel, nostre pere segont

Enluminure 16 : Noé en oraison[123]

[25 v°]

O des prudens la source et origine, Nouel tressainct, de Dieu vroy amateur. Bien te monstra signe d'amour fort grande, de laquelle ne fus ingrat, quant, par sa grande charité et bonté divine, te avertit doulcement, et les tiens, que pour toy salver et garentir de son yre, feissez faire une arche laquelle luy mesmez, par sa dive bonté, te divisa en la forme qui s'ensuit bien amplement dedans la Bible[124], par quoy me tais de laditte

---

Catherine établit le rapprochement avec le prophète Élie que la tradition a transmise (voir *Orose*, vol. I, f. viii r°) : « Enoch vesquit ccc. soixante et cinq ans homme juste de bonne vie craignant, amant, et servant dieu, combien qu'il eust plusieurs cogitations et inclinations en mal ausquelles il resistoit le mieulx qu'il povoit, et comme dient aucuns docteurs, affin que il ne cheust en peché en l'aage dessusdicte nostre Seigneur le ravit et mist en paradis terrestre, là où il est en corps et en ame et sera jusques à la venue d'Antechrist que nous le verrons couvert d'un sac preschant la parolle de Dieu avec Helie comme prophete [...]. » Pour l'importance d'Élie dans les *Prudens*, voir f. 79 r° à 80 v°.

123 Enluminure 16 : Noé, portant une tunique dorée à col d'hermine, sur une robe bleue, chapeau à pointe et à rubans posé à ses pieds, est agenouillé, mains jointes, un long bâton contre sa poitrine ; il écoute, tête levée, Dieu le Père qui apparaît dans un limbe, à l'angle gauche de l'image. À l'arrière, se dresse un haut rocher surmonté d'un arbre qui surplombe une rivière au-delà de laquelle le paysage, colline et château, sont bleutés.

124 Genèse, 6, 7, 8, 9.

divise. Que incontinant feiz diligence parfaire laditte arche soubz la conduitte de dame Prudence, dont bien t'en trouvas car par icelle fus saulvé et les tiens, qui te fut une grace faicte prerogative, par sus toustez digne de memoire, pour avoir[125] en humilité au commandemens divins. O humilité haultaine. O prudence inexuperable, par toy le bon Nouel est inthronisé et coloqué ou resne celeste. Et plus, je dis que le sacrifice que tu desmontras à nostre Seigneur après le deluge, voyant que t'avoit garenti, icelle luy pleut plus tant et de telle sorte que à toy s'aparut et parla, disant telz moctz :

– Nouel, Nouel, ton sacrif[ic]e est jusques à moy venu, lequel j'ay accepté et accepte de tresbon cueur, te pourmettant, jurant par moy mesmes que, pour l'amour et en ferveur de toy, le monde ne defferay jamès par eaue, mais le temps futeur, par le peché de mon peuple qui pour lors resnera, les pugniray et feray le deluge par feu, sans nully espargner [26 r°] ne faire la grace que je t'ay faicte. Pource te veil bailler ung signe au ciel en signifiance de la bonne et vroye aliance que je veil que nous ayons toy et moy, à celle fin que quant on verra ledit signe que de toy soit memoire, asseurant à toulte la generacion qui de toy est et viendra n'acomplir mon yre de quarente ans après. Pource t'avertis que quant on ne le verra plus, chascun soit asseuré que l'eure de mon jugement est prochaine, avecques les aultres signez qui de longtemps sont escriptz et prophetiséz par ma volunté divine et parfaicte. Et oultre plus à plain le mien serviteur, Jehan l'Apocalipse[126], en divisera, se permectz encor en oultre pource et afin que mon dit peuple ne ait cause d'ignorance[127].

125 Un participe (*obey* ?) a vraisemblablement été omis dans le manuscrit.

126 Leçon rejetée : *l'apolalipse.*

127 Cette lecture typologique de l'Ancien Testament est conforme aux gloses de la *Bible historiée*, Paris, A. Verard, 1498, vol. I, f. xvii : « […] Et en signe de ceste allyance et de ceste promesse, il mist son arc ès nues du ciel. Et est cest arc signe de deux jugemens. Du jugement du deluge passé, par quoy on ne le craindroit mye dorenavant. Et du jugement du feu advenir que nous attendons. »

Si commence le tiers livre des inprudens qui ont esté au segont aage. Et commenceront à Chan qui fut le primier inprudent du segond aage

Enluminure 17 : Cham découvre la nudité de son père, Noé[128]

[26 v°]

De commancer mon livre par[129] euvre de forfaict, ce ne m'est plaisir. Je dis ces moctz en detestant se traistre deffectif, Chan, tresinprudent et non vertueulx[130]. Et qui soit vroy, ce fut le primier inventeur de villennye, comme est trouvé[131] par escript, au moinctz au segond aage. Et pource contraincte suis de se faire, continuant la matiere encommancée. À toy m'adresse, foul incensé et aveugle en bien faict : commant eulz[132] tu la hardiesse et courage si inpiteable que n'euz honte et vergoigne en toy de villenner le tien pere en descouvrant ledict et desmontrant sa nudité davant tout chascun ? O filz plain de toulte ingratitude, que le tien dict povre pere qui t'avoit nourry si tendrement, desjà cheut en aage decrepit, helas, tu le devoiz couvrir si descouvert eust esté, et tu feiz double contraire. Encor ne te suffist pas de ton inhumanité, mais pour pis luy faire, le monstras on le doy en toy mocquant et truflant de luy. Parquoy non injustement ne t'est ordonné le vice predict, c'est que tu fuz le primier inventeur de villennye faicte sà bas, que par ton predict vice est sorty l'effaict de division, forfaicture bien pondereuse à porter car par icelle sont beaucoup de povres personnes indigentez, qui ainsi ne fust si tu eussez ensuyvy le sentier droit de dame Prudence. Par toy plurieux inestimables et confusiblez maulz sont advenus et adviendront, [27 r°] de quoy tu n'es pas à louer. Et dis plus que jamès ne sera

128 Enluminure 17 : Cham, au centre, représenté comme un jeune homme en tunique courte rouge et chausses blanches, soulève, de la main droite, le mantel bleu de Noé, endormi tête nue sur le sol au milieu de ceps de vigne, et découvre sa cuisse gauche nue ; de la main gauche, il tire, par sa saie bleue, l'un de ses frères, mains jointes, tandis que l'autre, en saie doré, se tient les bras croisés sur la poitrine. Devant Noé, au premier plan, est posé au sol un chapeau-turban conique rouge et gris, à rubans ; son mantel, retenu par un linge noué à la taille, laisse voir, au-dessous des genoux, des chausses et des poulaines grises. Dans la marge enluminée, un petit personnage, tête nue, en chausses grises et tunique rouge, tient des deux mains, près de son visage, une sorte de cymbale.

129 Leçon rejetée : *pa*.

130 Cham. Genèse, 5^{32} ; $9^{22\text{-}24}$.

131 Correction dans le manuscrit : *est trouve* ~~*est trouve*~~.

132 Leçon rejetée : *eulz*.

que de toy ne soit memoire en mauvaise sorte et non sans merite. Atant me tais de parler de tes inperfections vicieusez, car icellez ruminant et escripvant me fachent tout l'esperict.

Le segond chapitre de se present livre parlant de l'inprudence grant de Nenbroht l'orguilleux

Enluminure 18 : Nemrod face à la tour abattue par l'ange[133]

Onc orguilleux ne vint à perfection. Aussi seroi ce contre droict, justice et esquité. Je dis ces moctz pour detester et reprouver se faulz traistre et desloyal [27 v°] Nenbroht[134]. Lequel, par sa fasson et superbbe en desdaignant son Createur et le mettant à nonchaloir, feist faire une tour haulte et plantureuse à merveille deux mille mileséz[135] de haulteur contenant[136]. Tout se fesant pour cuider esviter la puissance de Dieu. Que se voyant nostre Seigneur, comme irrité du contenpnement de sedict superbbe, envoya ces anges lequelz, en ung instant, abastirent ugne grande portion de ladicte tour. Et qui plus m'exite à irriter le predict, c'est que par luy, à ceste heure là luy resnant, furent changez nos languez en soixante et dix magnierez de parler, pour la grant superbité du predict davant nommé, l'orguilleux Nenbroht, qui nous est

133 Enluminure 18 : À droite de l'image, Nemrod, barbe blanche et mantel bleu à col d'hermine sur une robe dorée, coiffé d'un chapeau-turban conique, bleu et or, est assis sur un trône ; il tient un sceptre de la main gauche et sa main droite est ouverte ; derrière lui, ses courtisans, vêtus d'or ou de bleu, regardent la scène, avec différentes expressions ; le plus rapproché, à gauche du trône, est barbu et porte barrette bleue et robe dorée brodée ; celui qui se tient à la droite de Nemrod, coiffé d'un bonnet rouge, tend un index vers une tour dont le sommet s'écroule, brisé par un ange, à cotte rose et robe grise ourlée d'or, tenant une croix dorée. Le toit rouge de la tour pointe vers un petit personnage en prière (placé derrière le conseiller au bonnet rouge) portant tunique bleue et bonnet rouge conique à rubans.

134 Dans la Genèse (11^{1-4}), Nemrod n'est pas désigné comme un des bâtisseurs de la tour de Babel. Il y a confusion, au Moyen Âge, entre Babylone (*Babel* en hébreu) et la tour de Babel. Voir Martin Le Franc, *L'Estrif de Fortune et Vertu*, éd. P. F. Dembowski, Genève, Droz, 1999, p. 86-87 et note 71.

135 Nous n'avons trouvé aucune autre occurrence de ce terme : s'agit-il d'une erreur du copiste ?

136 *Cf. La Mer des histoires*, vol. I, f. xxxiii : « Touchant la description d'icelle tour de confusion, peuvent estre dictes plusieurs choses en ensuivant les opinions et escritz de divers hystoriographes. Orose et Solinus qui sont bien renomméz en hystoires disent que icelle tour avoyt deux Milliaires de haulte. »

sedict changement de langage une playe quasi incurable, car par tous royaulmes n'eust esté q'ung langue, ung bien par cas parail inestimable. Que par icelluy pere d'orgueil et la scienne inprudence grande, fault que soyons tous asserviz à cest inconveniant predict. Fesant fin de plus de ce vicieulx parler, car la resounance seullement d'ouyr nommer et invocquer le scien non putrefaict me offusque et empesche tous mes esperilz. Et qui plus des actez d'iceluy vouldra voir, le livre de Bouccace en parle plus amplement[137].

Le tiers chapitre de Nynus lequel fut cause d'ydolatrie faisant bastir la primiere ydolle en semblance de son pere

[28 r°]
Enluminure 19 : Ninus fait adorer les idoles[138]

Tresinprudent, ydolatre interdict, foul incensé de tout cens raisonnable, je parle à toy, Ninus l'outrecuidé, qui primier fus inventeur et le motif d'ung tresgrant escande et mal inestimable. Car, comme ay leu[139], par toy fut produite et amenée sur terre la vicieuse tache d'ydolatrye, qui est ung mal irrecuparable, et tant d'inconvenians en sont venus, et de

---

137 Boccace, *Des cas*, éd. 1483, liv. I, chap. III, sig. Bi v° « De Nembroth premier fondeur de Babilonne » : « Celuy Nembroth tant pour la grant estature de corps comme pour la force de ses membres fut maistre des veneurs et eut entre eulx seigneurie. Et par l'enhortement de luy les hommes conjurerent et firent complot contre Dieu et le ciel, c'est à dire que Nembroth et ses compagnons proposerent et jurerent, que voulsist Dieu ou non, se le deluge advenoit autrefoiz ilz feroient tant que il ne leur pourroit nuyre. Et affin que le conseil de Nembroth et de ses complices sortist et prensist son effect, ilz firent Nembroth leur conduyteur et duc, affin que il les menast ou pays de Senaar qui est environné du fleuve Eufrates. Et après, ilz commencerent à mettre à œuvre le labour de leur folle entreprinse, c'est assavoir que ilz commencerent à ediffier une tour qui par la haulteur d'elle surmontast les nues [...]. » ; et I, 4, sig. Biii r° « Contre les orgueilleux ».

138 Enluminure 19 : Au centre, Ninus, à la barbe blanche, vêtu d'un mantel bleu couvrant une robe dont les manches sont dorées et le buste rouge, et portant un chapeau conique à bandes rouges et blanches, tend, de la main droite, un sceptre vers une colonne surmontée d'une statue dorée – une femme nue, tenant bouclier au sol et lance de la main droite. Derrière lui, se tiennent des personnages d'âges variés, en prière ou en admiration, coiffés de turbans ou de chapeaux pointus et vêtus de sayons, de surcots ou de mantels, de couleur verte, bleue, grise ou rouge, et de poulaines. Dans la bordure de la page ornée de motifs végétaux figure un perroquet dont la couleur verte est celle du vêtement porté par un homme de la foule qui croise les bras.

139 *Miroir historial*, liv. II, chap. 102, p. 342 (éd. 1495, f. l) ; *Orose*, vol. 1, f. 23.

persongnagez perilz et perdus à jamès corps et ames, que imposible seroit de les estimer. [28 v°] O mauldit homme d'inprudence guerny, blaphesme assez grant ne te sçaroit on inproperer, considerant le grant forfaict que tu fis par ton heresie, fesant faire l'ymage de Belus ton pere pour plus tousjours irriter nostre Seigneur, faisant adorer iceluy à tes subjectz et vassaulz comme leur dieu esternel, dont depuis ceste heresie ne cessa de resner et resnera tant que le monde aura son cours. O traditeur de toulte mauvaise exemple. O devorateur de la foy catholicque, quellez injurez suffisantez te pourroit on aproprier ? Certez, il n'est langue suffisante, ne esperit condigne qui sceust divulguer la moindre inperfection qui de toy condescent. Que diray plus de toy, l'inparfaict de tous les inperfaictz ? Que diray plus ? Certez, je ne sçay, si non que me semble, pourtant[140] que suis du sexe feminin, que plus est mon honneur me taire que de parler de toy, pourtant que tes faiz sont vicieulx, que plus oultre en proceder. Se nonobstant n'estoit mon honneur, toucheroye de toy et ta vie infaicte plus amplement, considerant la forfaitture que tu as faitte encontre le Createur. Toustez raisonnablez creaturez te doivent courir seure, nonobstant de mon cousté me tais, faisant fin à ce present chapitre.

Le quart chapitre de inprudence tresgrande de Semyramis, royne, qui espousa son filz propre après la mort de son mary Nynus

[29 r°]
Enluminure 20 : Sémiramis tuée par son fils[141]

Ha turpitude et infection maulditte de ta pencée libidineuse, pourpenssant icelle en ay une orreur innumerable. À toy s'adresse ma

140 Correction dans le manuscrit : *me semble que pourtant que suis.*

141 Enluminure 20 : Au centre, Sémiramis, vêtue d'une ample robe de velours dorée aux manches à bombarde ourlées de vair, et serrée à la taille par une ceinture du même gris que sa coiffe, s'affaisse sur son trône, en tendant deux doigts de la main droite vers son fils (portant un bonnet aux bords relevés, des chausses grises, des poulaines, et une saie bleue laissant apparaître un col de chemise blanc et une manche dorée) qui la transperce d'une épée ; le sang coule sur sa robe de velours doré, et jusqu'au sol ; à sa gauche Katherine, vêtue comme dans la miniature 13 mais avec une coiffe différente, mains jointes, assiste à la scène. Derrière elle, une dame en robe dorée tient les yeux clos et les mains croisées sur la poitrine. Les deux femmes qui se trouvent à l'arrière se distinguent du groupe par leurs coiffes, l'une rouge, l'autre bleue, voilant leurs cheveux. À l'arrière-plan à gauche, une ouverture laisse voir un paysage : buissonnets et château sur fond bleuté.

proposicion, inprudente Semyramis qui, par ta volunté corrumpue et ensuyvir ta volunté charnelle, voullus espouser ton propre filz, lequel tu avoys porté et nourry par l'espace et temps acoustumé des aultres. O infame sur toustez, pire que une beste brutte, detestable, inceste vivante sans raison, dire on te doit blaphemes vehemens et orriblez. Que [29 v°] plus en te detestant, je dis moy que par sur toustez es digne d'estre vituperée, et, non pourtant si je suis femme et que tu es de nostre sexe, ne lairray de toy escripre selon se que j'en peulz comprandre, posé que je ouse bien dire que il est imposible qu'on peult descripre au vroy, qui ne prandroit grant nonbre de temps, la moitié non pas le quart de tes imperfections. Fus tu pas bien infame ? Pour assouvir ta mauldite pancée libidineuse, espousas ton filz propre, comme j'ay dict davant. Helas povre incensée, n'estoit il aultre personnage que ton sang propre ? Certes, quant je te considere, mon cueur fremist dedans mon ventre pour l'orreur de tes vicez abhominablez, dont mal t'en prist, qui fut droit, justice et raison, car enfin receuz le loyez qu'il apartient à tellez villainez comme toy non ayant honte commettre tellez forfaicturez. Et ainsi, comme j'ay leu, par divine providence, je ne le croy aultrement, ton filz propre te mist à mort ainsi que tu l'avois bien merité. Et plus diray de toy, femme sur toustes inparfaicte, ains le tien vicieulx despart de mort. Pour tousjours entretenir ta gloire et vicieuse triumphe, et resgner en sublimité, et estre veuue sur toustez criminelle et furieuse, as par ton vouloir mauldit et corrumpu faict tant mourir de gens de bonne sorte, et principallement de femmez veuvez, et enffans tant et en si grant quantité que impossible seroit d'en raconter le nombre. O miserable sur toustez, hayr [30 r°] te doit le sexe feminin mortellement, et ne faire memoire de toy si non en tout vitupere et blasme, car tu luy as causé grant deshonneur, quant se viendroit aux reprochez. Et dis plus, que jamès ne sera que les povrez dames, par le tien forfaict, ne soist regardés et monstréz on le doy et en sont inocentez. Donc pour venir à conclusion et faire fin à ce chapitre present, pousé que mal parler soit vicieulx, nulle de nous n'est tenue de toy bien dire[142].

142 Contrairement à Christine de Pizan, Catherine élimine de la vie de Sémiramis tous les épisodes valeureux qui justifient sa place dans la liste des femmes héroïques. Voir [*Le Livre de la Cité des Dames*], éd. citée, part. I, xv, p. 106-110 ; *La Mutacion de Fortune*, éd. S. Solente, Paris, 1959, t. 2, p. 186 et sv. Christine de Pizan admet certes qu'elle a été blâmée d'avoir pris son fils pour époux, mais la faute lui paraît excusable puisqu'alors

Le quint chapitre parlera de cestuy Lignus qui tua sa mere et dicte femme comprise on chapitre precedent

Enluminure 21 : Katherine vitupère Linus[143]

O inprudent, Lynus[144], sur tous le deshonneste, abhominable et de cens esperdu, qu[e] dirai ge de toy ? Quelle narration pourrai ge faire [30 v°] qu'elle ne soit vituperable et à ta grande confusion ? Certez, comme j'ay leu[145], on ne te sçaroit trop blaphemer ne de toy escripre chosez injurieusez car, par sus tous ceulx qui jamès furent inhumains, as esté le plus inhumain. Que diray de toy qui daignas et heuz la volunté si polue que, sans avoir vergoigne, te consentiz à espouser et coucher avecques la propre mere qui t'avoit porté dedans son ventre ? O inparfaict, par sus tous vicieulx, je m'esbais en pourpenssant ta villennye que le sang humain pour lors ne crioyt sur toy vengence et que la terre ne t'asorboit et ne fondoit soubz toy. Encor ne te suffist pas car, en la fin, fis encor pis, car de tes propres mains, sans craintte de Dieu ne des hommez, occiz et mis à mort ta propre mere. Et pousé que ladicte vicieusement eust usé ces jours et que bien pis eust demerité, se non ostant devois tu avoir recordacion primierement que c'estoit ta mere et que par elle estoiz venu sur terre, oultre la paine inestimable que au peperir de toy elle avoit portée et soufferte. O meurtrier rempli d'inconsideration,

---

n'existait pas de loi écrite et que Sémiramis n'était pas de « notre foi ». Boccace est plus sévère ; cependant la dénonciation de ses vices détestables de luxure ne l'empêche pas de louer d'abord sa virile vaillance (*Des cleres et nobles femmes*, éd. J. Baroin et J. Haffen, Paris, Les Belles Lettres, 1993, p. 19-24). Quant à Antoine Dufour, il note que cette femme « lubrique et vicieuse » mourut aussi méchamment qu'elle avait vécu, « car de son filz elle fut tuée », mais il souligne son courage et ses vertus guerrières qui l'auraient rendue, « si ce n'eust esté la luxure », digne de louange (*Les Vies des femmes célèbres*, éd. G. Jeanneau, Genève, Droz, 1970, p. 23-24).

143 Enluminure 21 : Dans une salle de château dont les ouvertures donnent sur un paysage bleuté, Katherine, debout, vêtue d'une robe en velours dorée damassée de blanc et de bleu et bordée de vair, index de la main droite tendu vers le pouce de la main gauche ouverte, regarde Linus assis sur son trône, épée dressée dans la main droite. Celui-ci porte maintenant une barbe naissante et un turban vert sous son bonnet rouge à bords relevés.

144 Selon Boccace, Sémiramis eut pour époux Ninus, roi des Assyriens, dont elle eut un fils unique, Ninyas.

145 *Miroir historial*, liv. I, chap. IV, qui cite Valère Maxime, Orose et Justin à propos de l'inceste de Sémiramis, rapporte lapidairement que son fils la tua, mais sans condamner en termes exprès son acte.

quelle infamye pourroit on descripre de ta personne plus ville que ceulx icy davant nommez ? Certez, il me semble et est ma pencée telle que jamès ne fut, ne sera, homme plus inprudent ne vicieulx que tu as esté. Parquoy reproche incomprehensible te doit estre attribué à jamès.

Le VIe et dernier chapitre du segond aage parle des ydolatres assiriens

[31 r°]
Enluminure 22 : Katherine devant les idolâtres[146]

Assyriens, ydolastrez mauldiz, respondez moy et me tenez pourpos. Qui vous pressa et fut cause motifve vous faire adorer en toulte reverence les elemens de moindre effect que vous ? Car ainsi, comme j'ay leu, adorastez le feu, chose incensible, de quoy assez ne me puis esbair[147], considerant la vostre inprudence et folye haultaine, que vous estans gens de raison guernis commectre et pourpencer telle ignareté. Que diray plus [31 v°] de vous incencéz ? N'aviez vous pas en vous ame raisonnable au temps predict que commistez telle forfaicture, icelle creé du Plasmateur tant belle et refulgente ? O incencéz, tout le monde s'esbaist de vostre inprudence et inperfections tant inutillez, et non sans cause. Et encor ne vous suffist pas de ceste faulte tant enorme par vous tous commise, mais, pour tousjours vos malefices escroitre et en iceulx ambuler, voulustez contraindre Aran et le tresjuste Abrahan faire comme vous. Que iceulx refusans, comme infamez et de forcenerye rempliz, les feistez mettre et rudement getter dedans tresardant et afflenbé feu. De quoy le tresvertueux Aran, vroy amy de Dieu, en souffrict mort cruelle et honteuse, qui vous est, fut et sera, ung reproche de tyrennye à tousjours. Je m'esbais pourpenssant vos effectz vicieulx : quant vous aperceustez que de toustez vos forcez et puissancez ne vous fut possible faire mourir le juste Abrahan, que alors ne vous convertistez et retirastez

146 Enluminure 22 : Katherine, vêtue d'une longue robe grise fourrée ceinte d'un cordon tressé à pompons, index droit tendu vers le pouce de la main gauche ouverte, domine et regarde, tête inclinée, une foule d'hommes de tous âges, vêtus de robes rouges, bleues, vertes ou dorées, agenouillés et têtes levées vers le ciel d'où descend une pluie de feu. À l'arrière-plan, un paysage bleuté, vallonné, avec deux châteaux.

147 Leçon rejetée : *esbaiz.*

de vos incredulitéz, prevoyant que celuy qui tout peult faire et defaire le preservoit, et oultre que bon gré et maugré vous eschappa sain d'entre vos mains. Plus je n'en dis de se present chapitre, qui plus en vouldra voir *La mere des hystoirez* l'en fera sage[148].

Sy commence le livre des prudens et vertueulx du segont aage, commencent à parler du tresnoble et vertueux nommé Cem[149]

[32 r°]
Enluminure 23 : Sem couvrant son père, Noé[150]

O Melchisedech, aultrement interpreté Cem, tu me viens bien à point pour descorer et donner[151] lustre au primier de se present livre, où est mon intencion toucher des vertueulx. Plus sainct, plus devot, plus digne ne sçaroye choisir au segond aage que cestuy que à cler le puis congnoistre et apercevoir. Dont pour commancer à te hault louer, me semble que ne puis mieulx que primierement de ta charité toucher, [32 v°] consideré l'efficace d'icelle. Car comme ay leu et de se suis certaine[152], fut toy sans aultre meu de pitié voyant ton povre pere nu, descouvert, par le tresinprudent et le tien frere, Can[153], que incontinant à toulte diligence mis paine recouvrir sa povre desnuée fragilité, par quoy, et moyennant icelle euvre vertueuse, tu as acquis l'onneur et los triunphant d'estre le primier appellé noble, qui est ungne louange à toy conquise, ditte inmortelle. Que diray plus, en toy exaltent et magnifiant ta bonté tant valable ? Suis je digne de dire où d'escripre que tu es la verte souche dont le Lys vertueux[154] et sanctifié

148 *La Mer des histoires*, vol. I, « Second aage », f. iiii^{xx}iv v°, « Le royaume des Assiriens ».

149 Sem, Genèse, 9^{23} ; Melchisédech, Genèse, 14. « Selon les Hebrieux, Sem fust aultrement nommé Melchisedech, lequel estoyt souverain et grand prestre de Dieu. » (*La Mer des histoires*, vol. I, « Second aage », f. xxix v°, chap. II « De Sem »).

150 Enluminure 23 : Sem, portant un sayon doré à pompons rouges sur une robe grise, se penche vers son père qui le regarde, étendu au milieu des ceps de vigne (habillé comme dans l'enluminure 17) ; à l'arrière-plan, se dresse une maison forte dans un paysage bleuté.

151 Leçon rejetée : *descorez* et *donnez*.

152 Genèse, 9$^{22-23}$.

153 Cham.

154 Le lys, symbole de la pureté, est un des attributs de la Vierge, souvent lié, dans l'iconographie, à la scène de l'Annonciation. Son origine dans le Cantique des Cantiques est commentée par Bernard de Clairvaux pour qui le *lilium castitatis* figure l'humilité, la charité et la

sortit ? C'est la benoiste et tressacrée Virge Marie qui fut la cause, comme chascun sçaict, dont l'humain lignage par elle fut racheté. O homme vertueulx, digne de memoire inestimable, quelz louengez te sçaroit on rendre suffisantes pour reconpance des grans biens que tu nous as faictz ? Certez, inpossible nous seroit, considerant en oultre ungne aultre grace et honneur magnificque que te feist nostre Seigneur, non sans merite, ce fut que primier heuz la dignité prerogative d'estre esvesque de Jherusalemz[155], et primier prestre rendant sacrifice à Dieu, nostre Plasmateur[156]. O dignitéz de grande commemoracion, de Dieu à toy donnéz, [33 r°] je te pri, si je n'ay le sçavoir toy hault louer ainsi qu'il apartient, te plaise excuser l'inorance du povre sexe feminin, si mieulx m'estoit possible de tout mon cueur et puissance totalle à ceste affaire m'enploiroye.

Le segont chapitre parlant de la prudence de Mynerve qui les sept ars liberos composa et les sept mequaniquez

Enluminure 24 : Minerve compose les arts[157]

Les esperilz en science parfaictz, tresdignez sont de commemoration. Je dis ces moctz pour ceste noble tresillustre en vertus, dame Mynerve [33 v°] ainsi nommée, laquelle en soy heut tant de gracez, science et sçavoir, que imposible seroit à cens humain les sçavoir comprandre. Et qui soit vroy, primierement fut inventerresse davant tous aultres, ne deplaise aux hommes, d'ynover et estre inventifve de composer les

---

maternité (*PL* 184, col. 1011-1012). La généalogie de Marie est déduite de celle du Christ, Luc, $3^{23\text{-}38}$ (Sem est cité au verset 36).

155 Leçon rejetée : *Jhesualemz.*

156 Melchisédech-Sem est roi de Salem, c'est-à-dire Jérusalem (Genèse, 14^{18} ; Psaumes, 76^{3}). Il est « roi de justice et de paix », en même temps que grand prêtre (Hébreux, 5^{10}), un titre qui lui vient de son nom, *Melchisedek* signifiant « justice », et de *Salem* signifiant « paix ».

157 Enluminure 24 : Minerve, cheveux déliés sous une coiffe en filet doré, vêtue d'une robe bleue à manches mauves sous un surcot doré, ourlé de bleu et de rouge, et drapée d'un mantel vert, est assise sur une chaire richement décorée, devant un pupitre, en train d'écrire ; en face d'elle, et, à côté d'une cheminée allumée, est suspendue au mur une étagère sur laquelle sont posés deux livres ouverts. Dans la marge enluminée, un être hybride (buste de femme et corps de lion), tient un gourdin de la main droite et un bouclier rouge devant le sein gauche.

ars liberaulz, par cas parail les sept ars mecquanicques[158], lesquelz je delesse à escripre à plus suffisans que moy[159]. Que diray plus de ceste vertueuse dame tant excellente et magnificque, qui tant exsaulce et faict honneur au sexe feminin ? Dire la puis, sans craincte d'estre reprise, la vertueuse sur toustez vertueusez. Et dis en oultre, en magniere de reproche, viennent et s'approchent de moy les detracteurs et maulvaiz langagiers pour me dire du contraire, et en oultre que de leur parti me treuvent parsonnage ayant faict tellez euvrez que ceste prudente vertueuse. Non, non, tous livrez visitéz, je n'en ay point veuz. Mais de mon aage, en ay cogneu tant vieulx que jeunes, assez et trop d'invertueulx regnieux de Dieu, yvroingnez, paillars plubicques, maulvaiz langagiers, diffamateurs de gens, et aultrez vicez habondans en eulx en si grant nombre que imposible seroit les descripre. Et oultre pour l'inffamye d'iceulx, et plus des vieulx que des jeunez, m'en tais, consideré ainsi le taire en valoir mieulx que le parler. Doncques se taisent et mettent fin à leurs imprudentez parollez de plus toucher [34 r°] au noble sexe feminin, se taisent de parler des dames prudes, sagez et vertueuses[160]. O Mynerve, toustez vertus passant, que moy et aultrez te atribuer[161] honneur sommez tenus. Doncquez te plaise[162] le bien bon vouloir reputer pour le faict, en excusant le mien petit sçavoir, qui en soy plus haultement toucher ne peult tes vertus altissimez, qui le feroit de bon cueur si possible luy estoit.

158 La division des arts mécaniques en sept branches, dans une liste parallèle aux sept arts libéraux, est popularisée par le *Didascalicon* d'Hugues de Saint-Victor. Au *trivium* correspondent la fabrication de la laine (*lanificium*), l'armement (*armatura*) et la navigation (*navigatio*) ; au *quadrivium*, l'agriculture, la chasse, la médecine, le théâtre. (*L'Art de lire. Didascalicon*, trad. M. Lemoine, Paris, Le Cerf, 1991, liv. II, chap. 20, p. 114.)

159 *Cf.* Boccace, *Cleres et nobles femmes* (éd. citée J. Baroin, p. 31-34) qui développe longuement les attributs de Minerve. Catherine se contente de lui attribuer tous les arts et sciences, selon la tradition des *Étymologies* (voir *La Mer des histoires*, vol. I, « Second aage », chap. XIII, f. xxxvii v° : « Et selon Ysidoyre en huitiesme de ses ethymologies elle est deesse de toutes sciences et engins »).

160 *Cf.* Christine de Pizan : « Or se taisent, or se taisent d'orenavant les clercs mesdisans de femmes, ceulx qui en ont parlé en blasme et qui en parlent en leurs livres et dictiez » [*Le Livre de la Cité des Dames*], éd. citée, part. I, XXXVIII, p. 182.

161 Leçon rejetée : *atribuez.*

162 Leçon rejetée : *paise.*

Le IIIe chapitre parlant de dame Seres qui fut inventive de acobler[163] les beufz pour laborer car pour lors les hommes laboroyest

Enluminure 25 : Cérès enseigne l'art de labourer avec des bœufs[164]

De hault louer tes vertus caulaudables, prudent[e] Seres, il me seroit impossible pour le myen scens imparfait et muable, [34 v°] n'ayant en moy le stille, par faulte de comprandre, toucher et exalter dame de si haultain effect. Ce non pourtant, moyennant l'aide de ma bonne dame et tresloyalle maitresse, m'esforceray te faire honneur et tes vertus tresillustrez mettre en forme, ainsi que le mien tendre esperict les a sceu comprandre et retenir. O bonne dame, le genrre humain total après toy venu, comme moy et les aultres, bien tenuz soumez te atribuer gloire, bruyt et los triumphal, exalter ton non haultain, pompeux et refulgent, considerant et pourpenssant la grant servitude où estoit la personne, se ne feust ta science et art suppelatif. Disant telz moctz, sans craincte de nully, que la povre creature, faulte de comprandre, fut et estoit contraincte, le temps passé, de jour en jour allez cultiver et labourer[165] les terrez, couplëz et liéz ensemble comme bestez brustez, incensiblez et non raisonnablez, en grant paine, misere et douleur. Doncques toy, puissante dame, voyant ceste imperfection, de pitié et charité esmeue, ayant compassion de ton semblable, le conseillaz et donnas le stille, par ta prudence grande, mettre et faire aux beufz icelle office[166]. Que diray donc voyant ceste grace que nous as faicte et servitude dont tu nous as oustéz ? Si non que de moy suis insuffisante toy remercier mais, à

163 Leçon rejetée : *acoblez.*

164 Enluminure 25 : Cérès, à gauche, vêtue d'un surcot bleu sans manches sur une robe dorée et parée d'un collier d'or, tend l'index de la main droite vers le pouce de la main gauche ouverte ; elle penche la tête (ceinte d'une couronne d'épis sur des tresses blondes) vers deux laboureurs en haillons, tirant, pieds nus, une charrue, poussée par un troisième, coiffé d'un bonnet à bords relevés et portant un sayon bleu et des chausses maintenues par des jarretières. À l'arrière-plan, deux bœufs sont représentés dans une étable accolée à un ensemble de maisons.

165 Leçon rejetée : *cultivez* et *labourez.*

166 *Cf.* Boccace, *Des nobles et cleres femmes*, Paris, A. Verard, 1493, chap. VI « De Ceres Royne des Siculiens », sig. b iiii v°-b v r° : « [...] Elle eut l'engin sy cler et sy subtil que après ce qu'elle eut par tressubtille excogitacion treuvé premierement la maniere de cultiver et labourer les champs, elle fut inventrice de denter [maîtriser] et chatrer les beufz et iceulx acoustumer à porter le jouquet. Elle trouva l'usage de la cherue, du soc et des autres instrumens requis et necessaires pour labourer. » [Éd. citée J. Baroin, p. 28.]

fin que ingratitude envers moy n'aict lieu, de tout mon cueur, force et puissance, pour toulte la totalle fabricque, treshumblement et tant [35 r°] qu'il m'est possible te remercye et gracie, te supliant que si je ne t'ay caulaudée et atribuée la gloire qu'il t'apartient que veillez excuser[167] et avoir esgard au povre sexe feminin, lequel par faulte de comprandre ne peult plus hault toucher, que feroit et eust faict de tresbon cueur si en el eust heuee la possibilité.

Le quart chapitre parlant de la prudente nommée Ysis, qui fut inventerresse de composer les lestres grecques et latines

Enluminure 26 : Isis compose les caractères grecs et latins[168]

Soublevez voz esperilz chascuns[169], debout subit toust et vous esveillez, venez en place sans nullement vous faindre, [35 v°] l'eure est venue que suis contraintte vous demander secours, sans vous ne puis caulauder ne justement hault louer la tresillustre et refulgente dame, nommée Ysis la vertueuse[170]. Pource vous pri que monstrez cy vos clemencez, ne me faillez à se besoing. Vous aussi ma singuliere maitresse et amye, dame Prudence, ouvrez moy vostre arche dyvine où science parfaicte repose, m'ynpartissant et eslargissant du tresor d'icelle quelque drame ou petite portion, pour cestuy faict condignement toucher. Car sans vostre secours, je n'ay en moy la traditive seure ne la science assez haultaine pour icelle dame magnifier ne louer. Que diray donc soubz ta baniere, fors que d'elle est sorty ung effect si tresgrant qu'inpossible est ouyr parler du parail ? Donc pour descripre icelluy, la puissant dame, ainsi comme j'ay leu, fut la primiere inventive qui trouva l'art de la lectre tant grecque

---

167 Leçon rejetée : *excusez.*

168 Enluminure 26 : Isis, coiffée d'un chaperon bleu richement orné et vêtue d'une robe de couleur assortie et d'un surcot de velours rouge ourlé d'or à manches courtes bordées de franges, est assise sur une chaire ouvragée, devant un pupitre, et écrit, tout en regardant en direction d'une bibliothèque où sont ouverts quatre grands livres, portant des caractères grecs ou latins.

169 On retrouve ici le modèle de l'invocation aux Muses, ou aux génies de l'inspiration, sans qu'il soit possible d'identifier les destinataires de cette adresse.

170 Boccace, *Id.*, chap. X « De Ysis autrement ditte Yo », sig. c ii r° : « La noble dame Ysis autrement ditte Yo ne fut pas seulement royne des Egipciens, ains fut finablement leur venerable et saincte deesse [...]. » [Éd. citée J. Baroin, p. 37.]

que latine, ou par avant n'en estoit nul memoire[171]. Donc qui est celuy qui justement sçaroit estimer ne au vroy descripre le grant bien qu'el feist ? Tant de gens clers et sagez, parfaictz et vertueulz, ont par icelle depuis esté et sont à present qui à neant eussent et feussent esquiparéz, qui escripvent et font chosez inestimablez dignez de commemorer[172]. Parquoy donc se veu et consideré, digne est par sus toustez d'estre louée et reverée de tout le genrre humain, premedité le grant bien inmortel, comme [36 r°] j'ay dict davant, que par elle est à present sur terre. Et si aulcuns envieulx et murmurans, ennemis et controversez du sexe feminin, vouloist inferer[173] à moy, explorateure[174] de se present volume, quelque injure, disant que je ne loue et ne dis grans biens que des femmez, responce leur fais, patente tout en la forme, que si ainsi estoit, c'est que chascun ayme son semblable[175]. Parquoy donc moy, à qui Dieu de sa grace m'a donné scens et raison, ne diray de ma paraille le bien qui en est issu ? Si feray pour vroy, maulgré les ennemis du sexe feminin, consideré qu'ung bien faict ne doit estre caché mais ventillé pource et affin que chascun y preigne exemple, ung malfait mis soubz le pié sans aucune memoire. Donc pour apaiser les murmurans, si aucuns y en avoit, s'en aillent regarder les dictz et effectz du segond aage et ilz trouverront, s'ilz sçavent bien lyre, que en iceluy n'y a et ne se pourroit trouver que trois hommez dignez d'estre mis en cronique ne en memoire perpetuelle. Parquoy doncquez ay esté contraintte, et diz plus sans contraincte car bien me plaist, m'a esté force pour parachever mon livre, parlant dudict

171 Selon Boccace (*Id.*, sig. c ii v°) « Et oultre et par sur ce que dit est elle fist chose digne de perpetuelle memoire, car après ce qu'elle eut congregé et assemblé en ung toutes les puissances de son engin, elle trouva lettres et caracteres convenables au lengaige desditz Egipciens [...]. » [Éd. citée J. Baroin, p. 39. *Cf.* Christine de Pizan, [*Le Livre de la Cité des Dames*], éd. citée, part. I, XXXIV, p. 176] – C'est plutôt à Minerve qu'est attribuée l'invention des lettres grecques appelées « caractères » (Christine de Pizan, éd. citée, p. 170).

172 Leçon rejetée : *commemorez.*

173 Leçon rejetée : *inferez.*

174 Ce terme choisi pour désigner celle ou celui qui écrit est employé par Jean Thenaud dans *Le Triumphe des vertuz* où il se présente comme « explorateur en quête du paradis terrestre » (*Premier traité. Le Triumphe de prudence*, Genève, Droz, 1996, p. LXXIV), mais dans une acception allégorique différente. La deuxième occurrence dans les *Prudens* (au masculin cette fois, f. 51 r°) permet de comprendre « explorateure », comme celle qui interprète, examine, recherche.

175 Catherine d'Amboise pourrait citer, parmi ces « controversez » du sexe féminin, Boccace même qui, dans *Des cas* (liv. I, chap. XVIII, sig. f iii v°), « parle encontre les femmes en general et en especial ».

segond aage, y mettre et faire venir en ranc icellez vertueusez davant nomméez. Et non sans merite, car ilz ont bien desservy ceste honneur et plus que possible ne seroit à moy, povre desgarnye de sçavoir, en descripre [36 v°] ne mettre en forme. Atant me tais de se present chapiltre, en poursuyvant tousjours la myenne emprise soubz la conduitte et baniere de ma bonne maitresse et amye, dame Prudence.

Le quinct chapitre de Cycrops, primier fundateur d'Athenes[176], cité très magnifique

Enluminure 27 : Cécrops construit Athènes[177]

Que dirons nous de Cycrops le tressage, que dirons nous de sa science grande ? Comme j'ay leu en volumez plurieulx, fut le primier qui par sa grande et magnificque prudence trouva l'invention de [37 r°] <de> construire et faire la cité tresnoble, nommée à present Athenes, qui n'est euvre petite mais tresillustre, digne de grant memoire. Disant ces moctz sans craincte de reprise, que icceluy fut primier qui ynova et trouva le moyen de tenir court, plaictz et assizes, et faire faire justice à ung chascun qui est ungne[178] digne d'estre louée, car par sur toustez est meritoire. Et plus je dis que aussi fut il inventeur de faire pois et mesurez justez, qui est ung bien incomprehensible pour le temps present et futeur, car par cella sont estainctez noisez et discors maulvaiz. Dont a bien mery ledict d'estre mis au nombre des vertueulx parfaictz, disant en oultre que à cause de predicte fundation non petite de la tresnoble cité d'Athenes, que ledict fonda, sont venus biens quasi innumerables, par la sagesse des gens vertueulx néz et issus en icelle cité, que par iceulx fut trouvée

176 Saint Augustin, *Cité de Dieu*, XVIII, VIII, IX, éd. citée p. 773-774 ; *La Mer des histoires*, vol. I, « Tiers aage », f. VI^xx^II v° « De Cicrops fondateur d'Athenes ».

177 Enluminure 27 : À droite, Cécrops, coiffé d'un bonnet gris à pompon dont les bords rouges sont relevés et tailladés, porte une longue robe de velours doré (richement ornée de motifs bleus, à l'encolure en V et aux manches à bombarde ourlés de velours damassé) sur une cotte bleue. Il tient de la main droite un sceptre et tend l'index gauche vers une cité en construction où, sur les remparts et sur une église, s'affairent des maçons vêtus de sayons et coiffés de bonnets à bords relevés. L'un d'eux, juché sur le toit au-dessus d'une échelle, semble avoir la peau noire. Au centre de l'image, on aperçoit un ouvrier de dos en chausses rouges et pourpoint bleu à manches bouffantes, coiffé d'un bonnet gris. À l'avant-plan inférieur de l'image coule une rivière.

178 Lacune.

la haultaine et profunde science de philozophie naturelle, science digne de comme[mo]racion et grand louenge. Donc qui vouldra sçavoir les noms des philozophes habitans pour se temps en ceste preditte noble cité, se occuppe et preigne le temps de visiter le volume d'Auroze, *La mere des hystoirez*, Vincent l'Istorial[179], en iceulx pourra trouver leur nons, l'inventeur de les sçavoir, sans en occupper se volume present.

De Abrahan et de son filz Ysaac

[37 v°]
Enluminure 28 : Le sacrifice d'Abraham[180]

O Abraham quel louenge te pourray je faire, quelle honneur condigne[181] pourrai ge atribuer à tes vertus prudentes et magnificques, veu que moy, pouvre femme fresle et debille, n'ay l'esperict toucher homme de si haultain effect, seullement la moindre des graces qui en toy redonde ? Que feray donc, desmourray je soubz le fais sans rien escripre de toy ? Nenny certes, ferveur et ardeur d'amour [38 r°] en cest affaire, si leur plaist, me donrront secours et aide. Donc pour descripre, selon le mien petit sçavoir, ungne partie de tes inestimables graces et vertus, commancer veil primierement de la tresgrande foy et creance que tu eulz au Plasmateur. De quoy bien t'en prist, car icelluy, meu de pitié et considerant ta bonté magnificque, te deslivra et desgetta hors du feu des Caldiens, qui te fut ungne grace quasi inestimable. Que diray plus de la grant familiarité que te desmontra ledict bon Seigneur en t'enseignant et desmontrant faire toustez les chosez qui congnoissoit à toy estre profitables et utillez, qui te fut ungne grace specialle par sus tous, de

179 *Orose*, vol. I, f. xvii v° ; *Miroir historial*, vol. I, chap. CXVIII-CXX, f. cv-cvii ; *La Mer des histoires*, vol. I, « Second aage », chap. CV, f. lxi v° « […] Athenes, nourrisse des philosophes, mere des ars liberaulx qui estoit le plus riche tresor et plus noble joyau que eust la dicte province et cité, tant comme sapience, selon Pline et Ysidoyre […] ; Ve aage, chap. VII-XI.

180 Enluminure 28 : Sur un autel de sacrifice, Isaac (en saie rose recouvrant une robe grise aux manches d'or) est agenouillé, les yeux bandés et les mains en prière ; derrière lui, debout, Abraham (longs cheveux et barbe grise, vêtu d'une robe dorée sous une tunique bleue à ceinture dorée et à mozette d'or ornée de fleurs) brandit de la main droite une épée que retient un ange à tunique rouge et ailes bleues, dans le ciel. Derrière lui s'élève une colline verdoyante, au pied de laquelle brûle un feu de bois. À gauche de l'autel est représenté un agneau. À l'arrière-plan s'élèvent d'autres collines bleutées.

181 Correction dans le manuscrit : *condigne te pourraige.*

laquelle ne fus ingract l'en regracier et mercier. Rememorant de plus en plus les tiennez graces, je suis et me treuve quasi impassible, consideré le hault tiltre et grant gloire que meritas, dont encor à present en est memoire et sera, c'est que tu fuz le primier qui fut digne d'estre appellé chevalier, et dont chevalerie est procedée[182]. Oultre plus, considerant la grant et charitable amour de ton nepveu Loht, en allant icelluy secourir qui estoit vaincu des Assiriens et mené captif avecques aultres inprudens et povrez Sodomitez, le secouruz si vaillemment que de toy fut rescouz et garenti de servage non luy seullement mes tous les aultrez predictz Sodomittez, voir sans d'iceulx prandre [38 v°] prouffict n'aulcum guerdon. Mais les reduictz et rendiz quittez et deslivrez, eulz et leur biens. Et plus je dis, en louant tousjours ta bonté, que les biens que tu eulz des Assiriens, de ta largesse et prudence grande le donnas et en feiz à Dieu sacrifice, voyant la disme estre juste, comme vroy subject et obediant à ton Fabricateur, qui fut la primiere disme payée après le deluge. Que diray plus de ta magnificence ? Je dis pour vroy que fuz en astrologie le primier congnoissant[183], par la grace de Dieu plus certain que homme jamès fut ne sera. Or parlons oultre de ta grande et profunde charité. La verité est telle que fuz le primier inventeur d'ospitalité, recepvant les povres et indigens pelerins passans en l'ouneur de ton Createur[184]. Et dis plus oultre que toy mesmes ne fus jamès que pelerin sur terre[185], ainsi comme j'ay leu et congnu en plurieux volumez. Par quoy doncques tous tes biens presentéz davant Dieu, pour remuneracion, à la fin de tes jours et au parfons de ta vielesse, obtins la grace d'avoir lignée de ta tresnoble et prudente femme nommée Sarra, dont issut et fut produit ton noble et doulz enffant nommée Ysaac. Que dirons plus de ton obediance grande qui fut à Dieu si plaisant et agreable ? Que en te commandant luy faire sacrifice de ton bien aymé filz, Ysaac, sans differer [39 r°] incontinant

182 Dans l'iconographie médiévale, Abraham est parfois représenté en chevalier, selon une interprétation de Genèse, 14^{17-19} où Melchisédech bénit Abraham après sa victoire contre les ennemis de Loth (*Speculum humanae salvationis*, Meermanno Koninklijke Bibliotheek, La Haye, 10 C 23, f. 20 r°).

183 Flavius Josèphe, BnF, Arsenal, ms. fr. 5082, vol. I, liv. I, chap. XI, f. xiii r°-v° : « Ce fut le premier qui ot force et hardement de prononchier Dieu ung vray createur de toutes choses [...]. Cecy il demonstroit par la terre et par la mer et toutes autres choses qui adviennent vers le soleil et par la lune et ainsi ès choses qui adviennent ou chiel et ès planettes. Il disoit que tout estoit ordonné par la providence de Dieu et l'enseignoit. »

184 Genèse, 18^{2-19} et 19^{1} ; Hébreux, 13^{2}.

185 Hébreux, 11^{9} et 11^{13-17}.

mis à execution son commandement, pousé que le bon Sieur tout se ne faisoit que por toy essayer[186]. O obedience grande, inestimable et meritoire, digne d'estre mise en cronicque et souvant rememorée, car par icelle nous, après toy venus, povons congnoistre le bien que pour obeir peult advenir. Ton benoist non si soit glorifié, que tant de biens nous as desmontré faire.

Si commence le Ve livre lequel parlera des invertueux du tiers aage qui par leur inprudence tomberent en ruyne pardurable

Enluminure 29 : Moïse et Aaron exhortent Pharaon[187]

Pour detester les invertueux remplis et guerniz de toulte inprudence resgnans ou troisieme aage, ainsi qu'ay de coustume, [39 v°] commenceray au deffectif et vicieulx nommé Pharaon, indigne d'estre appellé roy. Et pousé que davant luy y en aict à se tiers aage plurieulx aultres dignez d'estre appelléz invertueulx, c'est assavoir les Sodomittez, je delesse à parler ne aulcunement toucher de leur infamye abhominable pour l'esnormité d'icelle. Donc pour venir à mon pourpos et desmontrer lequel pharaon se fut, dequoy la myenne intencion est de parler, celuy est de quoy nous lisons avoir tant esté obstiné et d'inprudence rempli que, pour quelque exortacion ou desmontrance que nostre Sieur luy sceust faire par Moyse et Aaron, son frere, tousjours heut le cueur endurcy sans soy aucunement divertir, disant plus que je n'ay point leu en quelque volume que se soit de homme si obstiné ne de scens esperdu comme j'ay faict de cestuy. Car quelque exortacion charitable et piteuse que nostre Plasmateur luy peult transmettre, ne pour cella desmoura tousjours obstiné en sa mauldditte volunté maligne et confusible. Donc qui vouldra plus amplement sçavoir les principaulz poinctz de son obstinacion, regarde la Bible et

186 Genèse, 22. L'enluminure, basée sur Genèse, $22^{12\text{-}13}$, rend explicite ce que le texte ne rappelle pas ici.

187 Enluminure 29 : À gauche, Aaron, barbe et cheveux gris, portant un mantel bleu à col d'hermine sur une robe rouge, et Moïse, cheveux blonds, vêtu d'un mantel bleu à capuche brune sur une robe verte, sont debout côte à côte, mains ouvertes et tendues. Ils font face à Pharaon (robe dorée et col d'hermine) couronné, assis sur un trône, l'index droit tendu, qui les regarde, entouré d'une foule de courtisans dont un lui touche le bras gauche. Deux autres, à sa droite, tiennent des flabella (?). La salle, dont le mur du fond est richement décoré, s'ouvre, à gauche, sur un paysage bleuté.

Josephus[188] et il verra bien amplement qui est la cause mouvante, qui me garde de le refferer, aussi doubtant le vice de prolicité encourir. Et oultre à toustez forcez le myen esperict puy je bonnement cager à parler ne faire longue narration de la personne inprudente et [40 r°] <et> viceuse, me adventurant dire sans aultruy blasphemer. Quant vient à toucher de la personne verteuse, de tous mes objectz en faiz le mien possible, selon la capacité du myen esperict tendre, comme on a peu voir à la procedeuse[189] cy davant escripte et qu'on pourra voir puis après moyennant l'aide et grace du Conducteur et Gubernateur de toustez chosez.

Le segont chapitre parlera des inprudens malheureux Dathan et Abiron qui en corps et en ame furent sucumbés en abisme

Enluminure 30 : Dâtan et Abirâm sacrilèges[190]

Que diray plus de ces inprudens mauldictz et infortunez ? Plus marche en avant et plus davant moy s'en apparoist. Je veil [40 v°] venir[191] à pourpos pour desgrader et anichiller deux inparfaictz et de scens desnuez plus amplement que jusquez icy n'en ay point leu ne veu par escript. C'est Dathan et Abyron[192] qui furent tant desprouveux de scens et raison et d'inconstance remplis et, oultre plus, d'inobediance qu'inpossible seroit à scens humain, tant soit subtil et rethoric, qui justement et selon leur demerites les peult trop anichiller, consideré leur inperfections maulditez. Primierement de leur abhominable et maulvaise envye, comme j'ay bien leu amplement, après les grans et merveilleux biens faictz que Dieu feist pour eulx en les desjectant hors d'Egipte, non eulx tous ceulx mais plurieux aultrez. Non pour cella, mais comme tous endurcis et enracinéz en toulte envye, machinéz en leur cueurs vicieulx contre le bon prophette

---

188 Exode, $5^{10\text{-}14}$; Flavius Josèphe, *id.*, vol. I, liv. II, f. lvi. et sv.

189 Pour *procedeure* : manière d'agir.

190 Enluminure 30 : Dans une salle éclairée par deux vitraux, Dâtan et Abirâm (l'un en robe verte et tunique bleue, chapeau-turban conique jaune, est entièrement de dos ; l'autre, barbu, la tête couverte d'un turban blanc, portant tunique jaune et ceinture rouge sur robe grise est représenté de profil) sont agenouillés devant un autel et font brûler de l'encens. À droite, Moïse (robe verte, et mantel gris, cheveux blonds et barbe claire) et Aaron (crosse et habits sacerdotaux) les observent debout.

191 Correction dans le manuscrit : *je veil et venir.*

192 Nombres, $16^{1\text{-}33}$.

Moyse et Aaron pontiffe, ennyméz contre iceulx comme davant est dict, congnoissant que nostre Sieur avoit plus de familiarité audict Moyse et Aaron que à eulx deux remplis d'invertuosité, dont pour plus demontrer leur maulvaiz vouloir et se qui gisoit sur leur cueurs, prindrent encens et aultrez odoriferantez senteurs, entrerent on lieu tressainct, qui ne devoist, appellé *sancta sanctorum*, contre le vouloir de Dieu, mettant à nonchaloir sa puissance infinie, que faire ne leur permis car en se dict temps nulz n'estoist ordonnéz entrer[193] aupredict lieu sainct que les davant nomméz Moyse et Aaron[194], [41 r°] dont s'en ensuyvit que nostre Seigneur voyant leur orgueil et maulvaise volunté à tous magnifeste, eulx retournéz du lieu sainct predict et arrivéz dedans leur pavillon, subitement se va entre ouvrir la terre en impetuosité et grande tempeste, laquelle justement les englotit eulx leurs femmez et enffans et domestiques jusques au nombre de soixante personnez[195], qui nous est exemple magnifeste commant nous ne devons point aller contre les comandemens de Dieu ne les depriser, comme feirent iceulx dont mal leur en prist comme avez peu voir.

Le IIIe chapitre parlera de povrez ynorans qui adorerent le veau d'or en delessant leur Createur

Enluminure 31 : L'adoration du veau d'or[196]

Vous oublier, faulz et traistrez Juifz desloyaulz, d'inprudence remplis et incenséz qui ugne beste, c'est à dire ung [veau] [41 v°] d'or, ainsi que Dieu doit estre adoré, adorastez, doncques seroye reputée favorisante si de vous ne touchoye vifvement, veu que d'aultrez que vous ay amplement touchéz qui ne l'avoist si bien desservy. Et vous, appostaz mauldictz et incredullez, pirez et plus incencéz que bestez bruttez, que vous lessasse darriere non feray mais en diray en vous detestant comme bien l'avez

193 Leçon rejetée : *entrez*.

194 Hébreux, 5^{4}.

195 Selon la tradition, 250 personnes (Nombres, 16^{35}). Voir Flavius Josèphe, vol. I, liv. IV, f. iiii^{xx}vii r° et sv. ; *La Mer des histoires*, vol. I, f. vi^{xx}i.

196 Enluminure 31 : Une foule agenouillée (hommes et femmes, tête nue ou couverte d'un turban blanc à mentonnière, portant des vêtements verts, bleus, rouges ou jaunes) prie devant un temple où repose, sur un socle, une statue représentant le veau d'or ; à l'angle droit, au-dessus d'un paysage dont le fond est bleuté, apparaissent dans un limbe le Fils et le Père tenant les tables de la loi.

merité, selon que le mien esperit en pourra comprandre. Primierement dittez moy qui vous esmeult et donna occasion de lesser vostre Plasmateur et anichiller sa bonté, qui vous avoit faict tant de passedroictz et servicez en vous oustant et retirant des aspres et estroictz desers d'Egipte, de la captivité grande où vous estiez ? O cueurs endurciz, la moindre grace que le bon Seigneur vous feist jamès estoit par trop digne de vous convertir et retirer à luy, consideré que aultrez povrez ydolastrez voyant les signes que icelluy bon Seigneur faisoit en vostre faveur tous se convertirent et retirerent à luy. Et dis plus, en ensuyvant l'opinion des sages, que si Pharaon l'endurcy heust heu congnoissance de la bonté divine comme vous, jamès n'eust faict sen qu'il feist[197]. Parquoy estez plus à blasmer sans comparaison que icceluy ny aultrez de quoy j'aye point leu. Non obstant se, quelque deffault qu'eussiez perpetré à l'encontre du Createur, non voullant perdre sa facture, vous pardonna [42 r°] remettant tous vos delictz et offencez, qui fut ugne grande ingratitude à vous tous et reproche bien digne de memoire. Après ceste charité à vous faicte, non pour cella fustez si tresobstinés et d'incredulité remplis que, pour quelque ammonestement qu'il vous sceust faire, ne volustez prandre le droict chemin pour aller à la terre de promission. Dequoy et pour se peché, fustez quarente ans au desert en paine et tribulacion, non sans demerite car vous l'aviez bien desservy. Et plus encor le bon Sieur, par sa clemence et bonté, vous cuydant tousjours attirer à luy, de charité meu congnoissant la povreté et misere que supportiés aux desers, vous transmist la saincte manne du ciel, don de grant efficace et tresspecial, ne pour cella tousjours fustez obstinéz, de quoy tresmal en fin vous en prist car par vostre dicte obstinacion, depuis l'aage de[198] au dessus de vingct ans, tous mourustez au desert sans en eschapper fors deux seullement, c'est assavoir Josué et Caleht[199]. Voyla commant obstinacion et incredulité nuyst. De plus toucher de vos inperfections mauldites n'est mon intencion car l'esnormité d'icellez, en la contemplant, me redonde à facherie. Pourtant ne se offre plus mon esperict rien en descripre, me raportant à aultruy de plus en toucher.

---

197 Le passage de l'Exode (4^{21}), selon lequel « Le Seigneur endurcit le cœur de Pharaon » a donné lieu à de nombreux commentaires. Saint Augustin explique que l'endurcissement vient du désespoir de celui qui ne sait reconnaître le sens de la patience divine (*Œuvres complètes*, t. 19, Paris, Louis Vivès, 1873, 1re partie, Sermon XXII, p. 540).

198 Texte lacunaire.

199 Nombres, $14^{29\text{-}30}$.

Le IIIIe chapitre parlant du roy Layus de la cité de Thebes, lequel fut cause de la destrucion d'icelle par son inprudence maudite[200]

[42 v°]

Enluminure 32 : Œdipe crucifié par l'ordre de Laïus[201]

O Layus, Layus, que ton inprudence et ligereté d'esperict est cause de grant perdition, car primierement, pour conter et descripre au vroy tes inperfections malignes, afin que de toy perpetuelle memoire soit et de tes encestrez, dequoy toy mesmes fuz cause de toustez leur douleurs et adversitéz par l'exortement diabolic où tu te arrestas et pris son conseil, dont mal t'en trouvas. Donc pour commancer la verité de l'istoire en te improperant comme bien tu le dessers, [43 r°] primierement de ta femme nommée Jocaste heuz ung beau filz, et estoit laditte assez prudente, mieulx et beaucoup plus que toy. Car par ton inprudence et faulte de sçavoir, comme j'ay leu, feiz enchercher ung devin auquel feiz inquisition quelle fortune auroit ton filz et que seroit de luy le temps advenir. Alors te respond ledict que ton dict filz thueroit une fois son pere et que puis après espouseroit sa mere. Cesdictez parolles de toy ouyez et nottéz en ton entendement, peu de temps après, comme inhumain, livras ou feis livrer ton dict filz, tant beau et tant doulz, entre les mains de tes sattalitez pour icelluy occire et mettre à mort, lesquelz feirent ton commandement, non en la sorte que tu l'entendois mais au contraire prindrent ton dict filz et le porterent en ung grant bois assez loingtain de gens, estant ledict boys fort dangereux à merveillez pour la grant multitude de bestez sauvagez habitantes en icelluy. Lesdictz ministrez esquipparés à bourreaux, arrivéz audict bois feyrent ugne grande inhumanité au pauvre ignocent, non encor si grande que tu penssoys, percerent les piecdz d'icelluy et par iceulx le pendirent sans le mettre à mort totallement, esperant que

200 *Orose*, vol. I, « Le tiers aage. Cy commence l'hystoire de Thebes », f. lxix v°.

201 Enluminure 32 : À l'orée d'une forêt, Œdipe (chausses grises et pourpoint rouge) est suspendu par les pieds à une croix sur laquelle est appuyée l'échelle où se tient l'exécutant, vêtu de chausses rouges et d'un pourpoint rayé bleu et jaune, et coiffé d'une toque rouge à bords relevés. Sur la gauche, le roi Polybe, barbu, en tunique bleue à mozette d'hermine, sur une cotte rose, converse avec son conseiller, vêtu d'un surcot de velours rouge bordé de bleu à manches à bombarde, ornées de fourrure, sur une cotte dorée. Les deux personnages, coiffés du même type de turban-chapeau doré, pointent l'index droit l'un vers l'autre.

les bestez sauvagez le devorassent[202]. Qu'ancy ne fut et oultre en icelluy guerez ne desmoura. [43 v°] Ainssi que le roy d'Archadye, nommé Polipus[203], chassoit en ladicte forest, en trave[r]sant par le lieu où estoit pendu ledict pauvre inocent, l'aperceutt et comme tout meu de pitié, incontinant et sans tarder le feist despendre et enporter chez[204] luy, où le feist guerir et nourrir comme s'il eust esté son propre enffant naturel, deliberé le faire son hoir pour la beaulté et honnesteté qui en luy estoit. Ledict enffant percreu et en aage venu heut congnoissance par aucuns qu'il n'estoit filz dudict Polipus. S'enpartit esmeu de sçavoir et s'enquerir qui estoit son pere. Et tant erra qu'il arriva à ung temple où il [fist] sa devotion et offerte davant l'ymage[205], luy suppliant luy adresser et douner congnoissance où il pourroit aucunement ouyr nouvelles de son pere et mere. Son oraison faicte, heut responce du Diable luy disant qu'il allast vers Tebbes, et que là orroit nouvellez de ces pere et mere. Qu'il feist. Tant chemina que se trouva près du chasteau dudict lieu de Thebbes, trouva plurieux gens assembléz à ugne feste acoustumée, selon la modde du pais, où si comme dict l'ystoire estoit ledict Layus son pere, pousé que pour son dict filz ne le congnoissoit. Advint que en ceste dicte assemblée s'esmeult quelque noise et dissention non [44 r°] pas

202 Catherine d'Amboise transforme les serviteurs chargés de tuer l'enfant en bourreaux, et interprète donc comme une cruauté ce qui apparaît comme une manifestation de pitié dans *Orose*, vol. I, f. lxx r° : « Les serviteurs prindrent cest enfant et le porterent emmy la forest pour le mettre incontinent à mort, mais quant ilz furent là et ilz regarderent ce bel enfant qui estoit innocent, ilz eurent pitié en leur cueur et delibererent de ne le mettre point à mort mais ordonnerent qu'ilz le pendroient par les piedz à ung arbre hault affin que les bestes ne le mangeassent. Et là le laisseroint en la garde de nostre Seigneur. – Comme les serviteurs pendirent l'enfant par les piedz – Tout ainsi que les serviteurs ordonnerent firent ilz de cest enfant, luy percerent la plante des piedz et le pendirent à la branche d'ung arbre [...] ».

203 Pollibus, roy d'Archadie dans *Orose*, vol. I, f. lxx r°.

204 Leçon rejetée : *ces*.

205 *Orose*, vol. I, f. lxx v°-lxxi r° : « Lors partit Edipus et s'en alla en ung temple, là où les gens adoroient Appollo c'est à dire le soleil, et avoit une ymage toute d'or [...]. En quoy on peut bien veoir manifestement que les gens estoient bien plus abuséz qu'ilz n'ont esté depuis le nouveau testament, car ilz adoroient le soleil et en faisoient ung dieu, de la lune une deesse et portoient honneur aux creatures et non au createur d'icelle en quoy ilz erroient. – Comment Edipus fist ses oraisons à Appollo. – [...] Et en ceste folle credence plaine de devotion supersticieuse que Edipus estoit devant ceste ymage, le faux ennemy des humains, mauvais ange et dyable d'enfer qui tousjours met son estude et intencion pricipalle à faire errer et fourvoyer aucun de la voye de verité, respondit par la bouche de cest ymage en une voix merveilleuse et dist : Edipus va à Thebes et droit là tu orras nouvelles de ton pere et de ta mere. »

petite, où les ungz aulz aultrez se prindrent à getter grosses pierres[206]. Survint que ledict Edippus, filz dudit roy, fut frappé par inconveniant, qui porta tresinpassientement, tant et en telle fasson comme tout yreux emprist sa revenche, getta une pierre à l'aventure, dequoy advint par ung cas fortuit que le sort escheut sur son dict pere de luy incongnu, et le thua subitement, sans remede nul. Quelque espace de temps après, comme predestiné l'avoit le devin predit, espousa sa mere laquelle ne congnoissoit et ne pançoit que se fust elle. Puis après par continuation de temps heut de sa dicte mere deux filz, l'ung nommé Anthiocles, l'autre Polimites[207], que après la mort de son dict pere congnue, et que espousé avoit sa mere, mourut de dueil. Dont depuis ces dictz enffans, leur pere espiré, ne cesserent d'avoir guerre l'ung contre l'autre. Par quoy et à l'ocasion d'icelle moururent et fut occis plurieux gens de bien. Oultre, ainsi comme j'ay leu, s'entretuerent l'ung l'autre, dont après s'ensuyvit la destruction totalle de la tresnoble cité de Thebbes, ainsi que pourrez voir plus amplement on livre de Auroze. Atant me tais parler de l'inprudence mauldite du predict Layus.

---

206 *Id.*, f. lxxi r° : « Or est ainsi que comme on voit souvent advenir en jeux et esbatemens, noises se sourdirent si grandes et si merveilleuses que tout le peuple fut esmeu et gettoient pierres les ungs aux autres, tellement que en gectant Edipus parmy les autres estoit et de rien ne se mesloit fut frappé, et adonc qu'il sentit le coup, comme fier et orgueilleux qu'il estoit, fut despité et print une pierre laquelle il getta parmy la presse sans deliberer où, et si bien assigna que celluy qui fut frapé de ce coup estoit Layus son pere roy de Thebes qui si grant coup receut en celle heure qu'il cheut tout mort. »

207 Catherine omet les deux filles. *Id.*, f. lxxii v° : « […] et aucun temps après qu'ilz eurent esté sa mere et luy mariéz ensemble, elle fut enceinte et par succession de temps conceut tant qu'elle eut deux filz et deux filles. Le premier filz eut nom Ethiocles et l'autre Polimites. La Premiere fille eut nom Antigone et l'autre Ysmayne […]. »

Le Ve chapitre parle de l'inprudence d'Anphorus, lequel pour son ydolatrie fut transgloti, luy et son curre

[44 v°]
Enluminure 33 : Amphorus englouti devant Thèbes[208]

De toy laisser en darriere, foul Anphorus, sans de toy tenir conte confusible non feray, se n'est mon intencion. Mais de toustez mes forcez et povoir total, veil mettre paine toy desgrader, villipender et dire de toy toulte infamye putrefaitte. Car de se tous vertueulx ont bonne cause, primierement en considerant la tienne inprudence et folye que toy fis[209], ainsi comme j'ay leu, sire pontiffe, maistre des ydolastrez, dont mal t'en prist, car en la fin en fuz tresmal reconpenssé, non sans merite car bien tu l'avoys desservy. Donc pour donner à congnoistre la fasson veritable commant divinement tu fuz pugny, mon espoir [45 r°] est en escripre deux moctz, non en te louant mais blaphement de tout le myen povoir. Or est ainsi que[210] Adracus, roy d'Argens, toy estimant homme de grant effect, qui estoit au contraire, comme j'ay leu, le predit, soy confiant en toy, te mena avecquez luy et son aoust davant Thebbez. Toy arrivé audict lieu, par le vouloir du haultain Plasmateur qui ne lesse inpugnis ces malfaicteurs, subitement et davant chascun toy, ton curre et chevaulz fustez transglotis et obumbrez en abisme, qui fut la vroye reconpance que tu heuz pour bien et loyaument avoir servy les ydollez et dieux incongnus[211].

---

208 Enluminure 33 : Devant une imposante cité, remparée et entourée d'eau, campe une armée. Au pied d'une colline, au loin, s'élèvent des tentes rouges et bleues, devant lesquelles on aperçoit les silhouettes brunes d'hommes affairés à l'artillerie. Au premier plan, au centre, Amphorus, en armure, s'enfonce avec son cheval dans la terre qui s'ouvre. Il est suivi de deux cavaliers qui l'observent – l'un portant couronne sur un casque à plumet rouge et blanc, et monté sur un cheval blanc (Adracus), l'autre plus en retrait avec le même casque à plumet. Dans la marge enluminée, un animal fantastique (sorte de brebis à corps vert et à long cou marron) joue de la chalemie.

209 Leçon douteuse.

210 Correction dans le manuscrit : *ainsi que ledict adracus.*

211 *Orose*, f. iiiixx.v v°-iiiixx.vi ; iiiixx.xi v° : « En la partie des Grecz, estoit en ceste bataille Amphorus l'evesque d'Arges ou des Argins qui avoit enquis à ses dieux et preveu la fin de la guerre, mais ainsi que le Dyable en qui il croyoit predist luy advint il. Sur ung grant chariot à quatre roes estoit il monté armé de toutes pieces selon le temps, mais tout aussi tost qu'il fut au parmy de la bataille la terre se ouvrit et fut transglouty Amphorus avec son chariot et aucuns qui estoient près de luy tous vifz ou centre de la terre dedans les enfers et abismes profondes avecques son maistre le Dyable en qui il avoit creu tousjours.

La fin loue l'euvre[212], c'est tout ainsi que tousjours reconpancent[213] leurs serviteurs feaulz qui en iceulx mettent leurs singuliere esperance. Pour conclusion, impossible m'est et n'ay en moy la science sçavoir descripre la moindre de tes inperfections, que feroye voluntiers, si possible m'estoit, pour tousjours desmontrer[214] à fuyr le chemin invertueulx, comme tu as faict, dequoy tresmal t'en es trouvé comme apparoist par ton ystoire presente, de laquelle veil delaisser à parler pour l'inprobité d'icelle, et ensuyvir aultre propos.

Le VIe chapitre et dernier de se livre presant parlera de l'inprudence du Saul roy d'Israel

[45 v°]
Enluminure 34 : Saül et David[215]

Qui bien est ne se doit point mouvoir[216]. Je dis ces moctz pour toy, Saul tresinconstant. Considerant que le hault Dieu, qui tousjours faict le bien contre le mal, te avoit si bien coloqué de quoy tu fus ingrat, nommer te puis et mettre du nombre des invertueulx. Pour le primier, tu fus de la moindre ligné de Israel, c'est assavoir de Benjamin, te fist et constitua roy par dessus toutes les douze lignées d'Israel, qui n'estoit petit honeur car tu estois constitué en office plus digne, royalle et magnificque, que possible estoit [46 r°] d'estre pour lors, car lieutenant estois commis,

---

En quoy nous povons considerer que la bonne foy et bonne credence que ung homme a le sauve ou le dampne et meine à perdition. »

212 E. Langlois, « Anciens proverbes français », *Bibliothèque de l'École des chartes*, t. 60, 1899, p. 569-601, n° 358 : « La fin loue l'œuvre » ; et Le Roux de Lincy, *Livre des proverbes français*, t. 2, éd. 1859, p. 143 : « La fin loue l'ouvrier » (Gabr. Meurier, *Tresor des Sentences*, XVIe siècle).

213 C'est-à-dire : les ydollez et dieux incongnus reconpancent leurs serviteurs feaulz.

214 Leçon rejetée : *desmontrez*.

215 Enluminure 34 : Saül, couché dans un lit à couverture bleue et à courtine rose, coiffé d'un bonnet de nuit, tend ses paumes en avant, tandis qu'il est embrassé par un diable griffon, au corps velu, aux ailes jaunes et mouchetées, qui se tient derrière lui. David, agenouillé au pied du lit, tête nue, en tunique grise sur une cotte aux manches rouges, joue de la harpe. Une grande fenêtre, aux vitres plombées, avec en leur centre deux vitraux (à droite une femme vêtue de bleu, en prière ; à gauche, un personnage enseignant vêtu de rouge), laisse deviner un paysage. Dans la bordure ornée d'entrelacs, de fleurs et de fraises, un petit personnage en bleu est tenté par le diable de la Genèse.

216 E. Langlois, art. cité, n° 597 : « Qui bien est ne se remue ».

tenant la place de Dieu eternel toy conseillant et advertissant de jour en jour ton affaire et comment pourrois subjuguer et venir à chief de tes ennemis et plus les te livroit, comme chascun sçait, cothidiennement entre les mains[217]. Mais toy, comme le plus ingrat de tous les vivans, ambulant contre icelle, non pourtant te manda par le sainct prophete Samuel que tu allasses contre ceulx d'Amalech, les mectant tous à feu et à sang, sans excepter les bestes ne chose qui soit, tout pour le grant delit qui en eulx habondoit de jour en jour, que ne feis car tu pris à mercy le roy Agaad, roy dudict pais d'Amalehc, emsemble les plus richez et milleurez de ces despouillez, tant bestez qu'aultrez choses, ne faisant destruyre que ceulx qui estoist de pite inportance et facende[218]. Dont derechef nostre Seigneur te renvoya Samuel par lequel te manda que se repentoit de t'avoir faict roy de son royaulme, considerant la tienne ingratitude et inobediance grande, dont de yre suppris et comme tout forcené, despité contre Dieu, feis fraction[219] du menteau, au moinctz d'ungne partye, dudict Samuel le profette, de quoy et à ceste occasion et d'aultrez maleficez de toy perpetréz contre Dieu et ledict prophette t'abandonna[220]. Lors pour de plus [46 v°] en plus perseverer[221] en ton obstination et mettre mal sur mal, tant qu'inpossible seroit exprimer les tiennez grandez forfaictures et persecucions que tu feiz à l'acomply sur tous le roy David ton gendre, car, ainsi que j'ay leu au primier livre des Roys, après que iccelluy David pour toy ouster de tristesse heut thué et mis à mort le grant satrappe Goulias[222], faisant le mal contre le bien, comme ta coustume estoit, meu d'envye et navré de despit, pourtant que chascun hault louoit et magnifioit la vaillance dudict David plus que la tienne, machinas sa mort[223]. Et encor plus en continuant ton malefice, toy vexé et suppris de l'ennemy, comme l'ystoire le raconte, de laquelle vexacion ne t'estoit possible avoir alegence si non par la

217 I Rois, 9-10 [Vulgate] ; I Samuel, 9-10. Dans les bibles catholiques anciennes, les livres historiques portent les titres Rois I, II, III et IV, et Paralipomènes I et II ; les bibles hébraïques et protestantes, Samuel I et II, Rois I et II, Chroniques I et II.

218 I Rois, 15 [I Samuel, 15].

219 Correction dans le manuscrit : *feis fraction de ton du menteau.*

220 I Rois, 15^{27-35} [I Samuel].

221 Leçon rejetée : *perseverez.*

222 Catherine d'Amboise opère un amalgame entre deux épisodes distincts, l'entrée de David à la cour où il joue de la harpe pour calmer Saül (I Samuel, 16^{23}) et son combat contre Goliath (I Samuel, 17^{32-54}).

223 I Rois, 18-19 [I Samuel].

consolacion du predict David quant passoit le temps pour ton plaisir avecques sa harppe. Nonobstant se, quelque service loyal que te peulst faire ledict, ne le prenoys à gré. Doncquez pour toy esjouir de jour en jour, comme ay dict, pour toulte retribution, ung jour entre les aultres, le cuydas occire et mettre à mort d'ung dart lequel tenois dedans ta main. Doncquez pour esviter la tienne fureur maulditte, le bon David comme tresdiscret et sage se retyra [47 r°] segretement en sa maison. Que ne te suffist car tout subitement envoyas gens après luy pour le faire mettre à mort, que fut saulvé par grace de Dieu et ta fille, son espouse, nommée Micol[224]. Voyant ledict qu'ancy inhumainement le persecutoys, en grant douleur et tristesse inconprehensible lessa le pais, duquel pais abscent tant chevaucha que s'en vint arriver en ugne cité appellée Ebon[225] où estoit l'arche de Dieu. Laquelle ditte cité, comme j'ay leu, estoyt aux prestrez de la loy[226]. Se nommoit le grant prestre Achimelehc, lequel meu de compassion voyant ledict David ainsi suppris de tristesse et affamé comme desclaré luy avoit, en charité le reffectionna. Que sejournant ledict David avecques ledict Achimelehc, luy raconta la grant inhumanité que faicte luy avoit son beaupere, Saul. Voyant ledict grant prestre que le povre n'avoit point de baston de guerre pour soy deffendre si d'avanture aucun le vouloit assaillir, meu de pitié et pour l'onnesteté que en luy avoit congneuue, luy bailla l'espée propre de Goulias que ledict David avoit occis. Sachant ces nouvellez ledict Saul, raportéez et averéz par ung de ces sattalites, nommé Adouet d'Ydumee[227], tout subitement en toulte diligence s'en vinct [47 v°] à laditte cité davant nommée, où feist mettre à mort cruellement et inhumainement jusques au nombre de quatre vingctz et cinq prestres, eulx tous revestus d'effons, près à faire sacrifice[228]. Et encor pour plus espandre sa cruaulté, tout sen qui estoit [en] ladicte cité, c'est assavoir hommez, femmez et enffans et mesment les bestez, tout feist mettre à mort sans rien excepter. Que diray plus ? Tant d'aultrez maulz et inperfections que je ne mectz point à memoire pour la prolixité d'iceulx, oultre inposible seroit à cens humain tous les descripre. De quoy en fin, comme Dieu est vroy juge, en fus bien sattisfaict au derrain de tes jours. Et pour tousjours ensuyvre l'invertueux

224 I Rois, $19^{11\text{-}12}$ [I Samuel].
225 Nommée aussi *Nob.*
226 I Rois, 21 [I Samuel].
227 Doëg l'Édomite.
228 I Rois, 22 [I Samuel].

chemin, envoyas querir ungne devinarresse pour sçavoir si tu gaignerois la jornée laquelle t'estoit assignée à l'encontre des Philistiens, qui te dist laditte et feist responce que tu ne la gaigneroys pas[229].

– Et te dy plus, fist elle, que en breif mourras et tes enffans paraillement.

Alors la devinarresse finée sa parolle, incontinant s'abscenta. Ne pour cella ne la voulut croire mais tout incontinant feist acoustrer[230] ces gens et luy mesmez s'acoustra et s'en alla contre sesdicts Philistiens envers lesquelz n'eut pas du milleur. Adonc luy voyant que il perdoit la journée, comme despit et forcené, appella ung de ces gens luy disant tellez parollez :

– Serviteur, dist, thue moy. Je [48 r°] te pardonne ma mort[231].

Que ne voullut faire ledict, considerant l'inhumanité grande qu'il eust commise d'occire son maistre. Voyant le reffus de son dict serviteur, tyra son espée et s'en donna tel coup que il se thua villainement. Parquoy voyant et considerant sa vie decrepiteuse et infame sur toustez, le puis bien dire des inprudens principal seigneur. Sur ce feray fin à ce present chapiltre. Plus en eusse descript dudict qui se sont trouvéz en se tiers aage, comme les maheureux Troyens et aultres, que je n'ay faict pour eviter la prolicité de mon livre, aussi prevoyant que des maulvaiz ne se doit tenir narré si ample que des bons, des vertueulx faire mention et memoire perpetuelle, pour tousjours augmenter leurs honneurs, tant en se monde icy qu'en l'autre.

---

229 I Rois, 28 [I Samuel]. Catherine ne suit pas à la lettre le texte biblique où ce n'est pas la devineresse qui fait cette prophétie mais l'ombre de Samuel. Préfère-t-elle ainsi éviter une apparition qui fait débat ? *Cf. Premier volume de la Bible historiée*, f. clxxix r° : « Glose. De ce suscitement Samuel dit l'en que le diable s'apparut en la forme Samuel, ou que par sacrifice se apparut l'ymage. Mais non pourtant dient aucuns que nostre Seigneur souffrit que son ame vestue d'ung tel corps comme le sien y apparut. Les autres dient que le corps fut sans plus suscité d'ung esperit ayant vie, et que l'ame Samuel demoura au lieu où elle estoit. » Voir, sur cette question, Abbé Lecanu, *Dictionnaire des prophéties et des miracles*, t. 2, J.-P. Migne, 1854, art. « Pythonisse d'Endor », col. 770-778.

230 Leçon rejetée : *acoustrez*.

231 I Rois, 31 [I Samuel].

Si commence le sixiesme livre qui parlera des prudens et vertueulx du tiers aage, deliberée commencer à Joseph, filz de Jacob

[48 v°]
Enluminure 35 : L'histoire de Joseph[232]

Pour commancer mon sixiesme livre sur l'estat des prudens du tiers eage qui ont ensuyvy le sentier vertueulx, me semble advis que plus haultement ne richement ne sçaroye commancer qu'à toy Joseph, le tres-parfaict, rememorant les grans graces qui sont en toy soubz la conduytte de dame Prudence, la tienne conducture et maitresse, que en toustes tes affaires t'a tousjours guydé et conduyt, en toustes tes adversitéz et tribulacions qui [49 r°] n'ont pas esté petites, ainsi qu'espere descripre en se present chapitre. Donc pour commencer à desduyre les tiennez dignes vertus, primierement la pascience à la mort de ta bonne mere nommée Rachel, que depuis après n'euz gueres de repos, que de jour en jour ne te survinct quelque adversité nouvelle, et douleur sur douleur jusques à l'eage de trente et deux ans. Car tout primier, voyant tes freres, sur tous inprudens, que ton tressainct pere, Jacob, t'avoit plus agreable que tous eulx, conspirent et pourpencerent en leur cueurs corrumpus toy faire mourir, tant pour le songe dont tu leur feis exposition que pour l'amour preditte de ton pere, comme on peult voir amplement dedans la Bible[233]. Ainsi perseverant les tiens dictz freres en leur maulvaistés, ung jour advinct que en leur portant à menger sur les champs où il gardoist le bestial par le commandement de ton dict pere, toy voyant arriver à eulz, tousjours obstinéz comme davant, te prindrent ayant volunté de te occire et mettre à mort, ne fust l'ung d'iceulx nommé Rubben, meu de pitié, ne s'i voullut consentir. Parquoy, se voyant, te

232 Enluminure 35 : Une première vignette, à gauche, occupant toute la hauteur, représente un groupe de bergers – les frères de Joseph – sur une colline où paissent des brebis ; l'un d'entre eux, en position horizontale, devant un grand personnage au teint foncé et aux cheveux crépus, montre de l'index droit Joseph qui s'avance (tunique rouge sur chemise bleue et linge blanc sur l'épaule gauche) tenant une écuelle de ses deux mains. À droite, dans la vignette supérieure, la femme de Putiphar, en vêtement royal, assise sur un trône dans une salle richement décorée, tire le manteau rouge de Joseph en train de fuir. Dans la vignette inférieure, Joseph est assis, la main droite contre sa joue, entre le panetier et l'échanson, habillés de rose et de bleu, chacun allongé contre son double (?), en jaune et rouge. Au fond de la salle sombre, aux extrémités du mur, deux médaillons historiés (figuration à gauche du songe de l'échanson, à droite de son entretien avec Pharaon).

233 Genèse, 37.

getterent [en] ugne cisterne cuydant que là finassez tes jours. Advinct que par vouloir divin, que les marchans ismahelytes passoist, auquelz pour tousjours continuer leur mauldict vouloir te vendirent à iceulx, comme j'ay leu, jusques au nombre [49 v°] de trante deniers. Lesquelz, ainsi comme j'ay leu, sont ceulx que les trois roys offrirent à notre Dame, qu'elle offrist au temple le jour de sa benoiste purification, non desnyant l'estat de pauvretté, mais l'aspirant ainsi qu'on le peult congnoistre par ces faictz. Et plus furent lesdictz deniers mis appart, dont à la fin les prestrez de la loy les baillerent au traistre hostiné, Judas, qui leur livra nostre Seigneur[234]. Doncques pour revenir à mon hystoire, après que ledict Joseph fut vendu, les marchans predictz l'enmenerent en Egipte, où de recheif fut vendu à Buthifar, maistre d'outel de la chevalerie de Pharaon, où fut si agreable que luy bailla la charge totalle du gouvernement de sa maison[235]. Voyant la femme dudict Buthifar Joseht si plaisant, en fut ravye et si tresamoureuse qu'el n'en dormoit ne nuyt ne jour. Laquelle, pour abrevier, par son inprudence le pria et requist d'acomplir sa maulditte volunté, que ne voullut par sa grande prudence et sagesse, mais elle, inconstante, tousjours perseverant en son malvaiz pourpoux[236], advisa ung jour entre les aultres que seulle estoit à la maison, invocqua ledict pour parler à elle en conseil, que ne pençoit sa volunté mauldite et cachée[237]. Le voyant auprès d'elle, commencza le prier plus doulcement et amoureusement que par davant n'avoit fait. [50 r°] À laquelle tu feis responce semblable à la primiere, luy remontrant plurieux bellez raisons commant ne le devoit faire, disant que seroit bien miserable de faire polution on temple de son maistre. Mais laditte tousjours perseverante en son vouloir libidineux, se voyant injurée et ahontée du reffus, le voullut prandre à force et violence, laquelle violence, par la grace de Dieu, esvita vertueusement, nonobstant se que le menteau y desmourast. Elle, voyant icelluy en ces mains, comme esmeue et quasi hors du scens, pour de luy soy venger, appella aulcun de ces serviteurs segrectz faict à sa main pour

234 Catherine d'Amboise donne un raccourci de l'itinéraire de ces trente deniers, tel qu'il est relaté dans *L'Histoire des trois rois*, BnF, ms. fr. 982, chap. XXVIII et XXIX, f. 21 v°-22 v°. Voir sur cette question H. Delehaye, *Les Légendes hagiographiques*, Bruxelles, Société des Bollandistes, 1906, p. 42-43.

235 Genèse, 39[1]. Voir Flavius Josèphe, vol. I, liv. II, f. xxxiii r° et *Orose*, vol. I, Tiers aage, f. li.

236 Leçon rejetée : *poupoux*.

237 Genèse, 39[6-20].

tesmoigner et tester sa controuvée mensonge, c'estoit que ledict Joseph l'avoit voulue prandre à force. Laditte, perseverant en son yre, s'en vint presenter davant son mari comme toulte desconfortée et lacrimable, les cheveux tous enmesléz et desrompus, qu'elle mesmez c'estoit faict pour tousjours plus donner coulleur à son mari de croire son emprise ruyneuse. Elle, davant luy arrivée, reffera tellez parollez ou semblablez :

– Las, dist elle, mon bon sieur et mary, si vous plaist vanger moy de se faulz traistre esbreu qui m'a cuydée violler et prandre à force, comme pourrez sçavoir par les aultrez serviteurs.

Alors son mari, ces parollez ouyez, comme tout yré et trancy non sans cause si verité eust heu lieu, envoya querir ledict Josepht, [50 v°] et pousé que fort l'aymast, succumbbé d'yre et sans aucun conseil ne ouyr l'excusation dudict Joseht, le feist mettre en prison et tenir bien estrottement. Ledict Josepht incarceré, tousjours suyvant le sentier de dame Prudence, ne s'esmerveilla mais lessa faire Dieu, le servant tousjours et hounorant quelque ennuy qu'il eust sus le cueur. Advint ung jour que ledict Josepht, par grace specialle, feist quelque chose d'honneur, soit par beau service ou aultrement, davant le jaulier, que ledict heut tant en grace que luy bailla le total gouvernement des aultrez prisonniers. Entre lesquelz y estoist deux des serviteurs du roy Pharaon pour leurs demeritez, dequoy l'ung le servoit d'eschançon et l'autre de panetier. Ledict Josepht traittant lesdictz prisonniers charitablement tant et de telle sorte que de chascun estoit aymé et reveré. Advint ung jour que ledict Joseph alla visiter lesdictz serviteurs du roy, lesquelz trouva tous contristéz et d'ennuy suppris, pour aucuns songez que chascun d'eulx avoit songéz, dont ne povoist comprandre la signification d'iceulx. Se raconté audict Joseph, doulcement les reconforta, leur disant la significacion d'iceulx, ainsi que clerement le pourrez voir on livre de Genese[238]. Yceulx songez epiloguéz et exposéz au prouffit d'ung et doumage de l'autre, c'est assavoir : [51 r°] que ledict panetier fut executé pour ces demeritez, et le boutillier en son honneur restitué. Sortant les predictz de prison, se recommanda Joseph audict boutillier, luy suppliant que davant le roy le vollust avoir pour recommandé. Que luy feist proumesse ledict que si trouvoit en lieu où luy fust possible faire service, que il feroit de tresbon cueur comme à celluy à qui tresfort se reputoit tenu.

238 Genèse, 40.

Deux ans après que ledict boutillier fut retourné en son primier estat et en la grace du roy plus que davant, avint, comme nostre Seigneur le voullut, que le roy songea ungne nuyt ung songe merveilleux et fort à comprandre, tant qu'inpossible fut trouver homme qui au vroy le peult exprimer, tant bon explorateur[239] fust yl. Le boutillier ayant recordation du service que luy avoit [fait] le bon Joseph, et aussi de l'interpretation de son songe, approcha du roy en luy disant telles parollez ou semblablez :

– Sire, dist il, il y a ung prisonnier en vos prisons de long temps destenu, lequel est le mieulx exprimant et exposant songes qu'inposible seroit de trouver, et [51 v°] moy estant incarceré soubz vostre justice, songé ungne nuyt songe lequel tout incontinant que je luy heuz refferé, me interpreta ledict sans en faillir d'ungne mynutte.

Ses parolles finées, à toulte diligence fut ledict Josehp envoyé querir de par le roy pour mettre à fin et exprimer le songe merveilleux. Arrivé ledict Joseph davant le roy, et après la reverance faicte et le songe narré de par ledit au bon Joseph, incontinant et sans tarder ne sans en rien faillir exprima au roy son songe, en la forme et mactiere que le pourrez amplement voir on livre de la Genese[240]. De quoy et à ceste occasion prist Joseph en si grant amour et dilection, que la charge totalle luy bailla de son palais royal, par le conseil des sagez et prudens de sa court, eulx prevoyant et congnoissant qu'il avoit l'esperit de Dieu. Je lesse à parler commant Joseph garda son pere de famine, et ces freres qui tant luy avoist faict de mal, et aultres chosez dignez de memoire qu'on trouverra au livre predit.

---

239 Rabelais, dans le *Tiers Livre*, chap. X, emploie le verbe « explorer », avec ce même sens : « [...] Brutus, lequel voulant explorer le sort de la bataille [...] rencontra ce vers dit de Patroclus, *Iliad.* 16. » (*Les Cinq livres*, éd. J. Céard, G. Defaux et M. Simonin, Paris, Le Livre de Poche, « La Pochothèque », 1994, p. 609).

240 Genèse, 41[1-40].

Le IIe chapitre de se presant livre parlera de la prudence de Josué

[52 r°]
Enluminure 36 : Josué écoute les paroles de Dieu[241]

J'aroye failly et tresgrandement delinqué si du prudent, tressage et vertueulx, dict Josué ne tenoye quelque pourpoux car icelluy, ainsi comme j'ay leu, fut du Plasmateur aymé tendrement et, pour approbacion de se, il feist et bailla charge entierement de tout son peuple d'Israel. J'entens cella après l'obceque et pompe triumphalle du tressainct et bon prophette Moyse. Le Redempteur congnoissant son bon vouloir vint à luy, disant [52 v°] telz moctz, ainsi qu'il est escript[242] :

– Exile toy, mon serviteur Josué, pren le chemin et sentier le plus droict, et passe le fleuve de Jourdain, et mene mon peuple soubz ma conduitte. Te pourmettant que seray tousjours avecques toy, et pource pren cueur et pensse d'acomplir mon commandement. Car, pour vroy, mettray entre tes mains le pais de Chananée, Ethée, Frisée, Evée, Grece, Amorée et Jebusée[243].

Alors ledict, comme vroy obediant et de ferveur espris, sans arrest mist à effect le commandement divin, passant le fluve Jordain, lequel dict fleuve par grace se despartit davant luy. Et plus, en icelle mesme heure, à luy s'apparut ung ange du ciel lequel luy dist :

– Josué, serviteur de Dieu mon Plasmateur, n'ayez tremeur aucune car davant toy marcheray tousjours et seray ton advant garde, pour

---

241 Enluminure 36 : Au centre, Josué, barbe blanche et chapeau bleu à turban (surcot jaune, manches bleues et longue robe rose, bourse au côté droit), est agenouillé, en prière, devant l'apparition de Dieu le Père dans un limbe à l'angle supérieur droit. Derrière le prophète, trois personnages accroupis et trois debout (en robes bleue, jaune ou rouge), dont les visages marquent l'étonnement ou la crainte, se parlent ; l'un d'entre eux, main gauche levée, regarde Dieu le Père, coiffé d'un trirègne. À l'arrière-plan, à gauche, de hautes maisons à colombage jouxtent un arbre se dressant dans un ciel bleu.

242 Josué, I.

243 Catherine d'Amboise résume plusieurs chapitres de Josué : « Et je vous donneray toute la terre là où vous passerez ainsi comme je le dys à Moyse du desert de Libam jusques au grant fleuve d'Eufrate, jusques à la grant mer encontre le soleil couchant. » *Premier volume de la Bible historiée*, f. cxxxviii ; « Et puis dist Josué aux filz Israel : venez avant et ouyez les parolles de vostre Seigneur. Vostre Dieu est au milieu de vous, car il destruira par devant vous Chananee, Ethee, et Ferreeze, et Evee, et Gregesee, et Amoree, et Jebusee », f. cxxxlx v° [Josué I[4] et III[10]].

convaincre et mettre à desclin tous tes ennemys, car ainsi est le vouloir de Dieu[244].

Incontinant et tout subit, de tellez et si doulcez parolles ouyez, vins davant la forte ville de Jhericho, [53 r°] laquelle, ainsi comme j'ay leu, est environnée et close de sept especez de muraille que toy davant, par providence divine, feis tumbber et choir par terre sans contradition aucune. Oultreplus, mist en ta main le roy et cité de Hay laquelle tu mis à destruction tout subitement[245]. En oultre, pour recorder tousjours plus haultement les puissances divines, mis à exil les cinq roys, c'est assavoir d'Elbron, Jerimoht, de Lachis, Addabis et le roy d'Eglon, les lequelz avoit invocquéz Adenisedehc, roy de Jherusalem, pour luy donnez aide[246]. Plus, pour perseverer ledict Plasmateur de plus en plus à te donner secours, commanda au souleil qu'il se retournast et qu'encor n'entrast en sa rouge couche jusques que tu eussez subjugué tesdictz ennemis. Qu'ancy fut faict, et dura ledict jour quarente et huyt heurez, que jamès n'avoit esté veu et ne fut veu depuis[247]. Encor dis en oultre, pour tousjours exaulcer tes vertus, par l'aide de Dieu, deffiz icelluy jour vingct et quatre roys[248] et trois cens mille hommez armés de pied en cap, lesquelz avoist avecquez aultre sorte de gens de nombre deux cens mille : ceulx [53 v°] que Jabin, roy d'Asor, avoit invocquéz pour batailler contre toy. Non obstant se, de tous fuz le vaincqueur moyennant l'aide et support du Plasmateur haultain. Disant plus en toy exaltant, que par ta prudence magnificque, que distribuans si esgallement et justement les

244 Josué, $5^{13\text{-}15}$; $6^{1\text{-}2}$. Dans la Bible, l'apparition divine n'est pas explicitement celle d'un ange mais d'un homme, « le prince de l'ost nostre Seigneur », épée nue en main ; c'est le lieu où se tient Josué qui a été sanctifié « de la presence de l'ange » (*Premier volume de la Bible historiée*, f. cxl).

245 Josué, $8^{1\text{-}19}$.

246 « En celluy temps regnoit en Jherusalem Adonisedech. – Glose. Adonisedech vault autant comme nostre Seigneur juste. [...] Texte. Et quant il ouyt dire que Josué avoit destruit Jherico et Hay et pendu leurs roys, et que ceulx de Gabaon c'estoient aliéz à Israel il se doubta moult [...]. Adonc envoya Adenisedech le roy de Jherusalem à Oham le roy d'Ebron, et à Pharam le roy de Jherimoth, et à Japhie le roy de Lachis, et à Dabis le roy d'Eglon, et leur dist : Venez my ayder [...] » (*Premier volume de la Bible historiée*, f. cliii v° – Josué $^{10\text{-}5}$). Dans Josué, les cinq rois sont donc ceux de « Jherusalem », « Ebron », « Jherimoth », « Lachis » et « Eglon ».

247 Josué, $10^{12\text{-}14}$.

248 Josué, 12^{24}, indique 31 rois, mais 24 dans le *Premier volume de la Bible historiée*, f. cxliiii : « Quant Jabin le roy d'Asor ouyt ces nouvelles, il envoya à tous les roys de la terre. Et ilz se assemblerent jusques à XXIIII roys entour Josué et avoient avec eulx trois cent mil hommes armés et deux cent mil chars. »

terrez et possessions que gaignéz avois aux douzez lignéez d'Israel, que nul d'entre eulx n'en fist aulcune murmure, aussi n'en avoist il cause car tant feiz, par ta sapience preditte, que chascun d'eulx fut ressazié, apaisé et bien contant, qui à toy fut ungne prudence grande, digne de memoire inestimable, et d'estre mise en cronicque. Car pour le temps qui court à present, voluntiers et mesmement les parens, pour petitez possessions, les voit on sans charité de jour en jour ploidoier les ungz aulz aultrez. Faisant fin à se present chapiltre pour ensuyvir la matiere comprise.

Le IIIe chapitre parlera de la prudente Delbora qui ousta de captivité le peuple des Juifz, par leur inprudence

[54 r°]
Enluminure 37 : Déborah rend grâce pour la victoire[249]

O Delborra, de prudence remplye, te doy je mettre en oubly ? Nenny pour vroy, car tu es digne de memoire et tant que le myen pauvre esperit se pourra estandre, en escripray de tresbon cueur. Primierement, comme de charité esmue et de prudence guernye, feis ung effect digne de commemorer. Car toy voyant le peuple israelitte en servitute et oppressé grandement par ces iniquitéz [54 v°] et ydolastrye grande dont assez estoist coustumiers, ne pour cella ne delessas à supplier et deplorer en requeste piteuse pour eulx. Laquelle priere de toy issue fut exsaulcée, et du Plasmateur piteusement receue. Toy revellant que te transportasse vers ung prince de la lignée de Neptalin, nommé Barach, luy disant :

– Lève sus, Dieu te mande par moy que tu preignez dix mille hommes de la dicte lignée de Neptalin et Zabulon. Lesdictz te mettront en la main Sisaram, prince de la oust du roy Jabin, sans oublier de passer

249 Enluminure 37 : Déborah, cheveux blonds noués sur le devant, coiffée d'un turban orné d'un diadème surmonté d'un chapeau et portant un surcot bleu sur une robe rouge et or à manches lombardes, est agenouillée au centre d'un paysage verdoyant, mains jointes, devant la Trinité qui apparaît dans un limbe, en haut à droite, Dieu le Père étant coiffé d'un trirègne, comme dans l'enluminure précédente ; à l'arrière, à gauche, une foule est en prière (dont le premier homme, à la barbe blanche, est coiffé d'un chapeau bleu et vêtu d'un surcot gris sur une robe bleue aux manches d'or, tandis que le second, à sa gauche, est en robe rouge drapée d'un chaperon d'épaules et d'un chapeau doré. Des autres personnages, on ne voit que les couvre-chefs bleus, rouges ou gris à bords relevés).

par le cousté du ruyssel de Syon car, par se lieu, pourras mieulx et plus seurement supprandre iceulx.

Lequel te feist responce que sans toy il ne iroit et ne se mettroit à chemin, que sus ces parollez luy dis bien humblement :

– Amy, se n'est pas l'estat d'ugne femme comme moy soy entremesler d'armez ne bataillez mais non obstant, pour à toy complaire, te conduyray jusquez à la montaigne d'Esbron.

Alors eulx en laditte montaigne [55 r°] arrivéz, veirent l'aoust dudict Scysaram où il y avoit deconte faict de trois cens mille hommes et dix mille chars. Dont aucunement fut espouventé ledict Barach, mais la prudente dame davant nommée, comme tresdiscrette et bien apprise, luy dist :

– Descens et n'ayez tremeur, car je te affye que se jour nostre Sieur les te livra entre tes mains, combien que le los de vittoire à toy ne sera atribué mais à ungne femme seullement, tout se procedant de la bonté de Dieu et non d'aultre[250].

Lors descendict icelluy, soy confiant aux dittez parolles, prist avecques luy ces dix mille hommes seullement, que se voyant ces adversairez marchez icelluy si asseurement, descendre en ladicte vallée en si bonne ordre, de peur s'enfuyrent et abscenterent, tout par le vouloir du Plasmateur, lequel feist sur iceulx descendre gresle, tempeste et orage, tellement que tous furent desconfictz sans en eschapper ung seul, fors et excepté ledit prince Syzarem qui soy cuydant [55 v°] enfuyr arriva ces Abel[251], femme tresprudente, icelle estant de la lignée du frere de la femme de Moise, demourant icelle en Ydumée. Lequel cuydant estre en seuretté, comme tout las et travaillé s'endormit. Voyant ladicte dame se predict tyrant et ennemy du Plasmateur estre en son povoir et ayant puissance de le deffaire, prist ung gros clou duquel le trespercza la teste d'oultre en oultre, dequoy la mort s'ensuyvit[252]. Tantoust après ledict Barahc arriva leans où ledict estoit expiré, où alors congnut la prophecye acomplye que ladicte dame luy avoit pronuncée. Donc la bataille finée, fist ladicte Delborra ung louange de canticque à Dieu le Createur, contenant

250 Juges, 4^{9}.

251 Yaël ou Jahel : Juges, 4^{17-22}.

252 « Jabel la femme Aber de Tymée print ung moult long clou durement et ung grant marteau. Si luy frappa le clou parmy les deux joues tout oultre et [...] fut tantost mort. » (*Premier volume de la Bible historiée*, f. cl r° – Dans Juges, 4^{21}, Yaël prend un piquet de la tente.)

plurieux choses ainssi qu'on pourra voir on livre des Juges[253]. De se present chapiltre me tais pour esviter le vice de prolixité.

Le quatriesme chapitre parlant de la tresprudente et honneste dame nommée Rupht, de la lignée de Monas[254]

[56 r°]
Enluminure 38 : Noémi (Ymona) fait ses adieux à Orpa devant Ruth[255]

En poursuyvant des prudentes l'effect, non en telle forme ne si haultement que à elles apartient pour les effectz vertueulx en icellez redondans, pour ceste cause veil me arrester à toucher de l'efficace de la tresprudente et sage dame nommée Rupht qui, en son temps, fut si tresacomplie et de bonne amour plaine qu'inpossible seroit à scens humain le sçavoir exprimer. [56 v°] Donc pour venir et eschoir en l'ystoire et descripre comme j'ay <comme j'ay> dit les prudences d'icelle, primierement parlerons du temps de Helye, le grant prestre et juge d'Israel. En icelluy temps fut ungne famyne en la terre de promission telle et si vehemente que contrainct fut Helimech, le plus grant homme de la lignée de Juda, de vuider[256] la contrée pour allez vivre ailleurs et de faict partit luy et sa femme, nommée Ymena, et deux filz qu'ilz avoist[257]. Tant cheminerent les dessusdictz qu'il arriverent en la region de Mouab où il desmourerent long temps, tant que ledict Helimelehc y mourut. Dont après sa mort, ces deux filz se marierent et prindrent femme de ladite region, que, ainsi comme j'ay leu, l'ungne avoit non Orpha et l'autre Rub. Dix ans après,

253 Juges, 4 et 5.

254 Pour Moab ?

255 Enluminure 38 : Devant la porte d'une cité fortifiée, Noémi (vêtue d'un long manteau gris moiré d'or sur une ample robe bleue, les cheveux retenus par une résille et couverts d'un chapeau-turban bleu à rubans rouges) et Orpa (surcot jaune bordé de bleu sur une robe rouge, chapeau-turban amarante à rubans blancs) se tiennent embrassées, se regardant l'une l'autre. Derrière elles, Ruth, en manteau rouge sur une ample robe jaune, et turban gris à mentonnière, les observe, la paume de la main droite posée sur sa poitrine, la gauche retenant son manteau.

256 Leçon rejetée : *vuidez.*

257 Livre de Ruth 1, *Premier volume de la Bible historiée*, f. clix v° : « Les jours de cestuy Hely vint une grande famine en la terre de promission et pour ce s'en alla hors de la terre et alla en la terre de Moab Helimelech, ung homme de Bethleem de la lignée Judas, et y mena sa femme et ses deux filz, et avoit sa femme à nom Ymona, et ses deux filz Maalon et Thelion. »

moururent lesdictz sans avoir lignée descendue d'eulx. Et demoura la pauvre Ymona, veufve de mary et d'enffans, avecques lesdictez deux de ces filz trepassés. Adonc ladicte pauvre veufve entendict dire [57 r°] que Dieu avoit refresné son ire, restituant à laditte terre de promission affluence de biens. Que incontinant ces parollez ouyez, prist le chemin pour s'en retourner audict pais et ces fillez avecques elle, leur disant tellez parollez :

– Fillez et amyez tresloyallez, je vous regracie et mercie des grans biens et honneurs que faictz m'avez, tant à mon deffunct mari que à mes deux enffans et à moy, pauvre desolée. Retournez[258] mes fillez, retournez en vostre pais et à vos gens, et paraillement à vos[259] dieux, car vostre loy et la nostre est differente, et plus, je n'ay plus d'oirs pour vous donner, pour susciter le non et bruyt de mes dictz enffans trepassez. Oyant ces doulcez parollez, ungnez d'icellez prenant congé la baisa. L'autre, nommée Rub, la commancza à suyvre, que se voyant la bonne dame luy dist :

– Ta cousine s'en est retournée à ces dieux, retourne toy aussi car mes dieux ne sont aux tiens semblablez, car tu es payenne.

Adonc fist responce ladicte Rub, comme de ferveur esprise :

– Non, dame, [57 v°] je iray par tout là où tu iras et mourré avecques toy, preste de addorer ton Dieu et faire tout se qu'il te plaira me commander.

Voyant la preditte bonne dame la vroye amour d'icelle et reverance que luy portoit la prudente Rub, fut toulte consolée en esperit, en acceptant sa priere et requeste. Que incontinant s'en partirent et tant cheminerent que vindrent arriver en la cité de Behtleem où estoit l'abitude d'icelle. Se gouvernant si tressagement la predicte Rub que, par son art et intelligence, nourrissoit et alimentoit sa bonne mere. Et plus y a, pour la bonne renommée qu'elle avoit par son beau service, par le bon conseil et vouloir de sa mere, espousa Loht[260], le tressage et riche homme, qui fut primier inventeur, en venant voir ces moysonneux, de dire se beau mot et d'efficace, *Dominus vobiscum*, qui vault autant à dire comme Dieu soit avecques vous. De laquelle il heut filz Obeht, de Rubh, qui fut

---

258 Leçon rejetée : *retourner* mes fillez, *retourner*.

259 Leçon rejetée : *vaulx*.

260 Non Loht mais Booth [Booz]. *Premier volume de la Bible historiée*, f. clx : « Et ainsi comme elle glanoit, Booth vint de Bethleem à son champ et dist à ses meyssonniers : *Dominus vobiscum*. Cy trouve on *dominus vobiscum* et par *vobis* en l'Evangile de Jehan quant Jesus s'apparut aux apostres. Glose : Nostre Seigneur soit avec vous. Ilz respondirent. Nostre Seigneur te begnie. »

pere de Jessé, tressainct homme [58 r°] dont fut produit David, roy tresnoble. Par quoy doncques on peult considerer que par prudence et charitable amour, on vient à grande perfection. Quant de ladicte Orpha qui delessa sa mere tant valable par son inprudence et faulte de charité, d'icelle issut le faulz Goulias et ces cinq freres[261], lesquelz sans aulcun en eschapper furent occis et mis à destruction par le tresnoble et preuz roy David, ainsi qu'on pourra voir on [livre] des Roys bien amplement[262]. Donc pour ceste cause me tais de plus amplement en descripre, faisant fin à se present chapiltre, pour peur de fascier les oyans, et oultre pour proceder en men matiere commancée, celle qui desire soubz l'escu et baniere de dame Prudence parvenir à cheif de mon emprise.

Le cinquiesme chapitre parlant de la bonne et prudente Anne, mere de Samuel le prophete

[58 v°]
Enluminure 39 : Élie rabroue Anne[263]

Femme tressage, refulgente en vertus, Anne nommée, doi ge lesser tes merites et vertus de si grant effect sans en faire quelque recite ? Certez nenny, car tu as bien merité estre mise on nombre des prudens vertueulx, et prudentez. Donc pour toucher de tes faictz excellans, selon la capacité du mien fresle et tendre esperit, primierement, ainsi que j'ay leu, de

261 Selon la tradition hébraïque. Voir le *Premier volume de la Bible historiée*, II Roys, f. clxxxxiiii r° : « Glose : Les Hebrieux dient que Jesbenedob fut de la lignée des geans et que Raphala fut Orpha la femme du filz Ymena dont nous lysons au livre de Ruth. Et dient qu'elle print après la mort du filz Ymena ung mary de Geth dont elle eut quatre filz geans qui cy sont nomméz si comme Jesbenedob, Cephi, Golyas que David occist, et le quart qui avoit six dois en chascune main et en chascun pied. »

262 I Rois, 17 [Samuel].

263 Enluminure 39 : Au centre d'une salle au décor architecturé (porte à colonnes et à fronton en coquille) s'ouvrant sur un paysage bleuté, Anne vêtue d'un long manteau bleu ouvert sur une robe dorée, portant un voile blanc surmonté d'un nimbe, regarde, mains jointes et dans une attitude craintive, Élie, barbe et cheveux blancs sous un bonnet pointu gris, en longue robe amarante à chaperon d'épaules bleu, qui la fixe avec sévérité. À droite, se distinguent devant un groupe, un homme en robe rouge et en chapeau-turban conique gris qui montre Élie de la main droite, et une dame, vêtue de bleu, parlant, tête penchée vers une autre vêtue de vert et de rose, portant un chapelet à droite et un livre fermé sous le bras gauche.

Pascience et Prudence, sa seur[264], par longue espace as [59 r°] maintenue leur reigle, en exsaulcent tes faictz. Tu fuz long temps, par le vouloir de Dieu, seche, sterille, sans povoir concepvoir, qui t'estoit pondereux et fort greif à porter, pour la maledicion que pavrez brahaignez, en se temps preteritt, encourost en la loy, et plus souffroys pour la moquerye de tes compaignes, comme j'ay leu, que pour aultre chose[265]. Se nonobstant passiemment portas tous ces ennuys, sans murmure aucune, ayant ton cueur et espoir au Plasmateur lequel t'en guerdonna en fin ainsi que desservy tu l'avois. Exsaulcent ta priere piteuse, laquelle tu luy fis toy estant en Scillo, où tout chascun estoit tenu et contrainct selon la loy aller sacrifier à Dieu trois fois l'an sur paine d'inobediance, où grant reproche receuz de mainctez gens et mesmement de Hely, grant prestre de la loy, lequel te dist que tu estois yvre ou folle, à l'occasion que toy faisant ta priere, apperceut que avoys ton esperit ravy et transporté en Dieu. Auquelz tu feis responce treslouable, fondée et assize en humilité grande et profunde :

– Helas sire, [59 v°] dist, tu me inferez chose impasciente, fort pondereuse à tollerer, tu me dis que je suis yvre, et se jourduy ne beuz ne ne mangé ; te plaise m'avoir pour excusée. Je suis une simple femme de tous bien desfournye, brahaigne, esclave qui n'ay aucuns enffans, dont te supplie, pere tressainct, que supplier et excuser mon ignorance. Adonay le haultain[266], priez pour moy qu'il luy plaise de me impartir et donner ung hoir, luy pourmettant et faisant veu de cueur et volunté que si luy plaist me faire telle grace, cy et desjà luy en fais offerture, et luy donne en peur don pour estre nazasien[267] toulte sa vye.

---

264 « Car celluy qui est pacient se gouverne par grant prudence ainsi comme fist Job qui eut pacience en toutes ses adversitéz. » (BnF, ms. fr. 572, *Vices et vertus*, f. 87 v°) ; « Mes cil qui tout prent en patience, comme fist Job, et se fie dou tout en Dieu, vaint ceste bataille » (*La Somme le roi par Frère Laurent*, éd. E. Brayer et A.-F. Leurquin-Labie, Paris, Société des Anciens Textes Français, 2008, chap. 56, p. 296).

265 I Rois [Samuel], 1.

266 Adonaï (ou Adoni), signifiant Seigneur (voir Flavius Josèphe, BnF, ms. 5082, vol. I, f. cxv r° : « Adoni en hebrieu vault autant à dire comme Seigneur »).

267 *Premier volume de la Bible historiée*, I Roys, f. clxii v° et cii r° : « Sire se tu me donnes ung filz et tu as pitié de ma douleur, et te souviengne de moy ton ancelle, je le donneray à toy nazerien tous les jours de sa vie, ne jà rasoir ne montera sur son chief. Glose : Que c'est à dire nazerien trouverez vous au livre des Nombres au chapitre des nazeriens de la loy. » – « Si estoient nazariens appelez une maniere de hommes et de femmes qui par veu se obligeoient à mener saincte vie jusques à ung certain temps en toute leur vie et sainctifioient et se tiroient à nostre Seigneur en ceste maniere ceulx qui faire le vouloient. » [Nombres, 6. « Nazariens » ou *nazir* est formé d'après une racine qui, en hébreu, signifie « séparer »].

Voyant ledict evesque la grant ferveur de devotion de ladicte Anne, luy dist telz moctz :

– O saincte femme remplie de vertus, je t'avertis que tu es bien heurée, retire toy hardiment car je te pourmectz que dedans l'an ledict sieur Adonay exsaulcera ta priere en te donnant lignée.

Ouyant icelle prudente bonne dame les parolles si tresconsolativez, esmeue de joye et d'esperance, s'en retourna en son manoir où elle heut [60 r°] au bout de l'an lignée, ainsi que le bon evesque luy avoit dist et pronuncé. Qui ne fut petite portée, car la bonne et devote dame conceupt et porta le sainct et tresdigne prophette nommé Samuel, qui fut tant excellant et parfaict qu'il merita la grace de Dieu si profundement que cothidiennement parloit à luy, faisant ledict plurieux chosez dignez de memoire au peuple judaicque ainsi que pourrez voir on primier livre des Roys. Par quoy on pourra voir que non sans cause et merite n'ay descriptez ces vertus altissimez, cas parail de la bonne dame Anne, qui feist, elle regnant, fruit de si grande efficace qu'à present encor en est memoire perpetuelle. Faisant fin à se present chapiltre cinquiesme du sizesme livre.

Le VIe et dernier chapitre de se presant livre parlant d'Ascanius, aultrement dict Julius, dont descendit la lignée des Sarrariens[268]

[60 v°]
Enluminure 40 : Ascagne et Énée sur les flots[269]

Pour achever lesdict des vertueulx qui ont esté dignez d'estre mis en memoire en cest eage troisiesme, pousé que tous n'ay descripz les vertueulx car inpossible me seroit, pourtant que ma fantasie et object n'estoit d'escripre et mettre en chascun livre que six chapitrez[270], ce est

268 Erreur du copiste qui écrit « sarrariens » (ou « sarraciens » ?) pour « Sesarien » : la lignée des César ? Voir plus bas, f. 62 v°.

269 Enluminure 40 : Dans une grande nef, voile déployée – qui occupe toute la largeur de l'image – Ascagne debout, en saie bleue et grise sur une cotte jaune, coiffé d'une barrette rouge, tient de la main gauche une épée et tend la droite vers Énée (couronné, mozette d'hermine sur une robe or, manches à revers de fourrure), mains croisées sur la poitrine.

270 À propos de la composition fondée sur les chiffres dans la littérature médiévale, on consultera E. Curtius, ouvr. cité, p. 607-618. Ici, la précision de structure et ce personnage emblématique sont situés exactement au milieu de l'œuvre. Voir l'Introduction, p. 48.

qui m'a gardée les plurieux rediger, et oultre car à mon advis ay choysi les plus parfaictz, [61 r°] dont pour achever le mien pourpoux et pour suyvir mon sixiesme livre, ay voullu prandre et choisir, par sus tous les payens et gentilz, ung que je pance estre dignez d'effait, c'est le prudent et bien moriginé predit Ascanius qui, par ces vertus grandez, fut connommé le vaillant Julius. Dont pour descripre en breifz de ces vertus valablez et puissantez, que dirai ge en le magnifiant ? Certez mieulx ne porroye que primier dire et toucher de sa generacion tresgrande. Comme j'ay leu, fut primier filz d'Esnée le Troyen, lequel Troyen fut filz du tresnoble Anchisses et de la deesse des amans reclamée, dame Venus. Et fut filz ledict Ascanius, du cousté maternel, de la tressage et tresprudente nommée Creusa, fille du noble Prian, roy de Troye et d'Asye, lequel roy, comme povez voir <comme on peult voir>, fut mis à destruction piteuse. Car ainsi que la destruction predicte de Troye tant inhumaine et cruante, le bon Ascanius de qui faisons narré, comme rempli de vroye pascience, plus qu'enffent qu'on[271] lire de son aage, vict destruire, mettre [61 v°] <mettre> à feu et à sang la grande cité tresnoble, dicte de Troye, et, oultre plus, occire et mettre à mort sa bonne mere tant sage et prudente, qui luy fut ungne doulleur forte à porter. Et plus, en poursuyvant tousjours ces vertus, luy estant avecques son seigneur et pere sur mer comme pavrez esclavez, par l'espasse de sept ans ou plus, où tant eurent à souffrir qu'inpossible seroit de plus. Dont voyant ledict pavre Ascanius son pere de soucy atourné et de tristesse pris, par sa prudence haultaine incessenment l'exortoit à souffrir et tout porter d'icy et tousjours pascienment, remettant davant luy à memoire le sort des dieux et leur devynement, et qu'encor en estoit son espoir, après avoir souffert tant de travaulx, de parvenir à quelque bonne destinée, ainsi que plus amplement pourrez voir aux *Eneeydez* de Virgille[272]. En

271 Lacune. Comprendre : qu'on puisse lire ?

272 Souvenir d'*Orose*, plus que de l'*Énéide* [chant I, v. 256-288 et chant VI] directement : ouvr. cité, vol. I, « Tiers aage », f. VI^{xx}xii v°, « Moult de peines, d'aversitéz, de tribulations et de soucy eurent Eneas et ses gens ains que venir en Ytalie, [...] adonc Ascanius voiant que faulte de vivres avoient commença à dire en riant devant son pere : Or cha seigneurs faisons grant chere. À ceste heure sommes nous au bout de tous noz vivres, je l'ay bien apparceu quant il n'y a celluy de nous qui ayt mangé son saoul et que nous avons mangé noz reliefz. Quant Eneas oyt ainsi parler son filz, il fut moult joyeux et dist à ses gens : Mes enfans ne vous soucyez, car veu ce que vous me dictes nous sommes à fin de noz travaux et au pays que les dieux nous ont promis, bien suis memor et remembrable que l'ame de mon pere Anchise une fois en advision me dist que là où nous mangerions noz

poursuyvant nostre vouloir piteulx dessus l'effect dudict Ascanius, vroy est que après leur grant singlement marin, arriverent au port latin, près la cité qui se nomme Lorence, où le dict Enée heut à souffrir, tant ou plus que davant, par Thur<i>nus des complicez maulvaiz, [62 r°] dont luy [fut] force aller chercher[273] secours au noble roy nommé Esvander, fundateur trespuissant de la noble cité de Pallence, où à present est fondée la tresexcellante cité de Romme. Et lessa ledict enffant Enée, quant il alla demander secours, en ung meschant chasteau faict de bois et torchis, non deffensable mais indifficible[274] à tenir contre le moindre effort qu'on eust sceu faire. Ledit pavre jeune jouvenceau fut assailly dudit Thurnus et ces complicez, que si n'eust esté sa prudence, il eust [esté] subjugué et vainqu. Or disons plus la vertus du predit juvenceau, en son aage de dix et sept ans, convainquit en champt de bataille Cellius le tyrennicque, pour se temps roy de Cecille[275]. Dont et en faveur de ceste vaillance <dont et pour ceste vaillance> luy fut atribué le puissant et tresexcellant non de Julius. Et plus ung effect de vertus diray fort piteable que eulx[276] de ta belle mere et frere jeune, lequel n'estoit, ainsi que j'ay leu, venu sur terre quant ton pere mourut. Le grant confort que luy feiz en toulte reverence, en eslevant et mettant [62 v°] en honneur, luy donnas et delessas la cité triumphant de Lorence. Cella faict, pris le chemin pour aller fonder la cité d'Arcques, que pour se temps là fut le cheif et triumphe de toulte Lombardie, en là resgnas justement et triumphenment le reste de ta vie[277]. En celluy temps, par le vouloir des dieux, heuz ung enffant puissant et magnificque, lequel heut non Julius, duquel fut extraicte la tresillustre et puissante lignée de Sesar, grant empereur totallement gouvernant la monarcque mondaine, comme l'on voit aux Romainez hystoirez[278]. Tant prospera icelluy en vertus,

reliefz, nous demeurerions et seroit le lieu de nostre habitation dont nous serions seigneurs et dont les dieux nous avoient fait promesse, et pourtant resjouyssons nous. »

273 Leçon rejetée : *allez cherchez.*

274 Comprendre : Indéfendable et difficile à tenir.

275 Non Cellius mais Mezentius, d'après *Orose*, vol. I, f. vii.xx.vii v° : « [...] Demeura Eneas paisible du royaulme envers tous fors envers Mezentius qui estoit de Cecille et luy menoit guerre, mais pourtant que Eneas estoit vieil il envoya son filz Ascanius combatre contre luy [...], et de celle heure fut ledit Ascanius nommé Jullius pour cause que alors qu'il tua Mezentius la barbe luy venoit encore. »

276 C'est-à-dire : que tu eus.

277 *Ibid.*, « Comme Ascanius filz de Eneas tint le royaulme apres la mort de son pere. »

278 *Hystoires romaines* de Jean Mansel, BnF, ms. fr. 54, f. 12 r°-v° : « Aucuns veulent dire de Ascanius qu'il fut néz d'Enée et d'une sienne femme nommée Erusa avant que Troye

que encor à present en <en> florist de la rasse tresvertueusement, de quoy plus ne toucheray, pour tant que moy de petit effect en suis[279]. Considerant lesdit du sage, disant que la personne qui de soy mesmez se loue, dymynue plus son honneur qui ne la multiplie[280].

[63 r°]
Enluminure 41 : La punition d'Absalon[281]

Le premier chapitre du septiesme livre fait commemoratio dez imprudens du quatriesme aage. Et commance au beau tresturrudent[282] Absalon, filz du roy David

En poursuivant la matiere subjette où mon esprit a ung peu vigillé, selon la capacité pauvre d'iceluy, oultrepasser sans demourer entredeux, qui est vice non digne de commerorer si ce n'estoit pour donner occasion de fruitz aux lecteurs et auditeurs d'iceluy, c'est de ceulx qui commancent ung edifice et ne le parachevent, iceulx sont du nombre de ceulx que

---

fust destruite. Et qu'il fust compaignon du voiage et de la fuite de son pere qui en autre maniere fut nommé Julius. Du quel Julius fut denommée depuis la lignée de la gent Julie. » – f. 258 r° : « Commant Jule Cesar nasquit de sa mere et parle de son commencement et d'aucunes guerres que les Romains eurent lors contre leurs citéz voisines. [...] il [César] fust appelle Julius pource quil fust du lignaige de Julius qui fust filz de Eneas de Troyes. » – jusqu'au f. 363 v° « Cy finissent les faiz de Guayus Julius Cesar premier empereur de Rome. »

279 La famille d'Amboise a prétendu descendre d'un « cousin de Jules César ». Voir G. Souchal, « Le mécénat de la famille d'Amboise », *Bull. Soc. Antiquaires de l'Ouest*, t. 13, 1976, p. 487. Voir aussi l'épître dédicatoire du médecin Nicolas de La Roche à Catherine d'Amboise (Introduction, p. 14, note 19).

280 « Ne te loue point. » (*Second volume de la Bible historiée*, *Les paraboles de Salomon*, chap. XXVII, f. ix r°) *Cf. Des vices et vertus*, ms. fr. 572, f. 92, « De vaine gloire » : « [...] vice de vaine gloire est quant l'on est vanteur et que l'on se loue d'aucune chose et c'est laide chose à l'omme louer soy mesmes. » [*La Somme le roi par Frère Laurent*, éd. citée, chap. 32, p. 122 : « La quinte branche d'orgueil est vaine gloire, c'est fole plaisence de vainne loenge [...]. »]

281 Enluminure 41 : Jouab, sur un cheval gris au galop, vêtu d'une saie jaune sur des jambières d'armure, tenant un bouclier rouge au côté gauche, transperce d'une lance Absalon qui le précède, en armure dorée, déjà déséquilibré sur son cheval bai par ses cheveux pris dans la branche d'un grand arbre, occupant le centre supérieur de l'image ; dans le coin droit, une dame (Katherine ?), vêtue d'une robe jaune et d'un voile noir, main gauche sur l'estomac et main droite levée paume à l'extérieur, regarde la scène. [Cette miniature se distingue de toutes les autres par son style et par sa présentation : un simple filet noir l'encadre ; le titre rubriqué du chapitre s'inscrit dans un phylactère placé en son coin droit. La bordure n'est pas enluminée.]

282 Leçon douteuse.

dit l'Evangile, [63 v°] celuy a commancé ung œuvre puys la delaisse ou melleur et plus beau de sa substance d'icelle[283]. Doncques pour et affin que ne soye du nombre d'iceulx, moyennant l'aide du Sainct Esprit et de ma gouvernante et conduicture, ma bonne mere maistresse et amye, dame Prudence, poursuivray mon emprise, veoir si possible est plus vertueusement que n'ay fait davant. Pour parvenir à mon predict object, et commancer le miein septiesme livre, me samble advis, sauve meilleure oppinion, que ne puis mieulx proceder, pour ensuivir l'imprudence des imparfaitz non vertueulx du quatriesme aage, que commancer à Absalon, auquel Dieu fist si tresgrant grace touchant nature que je n'ay point veu ne leu que jamais homme fust plus beau et mieulx fourny des dons naturelz, excepté le haultain Plasmateur, lequel l'avoit formé et produit[284]. Pensant en moy la noble extraction dont il estoit sorty, qu'il desmerita grandement, car premier il fut filz de roy et sa mere fille de roy et reyne, après venir et proceder ledit Absalon de la tresnoble extraction du roy David, que ledit tresmal recogneut, qui est oultre Dieu, justice, droit et equité. Et pour narrer bien au vray de la sienne imprudence, premier par sa chacherieuse et mauldite trahyson, fist occire et mettre à mort son aisné frere, Amon, pousé que ne veil excuser l'imprudence dudict[285] car grandement forfist, nonobstant que [64 r°] <que> à luy n'estoit de l'en pugnir. De quoy que le bon roy David s'en mutina et tresfort en fut courroucé. À ceste cause dudit courroux, se absenta ledit imprudent Absalon et fut par l'espace de deux ans comme esbany hors du pays. Mais par amityé, comme deux amys s'entrayment aulcunefoys l'ung l'autre pousé que tous deulx ne vaillent guerez, trouva invention Jouab, ainsi comme connestable dudit roy David, faire venir une femme laquelle fist une proposition devant ledit en forme de plaincte, en la manyere qui s'ensuit[286]. Se gecta à genoulx davant ledit roy, en soy humiliant à son pouvoir, luy proposant ceste parabolle :

– Helas sire, gardez moy.

---

283 Luc, 14^{30} : « Voilà un homme qui a commencé à bâtir et qui n'a pas pu terminer ».

284 II Rois [Samuel], 13 à 19.

285 Le viol de Tamar par Amnon (II Rois [Samuel], 13).

286 *Premier volume de la Bible historiée*, II Roys, f. clxxxix : « Quand elle fut venue au roy, elle cheut à ses piedz à terre et là oura et dist : Garde moy, roy. Le roy lui dist : Quelle chose as tu fait ? Elle respondit : Lasse, je suis vefve femme. Si avoye deux filz qui s'en alloient ensemble au champs, et tancerent l'ung à l'autre ne nul ny estoit qui les peust appaisier. Si a l'ung occis l'autre. [...] »

Que luy dist le bon roy :

– Quelle chose as tu ?

– Trescher sire, je suys une pauvre femme vefve qui avoit deux filz. Or est ainsi, cher sire, qu'ilz s'en aloient esbatre ensamble et, comme noise sourt, eurent desbat ensamble l'ung à l'autre et, faulte d'absens pour lez engarder d'en cheoir en l'inconvenient où puys après cheurent, le plus jeune occist le plus grant, parquoy la lignée de l'occis me prochasse et me veult apprehender et oster l'autre. Que doy je faire, cher sire ? Je te supplie, ayez pitié de moy que je ne perde point totallement ma lignée.

Alors fist responce le bon roy :

– Femme, va en paix, nully ne fera mal à ton enfant.

Qui fist responce subite :

– Sire, dist elle, si tu me veulx [64 v°] asseurer que la lignée de l'occis ne me fera desplasir, incontinant me partiray de devant toy.

– Femme, dist il, je te prometz, par le Dieu regnant, que nul dez cheveulx du tien enfant ne perira.

Que incontinant et tout subit, se regecta à sez piedz, luy disant :

– O sire roy, entre dedans le cloux de ton souvenir, rememorant l'ystoire que en parabole cy davant vous proposée, c'est qu'il te plaise de ta benigne grace rappeler le tien filz Absalon car mieulx que moy scez bien que lez eauez qui vont contre bas ne peuvent reperdre leur retour[287], ainsi est de ton filz Amon qui à vie ne peult revenir, et pource donc, roy tresprudent, ne pers tez deulx filz pour ung, le rappellant par ta benigne grace.

Voyant le bon roy la sagesse de ceste femme prudente, luy proposa telles parolles :

– Femme, dist il, qui t'a enseigné faire ce, n'est ce pas Jouab ?

– Sire, pour le salut de ton ame, ledit Jouab m'a fait dire tout ce que davant ay proposé.

Que dist le bon roy à Jouab :

– Pour la parabolle que ceste femme m'a cy racomptée, que treuve veritable, suys rapaisé et pardonne à mondit filz. Et pource o toute diligence, va toy mesmes le querir et le ramene.

Ce qu'il feist. Pousé que, quant ledit Absalon fut retourné, par l'espace de deux ans, ne le volut voir le bon roy son pere, que puys

287 *Premier volume de la Bible historiée*, *ibid.*, « Sire, rapellez doncques vostre filz que vous avez dechassé et degecté, car Dieu ne veult que nul ame perisse, et nous en yrons sans retourner ainsi comme les eaues qui tousjours vont aval et jamais ne tournent. »

après le veit et receut en le baisant charitablement. [65 r°] Dont après luy rendit mal pour bien par son ingratitude[288], car comme imprudent et non sage, après tant de graces à luy faictes, par superbité, prenant exemple à Luciabel, s'esleva à l'encontre de son pere en luy voullant, par sa trahyson mauvaise, le frustrer de son royaulme. Et pour parvenir à sa mauldite entreprise feist faire ung curre pour le porter par la ville où davant luy faisoit marcher cinquante hommes à cheval pour monstrer sa magnificence, pousé qu'elle fust injuste, et plus se alloit mettre et assoir aux portes de la cité où sentoit que tous ceulx qui avoient afaire au roy son pere passoient, et leur disant telles parolles ou samblables en les blandissant, c'est à entendre quant aulcuns estoient offenséz qui se aloient plaindre au roy, leur disoit :

– Tu as bonne raison mais de justice ne te puis faire, c'est à mon pere.

Si j'estoie roy[289], disoit il, ces chosez ne demoureroist impugnies, car je feroye telle et si bonne justice que à tousjours mais en seroit parlé. En lez baisant pour tousjours plus les atraire à sa mauvaistié couverte. Luy cognoissant avoir beaucop de peuple gaigné, comme est chose immobile[290] que de homme et oultre que en pauvreté ne se treuve pas souvant fidelité, vint au roy son pere soubz l'ombre d'aller faire sacrifice à Dieu en Syllo, luy faisant acroire que luy estant en son indignation, qu'il feist veu à Dieu y aller s'il luy plaisoit faire tant que retourner peust en la sienne grace. Le bon roy David, tout [65 v°] remply de bonté, non pensant à la trahyson de sondit filz :

– Va y, dist il, en bonne et loyalle paix.

Le traistre, ingrat desmesuré, suyvant le sentier de Imprudence, ainsi s'en partit d'avecques sondit pere et tant chevaucha que arriva en Esbron, o par sa mauldite et intellige mauvaise, feist assambler grand multitude[291] de peuple prestz et promptz d'acomplir sa volunté interdicte. Voyant et sachant le bon roy David, par ung loyal serviteur inspiré de Dieu, sa volunté inresonnable, pour esviter la cruaulté de toy et des tiens, s'absenta et departit de la cité de Hierusalem tous nudz piedz et teste, avecques luy six cens hommes qui à luy estoient avant qu'il fust constitué roy d'Israel.

---

288 Leçon rejetée : *ingratude*.

289 Correction dans le manuscrit : *si jestoie ~~plus~~ roy*.

290 Le contexte et la pensée la plus répandue (*cf.* début des *Continuelles meditations*). feraient plutôt attendre « mobile ».

291 Leçon rejetée : *multude*.

O inhumain et non charitable sur tous, o dez pirez le maistre et capitaine de toute improbité, commant euz tu le cueur si putrefaict que tu n'euz compassion de celuy qui t'avoit mis au monde ? Pire estois que une beste brute, voyant ton pauvre pere si descrepit que aucunement tu n'avois pitié de luy. Ne suffist à ce faulx interdit, s'en vint en grand pompe, triumphe et chevalerie, tousjours deliberé faire de pis en pis, vint au palays de sondit pere où estoient demoréez sez concubines, et comme ung homme inceste samblable à une beste brutte, toutes les cogneut laidement et villainement par sa crudelité et infamie mauvaise, qui fut à son peuple ung exemple maling et de consequence [66 r°] fort interdite. Et feist encores pis : pour tousjours escroistre son mal, feist une assamblée de gens de guerre pource et affin de venir batailler contre sondit pere. Qui te fut une mauvaise entreprise, car, par l'aide de Dieu qui tousjour ne[292] laisse perseverer lez mauldictz pecheurs en leur peché mais en fin leur rend guerdon tel qu'il appartient, toy et tez gens, jusques au nombre de quatrevingtz mile, fustez destruitz par divine providence dez gens du bon roy David, ton pere. Lesquelz n'estoient en nombre que sept mille, et demeura dez tiens mors sur la place vingt mille qui plus furent desconfitz dez bestes que dez hommes[293], et toy fuz pugny, comme raison[294] le requeroit, par la chose du monde à laquelle prenons plus grant felicité, c'est à entendre par tes cheveulx ausquelz demouras pendu villainement. Et plus vint après, pour tousjours toy pugnir comme l'avois deservy, toy pendant, vint Jouab le connestable qui te trespercza de troys lances pour toy pugnir dez troys maledictions dont tu avois encourcé Dieu, dont la premiere estoit inobedience, oultrecuidance et ingratitude. Et pour plus donner à entendre ton imparfection mauvaise, après que tu fuz expiré, fuz gecté dedans une fousse tenebreuse couvert de pierres, pour donner à cognoistre que seullement n'avoys encourue la malediction de ton pere mais celle de Dieu, et par tez forfaitz [66 v°] dampné et perdu eternellement. Faisant fin à ceste <a ceste> presente hystoire, suppliant aux lecteur[s] et auditeurs d'icelle que ilz prenent exemple[295], c'est que obeyssent mieulx à leurs peres et meres que ne fist ledit imprudent desnommé cy davant en ce present chappitre.

292 Leçon rejetée : *me.*

293 *Premier volume de la Bible historiée*, f. cxxii v° : « Si en y eut vingt mille d'occis, mais les bestes des landes en occirent plus que ne firent les gens de David. ».

294 Correction dans le manuscrit : *comme Raison ~~le raison~~ le requeroit.*

295 Correction dans le manuscrit : *exemple ~~exemple~~.*

Enluminure 42 : Roboam face au peuple d'Israël[296]

Le second chapitre parlera du tresfol conseil de Roboam, roy de Juda, qui par sa folie perdit le royaulme d'Israel

Or passons oultre, continuant noz proposicions sur le terme dez imprudens du quatriesme aage, offusqué de tant en trouver quasi que souvant ne sçay lesquelz mettre en avant, pourtant que en tous lez aagez [67 r°] en treuve tant que possible seroit à moy tous les comprandre. Mais selon mon petit object et fantasie tendre, mectz tousjours peyne prandre lez plus apparens selon mon savoir, pourtant que la myenne entention est en chascun livre ne prandre que six chappitres par quoy suis contrainte abreger. Pour le segond chappitre de mon livre predict, viendrons à toucher au tresinfortuné et imprudent Robboan, filz du roy Salomon, qui, par son oultrecuidance, perdit en une seulle journée tant de biens que Dieu, par le merite de sa race dont il estoit produyt, luy avoit donnéz. Et pour narrer ladite hystoire en briefz termes, vray est que après le decès du sage et riche roy Salomon laissa pour son heritier universel ledit Robboam son filz, lequel soy voyant eslevé en dignité si tresgrande et honneur, non cognoissant Dieu dont luy procedoient tous sez grans biens, s'esleva en soy mesmes, cuydant et pensant en luy valoir plus que nul de sez predecesseurs. Et qu'il soit vray, vint le peuple d'Israel vers luy, en lui faisant une petition et requeste, c'est qu'il luy pleust lez vouloir aulcunement descharger dez services que le roy son pere les contraignoit de faire et que, si ainsi le fasoit, à luy obeyroient de bon cueur et volunté trespure. Ausquelz arrogamment leur feist responce [67 v°] que dedans troys jours leur en diroit son vouloir. S'en vint aborder aux ensciens serviteurs de son pere, leur demandant leur oppinion et advis, lesquelz luy feirent humble responce, en telle forme :

---

296 Enluminure 42 : À gauche, Roboam, debout devant son trône, en habit royal (couronne, robe dorée à manches bordées d'hermine, mozette bleue) porte la main droite à sa ceinture et tend l'index de la main gauche vers des jeunes gens qui s'adressent à lui, main droite sur la poitrine ou main tendue, paume vers l'extérieur. Entre eux et le roi, trois hommes en manteau (bleu, rouge ou gris) s'interposent, formant comme une triade par la position rapprochée de leur corps et de leur visage : le premier, les mains jointes, regarde en direction des solliciteurs, comme celui qui est placé à son côté gauche ; le troisième dirige son regard vers Roboam, tenant sa main droite dressée, paume à l'extérieur. Dans la bordure enluminée, entre fleurs et fraises, apparaît un centaure qui tient à sa gauche – vers la miniature – un bouclier rouge portant les chiffres R et T.

– O sire, sire, ce peuple est difficile à entretenir si aucunement ne lez as par gratieusité, et nous samble que devez accorder ceste petite requeste qui n'est pas de grand poix.

Alors s'en partit le roy, non content de l'oppinion de son conseil pourtant que c'estoit oultre le gré de son vouloir. Se arriva comme tout furieux, et vint aborder plusieurs jeunes gens complessionnés comme luy, demandant sur ce conseil comme bien sçavans que ne tiendroit celuy des sages. Luy respondirent, imprudemment et sans nulle consideration, qu'il leur devoit refuser leur petition, luy faisant acroire que beaucop mieulx valoit que son pere[297]. Dont au bout de troys jours, vint le peuple pour savoir le vouloir du roy, auquel il fist une responce sur toutes indiscrete en telle forme :

– Rien, rien, peuple, je vous advertis que ne octroiray point vostre requeste et que mieulx vault mon petit doy que l'espaule de mon pere. Et plus, vous dis que s'il vous a baptus de verges que je vous baptray de scorpions[298].

Voiant la folie et oultrecuidance de cest imparfait roy Robboam, des douze [68 r°] lignées les dix le delaisserent, en disant qu'ilz ne sauroient et ne vouldroient militer soubz ung roy tant mal complessionné. Tant que luy demoura seullement que la lignée de Juda et Benjamin.

O imprudent, imparfait et oultrecuidé, si pour ceste heure estois su terre, te demanderoye voluntiers si pour lors te trouvas bien avoir delaissé le conseil dez sages ensciens pour prandre le conseil des imprudens jeunes et non discretz[299]. Je respondroye pour toy, comme absent, que nenny, aussi que la veuhe demoustret l'effaict[300]. Pource vous prie[301] la pouvre descripvante en tant que possible luy est, vous tous, roys, princes

---

297 *Premier volume de la Bible historiée*, III Roys, « De Roboam le roy de Judée et de Hieroboam le filz Salomon, et comment le regne des Juifz fut party en deux », f. ccxi. [I Rois, 12]; Flavius Josèphe, vol. I, liv. VIII, f. ccxiiii r° : « Lors Roboam delaissié le tresbon conseil des anciens demanda conseil aux jouvenceaux quelle chose il convenoit faire mais eulz, ausquelz ne jeunesse ardant ne dieux aussi ne laissoit pas traictier meilleurs choses, l'admonnesterent qu'il respondist plus asprement au peuple [...]. »

298 Fouet terminé par de petits crochets métalliques.

299 Jean Thenaud, dans le *Triumphe des vertuz* (*Prudence*, ouvr. cité, p. 59), cite Roboam, à côté de Charles VIII, comme un exemple du danger qu'il y a à repousser le conseil des anciens pour suivre celui des jeunes.

300 S'agit-il d'une locution proverbiale disparue ? Le Roux de Lincy répertorie cette tournure du XVe siècle : « Chascun dist : J'ay bon, j'ay bon ; mais la veue descouvre tout » (*Livre des Proverbes français*, Paris, 1859, t. 2, p. 267).

301 Leçon rejetée : *priet.*

et seigneurs, que croyez le conseil plus seur que ledict, c'est les sages et sciens non les jeunes legiers d'esprit qui n'ont pas veu[302].

Le tiers chapitre du quatriesme aage parlera du tresmaulvais ydolastre, Jeroboan, roy d'Israel

[68 v°]
Enluminure 43 : Jéroboam brûle de l'encens devant les idoles[303]

On dit voluntiers, eslever ung pouvre, il se mescognoistra[304]. Je te diz telz motz pour detester et adnichiler le tresmaudit Jeroboan, qui fut cause de tant de maulx que, en mon penser, en ay grant orreur, et oultre, pitié des grans maulx et forfaitures dont il fut cause. Et premier, pour descripre la scienne mauldite vie affin que chascun se contregarde de mescognoissance, ledict Jeroboan premier fut ung pouvre homme serviteur du roy Salomon, lequel par une forfaicture par luy commise contre ledit roy son maistre fut expulsé et forbany de sa maison, soy transportant en Egipte où ledit demoura comme esclave et forbany de sa maison jucques [69 r°] à la mort dudit roy. Que puis après, saichant ladite mort d'iceluy, s'en retourna audit pays ; lequel, par sa grant subtilité et finesse, trouva façon que lesditez lignées, que avoit delaissé le predit Roboan, le constituerent roy par dessus eulx. Dont mieulx leur eust vallu avoir maintins aultre propos et mectre une beste en siege royal, car tant de mal ne leur eust fait ne commis. Et pour iceulx descrire, vroy est que de peur qu'il eut que le peuple ne retournast devers celuy qu'il avoit delaissé, pource que troys foiz l'an estoient contrainctz aller

302 En incluant ici, parmi ses destinataires, les grands du royaume, Catherine d'Amboise apparente son œuvre à un « Miroir des princes », qu'une femme ne semble pas avoir proposé depuis Christine de Pizan. Voir Introduction, p. 53-54.

303 Enluminure 43 : Devant un autel aux parois vertes et au dessus blanc, sur lequel reposent deux idoles (petits personnages noirs à capuches cornues) dressées sur un fond rose orné de motifs floraux, Jéroboam couronné et drapé dans un manteau rouge à col d'hermine est agenouillé, soulevant un encensoir de la main gauche. Derrière lui se tient debout l'homme de Dieu (manteau bleu à chaperon d'épaule marron, sur un surcot jaune et cotte grise, chapeau vert à rebord bleu) qui tend sa main droite vers le roi et tient son manteau de la gauche. Au coin droit de l'autel, trois petits personnages (manteau gris, marron ou rouge) sont agenouillés, l'un avec le visage renversé vers les idoles.

304 Est-ce une variante de « Il n'est orgueil que de povre enrichy » ? (Voir Martin Le Franc, *L'Estrif de Fortune et Vertu*, éd. Peter F. Dembowski, Genève, Droz, 1999, p. 175).

en sa ville de Jherusalem faire adoration à Dieu en son sainct temple, c'est assavoir à Pasques, à la Penthecoste et à la Senophegye[305], ledit mauldit feist construire et bastir deux veaulx d'or, lesquelz il mist l'ung à la cité de Dan et l'autre à la cité de Bethel, disant à son peuple telles parolles ou samblables :

– Ne allez plus en Jherusalem, car veez cy voz dieux qui vous menarent hors d'Egipte, et ne vous est mestier que plus aillez querir aultre dieu ne luy fere sacrifice, et mesmement à la cité de voz ennemis. J'ay fait veaulx d'or, lesquelz pourrez adorer comme nostre seigneur, et ferez de voz aultres prestres que besoing ne aurez de levites.

Oyant le pouvre et malheureux peuple ces parolles predites, eulx qui tousjours pringz à leur ydolatrie creurent aux instigations de leur [69 v°] roy mauldit, parquoy s'en ensuyvit mille inconveniens tant à l'ame que au corps. Se voiant, nostre Seigneur, comme piteux et misericors que tousjours est, ne voullut perdre son peuple ne ledit Jeroboan, quelque mauvaistié qui en luy demourast, ains envoya ledict Seigneur ung de sez prophetes, lequel vint audit Jeroboan luy disant :

– Roy [Je]robboan, Dieu te mande qu'il t'a fait roy sur son peuple et que tu as despartie la maison de mon serviteur David, duquel n'as pas ensuyvy lez meurs mais as fait au contraire, me faisant anonchallir et delaisser à mon peuple.

Que quelque admonicion que te feist ledit prophete, ne vouluz croire, comme fol obstiné et incensé. Ains ledit Jeroboan, comme mectant à nonchaloir lez admonitions de Dieu, monta sur l'autel et encensa lesdictes ydoles. Lors voyant ce, ledit prophete crya à haulte voix :

– Nostre Seigneur dit : Autel, autel, ung filz naistra de la maison de David, qui Josias aura nom, qui ardra sur toy lez os de tes prestres et lez oustera hors dez sepulchres. Et affin que <que> vous saichez qu'il adviendra ainsi que je vous ay dict, vostre autel fondra maintenant espandant tout ce qui est sur luy.

Lors estandit ledit ydolatre Jeroboan la main pour apprehender ledit prophete, lequel tout [70 r°] incontinant, par le vouloir du Createur, assechea, et tomba ledit autel en abisme comme il avoit dit. Lors le pouvre miserable non cognoissant Dieu, quelque priere que sceust faire le bon prophete pour la guerison de sa main, demoura en son obstination disant publicquement que l'autel n'estoit tombé que pour la pesanteur dez

305 La fêtes des tentes [Deut., 16[16]]. *Cf. Miroir historial*, vol. I, f. lxxix.

sacrifices faitz aux dieux, et sa main seichée pour la force de la peyne qu'il avoit soufferte à encenser lesdictes ydoles. Et demoura en son obstination jucques à la fin de sez jours, quelque menasse ou exortement que luy sceust faire nostre Seigneur par sez prophetes, dont à la fin tous ceulx qui en sortirent en furent bien pugnis comme pourrez voir on troysiesme livre dez Roys[306].

Le quatriesme chapitre parlera de la trescruelle inprudente maudite Jerabel qui fut royne d'Israel

[70 v°]
Enluminure 44 : Le suicide de Jézabel et la chute d'Achab[307]

Il me desplaist descrire au vray et divulguer l'estat du sexe femenin portant que celuy me touche, nonobstant que le mien object et volunté est de nulz dez imprudens et imprudentes espargner. Pource que toy, Jerabel, non digne d'estre royne, as esté la plus imparfaite de quoy jamais fut memoire ne sera, qui nous faitz deshonneur à toutes, suis[308] desterminée parler à toy, non point en t'espargnant. Car premierement, pour atoucher à tez imprudences par lesquelles es eternellement dampnée à tousjours maiz, comme on peult veoir, tu fus femme d'Achap, lequel feiz pareillement perir non pas seullement le corps mais pareillement l'ame et tous lez sciens sans rien excepter. [71 r°] Et pour oultre descrire

306 *Premier volume de la Bible historiée*, III Roys, f. ccxii : « Sy commença à cryer à Jheroboam qui estoit sur l'autel et encensoit et cryoit contre l'autel, et dist : Autel, autel ! Ce dit notre Seigneur : Ung filz naistra de la maison David qui Jozias aura nom qui ardra sur toy les os de tes prestres qu'il ostera hors de leurs sepulchres qui maintenant sont ardans sur toy encens. [...] Après ces choses ne laissa mie Hieroboam sa mauvaise voye, ains fist de nouvel prestres de haulx lieux pour sacrifier en haulx lieux à ses dieux. Car les anciens prophetes de Bethel devant ditz luy disoient que Adad n'avoit mye esté vray prophete qui nostre Seigneur avoit ainsi occis par ung lyon, et luy disoient aussi que sa main avoit esté enroidye pour le travail des sacrifices qu'il faisoit et qu'elle revint à sa premiere nature quant elle fut ung pou reposée, et que l'autel rompit pour le grant faix de la planté des sacrifices qui dessus estoient. » [I Rois, 13^{1-2}.]

307 Enluminure 44 : À gauche, Jézabel, en robe amarante et coiffe noire, tombe d'une haute tour, tête la première dans un grand feu, tandis que, sur la droite, Achab portant un surcot d'armure doré chute d'un cheval bai richement harnaché et lancé au galop. Au second plan, se dresse un bouquet d'arbres au pied d'une colline où l'on aperçoit une cité.

308 Leçon rejetée : *sans*.

plus amplement ta mauvaistié comme celle qu'on ne doit celler, tu feiz adorer lez ydolles et dieux dez payens à tez subjectz, leur faisant faire plusieurs temples et plusieurs faulx mystaires dont, comme j'ay leu[309], ton maistre temple principal estoit nommé Baal, où tu fasoys de faulx et infames sacrifices, desquelz en fin tu fus bien remunerée, toy et lez tiens, car voyant nostre Seigneur lez grans maulx dont tu estoys cause, envoya le sainct prophete Helye à ton mary pour luy remonstrer sez malignités, luy disant que Dieu luy mandoit que pour lez grans ydolatries qu'il fasoit et parmetoit faire à ton adveu, que de troys ans ne tomberoit goute d'eaue du ciel. Nonobstant quelque exortement, ne luy ne toy, ne vous volustes chastier, parquoy et à ceste occasion la famine fut si tresgrande qu'il ne creut de troys années blé, herbe ne arbres fruit portant. Au bout dez troys ans, par la priere d'aucun pouvre peuple, nostre Seigneur envoya le bon prophete Helye pour secourir et conforter le pouvre peuple desolé. Et qu'il [soit] vray, ton mary predict malheureux alloit par lez champs en habit difforme, acompaigné seulement de son despencier, lequel estoit meilleur et plus devot que luy, et fasoit ce chascun jour [71 v°] pour savoir s'ilz pourroient trouver quelque peu d'erbe juste lez fontaines pour secourir ung sien pouvre cheval demouré seullement de ladite famine, en querant l'ung après l'autre assez loignetz[310]. Ledit prophete Helye s'apparut audit despencier, auquel ledit despencier dist :

309 Flavius Josèphe, vol. I, liv. VIII, f. ccxxii v° : « Achab [...] prinst à femme la fille Jonabel roy de Tyre et de Sydone, nommée Jezabel, par qui il accoustuma de aourer son dieu, car elle estoit femme tresaigre et treshardie laquelle unit à si grant luxure et à si grant foursennerie que elle ediffia ung temple au dieu de Tyre qu'ilz appelloient Baal [...]. »

310 *Premier volume de la Bible historiée*, III Roys, f. ccxv v°-ccxvi r° : « La famyne estoit trop durement grant en Samarie où Achab sejournoit. Si appella Achab Abdye qui estoit pourvoyeur de sa maison. Abdie craignoit moult Dieu et aymoit de quoy il advint que Jezabella femme Achab fist une foys occire tous les prestres et les prophetes nostre Seigneur qu'elle peut trouver et Abdie en ce mussa cent en deux fosses, cinquante en l'une et cinquante en l'autre et les nourrist et soustint de pain et d'eaue, et pour ce fut il près fait prophete de nostre Seigneur. Achab dist à Abdie le pourvoyeur de son hostel : Allons aux fontaines veoir et aux vallées se nous trouverons point d'erbe pour sauver noz chevaulx et noz mulles que toutes noz bestes ne perissent et meurent de famine. [...] Lors vit Abdie Helye. Et quant il le vist il luy dist : Monchier seigneur Helye n'es tu mye ce ? Helye dist : Si suis. Va et dys à ton seigneur Achab que je suis icy. Abdie dist : Quelle choise ay je peché que moy ton serviteur veulx bailler ès mains Achab pour me occire ? Par le vivant Dieu il n'est nulle gent ne nul regne où il ne t'aye fait querre et maintenant veulx que je luy voise dire que tu es icy et quant je me seray party de toy l'esperit nostre Seigneur t'emportera en aucun lieu où je ne te pourroye trouver. Et quant j'auray cy amené Achab s'il ne t'y trouve il me occira. J'ay tousjours craint nostre

– Las, pere, n'es tu pas le bon prophete Helye ?

Auquel feist responce :

– Ouy, se suys je. Va t'en à ton maistre, le roy Acap, et luy dy que je suis ici.

Dont luy feist responce ledit nommé Abdie en parolles piteuses :

– Helas sire, dist il, moy ton serviteur de me vouloir faire mourir[311]. Je sçay bien que l'esperit de Dieu te transportera en aultre lieu, et par ainsi si mondit maistre ne te treuve, certain suys qu'il me fera mourir, et s'il te treuve, tu scez assez qu'il n'est regne ne place où on ne t'ait fait chercher[312], ou fait querir la faulce Jerabel pour toy faire occire et mourir, parquoy je dis, si ainsi est[313] qu'ilz te treuvent, ilz te feront mourir. Mais je te dis, sainct prophete, que autant ou plus me vauldroit mourir que toy. J'ay tousjours, dèz mon enfance, craint Dieu, cela scez tu bien, et que par cy davant je caché cent prophetes dedens deux fousses pour leur sauver la vie, lez substant[ant] et alimentant durant le temps de ceste grande famine.

Lors luy dist le bon prophete :

– Non, mon enfant, n'aye peur, [72 r°] va, fay ce que je te dy, car Dieu m'a envoyé icy pour secourir son peuple.

Incontinent et à toute diligence se departit ledit serviteur et s'en vint à son maistre, luy faisant savoir qu'il avoit trouvé Helye. Se oyant, le miserable roy[314] vint au lieu où luy dist son serviteur où trouva ledit, adressant sa parolle audit prophete, disant telle chose :

– N'es tu pas celuy qui troubles tout Israel et dont procede la famine ?

Auquel feist responce le bon prophete :

– Non, non, se n'est pas moy mais au contraire c'est toy et ton pere et ta mauldite femme qui, tous ensamble, avez delaissé nostre Seigneur pour prandre Balaal et ensuyvre ses œuvres, dont ledit Seigneur a gecté sur vous son ire et vengence. Nonobstant si le bon Seigneur m'a icy envoyé, meu de pitié pour toy donner à cognoistre, à toy et à ton peuple,

---

Seigneur dès mon enfance. Et ne scez tu mye comment je remussay cent prophetes en deux fosses quant Jezabel fist occire les prophetes nostre Seigneur, et maintenant veulx que je voyse à monseigneur dire que tu es icy, si me occira s'il ne te treuve. Helye dist : Par le Dieu vivant en qui regard je suis, je me monstreray huy à ton seigneur Achab. » [Et Flavius Josèphe, vol. I, liv. VIII, f. ccxxiii v°-ccxxiiii r°.]

311 Phrase lacunaire ?

312 Correction dans le manuscrit : *chercher ~~et quis~~ ou fait.*

313 Correction dans le manuscrit : *si ainsi ~~est~~ est quilz.*

314 Correction dans le manuscrit : *roy ~~et~~ vint au lieu.*

que il n'est aultre Dieu qui ait puissance que luy. Assamblez vous et tout le peuple au mont du Carme, sans oublier voz malins prophetes, faulx, iniques prebstres interdictz, qui sont en nombre de quatre cens cinquante vivans soubz la table de ta femme, qu'ilz viennent avecques toute leur puissance et qu'ilz invoquent leurs dieux à leur aide, prenant ung beuf tel qu'il leur plaira, le depessent en pieces, puys mettent forse de boys dessus sans feu[315]. Et moy de mon cousté en feray autant. [72 v°] Et ilz invocqueront leurs dieux et moy le mien, qui suys seul prophete, et celuy à qui son dieu envoira du feu pour brusler son sacrifice, cestuy là sera adoré comme vray Dieu.

Que accepta ledit roy. O toute diligence, feist ainsi qu'il estoit entreprins, et ledit jour venu, se trouverent au lieu predict, ensamble tout le peuple, auquel ledit Helye dist :

– O peuple, peuple, Dieu s'esbaist de quoy tu l'as delaissé.

Auquel nulz de ceulx ne feist nulle responce. Ce voyant ledit prophete feist de deux beufz qui y estoyent choisir aux faulx prophetes davant nommés qu'ilz princent lequel dez deux ilz vouldroient, ce qu'ilz feirent, le mectant en la forme et maniere qu'il avoit esté divisé, commançant à invocquer leurs dieux, faisans leurs sacrifices à leurs coustumes desordonnéez, que pour quelques prieres, gestes et manieres de faire qu'ilz peussent faire ne sceurent parvenir à leur optat et desir. Ce voyant, le bon prophete, que l'heure du sacrifice se passoit et que par l'espace de six ou sept heures y avoient esté perdant leur temps, leur dist telles parolles :

– Je croy que vostre dieu est endormy.

Ces parolles dictes, fist desrompre leur autel et prist douze pierres, lesquelles il mist dedans ung pertuys grand qu'il avoit fait faire, lequel feist remplir tout d'eaue, pousant son sacrifice dessus, ensamble le boys [73 r°] pour l'ardoir, puis de rechef feist gecter si grant quantité d'eaue par

---

315 *Premier volume de la Bible historiée*, III Roys, f. ccxvi r° : « [...] assemblez cy à moy tout le peuple au mont du Charme, et les prophetes et les prestres Baal qui sont quatre cens et cinquante. Et les prophetes et les prestres du boys qui sont iiii. c qui mengent et vivent de la table ta femme. Glose : Notez cy que l'abitation Helye estoit au mont du Charme – [...] Lors envoya Achab par tout Israel et assembla tout le peuple [...]. Adonc leur dist Helye : je suis ung seul prophete de nostre Seigneur et les prophetes Baal sont quatre cens et cinquante. Et nous donnez deux beufz, et ilz preignent lequel il leur plaira. Si le despecent par pieces et le mettent sur ung mont de boys sur l'autel sans feu [...]. Lors prindrent ung beuf et en firent ainsi qu'il estoit proposé et appellerent le nom Baal du matin jusques au midy [...]. Helye adonc les commença à mocquer et leur dist : Criez plus hault, car par advanture dort vostre Dieu [...]. » [I Rois, 18^{19-27}.]

dessus qui degoutoit au lieu où il estoit. Après se prosterna en terre, les mains joinctes au ciel, faisant sa priere, laquelle tout subit fut exaulcée car incontinent descendit du ciel feu qui brusla le predit sacrifice. Ce voyant le peuple, tous se prosternerent en terre cryant chascun mercy à Dieu. Ausquelz le bon prophete dist et commanda perdre ces faulx prophetes et lez occire, mectre à mort ainsi que bien desservy l'avoient, ce qu'ilz feirent. Incontinant puys après l'impetration d'iceluy sainct prophete, heurent de la pluye ainsi qu'ilz desiroyent. Sachant la faulce royne, Jerabel, que sez gens estoient mors, envoia pour perdre le sainct prophete, lequel exempta par le vouloir divin. Et pour parachever et descripre l'ystoire de l'imprudente Jerabel, qui seroit par trop prolice, pour faire fin, feist mourir le bon Nabor pour avoir sa vigne[316], laquelle veoyt duysible à elle pourtant qu'elle estoit prèz de son palays, et entant que ledit Nabor ne luy voulut bailler, le feist mourir injustement par deux faulx tesmoings qu'elle gaigna à force d'argent. Se voyant, nostre Seigneur, la grant pertinacité d'elle et de son mary, en prist vengence ainsi que raison le devoit. Car son mary, en se retournant dez champs [73 v°] passant ladite vigne, cheut de dessus son cheval et se rompit le coul, que incontinent après sez chiens mesmes le mengerent, ainsi que dit avoyt le bon prophete[317]. Voyant ce, la mauldite royne fut bien esperdue, ne pour cela ne laissa son obstination. En ce temps nostre Seigneur, succeda ung aultre roy en Israel, lequel deffist son filz qui estoit constitué roy après son pere, ensamble soixante et dix personnes qui estoient venuz d'elle et de son mary. Voyant la predicte vilaine, comme incensée, mourut de la mort qui luy appartenoit en desespoir, c'est qu'elle se gecta d'une haulte tour en bas, dont tout subit et incontinent vint feu divin qui la brusla tant que de chair, habillemens ne os, ne fut oncquepuys veu, ne memoire d'elle[318]. Atant me tays car ledit chapitre a trop duré, mais impossible ne m'a esté plus abreger.

---

316 *Premier volume de la Bible historiée*, III Roys, f. ccxxiii. [I Rois, 21^{1-16}.]

317 Catherine d'Amboise modifie la tradition : la prophétie, dans III Roys, f. ccxxiii v° [I Rois, 21^{23}] concerne le corps de Jézabel ; quant à Achab, son mari : « Nostre Seigneur dit : Au mesme lieu où les chiens lechierent le sang Naboch lecheront les chiens ton sang » (III Roys, *ibid.* ; I Rois, 21^{19}). Achab meurt sur son char, attaqué sur ordre du roi de Syrie, « [...] et cependant que on lavoit son char, qui avoit esté ensanglanté de son sang, en une fosse de Samarie les chiens lecherent son sang selon la parolle du prophete Helye » (III Roys, f. ccxix v° ; I Rois, 21^{35}).

318 De même ici, le texte biblique est modifié : dans le livre IV des Roys, f. ccxxvi v° [II Rois, 9^{33}], Jézabel ne se suicide pas mais est précipitée du haut de la tour par ordre de Jehu, puis piétinée par les chevaux.

Le cinquiesme chapitre parlant du roy Senacherub, roy des Assiriens

[74 r°]
Enluminure 45 : Sennachérib vaincu par les anges[319]

Blasphemateur imparfait par sur tous, Senacherub, n'est mon vouloir de toy laisser arriere, mais te desgrader et gecter bas selon mon pouvoir, ca[r] par l'exorbité et infamie de ton blaspheme, nulli ne te doit espargner ne tous ceulx qui samblables sont à toy. Et pour en brief descripre de la tienne imprudence, il est tout vray que le hault Dieu, qui tout peult faire et deffaire, de sa grace te feist roy dez Assyriens, sans l'avoir merité, là où pauvrement te y gouvernas et si tresmiserablement que impossible seroyt de le descripre au vray. Et pour donner à cognoistre que Dieu est tout puissant, voyant ton mauldit gouvernement, en ung instant [74 v°] te desgrada et destitua de la dignité en laquelle t'avoit pousé et constitué. Ne fut ce pas grand ingratitude à toy, après tant de honneurs et de biensfaitz que nostre Seigneur t'avoit impartis, aller batailler en façon immoderée contre le peuple devot dudit Seigneur ? Ce que mal feiz. Ce voyant, le bon roy Ezechiel, ta malignité, pour toy attirer et non soy voulant venger mais par amour ambuler, trouva façon pactionner avecques toy et, avec ung certain nombre d'or, appointa pour gaigner paix et concorde[320]. Que par cest appointement faisant, luy promis la foy de non plus mener guerre audit peuple de Dieu, que ne tins mais, comme ung desloyal et faulx parjure, luy feyz pis que devant et le menassant par tes menasses de le tenir en telle necessité qu'il seroit contrainct de menger leurs fientes et boire leurs orines. Que ce ne fust ainsi toy, traistre et faulx, l'avoys desterminé, car nostre Seigneur, qui tout prevoit, destourna la tienne faulce entreprinse par sa providence divine, mandant à son predict bon roy qu'il n'eust tremeur et que ce qu'il avoit au predict tyrant quelque peu permys molester son peuple, que c'estoit pour le tenir en crainte et le corriger. Mais que de son emprinse mauldite, qu'il mectroit ung frain

319 Enluminure 45 : À gauche, Sennachérib en armure, bouclier et lance au côté, accompagné de deux cavaliers, s'enfuit sur son cheval gris lancé au galop ; devant lui, au sol, des arcs dont les cordes sont mangées par les rats. À droite, trois anges enflamment les corps de soldats entassés les uns sur les autres. Au second plan, à droite, sous un ciel sombre, au-delà d'une rivière, se dresse une cité au milieu de collines.

320 *Premier volume de la Bible historiée*, IV Roys, f. ccxxxiv [II Rois, 18].

entre lez dens[321] dudit tirant si tresfort qu'il [75 r°] n'auroit puissance de plus oultre proceder en sa mauvaistié, qu'il fist comme celuy qui tient verité. Ce nonobstant, puys après fuz dechassé de davant Jherusalem par une pugnition de Dieu qui, par une nuyt, cheut sur tez subgectz, se fut que toutes lez cordes de tez arcs furent toutes mengées et gastéez par vermine de Dieu premise[322], que toy voyant, comme est davant dict, t'enfuys, et comme tousjours obstiné et non craignant ton Plasmateur, de quelque façon furieuse, rescripz ou mandas unes lectres de rigueu[r] au predict bon, juste et sage roy, en termes rigoureux contenant telles parolles ou samblables : c'estoit que Dieu n'avoit puissance de toy nuyre ne de delivrer ledit de ta main. Que incontinent t'en retournas avecques tez gens et arrivas davant Jherusalem, pour cuider faire ta pensée mal ordonnée comme l'avois mandé, que t'avint une grant pugnition de Dieu car, la nuyt mesmes, nostre Seigneur envoya sez benoistz anges qui, icelle nuyt, bruslerent et misdrent à mort tes hommes et en cendre os et chair, saulve lez harnoys qui ne furent gastez, jucque au nombre de cent quatrevings et cinq mille. Et tant en fut occis que tu demouras seul avecques troys hommes. Et la raison pourquoy demouras [75 v°] seul, c'estoit que n'estoys pas digne estre occis de la main dez anges, car de Dieu estoit parmis que dez tiens mesmes seroys occis, comme ainsi futz de tes propres enfans, comme l'on pourra veoir dedans la Bible[323]. Mais seullement, pour toy ahontager, les anges predictz te ousterent la barbe et lez cheveux[324], qui est ung bel exemple aux lecteurs <et auditeur> et auditeurs de ceste presente hystoire, pour eulx garder de ambuler contre

321 *Id.*, f. ccxxxiiii v° : « Lors envoya Ysaye à Ezechie et lui manda les parolles que nostre Seigneur disoit à Senacherub [...] : Or mettray je ung anel en tes narines ainsi comme l'en fait à l'ongle du porceau, c'est à dire un frain en ta bouche, comme l'en fait au cheval, et te remeneray en ta terre. »

322 Catherine condense deux épisodes distincts dans la *Bible historiée* (*ibid.*) : « [...] s'en alla Senacherub en Egipte pour la terre conquerre et pour venir destruire Hierusalem quant il auroit eue la victoire d'Egipte. Adonc assiega il la cité de Pelusye mais il ouyt dire que le roy Tharaca roy d'Ethiope venoit à grant ost aider aux Egipciens, si fut moult dolent [...]. Lors s'en retourna Senacherub en Judee et assist Hierusalem. Erodotes met une autre cause pourquoy Senacherub se partit d'Egipte, car il dist que entendis que le roy d'Egipte aoroit à nostre Seigneur, grant multitude de sorys mengerent les cordes des arcz et toutes les herberges de Senacherub, et furent ainsi les Assiriens comme tous desarméz et sans armes, et pource partirent ilz d'Egipte [...]. »

323 IV Roys, « Comment Senacherub s'enfouyt, et de sa mort », f. ccxxxv r° [II Rois, 19^{37}].

324 Selon une tradition rabbinique, *cf. Bible historiée* (*ibid.*) : « Les Hebrieux dient que quant il eschappa de Jherusalem, l'ange pour luy faire despit luy rasist le chief et la barbe ».

le vouloir de Dieu, et du vice imparfait et maulvais de blaspheme dont est procedé cest inconvenient predict, et en peult proceder de jour en jour.

Le VIe chapitre et dernier de se presant livre parlera du roy de Juda et ces freres qui, par leurs demerites, furent captifz en Babilonne

Enluminure 46 : Jérémie jeté dans un bourbier[325]

[76 r°]

[F]oul ne croit rien tant qu'il repçoit[326]. Je ditz cez motz pour toy, tresdeffaictueux Jechomas[327], roy de Juda, et tez freres paraillement qui, par voz iniquités et faulcetéz mauvaises, laissastes le vray Dieu, qui tant de biens vous avoit faitz, pour adorer lez ydoles dyabolicques. Mectre vous puys assez du nombre dez imprudents car vous l'avez bien merité. Et ne se doit esbair si vous encourustes son indignation, et plus, je dis que lez cognoissans, de voz iniquités sont en eulx esmerveilléz que plustost nostre Seigneur ne se vengea de vous. Mais le bon Seigneur, comme chascun scet qu'il ne veult prandre à pied levé les deffectueux, vous attendit, tant que tousjours après de pis en pis en feistes, dont à la fin eustes retribution telle qu'il vous appartenoit, prenant nostre Seigneur vengence principallement du grief forfait que feistes au bon prophete Jheremy, son messagier, c'est que le pousastes en ung bourbier jusques au menton et de corde surpris par soubz lez escelles, et laissastes ledit par plusieurs jours, vous, vous demoquant de luy à toutez forses et le cuydant faire mourir de double mort[328]. Dequoy tresmal vous en advint

325 Enluminure 46 : À droite, devant un mur en ruine, deux hommes en sayon tiennent, de part et d'autre, la corde qui lie Jérémie (robe bleue à col rouge, nimbe doré et rouge) enterré à mi-corps, mains ouvertes, paumes à l'extérieur. À gauche, le roi de Juda (longue robe amarante à manches jaunes, chaperon d'épaule bleu et chapeau conique vert, serti d'une couronne) regarde la scène en s'éloignant, index de la main droite tendu vers le ciel.

326 J. Morawski, *Proverbes français antérieurs au XVe siècle*, Paris, CFMA, n° 47, 1925, 789 : « Fous ne doute tant que il prent ». E. Langlois, « Anciens proverbes français », art. cité, p. 569-601, n° 276. Voir aussi M. A. Polo de Beaulieu, « Usage et fonctions des proverbes dans le *Ci nous dit* », *Le Tonnerre des exemples. Exempla et médiation culturelle dans l'Occident médiéval*, éd. M. A. Polo de Beaulieu, P. Collomb et J. Berlioz, Presses Universitaires de Rennes, 2010, p. 348.

327 Yehoyaqim, roi de Juda (II Rois, 23^{36}).

328 Jérémie, 38^{6}.

car Sedechye, vostre roy, fut prins par Nabugodenosor qui vengea bien toutes sez forfaitures predictes, car audit Sedechye [76 v°] crepva lez yeulx, comme par davant avoit tué tous sez enfans et tous ceulx qui estoient sez amys, puys après ledit Nabugodenozor emmena ledit Sedechye en Babilonne, là où il mourut treshonteusement ainsi que le pourrez veoir on quart livre dez Roys[329].

[Livre VIII]

Enluminure 47 : David tue Goliath[330]

Aurai ge assez en moy, pauvre debille, de hardiesse d'emprendre parler de si tresillustre et refulgent en vertus comme tu feuz, noble et trespuissant roy David, à qui Dieu a donné si grand abundance de graces ? Certes, [77 r°] soubz la baniere et confidence de celle qui t'a conduite sà bas, toy regnant, c'est dame Prudence, m'emploiray dire de toy ce que mon tendre esprit peult comprandre de tez vertuz inestimables. Premierement, tu heuz le don de prophecie qui est ung don tresgrand par sus transmis du Saint Esprit, et plus, Providence divine, pouvre bergier gardant lez berbis, t'esleut, par sus toutes aultres lignéez, pour estre roy touchant[331] d'Israel où te gouvernas si sagement et en telle sorte que personne, pour lors regnant, ne t'en eust sceu reprandre. Tousjours ambulant doulcement soubz la baniere de Humilité, car je n'ay point leu de homme si humble ne plus pascient en hystoire, tant soit elle autentique ou nouvelle, que tu as tousjours esté, considerant la grand perturbation que te feist le roy Saul, ton beau pere, sans l'avoir desservy. Et commant tu rendis tousjours le bien pour le mal, portant tout humblement pour l'amour de nostre Seigneur. Ces choses

329 *Premier volume de la Bible historiée*, IV Roys, f. ccxlii r° : « Sedechie sera mené en Babiloine, et dit, Sedechie ne verra mye Babiloine. Glose : Hieremie disoit vray et aussi faisoit Ezechiel, car quant Sedechie fut mené en Babiloine, si comme nous verrons au chapitre ensuyvant, Nabuchodonosor luy fist les yeulx crever en la voye, et puis le mena en Babiloine. » [II Rois, 25[7].]

330 Enluminure 47 : Sur un chemin conduisant (au coin supérieur droit) à un campement militaire, David (sayon gris à col bleu, sur chemise et chausses brunes, guêtres blanches) tenant de la main gauche une houlette de berger et de la main droite une fronde, atteint au front un Goliath massif, en armure dorée, tenant bouclier et lance. De sa blessure, le sang coule jusqu'au sol.

331 *Touchant de* : emploi prépositionnel ; comprendre « roy d'Israel ».

premeditées, me treuve toute esperdue en mon sens, si ce n'estoit que je considere que nostre Seigneur faisoit tout pour le mieulx. Car sans son aide, impossible est à mon esprit croyre que tu eusses sceu porter tant de pouvretéz, ennuys et souffrestés qu'il te feist, par cas pareil, la grant persecution que te feist le tien sang propre, qui est chose bien [77 v°] inhumaine, ton propre filz Absalon. Car, comme on dict en vulgaire, commune sang ne peult mentir[332], se que fist bien en cestuy là, comme davant on le peult veoir bien au long en son hystoire preescripte. Plus, considerant le grand don de force que Dieu t'avoit donné, premier, en ton jeune aage, occis et mis à mort les ours et ung lyon, lesquelz venoient pour devorer et mectre à mort toy et tez tropeaux, et oultre, on scet assez commant tu deffeiz d'une petite fonde de cordeletes le grand satrappe nommé Golias[333]. Plus, je diz pour tousjours te collauder comme tu l'as bien merité, c'est que, entre lez tiens trente hommes d'eslite, estois l'oultrepasse par sus tous, et bien le monstras car toy seul mis à mort six cens hommes, quelque resistance qu'ilz te puissent faire, et feiz icelle vaillance en une journée seulle. Icelles vaillances mondaines sont bien dignes de commemorer, mais, par oultre passer, quant me vient à memoire de ta saincteté de vie, de ton obedience et aultres vertus, dire ne sauroye aultre chose si non que je n'ay ouy ne voy lire en nostre mere saincte Eglise que de tez haultains effectz. Disant en moy, plus que par sur toutes armonies treuve la tienne et la plus doulce et de plus grand saveur, tant que langue ne sauroit dire, cueur pourpenser ne main [78 r°] escripre la memoire dont tu es digne que de toy soit faicte. Plusieurs aultres vertus dignes de commemoration en toy sont inestimables, de quoy je me tais, lesquelles on pourra veoir au premier et segont livre des Roys[334].

---

332 Variante du proverbe « bon sang ne peut mentir » (Le Roux de Lincy, t. 1, éd. 1859, p. 274) ; « se que fist bien en cestuy là » se rapporte à « mentir » et non à l'application du proverbe.

333 *Premier volume de la Bible historiée*, I Roys, « Comment David occist Golyas selon le Bible et histoire », f. clxxii r°-clxxiii v°.

334 I et II Samuel.

Le segont chapitre de cest present livre parlera de la prudente royne de Sabba

Enluminure 48 : La reine de Saba devant Salomon[335]

Aspirer puisay je, moy[336], pouvre debille, avant que laisser faire commemoration de telle royne si vertueuse et magnificque comme toy, dicte Sabba, puys que Dieu ceste grace m'a donné de escripre. En pourpensant, seulle à par moy, ta haultaine prudence et sagesse, et grand desir et ferveur en toy enclose [78 v°] de profiter, pousé que assez extimée fussez, se nonobstant pour tousjours en science hault monter, comme doit faire toute vertueuse, ne craingnis point et n'euz de regret de laisser ton pays et tez plaisirs singuliers pour venir en aultre contrée, vers le roy Salomon, pour dessoubz luy profiter. Que bien peu le font pour le present, comme descrunis[337] de leur sentiment car bien leur samble advis que ilz savent plus que ceulx qui font lez livres, et ne se cognoissent comme plusieurs, on en peut assez voir, qui bien souvant se bruslent à la chandelle de leurs faictz[338].

O sage dame, tu n'es pas de ce nombre, on le peult voir par tes actes, car ta renommée est par tous climatz tant diffuse et lez

335 Enluminure 48 : À droite, dans la salle du trône, ouverte sur un espace extérieur, le roi Salomon (robe bleue à col d'hermine, ouvert en V sur une chemise dorée, couronne posée sur un chapeau rouge bordé d'hermine) tient le sceptre de la main droite et pose la main gauche sur l'accoudoir du trône richement décoré. À sa gauche, un jeune homme blond en chausses rouges, en pourpoint vert sur une chemise bleue, baisse la tête couverte d'un chapeau bleu, tient de la main gauche le pommeau de son épée, et pose la main droite sur sa cuisse légèrement relevée. À la droite du roi, un homme en saie rose sur des chausses bleues, tête couverte d'un chapeau rose à mentonnière, lève la main droite, paume en avant et regarde en direction de la reine de Saba, agenouillée devant le trône, mais dans la partie extérieure de la salle. Celle-ci, vêtue d'une robe dorée aux manches ornées d'hermine, couronne posée sur une coiffe noire, lève l'index de la main droite vers une croix figurée dans le ciel, au-dessus d'un paysage dont le fond est bleuté. La reine est suivie par deux dames, l'une en robe grise (les mains jointes), l'autre en robe rouge.

336 Comprendre : *puisay je* être inspirée ?

337 Leçon douteuse. Faut-il lire *desrunis* de *desruner* : dérégler ?

338 François Demoulins dénonce le même comportement qui caractérise le vice d'Indocilité : « Indocilité comprant ung tas de cuidereaux qui ont si grande fiance en leur debile entendement qu'il leur semble que nul savoir n'est si grant comme le leur. Et par ce moyen il n'est si bonne doctrine qui ne soit par eulx mesprisée. Et quant ilz sont en une compagnye, il fault qu'ilz aient sans cesse le hault quaquet, dont il advient que en cuydant se demonstrer scientifiques, ilz font par leur babil mal ordonné evidente manifestation de leur insuffisance. » (*Traité des vertus*, BnF, ms. fr. 12247, f. 7 v°.)

livres[339] tant plains que impossible seroit à moy, faulte d'en savoir plus haultement, en narrer ne escripre, si non que ne veul oblier une chose digne de memoire par sur toutes. Et oultre, commemorant icelle, ay et scens en mon cueur une doulceur si tresmelliflue que impossible seroit à moy plusgrant joye sentir. C'est comme vraye prophete, par la grace de nostre Seigneur, prophetisas le boys precieulx de quoy la croix pondereuse de Jhesus devoit estre faicte, en laquelle il devoit estre conclavé et mort souffrir[340]. O grace inestimable, o grace par sur toutes à toy donnée et transmise du sainct ciege imperial, là où je croy piteusement et est le mien [79 r°] espoir que à present y repouses.

Le troysiesme chapitre parlant du sainct prophete Helye qui fut translaté en paradis terrestre

Enluminure 49 : Élie ressuscite le fils de la veuve de Sarepta[341]

O sainctеté sur toutes refulgente, benoist prophete Helye le vertueux, de toy louer selon le tien merite m'est impossible sans l'aide et grace du benoist Sainct Esprit, lequel invocque en cest afaire et tous aultres. Premierement, pour hault louer la saincte vie contemplative de laquelle

339 Entre autres le *Miroir historial*, vol. I, liv. III, chap. LXXXIV ; Christine de Pizan, [*Le Livre de la Cité des Dames*], éd. citée, part. II, IV, p. 228-230 : « De plusieurs dames prophetes » ; Antoine Dufour, *Les Vies des femmes célèbres*, éd. G. Jeanneau, Genève, Droz, 1970, p. 54-57.

340 Selon une tradition (Migne, *Dict. apoc.* I, col. 1123, n. 2361), Adam, sentant la mort approcher, envoie Seth vers le chérubin qui gardait l'arbre de vie. L'ange lui donne trois graines pour les porter à Adam. Elles sont mises dans sa bouche quand il meurt et donnent naissance au bois de la vraie croix. Du temps de Salomon, ce bois avait été posé sur un cours d'eau. La reine de Saba ne voulut pas y passer, sachant que le Sauveur du monde devait l'arroser de son sang. Cette légende de la vraie croix a été véhiculée dès le XIIIe siècle par Vincent de Beauvais (*Miroir historial*, vol. I, liv. III, chap. LXXXIV, f. cxii v°) et Jacques de Voragine (*La Légende dorée*). Elle est encore prévalente dans la culture hagiographique de la fin du Moyen Âge, comme le montre le cycle de fresques sur la *Légende de la Vraie Croix* de Piero della Francesca ornant la basilique Saint-François à Arezzo (entre 1452 et 1466).

341 Enluminure 49 : À droite, devant des maisons à colombage entourées d'arbres, la veuve (manteau noir sur une robe grise, guimpe blanche surmontée d'un chapeau-turban noir) tient les deux mains ouvertes, paumes à l'extérieur, en regardant son fils étendu au sol les bras en croix (robe jaune d'où dépassent des manches bleues), devant lequel se tient Élie, drapé dans un long mantel bleu sur une robe dorée, les mains jointes, barbu, tête nue surmontée d'un nimbe rayonnant.

as vescu, toy regnant avecques lez mondains, impossible seroit à sens humain pour l'austerité d'icelle. Je diz ces motz que tu es la norme et reigle de nous aultres mondains et mondaines, au moins de ceulx et celles qui ont desir de parvenir on hault degré de contemplation[342]. Et plus, de tous prophetes l'oultrepasse, et plus, premier [79 v°] qui porta le sainct habit de religion carmeliste[343], voyant aussi commant as tousjours suyvies lez vertus nobles contre lez vices. Et pareillement, pour soustenir le droit sentier, as tant heu à souffrir, laquelle souffrance tant pasciemment et benignement portée pour l'amour de Dieu que <que> ce contemplant, suys toute esjouye en mon cueur y prenant une exemple si profunde que impossible seroit à moy de l'estimer. Et plus aussi, voyant la grande grace incomprehensible que Dieu feist à ton houtesse, la pouvre vefve de Sydoyne, c'est de multiplier par tez oraisons ce petit de farine et huyle qu'elle avoit, pour seullement sustanter icelle tant pour une seulle journée, que par ta grace altissime et priere saincte fut augmentée pour vivre toy et elle, son filz pareillement, qu'elle dura atant que la famine fust passée[344]. Et oultre plus, le grand miracle que nostre Seigneur feist pour toy, resuscitant le filz d'icelle à ta requeste, lequel on dit que ce fut Jonas le prophete. Que diray plus ? Commant après que tu heuz fait occire lez faulx traistres et desloyaulx prophetes, te absentas par le vouloir de Dieu, doubtant la fureur de la faulce, inepte

---

342 Catherine d'Amboise, dans ce seul passage, s'inscrit dans la tradition à la fois active et contemplative des laïques. Élie est un modèle de dévotion qui, chez Jean Gerson, est utilisé pour caractériser les vertus de la Vierge (*Sermon pour la conception Nostre Dame*, ouvr. cité, p. 395).

343 D'après les Pères de l'Église (saint Basile, *Lettre à Chilon*), Élie aurait lui-même médité et prié sur le mont Carmel – c'est là aussi qu'a lieu la manifestation de la puissance de Dieu et la soumission des idolâtres, comme Catherine le rappelle explicitement au f. 72 r°. Les Carmes considèrent le prophète comme leur fondateur. Le confesseur de Charles VIII et de Louis XII, Laurent Bureau, qui appartient à cet ordre, compose un poème latin, l'*Heliade* à la louange *du grand prophète Elie* (*Histoire ecclésiastique de la cour de France par l'Abbé Oroux*, t. 1, Paris, Imprimerie royale, 1776, p. 645). Cet intérêt de Catherine pour le carmel est un héritage familial : Françoise d'Amboise (1427-1485), issue de la branche aînée des Amboise, est la fondatrice du premier carmel féminin en Bretagne. Voir *La Vie de la tresillustre et vertueuse Françoise d'Amboise, jadis Duchesse de Bretagne, et Religieuse de l'Ordre de la glorieuse Vierge Marie du Mont-Carmel, par Fr. L. Religieux Carme Reformé*, Paris, J. Cottereau, 1634. Catherine mentionne les « Carmes devotz » aussi dans son chant royal, où ils représentent le premier ordre convoqué pour louer la Vierge (*Espiltres*, v. 399).

344 *Premier volume de la Bible historiée*, III Roys, « De Helye le prophete », f. ccxv r°-v° [I Rois, 17].

et mauvaise Jerabel, toy, lassé et agravé de chemyn, t'endormis dessoubz ung genefvre où à toy s'apparut ung ange, lequel te dist que tu te levasses et mengeasses ung pain lequel il t'avoit aporté et une quantité d'eaue, [80 r°] se que tu feiz en toute obedience, que puys après te rendormis. Alors l'ange te reveilla de rechef, te disant telles parolles :

– Boy et mengeue car il te restet encore grand voyage à faire.

Se qu'il feist, et tant alla que, par la vertus de Dieu, il chemina quarente jours et quarente nuitz sans boire et sans menger[345]. Et tant feist qu'il s'en vint arriver en la montaigne de Oreb où Moyse veist le buysson de feu ardant, où nostre Seigneur s'apparut à luy, luy disant :

– Helye, Helye, que fais tu ?

Que luy respond :

– Helas Sire, je suis courroucé contre ton peuple d'Israel pourtant qu'il t'a habandonné en depiessant et gastant tez autelz et mettant à mort tous tez prophetes, excepté moy qui ay gaigné à fuyr.

Alors luy respond nostre Seigneur, en le confortant :

– Ne te soucye, dist il, je te veil monstrer signe d'amour pourtant que tu es mon loyal serviteur. À toy je me veil aparoistre et pource absente toy ung petit.

Ce qu'il feist. Et en passant nostre Seigneur par davant luy, s'apparut une si grande clarté que le bon Helye fut contrainct gecter son manteau davant son visaige, et plus, de tremeur cheut envers à pleyne terre. Que luy deist nostre Seigneur :

– Soulieve toy sus et n'aie peur et t'en retourne seurement car je seray tousjours avecque toy. Passe par Damars et oings et sacre Hyen[346], filz du roy de Syrie, de tout mon peuple d'Israel roy, pour moy venger de la cruelle et mauldite [80 v°] Jerabel et ses faulx satalites. Et aussi donne ta puissance à Helizée pour prophetiser comme toy, car je te veil emporter en ung chariot ardant en mon paradis terrestre où tu demourras jucques atant que aultre chose de toy aye determiné[347].

Ce que feist le bon Helye en toute obedience, tout en la forme et maniere que nostre Seigneur luy commanda. Atant me tays de cest present chappitre, et qui plus en vouldra veoir, regarde au troysiesme livre dez Roys ou plus amplement en est parlé.

---

345 *Id.*, III Roys, « De la fuyte Helye et de l'invocation Helisée », f. ccxvi v° [I Rois, 19].
346 Hazael.
347 Anticipation de IV Roys, « Comment Helye fut ravy », f. ccxx v° [II Rois, 2].

Le quatriesme chapitre parlera d'Ezechias, roy d'Israel

Enluminure 50 : Le combat d'Ézéchias[348]

Ad ce que j'ay peu veoir et entendre, toy Ezechiel, par providence divine roy de [81 r°] Juda, tu es bien digne d'estre exalté car je n'ay point trouvé, despuis le roy David, plus digne de commemoration que toy entre tous lez nobles roys qui ait tenu ceptre et couronne soubz le peuple de Dieu. Et pour descripre dez haultains faictz magnificques, dignes d'estre en croniques et revolvéz souvant à memoire, pour le premier, il est tout vray que en l'aage de vingt et cinq ans, après la mort de ton miserable pere, Acap, par le voloir de dieu, commanças à regner sur le peuple de Juda et Benjamin, là où tu te y portas si tresvertueusement que impossible seroit de le mectre en forme juste[349]. Mais, selon le mien esprit tendre, comme celuy qui es digne d'estre commemoré, en mectray en escript ce que j'en puys comprandre. Et pour grand effect que tu feiz, digne de memoire par sur tous, par ta grande prudence restituas et restabliz lez sacrifices et oblations qui à Dieu devoient appartenir, que le imprudent pere predict avoit discipés et gastés ; et feiz refaire et reintegrer lez saincts vaisseaulx de sacrifice qui par la negligence de tondit pere estoient adnichilés. Et mesmement, feiz destruyre et extirper tous lez temples que ledict avoit fait faire pour sacrifier aux ydoles, jucques au centre de la terre, boys, fustz et aultres soustenences d'iceulx. Et plus, le serpent d'arain que avoit fait faire Moyse aux deserts, feiz [81 v°] degaster et gecter on fleuve dict Cedron pour oster la grant erreur dez Juifz[350], c'est que les imbeciles et imprudents le adoroist comme leur dieu, qui estoit contre Dieu, justice et equité. Et

348 Enluminure 50 : Monté sur un cheval dont le caparaçon bleu à fleurs de lys porte inscrit sur sa lisière EZECI. ROY DE JUDA, Ézéchias, en armure et casque doré à plumet blanc et rouge, lance en avant, poursuit un groupe de cavaliers, lances à l'épaule et bannières au vent. Au sol, se voient du sang et des morceaux de lances brisées. Au second plan, de part et d'autre d'une colline, se dressent des tentes bleues et rouges. Celles de gauche, derrière Ézéchias, sont surmontées d'oriflammes.

349 IV Roys [II Rois, 18] ; Paralipomenon II [II Chr., 29 et 30].

350 *Premier volume de la Bible historiée*, IV Roys, f. ccxxxiiii r° : « Ceulx Ezechie osta et habatit les haulx lieux et despeça les ydoles et brisa et despeça le serpent d'arain que Moyse fist au desert, car les Hebrieux avoient jusques à celluy temps aouré le serpent d'arain et lui avoient ars encens comme à Dieu et pource le despeça tout Ezechie et espandit la pouldre au ruissel de Cedron. » – *La Mer des histoires*, vol. I, « Quatriesme aage », chap. XXXV, f. ix^{xx}v v° : « L'an IIe de son regne, il rompist le serpent de arain fait par Moyse ou desert, tesmoing le XXIe du livre du Nombre, auquel serpent les enfans d'Israel avoient tousjours

pour plus parler de ta grant prudence, fuz inventif de rapeller une grande quantité de Juifz, lesquelx induitz et restabliz au droit sentier de vertus, c'estoit de adorer et glorifier leur Dieu, dont aulcuns imprudens tuerent lez nunciateurs par toy envoiéz, aultres non, dequoy tresbien leur en est pris. Que diray je dez puissances et forces magnanimes qui en toy furent par le voloir divin ? Commant tu gaignas et conquis plusieurs terres à toy appertenantes, que par la negligence et mauvaiz gouvernement de ton pere et predecesseurs estoient perdues. Et en especial le grand tribut auquel il t'avoit asservy au roy dez Assiriens, lequel te feist plusieurs grands molestes par son imprudence inepte et mauvaise, mais, comme bon observateur de la loy, Dieu, à ta requeste et petition singuliere, feist pour une chose de bien grande commemoration[351], c'est qu'il deffeist cent quatre vingtz mille hommes en une nuyt ainsi que plus à plain on le peult veoir en l'hystoire du tresimprudent Senabrum[352] à qui ceste malheureuse adventure survint. Et oultreplus, [82 r°] diray une grace specialle que pour en faveur de toy nostre Seigneur feist, que je n'ay point veu ne leu en hystoire ne cronicque tant ansienne soit, c'est quant tu fuz vulneré du dart de mort et <ton heure presiste> ton heure derniere estoit venue, toy voyant en ceste sorte, remoas devers la paroy du temple de ton lict et là en fort faisant une supplication à nostre Seigneur en luy disant qu'il eust de toy pitié[353] et qu'il luy pleust d'avoir memoire et recordation de la promesse qu'il avoit faite au bon roy David dont tu estoys issu, c'estoit que son regne ne iroit point en aultre main jucq ad ce que cestuy là qui devoit regner eternellement seroit venu, et qu'il luy pleust qu'il ne l'ostast point pour le morceau mortel, jusques ad ce qu'il se peust appeller pere pour acomplir ladicte promesse. Laquelle priere exaulsa ledit Plasmateur. Et incontinant t'envoia le bon prophete Ysaie, te mandant telles parolles :

– J'ay ouy ta priere, laquelle j'ay exaulsée, te donnant prolongation de ton cours naturel quinze ans en oultre d'iceluy.

Auquel le bon roy feist humble supplication, disant :

---

sacrifié encens jusques à ce temps. Après ce ledit Ezechias getta les ordures et immondices du temple dedens le torrent Cedron. »

351 Leçon rejetée : *commemoraracion.*

352 Pour *Senacherub.* Voir plus haut, f. 75 v°.

353 *Premier volume de la Bible historiée*, IV Roys, f. ccxxxv v° : « Si se tourna devers la paroy pleurant amerement pour aourer, par advanture devers la paroy du temple de costé laquelle il gisoit, ou pource par advanture qu'il ne pouvoit aller au temple se tourna il devers le temple [...]. »

– Je te supplie, prophete sainct, qu'il te plaise me bailler signe de ceste promesse. Que feist responce ledit prophete :

– Choisis, dist il, ou que le soleil demeure dix heures en cadran sans soy remuer, ou qu'il retourne dix heures en arriere, recommançant le jour.

À quoy feist responce le bon roy que si c'estoit le bon plaisir de Dieu, aymoit [82 v°] mieulx que il retournast en arriere en recommançant le jour. Se que incontinant fut fait[354]. Que tout cueur contemplatif doit bien escripre ces graces specialles en sa pensée et mediter commant nostre Seigneur veille pour ses amys, faisant leurs voluntés totalles quant elles sont bien ordonnées. Faisant fin à ce present chappitre.

Le cinquiesme chappitre parlant du bon prophete Jeremye

Enluminure 51 : Le Seigneur apparaît à Jérémie[355]

Mectre en oubly, en escripvant, si venerable, si verteux en jeunesse compris et encore plus en veillesse caducque comme tu feuz, prophete Jeremie, seroit à moy vice reprehensible, veu que davant moindres que toy ay redigés en forme, non ayant heu le bruit et hault effect comme as heu. Et quant ne seroit que la vertus de chasteté louable qui en toy fut, si esse assez [83 r°] pour estre redigé et mis en memoire car, comme ay leu, sur tout le temps de ta vie, qui est vertus sur toutes refulgente, fuz vierge[356]. Et plus, diray de ta bonté vallable que dèz l'aage de huyt ans, nostre Seigneur te feist la grace de à toy s'apparoistre, en te disant :

– Va, je t'eslis et ay esleu prophete sur mon peuple.

Adonc feiz humble responce en doulces parolles et melliflues, contenant telle chose :

---

354 *Id.*, IV Roys, « Comment le soleil retourna selon la Bible et histoire », f. ccxxxv v°.

355 Enluminure 51 : Au milieu d'un bosquet, Jérémie en surcot bleu sur une robe grise, bourse rouge au côté droit et tête nue, est agenouillé, mains jointes ; dans l'angle droit du ciel, Dieu le père, dans un limbe bleu rayonnant, tend l'index droit vers lui. Au loin, un château se dresse au sommet d'une colline bleutée.

356 Plusieurs Pères de l'Église ont avancé que le prophète avait gardé une perpétuelle virginité ; saint Jérôme dans son prologue sur Jérémie écrit qu'il fut « sanctifié dans le sein de sa mère, consacrant par sa virginité un homme évangélique à l'Eglise du Christ » (*Mélanges théologiques historiques et moraux, empruntés des œuvres de saint Jérôme*, éd. F. Collombet, t. 2, Lyon, Paris, Perisse frères, 1842, p. 129).

– A, a, a, sire, je suys encore enfant qui n'ay en moy le scens de parler.

Adonc et tout subit, nostre Seigneur toucha la bouche dudit, en luy disant :

– J'ay mises en toy mes parolles, va hardiment et fay ce que je te dis[357].

Ce qu'il feist, et dèz lors commança à prophetizer et à prescher le peuple pour l'advertir et destourner de leur[358] mal et mauvaises coustumes, qui ne volurent croire mais tousjours persevererent de piz en piz. Se voyant, nostre Seigneur luy monstra la premiere vision de la destruction de ladicte cité, en la forme et maniere qui s'ensuyt. Et premierement, luy monstra ung larron veillant, ayant une verge en sa main pour baptre et endommager lez dormans, c'estoit nostre Seigneur qui veilloit pour pugnir le peuple interdit et delinquant[359]. Le second signe fut tel qu'il luy demonstra ung pot[360] par devers aquilon en luy disant : De ceste terre viendront tous lez maulx que je parmettray faire sur ceste mauldite cité pour l'esnormité du peché dez habitans d'icelle. La tierce vision fut mani[fe]ste et aparant, c'est que nostre Seigneur luy dist et commanda ouster sa haire et qu'il la mussast sur le fleuve de Euffrates, [83 v°] ce qu'il feist[361]. Et après moult de jours, par le commandement de Dieu, la retourna querir et la trouva si trespourrie qu'elle ne valoit à faire chose aucune. Alors luy dist nostre Seigneur :

– Tout ainsi comme ladite haire est plus près de la peau que la chemise que porte l'homme, tout ainsi avoye je esleu se peuple par sur tous aultres et l'aymoys mieulx ainsi près de moy. Mais pourtant que de moy se sont departis en adorant plusieurs faulces ydolles, ilz seront pugnis comme tu as veue ta haire pourrie en Euffrates. Et plus, dis que je menrray mon sergent Nabugodenosor, lequel lez menrra en la plus

---

357 *Second volume de la Bible historiée*, f. lvi et sv. [Jérémie, $1^{6\text{-}9}$].

358 Correction dans le manuscrit : *de leur ~~son~~ mal.*

359 Dans la première vision que relate Jérémie, $1^{11\text{-}14}$, il n'est pas question du « larron » mais d'un rameau d'amandier – *shéqed*, « le veilleur » en hébreu –, symbole du jugement imminent de Dieu, traduit dans la *Bible historiée* par une « verge veillante » (*Le second volume*, f. lvi r°). Catherine emprunte à la *Mer des histoires*, vol. I, « Quatriesme aage », chap. XLIIII, f. cc : « Ainsy nostre Seigneur luy notifia les signes de l'eversion de Hierusalem, laquelle il preschoit en demonstrant ou premier signe l'aucteur de telle eversion qui estoit comme un larron vigilant et non dormant, et tenoit une verge pour dommager les dormans, car ainsy veilloit jà Dieu pour persecuter le peuple judaique. »

360 « Buire » [cruche] dans le *Miroir historial* (*Ibid.*) ; « vaisseau » dans la *Bible historiée* (*Ibid.*).

361 Jérémie, 13.

chestive captivité de Babillonne où ilz demourront l'espace de soixante et dix ans[362].

Mais si après se retournent par le divin commandement de Dieu, feirent ung livre, là où tout ce que nostre Seigneur menassoit le peuple estoit dedans escript[363]. Lequel livre fut transmis au roy Joachin, que après qu'il en heut leu lez deux ou troys chappitres, pourtant qu'il ne parloit pas du tout à son appetit, le prist et gecta dedans le feu, dont nostre Seigneur en fut tresfort irrité et manda audit roy que son corps seroit agetté à la challeur du soleil et froideur de la nuyt, sans estre plainct ne ploré de freres, seurs, parens ne amys qu'il eust, mais gecté en une fosse parfonde hors de la cité de Jherusalem. Puys après, nostre Seigneur cuidant tousjours gaigner son peuple et retire[r] d'obstination, [84 r°] le feist prescher par le prophete l'espace de quarente et ung an, qui tousjours de plus en plus obstiné, non voulans soy convertir, furent menez captifz en Babilonne, les aultres serfz à tousjours, aultres thirés sur chevaulx, tant en si grande quantité que n'en demora nulz, fors quelque partie bien petite qui s'enfuyrent en Egipte, menant avec eulz le bon prophete Jeremie oultre son gré[364], lequel à la fin finalle occirent et midrent à mort[365]. Et là, lez Egyptiens, meuz de pitié voyans la grande sainceté dudit prophete, l'ensevelyrent richement, en telle reverance comme encor apert faisans plusieurs miracles de jour en jour dignes d'estre commemorés[366].

362 Jérémie, 25.

363 Jérémie, 36.

364 Jérémie, 39-42.

365 La mise à mort de Jérémie par son propre peuple est légendaire. Tertullien et saint Jérôme en font mention, mais c'est Isidore de Séville (*De ortu et obitu Patrum*, cap. 38 – *P L*, t. 83, p. 142) qui contribue à sa diffusion.

366 *La Mer des histoires*, vol. I, « Quatriesme aage », chap. XLII, f. ix[xx]xix : « [...] le peuple se esleva à l'encontre de Jeremie en le lapidant d'icelles qu'il avoit absconses soubz le mur fait de tuilles et terre cuite. Après ce les Egyptiens ayans en honneur et reverence ledit prophete le sepulturerent près du sepulchre des roys, en memoire et recordation des grans biens qu'il avoit fait en Egypte, car par son oraison il avoit chassé d'Egypte les aspis et aultres bestes habitans ès eaues qui des Grecz sont appellées cocodrilles, desquelz par avant estoit Egypte moult fort traveillée et tempestée. On dit encor que en signe de telle chose la morsure des aspis est sanée et garie de la pouldre dudit lieu, et semblablement les cocodrilles en sont chassés. »

Le sixiesme et dernier chappitre parlant de Francus dont sont produitz lez nobles Françoys

Enluminure 52 : Francus et Turcus fondent Sicambre[367]

En exaltant la noble tige françoyse sur [84 v°] toutes digne d'estre exaltée, pourtant que j'en suys, ay entrepris, selon le myen savoir, dire une partie des vertus qui en icelle demeurent. Et pour donner à cognoistre le lieu noble dont sont issus et produitz, sans faire grant narré, on scet assez comme Troye la grand par imprudence fut destruite, et les grandes pertes irrecuperables qui y furent faictes par lez Gregeoys, et leurs forfaictures qui trop long seroit à racompter, aussi l'hystoire est assez commune[368]. Il est assavoir après que de ceste predicte destruction n'eschappa que bien peu de gens dont Helenus en fut, ung filz du roy Priam lequel emmena de ladite cité de Troye mil et deux cens Troyens, et tant fist qu'il vint au regne de Pendrace qui estoit au pays dez Grecs. Eneas se transporta jucques en Italie, comme on peult veoir au chappitre amplement, lequel parle d'Ascanius, et mena ledit avec luy quatre mil deux cens Troyens. Enthenor vint et fut premier qui feist Pavye[369], et pource que Francus, filz de Hector[370], et Turquus, filz de Troyllus, sceurent la trahyson qu'il luy avoit machinée, luy menerent si tresforte guerre qu'il fut contraint de s'enfuyr en mer, où par long temps fut vacabond, luy et sez gens, que errans sur ladite mer appareçurent une petite mothe là où ilz se

367 Enluminure 52 : Deux personnages (Francus et Turcus ?) conversent sur le rivage d'une cité en construction. L'un, à gauche, main droite sur l'épée, main gauche ouverte vers l'extérieur, porte un sayon bleu à col d'hermine et à manches d'or richement ornées, des souliers noirs, des chausses rouges à jarretières et un bonnet assorti à bords relevés. L'autre, barbe et cheveux gris, main sur le cœur, porte un même type de couvre-chef, mais tailladé et doré, un sayon gris et des chausses jaunes à jarretières. Ses souliers, sont plus pointus que ceux de son interlocuteur. Derrière eux, s'affairent des maçons. De l'autre côté d'un bras de mer, à gauche, une cité est en flamme. Près de la côte, deux nefs voguent ou sont en train d'accoster, dont une porte pavillon aux trois fleurs de lys.

368 *Grandes chroniques de France*, éd. J. Viard, t. 1, Paris, Société de l'Histoire de France, 1920, I, I « Coment Françoys descendirent des Troiens », p. 9. Sur le mythe des origines troyennes, voir C. Beaune, *Naissance de la nation France*, Paris, Gallimard, 1985, I, chap. I « Trojani aut Galli », p. 25-74.

369 Virgile fait d'Anténor le fondateur de Padoue et non de Pavie (*Énéide*, liv. I, v. 247-248).

370 *Grandes chroniques*, *id.*, p. 11. Le *Miroir historial* présente Francus comme le neveu du roi Priam et fils d'Hector (vol. I, liv. III, chap. LXVI, f. lxxxv r ° et vol. III, liv. XVII, chap. III, f. ii « Du commencement du regne des François »).

gecterent et arriverent[371]. Et feist tant ledit Anthenor qu'il fonda Venize, la cité qui jucq icy a heu si grand [85 r°] bruit, tant qu'est venue jucq au nombre de huyt cens ans, tousjours prosperans par leur trahyson et rapine, en ensuyvant leur progeniteur qui pire ou aussi mauvais que eulx avoit esté. Jucq à l'heure de present regne, ont tousjours prosperé iceulx, qu'on dit l'an mil cinq cens et neuf, que ne feront plus moyennant la grace de Dieu, par laquelle grace et le bon roy Loys XIIme de ce nom, luy plaise nous donner victoire tant qu'ilz puissent estre soubz le pouvoir dudit Francus[372]. Donc, pour poursuite à la matiere encomancée, vray est que la pauvre Adromachee, femme de Hector, sez deux filz et son nepveu, filz de Troilus, furent prins par Pyrus, filz d'Achiles, lequel après sa mort donna son royaulme ausdits enfans. Mais Francus, l'esné filz, et Turquus, son proche parent et cousin, dirent ainsi qu'ilz ne daigneroient succeder à l'heritage du filz de celuy qui avoit tuhé leurs peres en traïson, et s'en vindrent au pays de Lombardie où ilz feirent guerre audit Anthenor, comme dist est dessus. Et de là, arriverent à une dez parties d'Almaigne qu'ilz conquirent par leur puissance. Et là, fonderent une cité qu'ilz nommerent Sicambre où ilz demeurerent par aulcun temps, jucq ad ce que plus amplement fussent multipliéz. Se voyant, Turquus, comme celuy qui a desir tousjours d'acquerir, s'en vint en Grece et en conquesta une partie qu'il appella et nomma luy mesme Turcque, en remambrance de son nom. Ledit Francus, son cousin, voyant aussi que le pays où il estoit ne suffisoit point [85 v°] à luy ne à sez gens, vint cheoir en la haulte Gaule, laquelle il appela France de son nom[373],

371 « Anthenor et ses gens descendus en celle terre [entre celle mer Adriatique et les montz d'Italie] fonderent illec une cité qu'ilz appellerent Troyes et les pays d'entour nommerent ils Troyens. Mais finablement par venue ou revenue d'eulx ilz furent et sont encores nomméz Veneciens. » (Jean Mansel, *Hystoires romaines*, BnF, ms. fr. 54, f. 12 r°). Voir aussi *Orose*, vol. I, f. vi^xx^v.

372 La guerre contre les Vénitiens, en 1509, est accompagnée de nombreux textes de propagande reprochant à la Sérénissime sa convoitise et annonçant sa ruine prochaine. Voir Pierre Gringore, *Entreprise de Venise*, Lyon, 1509, cité par F. Bonali-Fiquet, « La bataille d'Agnadel », dans *Passer les monts : Français en Italie, l'Italie en France (1494-1525)*, dir. J. Balsamo, Paris, Champion, 1998, p. 229. Sur Anténor, on verra aussi E. Baumgartner, « Énéas et Anténor, deux figures de la trahison », dans *Cahiers du CRISIMA*, n° 3 : *Félonie, trahison, reniement au Moyen Âge*, 1997, p. 261-270.

373 Catherine d'Amboise ne retient qu'une des interprétations, celle qui a la préférence d'Orose : « les Troyens [...] s'en allerent en la terre de Germanie là où ilz se peuplerent, et ordonnerent ung chevalier nommé Francion filz de Hercules ou de Hector comme dient aucuns et nepveu du roy Priam pour estre leur roy, et est le plus ancien roy de

puys après, s'envint à Paris, qui pour lors estoit appellé Lutesse, et le nomma Paris pour tousjours avoir commemoration de leurs encestres et haultes races dont ilz estoient issus[374]. Et si sont si tressagement et prudentement gouvernéz que, quant la loy crestienne y est venue, en ont esté si tresbons observateurs que la renommée en est et non sans cause, tant qu'ilz sont ditz les roys trescrestiens. Et ne list on point qu'il y ait au monde roys à qui Dieu ait fait tant de graces que à eulx, comme plus amplement on peult veoir par leurs Cronicques.

Enluminure 53 : Balthasar et ses concubines festoient avec les vaisseaux sacrés[375]

Le neufiesme livre de ce present volume parlant [86 r°]
dez imprudens du cinquiesme age. Commançant à Balthazar,
roy dez Caldeens, lequel par son imprudence perdit sondit royaulme
ensamble la noble cité de Babilonne, laquelle cité imprenable
à sens humain sans le vouloir divin

De t'esloigner du nombre d'imprudence, toy Baltazar, seroit contre raison puis que ainsi est que nulz n'ay espargné, et plus, je dis que d'aucuns ay touché fort asprement, lesquelz si bien ne l'avoient merité comme tu as. Pourtant, je dis que toy, Balthazar, à qui Dieu avoit tant faict de graces tant humaines que impossible les mectre en forme, desquelles par ton imprudence et mauvais enfans ingrat, de quoy ne demorras impugny car ton royaulme sublime en fut divisé en troys parties, de quoy principalement ton grand orgueil et oultrecuidance mauvaise en

France dont les croniqueurs facent mencion. Une autre oppinion est que France fut ainsi nommée pour ung bouchier qui en fut roy par sa grant vaillantise lequel on appelloit Franco, mais je croy mieuls que le nom vint de Francion le Troyen après la destruction de Troye. » (Vol. I, f. vi^xx^vi.)

374 *Grandes chroniques de France*, t. 1, liv. I, chap. IV « Coment et quant la cité de Paris fu fondée, et dou premier roi de France. », p. 18.

375 Enluminure 53 : Dans un temple richement architecturé est dressée une table de festin où siègent trois dames (robe bleue, noire ou grise ; tête couverte d'une coiffe noire ou d'une résille) portant à leur lèvre un ciboire face à Balthasar, en robe dorée et mozette d'hermine, couronne posée sur un chapeau rouge-brun, tenant un ciboire de la main gauche et se tournant vers une dame, en robe rouge à manches ornées d'hermine, debout derrière lui. Au fond, sur un socle à colonne, est figurée la présence divine (petit personnage en manteau bleu sur une robe rouge, qui lève la main droite et porte le globe de l'autre main. Son nimbe est rayonnant). Dans la partie droite, est représenté l'extérieur : la porte du temple, devant laquelle sont assis deux petits personnages, et au loin une colline où deux dames conversent.

fut cause principale, pour la grand superbité qui en toy redondoit, toy estant en ta cité de Babilonne, laquelle, comme peut chascun veoir ès ensciennes hystoires[376], estoit imprenable, mais par puissance divine fut rendue serfve et prenable, comme justice, droit et equité le prometoient, qui en fut cause, comme j'ay dit davant, ton orgueil et superbité desmesurée car jamais, quelque signe que nostre Seigneur te demonstrast manuellement, ne te vouluz recognoistre comme ton Dieu. Que diray plus ? Que par ton imprudence fuz absorbé, que te voluz acomparager à Dieu, [86 v°] beuvant et mengeant aux saincts vaisseaulx desdiéz à icelluy, et encor pis tez concubines, lesquelz vaisseaulx precieux avoit furtivement emportéz Nabugodenosor, ton predecesseur, du predict sainct temple par sa rapine immoderée, dont mal luy en print[377]. Et affin que je n'oblie la menasse de la main divine que davant ay prenomiée, et la substance d'icelle que contenoit en substance telle chose en forme latine *mane thethel phares*, qui se veult se dire *mane* comme nombre, car Dieu a compté et nombré ton regne et l'a acomply, ainsi comme la monnoye est comptée et remuée ; *thelthel* vault autant à dire comme poysée, c'est à dire que tu es balancé davant Dieu et que moins vivras que ne cuides, *phares* veult dire division[378]. Lesquelles dites choses venues par toy Balthazar, ne voulut croire mais la propre nuyt, Syrus, roy dez Mendiens et Persens, te prindrent et misdrent à destruction ta cité, en te mectant à mort par ton obstination mauvaise ainsi que l'avois bien deservi, et que aussi c'est le vray tribut dez superbes mourir et diffiner villainement, honteusement. Du present vice [ne] me descens en parler, faisant fin à ceste imprudente hystoire.

376 *La Mer des histoires*, vol. I, chap. LXIX « De Babylone », f. lvii ; chap. LXXIII « De Caldée », f. lvii v°.

377 *Second volume de la Bible historiée*, « Daniel », chap. v « Comment Balthasar fist ung convy au temple et vit une main escripvant contre la paroy, et comment Daniel le interpreta », f. xcvii v°.

378 Daniel, $5^{25\text{-}28}$.

Le second chappitre parlant du tresimprudent Sardanapalus, roy dez Assyriens

[87 r°]

Enluminure 54 : Sardanapale et ses concubines enfermés dans le palais en feu[379]

Ton nom estrange par sur tous donne bien à entendre quasi au vray ton imprudence mauvaise. Je parle à toy, Sardanapalus, car au vray dire, au son d'iceluy la renommée demonstre qui tu es, que tu scens et es sorty dez pallus infernaulx. Et pour commancer à descrire tez imprudences par sur toutes haultaines, tu fuz roy des Assiriens et de Mede, roy le plus grant qui pour ce temps là durast et regnast. O tresimprudent, injustement et mauvaisement te y gouvernas mais, comme ung homme mal condicionné, voluptuesement voulus vivre jucq à ta fin qui fut dampnable et vicieuse, car ainsi que une beste brutte usas tez jours en toute infameté. De quoy, en tant que moy, expositeur de ce present opuscule, suis femme, [87 v°] m'est plus d'honneur m'en taire que d'esposer telz faictz villains, par quoy m'en tais d'une partie pour la putrefaction d'iceulx. Qui amplement les vouldra veoir, regarde *La mere des histoires*, Bocace et Vincent l'Istorial[380] où plus à plain les verra. Ce nonobstant ne veil oublier ung de telz faictz ou deux, qui ne sont si enormes descripre que aucuns aultres, non que dignes de memoire soist pour la normalité d'iceulx, non point exsaulcant mais detestant selon le mien petit povoir, comme celle qui ayme les vertueulx et haict les invertueulx plus que le vellin[381]. Advint ung jour que le tien lieutenant on royaulme de Medde, nommé Arbathus, bien plus sage que toy, voyant que de toy ne ouyoit et n'entendoit nouvelle et aussi que avoit à toy afaire pour quelque grosse matiere touchant ton royaulme, voulut icelluy se retirer vers toy, que à

379 Enluminure 54 : À l'intérieur d'un riche palais trône Sardanapale (robe dorée à col d'hermine ; couronne sertissant un chapeau bleu ; sceptre à la main droite). Il prend par l'épaule une femme agenouillée, tenant une quenouille sous le bras ; à droite du trône, une femme en robe rouge est dans la même position, et à gauche, deux autres agenouillées filent la quenouille. À l'extérieur, à droite de l'image, deux soldats, en armure et en surcot bleu et jaune, sont en train d'embraser la porte, tandis qu'au loin apparaît le campement d'une armée.

380 *La Mer des histoires*, vol. I, « Second aage », f. iiii^{xx}v « royaume des Assiriens » ; Boccace, *Des cas*, liv. II, chap. XII « De Sardanapallus, roy des Assiriens » ; *Miroir historial*, vol. I, f. cxv v° « De la destruction du Regne des Assyriens ».

381 Italianisme. *Veleno* : poison.

peine grande luy fut entrer dedans ton repaire luctueux par ta deffense faicte et à tes huissiers, qui après longue attente entra, toy voyant assis on meilleu d'ung grant nombre de concubines, asservi à icelles comme le singe à son maistre, en oultre ayant à ton cousté une quenoille, qui plus esbahy le fist. S'en retourna ledit sans à toy parler, [88 r°] car aussi ne devoit il te voyant en tel estat d'imprudence atourné. S'en vint ledit Abrachus[382] à ces gens, c'est assavoir à tous les grans seigneurs et princes du royaulme qui avec luy estoient venuz, leur commença à remonstrer l'improbité, l'infameté et condition servielle du roy predict, leur disant telles parolles :

– Seigneurs notables, nous avons cy ung roy tresmal conditionné qui a en soy des vices dequoy le taire en vault myeulx que parler. Que ferons nous ? Si vous me voulez croire, principallement vous, nobles seigneurs de Medes, qui tousjours par cy devant avez esté si noblement et vertueusement gouvernéz, qui avez eu bruit si treshaultain et digne de loz, tenez moy la main, par cas pareil, tous vous aultres et j'espere que de luy le tresinvertueulx viendrons bien toust à chief.

Que entendues les parolles doulces et raisonnables dudit, firent response juste, disans :

– Noble lieutenant, ton vouloir vertueulx soit acomply. Chascun de nous voiant ton noble cueur te tiendrons la main et aiderons de toutes noz forces. Que incontinant et tout subit fist et emprist guerre contre ledit, et tant millita que ledit pouvre imprudent, se voiant convaincu, ne sceut à qui se retirer si non avec ces predictes folles concubines, comme pardevant en tous ses afferes royaulx [88 v°] s'estoit conseillé, desdaignant et mectant à nonchaloir tout son noble conseil. Et celles luy firent responce que en tel cas ne se cougnoissoient et que impossible seroit à elles le secourir, que se voiant, le pouvre mal heureux tresinfortuné, pour eviter la mort et cheoir entre les mains du sien serviteur, feist mectre le feu dedans son palais et luy, on meilleu de ses concubines putrefaictes, se brula et ainsi voulut mourir piteusement et miserablement. Et tout ainsi que sa vie avoit esté maulvaise aussi fut sa fin encore pire, comme il advient communement ainsi que chascun le voit[383].

---

382 *Arbathus.*

383 Catherine d'Amboise ne reprend pas à son compte la conclusion de Boccace : « [...] ainsi Sardanapallus qui ou temps de sa prosperité precedant avoit vescu en maniere de femme il mourut en maniere d'un homme fort et courageux » (ouvr. cité, sig. ciii v°).

Le troysiesme chapitre parlant de Thulia, aisnée fille du roy Servilus, six^e roy des Rommains

[89 r°]

Enluminure 55 : L'inhumanité de Tullia[384]

Après la mort de Tarquin l'ancien, cinquieme roy des Romains, laissa deux jeunes filz myneurs d'aages ; l'aisné fut nommé Arrinus et le segond Tarquin, vroyment nommé l'orguilleux. Lesquelz deux enfans ne succederent point en royaulme, pour la cause de leur trop grande jeunesse, mais y fut constitué ung tresprudent et treshonneste chevalier, nommé Servilius[385], pour bien regir et justement gouverner le royaulme de Romme, lequel se porta tant et si tresvertueusement que reprandre on ne l'en sçauroit. Or est ainsi que ledit roy avoit de sa femme, la royne Thenaqui[386], deux filles, toutes deux nommées par ung nom, c'est assavoir Thulia. Lesquelles deux filles [89 v°] furent de diverses condicions, comme on voit souvant, car l'aisnée estoit tresmaulvaise dessus toutes inhumaine, de laquelle veil bien amplement toucher et pour laquelle ay mise ceste presente ystoire en forme. La seconde fut tressage et vertueuse. Lesquelles deux seurs furent mariées ausditz deux enfans prenomméz, dont l'aisné, nommé Arrinus, doulx et amyable, espousa ceste tresimprudente et maulvaise predicte, et Tarquin espousa la jeune tresbien condicionnée et luy au contraire sur tous inhumain. Dont ledit gracieulx Arrinus ayant espousé ceste maulvaise Thulia l'aisnée, luy fist tant d'oprobres longs à raconter que il en mourut de deul, et pareillement Tarquin le felon feist tant de rudesse à sa pouvre femme que pareillement en mourut[387]. Après la mort desquelz, ledit Tarquin

384 Enluminure 55 : Dans l'angle gauche de l'image, Tullia, assise, tend la main gauche vers un charretier qui regarde Servius (surcot doré à col d'hermine sur une robe bleue) étendu au sol, sa couronne tombée de sa tête blonde. Fouet sur l'épaule, le charretier guide, par le harnais, le cheval qui, attelé à un lourd chariot, piétine le corps du roi de son sabot droit. Au second plan, au-dessus de Servius, se dresse un arbre sec et, à l'arrière-plan, au niveau du visage de Tullia, apparaît une cité, sur fond bleuté. Dans la bordure enluminée, un animal fantastique joue de la cornemuse.

385 Pour *Servius.*

386 Tanaquil est l'épouse de Tarquin l'Ancien, non de Servius Tullius.

387 *Hystoires romaines* de Jean Mansel, BnF, ms. fr. 54, [f. 19 r°] : « Or estoit ainsi que Luce Tarquin qui estoit felon et cruel avoit espousé la fille de Servius qui estoit tresdoulce et debonnaire, et Arcus son frere qui estoit doulx et begnin avoit espousé Tulle l'autre fille de Servius qui estoit la plus cruelle du monde. Ceste Tullie qui estoit tant mauvaise

espousa ladite femme de son frere deffu[n]ct, sans le sceu de leur bon pere, Serrinus[388], qui fut une tresmaulvaise assemblée que d'eulx deux car se l'ung estoit maulvais, l'autre estoit encores pire. Doncques, après les nopces parfaictes, ladicte, comme mal conseillée et plaine de maulvais vouloir, estoit sans fin après sondit mary l'exhortant et luy disant que bien meschant estoit [90 r°] qu'il ne se faisoit roy de Romme et que sondit pere rien n'y avoit. Et tant fist et mist ces predictes choses à sondit mari que, ung jour entre les aultres, vint usurper la chaire royalle de son predit pere, et fist et donna jugemens comme icelluy. Que se voyant et oyant ladite mauldite entreprise, vint à sondit filz le cuydant subjuguer, que possible ne luy fut. Sondit filz, voiant estre victorieux, le fist meurtrir et villainement tuer[389]. Que se oyant, la mauldite conduture de ceste euvre inhumaine print chemin à grant haste, allant vers son mary, luy faisant la reverence, disant telz motz comme toute resjouye :

– Sire, je te salue.

Elle aiant fait et acompli son desir, s'en retourna, que en sondit retour advint une chose bien inhumaine et piteuse car, en errant, vint rencontrer le corps de son pouvre pere, couché envers à terre mort. Que voyant le charretier d'icelle icelluy noble roy mort, comme meu de pitié, destourna ses chevaulx, non voulant que par sur icelluy ne marchassent. Que se voyant, l'imprudente, mauldite, oultrecuydée et inhumaine, dist au charretier telles parolles ou semblables :

– Pourquoy as tu destourné tes chevaulx pour qu'il ne marchassent sur ce corps mort ? Tu es ung foul car plus [90 v°] mille fois en a deservy qu'on ne luy a fait. Pour ce marche hardiment par dessus luy, esfondrant le corps de part en part sans en avoir pitié aucune.

---

amoit plus Tarquin son beau frere pource qu'ilz estoient de semblable condition qu'elle ne faisoit son mary, et Tarquin l'amoit de folle amour. Ceste malle femme doncques icy fit tant envers Tarquin qu'il murtrit sa femme et elle murtrit Artus son mary et puis ilz se marierent ensemble. Si Tarquin eut paravant contendu de retourner au royaulme de son pere, encore maintenant l'en a plus enhorté Tullie sa femme qui ne cessoit de luy ammonester et induyre d'occire le roy Servius qui estoit pere d'elle. »

388 *Servius.*

389 *Hystoires romaines*, f. 19 v° : « Aucuns dient que Tarquin mesmes le [Servius] tua illec par l'ammonestement de Tullie sa femme qui toutesfois estoit fille de Servius, comme dist est et fist acroire que ainsi fut, car à celle heure elle monta sur son chariot et vint à la court et fut la premiere qui appella son mary roy, lequel la fit retourner vers son hostel. Si advint quant elle vint en la rue cyprienne là où le corps de son pere gisoit mort que elle, contre toute humanité, fit son chariot charroyer au travers du corps de son pere [...]. » Voir aussi Boccace, *Des cas*, liv. III, chap. III.

Dont par le moyen de la mort inhumaine predicte, fut ledit traistre Tarquin roy de Romme, lequel si tresimprudemment se y gouverna, et sa femme pareillement, que eulx et leurs enfans s'en trouverent mal et sentirent à tousjours tant du forfait de leur pere et mere que d'eulx mesmes. Car, pour tousjours continuer en sa superbité, alla ledit Tarquin en Puylle[390], en cité appellée Ardée, pour ce que principallement la sçavoit riche et plantureuse d'avoir, davant laquelle fut long temps, tant que son filz, nommé Tarquin comme luy, feist le forfait de prandre à force la bonne et chaste Lucresse, femme de Colenti son cousin germain, dont et pour ceste cause, luy, son pere et mere furent chasséz de Romme et envoiéz en exil, ainsi que plus amplement on le peult voir ès *Cronicques rommaines*, et que depuys n'y eut roy à Romme, comme par experience on le peult à cler cognoistre[391]. Laissant cest ystoire à reppoux.

Le IIIIe chapitre parlant des faulx iniques et faulx juges qui acuserent la bonne dame saincte Susanne

[91 r°]

Enluminure 56 : Les faux juges convoitent Suzanne[392]

Dis à par moy que justice seroit chose celeste si bien justement et prudemment estoit gouvernée. Si faulte y a, à Dieu je m'en remectz. Bien à propos eschet nostre preambule car toucher veil des tresinjustes et faulx accusateurs qui, par leur maldite voulunté libidineuse, accuserent <la> injustement la bonne et loyalle, madame saincte Susanne. O injustes, qui des sages estiez esleuz pour sentencier et faire droit à ung chascun, comment eustes vous en vous telle forfaicture de faire le contraire ? Helas, quant bien souvant contemple cest affaire, dis bien

390 Leçon douteuse.

391 *Hystoires romaines*, f. 21 r°-22 r°.

392 Enluminure 56 : Au milieu d'un jardin clos fleuri, Suzanne, nimbée, se baigne nue dans une fontaine ; de son bras gauche replié elle tient un drap qui cache en partie son sexe, et de son bras droit repousse un homme à la barbe et aux cheveux châtains, vêtu d'un surcot bleu à manches courtes sur une cotte pourpre, d'un chaperon d'épaules jaune-vert, d'un bonnet mauve à bords relevés et d'une gibecière rouge, qui la regarde et la saisit. Accoudé sur le muret à droite, un homme barbu en robe dorée au col d'hermine et coiffé d'un feutre à plume assorti observe la scène. Au loin, à droite, se dresse une cité devant laquelle apparaissent des silhouettes.

souvant à moy seulle qu'il peult estre que fustes des premiers inventeurs de faulce judicateure. Mais depuys, par invention diabolicque, [91 v°] vostre art et maulvais forfait n'est point diminué. Que diray plus ? Que aussi bien en ce temps là, on baille maintenant les oueilles à garder aux loups[393]. Et si aucuns me vouloient redarguer disant que justice n'est jamais corrumpue, en brief langaige ferois responce que sçay bien à quoy m'en tenir[394]. Mais nonobstant que quelque trahison que en vous eussiez pourpencée, par le vouloir divin et inspiracion du bon Daniel, luy estant en l'aage de unze ans, fustes convaincuz et la bonne dame Suzanne saulvée, garentie et vangée de vous, borreaulx inhumains, tant que finastes voz jours villainement et ordement, ainsi que l'avyez deservy, ainsi que plus amplement on le peult veoir on livre du predit prophete Danyel[395].

Le Ve chapitre parlant du faulz et desloyal tyrant Oloffernes

[92 r°]
Enluminure 57 : Holopherne ordonne les massacres[396]

Foul arrogant ne oultrecuydé jamais ne advint à perfection. Je diz ces motz en degradant le tiranicque et tresimprudent Oloffernes, prince en son temps de Nabugodonosor, filz du noble roy Syrus. Ledit Olofernes, comme enbrasé du feu de convoitise et desirant tout subjuguer et mectre soubz sa main comme justiciable, [Nabugodonosor] manda querir le

393 L'expression proverbiale connaît plusieurs variantes : Gomes de Trier, *Le Jardin de recreation [...]. Soubz le nom de six mille Proverbes, et plaisantes rencontres Françoises*, Amsterdam, P. de Ravesteyn, 1611, B. « Bailler la brebis à garder au loup ».

394 Cette critique sociale s'exprime dans nombre d'œuvres de la fin du Moyen Âge, et des premières années du XVIe siècle, du *Quadrilogue invectif* d'Alain Chartier au *Regnars traversant les perilleuses voies du monde* de Jean Bouchet. Toutefois, l'accent très personnel de la déclaration n'est peut-être pas sans rapport avec le long procès qui a opposé les Beaujeu-Lignières à Pierre de Bourbon et à Anne de Beaujeu, pour les possessions du Beaujolais (voir plus haut, note 2).

395 Daniel, 13.

396 Enluminure 57 : À gauche, Holopherne (surcot jaune sur chausses et chemise bleues, chapeau jaune à plumes – rouge et blanche) observe du haut de son destrier blanc trois soldats en armure en train de passer par le fil de l'épée un groupe d'hommes à terre, dont l'un, agenouillé, les yeux tournés vers le cavalier, implore sa pitié. Au second plan, à droite, s'alignent des maisons à colombage ; au lointain, une cité est en flamme et, plus haut, une autre beaucoup plus imposante se dresse au sommet d'une colline.

predit tirant Olofernes, comme sachant que ledit ne demandoit que commissions ruyneuses, comme à present font encores d'aulcuns tenant de sa tresmauldite race. Dist ledit roy Nabugodonosor au predit Olofernes :

– Va t'en, dist il, par toutes terres et conqueste en mon nom tout sen que possible [92 v°] te sera. Prens or, argent, finances pour toy secourir et faiz tant que chascun soit subgect à moy.

Que ce voyant et oyant le mauldit tirant, esmeu de joye, s'en partit et tant chevaucha qu'il arriva à Cecille[397], laquelle mist à destruction, mectant tout à feu et sang, de là passa le fleuve Eufrete et vint en Mesopotamye, brisant et degastant toutes les citéz, forteresses, conquestant le pays depuys le fleuve de Membre jusques à la grant mer ; et [aux contrées][398] de Japhet, qui sont par devers mydi, emmena avec luy tous ceulx de Madian, rapinant tout leur avoir, mectant à mort tous ceulx qui contre luy fasoient tant soit peu de resistance. Se departit du predit lieu et s'en vint au champ de Damas qui estoit pour lors on temps de moissons où il feist degaster[399] et mectre à neant tous grains, fruictz et aultres biens produictz pour substanter nature, et coupant et faisant suffocquer arbres et tout par la cruaulté maulvaise et dampnable. Se voiant cest oultrage, les roys et princes de Sirye et Mesopotamye et de plusieurs aultres lieux luy manderent qu'ilz aimoient mieulx eulx rendre à Nabugodonosor et à luy que de mourir en tristesse et voir si inhumainement enormeement perdre leurs biens et subjectz[400]. Lors, ces nouvelles oyes, le mauldit tirant descendit des montaignes, là où il estoit, [93 r°] et prist toutes les citéz et forteresses à son plaisir et commandement, ensemble les plus hardiz et chevaleureux du predit pays emmena avec soy, et plus, par son inhumaine et tirannie maulvaise, faisoit destruyre leurs citéz et forteresses avant que soy departir, tendant tousjours à ceste fin de faire adorer son maistre Nabugodonosor comme vray dieu sur terre. Se voiage faict, mist paine s'aproucher du pays de Judée, lesquelz,

397 Cilicie [Judith, 2^{24-25}].

398 Leçon rejetée : *aucetrees*. Nous corrigeons en nous fondant sur le « Livre de Judith », *Premier volume de la Bible historiée*, f. cccxxxiiii r° : « Et puis passa Euffrate et vint en Mesopotamie, et brisa toutes les citéz grandes et fortes qui estoient dès la riviere de Membre jusques à la mer, et prist toutes les citéz de ladicte Mesopotamie, et de Cilice jusques aux *contrees* Japhet qui sont par devers midy [...]. »

399 Leçon rejetée : *degastez*.

400 *Ibid.*, « Nous aymons mieulx à servir à Nabugodonozor le grant roy que à mourir à dueil et à tourment. »

ouyans que ledit tirant venoit en leurs parties, se misdrent tous en raison et s'en retournerent vers Dieu leur Createur, luy suppliant les preserver et garder de non escheoir entre les mains du tirant predict, commançant eulx fortifier à l'encontre dudit par l'admonestement et exhortacion de Joachim[401], grant prestre de la loy, lequel les reconfortoit de jour en jour, leur disant qu'ilz eussent en Dieu leur esperance et que sans nulle faulte exsaulceroit leurs prieres et que plus que tant avoit fait le temps passé pour eulx. Oyant ce, le tiránnicque predit demanda en façon superbe aux princes de Moab et d'Amon qu'il avoit conquis, quelz gens c'estoient et quelz vertuz il avoient de vouloir resister contre luy. Lors luy dist le duc Alchior :

– Sire, si tu me veulx entendre, de par moy verité te sera declairée, [93 v°] sans d'ung seul mot en mentir. Vray est que se predit peuple est sorty des Caldiens, lequel par cy devant ont tousjours adoré ung seul dieu, eulx disans que icelluy a fait le ciel et la terre, et une fois leur commanda sortir de ladite terre des Caldiens pour les grans abuz qui se faisoient, que il firent. Et plus, les a si bien gouvernéz depuys ce temps yla, que impossible seroit de mieulx, oultre les secourant et aydant en toutes leurs affaires. Quant de te narrer les faictz haultains que par cy devant a faictz pour eulx, impossible me seroit. Si nonobstant que quant ilz forfont encontre leur Dieu, n'en demeurent impugniz. Pour ce je te advise que besoing est que tu saches ains que plus oultre proceder, si depuys ung peu l'ont point offencé. Si ainsi est les subjuguez facillement, s'il est au contraire, ne te mectz en paine contre eulx batailler car impossible seroit à puissance humaine, pourveu qu'ilz soient en grace, les surmonter ne suppediter[402]. Ces parolles entendues du predit tirant, comme courroucé de tel propos, dist au predit Alchior :

– Je te veil donner à cougnoistre que le contraire de ce que tu diz est vroy et qu'il n'est aultre dieu que Nabugodonosor ne plus grande puissance que la sienne. Car je t'envoiray avec eulx, [94 r°] alors pourras congnoistre toy mesme ta mensonge.

---

401 *Ibid.*, « Adonc envoya Hely Achim, le prestre de la loy, lettres à tous les Juifz qui estoient en Hesdrelon et au grant champ et en Dotham. Et à tous ceulx qui demouroient ès lieux par là où Holofernes peust passer entre les montaignes, qu'ilz gardassent les passaiges et les voyes et les estroictes entrées par entre deux montaignes tant que Holofernes n'y peust à tout son ost passer ne venir en Hierusalem. » [Judith, 4^{6-7}.]

402 *Id.*, « Comment Achior loa le Dieu d'Israel à Holofernes par miracle », f. cccxxxiiii v°. [Judith, 5^{5-21}.]

Qui incontinant le fist lier et fist mener sur une montaigne près de la cité de Bethunye, qui bien toust après fut pris des espies de ladite ville et mené au dedans, ausquelz il conta le propos et erreur faulce du predit tirant. Que bien toust après vint ledit tirant assieger ladicte cité de Bethunye, là où fist couper tous les tuyaulx des fontaines et occuper tous les ruisseaux qui en la cité povoient aller, pour les garder de avoir eaue, dont le pouvre peuple qui dedans fut en si grande perplexité qu'ilz ne sçavoient plus que faire, deliberéz en eulx que dedans cinq jours rendroient la predicte cité se Dieu ne les secouroit[403]. Alors ces parolles acomplies, vint une tresnoble dame de la cité mesmes, nommée Judich, vefve craignant et observant les commandemens de Dieu, qui leur dist telles parolles ou semblables :

– Mes freres et amys, il me semble que tresgrant mal faictes de murmurer contre Dieu et prandre jour prefix de sa misericorde. Helas, ne sçavez vous pas les grans biens que a faictz à nous et à noz peres, comme Abrahaz et plusieurs aultres, aulcunes foy les temptant pour les esprouver tousjours ? Ainsi ne fault pas faire mais soy humilier, et quant est que touche de ma part, mectray [94 v°] paine de l'appaiser en le suppliant que de nous veille avoir pitié et mercy, esperant que en brief nous delivrera de la main de noz ennemys[404]. Ces parolles finées, alla ladicte dame en son oratoire, commançant à prier Dieu si ferventement et en si tresgrande humilité que Dieu exaulça sa priere, luy donnant la force et puissance que d'elle mesmes exploicta et mist à mort le predit tirant, en la forme et maniere que le pourrez veoir ou livre de la predicte histoire Judich. Qui est à desmontrer que orgueil deçoit tousjours son maistre[405], comme à cler peult estre veu en ceste presente histoire.

403 *Id.*, « Comment les eaues furent en Bethulie », f. cccxxxv v°. [Judith, 7.]

404 *Id.*, « Des parolles Judich aux prestres d'Israel », f. cccxxvi r°. Sont ensuite résumés, en quelques lignes, les chapitres « Comment Judith alla en l'ost Holofernes. » (f. cccxxxvi v°), et « Comment Judich occist Holofernes » (f. cccxxxvii r°). [Judith, 8, 10-13.]

405 Proverbe qui connaît plusieurs variantes : « Toujours orgueil son maître avile » (*Alecis – DMF*) ; « Fol hardement deçoit souvent son maistre » (*Cents proverbes moraux*, BnF, ms. fr. 1990, f. 109 v°).

Le VIe et dernier chapitre de se present livre parlant d'Amon l'imprudent qui fut pandu au gibet que luy mesmes avoit faict faire pour faire pandre le bon Mardocheus

[95 r°]
Enluminure 58 : Aman pendu au gibet de Mardochée[406]

Qui pourchasse par envye mal à aultruy, souvant sur luy redonde la forfaicture[407]. Je ditz ces motz pour toy, Amon, sur tous le plus envieux car par icelle envye en fin t'en prist comme il devoit. Et pour declairer en brief de tes faictz vicieux, comme j'ay leu[408], vroy est que le roy Assuerus, lequel est si trespuissant que pour lors ny après ne list on point de roy si riche, toy qui estois ung pouvre homme et sorti de race basse te esleva à près luy, le plus grant de son royaulme, te donna puissance de faire et [95 v°] commander en auctorité telle comme si c'estoit luy mesmes[409]. Mais comme imprudent et tresinconstant, mescougnoissant la pouvreté dont tu estois sorty, prins en toy une superbité si tresgrande que, par où passois, te sembloit la terre digne de te porter et voulois que ung chascun, par devant passant, te fist une reverence, et eulx veaultrant plus ou aussi bas que devant le roy. Si que à paine ne se voulut consentir le bon Mardocheus, pourtant qu'il estoit juif, disant en soy qu'il n'appartenoit à ung Juif soy veaultrer ne humilier davant ung payen. Ce voiant, ledit orguilleux Amon, rempli de felonnie et despit, vint devers le roy son maistre, lequel faisoit une partie de ce qu'il luy conseilloit, luy commança à dire en parolles mensongieres :

– A sire, dist il, vous avez ung peuple judaicque lequel ne se veult tenir subject à voz loiz ne croire en noz dieux, ains tiennent leur cas à par eulx et ne sçauriez croire les maulx que il[s] font en vostre royaulme.

---

406 Enluminure 58 : À gauche, deux cavaliers s'affrontent à la lance, devant la porte d'une cité où est pendu Aman les mains liées ; à l'arrière-plan, on distingue deux armées combattantes, et un peu plus loin, à gauche, Esther agenouillée devant le roi, sur son trône. Au fond, une cité apparaît au sommet d'une colline, dans un paysage bleuté.

407 Variante du proverbe : « Tel purcace le mal d'autrui / A qui ce meime vient seur lui » (Marie de France, fable 59). Voir Le Roux de Lincy, *Livre des proverbes français*, éd. 1859, t. 2, p. 424.

408 *Premier volume de la Bible historiée*, « Le livre Hester », f. cccxliii et sv.

409 *Id.* f. cccxliiii v° : « [...] le roy esleva si grandement Aman, le filz Amalachi, qu'il le fist souverain dessus tous les princes et tous ceul de son hostel, et s'agenoilloient devant Aman et l'aouroient, car le roy l'avoit commandé. Mais Mardocheus qui demouroit devant la porte du roy ne si voulut oncques agenoiller, ne luy aourer. » [Esther, 3^{1-2}.]

Pourtant, sire, si c'est vostre plaisir, ferez commandement de les mectre tous à mort et pour le truage qu'il vous font, vous donrray dix mille besans d'or. À quoy fist responce ledit roy :

[96 r°] – Amon, pour amour de toy je le veulx, et tiens, voylà mon signet, va et escriptz par tout mon royaulme et pays que dedans le vingtiesme jour que tout le monde se arme contre eulx, les mectant tous à mort. Lors le predit envieulx ne fist sejour mais tout subit fist faire lettres pour envoier par toutes les provinces, pour faire mectre à excecucion son vouloir maulvais et inhumain. Mais Dieu pitoiable et misericors voiant ceste mauldite entreprise, de sa grace y pourveut tout en aultre sorte que n'estoit la pensée du predit envyeulx et son maistre. Car, par la priere du predit Mardocheus et que aussi envoya devers sa nyepce, la treshumble Hester, laquelle fist requeste au roy Assuere, le sien mary, qui luy pleust avoir pitié de son peuple et d'elle pareillement[410].

– Car le mauldit Amon avoit conspiré, par ung despit qu'il avoit contre [m]on oncle Mardocheus, la mort de tout le peuple judaicque, desjà ayant fait faire ung gibet au dedans de sa maison pour faire pendre mon predit oncle, Mardocheus, pour ce vous prie, mon bien aymé et espoux, avoir sur ce regard, me prenant en pitié et aultres qui n'ont mespris.

Ce oyant ledit roy, esmeu de pitié, de ainsi par inspiration [96 v°] divine, congneut la maulvaitié du mauldit envieulx, y envoya en toute diligence lettres contremandantes les premieres dessusdites, et plus, mandoit à tous ses officiers qu'ilz donnassent tout support et ayde aux Juifz à l'encontre de tous ceulx qui les vouldroient assaillir. Ce qu'ilz firent. Et ledit jour venu, fut tué et occiz ung grant nombre de ceulx qui vouloient deffaire le peuple de Dieu, et mesmement, le mauldit Amon fut pendu au gibet où il vouloit faire pendre ledit Mardocheus, non luy seul mais sa femme et deux de ses enfans, et tous ses biens confisquéz donnéz à Mardocheus[411]. Voyant et considerant ce chappitre predit, on peult voir dequoy et à quelle fin viennent les envieulx.

---

410 *Id.*, f. cccxlvi v°. [Esther, 5^1.]

411 Catherine d'Amboise modifie le texte biblique : « Lors fut Aman pendu au gibet qu'il avoit fait pour pendre Mardocheus. Et le roy se appaisa de sa grant yre. Et donna en celluy jour à la royne la maison de Aman le adversaire des Juifz. » (*Id.*, f cccxlvii r°. [Esther, 7^{10}, 8^1])

Le dix[e] livre parlant des prudens du Ve aage[412] à Jerobabel duc et conductur du peuple judaicque

[97 r°]
Enluminure 59 : Zorobabel réédifie le temple[413]

Bien vertueuse est la personne qui en son franc arbitre se peult maintenir sans succumber en decadence, et, encores plus, la personne en servitude trouver maniere de regaigner franchise par sa grant prudence. Je diz ces motz pour toy, Jerobabel, yssu de la noble lignée de David qui, par les grans forfaitz de ton grant pere et autres predecesseurs, fuz serf et captif et né en captivité, que, par ta grant et magnifique prudence, trouvas invention de sortir d'icelle captivité, par le moyen de Dieu. Et non toy seul mais tous aultres pouvres captifz comme toy, detenuz en servitute, qui estoit au nombre, sans les femmes et petiz enfans, de soixante et douze mille. Lesquelz si vertueusement conduictz et [97 v°] gouvernas qu'on te peult appeller le segond Salomon, en sapience sur tous altissime. Car, ainsi que luy, fuz le segont reediffiant le sainct temple de Dieu et noble cité de Jherusalem[414], desnuée de maisons et de murailles, qui ne fut euvre petite mais la plus grande que j'ay point leue, veu ta petite puissance et grans adversaires que tu avois, ainsi qu'on le peult voir on segond livre de Esdras et de Neemye[415]. De reciter plusieurs aultres grans narréz de toy, lesquelz sont bien dignes de memoire, je m'en depporte, considerant que plusieurs volumes[416] sont de tes grans effectz rempliz et non sans cause, car tu fuz et est produict de la saincte genealogie de la tressacrée et pure Vierge, Mere de nostre Saulveur Jhesuscrist[417]. Et dont de ce me tais, considerant les davant escriptes.

---

412 D'après les titres des autres livres, il manque sans doute : *et commence* ou *qui commence*.

413 Enluminure 59 : À droite, Zorobabel (surcot doré à col d'hermine sur une robe grise, chapeau bleu sur un chef blond) observe debout, main droite tendue, main gauche tenant le câble d'une grue, Jérusalem en construction. Derrière lui, dans une clairière, un homme assis (robe rouge à col bleu, bonnet dorée) dort, le visage appuyé sur sa main gauche et les pieds sur un rondin de bois ; devant lui gisent des personnages endormis.

414 *Premier volume de la Bible historiée*, « Le premier livre de Esdras », f. cclxxix. [Esdras, 5.]

415 *Id.*, « Le second livre Esdras et de Neemye », chap. VI « Comment Sanaballath et ses compaignons envoierent à Neemye pour faire aliance et voulurent retarder l'œuvre du mur », f. cclxxxv r°. [Néhémie, 6.]

416 *La Mer des histoires*, « Cinquiesme aage », chap. XIII « De Zorobabel », f. xiii ; *Miroir historial*, vol. I, liv. IV, chap. XXIX et XXX, f. cxix-cxx.

417 Matthieu, 1^{13} ; Luc, 3^{27} (généalogie de Jésus).

Le segond chapitre parlant des sept filz et de leurs meres

[98 r°]
Enluminure 60 : Les sept fils devant Antiochus[418]

L'aage ne fait pas l'homme sage si par avant ne s'est bien excercité en prudence[419]. Comme en ce present le pourra ung chascun cougnoistre, et comme aussi par experience le voit on advenir. Ces motz propose en descripvant les grandes vertuz que eurent les sept jouvenceaulx et leur mere qui, pour eulx garder de transgresser la loy de Dieu, endurerent des tormens si execrables, soubz le tresfaulx et inhumain viellart rassoty, nommé Anthiocus, roy tresindigne des Assiriens. Et pour conter de leurs vertuz et prudence qui n'est à laisser derriere, vray est que le tresinhumain devant dit, sachant ceste [98 v°] bonne mere et enfans si tresvertueulx, c'est assavoir que pour menasse qu'il leur eust fait faire ne voulurent obtemperer à sa tresinjuste requeste. Commanda les faire venir devant luy l'ung après l'autre, les cuydant amollir et gaigner, qui ne luy fut possible. Dist au premier desdits sept enfans :

– Fais ce que je te commande et, par ce moyen, auras la vie saulve, et si te feray des biens.

Qui luy fist responce tresprudente :

– Roy, que demande tu ne que veulx tu aprandre de nous ? Je te advertiz tant pour moy, ma mere et aultres freres, que prestz sommes de morir ains que trespasser les commandemens de la loy.

Lors le tirant roy, comme insanyé, commanda furieusement qu'on coupast au predit le membre de la langue, le pied et main dextre, le faisant gecter dedans ung grant feu devant ses freres et mere. Laquelle mere piteusement les admonnestoit, disant que bon faisoit souffrir pour

418 Enluminure 60 : À gauche d'une salle richement décorée, Antiochus trône (robe dorée aux manches ornées de fourrure, mozette d'hermine, couronne sertissant un chapeau bleu), sceptre à la main gauche ; tête légèrement inclinée, il regarde six jouvenceaux agenouillés, têtes nues, mains liées dans le dos. Derrière eux se tiennent trois personnages, l'un, en robe marron, porte la main droite à la poitrine et regarde le roi, l'autre, en robe verte à col rouge, fait de même et pose la main gauche sur la tête d'un des garçons, tandis qu'il tient de la main droite un lien ; le troisième (sayon gris sur chausses bleues, barrette rouge à plume blanche), légèrement en retrait, tient une hallebarde de la main gauche et tourne le visage vers la mère (surcot bleu sur robe verte à manches dorées, chapeau-turban à mentonnière) agenouillée à l'arrière de la scène, les mains jointes.

419 Livre de la sagesse, 4^{8-9}.

l'amour de Dieu, et que jamais ne delaissoit ses serviteurs loyaulx qu'il ne les secourust et confortast en temps et lieu. Dont après fut amené le segond qui, comme l'autre, fut perseverant en bien, et ne voulut consentir ains luy dist :

– Tresdesloyal [99 r°] homme, tu nous fais mourir en ceste vie presente mais celluy qui a creé tout le monde nous suscitera en vie eternelle et pardurable.

Qui incontinant commanda le predit tirant luy escorcher le cuyr de la teste avecques les cheveulx, ainsi le faisant mourir. Doncques après furent amenéz semblablement les quatre autres freres susdits, les ungs après l'autre, qui luy donnerent chascun d'eulx une espitre[420] digne de memoire, longue à raconter, que pourrez voir bien amplement au segond livre des Machabées[421]. Après ce que ses enfans eurent souffert divers tormens et eulx expiréz, fut amenée la bonne et tresvertueuse mere, laquelle avoit veu le martire inhumain de sesdits et bienheuréz enfans, portant tout pour l'honneur de Dieu vertueusement. Que la predicte venue et amenée devant ledit tirant, la cuyda survaincre et abatre par blandissemens et doulces parolles, qui ne luy fut possible. Luy fist responce la tresprudente dame :

– Je loue, dist elle, Dieu mon Createur qui m'a fait telle grace voir mourir victorieusement mes enfans pour nostre Plasmateur, et tant que touche ma personne, voy moy cy preste et appareillée de souffrir non pas seullement le martire qu'il ont porté mais plus sans comparaison. Pource fais de moy ainsi que bon et beau [99 v°] te semblera. Ce que le mauldit tirant fist faire en tresgrande cruaulté que impossible seroit de plus, que paciemment endura et porta, dont, à ceste heure et de long temps, en a la couronne de martire en huyt doubles en la gloire eternelle[422].

---

420 C'est-à-dire : tinrent des propos édifiants.

421 *Second volume de la Bible historiée*, f. cxxx v°. [II Maccabées, 7.]

422 *Id.*, f. cxxxi r° : « Glose : Cy dit le maistre ès histoires que saincte Eglise fait solennité des sept freres et de leur mere martirs pour la prerogative des grands martires qu'ilz souffrirent. Le jour de saint Pierre aux lyens est le jour de leur solennité. »

Le troyiesme chapitre parlant du noble preux Judas Machabeus

Enluminure 61 : Judas Maccabée reçoit les émissaires[423]

Après tenebres, clarté vient à son cours[424]. Je dictz ces motz pour toy, Judas le bon Machabeus, qui, en ta tendre jeunesse, [100 r°] ton pere, frere et toy endurastes si largement que impossible seroit au vray le descripre. Et toutesfois, pour contenter le myen pouvre entendement en toy exaltant, j'ay entrepris quelque chose d'escripre de tes faictz sublimes, dignes de commemorer. Donc pour à iceulx commancer, vray est que le mauldit tirant Anthiocus, devant nommé, prist et ravist la noble cité de Jherusalem, là où il fist des inhumanitéz beaucoup et tirannies incomprehensibles, an tuant et faisant meurtrir tant hommes que femmes ung tresgrant nombre, qui ne vouloient obtemperer à mangier chair de porc et adorer ses faulces ydoles, que ce voiant, ton bon pere s'enfuyt, pour evader la forcennerye du tirant predit, aux desers, conduysant avec luy tous ceulx de consanguinité à luy appartenans, avecques plusieurs aultres jusques au nombre de sept mille. Lesquelz ne cesserent de eulx defendre contre les mauldítz ydolatres qui incessamment leur faisoient guerre. Puys après dedans quelque espace de temps, mourut, lequel, avant sa mort, les prescha et exhorta tousjours tenir la loy de nostre Seigneur et, en oultre, qu'ilz eussent à eslire Judas Machabeus leur capitaine et conducteur. Ce qu'ilz firent. [100 v°] Dont ledit Machabeus si porta si vaillamment, prudemment et vertueusement, que par ses vaillances et ayde de Dieu reconquist la tresnoble cité saincte de Jherusalem, ensemble la terre de permission. Qui ne fut pas euvre petite que en si peu de nombre de gens, en deffaire, pour ung jour, six vingtz mille et tant d'autres batailles qu'il conquist tousjours

423 Enluminure 61 : Au premier plan, et au centre, un personnage grisonnant et barbu, tête nue (portant un sayon gris à col d'hermine et des chausses vertes), genou gauche à terre, tenant de la main gauche une lance posée au sol, tend la main droite vers Judas Maccabée (surcot bleu à col d'hermine sur une robe dorée à manches ornées de fourrure ; chapeau de fourrure) assis sur un trône couvert d'une étoffe rose, qui le regarde et tend la main gauche vers la sienne, tandis que derrière lui deux jeunes hommes sont debout. À la droite de l'image, un cavalier s'avance – sayon, chausses et chapeau bleus, comme le harnachement du cheval ; chemise rouge. À l'arrière-plan, dans une clairière, un homme est couché sous une tente [le père de Judas Maccabée ?], un groupe de personnages autour de lui.

424 Sentence commune qui trouve aussi sa source dans le livre de Job (17^{12}).

soubz la baniere de nostre Seigneur. Non seullement gaigna ce qui luy appartenoit, mais fist tributaires ses ennemys. En oultre, pour plus de ses faictz sumptueulx parler reallement, son nom et renommée escreut et fut esparce si loing que les Romains qui, pour lors, estoient roys d'une partie du monarche mondain luy envoierent espitres patentes, luy requerant et suppliant son amitié, ausquelz fist humble et treshonneste responce leur octroiant ce qu'il demandoient. Et plusieurs aultres grans roys et princes firent comme lesdits Romains, en luy envoiant plusieurs dons en signe d'amitié et obedience. Que diray plus pour tousjours te exalter ? Reediffias le sainct temple de Dieu, à l'exemple de Salomon et Zorobabel, et oultre, le peuple endurcy contraigniz de faire sacrifice à Dieu, ainsi qu'il estoit tenu, et oultre, remys en estat la loy de Dieu tressaincte, laquelle [101 r°] estoit deperye, qui n'est merite de petit poix. Et y a plus, car je diz que si je voulois tout au long descripre de ta bonté et conversacion tresprudente, serois par trop prolixe, en oultre les livres en sont tous plains[425]. Par quoy, je m'en tais.

Le quatriesme chapitre parlant de Julius Cesar, premier empereur

Enluminure 62 : Jules César arme un chevalier[426]

Tousjours maintenir ung propos souvant ennuye. Je diz ce que si cothidiennement parler voulois des histoires [101 v°] bibliennes seroit

425 *Miroir historial*, vol. I, liv. VI, chap. LXVIII « Des batailles Judas Machabée, et de la laide mort Anthiocus », f. cxii v° ; Flavius Josèphe, vol. I, liv. XII, f. cccxi v° et sv.

426 Enluminure 62 : À droite, Jules César, longs cheveux châtains et barbe à deux pointes, debout devant son trône en surcot doré doublé de bleu sur une robe grise à manches rouges, avec mozette d'hermine et couronne impériale en pointe, est entouré de dignitaires ; il tient une épée dressée de la main droite et un globe de la main gauche. À ses pieds est agenouillé un jouvenceau (surcot gris sur chemise bleue, chausses jaunes et barrette rouge), une courte épée sous le bras droit. Debout derrière lui, un autre jouvenceau (sayon bleu à col en V sur chemise jaune, chausses rouges, chapeau rose) le regarde, tout en tenant un grand sabre. L'empereur est entouré de quatre personnages, dont deux, à sa droite, coiffés d'un chapeau conique, portent de larges robes (l'une dorée, l'autre grise) à chaperon bordé d'hermine ; le conseiller en gris pointe l'index droit vers le jeune homme à genoux. Entre eux apparaît la tête d'un courtisan à chapeau vert ; à gauche de l'empereur un autre courtisan, mantel doré à col de fourrure sur une robe bleue, regarde du côté opposé, pointant l'index droit vers un petit buste doré (?) et tenant son mantel de la main gauche. La salle richement décorée s'ouvre, à gauche, sur un paysage.

fastidieux aux oyans. Et oultre, pourroit dire qu'on n'auroit veu ny occuppé temps en aultre lieu ny estude. Doncques suis deliberée toucher en aultrez termes et parler des hystoirez roumainez en tant que j'en peulz comprandre. Commanczant au tresmagnificque et triumphant empereur primier, nommé Gayus Julius Cesar, lequel fut ung des vertueulx primier tenant la loy des gentilz, plus audacieusement que nul que j'aye point en hystoire tant enscienne soit elle veu. Donc pour commancer à descripre de ces haultains effectz, vroy est, comme davant ay predict, issut icelluy de la tresnoble et tresillustre lignée d'Ascanius, aultrement nommé Julius, comme bien au cler peult estre veu au chapiltre dudict[427]. Dont pour parler d'icelluy bien amplement, comme celle qui y prent son plaisir pour les vertus que descendent ou descendirent de luy, toucheray depuis sa naissance. Pour le primier, ainsi que j'ay leu[428], fut ledict on ventre de sa mere si treslonguement sans pouvoir sortir que, à la parfin, faillut que la bonne dame fust ouverte, qui fut piteuse chose car par ce mourut, et le pere bien tost après. De quoy, à ceste occasion, desmoura le predict orphelin de pere et de mere, qui luy fut ugne perte irrecuparable. Et n'eust esté ugne scienne tante, laquelle estoit [102 r°] maistresse du temple de Diane, eust heu beaucoup d'affairez[429]. Car quant ledict vinct en l'eaage de douze ans, luy fut baillé ugne femme si noble que luy ne paraillement de sa sorte. Donc quant il vinct en convelescence et en aage de congnoistre, en feist reffus et n'en voullut

427 Voir plus haut, f. 60 r°-v°.

428 *Hystoires romaines*, BnF, fr. 54, f. 258 r° : « [...] Jule Cesar fust tant ou ventre de sa mere qu'il convint le ventre trencher ains qu'il en issit, et fust trouvé au naistre qu'il avoit grant chevelleure dont il fust surnommé Cesar pour cause de celle chevelleure, ou selon les autres pour ce qu'il occist sa mere au naistre. Gayus fust son principal nom mais il fust appelle Julius pource qu'il fust du lignaige de Julius qui fust filz de Eneas de Troyes. »

429 Dans l'histoire ancienne, les variantes sont nombreuses en ce qui concerne l'âge de César au moment où il perd son père (12, 13, 16 ans), et surtout à propos du « temple » des Vestales. Catherine d'Amboise semble mêler deux épisodes différents de la jeunesse de César. Voir *Hystoires romaines* : « En son aage de seize ans, Jule Cesar perdit son pere. Les deux consules qui furent l'an aprèz firent Cesar prevoire du temple de Vesta la deesse et des vierges illec dediées. » [f. 258 r°] ; « En fin luy pardonna Luce Silla et le clama quicte à la priere des vierges de Vesta desquelles il estoit pourvour. Aussi en prierent au dictateur Mamertus Enulus et Aurelius Costa qui furent à Cesar amys parens de sa femme et estoient gens de grant nom en la cité. » [*Ibid.*] On peut noter, au reste, le contre sens déjà relevé par L.-F. Flutre dans les *Fet des romains* (Genève, Slatkine Reprints, 1977, p. 8 et t. 2, p. 64) pour cette traduction du texte de Suétone : « *Julius Caesar, annum sextum decimum, patrem amisit ; sequentibusque consulibus, flamen Dialis destinatus* [...]. » (*Vie de César* I.)

point, dont, pour ceste cause, fut par le consulte Sylla, qui adonc estoit le plus excellent ayant auctorité grant de Romme, fut pourchassé ledict Julius par ledit Scilla tellement que le cuydoist faire mourir. Et pour ceste cause, luy convinct et fut forcé soy esvader et absenter de la dicte cité de Romme par l'espace d'ung an ou environ. Que bien toust après, par sa prudence haultaine, trouva fasson de rapaiser ledit Scilla, lequel en bien peu d'espace mourut après. Adoncque voyant les senateurs le bon et agille esperit qu'avoit ledict Sesar, luy baillerent quelque charge. En là se gouverna si prudentement qu'il advint à plus grande sublimité. Car en l'eage de dixhuyt ans, heut victoire, comme lieutenant et consul pour les Roumains, d'ungne cité grande qui leur estoit ennemye. Tant que voyant que de mieulx en mieulx se comportoit en tous ces faictz vertueusement, luy baillerent douze mille legions de chevaliers pour venir conquester toulte la Gaulle, qui s'entend tout [102 v°] le pais de France, Almaigne et Angleterre, et en chascune lesgion y avoit six mille six cens soixante et cinq chevaliers. Là où il la conquist non pas en peu de temps, car affaire avoit à gens trop preux et hardis, mais à la fin par sa tresgrande prudence et conduyte, au bout de dix ans, la conquist et mist en bonne union et paix transquille. Oultre, par sa grant liberalité et sagesse haultaine, gaigna tant les cueurs des Françoys que plus tenoist à luy et obeissoist que les Roumains predictz[430]. Feist ledict Julius plurieux beaulx bastimens et ediffices audict pais de France, luy resnant, qui encores [r]eluysent et apparroissent, comme chascun le scect. Plus je dis, pour tousjours escroistre la louenge, fut le primier qui donna armes aux chevaliers, affin qu'il veist et congneust le plus vertueulx en la bataille. Oultre, les sciennez noblez armes qu'il avoit avant qu'il fust

430 Voir *Lucan, Suetone et Saluste en françoys*, Paris, A. Verard, 1500, f. xcix v° : « Comment Cesar sejourna ung yver entre les François. – Or fut l'yver venu et Cesar sejourna entre ces François que l'en appelle Begues, si proposa et delibera en soymesme de tenir toutes les citéz de France en paix et en amour, ne il ne queroit achoison de mouvoir guerre nulle part, car il veoit que le dernier an de sa bataille estoit venu, et pource ne desiroit il plus riens que de mener ses legions oultre les Alpes en telle maniere que quant viendroit au departir il ne laissast derriere lui aucun renouvellement de bataille, car toute France entierement estoit acoustumée à mener guerre ainsi que par nature, se elle ne doubtast le grant povoir et le peril de Cesar. Toutes les citéz mandoit l'une après l'autre et les faisoit à soy venir, et aux princes des citéz il parloit courtoisement et leur donnoit de grans dons, aux citoiens il ne vouloit riens enjoindre qui leur fust grevable ne taille ne treu. Et pource qu'ilz le trouverent doulx et debonnaire au dernier il les tint assez legierement en paix. »

empereur, delessa à ung scien nepveu lequel desmeura en France, dont encorez est et peult on voir de sa race resner et vivre vertueusement et tresvaillans en armes. Et pourtant que se me touche[431], differeray de plus en parler, pource et afin d'esviter l'incomprehensible vice de jactance, en delaissant le parler aux [103 r°] cronicques et hystoriograffes. Donc, pour achever l'ystoire du predit Julius, enfin les Roumains luy desnyerent le recevoir à son retour, ainsi que estoit de coustume recepvoir les victorieulx, aussi le voullant desnuer[432] et expolier de toutes charges, et tout par l'ennuy de Pompée, son encien gendre, et Cathon. Qui fut ung ingratitude bien grande ausditz Roumains, posé que ce fust leur mauldite et malicieuse coustume d'ainsi faire, comme à cler peult estre veu aux enciennes hystoyres[433]. Non obstant, luy, comme homme de cueur ne voullut ce souffrir mais retira avec soy les Françoys qu'il avoit conquis, et ceulx là qu'il avoit amenéz et ses gens, et vint mectre le siege devant Roume, dont, de freeur, <de> ses mauldítz ennemys ne l'ouserent attendre, ains entra dedans Roume comme victorieulx. Qu'il ne voullust perdre l'onneur qu'il luy appartenoit, jusques à ce qu'il eust esté deffaire ses preditz ennemys en Tessalie, qui estoient au nombre de bien vingt et deux cens [103 v°] mille hommes et luy n'estoit pas de plus de nombre de quatre vingtz ou cent mille hommes. Que diray plus de la pitié qu'il eut de ses ennemys ? Car tous ceulx qui devant luy venoist, benignement les recepvoit comme ses freres et amys, sans leur faire mal ne encombrier tant soit petit, et mesmement quant on luy aporta la teste de son grant ennemy Pompée, en pleura de pitié[434] et là fist inhumer en grant triumphe, ainsi que la coustume estoit pour lors, et plus alla venger sa mort par la grant charité qui en luy redondoit.

431 Voir plus haut, f. 62 v°.

432 Leçon rejetée : *desnuez*.

433 À propos de ce titre, voir Introduction, p. 24.

434 Catherine ne tient pas compte de la signification que le *Livre de Lucan* donne à ces larmes. Voir ouvr. cité, « Comment le roy Tholomée fist present à Julius Cesar de la teste de Pompée. », f. clxxxiii v° : « [...] regarda à loisir et se tint tout estant tant qu'il fut tout certain et congneut bien que c'estoit le chief de Pompée. Lors qu'il fut offert, il se pensa que c'estoit seure chose pour lui à son advis de faire le piteux et semblant de bon seigneur envers son gendre, lors commença à souspirer et à gemir feintement et à traire lermes aussi comme à force de ses yeux, il ne cuidast pas comment il deust autrement couvrir la grant joye de son cueur se il ne fist semblant de plourer [...]. » Les *Hystoires romaines* donnent, de même, une signification politique aux larmes de César : « Comment Cesar vingt en Egipte après la desconfiture de Thessalle. Comment le roy d'Egipte luy fist present de la teste de Pompée et comment Cesar le blasme de si cruel fait » (f. 249 v°-250 r°).

Et en conclusion, n'ay point leu de prince qui nullement[435] que luy fust lectré ne plus liberal ne humain, comme on le peult amplement veoir par Lucain historiograffe[436], pousé qu'il fust ung de ses grans ennemys. Parquoy on peult extimer qu'il estoit bien accomply, comme ledit Lucain, son predit ennemy, en faict narracion, car voulentiers ung ennemy ne dit grans biens de son contraire.

Le Ve chapitre du treseloquant orateur, Tulles Cicero

[104 r°]
Enluminure 63 : Katherine converse avec Cicéron[437]

Orateur triumphant et magnificque, tu n'es pas à laisser derriere que ne soys ou nombre des prudens vertueulx, car tu l'as bien merité, veu et cougneu les volumes haultains stylle compris, lesquelz tu as faitz qui sont en cause avoir faict beaucoup de gens de bien[438]. Et me desplaist, veu les vertus qui ont en toy redondé, que tu [104 v°] n'as congnu ton vroy Dieu et Seigneur et que n'estoys du temps des tresbons et loyaulx Crestiens, car me semble qui t'en fust myeulx qu'il n'est. Toutesfoiz de ce, à Dieu je m'en remectz. Dont, pour venir à parler de tes vertuz, lesquelles, pour ung homme non congnoissant Dieu, ont esté de tres-grande efficace, premierement, toy qui n'estois natif de la noble cité de Romme, fus si tresprudent que tu fuz esleu, par sus tous les habitans, le plus saige et plus vertueulx pour estre conseiller, qui estoit le plus grant dignité de Romme après dictateur, qui te fut ung loz innestimable[439],

435 Comprendre : nul prince ne fut aussi lettré que lui.

436 *Lucan*, f. ccxii v°, « Comment Cesar estoit bien en langage » ; f. ccxiiii v°, « Comment Cesar estoit vers ses amys ».

437 Enluminure 63 : Katherine, debout à droite de l'image, vêtue d'une robe de velours grise à manchons et encolure de vair, tient de la main gauche sa ceinture brune et tend deux doigts de la main droite vers Cicéron (portant une courte barbe et un mantel rouge doublé d'hermine dont la capuche recouvre sa tête) assis sur une chaire bleue décorée de motifs floraux, devant un pupitre où repose un livre qu'il tient ouvert de la main droite, sa main gauche étant ouverte en direction de Katherine. Derrière la chaire sont installés trois livres fermés, sur une bibliothèque posée au sol. Le décor est celui d'une chambre d'étude richement ornée.

438 *Cf. La Mer des histoires*, vol. II, « Cinquiesme aage », chap. LXVII « Des poetes et orateurs. Et premier de Ciceron », f. xlv.

439 *Cf.* Boccace, *Des cas*, liv. VI, chap. XII, sig. rr vii r° : « Tulle doncques qui fut agreable aux bons et aux nobles et puissans Rommains tant pour la science de luy comme de ses belles et vertueuses meurs desservit et gaigna estre citoien de la cité de Romme avec

là où tu te gouvernas si sapientement et vertueusement que ton nom en est encores refulgent sus la terre. Et especiallement, ne fus tu pas trouvé bien vertueulx quant le malleureux et imprudent Cathilina et ses complices troublerent tant la noble cité de Romme et que, par eulx, il fut conspiré ta mort ? [105 r°] À laquelle tu remedias si saigement que non seullement la garentis, ains y mis telle ordre que là où ilz s'en estoient fuis, congnoissant leur conseil estre devulgué, que aux actes de Boulloigne[440], envoyas ung certain nombre de gens qui, par ton conseil, furent si bien advisés que il desconfirent le pouvre malleureux imprudent et tous ces complices. Par ce moyen, te peult on nommer le segond Romulus. Quant est d'aller chercher tous tes actes et euvres haultaines de par toy faictes, mon sens par faulte de comprandre y deffauldroit car, comme j'ay dit devant, je n'ay leu ne ouy parler de plus ellegant en tous tes actes que des tiennes, et en especial le livre que tu as fait d'amitié[441] si bien comprins que myeulx ne pourroit. Et là où on veoit plusieurs choses de toy escriptes communement advenir, et principallement ung passaige que j'ay bien noté en mon [105 v°] cueur, c'est que myeulx vault ung vray amy que une multitude de parens charnelz[442], mais dis plus oultre sur ce passaige, et est verité que à grant peine le peult on trouver. En oultre, consciderant ton livre de vieillesse[443], là où tu parles si tresvertueusement, de plus en plus, le repute haultain et profundz en science car impossible est, selon que peult comprandre le mien fragille esperit, de mieulx dire ne faire que tu as fait. Et à la mienne voulenté, que toutes gens venuz en decrepite feussent aussi saiges et vertueulx que tu as esté, car mieulx m'en feust. Atant m'en taist.

---

plaines franchises et entiers privileges, et si desservit avoir tresgrans honneurs dignitéz et offices publicques, car Tulle encores estant nouveau citoien rommain, et que par petite espace de temps avoit demouré à Romme, il vint en la grace et amour des Rommains ainsi comme se il fust jà ancien citoien, et d'illec il monta à tel degré de honneur que il obtint et eut le consulat, qui estoit souveraine seigneurie de Romme. »

440 Cette phrase est peu claire. Faut-il penser que Catherine d'Amboise confond deux épisodes distincts, la conjuration de Catilina et la conférence secrète des triumvirs à Bologne qui décide de la proscription de Cicéron ? (*Cf.* Plutarque, *Vie de Cicéron*).

441 Leçon rejetée (d'après le contexte) : *d'envye*.

442 Catherine d'Amboise ne cite pas littéralement mais fonde, sans doute, sa remarque, à connotation très personnelle, sur ce passage : « [...] Dame nature propre enfanta et mist amitié avec les hommes natifs d'une mesme cité et prouchains par lignage, mais ceste amitié n'a pas assez de firmeté. » (BnF, fr. 126, f. 167 v°.)

443 Laurent de Premierfait a traduit le *De senectute* et le *De amicitia* en 1405 ; ce sont ces traductions que contient le manuscrit fr. 126 de la BnF cité ci-dessus.

Le VIe et dernier chapitre parlant du tresexcellant pouete Virgille

[106 r°]
Enluminure 64 : Katherine converse avec Virgile[444]

Il n'est tresor que de science. On le peult veoir par tes actes, haultain poette Virgille, qui as fait tant de bonnes choses que ceulx aymant la lectre, venuz après toy, seroient bien brutaulx si aucunement de toy ne faisoient commemoracion. Et entend que touche mon tendre esperit femynin, selon la myenne capacité, espere dire de toy à mon povoir, en te [106 v°] collaudent car à toy me tiens tenue et obligée, non que je puisse ne que j'aye en moy la science de descripre tes vertueulx effectz. Que diray premierement des haultaines euvres digne de memoire que tu as faictes aux *Eneydes* ? Certes, c'est quasi une euvre incomprehensible et plus des autres deux, c'est assavoir *Georgicques* et *Buccolicques*[445], par lesquelz on peult tant de choses congnoistre, tant d'euvres mecquanicques que autres choses, lesquelles à present servent et serviront perpetuellement. Que sans toy n'en sera faict et ne fust venue l'industrie de plusieurs autres choses servantes à l'omme, qui longues seroient à racompter, sans ton esperit et prudence grande. Quant est des actes que tu fis tant à Romme que à Naples que encor peult on veoir, je m'en tais car on les repute quasi innestimables[446], et plus dis que tu as tant acquis de bruit et si

---

444 Enluminure 64 : Sur une place, bordée de hautes maisons à colombage, et au milieu de laquelle se trouvent trois puits d'où coule un ruisseau, Katherine, à gauche, vêtue d'une robe de velours dorée à manches en bombarde bordées de fourrure, tend l'index des deux mains vers Virgile, qui se tient de l'autre côté du ruisseau, un grand livre bleu sous le bras. Il porte des poulaines noires et un surcot pourpre ourlé de noir et d'or, sur une cotte plissée bleue, assortie au voile de son chapeau-turban. Derrière lui, un enfant, en tunique bleue et bonnet gris, tient un livre ouvert. Dans la bordure, au milieu des entrelacs et des fleurs, Virgile amoureux est installé comme le veut la légende dans un panier. Portant barrette grise et robe rouge foncé à col bleu, il tient de la main gauche une longue canne dressée et montre de l'index droit la miniature, tout en dirigeant son regard du côté opposé.

445 Leçon rejetée : *buccericques*.

446 *La Mer des histoires*, vol. II, « Cinquiesme aage », chap. LXXI « Des poetes. Et premierement de Virgille », f. xlix v° : « Virgille fut moult instruit en philosophie naturelle, et merveilleux nigromancien, car selon l'art de nigromancie il fist choses incredibles, et premierement en la porte de Naples il fist une mouche d'arain que de la cité expulsoit toutes les aultres mouches. En ceste mesme cité, il fist une boucherie par tel art que jamais la chair ny pourrissoit, car ainsy comme Alixandre seurnommé Nequam ou le maulvais raconte ou livre des natures des choses, en la boucherie de Naples ne povoient estre les

esleguentement besongné que tu as acquis l'aureolle de poysie, et que nulz ne sauroist besongner poeticquement sans avoir aprins ne medité [107 r°] ton haultain stille. Qui soit ainsi, à tous pouetes je m'en raporte.

Le XIe livre parlant des inprudens et commencent à tresinhumain et inprudent Neron, empereur de Rome

Enluminure 65 : La cruauté de Néron[447]

Loup ravissant, affamé de mal faire, te doibt nommer la totalle fabrique. Je parle à toy, Neron le tresinjuste, plus abhomminable, infame et

chairs gardées sans corruption. Aquoy remedia Virgile par sa prudence et soutilleté, car moyennant la force et vertu d'aulcunes herbes il faisoit garder les chairs recentes, fresches et de tresbonne saveur l'espace de v. ans. Aultre merveille, quant à Naples estoit pestilence mortelle, venant à cause de la grande multitude des sangsues, il delivra et saulva ladicte cité par ce moyen qu'il fist une sangsue d'or, laquelle il getta dedens ung puis, et par ainsy la peste cessa. [...] Aussy Alixandre Nequam dessus allegué recite que Virgile fist ung jardin où qu'il n'y avoit aultres murs à l'environ sinon l'air qui estoit immobile et palpable. Avec ce il y fist ung pont de air, par lequel il alloit par tout où il luy plaisoit aller. Pareillement il fist ung clocher par tel artifice que la tour qui estoit de pierre, se mouvoit au mouvement des cloches estans dedens icelle. Semblablement il fist ung jardin dedens lequel ne plouvoit jamais. On dit aussy qu'il fist baingz, desquelz sont narrées choses merveilleuses et incredibles. En outre, comme on dit, il fist à Rome une chose qui est dicte la salvation de Rome, car en ung temple estoit la consecration et adoration de toutes les statues et ydoles, lesquelles portoyent chascune en sa poictrine ecriptz les noms de la province que telle statue representoyt. Avec ce, chascune avoit une sonette pendue à son col. Ou dit temple estoyent les prestres veillans nuyt et jour et gardans lesdictes statues. Et se aulcune nation disposoit ou machinoit de soy rebeller contre l'empire romain, la statue d'icelle nation se mouvoit incontinent, dont en se mouvant, la clochette pendue à son col sonnoit, puis ladicte statue levoit son doit vers la figure ou le nom d'icelle gent que se disposoit rebeller. Lors le prestre portoit aux princes de Rome le nom de telle province, contre laquelle estoit incontinent envoyé armée grande et forte pour son oultrage reprimer. Cestuy Virgile escript entre aultres choses trois livres bien renomméz, c'est assavoir Bucoliques, Georgiques, et Eneides [...]. »

447 Enluminure 65 : Dans une salle richement décorée, à droite, Néron (mozette d'hermine et couronne impériale) siège sur un trône, épée dressée dans la main droite ; il observe sa mère morte, allongée nue sur une table, bouche ouverte et main gauche posée sur le sexe. Un opérateur (tablier blanc sur tunique brune, chausses rouges et barrette bleue), couteau dans la main droite, écarte de l'autre main la cuisse gauche du cadavre. Derrière la table, un homme plus âgé, en manteau bleu et robe grise, pose sa main gauche au-dessous de celle de l'opérateur et tend sa main droite vers lui ; à ses côtés se tiennent trois personnages : l'un, en robe rouge, regarde le corps inerte ; une femme (robe dorée et coiffe noire), mains jointes, fixe Néron, et un jeune homme vêtu de bleu, mains croisées sur la poitrine, détourne le regard.

imprudent que la[n]gue sauroit jamais narrer ne esperit [107 v°] comprandre. Premierement, par ton emprinse falacieuse, trouvas façon et maniere d'estre empereur, qui ne te estoit deue office si magistralle non pas le moindre. Procedant d'icelle <pouse>, pour tousjours parvenir à tes fins, te gouvernas quelque pou de temps assez saigement, non pas que ce procedast de vertuz qui habundast en toy mais seullement une traihyson couverte pour tousjours parvenir à tes fins, dont depuis, quant tu y fuz parvenu, feis maulx plusieurs abhominables et inhumains desquelz ne suis deliberée, pour l'enormeté d'iceulx, en gueres toucher car mon cueur ne sauroit porter ne pourpenser mectre en forme les imparfections d'une si abhomminable creature comme tu as esté. Non obstant, en briefz termes, en escripray quelque chose[448], non point pour exemple mais à celle fin que lecteurs et auditeurs de ce present chapitre te detestent, et oultre, aient orreur de tes villannyes, eulx en gardans d'encheoir en telles imparfections, [108 r°] mais mieulx ayme mourir comme si feroit tout noble cueur enrichy de prudence. Premierement, de ton orgueil vueil faire quelque petite epigrame car par sus tous le fus oultre mesure. Ne fusse une grande presumpcion et une grande oultrecuidance orgueilleuse que, pour ton plaisir, fait mectre le feu dedans Romme, boutant tous tes veaulx en feu par sans besoing qu'il en fust, et oultre plus, en poursuivant tousjours le tien mauvais vouloir putrefaict de vice ? Que diray commant par ton desdaing et mesprisance, feis mectre à mort Senecque, le tresprudent homme tressaige, lequel t'avoit induit, aumoings si tu l'eusse voullu croire, à toutes euvres vertueuses, luy estant ton instructeur, maistre d'escolle. Quant est de la superfluité de tes habillemens et des tiens satalites, pareillement de la raiz que fis faire aprocher les poissons de fin or pur, ensemble les fers de tes chevaulx que faisoys faire par la superfluité de force d'argent, le taire en vault myeulx que le parler, par cas pareil, de ta grant envye vicieuse que [108 v°] n'en treuve jamais en avoir veue de pareille. Il est bien à croire, car ton propre frere feis tuer par icelle pourtant que myeulx et plus doulcement chantoit que toy. Oultre ne feis tu pas ouvrir ta propre mere, par grande cruauté inhumaine, pour savoir le lieu proprement dont tu estois yssu[449] ? Ensemble, faire

448 *Cf.* Boccace, *Des cas*, liv. VII, chap. IIII ; *Miroir historial*, vol. II, liv. X, chap. I, VI, VII, VIII et XII.

449 « Et quant elle fut morte il la commanda ouvrir et la mist noyer. Et regarda tous les membres les ungz loa et les aultres blasma [...]. Et ne fit pas meindre felonnie car il fist

mourir tous les princes et grans seigneurs yssus de ton sang propre, venuz iceulx des grans Sesars. Oultre plus, de ton avarice rapineuse ne feis tu pas mourir les cens senateurs, lesquelz ne voulloient obtemperer à ta voulenté mauldite ? Et ta glotonnye, vie libidineuse et paresseure, qui en vouldroit au vroy parler seroys trouvé l'outrepasse de tous les vicieulx qui furent jamais et seront. Et plus, de ton ydolastrie, chascum scet bien que tu fuz le premier persecuteur de l'Eglise de Dieu, faisant injustement mourir en martire le bon sainct Pierre et sainct Paoul, et plusieurs autres par ta grande tirannye mauldite. Dont tresmal t'en print, car ta fin fut piteuse et dampnable, non sans demerite [109 r°] car, comme on dit en vulgaire commune, de bonne vie soit tousjours bonne fin[450].

Le IIe chapitre parlant du tresfoul et tresinprudent Symon Magus dont est procedée symonye[451]

Enluminure 66 : Le châtiment de Simon le Magicien[452]

Ainsi que ont escript aucuns saiges, qui plus hault monte qu'il ne doibt en fin descend plus bas qu'il ne vouldroit[453]. Comme à ce present

---

destruire les plus nobles de Rome et aller en exil. [...] Mais il n'espargna ne les gens ne les murs de Romme, mais aussi comme se il fut couroucé de la laideur des vieux edifices et des rues estroictes et estlaymes [*flexuris*] il mist tout en appert le feu en la cité par VI jours et VIII nuitz [...]. » (*Miroir historial*, lieu cité, chap. VIII, f. liiii v°. La source est Suétone, transmise par les compilations d'histoires romaines. Voir BnF, fr. 727, f. iiciiiixx.) Les gloses du *Livre de Boece de consolacion* soulignent aussi la cruauté du matricide : « Item il occist son frere et sa mere, et puis la fist ouvrir pour veoir le lieu ou il avoit geü et esté conceu [...]. » (Éd. G. M. Cropp, liv. II, chap. 6, p. 141.)

450 Le Roux de Lincy, *Livre des proverbes français*, t. 1, éd. 1859, p. 86 : « De bonne vie bonne fin » (*Suite aux Mots dorés de Caton*), XVIe siècle.

451 « De luy est pris et derive ce mot simonie et simonia que pour celluy qui vend ou achete les choses espirituelles ou annexées à l'espiritual [...]. Et fut ceste heresie la premiere sur toutes celles du nouveau testament » (*La Mer des histoires*, vol. II, « Sixiesme aage », chap. VIII, f. lxxii).

452 Enluminure 66 : À droite de l'image, Katherine (robe amarante et coiffe noire), debout dans une prairie, entre un rocher escarpé et un cours d'eau, regarde, mains écartées paumes en avant, Simon (chausses rouges, surcot gris et manteau bleu) qui tombe du ciel, entouré de diables représentés comme des dragons ou des animaux cornus et griffus. À l'arrière-plan, dans un paysage bleuté, on aperçoit deux silhouettes.

453 Voir Le Roux de Lincy, *Livre des proverbes français*, t. 2, Paris, Paulin, 1859, p. 403 : « Qui plus haut monte qui ne doit / De plus haut chiet qui ne voudroit » (*Anc. prov.*, ms. XIIIe siècle).

chapitre pourra estre veu de toy, faulx et mauvais homme, [109 v°] Simon Magus qui, par ta grant oultrecuidance et mauvais art diabolique que tu savoys, te voulluz equiparer au Dieu puissant, disant toy estre le vray Esmanuel[454]. Et pource faire, avoys avecques toy assemblé plusieurs supostz diabolicz de ta secte et art, marchant, toy et eulx, de ville en ville pour abuser le simple peuple, par ton art devant dit, pource et affin que chascum creust en tes fallaces mensongieres et dampnables. Et, comme j'ay leu[455], oultre, tant cheminas que tu t'en vins arriver à la noble cité d'Entioche, ensemble ta compaignye interdite, où là trouvas ung homme, non pas de ta sorte car il estoit la vraye norme de prudence et toy le contraire, eust[456] le glorieulx et vroy amy de Dieu, monseigneur sainct Pierre, ausquelz entreprins disputer et devant lequel exibas plusieurs faiz de ton art mauldit. Ce non obstant, quelques signes fains que desmonstrer[457] peussez, ne te fut possible le convaincre mais toy demouras comme tout infame convaincu et supedité. Toy voyant ainsi estre remis et supedité, ne sceuz que faire sinon d'estre [110 r°] tousjours veu en sublimité, vouliz achapter l'art de science divine que savoit ledit sainct Pierre, par l'infulcience du Sainct Esperit, qui estoit à toy que folle demande d'achapt, car c'est euvre qui ne se vent ne ne se donne, se ce n'est du Plasmateur, Fabricateur d'icelle et toutes autres bonnes euvres. Parquoy voyant ledit sainct Pierre ton mauvais vouloir et cueur endurcy, te excommunia, toy et ta secte mauldite. Toy voyant estre supedité, comme devant ay dit, prins ton chemin à toy retirer à Romme, devers le vicieulx et tresmauldit Neron, ainsi que chascum cherche son semblable[458]. Vins trouver de rechief monseigneur sainct Pierre que ne pensoys[459] à quoy fus tresmarry, lequel de rechief cuydas encores convaincre et, devant ledit Neron, feis plusieurs sorceries et enchanteries[460] qui gueres ne te servirent car, comme devant, fuz convaincu. Toy voyant ainsi estre ahontaigé et diffame devant ledit empereur et toute sa court, esprins de despit, pourpensas telles parolles, disant :

454 C'est-à-dire : le vrai Messie. Voir Ésaïe, 7[14].

455 *Second volume de la Bible historiée*, « Les faictz des Apostres », chap. VIII, f. lxxviii [Actes, 8[9-25]]. *Miroir historial*, vol. II, liv. X, chap. XII, f. lvi.

456 Comprendre : c'était.

457 Leçon rejetée : *desmontrez*.

458 Le Roux de Lincy, *Proverbes français*, t. 2, éd. 1859, p. 267.

459 Texte lacunaire.

460 Ces sortilèges ne sont pas décrits mais seulement mentionnés dans la Bible (Actes, 8[9-11]). Le récit provient du *Miroir historial*, lieu cité.

– Je vous desmontreray maintenant que je suis vray [110 v°] <vray> Dieu et que Dieu mon Pere m'a glorifié comme devant vous desmontre, c'est que me verrez monter visiblement aux cieulx. Que luy cuidant faire cest enchanterie par les diables qui le portoist, sainct Pierre leur dist et conjura le delaisser, ce qu'ilz firent, lequel, luy, delaissé, cheut par terre, se rompant le coul devant ung chascum. Que incontinant les diables l'emporterent. Qui est pour venir au commancement de ce present chapitre où j'ay dit : Qui monte plus hault qu'il ne doibt, descend plus bas qu'il ne vouldroit.

Le IIIe chapitre parlant du faulz et desloyal Juliem l'Apostat

[111 r°]

Enluminure 67 : Julien l'Apostat[461]

Oncques blasphemateur ne renonciateur de son Createur ne vint à parfection, car aussi raison n'auroit lieu à ceste affaire. Or est ainsi que toy, Julien l'Apostat, qui premier prins l'estat de religion devote, à laquelle feis une tresgrande injure car, par ta legiereté et imprudence, la deceuz sans cause ne aucune raison patente. Qui ne procedoit, ceste legerieté et volunté malvaise, [111 v°] de la race dont tu estoys yssu mais desrogoys à ta lignée tresnoble, car descendu estoys, comme j'ay leu[462], du trespuissant et noble empereur, Constantin premier, empereur crestien. O incensé, imparfaict, non pas saige, commant eus tu en toy le couraige si lasche et remply d'invertuosité, voult laisser le tien estat si excellant, c'est de religion, estat plus noble et vertueulx et plus seur qui fut et ne sera jamais soubz le siecle, par non qu'elle soit maintenue, observée et gardée comme elle doibt ? O de tous ceulx qui furent et qui jamais seront le plus invertueulx, je te demandroys voulentiers quel bien t'est

---

461 Enluminure 67 : À gauche, Julien l'Apostat, en armure et tunique rouge à col doré, doté de la couronne impériale, est monté sur un cheval bai dont le harnachement porte l'inscription LAPOSSTACT / JULIEN. Le cheval est arrêté par une grande étendue d'eau sur laquelle des soldats, yeux fermés, semblent flotter. À l'arrière-plan, derrière l'empereur, un campement militaire est installé.

462 Selon Boccace (*Des cas*, liv. VIII, chap. XI, sig. TT ii v°), Julien l'Apostat fut « filz de l'un des freres du grant Constantin second enpereur crestien, et par ainsi Julien fut nepveu de grant Constantin […]. »

il advenu de ces choses predites. Pour toy respons, disant piteusement : rien qui soit sinon dampnacion perpetuelle, comme elle apartient à toux ceulx et celles de ton estat, delaissans la vacacion à qui les a appelléz nostre Saulveur. Quant de parler au long de ta mauldite vie, seroit trop long à racompter. Ce non obstant, ne vueil l'oblier mectre en forme commant, par ton astinence et envye interdite, trouvas façon d'estre à faulces [112 r°] enseignes empereur, là où te gouvernas tant inhumainement que imposible seroit le descripre, aussi ne sont les effectz digne de mectre en memoire. Que diray plus ? Toy regnant en cestuy vice, ne te souffisoit avoir delaissé ton habit et vivre en apostasye, prins le chemyn te retirer empartoys, promectant à tes satelites ydolastres, tenant ton party dampnable, que à ton retour, sans difficulté, mectroys ou ferois mectre à mort toutes personnes tenant l'abit crestienne, qui ne te fut permis car nostre Seigneur, voyant ton mauldit et obstiné vouloir, mist à l'encontre de toy une sauvegarde, car il premist que toy et ton aoust fustes mis en si grande perplexité d'eaues et de vivres que la plus part des tiens perirent. Toy voyant estre succumbé, commanças, comme avoys de coustume, à blaphemer le nom de nostre Seigneur Jesuscrist, en l'appellant par ton despit forcené, en maniere de blapheme, Nazazien, Galien[463], comme luy cuidant faire une grant [112 v°] injure. Ce non obstant, de ton blapheme predit et autres maulx enormes en fuz payé ainsi que l'avoys deservy car nostre Seigneur, voyant ton obstinacion et cueur endurcy, et que tant plus viveroys sus terre ferois plus de maulx, comme tout provoyant, premist ta mort et t'envoya son bon chevalier Merciut[464], lequel te occist là, en forme et maniere comme on Bouccace, [...][465] l'Istorial et *La mere des histoires* et [...][466] pource m'en tais de ta vie mal condicionnée car iceulx en ont assez parlé.

463 Il faut comprendre ici « Nazaréen », « Galiléen » ; tout ce qui venait de Galilée étant méprisé par les docteurs de la loi à Jérusalem, les deux qualificatifs sont une insulte.

464 *Miroir historial*, vol. II, liv. XV, chap. XLIII « De la merveilleuse mort Julien empereur », f. cccxxvii v° ; *La Mer des histoires*, vol. II, « Sixiesme aage », chap. XLV « De Julian apostat xlie empereur », f. c v° : « Quant ledit Julian estoit en bataille contre les Perses, ung chevalier incongnu que d'aulcuns est dit sainct Mercure fust par le commandement de la Vierge Marie envoyé à l'encontre de luy, comme sainct Basile vit en apparition, lequel chevalier bien armé et la lance en l'arrest comme hardy et chevalereux, assaillit ledit Julian, et de sa lance vaillamment le perça. »

465 Lacune : espace resté blanc.

466 Lacune : espace resté blanc.

Le IIIIe chapitre parlant de Machommet

[113 r°]
Enluminure 68 : Katherine face à Mahomet[467]

Le mien esperit est quasi tout fastidié de tant descripre des effectz de tant d'invertueulx que par cy devant ay descriptz, et plus encor de ce present, nommé Machommet, l'outrepasse de tous ceulx qui par cy devant j'ay point recitéz. Et en parleray en bref, nonobstant que bien digne soit d'en toucher[468] plus que [113 v°] de tous autres. De parler de sa nativité, je m'en tais, m'en raportant aux acteurs de devant[469] moy. Seullement commanceray à toucher touchant et durant le temps que ledit estoit, menant vie solitaire, en une hermitaige, vie saincte ainsi comme l'effect le demonstre. Or est ainsi que il fut si tresfaint et caché en ses actes imparfaitz que par sa cautelle et malice grande, pourtant que luy voyant qu'il ne pouvoit parvenir à ses op[t]actz, laissa l'abit d'ermite et print abit seculier, soy retirant à Romme, là où feis tant par son subtil et mauldit engin qui parvint au degré tresdigne de cardinalité, là où se gouverna d'une maniere si tresfaincte que il fut esleu du pape et de tous autres cardinaulx pour estre en envoyé pour convertir et gaigner le pays de Turquie et Levant, luy promectant lesditz cardinaulx en segrect que s'il gaignoit ledit pays que sans nulle difficulté l'esliroient pape, le predit pape deffunct, luy, estant fort [114 r°] vieulx et caduc. Que incontinant à ceste occasion, s'en partit, plus pour le desir d'avoir la papaulté que le desir de servir à Dieu et gaigner le peuple. S'en vint oudit pays, là où il fist beaucoup de bonnes euvres en convertissant la plus part à la foy catholicque. Luy aiant esté une espace de temps, s'en retourna à Romme où trouva le pape là mort et ung autre desjà esleu, dont print

467 Enluminure 68 : À gauche, Katherine (en robe grise) tend l'index droit vers Mahomet, vieillard à longue barbe blanche, qui porte une robe monacale et tend l'index droit au-dessus de quatre personnages assis au pied de la chaire qu'il occupe – au centre –, tandis qu'une colombe approche de son oreille gauche et qu'au-dessus de sa tête apparaît la silhouette dorée d'un tout petit personnage bras et jambes écartés. À droite de l'image, un groupe d'hommes écoute debout ; l'un d'entre eux lève la main droite, paume à l'extérieur, et dirige, comme son voisin, son regard vers Mahomet. Au-dessus du groupe est esquissé en traits dorés un grand diable.

468 Leçon rejetée : *touchez.*

469 *Miroir historial*, vol. IV, liv. XXIIII, chap. XXXIX, f. lxiii : « Et si fut du lignage Ysaac filz d'Abraham. » ; Boccace, *Des cas*, liv. IX, chap. I, sig. AA ii.

en luy ung si grant despit que, de ceste heure, regnya et delaissa la foy de nostre Seigneur[470]. Et pa[r] la conduite d'un sien compaignon saichant l'art de nygromance, dont par l'art d'un pigeon, lequel aprivesrent en telle sorte que de jour en jour alloit menger du pain dedans l'oreille du predit Machommet, qui estoit à simples gens chose merveilleuse et admirable. Dont luy voyant savoir cest industrie, se retira au pays qu'il avoit converti et commança à prescher en leur disant que faulcement et mauvaisement les avoit trompéz, retournant le bien qui leur avoit [114 v°] autresfoys presché en mal. Et une astuce : son predit satalite, quant ledit prescheoit, laissoit aller[471] ledit pigeon à son oreille pource et affin que chascum creust, comme dit leur avoit, que c'estoit le Saint Esperit et que tout ce qu'il prescheoit icelluy luy faisoit dire. Oultre voyant icelluy Machommet, pour tousjours gaigner icelluy peuple et le destruyre, consciderant qu'il estoit subgect à libidinosité, leur prescha publicquement que ilz prensissent tant de femmes que beau et bon leur sembleroit, et par ce moyen et plusieurs autres faulx et maulditz enseignemens, le remist en sa secte mauldite et dampnable, leur faisant acroire qu'il est grant et proche amy de Dieu. Et leur conseillerent, en oultre, que quelque qui viensist prescher par delà, ne les creussent ne souffrisent prescher, pourtant qu'il veoit bien que presché n'avoit chose

470 Le *Miroir historial* ne fait pas état de cette légende que le *Roman de Renart le contrefait* de Jean Le Clerc de Troyes transmet : « En cel temps Mahomet regnoit : / Princes des Sarradins estoit / Ou tens Dagobert fil Clotaire, / Qui IIII ans regna en mal faire… / Machommeques fu apelez : / Preudon estoit et mout saichant / Entre la sarrazine gent. / Cardonnaus de Rome ot esté / Le plus saige et le plus letré. / Vers les Sarradins fu tramis, / Com le plus saiges et amis. / Pours preschier la crestïenté, / Et pour monstrer la verité. / Cil ne lor vost pas otroïer, / Pour rien c'on l'an seust prier, / Se le siéges ne s'acordoit / Que sé li papes se moroit / Avant qu'il peust revenir, / Que papes seroit sanz faillir. / Lors le siéges si acorda : / Lors par cet couvant i ala ; / Aux Sarradins ala preschier / Com cil que bien s'an sot aidier. / Tant lor dist de belle parole / Que tuit se mirent à s'escole ; / Com cil qui preschoit verité, / Il firent tuit sa voulanté. / Lors avint li papes mors fu ; / N'onques pour ce mandez ne fu. / Ne il ne li tindrent couvant, / Mes firent pape maintenant. / Si tot com Machommet le sot, / Si grand despit et tel deul ot / Qu'au contraire de verité, / Lor a il trestout retourné, / Et lor prescha tout le contraire / De ce qu'il ot anprins à faire. / Tuit por prophete le tenoient ; / Tuit à son vouloir s'acordoient / L'an VI. C. vint et six morut / C'oncques vers Dieu ne se connut. » (*Romancero de Champagne*, t. 3, 3e partie, *Chants légendaires et historiques, 420-1550*, Reims, 1863, p. 41-42. Cité par Edmond Doutté, *Mahomet cardinal*, Châlons-sur-Marne, 1899, qui utilise aussi Alessandro d'Ancona, *La leggenda di Maometto in Occidente*, in *Giornale storico della letteratura italiana*, 1889, vol. 13, p. 199-281.) Pour une autre version, voir *Le roman de Renart le contrefait*, éd. G. Raynaud et H. Lemaitre, Paris, Champion, 1914, t. 1, p. 259-260.

471 Leçon rejetée : *allez.*

qui fust soustenable. Et pour conclurre d'icelluy mauldit, il n'est langue qui sceust exprimer les maulx [115 r°] faictz de par luy en ce temps et qui ce font encores de jour en jour, dont pour le present en est pugny ainsi qu'il a bien desservy. De tout m'en rapportant à celluy qui tout congnoist et pourvoist.

Le Ve chapitre parlant de la tresdeloyalle Bruneschust

Enluminure 69 : Le meurtre de Théodebert[472]

Doy je delaisser, pourtant si tu fuz royne de France, Brunecheut, dire les imprudences qui en toy furent destenues, toy regnant, autant [115 v°] ou plus que femme que j'aye point leu ? Certes nenny, posé que sois comme <comme> toy du sexe femynin et, oultre, de la nacion françoise, ne delaisseray à parler de la tienne imprudence, surppassant en[473] toutes, comme j'ay dit, quasi une oultrepasse Jezabel. Dont pour commancer toy descripre bien au long, premier pour savoir de ta nacion, fuz, comme j'ay leu, de la nacion d'Espaigne, fille du roy dudit pays, où tu desroguez assez fort à tes encestres car plusieurs en est sorti dudit pays de bonne sorte[474]. Or est ainsi, pour premier commancer à descripre tes imparfections, tu fuz arriane, premier que, par tes amys,

---

472 Enluminure 69 : À droite, devant un château, Brunehilde (robe dorée à reflets rouges) couronnée, bras croisés sur la poitrine, regarde Théodoric qui transperce d'une épée son frère, Théodebert, qu'il maintient au sol de sa jambe et de sa main gauche (les deux frères portent un col d'hermine sur leur sayon). De la blessure s'échappe un flot de sang qui coule jusqu'au sol. Au centre de l'image, une dame vêtue d'une ample robe brun foncé et d'une coiffe noire, mains écartées et paumes en avant, dirige son regard vers Brunehilde.

473 Correction dans le manuscrit : *surppassant en toutes.*

474 Chez Boccace (*Des cas*, liv IX, chap. I, sig. AA iiii v°), « Brunichilde » apparaît à l'auteur après qu'il a évoqué la vie de Mahomet : « Cest Brunichilde m'atire par devers soy affin que je ne escripvisse en oultre des faitz de Machomet. – […] Je cuide, Jehan Boccace, que ayes ouy dire que Clovis ancien roy des François eut un filz nommé Clotaire. Et cestuy filz eut un filz semblablement appellé Clotaire. Cestuy second Clotaire nepveu du roy Clovis eut quatre filz que après la mort de leur pere diviserent le royaume de France en quatre parties affin que tous quatre regnassent pareillement. En celuy temps sourdit et se meut guerre entre Lenichilde mon pere adonc roy d'Espaigne et entre les dessusditz quatre roys. Mon pere Lenichilde descendit du lignage de Alaric jadis tresgrant roy des Gothois […], et après les deux parties guerroians condescendirent à traicter de paix et d'acord. Et pour garder sans enfrainte la paix et l'amistie, je qui estoye adolescente à peine de l'aage de quatorze ans fu donnée en mariage au roy Sigebert. »

fut trouvée l'invencion de toy faire baptizer, qui ainsi fut selon les serimonyes dudit temps, non pas quant à toy en foy ne devocion[475]. Que puis après, monstras bien ton infidelité car despuis tu ne prosperas en bien, non sans cause car sans foy et baptesme nul ne peult fructifier. Or est ainsi que homme tu euz en ce dit pays de France, sans merite car [116 r°] <car> le roy Sigebert, tresvaillant et prudent homme, espousas, où tresinhumainement et trop villemant toy y gouvernas et feis des choses cruelles et orribles à racompter. Premier, fuz cause faire mourir le prince ou palais par ton envye, et qui obtemperoit à ton mauldit vouloir, pousé que à luy fusse tenue car c'estoit celluy qui conduite t'avoit audit bon pays de France, et vroy nunciateur et gubernateur dudit mariage royal, et non seullement cause de la mort d'icelluy mais de plusieurs autres grans princes et seigneurs dudit pais. Et plus, par ton blandissement et traihison couverte, exortas le tien dit mary de faire guerre au sien propre frere pour tousjours prosperer et estre venue dominateure et gouvernante dudit royaulme, et tenir tout chascun en crainte et sugection, là où par la providence divine et par trop t'avoir creue, se porta si tresmal que luy mesmes fut occis et mis à mort. Duquel demoura ung filz[476] que tu exortas et regis en telle [116 v°] sorte que tousjours et sa fin estoit beligueulx, ne demandant que playes et bossez, que l'avoys endoctriné, dont en fin tresmal luy en print car il fut occis et mis à mort, et non luy seul mais plusieurs autres gens de bien moururent avecques, dont fut tresgrant dommaige, et de tout ce fuz cause et inventive. Et oultre, comme leu, laissa sondit filz deux enffens lesqueulx, pourtant que myneurs d'aage estoient, gouvernas comme plus prochaine[477], lesquelz cuydas engarder d'eulx marier. Ce nonobstant, se marierent. Le plus aisné, comme j'ay leu, se retira d'avecques icelle cruelle royne et le plus jeune demoura, lequel exortas le dit qu'il laissast sa propre femme et qu'il print concubines pource que il te sembloit que tu en joyrois mieulx, et que plus seroient subgectes à ta complexion que une veuve de bonne race. Ce qu'il feist à ta requeste, dont par sainct Augustin, [117 r°] pour lors resgnant, et sainct Coulombin fut redargué de son vice mais, par ta cruaulté, fut <en> envoyé ledit sainct Coulombin en exill perpetuel, là

475 *Grandes chroniques de France*, t. 1, liv. II, chap. XXV « Comment li rois Sigeberz espousa Bruneheut qui tant de rois de France fist morir. », p. 200.

476 Childebert II.

477 *Id.*, t. 2, liv. IV, chap. X « Coment li rois Childebert fu morz, et coment si dui fil partirent le roiaume. », p. 36.

où le feis occire et meurtrir infamement et villainement[478]. Dont, pour parachever à raconter de ton affaire tresinhumain, mis tes deux preditz petitz filz en discencion, tellement que tu feis acroire à Theo[do]rith, le plus jeune, que Theodobert n'estoit point son frere et que il estoit filz d'un cordelier[479] et qu'il le savoit bien, et que pour ceste cause avoit empoisonnée sa mere et, qui plus est, le tresor de son pere avoit p[r]ins, affin de luy donner tousjours plus grant envye de guerroyer[480] à sondit frere, tellement qu'el l'esmeut que, par trayhison ou autrement, feist meurtrir sondit propre frere et, oultre, print troys filz qu'il avoit avec luy et une fille, qui fort estoit belle, ensemble tous les tresors et richesses. Saultrames[481], saichant la villannye, [117 v°] la destruction de son petit filz, vint au devant dudit Theodorith, lui priant que il luy baillast les troys filz de son frere pour en faire sa voulunté, lequel non saichant que ladicte en voulloit faire le feist. Adonc les print et mena dedans une chambre, là où au premier luy mist ung cousteau au travers du cueur, à l'autre luy couppa la teste. Le plus petit, voyant ses freres mors, se gecta à genoulx, luy criant mercy mais la villaine ayant le cueur meutrier print ledit par les piedz, luy frappant sa teste contre les murailles, tant et de si grant roideur qu'elle esservella ledit ignocent non aiant pour lors que cinq ans[482]. Et oultre, peu après, tousjours perseverant en sa mauvaistié, empoisonna ledit Theodorith pourtant que ledit ne voulloit plus faire de cruaulté et euvres maulvaises à sa requeste et plus, feist mourir ledit sans confession en dangier d'estre dampné perpetuellement. Dieu voyant la furiosité de ceste perverse [118 r°] et que de plus en plus prosperoit en mal, envoya le noble roy Clotaire, estant demouré seul roy de la generacion françoise, lequel pour prandre vengence de son pere

478 *Id.*, t. 2, liv. IV, chap. XV « Coment sains Colombins fu envoiez en essil par la desloial Brunehout. », p. 54.

479 Selon les *Grandes chroniques de France* (t. 2, liv. IV, chap. XIII, p. 50), « fils d'un cortillier » [jardinier]. On peut alors penser que Catherine d'Amboise a plutôt suivi les *Annales et chroniques* de Nicole Gilles : « Si donna à entendre audict Theodoric, que ledict Theodebert son frere, estoit bastard, et fils d'une concubine, et qu'il n'avoit oncques esté engendré du roy Childebert, son pere, mais d'un cordelier, et que par ce ne devoit estre son heritier. » (Éd. Paris, G. du Pré, 1549, f. xxvi.)

480 Leçon rejetée : *guerroyez*.

481 Leçon douteuse.

482 Dans les *Grandes chroniques*, l'enfant est plus jeune encore (*Id.*, liv. IV, chap. XVII, p. 65 : « Merovée, le plus jone de toz, qui encor estoit en aubes, feri si radement à un pilier que ele li fist la cervele voler. » ; et XIX, p. 73 : « [...] le mainné, qui novelement estoit nez et baptiziez, hurtas tu si durement à un piler que tu li feis la cervele voler »).

et predecesseus qui estoient en nombre de six roys et troys filz de roys qu'il feist mourir par sa trayhison mauldite, en feist faire le roy predit la pugnicion, non telle que merité l'avoit, c'est assavoir estachée à quatre chevaulx et escarteler[483]. Ainsi fina ses trescruelz jours inhumains selon ses desmerites.

Du VIe chapitre et dernier de ce presant livre parlant du tresinprudent pape Jean XIIe de ce nom

[118 v°]
Enluminure 70 : Les vices du pape Jean XII[484]

Bien sovant où doibt estre clarté est obscurité, disant en vulgaire commune que l'abit ne faict pas le moyne. O imprudent pappe, Jehan douzeiesme de ce nom, toy qui estoys en dignité constitué, preesleu par sus tous autres comme le tresvertueulx, commant eus tu en toy le couraige et voulloir [119 r°] si tresinhumain de commectre tant d'iniquitéz et falacez ? Premierement, de ton arrogance si tresgrande que, comme j'ay leu, te sembloit que tout le monde, pour ta personne seullement non pour ta dignité, te deust l'onneur et reverance par sus tout homme vivant[485]. Quant de parler commant injustement et simoiniaclement entretins durant ton temps le sainct siege apostolic, je m'en tais, conscidérant que ce n'est l'espac à feminyn sexe aucunement toucher des fais ecclesiasticques, pousé que de toy en aye leu autant que de imprudent que je saiche[486].

---

483 *Id.*, liv. IV, chap. XX, p. 74.

484 Enluminure 70 : Au centre d'une place bordée de maisons, Jean XII debout, bras écartés, un calice dans la main droite et un oiseau posé sur le poing gauche, est entouré de chiens de chasse. Portant le trirègne papal, il est vêtu d'une cape courte amarante à col de fourrure en V sur une ample chemise dorée et de chausses rayées rouges et vertes. Il dirige son regard vers sa gauche, alors qu'à sa droite, un groupe de loqueteux et un infirme lèvent la tête vers lui.

485 Boccace, *Des cas*, liv. IX, chap. VII, sig. CC ii r° : « Quant cestuy Jehan advisa qu'il estoit pere des peres, et vit que devant ses piéz les roys du monde fleschissoient leurs orgueilleux genoulx et regarda qu'il estoit devenu seigneur et maistre du tresgrant patrimoine de saint Pierre, cestuy Jehan fut eslevé en si grant et si mauldicte rage que il cuida avoir puissance et droit de commander à tous hommes qu'ilz gardassent ses loix, et que il et non autre fust franc de toutes loix. »

486 Si le « sexe féminin » interdit d'écrire des faits du clergé, Catherine d'Amboise procède en somme, comme Boccace qui atténue par une excuse ses satires et invectives (*Des cas*, liv. IX, chap. VIII, sig. CC iii v°) : « Après ce que je eu compté le cas de pape Jehan, grant

Et ne differeray point, parlant en reverance, dire quelque peu de tes invertuositéz. C'est commant tous les biens de la papaulté despendoys en troys choses, tresinjustement, contre Dieu et Raison. La premiere, en habis diffames[487] prenoys ta felicité, non pas encor faictz en la forme et maniere que les portoist gens de guerre en ce temps y a, qui estoit bien desrogué au tien estat [119 v°] qui sus toy devoit et doibt estre spirituel. Le segond est en chiens et oyseaulx despendoys oultre mesure, laissant les membres de Dieu derriere, c'est assavoir les pouvres, lesquelz tu avoys en dedaing car tu ne pouvois pas servir deux dieulx[488]. Le tiers, en une autre vie abhominable à refferer[489], mesmement à parsonnage de mon estat, ce que je n'ay gueres leu d'homme d'eglise vicieulx plus lubricque en libidinosité que tu fuz, resemblant, à veoir la conduite de ta maison, que ce fust une maison desordonnée et publicque[490]. Et pis, que ce voyant telles enormités, tes bons freres orateurs cardinaulx, de pitié, comme devoient avoir freres les ungs des aultres, te cuidoient remonstrer, ne le prenoys en bonne sorte, tant, comme j'ay leu, en fis occire plusieurs et principallement deux tresnobles devotz, vroys amateurs de Dieu, tous deux nomméz Jehan, l'un diacre, l'autre soubdiacre. À l'un, comme trescruel et inhumain, feis coupper le nez, à l'autre la main destre[491]. Que ce [120 r°] voyant et oyant le noble empereur, Auton nommé, vint

---

desir me survint en courage d'escripre aulcune chose contre la moulesse et la paresse et le puissant orgueil des evesques rommains qui sont mignotz, paresseux, et orgueilleux, mais pource que il me souvient que aulcunesfois j'ay leu ung ver d'ung pseaulme du saint prophete David qui à tous hommes commande que l'en ne touche ne de fait ne de parolle les prestres ne les roys, pource que ilz sont oingtz et consacréz, pour ceste cause je retiray de plain gré ma main qui vouloit contre eulx escrire. »

487 Le copiste a écrit *diffomes* ; on peut comprendre « diffames » ou bien « difformes ».

488 C'est-à-dire, l'argent et Dieu. Allusion à Matthieu, 6^{24}, et Luc, 16^{13}.

489 Leçon rejetée : *refferez.*

490 Boccace, *Des cas*, liv. IX, chap. VII, sig. CC ii r°-v° : « [...] il commença laisser en nonchaloir diligence de bon pasteur et soing de vray pere. Il commença publiquement mener en son hostel femmes ribaudes, ruffiens et garsons [...]. Pape Jehan commença à hanter armeures, tavernes, bordeaulx. Il se donna à ordures et à fables, à nourrir chiens et oyseaux. Il entendoit à la chasse [...] et faisois toutes choses non mie à hommes seculiers, mais à hommes mauvais et desloyaulx. »

491 *La Mer des histoires*, vol. II, « Sixiesme aage », f. VII^{xx} r° : « Le pape fut homme venateur et lubrique si excessivement que publiquement il tenoit les paillardes avec soy, pour laquelle cause les aulcuns des cardinaux desplaisans escriprent à l'empereur Otton qu'il eust pitié et compassions du scandale et infameté que l'Eglise souffroit, parquoy estoyt necessité qu'il venist hastivement à Rome. Quant le pape sceut ces nouvelles il fist couper le nez à ung cardinal dyacre nommé Jehan comme celluy qui estoit principal conseiller de la chose. Et à ung aultre cardinal soubdyacre, qui semblablement estoit nommé Jehan, fist

d'Almaigne avecques grant quantité de gens pour mectre ordre on desordre qui estoit en ladite pappaulté. Dont, par tressainct et l'escript dudit empereur[492], fut ledit destitué et desgradé du predit sainct siege, à grant honte et vitupere. Et envoya en exil où aussi pouvrement et invertueusement se gouverna que devant avoit fait, dont trespouvrement et villainement fina ses jours, en dangier de perdicion car, comme est dit [en] langaige commun, de bonne vie sort bonne fin[493].

Le premier chapitre du dousiesme et dernier livre de se present volume parlant des prudens du VIe aage

[120 v°]
Enluminure 71 : Hélène présente la croix à Constantin[494]

Quatre cens et neuf ans après l'incarnacion, la mort, passion et ressurrection de nostre Saulveur Jesuscrist, fut nay le noble empereur rommain, Constantin le grant, premier Crestien lequel tint la monarchie du monde totallement en sa subgection, resgnant par l'espace de trente et quatre [121 r°] ans et dix moys en sublimité et honneur[495]. Non que je dye que ce fust sans souffrir, car le scien compaignon, nommé Maximien le tresinique, tirant et persecuteur de crestienté, luy feist plusieurs griefz et forfaictz, tant que à cest occasion print et leva son aoust beliqueulx à l'encontre de luy, bien que à ceste heure là estoit encor en obscurité, non congnoissant la loy et foy veritable de nostre Seigneur. Le jour advint de

couper le poing pouce qu'il avoit escript les lettres. Quant l'empereur vit et congnut que pour nulle admonition ne se voulust amender, il le fist infamement deposer. »

492 Faut-il comprendre : par le tressainct escript ?

493 Voir Le Roux de Lincy, ouv. cit., t. 2, p. 253 : « Bonne vie attrait bonne fin ».

494 Enluminure 71 : Hélène nimbée, vêtue d'une robe rouge dont les manches à bombarde sont bordées d'hermine, présente la croix qu'elle porte sur l'épaule gauche à son fils Constantin, qui est debout devant son trône, tête nue, sayon doré sur l'armure, cimeterre à la ceinture à gauche et épée levée dans sa main droite. Derrière lui et à demi cachés par le trône, se tiennent, à droite, un homme de sa cour, barbu en habit militaire, lance au poing, et, à gauche, un conseiller en robe bleue, tenant une lance. De l'autre côté, contre le mur décoré de motifs végétaux en grisaille, un homme en tunique rose et chaperon d'épaules, prie, les yeux levés.

495 *Miroir historial*, vol. II, liv. XIV, chap. I « De l'empereur Constantin et Licinien et de la mort Dyodecien et Maximien », f. cclxvii : « Constantin adoncques né de Helene concubine de Constant envahit l'empire au quatriesme an de la persecution. Lequel fut l'an de nostre Seigneur quatre cens et neuf et du monde quatre mille et septante deux. »

sa bataille, de laquelle estoit fort timide[496] et craignoit estre survaincu. Comme pensif, levant les yeulx on ciel, apperceut une croix juste le soulleill et estoit icelle en samblance d'or. Après ce, oyt par inspiracion divine une voix disant :

– Constantin, Constantin. Par la vertu d'icelle croix que tu as veue on ciel, peulx vaincre tous tes ennemys et gaingner la bataille[497].

Que le bon empereur, ceste voix ouye, comme tout resjouy non sans cause, feist protraire et prandre[498] icelle. Dont par ce moyen et vertuz d'icelle, gaingna la bataille [121 v°] et vint après à Romme en grant pompe et magnificence, comme vainqueur et victorieulx de son ennemy, et feist ledit prandre la croix en sa chaire imperialle et par tous les lieulx de sa maison. Or est ainsi que ses devanciers empereurs avoient esté si cruelz et grans persecuteurs de Crestiens que, pource temps là, ne se ousoit monstrer le bon Silvestre, pappe, et s'en estoit allé comme esclave et fuytif au mont d'Aventin. Dont peu après, pour cheoir sus l'effect de nostre histoyre, le predit bon empereur cheut en une inparfection de malladie, ainsi qu'on dit ladrye, dont pour celle cause et avoir guerison, les faulx prestres et gubernateurs des ydolles luy conseillerent que, pour avoir guerison, se devoit baigner dedans le sang des petis enffens tous chaulx. Lequel pour recouvrer santé, comme chascum en est desirant, se y consentit assez et, par tropt legerement. Et incontinant son consentement donné, les predictz faulx [122 r°] prestres, sur tous inhumains, feirent provision de plusieurs ignocens ; faisant leurs preparatoires cruelles, ne restoit que à executer. Ainsi venant le bon empereur au lieu destitué[499] pour l'affaire cruelle, arriverent et vindrent au devant de luy les pouvres et douloureuses meres des ignocens predictz, faisant exclamacions piteuses à merveilles, que ce voyant le noble empereur, me[u] de pitié print pourpenser en soy la tresorrible et violente offence que par le conseil de ses satalites avoit deliberé perpetrer[500], retournant à sa bonne memoire, dist telles parolles ou semblables :

– O pouvre charoigne, ne vault il pas myeulx que toy seulle perisses et deffailles que tant de pouvres ignocens, non povant mès de ta corrupcion grevable. Qui incontinant et tout subit retourna, commanda à ses preditz

496 Leçon rejetée : *tumide.*

497 *Id*, chap. XLIII « De la victoire Constantin par le signe de la croix. »

498 « Paindre », selon le *Miroir historial*, vol. II, f. cclxxxii.

499 Faut-il lire *institué* ?

500 Leçon rejetée : *perpetrez.*

serviteurs que les enffens fussent renduz à leurs meres sains et saulves. Oultre, pour les grandes douleurs qu'elles avoient souffertes, [122 v°] enchargea leur donner dons de vallue, qui se fut faict si tresamplement que à toutes leurs vies en furent riches. La nuit après, luy estant dedans son lict, s'aparut à luy, par premission divine, monseigneur sainct Pierre et sainct Paoul, luy disant telles parolles ou semblables :

– O Valentin[501], Dieu a veue la pitié que tu as eue des pouvres ignocens et que mieulx as aymé demourrer en ta pouvreté que les faire mourir injustement. Pour ceste cause, nous est commandé de t'anoncer et advertir que tu seras guery par sa vertu, en la forme et maniere qui s'ensuit, c'est que tu envoye querir Silvestre, evesque de ceste cité, lequel est caché par la fureur des ydolastres en ung lieu dit mont Avantin, d'icelluy recepvras le sainct batesme on non du Pere, du Filz et du Sainct Esperit, qui sera de telle efficace et si grande vertuz que incontinant par la vertuz d'icelluy [123 r°] seras guery miraculeusement. Et t'enseignera et fera ferme aux articles de la foy. Te supliant, mon compaignon et moy, que tu faces faire et bastir une eglise en l'onneur de Dieu où luy et moy puissions avoir honneur soubz luy. Le landemain, à son reveil, envoya querir ledit Silvestre duquel receut baptesme sept jours après, lesquelz sept jours feist penitence luy et son peuple, en grant compassion, amertume et douleur, dont après receut ledit baptesme, luy et son peuple, dont se trouva sain et guery. Incontinant et bien toust après, feist abaptre tous les temples des ydolles, y faisant faire des eglises pour augmenter la foy de nostre Seigneur. Saichant ces bienheurées nouvelles, Helene, mere du predict empereur, luy manda qu'elle estoit bien aise dont il avoit prins la loy de nostre Seigneur mais qu'elle suplioit d'une chose, c'estoit qu'il feist ung conseil des Juifz et des Crestiens, pour quelque [123 v°] doubte qu'elle avoit, c'est qu'il luy sembloit que la loy judaicque fust meilleure que la loy crestienne, pousé que par trop n'y fust ennortée, preste à croyre le meilleur party. Ce qu'il feist à sa requeste, et assigna jour pource faire, ordonnant juges deleguéz, lesquelz n'estoient juifz ne crestiens, pour discerner et savoir laquelle seroit la meilleure. Auquel jour predit, vint grant quantité de gens où se trouva monseigneur sainct Silvestre, luy seul pour respondre de nostre foy catholicque, et feist par signes que par raisons que tous les subjuga et convainquit. Ce voyant,

501 S'agit-il d'une erreur du copiste ? Constantin est nommé Valentin jusqu'à la fin du chapitre.

la bonne Helene se fit baptiser. Celle baptizée s'en alla toust après en Jerusalem faire inquisicion du benoist fust de la vroyaie croix, que par inspiracion et adjutoire divin, en feist si tresbonne enqueste qu'elle [l]a trouva et vint à l'epetacion de son desir. Et distribuant et envoyant par toute la crestienté, en telle sorte que de jour en jour la prouvoit. De quoy et [124 r°] à ceste cause, sommes tenuz grandement audit Vallentin et à la dicte bonne dame. Et qui plus amplement vouldra veoir de leurs euvres magnificques, regarde le segond volume de Vincent l'Istorial, en son quatorze livre et chapitre premier[502].

Le segont chapitre parlant du tres noble roy françoys, roy trescrestien, nomé Clovis

Enluminure 72 : Clovis conduit l'armée[503]

[124 v°]

Pource que gens plusieurs sçavent et sont memoratifz de ceste histoire presente, la reputant quasi toute commune, ne suis deliberée en toucher gueres amplement[504]. Mais pource que l'on eust peu dire que luy, inventif et cause de nous donner exemple et maintenir la loy catholicque, de l'avoir laissé sans mectre ou ranc et nombre des prudens, comme bien l'a merité, me semble que je commectroye vice. Pource en toucheray en termes briefz, selon la capacité du mien petit fresle et tendre esperit.

502 Le développement de Catherine d'Amboise s'inspire de plusieurs chapitres du liv. XIV du *Miroir historial* : XLIII « De la victoire Constantin par le signe de la croix » ; XLIIII « Comment celluy empereur honnora le signe » ; XLVII « De la pitié Constantin vers les enfans » ; XLVIII « Du baptesme et de la penitance de cellui » ; XLIX « De la conversion des senateurs et du peuple par l'ordonnance de Constantin » ; L « Des espistres Helene et Constantin envoyés de l'ung à l'autre sur la loy Moyse et Jesucrist ». Mais l'histoire de Constantin peut aussi trouver sa source dans *La Légende dorée* de Jacques de Voragine (éd. B. Dunn-Lardeau, Paris, Classiques Garnier, 1997, « De saint Silvestre », p. 180-192).

503 Enluminure 72 : Clovis, la couronne posée sur le heaume de son armure, un long sabre au côté portant l'inscription LE NOB ROY CLOVIS DE FR (?), est monté sur un cheval bai à harnachement rouge ; à sa gauche, un autre cavalier en armure tient une lance de la main gauche et regarde sur le côté. Derrière eux, se tiennent des fantassins en grand nombre, lances dressées. Dans le coin gauche, derrière les oriflammes d'un campement militaire, apparaît une église.

504 Voir C. Beaune, « Clovis dans les grandes chroniques de France », *Clovis histoire et mémoire*, éd. M. Rouche, Presses de l'Université de Paris-Sorbonne, 1997, p. 191-211. Et *Naissance de la nation France*, Paris, Gallimard, 1985, I, chap. II, p. 75-90.

En commançant sa presente histoire, vroy est que après la mort de son pere, nommé Theodorith[505], receut le royaulme et heritaige et couronne de France, à luy apartenant de droit, là où il se monstra tresvertueulx autant ou plus que predecesseurs qui devant avoient esté pouce regne, excepté le noble roy Charlemaigne. Au commancement de sondit regne, eut victoire contre le Soyxonnoys, et commançant à victorieusement deschasser[506] les [125 r°] ennemis hors de son royaulme, et dis plus, que tant fut victorieulx magistral et liberal que par tout faisoit reluyre sa bonne renommée. Tant que près et loing estoit craint, redoubté et amé. Luy en aige de marier, comme chascum le scet, print la bonne Crotilde, nyepce du roy Ganedhault de Bourgongne, laquelle estoit crestienne, notable et bonne dame comme il est escript par l'istoire d'icelle[507]. Et aussi, pour la victoire que Dieu donna à son predit mary Clovis, ce feist et receut le sacrement de baptesme par la main de monseigneur sainct Remy ; là où s'aparut ung miracle bien merveilleux et admirable, comme chascum scet, c'est de la saincte empoulle et des troys fleurs de lis, emsemble l'orifland qui miraculeusement luy fut transmise de paradis, ainsi qu'on pourra veoir aux histoires françoises bien plus amplement des grandes victoires qu'il eut, tant sur le roy Alorith, roy des Gociens[508], lequel [125 v°] il combatit au corps et le subjuga, ensemble de Quarre, le duc de Cambray, et plusieurs autres grandes victoires digne de memoire qu'on pourra veoir au lieu que j'ay dessus prenommé[509].

---

505 Non Theodorith mais Childeris ou Chilperich, selon les *Grandes chroniques* et *La Mer des histoires* (vol. II, « Sixiesme aage », f. cix v°).

506 Leçon rejetée : *deschassez.*

507 *Miroir historial*, vol. III, liv. XXII, f. ccxxxv et sv., chap. IV « Des espousailles Clotilde et Clovis roy des Frans en l'istoire des François. Gregoire de tours », chap. V « Comment Clotilde admonestoit le roy à estre crestien », chap. VI « De la maniere de la conversion Clovis et de la conversion du peuple de France » ; *Grandes chroniques*, t. 1, liv. I, chap. XVI, p. 59 : « Ci après dirons comment il fu convertiz à la foi chrestiene et comment il prist fame : niece au roi Gondebaut de Borgoigne, sainte dame dès les jors de s'enfance, Crotilde estoit apelée ». L'histoire de Clotilde est répandue par le *Miracle de Nostre-Dame, Coment le roy Clovis se fist crestienner à la requeste de Clotilde* (*Théâtre français au Moyen Âge*, L.J.N. Monmerqué et F. Michel, Paris, H. Delloye et F. Didot frères, 1839, p. 610). Voir également Jacques de Voragine, *La Légende dorée*, éd. citée, « De saint Remy », p. 213-215.

508 Alaric, roi des Goths.

509 *Miroir historial*, lieu cité. Et *Grandes chroniques*, t. 1, liv. I, chap. XXII « Coment li roi ocist le roi Alaric par son cors et comment sa gent fu vaincue », p. 80 ; chap. XXIV « Coment li roy fist ocire Ranacaire le duc de Cambrai et I sien frere, et si estoient si cousins », p. 86.

Le IIIe chapitre parlant du tresnoble Thierry, roy d'Itallye

Enluminure 73 : L'empereur envoie Thierry en mission[510]

On congnoist l'omme vertueulx à ses faictz. Je dis ces motz pour toy, noble et tresvertueulx roy [126 r°] Thierry, gubernateur d'Italye par ta vertuz conquestée. Et pour donner à entendre aux auditeurs et lecteurs de ce present chapitre commant ce fut, vroy est que tu fuz, ainsi comme j'ay leu[511], chevalier le plus accomply qu'on saiche, tant en beaulté corporelle qu'autres vertus, digne de memoire. Dont pour icelles graces, fus tant aymé et chery de ton maistre, l'empereur, que sur tous en grace specialle et pour l'amour et fiance qu'il avoit en toy, à la requeste des senateurs rommains qui venoient devers ledit empereur demander[512] ayde pour eulx vanger d'un tirant, nommé par son nom Myobbé[513] lequel, par son oultraige, les voulloit tous supediter ; et commança ledit empereur, soy fiant en toy comme sien, aymé par sus tous, te envoya là où te portas si tresvertueusement que, après plusieurs batailles, supeditas et mis à destruction le mauldit tirant dessusdit, et mis en bonne paix et union [126 v°] ledit pays d'Italye, dont par ces fais vertueulx dignes de commemorer, acquis l'amour dudit peuple du pays. Dont toy aiant executé et mis à effect vertueusement le commandement de ton maistre, comme tout joyeulx prins ton chemyn à retourner vers icelluy, cuydant avoir bon accueil et estre bien venu, comme doibt estre tout bon et loyal serviteur. Qui trouvas le contraire car par le moyen d'Envye, fille du Diable[514], toy estant en cedit service, brassa icelle et ses

510 Enluminure 73 : L'empereur, portant couronne impériale et col d'hermine et siégeant sur son trône, tend la main droite vers celle de Thierry [Théodoric] en train de soulever sa barrette rouge, buste incliné pour le saluer. Thierry, en sayon à col d'hermine, sur des jambières d'armure, tient de sa main gauche le pommeau de son épée. Derrière le trône, un personnage en robe brune, chaperon d'épaules bleu et barrette rouge, penche la tête pour regarder la scène, tandis qu'au coin opposé, à l'avant d'un groupe, un homme (robe bleue, chaperon marron) croise les bras, dirigeant son regard vers Thierry.

511 *Grandes chroniques*, t. 1, liv. I, chap. XI, p. 39 : « En ce tens estoit Thierris li uns des plus granz prince dou palais l'empereour ». Catherine d'Amboise suit d'assez près le chap. XII, « Coment cil Theoderis fu meslez à l'empereor et garantiz de mort par un sien ami qui out non Tholomée », p. 42-46, et le chap. XIII « Coment li empereor manda derechief Theodoric pour lui occire, et coment il demora par l'example Tholomée », p. 47-51.

512 Leçon rejetée : *demandez*.

513 Dans les *Grandes chroniques*, le tyran est Odoacre.

514 Cette personnification de l'envie (terme dont on compte 18 occurrences dans les *Prudens*, avec un seul emploi positif, f. 8 v°) est courante. Guillaume de Digulleville, dans le

satalites une zizennye encontre toy, disant et donnant à entendre audit empereur que le tien object et pencée estoit de parvenir à luy ouster la couronne imperialle et estre maistre et possesseur du predit pays d'Itallye. Laquelle chose l'empereur creut, ainsi que font maintenant plusieurs princes et seigneurs, par faulte de savoir et aussi d'enquerir de la verité ; fist ledit empereur, par le conseil mauvais des susdit, prandre ledit Thierry et mectre en une prison [127 r°] obscure et tenebreuse, deliberant le faire mourir n'eust esté ung sien amy, nommé Tholomée, qui s'en vint à l'empereur en disant :

– A sire, je vous supply, ouez ce que je vous diray. Les tresnobles empereurs, voz predecesseurs, ensemble le noble peuple rommain ont tant acquis de grans louanges par leurs forces et vertuz et, encor plus, par leur benigne pitié, tant et plus qu'on ne sauroit descripre, comme Cipion et Pompée, le grant et le noble conseiller, qui myeulx ayma mourir que faire ne commectre ung tour lasche. Pource me semble, saulve la vostre reverance, que si vous faisiez mourir le noble Thierry, par ung faulx donné à entendre, qui ne seroit fait comme voz predecesseurs. Et à ceste cause et aussi pource que les parens du tirant Myobbé ont esvayhy de rechief le pays, saichans et estans advertis que avez faict mourir cruellement ledit Thierry. Et à ceste cause et plusieurs autres, ledit empereur le [127 v°] retira de prison et le renvoya de rechief audit pays où il fist et servit son maistre aussi bien ou myeulx que jamais. Mais ainsi que Envye ne meurt point, quelque bon et loyal service que luy feist ledit, pourchassa ledit Envye sa mort plus asprement que devant, et tant feist que l'empereur et ses senateurs jurerent la mort du predit. Et son amy loyal Tholomeus fut present et fut contrainct jurer comme les aultres, autrement eust esté en dangier de sa vie. Adonc fut mandé le noble Thierry, qui, incontinant le mandement de son maistre ouy, s'en partit hastivement, comme fait le bon et loyal serviteur, non saichant sa mort preparée. Toutes foys ains qu'il arrivast, envoya devers l'encien feal amy savoir quel vent couroit et s'il devoit retourner ou non. Lequel, pour le serment que ledit avoit fait, ne donna responce nulle audit serviteur ne le laisser ne du prandre, [128 r°] sinon qu'il luy, l'empereur, faict aujourduy le triumphe de sa nativité.

Pèlerinage de vie humaine, la décrit comme fille d'Orgueil et de Satan (v. 10037-10038). Voir M. Vincent-Cassy, « L'envie au Moyen Âge », *Annales, Économies, Sociétés, Civilisations*, 35e année, n° 2, 1980, p. 253-271.

– Mectz toy derriere moy, entens ce que je diray, puis en fais le rapport à ton maistre.

Ce que feist ledit serviteur. Adonc après que ledit empereur eut prins sa refection, et autres senateurs, bien ample, le predit compaignon dudit Thierry, nommé Tholomée, commança à tenir propos audit empereur et autres senateurs, disant :

– Sire, il seroit bon pour vostre recreacion que chascun de nous vous tiensist quelque bon propoux, en vous racontant chascun quelque farcerye pour recreer vostre esperit et le saouler de choses plaisantes, comme nostre corps est resasyé de viandes. Ce que consentit l'empereur et compaignye, luy commandant que il commançast le premier. Par le commandement de son maistre, se print à faire sa proposicion, disant :

– Noble empereur, dit il, du temps que les bestes parloient, s'esmeut entre icelles murmure disant que il voulloist [128 v°] avoir ung roy, que chalcune d'icelles se consentit et fut esleu pour leur roy le lion comme la beste plus noble. Luy voyant estre en ceste dignité, feist crier que chascune beste luy viensist faire hommaige, ce qu'il feirent l'une après l'autre. Et quant vint au ranc du serf, qui vint faire la reverance audit lion comme tenu estoit, ledit lion le voyant si tresbeau eut envye de le devorer, mais le serf, par sa force et abstinéz, se commança à secouer et deffendre de luy en telle sorte que il eschappa de ses griefz, nonobstant que ses cornes y demourerent. Ce voyant, ledit lion feist une grande[515] de bestes soy compleignant dudit serf, dont furent tresfors marris nonobstant qu'il n'y eut d'icelles qui ousast emprandre à batailler contre ledit serf. Voyant se, adviserent entre elles qu'il le failloit avoir par cautelle et deception, et pource faire, comme beste la plus mallicieuse, esleurent le regnard qui tant feist par sa cautelle et malice [129 r°] qu'il feist venir ledit serf parler au lion, lequel incontinant arrivé, à l'ayde des autres bestes, fut prins et desmembré, et le regnard vint furtivement et desrobba le cueur dudit serf. Que incontinant le lion fist faire inquisicion où estoit ledit cueur, pourtant que c'estoit la viande de dessus luy la plus noble et qui luy appartenoit à l'avoir. Ce qui ne peult estre recouvert, et fut trouvé que ledit regnard l'avoit prins, lequel, luy interrogué, feist responce et dist qu'il n'estoit ainsi et qu'il voulloit prandre à prouver que ledit serf n'avoit point cueur, disant que s'il eust cueur que jamais

515 Lacune ?

ne fust retourné, veu que l'autre foys y avoit perdues ses cornes. Atant fina le conte dudit Tholomée, et ce oyant, le serviteur dudit Thierry s'en retourna devers luy, luy faisant le conte en la forme que devant avez ouye et pareillement luy dist les parolles que ledit Tholomee luy avoit narrées devant. Ce entendu, incontinant [129 v°] ledit Thierry s'en retourna en Ytallye, où si toust qui fut arrivé, se feist couronner roy où si bien saigement et vertueusement se y gouverna que on ne list point d'un plus verteulx roy d'Itallye que luy. Et estoit et fut tout son temps compaignon d'armes du noble roy Clovis. Me taisant de ceste ystoire car assez amplement en ay touché.

Le IIIIe chapitre parlant du tresnoble roy Arthus, roy d'Angleterre

Enluminure 74 : Katherine entre Merlin et Arthur[516]

[130 r°]

Entre tous autres nobles et puissans roys, es digne d'estre commemoré par sus tous, toy, noble roy Arthus, roy d'Angleterre, qui tant fut vertueulx et digne de memoire que je n'en ay point leu en histoire, tant encienne soit, qui plus soit à priser que toy, tant de force corporelle que de largesse et liberalité, et aussi tes faictz, qui tous autres surpassent en vertuz. Dont et premierement pour declarer d'où est ta nativité sortye, vroy est, ainsi que j'ay leu[517], que tu es extraict et produit de Maximien,

516 Enluminure 74 : À droite, Arthur, barbe et cheveux châtains, coiffé d'un chapeau surmonté d'une couronne et portant mozette dorée sur une longue robe de velours gris, siège sur le trône, où il appuie sa main gauche tandis que sa droite tient le sceptre ; il regarde, en face de lui, Merlin, nimbé, cheveux blancs et barbe blanche, (vêtu d'un surcot bleu à manches courtes et d'un chaperon d'épaules vert sur une longue robe pourpre) qui lui parle, les mains levées vers la poitrine. Entre les deux, Katherine (en robe de velours rouge aux manches à bombarde ornées de fourrure noire semée de blanc, et coiffe noire), écoute Merlin, la tête tournée vers lui ; elle tient les mains croisées sur le ventre. La salle est entourée de colonnes sculptées reliant des niches à coquille.

517 Quant à la lignée d'Arthur, la version de Boccace est autre (*Des cas*, liv. VIII, chap. XIX « De Artus roy des Bretons », sig. :: iii r°) : « Si dient et afferment les Bretons par leurs hystoires que Artus jadis leur roy fut le plus renommé et noble de tous les roys des pays d'Occident, les hystoires aussi receuez et approuveez des Bretons afferment que Artus par naissance descendit de la lignée de Constantin adonc vicaire imperial en Gaule. [...] Et oultre ilz afferment que ung noble chevalier Uter surnommé Pandragon fut roy de ladite ille. Si advint après la mort de Uter Pandragon que son filz Artus monta sur la chaiere royale et obtint et gouverna comme heritier le royaume de Bretaigne. »

estant pour lors Sarrazin on pays d'Angleterre, lequel print ledit lieu en son nom, s'an faisant couronner roy, qui maintint toute sa vie contre tous les haultains effors des Rommains, dont après son trespas, delaissa ledit royaulme d'Angleterre à ung sien filz nommé Uterpentragon, lequel fut fort vertueulx et feist beaucoup de choses dignes de memoire, en eslargissent ledit royaulme plus sumptueusement que sondit [130 v°] pere ne luy avoit delaissé. Après la mort dudit, te laissa toy, noble roy Arthus, myneur d'ans, et n'eust esté le bon aide du tressaige prophete nommé Merlin, ne fussiez si toust parvenu à la couronne royalle, là où te portas tant et si vertueusement que passas la bourne de tes predecesseurs, touchant euvres vertueuses. Et au commancement, conquestas le pays d'Irlande, d'Escosse et Almaigne, au moins une grande porcion, ce tout par ta vertus et noble chevalerie, de quoy estoys mieulx garny que roy ne prince qui fust de ton temps ne cestuy. Et après toutes grandes conquestes, de peur d'encourir le vice d'oysiveté, toy et tes nobles chevaliers, par le conseil dudit Merlin, feistes et instituastes la noble Table Ronde, dont il a est[é] et est et sera memoire perpetuel. De raconter de tes nobles faitz et de tes chevaleries seroit tropt long, aussi considerant que tu fuz si tresvertueulx et excellans en tes faiz que chascun qui a esperit ne t'a point delaissé [131 r°] derriere, comme bien digne en es. Ce me garde de plus en toucher car je ne feroys[518] que simple maniement après ceulx qui de toy ont escript. Et qui plus amplement en vouldra savoir, regarde et cherche les livres qui de toy sont faitz tout espreu et qui en parlent si amplement que plus ne sauroit[519].

518 Leçon rejetée : *seroys.*

519 Entre autres, et parmi les premiers, *Le Roman de Brut* et *Le Roman de Merlin.* Catherine d'Amboise ne reprend pas à son compte la réserve du *Miroir historial*, vol. III, liv. XXI, chap. LVI, f. ccxiii « Des establissemens des regions et de la victoire Artur duc de Bretagne » : « Et quant le roy Uterpendragon fut mort, Artur son fils fut ennobli ou regne duquel les faiz sont moult merveillables. Et ja soit ce que les langues des peuples le dient, si a il en ses faiz raconté moult de fables, il fut ennobli de grant proesse et estoit aimable à tous et fut de moult grant vertu de courage et de moult grant franchise. »

Le V[e] chapitre parlant du grant empereur Charlemai[g]ne[520]

Enluminure 75 : Katherine s'adresse à Charlemagne[521]

[131 v°]

Noble pilier de nostre mere l'Eglise, grant et tresexcellant empereur, roy de France, Charlemaigne le tresvertueulx, te doy je laisser derriere ? Nenny ou du nombre ne seroys de vertueuses euvres, veu que tu as esté si vertueulx et, comme on dit en vulgant commun, voulentiers la personne vertueuse et prudente ayme son semblable, aussi la putrefaicte et mal complexionnée cherche ceulx de sa sorte[522], qui maintenant se treuve plus de ceulx là, suivant le sentier vicieulx que d'autres. De ce me tais. Dieu amande le faultes. Dont pour revenir à mon propoux encommancé, ainsi que plusieurs livres ay veuz et leuz[523], amplement les grans et vertueuses euvres que tu as faictes, toy estant en ceste vallée de misere, mon sens et pouvre esperit tomberoit soubz le faiz si je me voulloys esvertuer exaulcer le moindre de tes nobles et insuparables vertuz, toutesfoys, soubz la confidence de madame et mestresse Prudence, de vertuz sus toutes [132 r°] couronnée, en descripre quelque chose en façon briefve, non prolixe, car il est tant escript de toy pour les vertuz qui ont flory et sont produites de tes faiz haultains, qui n'est à moy, pouvre sexe femynyn, en toucher de peur d'estre reprinse, que en termes briefz, comme j'ay dit. Où commanceray je ? Ou à ta noblesse sublime tant de fait que de cueur, ou à ta force corporelle qui fut l'outrepasse,

520 À la suite du titre, et d'une autre main : *icy doit avoir ung empereur.*

521 Enluminure 75 : Katherine (coiffe noire et robe de velours bleu mouchetée d'or, manches à bombarde bordées d'hermine) tient la paume de la main gauche en avant et tend l'index de la main droite en regardant Charlemagne, nimbé, qui siège sur son trône. L'empereur, cheveux blancs et barbe blanche, portant couronne impériale, épée dressée dans la main droite, est vêtu d'un surcot orné à mozette de fourrure blanche sur une robe pourpre. Il est entouré de quatre personnages, dont un homme de confiance, sur sa droite, coiffé d'un bonnet à bords relevés, qui lui parle. Derrière lui, deux autres conseillers se distinguent par des chapeaux coniques posés sur une sorte de turban, le premier portant une robe rouge à col d'hermine. À la gauche de l'empereur, un homme de sa cour, portant une robe bleue fleurdelisée et un bonnet, regarde la scène. Au fond, le mur est décoré de motifs végétaux en grisaille, et s'ouvre, à gauche, sur un escalier de pierre en colimaçon, et, entre Katherine et le groupe impérial, sur un paysage extérieur, grâce à une fenêtre à meneaux.

522 Version développée du proverbe « Qui se ressemble s'assemble » (Le Roux de Lincy, éd. 1859, t. 2, p. 406).

523 *Grandes chroniques*, t. 3, « Charlemagne », p. 1 et sv. ; *Miroir historial*, vol. IV, liv. XXV, chap. I, f. cxix ; *La Mer des histoires*, vol. II, f. vi[xx]iii v°-vi[xx]vii v°.

ne desplaise à nulz autres, aumoings des Crestiens ? Quant à parler de ta saigesse, on veoit bien commant tu te gouvernas car, par icelle force et saigesse, obtins la double couronne non sans demerite car bien t'estoit deue. Oultreplus consciderant commant soubz la conduite de dame Prudence, gaingnas et eslargis ton royaulme et empire jusques à la tierce partie du monde, et dis plus, en toy collaudent, que tousjours as millité et t'es espandu jusques à la mort pour nostre foy, plus que de Crestien qui ait point esté devant toy ne après, comme il [132 v°] appert par les actes et volumes de toy escriptz, plus que langue ne sauroit à present dire ne pleume escripre, dont à present en as telle gloire que chascun refere et parle de tes vertuz louables, et non sans cause, et en paradis, gloire eternelle, maulgré les mauldítz envyeulx qui de toy ont parlé et escript injustement plusieurs volumes faulx et apocriffes, comme se notable volume appellé *L'Istoire des quatre filz Aymon* et leurs semblables[524], que plus besoing seroient, fust pourtant que de toy ont mesdit, qui feussent dedans ung bon grant feu que en parement sus ung buffect. De ce me tais, laissant parler aux aultres.

[133 r°]
Enluminure 76 : Katherine converse avec Boèce[525]

Pour elusider ma matiere et parvenir au port de mon seul desir, en acomplissant mon labeur assez mal cultivé, inserer je veulx et descripre selom l'estandue du myen pouvre [133 v°] gazophile[526], le nom de toy,

524 Dans ce roman, également appelé *Renaut de Montauban*, Charlemagne est tenu en échec par les fils révoltés d'un de ses vassaux. Le texte, dont la première version en vers date du XIIIe siècle, est amplifié au XIVe siècle et mis en prose. Son succès ne se dément pas à la fin du XVe siècle : on compte plusieurs éditions incunables à Paris et à Lyon.

525 Enluminure 76 : Katherine debout, à droite, parée de colliers d'or, de perles assorties à l'ornement de sa coiffe et vêtue d'une robe de velours pourpre et or à manches à bombarde, soulève sa ceinture bleue mouchetée de la main gauche et tend l'index de la main droite vers Boèce. Celui-ci, barbu, porte une tunique bleue drapée d'un chaperon d'épaules pourpre, et un bonnet à bords relevés ; aumônière à la ceinture, il est assis sur un coussin rouge, dans un îlot de verdure entouré par une rivière, et écrit, le livre posé sur ses genoux, tout en regardant Katherine. Derrière lui apparaît une ville, ceinte de hautes tours. Au centre de l'image, entre les deux personnages, est suspendu à un arbre l'écu parti, aux armes d'Amboise et de Beaujeu-Lignières. La miniature est encadrée de fines colonnes dorées reposant sur un socle, et surmontées d'un fronton représentant deux grandes feuilles avec une fleur au centre ; à droite, une bordure est décorée de motifs floraux dans un croisillon de branches.

526 Le terme dérivé du latin ecclésiastique *gazophylacium*, selon l'étymologie grecque « garder » et « trésor », a désigné dans le temple la chambre du trésor, puis le vaisseau où l'on

noble candelabre et lucerne rutilante, noumé Boece Avice Manilhe, dit de consolation, qui en ton florissant age estoiz tresillustre Romain magnifique, senateur et grant philozophe, dont la droicte origine fut de Manilius Torcatus, de Rome senateur, qui pour femme et espouse prins la fille du tresexcellant philozophe et patrice, Simacus, desquelx la renommée par les Romains fut en mainte region exaucée et elevée, et, en especial, de toy, Boece, qui des habitans et citadins de Rome estoiz le vray guydon et adroesse. Lesquelx, de jour en jour, appetois exaucer et tenir en liberté et franchise. Mais, come sovant nous voyons advenir que ceulx qui en degré de dignité sont colloqués, lors quant veullent conserver et garder les vertuz de justice qui moult deplaissant seroient faire chose qui tournast au prejudice du salut des ames ne de transsander les mectes de raisons, aulcunesfoys sont par iniques envyeulx et gens dyabolicques de plusieurs crimes accusés, au moyen de quoy leurs biens sont confisqués et leurs corps detenuz et emprisonniés, come il appert clerement par toy, Boece de consoulation, car [134 r°] toy estant constitué en dignité de patrice, fuz de Rome expulsé et mys en excil, par ung faulx raport lequel fut de toy au roy Theodorich fait, qui pour lors en toute l'Ytalie regnoit, come il est en l'ystoire de Paule recité[527]. Or est il que fuz destitué de ton office et puis, ce fait, dechassé en grant misere jusques en la ville de Pavie, en laquelle plusieurs grans euvres dignes de memoire composas, come en poieterie, oratorerie, musique, astrologie et parffonde theologie, et d'aultre part, plusieurs beaux livres d'Aristote, par excellance, de grec en latin par toy furent translatés, lesquelx aujourduy entre les mains sont des gens sçavans et lectrés. Oultre plus, je diz que par toy furent les faulx et mauldit heretiques rejectés et confonduz, qui, par argumens sophistiques[528], soustenir vouloient

---

déposait les offrandes. Par extension, il peut signifier un réceptacle, au sens propre ou métaphorique, et un trésor. Il est employé par Octovien de Saint-Gelais dans le prologue de sa traduction des *Héroïdes* d'Ovide : « Après avoir tournoyé la petite librairie de mon entendement et visité les angletz de mon gazophile, ung jour entre les autres, assez curieux et embesongné de sçavoir ne en quel endroict dresser mon œuvre, je trouvay parmy le nombre des autres volumes les Epistres Heroydes, par le treseloquent et renommé poete Ovide [...]. » (*Les xxi epistres d'Ovide*, s.l., 1538, f. ii.) Et par Michel d'Amboise, *Les Complainctes de l'Esclave fortuné. Avecques vingt epistres et trente rondeaulx d'amours*, Paris, J. Sainct Denis, 1529, f. 16 r° : « Femme est un bien et gazophile [...]. »

527 *La Epystole de Paul, ou Histoire romaine d'Eutrope, avec les additions de Paul Diacre*, BnF, ms. fr. 688, f. 68 et 70 v°.

528 Correction dans le manuscrit : *sophistiques ~~qui~~ soustenir.*

la dannable heresie harrienne, lesquelx voyans que par toy surmontés estoient et vaincus, et que nullement pourroient flexir le tien vouloir, nen plus que le soleil retrograder ou faire perdre son cours, te accuserent faulcement vers le roy Theodorich, tellement que fus condempné à estre en chaistre [134 v°] et prison obscure detenu, laquelle jusques aujourduy les citoiens de Pavie l'appellent la tour de Boece, sytuée près le palays qui jadis fut par le roy Parthacis composée et divisée par moult soubtil et grant artifice. Le roy, doncques, Theodorich, qui tousjours appetoit et desiroit ta mort, voyant et considerant ta constance et le grant escu de pacience duquel estois muny, comme bien par effect le monstras car combien que les Romains royaument[529] et d'effait eussent occupé toutes les terres et possessions appertenentes à ta seigneurie, ce neaumoyns tu disois que par ce ne te pourroient metre à pouvreté et que tu possydoys ung aultre tressor, lequel nullement pourroit par les undes et procelles de la mer estre submergé, ne par lez vens agité, ne par les larrons trasporté, ne par eau ne feu estre consumé. Ce tressor ycy, c'estoit ta science exquise et tresvertueuse, laquelle fut magnificquement desployée contre les faulx heretiques prenoméez, par quoy doncques, en continuant mon propos, je diz que le roy Theodorich, meu d'envie et per-[135 r°]severant tousjours en sa malice tyrannicque[530], te fist hors de prison mectre, et puis d'une mort trescruelle et ignominieuse mourir. Maiz avant que ton ame glorieuse fust de ton corps separée, le hault Plasmateur, qui des bons et parfaictz est le vray deffenseur et d'ignocence le seul propugnateur, voulut lors monstrer et declairer ta sainteté par ung miracle qui sur toy fut evidentement fait, car du lieu où souffris martire, prins ta teste, laquelle divisée estoit et mise en deulx parties par le glaive cruel du faulx tyrant et inhumain, et, par vertus divine, de tes propres mains, l'assemblas et soustins jusques au temple, que l'om dit le covent des Augustins, et là à deux genolz, te prosternas faisant devotement ta priere et oraison et, ce fait, dignement receuz les saincts sacremens de nostre mere l'Eglise, et iceulx prins et receuz, ton ame randiz glorieuse lassus ou trosne deificque[531]. Que voulez vous

529 Leçon douteuse.

530 Ce même Théodoric le Grand, ou Thierry, roi d'Italie, qui est donné plus haut (chap. III) comme un modèle de prudence.

531 La tradition d'un Boèce céphalophore semble d'abord transmise au XIVe siècle par Opicinus de Canistris, dans le *Liber de laudibus civitatis Ticinensis* puis, dans les toutes premières années du XVIe siècle, par le juriste Jacobus Gualla dans *Papiæ sanctorum* (Pavie, Jacob

plus que je die de sa saincteté ? Certes pour au vray parler, c'estoit le vray myrouer rutilant [135 v°] de toute examplarité, grant zellateur du bien public, le ferme pillier de foy catholicque, la source de philozopie, l'adroisse des errans, consolation des pouvres desolés, ung second Job en pacience, le seul deffenseur de verité, reille de vertuz et grant persecuteur des vices. Dont a merité avoir la conrone de martire et finablement la gloire pardurable. Parce doncques je puis inferer et conclurre que, par le merite et intercession des parffaitz et vertueulx, le hault Plasmateur sovent a voulu par sa bonté et clemance manifester plusieurs miracles en ceste vallée de misere, en nous donant de l'uylle de sa doulce misericorde pour mondiffier les cicatrices puantes de peché, qui maintez creatures souvant a preservé de dannacion eternelle. Et au contraire, je diz que pour la transgression des imprudens et mauldictz obstinéz, souventesfoys l'ire de Dieu a esté sur terre espandue, et est de jour en jour, tant par guerres, famines, mortalitéz que par aultres persecutions, lesquelles trop longues et fastidieuses seroient à reciter. Par quoy, pour evicter [136 r°] toute prolicité de langaige, contrainte suis imposer fin en mon euvre, intitullé *Livre des prudens et imprudens*, priant toutesfoys ung chacum lisant que leurs plaisir soit accumuler le doulx et soief et rejecter l'aigre et amer d'icelluy. Et si aulcune chose y est inserée qui a aulcum desplaise, à luy sera de la corriger car trop ignorer et peu sçavoir soventesfoys sont cause de mon erreur.

Amen deo gratia

de Burgofranco, 1505, lib. IV, cap. XVI « De sancto Severino », f. 55 v°) : « [...] iniquo Theodorici imperio gladii cruentissima cede interiit : at priusquaz efflaret spiritum : deus viri sanctitatem hoc expresso miraculo voluit declarare : peruetustis etiam Ticini cronicis attestantibus : quod a loco martyrii : capite duas in partes sciso mucrone cruento : diuina virtute eas ipse propiis substentans manibus : iunctas detulit ad ipsum aureum templum : ibidemque ad altare genibus flexis : quia christianissimus susceptis pro more christiane religionis sancte matris ecclesie sacramentis in celum perbeatum emisit spiritum. » Voir I. Humphrey, « Boèce : l'homme, la carrière, le destin, prosopographie, hagiographie, culte et vénération », *Boèce, Colloquia Aquitana II – 2006*, t. 1, Paris, Éditions Le Manuscrit, 2009, p. 81 ; et F. Lebsanft, « "Heiliger Severin" ? Konstruktion und Dekonstruction der Boethiusvita », in *Gründungsmythen Europas im Mittelalter*, dir. M. Bernsen, M. Becher et E. Brüggen, Bonn University Press, 2013, p. 45-46.

LA COMPLAINCTE DE LA DAME PASMÉE CONTRE FORTUNE

BnF NAF 28878 [S.M.A.F. 79 – 7]

[1 r°]
Enluminure 1 : Le messager porteur de tristes nouvelles[1]

Ung jour, pesant, morne et fastiguée[a] que j'estois seule en ma chambre sur ung lict de cam, [1 v°] ainsy que je argumentois en mon entendement de plusieurs haultes et grandes matieres, et mesmement pourquoy les bons sont souvent persecutés de Fortune et les maulvaiz ellevéz[b2] en grosse auctorité, arriva en[c] ladicte chambre ung chevalier vestu de noir faisant assés maulvaise chere, lequel certaines lectres closes[3] me presenta[d]

1 Enluminure 1 : Un messager (sayon et bottes noires à éperons, chausses rouges, olifant au côté droit), genou droit à terre, tient un bonnet rouge de la main gauche et tend une lettre à Katherine d'Amboise, portant une coiffe noire (chaperon de velours à templette sur une pièce de lin gaufré rouge et blanc comme dans toutes les miniature), un collier d'or et une robe de brocard dorée, dont les manches à bombarde et l'encolure noire se retrouvent dans tout le manuscrit. Elle est assise, tête inclinée, sur un lit dont le dais et les courtines sont à bandes blanches et rouges, et tient un chapelet de la main gauche. Au deuxième plan mais au centre, se détache devant une haute chaire, une dame [Jeanne de Graville ?] qui regarde Katherine, mains jointes, doigts entrecroisés ; elle est vêtue d'une robe bleue, ourlée de rouge aux manches et à l'encolure, et porte la même coiffe que Katherine [Remarque : cette dame est absente dans la miniature des deux autres ms.]. Au fond de la salle, des colonnettes supportent une large corniche ornée de médaillons. Au centre du socle de l'encadrement en tabernacle, figure le blason plein des Amboise entouré d'une couronne de laurier.

2 Le commentateur du *Livre de Boece de consolacion* (éd. G. M. Cropp, Genève, Droz, 2006, liv. I, chap. 5, p. 108-109) souligne cette même plainte : « En tous ces vers rymez se complaint Boece a nostre Seigneur [...] pourquoy il seuffre les bons estre foulez et agravez et les mauvais estre honnorez et essaulciez. » C'est aussi le doute qu'émet « Entendement » après un enseignement de Foy, dans *Le Livre de l'Espérance* d'Alain Chartier : « Maiz encore ay je ung scrupulle sur la divine justice, de tant qu'elle pugnit lez justes avecquez lez pecheurs, et les innocens met ou compte des pervers. [...] Je voy les meschans et les reprouchables personnes comblés et abondans, lez preudes et honnestes hommes mendians et diseteux [...]. » (Éd. F. Rouy, Paris, Champion, 1989, p. 48-49.)

3 Les lettres closes, depuis le XIVe siècle, sont des lettres royales, signées par le souverain et scellées. Ces « dures » nouvelles sont la mort de Charles Chaumont d'Amboise et celle

bien piteuses que je commencé à lire. Mais avant que parachever, pour les dures et desplaisantes nouvelles que[e] je vy par icelles, tombé pasmée et comme morte sur mon lict. Et moy estant en[f] ceste extreme necessité, actendant plus le dernier souspiral de mort que ressource de mon infirmité[g], survint soudain en ladicte chambre une dame belle à merveilles qui avoit le visaige luysant comme le soleil, les cheveux respanduz sur les espaules [2 r°] à fin or ressemblans, et pardessus une couronne de laurier. Sa robe estoit de satin blanc, et[h] sy avoit oultre elles rouges. Laquelle s'adressa vers moy et d'une[i] eaue sophisticque[4] qu'elle tenoit en une boete me arrousa le visaige, puis commença[j] me dessarrer les dens, destouper le nez, les oreilles et autres conduitz que j'avoye empeschés, en maniere que commencé à ouvrir les yeulx. Et depuis[k] fus advertie que c'estoit Raison, qui a le visaige luysant comme le soleil parce qu'elle s'aprouche de[l] la nature angeclique, la couronne de laurier[5] pour la victoire qu'elle a souvent contre sensualité, la robe blanche parce qu'elle est pure et necte, et[m] les esles rouges parce que par charité volle jusques à la congnoissance divine. L'eaue [2 v°] dont elle m'arrousa, pasmée, estoit congnoissance de soymesmes qui faict relever les gens de la pasmaison d'ignorance[6].

---

de Louis d'Amboise. Voir plus loin, f. 5 v°.

4 Nous ne connaissons pas d'autre emploi de ce terme dans un sens positif. Il signifie, le plus souvent, « trompeur », « spécieux » (voir par ex. Jean Bouchet, *Œuvres complètes. Tome II Le Labirynth de fortune et Sejour des trois nobles dames*, éd. P. Chiron et N. Dauvois, Paris, Classiques Garnier, 2015, 1re partie, v. 2492 : « Faulx argumens et choses sophistiques ».) C'est au reste dans ce sens que Catherine en use dans les *Prudens* (f. 134 r°). On lit, dans le ms. NAF 19738, *soupistique* qui peut se comprendre comme un dérivé du latin *sopire* (endormir), employé avec le sens de calmer, apaiser.

5 Le laurier, attribut de la victoire depuis l'Antiquité, est associé à la chasteté, par allusion à Daphné qui préféra être métamorphosée en laurier plutôt que de céder à Apollon. Voir *Ovide moralisé en prose*, BnF, fr. 137, f. 9 v° : « Et pour ce faint la fable qu'elle fut muée en laurier qui est tousjours verd qui signiffie la vertu de chasteté. » Ses qualités en font aussi une figure mariale par excellence (voir D. Hüe, *La Poésie palinodique à Rouen (1486-1550)*, Paris, Champion, 2002, p. 668).

6 Dans *La Consolation* de Boèce, c'est par son questionnement que Philosophie révèle la cause de l'engourdissement de la raison : « Or scay, dist elle, une autre cause trop grant de ta maladie, car tu ne scez qui tu es [...] » ; la glose ajoute « note cy que se homme congnoissoit bien comme il est digne creature, il ne feroit compte des biens temporelz, ne pour ses propres biens ne les tendroit. [...] » (*Le Livre de Boece de consolacion*, éd. citée, liv. I, chap. 6, p. 115). À propos du thème de la « Connaissance de soy », dans sa dimension à la fois spirituelle et morale, on verra G. Hasenohr, *Textes de dévotion et lectures spirituelles en langue romane (France, XIIe-XVIe siècles)*, Turnhout, Brepols, 2015, p. 49-53.

La Complaincte de la dame pasmée contre Fortune[n]

[3 r°]

Enluminure 2 : Raison réanime la dame pâmée[7]

Tantoust après que je fuz ung peu relevée[o] de mon soudain mal, parce que [3 v°] plus ne povois supporter sy griefve douleur sans parler, commençay à dire assés bas : ha, ha Fortune, que vous ay je faict pour me donner tant de vexaction par vostre mauldit et dampné filz, Malheur[8]. Serés vous jamaiz lassée[p] de me tormenter ? Cesserez vous point de me courir sus et de me donner matiere de briefve mort ? Ha Fortune, vous devoit il point souffire de visiter ma tandre jeunesse des verges de persecution mortelle, quant seulle[q] me faictes demourer sans pere et sans mere[r], en la region de doulleur pour plourer et regreter par fluantes larmes la mort de ceulx qui avoient bien puissance de m'eslever en honneur et opulente richesse[9s] ? Et si vous voulés dire que pour recompenser ce dommaige irecuperable, vous me feistes tantoust après avoir en mariage ung bon, vertueulx et [4 r°] notable personnaige et puissant, digne d'estre sur tous autres extimé, avec ung enfant de nostre sang, il est vray, Fortune, et pensoys lors que volusiés cesser de me persecuter et me monstrer vostre beau visaige. Mais ce fut pour myeulx sentir les esguillons de vostre rigueur, car soudaynnement m'avés, par Atropos[10], privée du pere et du filz dont la douleur me fut si grande que je m'esbahis comment ma sensualité l'a peu sy longuement supporter[11].

7 Enluminure 2 : Raison, sous l'apparence d'une dame avec des ailes roses et rouges, portant une robe blanche ombrée de rose et une couronne de laurier sur un chef blond, verse de l'eau sur le front de Katherine (en robe grise, aux manches doublées de vert, sur une cotte rouge), évanouie à ses pieds, devant le lit à courtines. Raison a la même apparence dans toutes les enluminures. À l'arrière-plan, à droite, apparaît dans l'encadrement d'une porte la dame [Jeanne de Graville ?] de la première miniature qui porte ici une robe grise. [Remarque : absente de l'autre ms. BnF.]

8 La personnification de Heur et Malheur est attendue dans une allégorie de Fortune ; chez Christine de Pizan, ils sont les frères de Fortune (*Mutacion*, I, v. 1755) et font tourner la roue, tandis que chez Jean Bouchet, ils sont ses fils (*Labirynth*, ouvr. cité, p. 35, v. 910-913).

9 Le développement autobiographique qui suit (jusqu'à « persecucion cruelle ») fait défaut dans le ms. NAF 19738.

10 L'une des trois Parques, celle qui coupe le fil de la vie et personnifie donc souvent la mort dans les textes littéraires. Voir aussi les *Continuelles meditations*, f. 74 r°.

11 Le rapprochement s'impose avec les plaintes de Christine de Pizan contre Fortune « perverse » qui l'a privée d'un mari qui « n'avoit per / En ce monde » (voir *Le Chemin de longue étude*, v. 61-124).

Vous avés plus faict, car après avoir sousteneu toutes ses pertes et que j'esperois par succession de temps et au moyen du gracieux traictement que m'a faict et s'esforce faire de jour en jour l'autre bon et loyal espoux que, par le conseil de mes parens et plus grans amy[s], j'ay pris, m'avés envoyé nouvelle [4 v°] adversité : c'est maladie qui tant m'a faict de rigoreux ennuys et maulx insupportables dont la fleur de mes ans est presque fannée et amortie, par l'ardeur de vehemente persecucion cruelle. Helas Fortune, lors que je devois prendre plaisir mondain et me resjouyr avecques les joyeux, vous m'aves renclose[t] en l'oscure prison de angoisse pour illec donner fin doloreuse à mes miserables jours. Pensés vous point, Fortune, combien m'est dur le souvenir de felicité mondayne de plusieurs[u] dames et princesses qui par vous sont eslevées non seullement aux honneurs de court mais à toutes[v] aultres plaisances, et que je voy et congnois que maladie[w] me contraint garder la chambre de amertume où mille regrectz que je foyz consument mon vigilant esperit ? Que diray je plus, [5 r°] Fortune, contre vous, fors que pour[x] mieulx me entretenir en mon malheur avez adjousté mal sur mal, douleur sur douleur, perte sur perte, par la mort de la pluspart de mes prochains parens[y] où estoit le comble de mon esperance, et mesmement de feu[12z] mons[r] George d'Amboise, mon oncle, lequel par son hault savoir et prudente conduite fut tant eslevé en l'Esglise et au royaume de France, car il estoit legat et, qui plus est, avoit l'entier gouvernement dudict royaume[13]. C'estoit celuy qui desiroit sur toute chose le peuple vivre en paix et estre doulcement traicté, sans pillerie. C'estoit l'escrin pectoral du roy[14] et le receptacle de ses secretz. Or avés vous celuy tollu à ceulx auqueulx tant proffitoit. Et encore pour plus avant me mectre ès las de Malheur, m'avez presentement envoyé nouvelles de la [5 v°] chose que plus

12 Le NAF 19738 apporte là une modification qui supprime toute référence à la famille d'Amboise. Voir variantes.

13 Georges Ier d'Amboise (1460-25 mai 1510) est premier conseiller de Louis XII de 1498 à 1510. Les contemporains ont souligné sa grande influence, la « parfaicte amour et fiance » que lui accordait le roi (Jean d'Auton, *Chronique de Louis XII*, éd. R. de Maulde La Clavière, t. 2, Paris, Renouard, 1889, p. 25). Sur le rôle effectif du cardinal, on lira C. Michon « Georges d'Amboise, principal conseiller de Louis XII », *Georges Ier d'Amboise 1460-1510. Une figure plurielle de la Renaissance*, éd. J. Dumont et L. Fagnart, Presses Universitaires de Rennes, 2013, p. 17-30.

14 L'écrin pectoral, chez les Hébreux, était porté par le Grand Prêtre. Riche parure, il contenait à l'origine l'*urim* et le *thummim* (à la lettre : les lumières et les perfections), par lesquels le Grand Prêtre pouvait connaître, dans certains cas, la volonté de Dieu.

je doubtoie, c'est la mort de mes bons freres, dont cardinal l'un estoit[15], tant plain de vertus et de science exquise, et l'autre estoit chevalier et grand maistre de France[16], gouverneur de Millan et lieutenant general ès guerres ytalienes, ligurienes et venicienes où il est au service du roy decedé, qui estoit le vray escu et support de nostre maison, le chief sans villenye, le noble sans orgueil, bonté sans valleur[17] et l'exellente fleur de prouesse, en qui estoit toute prudence, honneur et hardiesse, et le vray conducteur de toutes bonnes entreprises. Et pour faire ennuy, desconfort et desplaisir, non seullement à moy mais à cent mille autres, vous avés conspiré sa mort. Helas Fortune, pourquoy avés vous ung tel cas faict commectre ? Quel [6 r°] emolument en povez vous avoir ne quel proffit vous en puit advenir ? Rien n'y avés peu gaigner, fors toutes maledictions et anathematisacions de vostre nom et de vostre seigneurie. Car ceulx qui ont gousté la perte sans cesse mauldisent et anathematisent vous et voz reprochables œuvres, et, de ma partie, m'en suis assés souvent desgorgée et ay contre vous proferé gros motz de vengeance qui peu m'ont proffité, par quoy bien je congnois que à la fin suis de toutes mes miseres, car d'autre n'en pourrois je porter plus griefves, veu que reprins avés contre moy l'ancienne picque et que avés, par vostre dart mortel, privé de vie temporelle l'expectation et gloire principalle de la noble maison d'Amboyse. D'autre [6 v°] part, ses jours revolus, livré m'avés à mort piteuse une partie de mes bons et loyaulx serviteurs, desquelx avois plusieurs bons et agrables services. Que reste il plus, fors que de permectre l'excecucion, par Atropos, sur moy estre faicte ? Ha variante et falible Fortune, à tous humains si dure et importune, que vous ay je meffaict ? Que ay je mesdit ? Dictes moy le forfait que j'ay contre vous fait, soit par faict ou par dict. Et neantmoins avés, d'un cueur mauldict, tout mon espoir par dure mort deffaict. Helas Fortune, que m'avez vous faict pour donner fin à mes douloureux jours[aa] ? Au fort, je vous dire puis que ne voullés cesser de me persecuter d'aversitéz mondaynes,

---

15 Louis II d'Amboise (1477-3 mars 1511), évêque d'Autun et d'Albi, cardinal en 1506.

16 Charles d'Amboise, seigneur de Chaumont (1473-11 février 1511). Dans *La Penthaire de l'Esclave fortuné* (Paris, A. Lotrian et D. Janot, 1530, « Description de Fortune », sig. H vii), que le fils naturel de Charles, Michel, dédie à Catherine, sa tante et protectrice, on lit les mêmes plaintes contre Fortune qui a si cruellement frappé les plus brillants des Amboise. Sur l'importance de ce motif chez le poète, voir R. Cooper « Le thème de la fortune dans la poésie de Michel d'Amboise », *Il tema della fortuna nella letteratura francese e italiana del Rinascimento, studi in memoria di Enzo Giudici*, Florence, Leo S. Olschki, 1990, p. 107-122.

17 C'est-à-dire : sans s'en prévaloir ?

et que je suis par vous destinée. Je vous supplie vous contenter de ce qui est faict. Et si ne voullés y faire arrest, donnés le contri [7 r°] stable reconfort de privacion de vie. Ha fiere mort qui mors vifz, et mors et remors donne à ceulx qui n'ont point le mors de temperance[18] ! Vien[ab] sans tarder aucunnement tarder celle qui plus n'a esperance[19].

Raison[ac] reprend la[ad] dame dont elle pence
qu'il y aiet une fortune et luy montre
que Fortune n'est rien fors l'abus de ce mortel monde[20]

[7 v°]
Enluminure 3 : Raison admoneste la dame éplorée[21]

Lesdictes[ae] parolles et plusieurs aultres par moy prononcées, qui ne fut sans habondace de [8 r°] grosses larmes et grans souspirs, Raison considerant que couroux est une passion vehemante qui empesche la personne de regarder la verité, interrompit mon triste et douloureux propos en[af] disant :

– Mamye[ag], il semble à oyr vostre desconfort que le sens vous default et que voullés habandonner la cuite de vostre esperit à choses impertinentes et dangereuses[ah] doubtes. Voulés vous estre de l'oppinion des anciens ydolatres qui actribuent[ai] deité à Fortune et disoient que c'estoit une deesse[22]. Congnoissés vous point par evidens signes que toutes les

---

18 Ces jeux de langage fondés sur l'équivoque démarquent l'influence des rhétoriqueurs. Voir, par exemple, l'*Epitaphe de Guillot, dit Billon* par Jehan Trotier : « La mort qui mort d'ung dur et apre mors / Tous ces vivans a si apprement mors / Le bon Guillot qu'on surnommoit Billon / Quel l'a occis et mys cy au billon / Par my les mors [...] » (BnF, fr. 24315, f. 99 v°). Voir *Espiltres*, v. 639.

19 La mort est également une tentation dans l'œuvre de Michel d'Amboise où Raison intervient aussi au bon moment (*Penthaire*, sig. B. i v°).

20 À propos de ce discours, voir l'Introduction, p. 58-59.

21 Enluminure 3 : Sous un arbre fruitier dans un jardin clos, Raison, mains jointes, est assise sur un muret face à Katherine – mains disjointes, paumes face à face et doigts tournés vers le haut – qui tient les yeux baissés d'où jaillit un flot de larmes. Elle porte la même robe et les mêmes parures que dans l'enluminure 1, mais ses manches à bombarde sont doublées de fourrure blanche. À l'arrière, se dessine le relief bleuté de montagnes.

22 *La Mer des histoires*, Lyon, Jehan du Pré, 1491, vol. I, « Second aage », chap. XLII « De felicité et de fortune », f. ii : « [...] lesquelles les Romains tenoient comme deux differentes deesses [...]. » Dans *Le Livre de Boece de consolacion*, c'est la glose qui donne cette lecture : « Note cy que Philozophie appelle Fortune deesse, car les folz la croient et

miseres et calamités que supportent les hommes et femmes, et aussi leurs honneur et haultes[aj] seigneuries, procedent de la variation et immutabilité du monde, que Dieu a voulu ainsy estre pour nous donner à congnoistre [8 v°] qui[ak] n'y [a] sça bas aucune apparence de felicité, et[al] devons par bonnes et vertueuses operacions investiguer la mansion[am] de eternelle permanence du royaulme des cieulx où[an] n'y a douleur ne amertume aucune mais joye pardurable et infalible ? Vous faictes voz plaintes contre Fortune, disant qu'elle vous a donné maladie et privée de voz parens. Il semble à vous oyr parler que Dieu ne les eust mys au monde que pour l'amour de vous seulement, et que voullés reprendre les jugemens des choses dont ne congnoissés la cause. Notez ce que David a escript sur ce passaige quant il a dit que les jugemens de Dieu sont vrais et justifiéz en eulx mesmes[23]. Considerés que le monde est une petite pognée de terre au regard à la grandeur du ciel, où les humains entrent [9 r°] en plourant et y passent tant et de sy dangereux passaiges qui n'est possible les raconter. Et par ce de s'y arrester n'est assés prudentement fait, mais le fault traverser par bon voulloir soubz l'esperance d'avoir après brief labeur long repos[24]. Pensés vous que tous ceulx qui ont des adversités en ce monde soient malheureux et infortunés ? C'est ung abus de le croire. Car souvent les adversités sont de Dieu envoyés aux bons, ou bien pour les retirer ou preserver de peché, ou pour les faire plus meriter. Et si les pecheurs obstinés ont aucunnesfois des persecutions, c'est presumption de damnacion eternelle. Et touchant la prosperité de vous, il la fault prendre en bonne significacion, comme il est vraysemblable par les exemples de

---

adorent plus que Dieu [...]. » (éd. citée, liv. II, chap. 1, p. 120). On verra aussi Jean Bouchet, *Le Labirynth de Fortune*, 1re partie, v. 2374-2383 : « Et de tenir fortune estre deesse / C'est ung erreur procedant de simplesse / Car impossible est veoir en deité / Telle laidure et grant difformité / Ne qu'on appelle une deesse folle / Luy reprochant que chascun elle affolle / Mais croy pour vray voyre par grans moiens / Que tel erreur procede des payens. »

23 Psaumes, 19[10]. Voir Jean Thenaud, *Le Triumphe des vertuz. Second traité, Le Triumphe de Force*, éd. T. J. Schuurs-Janssen, Genève, Droz, 2002, p. 17 : « [...] Fortune (selon sainct Augustin en son livre des Retractations) n'est riens. Pource les Sainctes Escriptures n'ont voulu user de son nom ny les sainctz en leurs adversitez comme Job et David n'ont accusé Fortune, ains refferent toutes choses a la Providence divine. »

24 On trouve ici le vocabulaire et le thème du pèlerinage de vie humaine, largement répandu par la littérature de dévotion. On verra notamment le *Voyage espirituel* de Gabrielle de Bourbon, où l'Ame traverse les périls du monde, guidée par Bon vouloir, Esperance et Force, avant de parvenir à la cité de Bon repos (*Œuvres spirituelles*, éd. E. Berriot-Salvadore, Paris, Champion, 1999, p. 139-198).

Abraham, Ysaac, Jacob, David, [9 v°] Job et plusieurs autres[25]. Mais au regard de la prosperité des maulvais, c'est evident signe de remuneracion temporelle et privation du souverain bien. Et quelque chouse qu'on en die, c'est par presumption et non par certitude, car la congnoissance en appartient seullement à Dieu de ceulx qui sont bons ou maulvais, actendu, comme dit le saige, que les humains ne congnoissent s'il sont dignes de[ao] l'amour ou hayne divine[26]. Et[ap] parce, mamye, ne vous reste que deux choses : la premiere c'est congnoistre la misere de ce monde, et la seconde avoir pascience[27].

De[aq] la misere de ce monde

[10 r°]
Enluminure 4 : Le Monde qui tourne à tous vents[28]

Quant à la misere de ce monde, je ditz qu'il est miserable en quatre choses. Pre[10 v°]mierement, y varie et tourne à tous vens[29], comme il appert dès le commencement[ar]. Car incontinent après la creation de Adam et de Eve, soudain les plus nobles et excellentes creatures qui jaimès furent en ce monde creés et faictes furent, par leur peché, maculées, honnys et infectes et du paradis de delices chasséez et bannys[30],

---

25 C'est-à-dire comme exemples de patience.

26 Ecclésiaste (Qohéleth), 9^{1-2}.

27 La question de la justice divine qui donne parfois prospérité aux méchants et adversités aux bons occupe aussi une grande place dans la 1re partie du *Labirynth de Fortune* de Jean Bouchet ; « Doctrine veritable » expose ses arguments mais rappelle que « le tout est on secret de Dieu cloz / Car d'en juger ne partient à personne / Des jugemens divins sommes forcloz / Il ne faut point que homme ou ange en mot sonne / Fors que souvent le cas on arraisonne / Par conjecture [...]. » (Éd. citée, p. 132, v. 4586-4591.)

28 Enluminure 4 : Un homme barbu, portant un feutre jaune à plumes, et vêtu d'un surcot rouge, sur une chemise verte, des chausses jaunes dont la jambe droite est rayée de gris, tout comme la braguette, et des chaussures en patte d'ours, est en équilibre instable (sa jambe gauche relevée) sur un globe surmonté d'une croix qui flotte sur la mer, où l'on aperçoit un phare et quelques navires. Une voile, gonflée par le vent, est accrochée à sa taille et retenue par ses deux bras levés.

29 Cette image est topique. *Cf.* Christine de Pizan, *Le Chemin de longue étude*, éd. A. Tarnowski, Paris, Le Livre de Poche, « Lettres gothiques », 2000, p. 106 : « Il me va venir au devant / Comment ce monde n'est que vent : / Pou durable, plain de tristour, / Ou n'a seürté ne bon tour, / Ou les plus grans ne sont asseur / De fortunë et de meseur [...]. »

30 Leçon rejetée : *bennys.*

et submis[as] toute leur posterité à payne, travail et labeur. Et que dirés vous de la generalle submercion de tous les humains, fors de Noé et ses enfans[31] ? Que dirés vous aussi de Nembroth, lequel commença, après le deluge, à regner et prandre seigneurie sur le peuple ? Ha, peu luy dura ! Car luy voulant ediffier la tour de Babel, cuidant par presumption obvier à la divine puissance, tumba en grant confusion et demoura [11 r°] sans avoir subgectz[32]. Car[at] diversité des langaiges que Dieu leur envoya, en faisant ladicte tour, les feist separer les ungs des autres, et faire ducz et seigneurs chacun en leur langue. Que dirés vous de la petite durée de la monarchie des Assiriens qui soudain alla jusques aux Perses et Medes, et puis, après avoir illec ung peu sejourné, se transporta aux Grectz et des Grecz ès Romains dont le regne est failli[33] ? Que dirés vous de la variable mutacion de tant de empereurs, roys, dictateurs, senateurs et consulles, lesquelz estoient soudain en honneur eslevés et, par ung seul deffault, incontinent remis à miserable povreté ? Parleray je de Jule Cesar qui fut, par ses consulles, en plain senat villainnement traicté[34] ? Diray je rien des Catons, des Scipions et des Fabiens qui tant [11 v°] acquirent de gloire entre[au] les Romains, dont la fin fut assés piteuse ? Et si voulés plus largement[av] veoir de la malheurté des hommes, regardés Bocace en son livre parlant des nobles malheureux[35]. Secondement, je dy que le monde ne produit que nuysance. Premierement en folz regars qui engendrent plusieurs dampnables voluntés, car on dit communement que l'œul est le macquerau[aw] du cueur inpudicque[36] et administre à l'entendement diversité de grandes et maulvaises entreprises qui tormentent nuyt et jour ceulx qui s'en chargent. Le monde ne se deduit fors à toutes folles plaisances et à gloire muable et falible. Car on voit les ungs poursuir avecques grans travaulx la delectacion de la chair par fol[ax]

31 Voir *Prudens*, f. 15 r°.

32 Voir *Prudens*, f. 27 v°.

33 Ces exemples historiques sont amplement développés dans la *Complainte de Fortune* de Georges Chastellain qui évoque successivement « Nynive », « Babylone », « Troye », « Thèbes », « Lacédémone », « Argènes », « Cartage », puis « Rome » (*Œuvres*, éd. Kervin de Lettenhove, Bruxelles, V. Devaux, 1866, t. 8, p. 327-328) ; ils seront aussi exploités par Jean Bouchet (ouvr. cité, 1re partie, p. 133, v. 4606-4635, et notes, p. 315).

34 Voir *Lucan, Suetone et Saluste en françoys*, Paris, A. Verard, 1500, « Comment les senateurs occirent Cesar », f. ccxvii r°-v °.

35 Une des sources du *Livre des prudens*.

36 Selon saint Augustin, *Impudicus oculus, impudici cordis est nuntius* (Ep. 211 –109– n. 10 et Règle, 6).

[12 r°] amours qui sont playnes de toutes douleurs. Et sy plaisir quelque foys on y prant, c'est bien à tard et sy est de petite durée. Les autres vont et viennent par terre et par mer, par froit et par chault, par vent, par pluye, par neige, gresle, gelée, par boys, bocaiges et dangereux chemins, pour acquerir richesses terriennes qui sont transitoires et peu durables, en quoy faisant endurent cent mille ennuys. Tiercement, le monde est villain et detestable, et le povez congnoistre en la nativité des creatures qui naissent en la matricule de leurs meres plaine de sang menstrueux[37], et sont leurs[ay] corps subgectz à plusieurs povretés et necessitéz que chacum congnoist. Contemplés à combien de maladies sont les corps humains subgectz, et comme [12 v°] ilz sont passionnés ; je vous en diroys les experiences mais assés les congnoissés[38]. Quartement[az], le monde est de petit plaisir à qui bien le contemple. Car les communs hommes ne vivent que jusques à soixante ans, et les fors et bien complexionnés jusques à quatre vingtz[ba][39], dont il fault oster la tierce partie pour le dormir, et par ce ne[bb] reste que cinquante et cinq, dont il en fault oster quinze, car ung jeune enfant ne scet que c'est du monde[bc] jusques audict aage et est tousjours en subgection de maistre, de pere ou de mere. Et ainsi ne reste que quarente[bd], sur quoy fault compter les procès, guerres, discords[be], soucis, ennuys, merencolis[bf], adversités, maladies, inconveniens[bg] nouveaux et aultres malheuretés qu'ont les humains, et vous verrés que le plus vivant en ce monde n'y sçauroit prendre dix [13 r°] ans entiers de plaisir, qui est peu de chouse. Contemplés davantaige que les empereurs, roys et autres princes, ne[bh] sont pas exemptés, car jour et nuyt ont des penséez en leurs entendemens pour eulx venger de leur ennemys ou pour acquerir royaulmes et seigneuries[bi], qui ne se peult faire sans grant travail et payne. Commencés aux premiers roys des Assiriens, Perses et Medes et continués en passent pa[r] les Gretz et Troyens, en descendant jusques aux Roumains, et sur ce regardés[bj] histoires anticques et modernes, et vous ne trouverés empereur ne

37 Ce réalisme anatomique n'est pas rare. *Cf.* Jean de Castel, *Le Mirouer des pecheurs et pecherresses* [Jean de Castel], s.l.n.d. [1505-1507], sig. c i r° : « Et en ce ventre où tant vil habitoys / Ante ortum : d'une orde peau qu'on nomme / Secundina : enveloppé estoyez [...]. »

38 Le sermon de Raison développe les thèmes obligés de la *miseria humanae conditionis*, inlassablement repris dans les traités moraux et les sermons du Moyen Âge. *Cf. Le Miroir d'humilité*, BnF, ms. fr. 739, f. 26 « Cy commence la premiere partie de ce present livre. Et parle premierement en general de la condition et vilté de nature humaine. »

39 Psaumes, 90[10].

roy qui durant son regne n'ait eu quelque assault de guerre ou qu'il n'ait assailli. Pensés oultre que les princes ont esté et sont subgectz à malladies et adversités, voire plus grandes que les autres moindres que eulx, car tant plus [13 v°] que une chose est delicate ou noble et[bk] plus aigrement sent l'aguillon de quelque adversité. Sy vous voullés parler des chevaliers et gendarmes, pensés au grant labeur qu'ilz souffrent, yver et esté, à la poursuite de leur[bl] conquestes et combien ilz passent de malles nuys le harnoy sur le doz et bien souvent sans avoir beu ne mengé le jour, par faulte d'en trouver. Regardez davantaige l'estat des gens de justice, comme chanceliers, presidens[bm], conseillers, advocas, procureurs, et aussi celuy des autres officiers, combien ilz ont de payne, à eulx danner aucunnesfoys. Sy vous parlés des marchans, vous savés et congnoissés l'adventure maulvaise qu'ilz treuvent souvent par mer et par terre, tant[bn] à la perte de leurs biens que de leurs personnes. [14 r°] Il[bo] nous fault point ramener à memoire la dure et griefve payne des povres laboureurs et gens mecanicques qui, nuyt et jour, travaillent pour gaigner leurs vies. Vous savés et entendés l'ennuy d'aucunes femmes marié[e]s[bp], qui aucunnesfois mal sont traicté[e]s, et les veufves qui tant ont de grans[bq] et urgens affaires. Sy vous gouctés l'estat de l'esglise generallement, tant des seculiers que[br] reguliers, vous y trouverés grande imperfection[40]. Savoir est ès seculiers ambicion et couvoitise de prelatures, dignités et autres benefices, et ès reguliers envye, murmure et inobedience, lesquelles choses teurmentent non seullement le corps mais l'esperit[41]. Et generallement vous voyés toutes les personnes du monde, grans et petis, subgectes [14 v°] à malladies de fievre, de peste, de pluresiz, de caterres[bs], apoplecies, et plusieurs autres griefves et dures maladies, et finablement au pas de la mort qui est moult dangereux. Et porce ne vous ebayssés mais vous confortés en voz afflictions[bt] et pertes en considerant que vous n'estes seulle et que, sans remede, fault passer par ces destroictz.

---

40 La littérature morale a donné large place aux « états du monde » (voir, par exemple, *Le gouvernement des Trois Estatz du Temps qui court*, *Le Monde qui est crucifié* dans *Recueil de poésies françoises des* XV*e et* XVI*e siècles*, éd. A. de Montaiglon, t. 13, Paris, P. Daffis, 1877), mais, le plus souvent dans une veine satirique ou politique tout autre.

41 De Henri Suso (*L'Orloge de sapience*, Paris, A. Verard, 1493, sig d ii v° : « Avarice et convoitise maintenant regnent en religion. ») à Jean Bouchet (*La Déploration de l'Église militante*, éd. J. Britnell, Genève, Droz, 1991), cette critique des abus de l'Église est récurrente.

[15 r°]

Description[bu] de Tristesse bonne et mauvaise[42]

Enluminure 5 : La rencontre de mauvaise Tristesse[43]

Après que Raison eust mys fin à ses parolles, se trouva soudain devant [15 v°] elle une vieille, mesgre, seche et toute desfigurée, qui[bv] estoit vestue de noir, et tenoit en l'eune de ses mains ung glaive, en l'autre du venyn, et autour de son corps des cordes comme ung bourreau, et[bw] si estoit sa robe toute semée de larmes, laquelle commença parler à moy en disant[bx] :

– De quoy vous sert tout ce sot propos où vous a si longuement tenu ceste bigote ? Vous voyés et congnoissés que, quelque chose qu'elle vous aye dict, n'avés allegement[by] en vostre mal. Pensés vous que pour considerer la misere du[bz] monde le mal en passe et[ca] le desplaisir cesse ? Vous voyés par experience que non. Et à ce propos a escrit Salomon que quant il eust veu les calumpnyeux effectz du monde, il prisa plus les mors que les vifz[44]. À ceste cause, le meil[16 r°]leur est de mectre fin, par mort, à ses malheureux jours, ainsy que ont faict plusieurs grans personnaiges, comme H[a]nybal de Cartaige, le redoutable patron de chevallerie, Pompée le contre arrest de la puissance de Julle Cesar, Saul roy d'Israel[45], Dido roynne de Cartaige pour le regret qu'elle eust d'avoir perdu Enée, Philix pour l'esperance qu'elle perdit de plus[cb] ne revoir son bien aymé Demophon, Pirasmus pour Thibée pareillement[46], Lucresse

42 *Cf.* Robert Ciboule, *Le Livre de meditation sur soy mesme*, Paris, S. Vostre, 1510, f. XX v° : « Sainct Pol monstre bien qu'il y a double tristesse, l'une bonne, l'autre maulvaise. *Que enim secundum deum tristicia est penitentiam in salutem stabilem operatur : seculi autem tristicia mortem operatur.* La tristesse qui est selon Dieu elle faict faire penitence et satisfaction du peché et est quant on a desplaisance de l'offence de Dieu. Mais la tristesse du siecle elle donne la mort [...]. »

43 Enluminure 5 : À l'orée d'un bois, Raison, mains levées l'une vers l'autre, s'interpose entre Katherine (en robe noire rehaussée d'or, doublée de bleu, sur une cotte rouge), mains croisées sur sa poitrine, et Tristesse mauvaise, une vieille femme aux cheveux hirsutes et aux yeux hagards, en robe noire laissant apparaître des manches et des chausses oranges, tenant une fiole de la main droite, un glaive dressé de la gauche, et portant des cordes suspendues à son cou.

44 Ecclésiaste (Qohéleth), 4^{2-3}.

45 I Samuel, 31^{4}. *Cf. Prudens*, f. 48 r°.

46 Didon (Ovide, *Héroïdes*, ép. 7). Phyllis, fille du roi de Thrace, abandonnée par Démophon, se donne la mort (Ovide, *Héroïdes*, ép. 2). Voir Octovien de Saint-Gelais, *Le Séjour d'honneur*, éd. F. Duval, Genève, Droz, 2002, liv. II, chap. 31, v. 73-80, p. 218. Pour Pyrame et

pour la perte de son honneur[47], et plusieur autres, et mesmement les Romains lesqueulx anciennement souloient pourter du venin en ung aneau pour après leur desconfiture donner malheureuse fin à leur ambicieuse vie sans tumber vifz entre les mains de leurs ennemys, comme vous pourriés veoyr par leurs epita[16 v°]phes si voullés venir avecques moy en la forest de Despoir[48].

Ce vil et hideux personnaige me feist si grant paour que soudaynement me retiray à Raison qui me dist :

– Mamye, n'approchés de ce hideux monstre et encore moyns croyés son dangereux conseil, car c'est Tristesse qui est fille de Ire[cc] et d'Envie, seur de Doulleur et mere de Desespoir, qui ne tache fors à perdre ung povre pascient. Affin que myeulx la congnoissés, vous devés entendre qu'il y a deux tristesses, l'une bonne et l'autre mauvaise. La mauvaise, qui[cd] [est] ceste cy que vous voyés, est celle qui par impascience faict murmurer contre Dieu ceulx qui ont maladies[ce] ou perdes de biens et d'amys, ou autres adversités mondaines, ou par ire soy courrocer quant on touche de honneur[cf] de la personne[49]. Et est bien difficille de resister

---

Thisbé (Ovide, *Métamorphoses*, liv. 4) voir aussi *Le Séjour d'honneur*, v. 67-72, p. 218 et v. 49-56, p. 217. Ces personnages sont également évoqués dans les *Continuelles meditations*, f. 14 r°-v°.

47 *Cf. Prudens*, f. 90 v°.

48 Le *Livre de l'Espérance* d'Alain Chartier s'ouvre avec une semblable vision : alors que l'« Acteur » est plongé dans une « dolente et triste pensee », vient vers lui « une vielle toute desaroyée et comme non chalant de son habit, maigre, seiche et flaitrie » qui s'appelle Melencolie et entraîne une autre apparition, celle de Desesperance (« eschevellee, et sa robe pourfendue sur le pis, ses yeulx presque mortiffiez et enfoncez en sa teste, la couleur destainte, ung suaire sur son bras, la chevestre au col, et le coustel au poing. »), incitant l'Acteur à quitter la vie, en donnant les exemples les plus fameux de l'Antiquité : Caton, Mithridate, Hannibal, Néron, Lucrèce, Didon, Sophonisbe. Toutefois, c'est Hannibal qui détient cet anneau avec du venin « pour remede final ». (Éd. F. Rouy, Paris, Champion, 1989, p. 3-4, 6 et p. 17-19). Dans ses *Espiltres*, Catherine d'Amboise évoque la tentation du suicide pour celui qui perdrait espoir en la miséricorde divine (v. 146-150). Voir aussi les *Continuelles meditations*, f. 29 r°.

49 Ces distinctions sont largement commentées par les traités sur les *Vices et vertus*. Voir BnF, ms. fr. 572, f. 84 r° « De tristesse » : « Tristesse est contraire de leesse, selon ce que dit Macrobus. Et est de trois manieres. La premiere si est quant la personne se donne plus de douleur d'une chose qu'il ne doit et ce puet estre apellé proprement tristesse. La seconde si est quant la personne ne fait ne ne dit ne ne pense chose qui soit ferme ains est demouré comme ung corps mort et povre et chiet en oysiveté qui est grand vice. Et la tierce si est quant pour aucunes ymaginacions la personne se donne trop grant doulour et pensement, en ceste maniere est melencolie et tristesse de laquelle descent desesperance qui est le plus grant vice qui soit celon ce que dist est. »

à son [17 r°] promier mouvement, toutesfoys la fault chasser car elle occist plusieurs personnes. Touchant la bonne tristesse, qui est bien à louer, elle faict avoir pitié et compassion de la misere de aultruy. Elle faict avoir desplaisance de ces pechés et contempner ce miserable monde en desirant paradis. Quant ceste tristesse viendra vers vous, la devés embrasser et souverainement aymer, voire la sercher et procurer, car sans elle le pecheur ne peult parvenir à l'eternelle beatitude.

[17 v°]

Des[cg] louenges de Pacience

Enluminure 6 : Raison explique qui est Patience[50]

Je[ch] fus bien joyeuse quant j'euz ouy parler de Pacience, et commençay à dire :

– Raison, vous [18 r°] m'avés dit que pour dechasser ceste maulvaise, laide et detestable Tristesse, il fault avoir pacience, qui est la chose que plus je desire. Dictes moy, si vous plaist, qui est ceste Pacience, dont elle est, où la pourray trover, ne quel proffit elle faict ?

– Mamye, dit Raison, Pacience est celle par laquelle on endure tous maulx sans perturbacion de tristesse, et est venue et descendue de paradis avecques Jesus Crist qui nous[ci] l'a laissée[51]. Et est ladicte dame tresbien condicionnée, car premierement elle baille aux humains les inexpunables armures contre les adversités de ce monde[52], ouquel, comme j'é dict, il

50 Enluminure 6 : Dans une salle dont l'architecture est comparable à celle des enluminures 1 et 2, Raison, mains tendues, pouce et index de la main gauche repliés en anneau, s'entretient avec Katherine (vêtue comme dans l'enluminure 2), qui a la tête penchée et les mains croisées sur la poitrine.

51 Voir les *Espiltres*, v. 605-606. La vertu de patience est louée non seulement dans les traités de dévotion, mais également dans les traités d'éducation plus particulièrement adressés aux femmes. Voir, Christine de Pizan, *Heures de contemplacion sur la Passion de Nostre Seigneur Jhesucrist*, éd. L. Dulac, R. Stuip et E. J. Richards, Paris, Champion, 2017, p. 3 et p. 75, note 4 ; *Le livre des trois vertus*, éd. C. C. Willard et E. Hicks, Paris, Champion, 1989, p. 30. C'est Patience qui accueille l'Ame dévote, dans la 4e journée du *Voyage* de Gabrielle Bourbon, où les pèlerins ont affronté Faulx Rapport, le serviteur du prince du monde (ouv. cit., p. 183).

52 Ces métaphores militaires, dont la Bible donne exemple (Éphésiens, 6^{11}), sont répandues par les commentateurs de Boèce : « Et notez que par les armes Boece entend les sciences des philosophes ou les vertus de sapience et principalement patience ou ce sont les armeures desqueles on parle ou dernier livre d'Anticlaudian desqueles l'omme beat a

y a[53] cent nombre de miseres. Car après les choses prosperes, succedent[cj] les adverses, jeunesse est rompue et brisée par vieillesse, force est abatue par maladie, richesse est mise en [18 v°] fuyte par pauvreté, gloire et magnificence sont persecutés par l'impetueux mouvement des adversaires, toutes joyes sont mixtionnés de douleur, et brief n'est homme qui sceust dire qu'il ait eu deux heures en bon et seur repos en cestuy monde. Contre lesquelles batailles ou discencions, Pascience baille les armures, savoir est l'escu de bonne volunté contre le fol appetit de vengeance, les gantelles contre violence, la cuyrace contre ferocité, le heaulme contre rebellion et le harnois de[ck] jambes contre murmure. Senecque dict, en son livre, que Cesar Auguste feust de merveilleuse pascience, car jamaiz ne se conturboit par injures et folles parolles mais pardonnoit à ceulx qui l'injuroient, en leur conseillant qu'ilz usassent plus moderement de leur langue, il pardonnoit à ses [19 r°] ennemys et joyeusement recevoit ses persecuteurs quant ilz se vouloient à luy retourner. Au moyen de quoy, se complaignoit Senecque en disant : pourquoy ne puis je faire, en ma maison, ce que faisoit Auguste en cestuy monde dont il estoit monarche ; il pardonnoit à ses ennemys et je ne puis pardonner à mes serviteurs qui sont negligens et paresseux[54]. Secondement, Pascience recule son ennemy fortement, pour laquelle chose acomplir fault avoir deux choses, savoir est, force et temperance. Quant à force, Pascience la baille la[cl] plus grant qu'on pourroit avoir, car celuy est en seureté qui se possede luy mesme et ne peult estre esmu des passions exteriores, ce que faict ung vray pascient qui ne craint les paynes transitoires de ce monde pour avoir joye eternelle. Quant à Prudence[cm], le gen[19 v°]darme prudent suit tousjours son enseigne, sans soy divertir ailleurs son enseigne[55]. De Pascience, sont les cinq plaies de nostre Saulveur Jesus Crist qui a tant de maulx[cn] enduré pasciemment pour les humains en l'abre de la croix, auquel on peult avoir pascience. Tiercement, faict triumpher sur ses ennemys, car par Pascience porter une injure ou aultre opprobre, on vainct son ennemy. Et quartement, elle donne la couronne de perfection. Vous m'avés oultre demandé où se tient Pascience, sachés qu'elle faict[co]

esté armé [...]. » (*Le Livre de Boece de consolation de philosophie*, Bruges, C. Mansion, 1477 – commentaires de Regnier de Saint-Trond, 1381 – liv. I, chap. 2, f. 28.)

53 Leçon rejetée : *il iy*.

54 *De Ira*, III, XXIV, 1-2.

55 *Cf. Prudens*, f. 58 v°-59 r° : Patience est sœur de Prudence.

demourance au parc d'Amour divine[56], soubz[cp] l'abre de la croix auquel fault aller par[cq] le chemin de Bon Vouloir[57], là où trouverés neuf repues[58] esquelles vous serés adroisséz.

[20 r°]

Du[cr] chemyn pour aller à Pascience et de sa demourance

Enluminure 7 : Raison et Katherine sur le chemin de Patience[59]

Je fus joyeuse de oyr tant de biens dire de Pascience, et me augmenta le courai[20 v°]ge de me retirer vers elle. Parquoy, priay Raison de me mectre ou chemyn, et conduire au lieu où elle se tenoit, à quoy elle s'acorda. Et atant entrasmes en ung chemyn fort estroit[60], plain de pierres et chailloux assés rigoreux, toutesfois, par les costéz, le chemyn estoit bien plaisant car il estoit bien tendu de belle verdure. Et[cs] cheminasmes tant que nous arrivasmes à la premiere repue où nous fusmes[ct] tresbien traictés. Et ainsy qu'on aprestoit le diner, arriva une noble dame de haulte et grande renommée[61], que bien cognoissoye car elle estoit de ceulx que plus aymoys[62], et, si toust qu'elle me vit, les larmes luy tumberent des yeulx en si grant habondance que plus ne povoit. Je ne la voulu sur ce interroguer, car bien je savois la cause de sa douleur.

---

56 À propos de cette allégorie, voir I. Fabre, *Les Vergers de l'âme. L'allégorie du jardin spirituel à la fin du Moyen Âge*, Paris, Champion, 2019.

57 Dans le *Voyage espirituel* de Gabrielle de Bourbon, Bon Vouloir est le personnage à l'origine de l'entreprise ; il accompagne, avec Force et Esperance, l'Ame devote dans les sept étapes qui conduisent au port de Salut (*Œuvres spirituelles*, ouvr. cité, p. 142).

58 Comme le nombre 7 (dominant dans les *Continuelles meditations*), le 9 a une valeur sacrée (3 fois le 3 trinitaire) : il y a neuf ordres angéliques (*cf. Prudens*, f. 18 v° et *Espiltres*, v. 189), le Christ apparaît neuf fois à ses disciples après sa résurrection. Voir V. Foster Hopper, *La Symbolique médiévale des nombres*, Paris, Gérard Monfort, 1995, p. 77.

59 Enluminure 7 : En chemin, Raison penchée vers Katherine (la main gauche ouverte et tendue ; la droite saisissant le pan de sa robe dorée doublée de noir, sur une cotte grise) désigne de l'index droit, au loin, une maisonnette de campagne devant laquelle est assise une dame, mains jointes, vêtue d'un mantel bleu couvrant sa guimpe à barbette, et d'une robe grise.

60 La métaphore du chemin étroit (Matthieu, 7[14]) est commune à tous les voyages spirituels. Ici, cependant, les bords du chemin sont verdoyants, sans doute parce qu'ils représentent l'espérance.

61 L'identité de cette dame reste mystérieuse. Toutefois, on peut supposer qu'il s'agit de la belle-sœur de Catherine d'Amboise, Jeanne de Graville (voir l'Introduction, p. 37-38).

62 Leçon rejetée : *yamoys*.

Toutesfoys, [21 r°] commença à renouveller toutes ses plaintes devant Raison qui la reconforta comme elle avoit fait moy. Aussi l'hostellerie[cu] dudict logis plusieurs belles exemples luy recita, laquelle disner nous feit ensemble. Et après disner, entreprist ladicte dame faire[cv] le chemyn avec Raison[cw] et pour trouver Pascience. Mais[cx] avent que partir de ladicte hostellerie, nous dit qu'elle estoit illec de Dieu commise pour enseigner le chemyn de Pascience, laquelle on treuve en pensant et en redigeant à memoire que Jesus Crist[cy], la secunde personne de la Trinité, pour rachepter nature[63] humayne de eternelle dampnacion, a prins naturel corps[64], subgect à chault, froit et autres paynes naturelles, et[cz] après avoir eu enseigné la loy divine, guerissoit [21 v°] lepreux, boiteux, paralitiques, aveugles et autres maladies[da][65], ressuscitoit mors[66] et faisoit[db] plusieurs autres miracles. Ceulx qui[dc] avoit sy cherement aymèz l'ont par envie faict prendre, lier comme ung larron, batu, frapé, collaphizé, decraché, democqué, flagellé, couronné d'espines et ataché mains et piedz, à groz clouz, en[dd] une grande et haulte croix où finablement il a prins mort. Il n'y a cueur si dur qui en son adversité ne se conforte, en recogitant qu'il a[de] toutes ses douleurs endurées pour nous[67]. Tant fut par nous trois cheminé que, vers la nuyt, arrivasmes au logis de Saincte Escripture, et nous recueillit humaynement et, après avoir sceu la cause de nostre voyage, toute la nuyt nous raconta plusieurs histoires dez gens vertueuses du temps passé qui, par [22 r°] Pascience, sont à present au ciel remunerés, et mesmement de Job, Thobie et autres plusieurs[68]. Le

63 Leçon rejetée : *natuture.*

64 Leçon rejetée : *corops.*

65 Luc, 17^{11-19} ; Ésaïe, 35^{5-}6 ; Matthieu, 9^{2-}7 ; Matthieu, 9^{27-30} ; et, par ex., Marc, 7^{32-37} ; Luc, 4^{38-40}.

66 Matthieu, 9^{18-25} ; Luc, 7^{12-15} ; Jean, 11^{11-44}.

67 *Cf. Espiltres*, v. 95-100.

68 *Cf. Le Livre de Boece de consolacion*, liv. IV, chap. 6, p. 229, Glose : « Note cy que pour cinq manieres de causes viennent aux gens tribulations temporelles et corporelles en ce monde : l'une pour acroistre les merites des personnes par leur bonne pacience, comme il advint de Job et de Thobie ; la seconde pour garder la grace des vertus acquises, comme il est escript de saint Pol que, pour ce qu'il ne se donnast vaine gloire, il souffri les tentacions de la chair ; la tierce pour congnoistre et corriger les pechiez comme il advint de Marie, la suer Aaron, qui fut punye de mesellerie ; la quarte pour manifester la gloire de Dieu, comme fut de celui qui, selon l'envangile fut nez aveugle et que Jhesum Crist enlumina, et aussi du ladre mort qu'il ressuscita ; la quinte cause si est pour haster et avancer la paine de la dampnacion perpetuelle des mauvais, comme il fu d'Anthiocus et de Herode qui commancerent a voir et souffrir leur enfer en ce monde. »

lendemain, bien matin, partismes dudict logis et tant errasmes par païs que nous arrivasmes à une petite maisonnete en laquelle estoit une femme assés palle et maigre où nous prismes refection, et estoit appellée Souvenance de ses pechés qui nous dict que, pour tenir le chemin de Pascience, failloit se mectre en la voye et sentier d'aversité où souvent Dieu mect la personne pour le peché faire recongnoistre. Et ledict jour au soir, arrivasmes au logis de Congnoissance de la Divine Misericorde qui nous dict que failloit pencer, pour avoir pascience, que Dieu ayme la creature comme faict le bon pere ses enfans[69], et que souvent envoye des adversités aux humains pour les corriger de leurs vices et les[df] fai[22 v°]re amender de leur dampnable vie et aussy pour les faire[dg] meriter. L'autre repue que nous trouvasmes, et la cinquiesme, estoit chez Consideracion des abuseurs de humayne felicité qui nous[dh] dict que le signe presumptif de dampnacion est à ung pecheur de prosperer en ce monde sans adversité comme fit le maulvais riche[70]. La sixiesme estoit en l'hostel de Consideracion de ce que prosperité conduit les gens à ignorance qui nous advertit que prosperité mondaine aveugle les gens et les faict prevaricquer et Dieu offencer, et parce qu'on ne doit craindre de perdre les biens terriens, et quant perte y advient qui la fault porter pasciaumment, considerant qu'ilz pourroient estre cause de offencer le Createur[71]. La septiesme[di] repue fut en la maison de Consideracion de briev durée de ce monde [23 r°] qui nous aprint que mieulx valloit endurer pour l'honneur de Dieu vingt, trente, quarante ou soixante ans en ce monde que estre condampné à paine infernalle perdurablement. La huitiesme repue fut au petit tugurion de Consideracion de la petite perte qui nous remonstra que, pour avoir pascience, failloit considerer que pour adversité mondayne on ne peult perdre que les biens du corps, c'est assavoir richesse et santé qui sont de petite durée. Et la neufiesme et derreniere repue fut en ung beau et grant chasteau où se tenoit Consideracion de la divine Providence laquelle nous dit que l'homme ou

69 *Topos* biblique : par ex. Psaumes, 94^{12}, Proverbes, 3^{11-12} et 13^{24}, Hébreux, 12^{6}.

70 Luc, 16^{19-31}.

71 *Le Livre de Boece de consolacion*, p. 228 : « *Cy demonstre Philozophie pourquoy Dieu souffre que mal advient aucune foiz aux bons.* Autres foiz Dieu depart a aucuns mesleement selon la condicion des cuers ; et les autres il point aucune foiz pour ce qu'ilz ne s'en orgueillissent, se beneurté leur duroit longuement, et aux autres il envoye autres tribulacons pour ce que leurs vertus soient confermées par l'usage de pacience et par l'acoustumement des tribulacions. »

femme qui a quelque adversité doit pencer qu'elle est congnuee à Dieu et que ne luy est advenu par cas fortuit mais que Dieu est son pere et par ce son piteux proviseur qui ne promect[dj] [23 v°] rien estre faict en sa creature que ne congnoisse estre à son salut, car le bon pere, quant il chastie son filz, il scet combien il frappe fort et le discipline selon le delict qu'il a commis, et aussi faict Dieu à ses enfans[dk] par immitation[72].

[24 r°]

Icy[dl] s'en va la dame au parc d'Amour divine
avec sa noble compaignie

Enluminure 8 : Le parc d'Amour divine[73]

Après que nous eusmes disné oudict chasteau et que la dame d'icelui nous [24 v°] eut faict les remonstrances dessusdictes, elle print par la main la dame que j'avoys trouvée et moy semblablement. Et en parlant et divisant du fruit et proffit que faisoit Pacience tant ès pecheurs que ès justes, nous conduisit près dudict grant parc d'Amour divine, recloz des murailles de charité qui estoient toutes de fin or et garnies de pierres precieuses. Le portal avoit esté de congnoissance de soy mesmes[74], et la portiere estoit appellée Cognoissance de Dieu laquelle nous laissa entrer dedans. Or en icelluy estoient plusieurs beaulx arbres

72 Catherine répond à une question souvent posée dans la littérature de dévotion. *Cf.* Henri Suso, *L'Orloge de sapience*, éd. citée, sig. i 8 v° : « O comme tu te monstres misericors quant tu envoies tes tribulacions en ce monde à tes amis. Nul ne se doit plaindre que ayes oublié ceulx qui endurent pour ton amour. Car quant tu donnes à souffrir à aucun c'est signe que tu l'aymes. Et quant tu donnes richesses, aisement de corps, prosperités mondaines et voulentés assouvies : c'est signe de courroux. Moult fait à aymer ta correction et ton chastiement paternel. Car tu chastie ceulx que tu aymes. Et comme bon pere tu prens grant plaisir en tes enfans et en as souvent memoire. Mais tu oublies ceulx à qui tu donnes relais et respit pour ung pou de temps. Car tu as entencion de eulx oublier et mettre en oubliance de pardurable damnacion. »

73 Enluminure 8 : Katherine et Raison arrivent devant un parc, dont la porte en arceau est richement ornée et le muret serti de pierres précieuses. Katherine (vêtue d'une robe verte rehaussée d'or et doublée de rouge sur une cotte grise) lève la main gauche et pose la main droite sur le bras de Raison qui désigne de la main droite le centre du parc où la dame vêtue de bleu (enluminure 7) est en oraison au pied de la croix. Dans un limbe jaune et rose, apparaissent les instruments du supplice (glaive, lance, tenailles, fouet, etc.)

74 Voir plus haut, f. 2 v° et note 6.

odorifferans esqueulx estoient penduz espées, rouhes, grilles, lances, cousteaulx, fournoises, fouetz, verges, tenailles et aultres especes de tormans dont les sainctz martirs avoient, en cestuy monde, par tyrans estés tor[25 r°]mentés. Et ou millieu dudit parc y avoit ung bel arbre qui estoit l'arbre de la croix et autour d'icelluy plusieurs aultres petiz arbres où estoient penduz la couronne, les clouz, les fouetz, la lance et aultres choses dont Jhesu Christ, nostre Saulveur, avoit esté flagellé[75]. Et au pié de la croix estoit assise Pacience qui estoit vestue de bleu sur une cotte blanche, et voillée[76] sur son chief, laquelle vint au davent de nous et gracieusement nous receut. Et[dm] si nous consola si humainement que inpossible est de mieulx le faire, en nous disant :

– Mes dames, il vous a pleu prendre la peine et labeur du long[dn] et assés difficille chemin de ce parc et croy que c'est pour trouver en moy consolation de voz adversités, en quoy [25 v°] vous aideray du myen possible, mais il faudra que goustés du fruit des arbres qui cy vous voyés qui representent la douloureuse mort et passion de mon[do] bon Pere Jesus[77]. Et premierement, si vous avés perdu terres, possessions, seignories[78], offices, estatz et aultre gloire mondaine, pensés que le Saulveur, par charité seulement et sans aucune contraincte, descendit des cieulx et print corps mortel, pour le rachapt de vous[dp] aultres humains. Il laissa le trosne royal pour entrer en la servitude du monde, et habandonna son corps à toute misere. Si vous avés des adversités en voz biens terriens, pensez à la grant pauvreté de Jhesus qui a voulu naistre et tousjours vivre pauvrement, et, sur toutes chouses, pauvreté a recommandée. Si quelqun vous a rendu[dq] mal pour bien, [26 r°] qui est dur à pourter, consolés vous avecques Jesus en pensant[dr] ès grans biens qu'il fit ès Juifz, tant en predicacions sainctes et divines monitions, curations de mallades[ds], resuscitations de mors, et,

75 Comme dans l'iconographie religieuse, les représentations théâtrales et les livres d'Heures, les instruments de la Passion sont au cœur de la méditation. Voir, par exemple, *Livre d'Heures en français selon l'usage de Paris* [1460-1470], NAF 28877, f. 19 v° : « La lance, la croix, les clous, les espine et la mort que j'ay souffert monstrent de quelle mort j'ai lavé les pechéz des pecheurs. »

76 Leçon rejetée : *viollée.*

77 *Cf.* Gabrielle de Bourbon, ouvr. cité, *Les Doulleurs de la Passion*, p. 64 : « Helas, prenons icy exemple, si aultre chose ne proffitons en ceste contemplacion, au moins proffitons à avoir pacience et d'endurer en ce monde toutes choses pour l'amour de luy qui pour nous tant a enduré. »

78 Faut-il voir là encore une allusion plus personnelle, en relation avec le procès à l'issue duquel les Beaujeu-Lignières perdent les terres du Beaujolais ?

pour tout paiement, les plus grans du pays auquelz tant avoit faict de vertueuses et proffitables œuvres le firent honteusement mourir. Si voz serviteur et amys vous ont faict quelque tour de trahison, pensés à la benignité du doulx Jesus lequel receut à l'estat apostolicque le traistre[dt] et desloial Judas, et luy pardonna touctes ses offences et le feist boursier, recepveur et despencier de[du] sa maison[79], voire luy monstra plusieurs aultres grans signes d'amour. Et le faulx traistre, pour toute recompence, le vendit et livra tradicieu[26 v°]sement aux Juifz, ses ennemys, pour trente deniers[80]. O la grant et trop detestable offence ! O le trop deshonneste et enorme delict ! O la precieuse et digne marchadise, vendue et livrée pour vil pris ! Pareillement, si on a detracté de vous à tort et dict quelque maulvaise parolle touchant vostre honneur, hellas, pensés aux grandes et villaynes injures, aux scandaleuses et insupportables opprobres faitz par meschans et petis varletz ès maisons de Anne, Cayphe et Pilate[81], au bon Jhesus qui tant estoit debonnaire et tout parfaict. D'autre part, si on vous a faict excès, violences, ravissemens et autres insolences, helas, pensés comme le Roy des roys[dv], où estoit puissance infinie, fut prins et lié comme ung larron, conduit de maison[dw] en autre, avecques grans coups, de[27 r°]cra[c]hé, democqué, batu de verges et fouetz, et sa digne teste, où estoit le tresor de[dx] sapience, couronnée de grosses espines par derrision et mocquerie, et tant flagellé que mieulx sembloit ung ladre que[dy] ung homme sain[82]. Et si vous avés des maladies corporelles, helas, mes dames, pensés à toutes les paynes dessusdictes[dz], mises et imposéez[ea] en ung seul corps qui est celluy du doulx Jesus, lequel tant[eb] qui feust en ce monde n'appeta les delectacions mondaynes et plaisirs sensuelz mais tousjours travailla pour[ec] nostre salut jusques à la mort, laquelle il print en croix honteusement[ed]. Pensés davantaige que le labeur et le tourment qui[ee] supportoit luy estoit plus grief et penible que à homme qui feust jamais sur terre, d'autant que sa na[27 v°]ture estoit plus noble et delicate. Et au surplus, si vous avés eu perte de parens et amys, helas, pencés comment

79 Jean, 13^{29}.

80 Matthieu, 26^{15}.

81 Jean, $18^{13-14,\ 28,\ 33}$.

82 *Cf.* Henri Suso, ouvr. cité, sig. c ii r°-v°, où les douleurs de Jésus sont d'autant plus frappantes qu'il les décrit lui-même : « [...] Ma face estoit honnie et ordie de leur salive. J'estoie palye et descoulouré de peine et par habundance de sang qui estoit escouru et yssu de mon corps toute ma beaulté fut estainte et anientée. Je portoie visage et chiere de mort et sembloit que je fusse mesel. »

le bon Jesus fut habandonné par tous ces apostres, par le Lazare, Marthe, Magdalayne, Centurion, la Cananée, l'aveugle[ef] et le filz de la femme vefve, le paraliticque et plusieurs aultres qu'il avoit gueris et qui chacun jour le suivoient en sa doctrine. Et au regart de Dieu son Pere, laissa tant endurer la partie inferiore de son Filz, qui est la sensualité, que mort en advint au corps. Je ne veuil dire que la bonne Dame Marie, sa bien eurée Mere, le laissast car elle ne perdit point la foy mais, actendent sa resurrection, l'acompaigna tousjours[eg] à sa sepulture[83]. Touctesfoys ne luy povoit secourir mais augmentoit la douleur de son Filz, d'autent que la douleur de [28 r°] sa Mere qui[eh] congnoissoit redondoit en luy, et par ainsi souffroit doublement[84]. Et davantaige, une[ei] autre douleur avoit, interiore, qui estoit[ej] de l'ingratitude de plusieurs hommes du non de chrestiainte qui seroient dampnéz pour ne vouloir acomplir ses commandemens.

Les remonstrances de Pascience furent grandes et piteuses en maniere qu'elle et noz estions toutes baignantes en larmes. Et[ek] puis après avoir eu longument plouré et lamenté, Pascience va recommencer à parler et dire :

– Mes dames, vous avés oy et au long entendu la sustance des fruictz des arbres que vous voiés, portans en eulx les douleurs de la passion de nostre Saulveur et Redempteur Jesus, lequel a voulu tant endurer pour l'amour qu'il avoit en[el] vous. Et par ce, si vous l'aymés, convient que le monstrés par [28 v°] effect et que vous endurés en ce monde pour l'amour de luy, et vous[em] en aurés si tresbonne retribucion que vous serés trescontentes. Ce monde est de petite durée, pource le fault il passer le mieulx qu'on pourra et faire tant qu'on puisse avoir paradis en l'autre qui est perpetuel et sans fin. Pascience noz dict et monstra par proposicions sainctes et th[e]ologales, tant de bonnes choses que tantoust[en] nostre tristesse mondaine se convertit en joye spirituelle. Or demourasmes avecques Pascience, actendant avoir à la fin de nos jours ce qu'elle nous avoit promis où nous puissions par bonnes œuvres parvenir. Amen.

---

83 Les Évangiles ne relatent sa présence que devant la croix (Jean, 19[25]). Le récit de la Vierge au tombeau provient du Pseudo-Bonaventure. Voir *Livre des meditations de la vie nostre Seigneur Jhesu Crist*, BnF, ms. fr. 922, f. 59.

84 *Id.*, f. 41 v° : « Et furent toutes ces choses fetes et dictes en la presence de se dolente Mere. Le tourment et la passion de laquele augmenta moult à son enfant la sienne, et aussi celle de son Filz la sienne à elle. » On remarquera ici que la méditation est tout entière centrée sur la dévotion au Christ, inversant en quelque sorte le thème des 7 ou 12 « douleurs de la Vierge », tel qu'il est développé chez Jean Bouchet (*Epistres familieres*, Poitiers, J. et E. de Marnef, Ep. xi, f. xii v°-xvi r°) et Gabrielle de Boubon (*Petit traicté sur les doulleurs de la Passion du doulx Jesus et de sa benoiste mere*, éd. citée, p. 72-73, 82-83).

LES ESPILTRES

[BnF ms fr. 2282]

[1 r°]

E*nluminure 1 : L'ange présente la requête de Katherine au Christ*[1]

Long temps y a, Prince[2] tresgracïeulx
Que j'ay desir presenter à tes yeulx
Une requeste, mais je crains pour tout voir
Que ne la veillez lire ne recepvoir[3].
Ce non pourtant ce mect à l'aventure [1 v°]
Ta povre serve, indigne creature,
Par ceste espiltre construïcte en douleurs[4],

---

1 Enluminure 1 : En bas, à droite, Katherine vêtue d'une robe bleue à manchons et traîne d'hermine (sur une cotte dont on n'aperçoit, comme dans les deux enluminures qui suivent, que l'extrémité des manches rouges bordées de blanc), d'un collier et d'une coiffe noire ornée de perles (chaperon à templette resserré à l'arrière recouvrant une coiffe gaufrée rouge et blanche), est agenouillée devant un pupitre recouvert d'un tissu rouge, main droite sur le cœur et main gauche sur un livre ouvert. Derrière elle, se tient, aussi agenouillée et mains jointes, une dame coiffée de la même façon mais vêtue d'une robe pourpre (sur une cotte à manches bleues), dont les manchons et la traîne sont en fourrure brun-doré. À gauche, apparaît le Christ dans un limbe. Il reçoit de la main droite un livre rouge que lui tend un ange vêtu de vert et de pourpre. Sur les épaules de Jésus un mantel pourpre au fermail d'or découvre son flanc d'où coule le sang. Sa main gauche percée elle aussi tient la croix qui repose sur son épaule. À l'arrière-plan, un château s'élève dans un paysage boisé traversé par un chemin où l'on distingue deux personnages. Derrière les dames se dresse une grande roche percée, au sommet verdoyant. L'image encadrée porte, en son centre inférieur, les armes de Catherine d'Amboise. Les pans verticaux sont ornés de branches épineuses vertes et or entrelacées sur un fond rouge, et le pan horizontal supérieur de larmes semées sur un fond bleu. Les quatre coins sont ornés de rosaces dorées.

2 Cette adresse au Christ comme « Prince » est une réappropriation religieuse d'un hommage poétique, d'un service courtois ou d'une demande politique, l'envoi d'un poème à forme fixe se faisant depuis le XIIIe siècle soit au prince (organisateur) d'un Puy soit au prince (régnant) d'une cour.

3 Césure épique : « Que ne la veill(ez) lirë ne recepvoir ».

4 Bouchet : « Une requeste assez estrange à veoir, / Mais je n'ay peu, ne puys puissance avoir / De m'exhiber davant ta noble face, / Et tellement qu'il fault que je la face / Par

Plaine d'ennuy, gemissemens et pleurs,
Que promptement par ce courrier[5] t'envoye,
Lequel c'est mys pour cest affaire en voye
Et m'a promis que la verras de brief,
Et oultre plus que de mon mal tresgrief
Auray confort. Mais helas trop je doubte
Que ma requeste n'acceptes somme toute[6],
Tant au moyen des faultes que j'ay faictes
Encontre toy, qui ne sont sattifaictes[7],
Que pour la foy des loyalles amours
Que j'ay faulcée, prevoyant mes faulz tours[8]
Plus qu'inhumains contre ta seigneurie.
Las tu m'avoys tant aymée et cherye
Que impossible est à mondain amoureux[9],
Navré du dart d'amour tresvigoreux,
De tant aymer celle qui l'ayme aussi[10].
Ce pourpenssant ay le cueur tout transcy[11].
Or est il vroy que ton Pere eternel
Et toy aussi son Filz substancïel
M'avez formée, tant l'ame que le corps, [2 r°]
Par amoureux et gracïeulx accordz
Sans que besoing vous eussiez de me faire
Ne que de moy hussiés aucum affaire
Mais seullement ton Pere magnificque
Vouloit complaire à toy, son Filz unicque,
Par la bonté de la tierce personne,

---

ceste epistre escripte des mes pleurs / Sur le papier d'angoisseuses douleurs » (v. 3-8, voir annexe II).

5 Il s'agit de l'ange messager.

6 Bouchet : « Que mon epistre et requeste on deboute » (v. 14).

7 Satisfaire ses fautes après s'être repentie et les avoir confessées, correspond aux trois moments de la pénitence préconisés par les Pères de l'Église (par ex. Tertullien, *De la pénitence*, chap. IX). Ce concept de satisfaction intervient aussi dans les *Continuelles meditations*, f. 27 v°.

8 Bouchet : « Que j'ay faulsée, en faisant plusieurs tours » (v. 18).

9 Élision du *e* pour l'oreille dans tous les cas où le français moderne mettrait une apostrophe : « Qu(e) impossible ». Les cas contraires sont signalés par un tréma.

10 Cette transposition religieuse de l'amour terrestre prend sa source dans l'exégèse du *Cantique des Cantiques* par saint Bernard et sous-tend la représentation de la relation entre l'âme et Dieu dans la spiritualité chrétienne à partir du XIIe siècle.

11 Bouchet : « Chascun le sçayt, il n'y a car, ne si » (v. 24).

Qui de vous deux procede et donc raisonne[12]
L'amoreux bruyt et gracïeulx usaige[13],
Fut acomply ce merveilleux ouvrage[14].
Lors pour mon corps nourrir en cestuy monde
Tu me baillas la terre necte et monde[15]
Et comme mere divers fruictz produysans[16],
Les eaues aussi qui me sont tresduysans,
Le cler soulail lequel marche tousjours
Pour mesurer et compasser mes jours,
Les moys, les ans, pour chacun fruict produyre
Par sa challeur, la lune pour nous luyre
Et esclarcir les tenebres nocturnes.
Le tout as faict en fassons taciturnes.
Oultre as creés les quatrë elemens[17]
Pour me donner vie et nourrissemens[18].

12 Comprendre : dont résonne.

13 Bouchet : « L'amoureux bruit, ainsi que dit le sage » (v. 35).

14 Selon les ouvrages de dévotion, la première espèce ou manière de méditation « est fondée et prent son commencement à la congnoissance des creatures, par quoy en se sourt à contempler par admiration la puissance de son Createur. La sapience d'icelluy qui a donné tel ordre et telle beaulté aulx creatures [...] ». La pensée de Catherine est parfaitement en accord avec la doctrine qui s'y développe : pourquoi la créature a-t-elle été faite ? Parce que, dit saint Augustin, « Quia bonus est sumus. Nous sommes pource que Dieu est bon. Or est la bonté attribuée au sainct Esperit. Parquoy tu peux veoir en chascune creature la semblance de la saincte et indivisée Trinité. En ce qu'elle est faicte tu peux avoir congnoissance de la puissance de Dieu, qui est attribué au Père. En ce qu'elle est bien faicte, tu peux avoir congnoissance de la sapience de Dieu, qui est attribuée au Filz. Et par ce qu'elle est bonne, tu peux avoir congnoissance de la bonté de Dieu qui est attribuée au sainct Esperit. » (*Le Livre de meditation sur soy mesme composé par maistre Robert Cybolle*, Paris, S. Vostre, 1510, chap. v, f. v v° et chap. VI, f. vi.)

15 Bouchet : « L'on me bailla la terre toute ronde » (v. 38).

16 La personnification de la terre comme mère, non présente chez Bouchet, apparaît également dans les *Prudens* (f. 12 v°).

17 Bouchet : « Les cours des cieulx, et leurs cours diuturnes / Furent crées, et tous les elemens » (v. 46-47).

18 La contemplation des œuvres de Dieu est le point de départ de l'introspection de l'âme dans les écrits patristiques. Chez Robert Ciboule, elle est la « premiere espece de saincte meditation », à laquelle « appartient toute admiration du Createur, qui se cause de la consideration des choses naturelles, que on voit en ce monde » (ouvr. cité, chap. VI, f. vi r°). Dans les livres d'Heures, cette méditation est guidée par le psaume 8. Voir par exemple le *Livre d'Heures en français selon l'usage de Paris* [1460-1470], NAF 28877, f. 32 v° à 33 v° : « Sire, que ton nom honorable / En toute terre est amirable / Car sur les cieulx est eslevée / Ta magnificence esprouvée. / Des petis enfans qu'on alaite / Est ta grant loenge parfaite / Affin de l'ennemi

Après, mon ame de toy si fut parfaicte[19] [2 v°]
À ton ymage sur toustes pure et necte[20],
Pour une foys, après avoir vescu
En ce bas monde et l'ennemy vaincqu,
Jouyr de toy par amour eternelle
En ta maison royalle et supernelle
Où l'ont peult prendre, avoir et accepter
Tous ses plaisirs sans ung en excepter.
Et pour regir tout cest acoustrement
Me fut baillé memoire, entendement
Et volunté[21] par dispos deificque
Semblablement une garde angelicque
Qui est celuy qui l'espiltre presente
Devant ton throsne[22]. À toy seul la presente.
Mais[23], bon Jhesus, comme mal gracïeuse,
De tous ses biens fus soubdain oblïeuse

---

destruire / Et que point de nous puisse nuire. / Je verray tes cielx dont nous cuevres / Et de tes mains les noblez euvres, / Lune, estoilles et planetes / Que tu fondas de tes mains netes : / Qui est l'omme bien t'en remembres. / Car tu visitas tous ses membres / Tu l'as minué ung peu mains / Des angelz de lasus ou mains / Quant de gloire le coronnas. / Tes œuvres li habandonnas, / Tout as mis soubz les piez de l'omme, / Des biens li as donné grant somme : / Brebis avec beufz et aumailles / Et des champs toutes les bestalles, / Les oiseaulx de l'air et moissons / Et de la mer tous les poissons / Qui es eaues noent agrans rotes / Et par aultres rivieres toutes. / Sire, ton nom devons requerre / Car il est grant en toute terre. »

19 Bouchet : « Après, mon ame à l'image fut faicte / De trois en un, de justice parfaicte » (v. 49-50).

20 Dans la poésie mariale, ce concept biblique (Genèse, 1[27]) est un lieu commun. Voir par exemple l'*incipit* du ms. BnF, fr. 1538 : « Le grant patron maistre architectonique / Qui les humains fist à son propre ymage » (f. 1 v°). Dès le XIIIe siècle, certaines autrices justifient leur écriture spirituelle par une réappropriation de l'*imago dei* comme fondement d'autorité. Voir à ce propos, C. M. Müller, *Marguerite Porete et Marguerite d'Oingt de l'autre côté du miroir*, New York, Peter Lang, 1999.

21 Depuis saint Augustin, la structure tripartite de l'âme en *memoria*, *intelligentia* et *voluntas* pour refléter les attributs du Père, du Fils et du Saint Esprit (*De la Trinité*, liv. X, 11-13, éd. citée, p. 524-526) inspire la tradition théologique. On la retrouve par exemple dans le *Livre de la toute belle sans pair qui est la Vierge Marie* de Jehan Henry. Voir aussi Robert Ciboule (ci-dessus, note 14 au v. 36). Elle est présente de façon insistante dans les *Continuelles meditations*, dès le f. 5 v°.

22 Pour le rôle des anges, voir *Prudens*, f. 22 v° et note 109.

23 Commence ici la deuxième « espèce » de méditation, « fondée en la congnoissance de soy mesmes, par quoy on se tourne à mediter les inclinations de soy, soit à vice, soit à vertu, en soy convertissant à congnoistre la misere du peché. » (Robert Ciboule, *Livre de meditation*, ouvr. cité, f. v v°.)

Pour le parler du faulx serpent lezart[24],
Je t'oublié en enssuyvant son art.
Cil me mena soubdain et par me faulte
À foul delict, ma rigueur fut trop haulte
Car par ce fus à vice habandonnée[25],
Comme la chair qui est aux bancz donnée,
Tant et si fort que moy, tresmalheureuse, [3 r°]
Je devins lors par ort peché lepreuse[26]
Hydeuse à veoir, en face tresorrible,
Plus que nul aultre infaicte et corruptible.
Or m'en fut pis, car je fus degectée
Du lieu plaisant où fut ma demourée,
Mise à la terre de painë et labeur[27]
Où par long temps ay plorée ma douleur[28],
Au grant dangier de bestes devorables
N'eussent esté tes regardz secourables.
Car non obstant que je t'eusse forfaict,
Comme j'ay dit sans l'avoir sattifaict,
Tu t'en allas proposer à ton Pere
Le deshonneur, le mal et vitupere
Où je habitoys, le priant doulcement
Qu'il heust pityé de mon rabessement.
Le consistoire[29] sur ce fut assemblé

---

24 La tradition religieuse associe aux diables et aux démons tout un bestiaire infernal. Dans les *Espiltres*, c'est l'image du lézard qui domine, aussi au v. 646. Voir également les *Prudens* où Satan est désigné comme « beste serpentine » (f. 2 r°) – À travers ce renvoi explicite à la scène de la tentation dans la Genèse, l'identification avec Ève est plus évidente que chez Bouchet (« Car au parler, et dire d'un paillard / Je t'oubliay, plus soudain que paille ard », v. 65-66). Sur Ève, voir *Prudens*, f. 8 r°-10 r°.

25 Bouchet : « En un bordeau, qui fuz dame si haulte, / Et là je fuz à tous abandonnée » (v. 68-69).

26 Métaphore biblique de la lèpre comme marque du péché et de l'exclusion (Lévitique, 13-14 et Matthieu, 8^{2-3}), absente chez Bouchet, qui la remplace par la vérole.

27 Genèse, 3^{17-19}. C'est la malédiction d'Adam, Ève recevant celle de la douleur de l'enfantement (3^{16}).

28 Bouchet : « Je devins lors infecte, et veroleuse, / Hideuse à veoir, et en face terrible, / Et plus cent foys en ame, et corps horrible. / On me feit pis, car on me dejecta, / Et cestuy là le premier me jecta / Sur le fumier, qui m'avoit desfleurée, / Où par long temps ma douleur fut plorée » (v. 72-78).

29 Le vocabulaire juridique évoque les *Procès de paradis* où Miséricorde plaide pour le rachat de l'homme qui n'est possible, pour satisfaire Justice, sans l'Incarnation. Les mystères

Où chacun dist ce que luy a semblé.
Par oppinion voullurent ordonner
Que vroy pardon on me devoit donner,
Mais qu'il falloit pour celle playe guerir
Que de tes membres il feust veu decourir
Russeau de sang où lavée je seroy, [3 v°]
Car sans cella jamais ne gueriroye[30].
O doulx Jhesus, tu fus si amÿable
De moy, meschante, et si trespiteable
Que tu voullus de ton throsne descendre
Et mortel corps pour l'amour de moy prendre[31].
Lors fus en croix cruellement pendu,
Percé de clouz et ton cousté fendu
Dont vint le sang ouquel je fus lavée
Si nectement que ma chair enclavée
D'infectïon, par ce sainct lavement
Fus nestoyée et mise entierement
Hors de l'orreur où peché m'avoit mise.
Et quant je fus en mon estat remise
Tu fus si bon et si fort me prisas
Que moy chestive[32] pour espouse[33] prise as
En m'assignent douaire[34] en ton empire

comme la prédication ont popularisé ce thème. Voir Arnoul Greban, *Le Mystère de la Passion* (v. 1657-3332) et Jean Gerson, *Sermon de la Conception de Nostre Dame*, où les vertus, filles de Dieu, siègent dans le haut « conseil » divin (*Six sermons français inédits*, ouvr. cité, p. 390-408). Mais ici, c'est le Christ qui incarne directement la miséricorde (v. 83).

30 Bouchet : « Et sur cela le conseil assembla, / Auquel tresbien premierement sembla / Qu'on ne devoit jamais me pardonner, / Ni à mon mal aucun secours donner : / Et qu'impossible il estoit me guerir, / Si non qu'on fist de tes membres courir / Ruysseaux de sang, où lavée seroit, / Et que par là seulement gueriroit » (v. 87-94).

31 *Cf. Complainete*, f. 25 v°.

32 Bouchet : « meschante » (v. 96).

33 La métaphore sponsale (Cantique des Cantiques, 2^{16}) est glosée depuis saint Bernard comme une allégorie de l'amour du Christ pour l'Église (Éphésiens, 5^{31-32}) et pour l'âme dévote.

34 Le douaire, dans l'ancien droit, était une donation par laquelle l'époux assurait de quoi vivre à son épouse, en *l'assignant*, c'est-à-dire en le garantissant sur des biens mobiliers ou immobiliers. Mais le douaire peut être aussi la dot et, dans ce sens, une métaphore de la grâce octroyée par Dieu le Père. Voir Robert Ciboule, ouvr. cité, f. lxxvi : « Et doibs scavoir qu'on nomme en beatitude douaires par similitude aux douaires qui sont en mariage corporel. Duquel on appelle douaire ce que le pere de l'espousée luy donne

En te servant et que vers toy me tyre
Sans retyrer pour mon bien advenir.
Et moy, penssant promesse te tenir[35],
Je te feys veu qu'ainsi je le feroye
Et que jamais je ne t'offenseroye.
Que je n'ay fait cella puis proferer, [4 r°]
De t'offencer n'ay voullu differer
Mais ay voullu, dont je me dois mauldire,
Plus que devant choysir des maulz le pire,
Te delaisser par mespris et contens[36],
Dont de moy doys estre tresmal contens,
Consideré que tu m'as tant aymée.
Ne doy je point estre de tous blasmée ?
Ne doyvent point les astres et les cieulx
Me fouldroyer[37] en lacrimables lieux ?
Helas pourquoy me nourris tu, la terre ?
Que ne me font tous les anges la guerre ?
Et pourquoy tant en si grant appareil
M'esclaire le tresluÿsant souleil ?
Que faict le feu qui ne me brulle et art ?
De mon offence conduytte par faulz art
T[o]u[t] l'air en put[38] et la mer en murmure.
Ne suy je pas meschante creature[39]

quant elle est menée en la maison de l'espoux. [...] Ainsy aucunement semblablement quant la saincte ame qui est espouse de Jesuchrit est menée et introduicte en la maison de son Espoux en paradis, Dieu le Pere luy donne aucuns dons qui la disposent et preparent à glorieusement habiter et converser avec son Espoux. »

35 Bouchet : « En toy servant, sans plus devenir pire. // Or moy pensant promesse te tenir / Et purement deslors me maintenir » (v. 110-112).

36 Bouchet : « Mais (qui me poise à dire et proferer) / De t'offenser n'ay voulu differer. // Voulu comment, m'advient il bien de dire / Que j'ay voulu sans point y contredire / Un aultre amy prendre pour quelque temps, / Et te laisser par mespris et contens » (v. 115-120).

37 Leçon rejetée : *fouldroyes.*

38 Cette désignation du péché (aussi v. 134, 150, 468, 646) est fréquente en particulier dans la dévotion mariale conceptionniste où l'air pestilentiel du monde est purifié par la Vierge immaculée, « air clair et pur venant du port de grace » (recueil de Vidoue, f. 53, cité par G. Gros, *Le poème du Puy marial*, Paris, Klincksieck, 1996, p. 284). On peut voir aussi le ms. BnF, fr. 1537, f. 54 v°, 86 r°, 119 r° et 121 r°.

39 *L'Orloge de Sapience* d'Henri Suso (dont le succès auprès des laïcs est attesté par le nombre de manuscrits et d'imprimés) offre un modèle de la contrition que doit exprimer l'âme

D'avoir lessé l'Amoureux si parfaict
Pour en prendre ung hort, puant[40] et infaict,
Voire qui quiert, en lieu de me bien faire,
Ma povre ame succomber et deffaire ?
Las, c'est peché, cestuy là proprement, [4 v°]
Qui me trompa dès le commencement,
Qui me seduyt, la chose est averée,
Parquoy je fus par l'ange separée
Et degettée de paradis terrestre[41],
Comme j'ay dit, où il faict si bel estre[42].
Las, ce n'estoit, quant bien je me recorde,
Le doulz espoir de ta misericorde[43],
De ta doulceur et grant benignité,
Veu que j'ay tant vers toy desmerité,
Plus ne vouldroye vivre avec les humains,
Je me occiroye de mes tremblantes[44] mains,
Je tacheroye villement me deffaire
Pour à mon veil putrefaict satiffaire[45].
Mais je sçay bien, pour vroy, que prens plaisir
À ceulz qui ont douleur et deplaisir
De leur pechés et s'en vont repentant,

---

pécheresse : « Helas moy maleureuse, l'Espous que j'avoie tant desiré, le doulx Jesus, m'avoit s'amour donnée, il m'avoit nourrie en bonnes meurs et m'avoit retenue pour son espouse et m'avoit errée [*sic*] de son anel. [...] Je qui estoie amie et amée me suys estrangée de mon amy et me suis faullement desseurée de lui. Las moy dolente pour quoy me suis je relenquié de moy mesmes ? Ha Dieu qu'ay je perdu et quans biens ay je perdu [...]. Las moy pour quoy ay je ce voulu faire ? O comme mauldite et maleureuse fut l'eure que je fus consentant de cest departie. [...] O mort langoureuse longuement desirée que attens tu de venir à moy pour quoy ne me ostes tu du monde ? » (Paris, A. Verard, 1493, sig. c iiii v°-c v v°.)

40 Bouchet : « villain » (v. 134).

41 Dans Genèse, 3^{23-24}, c'est Dieu qui bannit l'homme du paradis ; il poste l'ange, avec le glaive fulgurant, devant le jardin pour garder le chemin de l'arbre de vie.

42 Catherine amplifie et atténue ces deux vers de Bouchet : « Las ce peché, cestuy là seulement, / Qui au bordeau me mist premierement » (v. 137-138).

43 Dans les *Prudens*, Dieu est loué comme « nous donant de l'uylle de sa doulce misericorde pour mondiffier les cicatrices puantes de peché » (f. 135 v°). Bouchet : « De la grandeur de ta misericorde » (v. 140).

44 Bouchet : « cruelles » (v. 144).

45 La tentation du suicide ou le désespoir sont aussi une forme de péché. *Cf. Complaincte*, f. 16 r° ; *Continuelles meditations*, f. 29 r°. La version de Catherine est plus développée sur ce thème que celle de Bouchet.

O bon Jhesus, las, il m'en deplaist tant !
Tu voys mon cueur et congnoys ma tristesse,
Et que bien sçay que à moy chose triste esse
D'avoir ainsi soubdain à la vollée
Ma foy vers toy follement violée.
Quant de [ce] cas et forfaict me souvient, [5 rº]
Comme transsie, mon cueur tout froit devient,
Recongnoissant ma faulte et mon offence
Où il n'y a replicque ny deffence
Où envers toy je me puisse excuser.
Mais au contraire il me fault accuser,
Ce que je fais par ceste espiltre et lectre
Te pourmectant de jamais ne commectre,
Mon seul seigneur et amy tresloyal,
En dit ne faict tour qui soit desloyal,
Mais te obeyr comme ta chaste espouse.
Et le myen cueur qui maintenant repose
Au souvenir des tresgrans benefices
Que tu m'as faictz en lieu des mallefices,
À toy, Jhesus, non à aultre le livre,
En protestant doresnavant de vivre
Tout à par moy comme la turterelle[46]
Laquelle vyt toute seulle à par elle
Quant son parail elle a du tout perdu,
En attendant que le tribu rendu
Soit à la mort par moy, selon l'usaige
De cestuy monde et de l'humain lignaige,
Sans plus bailler mon cueur ailleurs que à toy, [5 vº]
Te suppliant avoir pitié de moy
Et me donner par amour et par don[47]

46 À l'instar des Pères de l'Église, qui s'appuient à la fois sur le *Physiologus* (*Versio B*, XXVIII, *Turtur*) et le *Cantique des Cantiques* (1^{15}, 2^{12-14}), les bestiaires médiévaux interprètent la monogamie de l'oiseau comme un attribut de l'âme et de Marie, épouses fidèles du Christ. Associée à la colombe, la tourterelle trouve une place de choix dans la dévotion mariale des laïcs : certains chants royaux en font un emblème d'autant plus central que c'est Dieu lui-même qui nomme Marie « tourterelle » et « Sans macule trespure coulombelle » (ms. BnF, fr. 1538, par ex. f. 156 vº, 141 rº, 7 rº).

47 L'infusion de grâce est nécessaire à la réparation humaine, comme l'explique Vincent l'Historial, une des lectures favorites de Catherine d'Amboise : « [...] par contriction

De tous mes maulz et ordz pechés pardon,
En me gardant de plus y retourner
Sans que jamais me puisse destourner[48],
Mais te servir en ce monde fragille
Si bien à point que mon esperit[49] agille
Tous les neufz cieulx[50] si puisse parvoller
Et purement aux nopces convoller
Dont nous avons celebré fiansailles
Sur les sainctz fons, et puis les espousailles
Ce parferont en ton eternel estre
Où pour bien faictz je conclus en fin estre[51].
Escript au lieu segrect de ta maison[52]
De Lynïeres, où souvent oraison[53]
Te presente Katherine d'Amboyse
Que trouveras au tant qui vient courtoyse
Plus que jamais, moyennant tes appuys.
Te suppliant autant que faire puys,
Posé que [sois] te supplier indigne,
Que mon bon Ange, ta creature digne,
Soit despeché de par toy promptement. [6 r°]
Au cueur n'auray joyë parfaictement
Que son retour n'aict faict à mon prouffit.
Atant fays fin, pour l'eurë il suffit.
C'est de la main non d'aultre que de celle [6 v°]
Qui ce mainttient estre ta povre ancelle.

---

est pardonné le pechié. Mais les Docteurs si font difference et dient que quatre choses conviennent à justifier ung pecheur ensemble en temps et non pas en nature, c'est infusion de grace, mouvement de franche voulenté, contriction et remission de pechié. » (*Miroir historial*, Paris, A. Verard, 1495, vol. I, liv. II, chap. XLVIII, f. xxxi r°.)

48 Bouchet : « Et des pecheurs nullement m'atourner » (v. 180).

49 Le plus souvent dissyllabique, comme ici. Seules les prononciations trissyllabiques sont indiquées.

50 Allusion aux neuf degrés de la hiérarchie céleste hérités du Pseudo-Denys l'Aréopagite. Voir également ci-dessous, v. 390.

51 Bouchet : « Où par biensfaictz je desyre tant estre » (v. 188).

52 Bouchet : « Escript au lieu secret de ta maison, / Où bien souvent je te fais oraison / Par mon bon Ange, et de la main de celle / Qui se maintient estre ta povre ancelle » (v. 189-192). Les onze vers suivants sont ajoutés par Catherine.

53 « Et par ta grant misericorde entreray dedens ta maison devotement en oroison » (*Livre d'Heures en français selon l'usage de Paris* [1460-1470], NAF 28877, f. 63 r°.)

Mere des anges, ma maistresse et amye,
Du bon du cueur humblement te supplie
Une espiltre que t'envoye recepvoir
Acomplissant du dedans le vouloir.

[7 r°]
Enluminure 2 : L'ange remet l'épître de Katherine à la Vierge[54]

Vierge royal des anges l'outrepasse[55],
Plus radïant que rubbiz ne thopasse[56],
Ouseray[57] je bien la hardïesse emprendre
Te requerir, je doubte de mesprendre,
Veu les pechés et esnormes deslys [7 v°]
Qu'ay perpetrés encontre ton cher Filz.
Las, je sçay bien, qui au filz nuÿsance

---

54 Enluminure 2 : La disposition des personnages est à peu près identique à celle de l'enluminure 1, mais c'est la Vierge qui apparaît dans le ciel, recevant un livre rouge d'un ange vêtu de gris et de vert. Marie porte une couronne d'or, une robe rouge et un mantel bleu. Katherine tient les mains jointes au-dessus d'un livre ouvert, posé sur un pupitre en pierre grise. Elle porte la même robe bleue, dont les manchons et la traîne, cependant, sont en fourrure brun-doré, tandis que l'hermine apparaît sur la robe de la deuxième dame (dont la cotte a cette fois les manches vertes, comme dans l'enluminure qui suit). Katherine n'est plus parée de collier et son expression semble refléter la dysphorie du « triste visage [...] gecté en contre bas » précisée aux v. 305-307. Dans le décor, les petits personnages ont disparu du chemin et la roche est vue sous un autre angle. Le blason est toujours figuré dans la partie inférieure du cadre, ici architecturé.

55 Pour l'emprunt de ces deux vers à Charles Morel, voir Introduction, p. 27.

56 Lieu commun de la dévotion mariale, cette glorification – qui trouve sa source dans Apocalypse, 12^{1} et Cantiques, 6^{10} – est souvent accompagnée d'un florilège de pierres précieuses faisant écho à celles qui composent la couronne de la Vierge. La signification spirituelle de ces joyaux remonte à la glose par les Pères de l'Église des douze pierres ornant le pectoral d'Aaron (Exode, 28^{9-12}) et la muraille de la Jérusalem céleste (Apocalypse, 21^{19-20}). Le rubis, symbole de grâce, d'amour et de seigneurie (parce qu'il renferme en lui la propriété des douze pierres bibliques), apporte la guérison, le réconfort et la joie. Il est associé à la vertu de Prudence : voir les *Matines* de Martial d'Auvergne où la Vierge est nommée « ruby de prudence » (ms. Rothschild 476, sig. p vii r°). – La topaze, incite au repentir et à la dévotion, d'où son emploi si fréquent dans le chant royal. Sur ces deux pierres, voir Léopold Pannier, *Les lapidaires français du Moyen Âge des* XIIe, XIIIe *et* XIVe *siècles*, Genève, Slatkine, 1973, p. 209, 217, 223, 230, 241, 243, 246. Un des manuscrits dans lequel figure ces deux vers empruntés par Catherine contient les termes *oultrepasse* et *topace* de façon récurrente (Th. Mantovani, « Le manuscrit BnF, fr. 1538 », *Première poésie française de la Renaissance*, ouvr. cité, p. 81).

57 Dissyllabe.

À la mere ne faict pas moindre offence.
Or est ainsi, pucelle de concorde,
Qu'envers celuy, cheif de misericorde,
Ay grandement mesprins et sans esgard.
Si à pardon ne veult avoir regard,
Si de pardon il ne use en mon endroict,
Je confesse que trop mieulx me vauldroit
En une abisme me getter, pour tout veoir,
Si que jamais nully ne me peust veoir,
Comme proscripte de remissïon digne.
Mais prevoyant que toy, Vierge benigne,
Peulz apaiser de ton benoist Filz l'yre,
Ay entreprins devers toy m'en affuyre,
Ay entreprins mon cas te raconter,
Tous mes forfaictz sans ung en excepter
Pour et affin que tu soys advocate[58]
De l'ostinée et pecharresse ingrate.
Dont pour eschoir à te narrer mes faictz,
Mes hors pechéz sur tous aultres infaictz :
J'ay transgressé tous les commandemens [8 r°]
De ton cher Filz, de cella je ne mens.
Pour abreger, aucun je n'en excepte,
Comme imprudente, à tout mal faire experte.
Et dys en oultre, si j'eusse peu pys faire,
Plus que ostinée remplye de mal affaire,
Heusse enssuyvye ma fasson inconstante,
Ma coustume orde, vicïeuse et meschante,
Mon cas, en brief, pour l'eure [te] recite.
La raison est : une espiltre ay escripte
À ton Filz dict, qui tost sera par voye.
Tu y verras au long toute la voye

58 L'adresse à l'« Advocata nostra » est au cœur du *Salve Regina*, paraphrasé ou commenté depuis le XIIe siècle dans les ouvrages de dévotion pour les laïcs et les louanges mariales en vers. Voir, par exemple, ce chant royal : « Humble advocate or te plaise tourner / Tes yeux vers nous et nous faire donner / Grace et pardon [...] Car seule es tu que Dieu veult ordonner / Noble advocate en concept pure et saincte » (BnF, fr. 1537, f. 108 r°). De manière analogue, le terme « advocate » est repris par le Christ dans sa réponse à Katherine pour confirmer la prudence de son choix (v. 488-489).

De mes emprinses, et comme j'ay vescu
Jusques icy, sans plus long desbatu,
Lubricquement autant qu'on sçauroit dire,
Dont à par moy je larmoye et soppire.
Il te plaira la dicte espiltre veoir
Tout à loisir, amplement la prevoir
Devant ton Filz, tu en as bien l'audace,
Pour et affin que de ta bonne grace,
Icelle veue, si support me veulz faire
Tu ayderas à mon excuse faire,
Toy presentant à l'eure que livrée [8 v°]
Sera icelle à ton Filz, deslivrée
Me supportant[59], affin que soit demise
Ma coulpe esnorme et que je soye remise
Au vray sentier de salut meritoyre
Et preservée d'enchoir au lieu scabraire,
Gouffre infernal exempté de repos.
Mere de paix, tu entens mon pourpos,
Ma povretté et mon impacïence,
Impetrez moy, s'il te plaist, allegence.
Au lieu celic, tu es cherie, aymée,
Du Dieu des dieulx sur toutes reclamée.
D'estre esconditte, bien sçay que tu n'as garde,
De me bien faire cella ne te retarde.
Le Pere et Filz et le Sainct Esperit[60],
Je sçay, de vray, que chacun te obeyt.
Ce que tu veulz parfaire em paradis
Tost est parfaict, et sans nul contredictz,
Anges, archanges, throsnes, principaultés,
Chacun enssuyt tes dignes voluntés.
Sainctz et sainctes toulte la ierarchye[61],
Par devant toy ung chacun se humilye,

59 Comprendre : m'aidant à être délivrée.
60 Trissyllabe.
61 Les oraisons à la Vierge contiennent ces énumérations des hiérarchies célestes (*Livre d'Heures en français selon l'usage de Paris* [1460-1470], NAF 28877, f. 41 v°). Voir aussi plus loin v. 387-388.

Comme Raison le veult et si l'ordonne. [9 r°]
Pour ceste cause, Mere de Dieu tant bonne,
Je sçay assés que pour avoir appuys,
Remissïon, certes mieulx je ne puys
Que à toy venir, ainsi comme j'ay faict.
Te plaise donc appaiser mon meffait,
Te faisant fort de mon amendement.
Je le te assure, sans doubte aucunnement.
La promesse je t'en fays sur ma foy.
Et pour enseignes, en te asseurant de moy,
La partye noble de mon corps la meilleur,
Je la t'envoye, c'est mon doloreux cueur
Du quel feras s'il te plaist ung present
À ton cher Filz[62], mon bon Ange present
Faisant tesmoing, qui en[63] vouldra demander
Du bon vouloir que j'ay de m'amender.
Et de l'ennuy que te donne et la paine
En cest affaire, la povrette mondaine
Soit excusée et le tout pardonné.
De ce te prie, l'esperit habendonné
Sans ton secours, suppliant d'abondance
De pourchasser[64] soubdaine deslivrance
À mon profict. Que ne voye mon message [9 v°]
Si de retour, le myen triste visage
Sera tousjours gecté en contre bas[65],
Comme esperdue, plaine de doubte, helas,
De grans regrectz et douleur vehemente,
Assize au pied du mur de longue attente[66].
Prens ceste charge, ma dame et ma maistresse,

62 Dans les *Prudens*, ce don courtois du cœur est destiné à Prudence (f. 5 v°).

63 Qui͜ en : monosyllabe.

64 Leçon rejetée : *pourchasses*.

65 Comprendre : Si je ne vois mon messager ainsi de retour, mon triste visage sera toujours baissé.

66 Lieu commun de la poésie courtoise, cette métaphore a été rendue célèbre grâce à la joute poétique organisée à Blois par Charles d'Orléans et son épouse Marie de Clèves sur l'*incipit* « En la forest de longue actente ». Plusieurs des rondeaux composés à cette occasion étaient connus à l'époque de Catherine grâce à l'imprimé d'Antoine Verard *La Chasse et le Départ d'Amours* (Paris, 1509). Ils sont inclus également dans le manuscrit

À celle fin que tel dueil et tristesse
Gueres ne porte, tu en as le povoir.
Te plaise donc à cestuy cas pourvoir.
Et cela faict, mon Ange retourné
D'indulgence fourny et atourné,
Jamais ne fut plus aise creature,
Plus consolée, ce pourpos je te assure.
Quant de l'emprinse, ce n'est rien quant à toy,
Mais elle est grande e[t] de poix quant à moy.
Ce non pourtant, quelque peur que je porte,
Je ne fays doubte que mon courrier n'aporte
Bonnes nouvelles, luy mesme le m'afferme,
M'ammonestant avoir mon esperit ferme
En esperance et sans point desvÿer.
Plus, il m'a dit que ne sçauroys nÿer
À procurer, de cela ce tient seurs, [10 rº]
Misericorde[67] pour les povres pecheurs.
O deffective, quant ce pourpos escoutte,
Seulle arrequoy, et que bien je le gouste,
Non une goutte de joyë ne respendent
Mes povres yeulx, ung millier en descendent,
Tant nuyt que jour[68]. Prevoyant ce grant bien
À moy venir, j'ay si gaillart maintien
Que si Raison, hayneuse de desordre,
Ne conduysoit mon esperit[69] par ordre,
Je me prendroye à dire la chansson
De moy aymée, aornée[70] de plaisant son,
Où il y a, à l'ombre d'ung bissonnet[71],

Paris, BnF, fr. 1722 ayant appartenu à Marguerite de Navarre. Voir C. M. Müller, « Marie de Clèves, poétesse et mécène du XVe siècle », *Le Moyen Français*, 48 (2001), p. 57-76.

67 « *Mater misericordiae* » est le premier nom de Marie dans le *Salve Regina*, antienne qui souligne aussi son regard compatissant : « *tuos misericordes oculos* ».

68 Dans les *Prudens*, la considération de la miséricorde de la Vierge provoque une même réaction : « de joye suis toulte lacrimable » (f. 21 rº).

69 Trissyllabe.

70 Dissyllabique.

71 Nous proposons une scansion où le *e* final de *ombr(e)* ne se prononce pas, selon le modèle de la chanson populaire évoquée ici.

L'aurée d'une soullaye au matinet[72].
Non de gaytté mondaine qui chancelle
Ne chanteroye, mais de spirituelle[73],
En contemplant ce mot de si hault pris :
Misericorde où tous biens sont comprins,
Misericorde dont mainctz fruictz sont venus,
Par son moyen en ce monde advenus.
Las, sans icel, tout le climat naufrage,
Estoit perdu le povre humain lignage
Sans icelle, de cella je ne ment, [10 v°]
Chacun alloit à perte et dempnement.
N'ay je dont cause d'ung tel bien m'esjouyr,
Sans par tristesse me veoir esvanouyr,
Quant j'aperçoy que moy povre esperdue,
Par ort peché me vëoyë perdue
Sans l'asnée fille de mon Pere et mon Dieu,
Misericorde, bien aymée en tout lieu ?
Davantage tu es sa propre Mere[74],
Sans toy ne peult ordonner ne rien faire.
Tu peulx le tout, à cella je me fye,
Que ma povre ame par toy sera fulcye
Et coloquée, maulgré les contredictz,
Lassus au ciel avec les benedictz
Où est repos et gloire invarïable,
Felicité à tousjours permanable,
Qu'en toy je n'ay ma parfaicte esperance.
Et pour vroy signe d'amour et souvenance
Je t'envoyë ung petit Champ royal

72 Mise en musique par Josquin des Prés, cette chanson est attestée avec des variantes dans différents recueils, dont BnF, ms. fr. 1597 (f. xxxiiii et lxxvi), fr. 2245 (f. 25 r°) et le fr. 12744, édité par Gaston Paris dans *Chansons du XVe siècle* (Paris, Firmin-Didot, SATF, 1875, n° XVIII, p. 20-21) : « À l'ombre du bissonnet au matinet », « En l'ombre d'ung buyssonnet l'oree d'une riviere », « En l'ombre d'ung buyssonnet / L'oree d'une saulaye / Moy seul par ung matinet ».

73 *Cf.* la fin de la *Complaincte* : « nostre tristesse mondaine se convertit en joye spirituelle » (f. 28 v°).

74 Comme le récitent les laïcs, entre autres dans l'*Obsecro en françoys* : « tresdoulce Vierge Marie, Mere de Dieu et de Misericorde » (*Livre d'Heures en français selon l'usage de Paris* [1460-1470], NAF 28877, f. 24 v°).

De moy comprins en langaige rural[75]
Que recepveras si te plaist doulcement[76].
Si je ne touche de toy si haultement
Qu'il t'apartient, excuse ta servante [11 r°]
À cest affaire trop plus qu'insuffisante.
Les sainctz docteurs et orateurs ensemble,
Mesmes les cieulx ne sçaroist, ce me semble,
Toy hault louer atant que peust suffire,
Cella je sçay[77]. Mais j'é tousjours ouy dire
Celuy qui faict son povoir au surplus
De louenge ne doit estre forclus,
Mais exalté en public de chacun,
Sans desdaigner, c'est proverbe commun.
Pour ceste cause, et la raison preveue
De Katherine d'Amboise au vroy congneue,
D'ung franc voulloir en toute humilité
T'a bien voullu escrire ce traicté,
Comme le voys couché par inventoyre,
Te suppliant d'icelle avoir memoyre[78].

---

75 Le terme « rural », employé dans ce sens par les rhétoriqueurs (Guillaume Cretin, Jean Marot), se rencontre de même dans les *Continuelles meditations*, f. 3 r°.

76 La douceur est un attribut traditionnel de la Vierge, comme le rappelle par exemple l'invocation « *O dulcis Maria* » du *Salve Regina*.

77 Le *topos* de l'ineffable pour souligner la suprématie de Marie est employé déjà dans les *Prudens* (f. 21 r°-v°).

78 Les compositions palinodiques sont fréquemment précédées d'un avant-propos, souvent explicatif, qui annonce le thème, sert de *captatio benevolentiae* ou propose une dédicace (G. Gros, *Le poème du Puy marial*, Paris, Klincksieck, 1996, p. 227-229). Catherine d'Amboise condense toutes les facettes de cette pratique dans ses v. 367-386.

Champ[79] royal

Anges, Throsnes et Dominatïons[80],
Principaultés, Archanges, Cherubins,
Inclinés vous aux basses regïons
Avec Vertus, Potestés, Seraphins[81]
Transvolités des haulz lieux cristalins [11 v°]
Pour decorer la triumphante entrée,
La tresdigne, precïeuse ventrée,
Le sainct concept[82] par misteres treshaulz
De la Vïerge où toute grace habonde,
Decretée par dictz imperïaulx
La plus belle qui jamais fut au monde[83].

Faictes sermons et predicatïons
Carmes devotz[84], Cordeliers, Augustins.
Du sainct concept portés relacïons
Caldeÿens[85], Hebrïeux et Latins.

---

79 Pour cette graphie, voir Introduction, p. 67.

80 La rime en *-tion* est l'une des préférées des poètes palinodiques (Th. Mantovani, « Le manuscrit BnF, fr. 1538 », art. cité, p. 82).

81 Les anges sont désignés par leur appellation traditionnelle conformément aux degrés de la hiérarchie céleste. Voir par exemple les *Matines* de Martial d'Auvergne dans le *Te reginam laudamus* : « Les anges du ciel et archanges / Trones, cherubins, seraphins / En diverses joyes estranges / Ierarchies, ordres divins / Te louent continuellement / Comme la grant dame et maistresse » ou dans la première leçon, à propos de l'Ascension du Christ : « Dieu scet quel joye là estoit / Et quelz doulx chantz melodieux / Tous les anges et cherubins / Potestez, dominacions / Vertuz, archanges, seraphins / Y venoient en processions » (BnF, ms. Rothschild 476, sig. u vi v° et l iv r°). Appellation habituelle aussi dans les mystères, par ex. Arnoul Greban, *Mystère de la Passion*, v. 34013-34016. Un chant royal de Guillaume Thibault, auteur palinodique à succès, est entièrement centré sur la hiérarchie des anges (BnF, ms. fr. 379, f. 14 v° à 15 r°).

82 Termes usités dans la dévotion mariale pour désigner l'Immaculée Conception. Voir aussi v. 407, 410, 414. *Le psaultier nostre Dame selon saint Jerosme*, sig. b iv v° : « Soit benoiste en Trinité / De ta chair la mundicité / Et trespure virginité / Et de ton cueur / La misericorde et doulceur [...] » et sig. c iv v° « Loues [...] son sainct concep sans virile semence ».

83 Le palinod « La plus belle qui jamais vint au monde » se rencontre dans le ms. BnF, fr. 1538, f. 158 v° ; une formulation analogue est présente dans *Le psaultier nostre Dame*, ouvr. cité, sig. d iv v°, « Le XXIII pseaulme » : « Gloire à tousjours soit à toy la plus belle / Naturelle / Qui jamais fut au monde ».

84 Les Carmes, de l'Ordre de Notre-Dame, sont mentionnés aussi dans les *Prudens*, f. 79 v°.

85 Quatre syllabes.

Roumains, chantez[86] sur les montz Palatins
Que Jouachim saincte Anne a rencontrée[87],
Et que par eulz nous est administrée
Ceste Vierge soubz amours conjugaulz
Que Dieu crea de plaisance faconde[88],
Sans point sentir vices originaulz
La plus belle qui jamais fut au monde.

Ses honnestes belles receptïons
D'ame et de corps au beaux lieux intestins
Ont transcendé toustez conceptïons [12 r°]
Personnelles, par misteres divins,
Car pour nourrir Jhesus de ses tetins,
Dieu l'a tousjours sans maculle monstrée[89],
La desclairant, par droit et loy, oultrée
Toute belle pour le tout beau des beaulx[90]
Toute clere, necte, pudicque et monde
Toute pure par dessus tous vesseaulx
La plus belle qui jamais fut au monde.

Muses, venés en jubilacïons[91]
Et transmigrés vos russeaulx cabalins[92],
Vien, Aurora, par ludïacïons[93]

---

86 Leçon rejetée : *chanter.*

87 De même que la IVe Églogue de Virgile est lue par la tradition religieuse comme une préfiguration de la venue du Messie, de même l'Antiquité romaine se doit ici, pour Catherine, d'annoncer la rencontre biblique des parents de la Vierge.

88 Faut-il lire « de plaisan*t*e faconde » (de belle apparence) ou comprendre, comme le propose Yves Giraud (*Devotes epistres*, p. 44) : Dieu créa, « par son bon plaisir », la Vierge « féconde ».

89 L'expression *sans macule* est si fréquente dans les chants royaux que l'on ne citera que ce palinod : « Vierge et Mere sans macule conceue » (BnF, fr. 1538, f. 35 v°-46 v°).

90 Cantique des Cantiques, 1^{15-16}. De nombreux vers se ressemblent dans les recueils, la récriture et la variation à l'infini faisant partie de la loi du genre : « Pour le tout beau toute belle je suis », « Pour le tout beau la plus belle du monde » (G. Gros, *Le poème du Puy marial*, Paris, Klincksieck, 1996, p. 214).

91 « […] faisons chançons nouvelles / Et la louons en jubillacion » (BnF, fr. 1538, f. 193 r° ; ce terme réapparaît encore vingt-cinq fois dans ce manuscrit).

92 La source du Parnasse qui jaillit sous le pied du cheval Pégase.

93 Faut-il voir dans ce terme une métathèse d'un latinisme (lucidations <*lucidus* : clair, brillant, lumineux) ou bien un néologisme construit sur la racine *ludus* (jeu) ?

En percursant les beaux jours matutins,
Vien, Orpheüs[94], sonner harpe et clarins,
Vien, Amphïon, de la belle contrée,
Vien, Musique, plaisamment acoustrée
Vien, royne Hester[95], preparée de joyaulx,
Venez, Judich[96], Rachel[97] et Florimonde[98],
Acompaignez par honneurs specïaulx
La plus belle que jamais fut au monde.

Doulz Zephirus[99], par sibillacïons [12 v°]
Sepme partout roses et roumarins[100],
Nimphes, lessés vos inundatïons,

---

94 La convocation d'Orphée ainsi que des muses, des nymphes et d'Apollon (ci-dessous) apparaît aussi dans la première strophe du chant royal de Jacques Damien de 1516 (Rouen, BM, Y 16, f. 34 v°) : « O Driades, laissez voz maisonnettes, / Venez chanter au concept de Marie ! / Venez aussi, Thespiades honnestes, / Accordez vous en doulce symphonie. / Sire Apollo, monstre son armonie, / Prens avec toy Arïon et Orpheus, / Jouez d'accord, ne soyez plus huy seus, / Faictes les cieulx retentir plainement / Tout a l'honneur de la Vierge et pucelle, / Laquelle fut particulierement / Seule en concept sans tache originelle » (éd. dans D. Hüe, *Petite anthologie palinodique (1486-1550)*, Paris, Champion, 2002, p. 104).

95 Dans les *Prudens*, f. 6 r°, la reine Esther intervient dans son rôle d'intercesseure et comme exemple d'humilité. Catherine s'inscrit en cela dans la tradition exégétique pour laquelle Esther annonce l'obéissance, l'advocacie et le couronnement de Marie. Sur la figure d'Esther dans le chant royal voir D. Hüe, « Esther, la Vierge et le Puy », éd. J.-Cl. Arnould et *al.*, *Première poésie française de la Renaissance*, Paris, Champion, 2003, p. 105-143.

96 *Cf.* les *Prudens*, f. 94 r°-v° où Judith incarne la ferveur et l'humilité.

97 En tant que mère de Joseph, qui a souffert « douleur sur douleur jusques à l'eage de trente et deux ans », Rachel est implicitement désignée dans les *Prudens* comme une *Mater dolorosa*, caractérisée par sa « pascience à la mort » (f. 49 r°).

98 Dès les *IX Joies Nostre-Dame* du Pseudo-Rutebeuf, c'est fréquemment Sarah qui forme la quatrième héroïne biblique associée à la Vierge ; avec Rachel, elle préfigure Marie dans son « attente de la maternité », tandis qu'Esther et Judith représentent sa « victoire sur le mal » (G. Gros, *Le poème du Puy marial*, Paris, Klincksieck, 1996, p. 270). Les malheurs de la belle Florimonde, épouse de l'empereur romain Othevien et mère de Florent et d'Othevien le Jeune, sont narrés à partir du v. 6062 du célèbre roman épique *Florent et Octavien : chanson de geste du XIVe siècle* (éd. N. Laborderie, Genève, Slatkine, 1991).

99 Zéphyr apparaît dans bon nombre d'autres chants royaux en l'honneur de Marie, par exemple dans le ms. BnF, fr. 19369, f. 25. Il figure également, avec Pan et Orphée, dans la *Déploration sur le trépas de Jean Ockeghem* de Guillaume Cretin citée à propos du v. 426.

100 La rose est un symbole marial dès le XIIe siècle et une des fleurs de sa couronne. Le romarin, populairement nommé rose de Marie, est lui aussi un attribut de la Vierge. Parmi les occurrences du romarin à côté de la rose dans les corpus palinodiques, on mentionnera le chant royal de François Sagon sur la fleur de thym (ms. BnF, fr. 2206, f. 236 r° et fr. 25534, f. 18 v°).

Lieux stigïeulx et caribdes marins[101],
Sonnés chores[102], vïolles, tabourins.
Que ma maistresse, la Vïerge honnorée,
Soit d'un chacun en tous lieux decorée !
Vien, Apolo jouer des chalumeaux,
Sonne, Panna[103], si hault que tout redonde,
Caulaudés tous en termes generaulx
La plus belle qui jamais fut au monde.

Envoy

Esperilz devottz, fidelles et loyaulx,
En paradis beaux manoirs et chasteaulx
Au plaisir Dieu la Vierge pour nous fonde
Où la verrés en ses palays royaulx
La plus belle qui jamais fut au monde

Fin par moy K. d'Amboise

O mon bon Ange, tu soys le bien venu !
Je apersoy bien, voyant le contenu,
Par cest aneau de quoy present me fais,
Que de peché ne porteray plus le fes.

[13 r°]
Enluminure 3 : L'ange reçoit l'anneau du Christ et le remet à Katherine[104]

---

101 Le Styx, fleuve des enfers ; la Charybde, monstre qu'affronte Ulysse dans le détroit de Messine et qui désigne tout gouffre marin.

102 Cor ou cornet.

103 Le dieu Pan.

104 Enluminure 3 : Tous les personnages des enluminures précédentes sont réunis dans un décor à peu près semblable mais plus nettement partagé en deux. Dans la partie supérieure, le Christ rayonnant trône sur un arc-en-ciel, les pieds posés sur un globe bleu ; sa main droite percée est posée sur son flanc d'où le sang s'échappe, tandis que sa main gauche remet l'anneau nuptial à l'ange messager souriant (vêtu de rouge et de vert). La Vierge à droite de son Fils le regarde, mains jointes. Dans la partie inférieure, l'ange (vêtu de gris, de rouge et de vert) montrant le ciel de l'index gauche, tend l'anneau à Katherine, agenouillée devant un livre ouvert sur un coussin rouge. Celle-ci, en robe bleue à fourrure brun-doré, porte à nouveau les bijoux qui ornaient sa coiffe et son cou dans la première enluminure. Son expression a changé ; son regard est plus droit

Benignement j'ay receu ton registre,
Fondée en dueil ta pitoyable espiltre
Où tu descrips en toute humilité
De ton esperit[105] la grant ligereté,
Tes pechés tous, esperant t'amender [13 v°]
Comme as voullu le m'escrire et mender.
Celluy pourpos de louenge est tresdigne
Et de salut le marc et le vroy signe[106].
Mais que le fasses sans rompre ta promesse
Qui envers moy si doit, comme la messe[107],
Veritable estre, que pardevant n'as fait,
Dont tu pechas et commis grant forfaict
Par plusieurs foys, en ensuyvant tes peres
Lesquelz premiers commisent vituperes
Par transgresser[108] mes injunctions et dictz
Et avoir creu le serpent interdictz[109].
Ce non pourtant quelque offence qu'ayez faicte,
Tant ville soit, ordouse et putrefaicte
Je ne sçauroye ma fille de concorde
Te refuser, nommée Misericorde[110].
Je ne pourroye desnÿer ta demande
Posé qu'el soit, veu tes meffaictz, fort grande.
Moy mesme ay dit, or ma parolle est seure,
Mon Evvangille l'affermë et asseure,
Quë à quelque heure que le pecheur dira
Du bon <du bon> du cueur *peccavi* s'oublira

et sa bouche semble esquisser un fin sourire. Derrière elle, la deuxième dame, mains jointes elle aussi, porte ici une robe noire à fourrure d'hermine et un livre bleu à fermoirs d'or sous le bras. Le cadre doré ne contient plus de blason ; son pourtour est entièrement orné d'entrelacs de branches épineuses (vert et or verticalement ; vert et rouge horizontalement).

105 Dissyllabe.

106 La contrition et la confession sont les deux premiers moments de la pénitence privée qui conduit au rachat. Voir ci-dessus v. 16 et note 7.

107 Seule attestation du terme dans toute l'œuvre.

108 Leçon rejetée : *trangresses.*

109 *Cf. Prudens*, f. 8. Ici Catherine ne distingue plus Ève et Adam.

110 Voir v. 221-222. Dans le *Procès de Paradis*, déjà cité, Miséricorde, avec Paix, plaide pour le rachat de l'humanité.

Le scien delict, et recepvera pardon[111]. [14 r°]
Je l'ay conclus et octroyé par don.
Doncques, ma fille, cella que j'ay predict,
Promis jadis, y mectre contredict
Je ne sçauroye sans estre veu injuste,
Et tu sces bien que Dieu fut et est juste[112],
Par quoy ne puis refuser ta requeste,
Et m'eussez tu autant faict de moleste
Que fist Judas[113] et tous aultres pecheurs
Depuis Adam envers moy transgresseurs.
Daventage, tu as esleue ma Mere[114]
Pour advocate et guyder ton affaire,
Tu es prudente, car de riens l'escondire
Je ne pourroye, royne est de mon empire,
Ayant puissance itelle que je l'ay.
Imposible est luy faire aulcun delay
De rien qui soit à son veil et desir,
Mais justement parfaire son plaisir,
Sa volunté, sans y penser desdict,
Chose au contraire, rien ne luy en[115] interdict.
Plus, m'a baillé et presenté ton cueur
Lequel me donnes[116]. Tu ne pourroys meilleur
Choisir pour garde que moy, je le t'asseure. [14 v°]
Icelluy prens, te recepvant en l'heure
Pour mon espouse et dame par amours,
Ainsi pe[n]sant[117] que jamais laches tours
Ne me feras. À cella je me renge.

---

111 Tiré du *Confiteor* liturgique, « j'ai péché » est aussi réitéré dans les livres d'Heures, le plus souvent en latin. Certaines prières de confession traduites en français emploient également en rubrique le terme *Peccante* (par exemple *Livre d'Heures en français selon l'usage de Paris* [1460-1470], NAF 28877, f. 143 r°). Pour l'assurance du pardon octroyé : Luc, 5^{20}.

112 Romains, 9^{14-18}.

113 *Cf. Complaincte*, f. 26 r°.

114 *Cf. Prudens*, f. 21 r°-v°.

115 *luy en* est monosyllabique. Faut-il comprendre : « Bien au contraire, rien ne lui est interdit » ?

116 Dans les *Prudens* (f. 5 v°), Catherine offre son cœur à Prudence, souvent apparentée à la Vierge dans la piété mariale.

117 Leçon rejetée : *pessant.*

Plus, que de moy tu ne feras eschange
Ainsi que font plusieurs aultres mondaines
En promesses volages et soubdaines.
Constante et forte te maintiendras et ferme,
Ainsi ma Mere le m'a dit et l'afferme,
Faisant pour toy le veu et la promesse.
Dont pour monstrer[118] que j'ayme la simplesse[119],
L'humilité de toute creature,
Pour commencer d'amour la conjecture,
L'aneau de paix et de remissïon,
T'envoye là bas, veue ton intencïon.
Tu le garderas pour et en souvenir
De ton espoux, bien t'en pourra avenir[120].
Ton cueur, lequel tu m'as icy transmys,
Au ranc sera de mes parfaictz amys,
Mys et posé en ung repositoyre
Celestïel, divin, triumphatoire
Où d'ennemys il n'aura jamais garde. [15 r°]
Icelluy prens en main et saulvegarde
Pour recompence. Tous vices et pechés
Que jusques si te ont voullu empecher[121],
Faisant lesser mon chemin vertueulx,
Le tout efface. Et encor plus je veulx :
Si envïeulx te demendoist pa[r] voye
Qui t'a baillé l'asneau que je t'envoye,
Pour quel faveur icelluy tu comportes,
Dy leur tout hault que sil pour qui le portes
Est acomply et plain de honnesteté,
Le paragon de toute humilité,
Le beau des beaux[122], le milleur des milleurs,
Riche et puissant, Prince de tous seigneurs.
Plus, si d'amour il te vouloist blasmer,

118 Leçon rejetée : *monstres.*
119 Matthieu, 5^3.
120 Enclise : *pourra‸avenir* compte pour quatre syllabes.
121 Leçon rejetée : *empeches.*
122 Psaumes, 45^3.

Fay leur responce que suis digne d'aymer,
Et que l'aneau pourteras dedans ton doy
En despit de eulx et pour l'amour de moy.
Et ne te chaille d'injure qu'on te dye,
Si de toy sont en folle jalousye
Ne plus ne moinctz lesse tout descouller,
On ne sçauroit garder foulz de parler[123].
Persevere tousjours de mieulx en mieulx, [15 v°]
Ung vray aymant a tousjours envïeulx.
Notte ce point, je seray ton garent,
En tous tes faictz aydable et secourant,
Mès que tu soys juste en ton maintenir,
Ceulx du jourduy promectent sans tenir[124].
Ne soit itelle, car c'est ruse evidente,
De mocquerie voysinë et parente.
Ayez esgard doncques dorenavant
À ton Espoux qui tant benignement
T'a recuillye, de charité emprins
Veu que envers luy avoys commis mesprins.
Je ne dys pas ses moctz pour te irriter,
Quelque chose que veille interpreter
L'acord est faict et le pardon donné,
De toy et moy signé et ordonné.
Ce que te mende n'est que pour te advertir
Que tu ne soys si prompte à divertir
Que aultre foys fus. Oultre je te conseille,
Ainsi que amant pour son amye veille,
Que au temps qui vient ne te monstrez estrange
Au gardïen de toy, c'est ton bon Ange[125].

---

123 J. Morawski, *Proverbes français antérieurs au XVe siècle*, Paris, CFMA, n° 47, 1925, 768 : « Fous dit kenques a la bouche li vient ».

124 Le *topos* de la mort des valeurs courtoises, et notamment de l'infidélité ou du manque de sincérité des hommes, est souligné, à l'instar de Christine de Pizan et d'Alain Chartier, par nombre de poétesses contemporaines de Catherine d'Amboise. Voir C. M. Müller, « Anne de Graville lectrice de "Maistre Allain" : pour une récriture stratégique de la *Belle Dame sans Mercy* » (*Lectrices d'Ancien Régime*, éd. I. Brouard-Arends, Rennes, Presses Universitaires de Rennes, 2003, p. 231-241).

125 *Cf. Prudens*, f. 22 v° et note 109.

Si son conseil eussez voullu enssuyvre[126], [16 r°]
Le Monde immonde[127], qui mainct esperit enyvre,
Ne t'eust deceue, la Chair aussi le Dyable[128],
Notte ce dit qui n'est <ne> songe ne fable.
Iceulx te ont faict delesser Esquicté
Pour obeyr à Sensualité.
Sont eschauguectes et larrons infernaulx,
Faictz et domptés pour induyre à tous maulx.
Tu as suyvye leur infamie et bende
Par moult de temps, dont tu devoys l'amende
À moy ton Dieu. Qui te heust voullu contraindre
Faire payement sans espergner ou faindre,
Qu'eussez tu faict povrette creature ?
Ton corps et ame alloist à l'aventure.
Contemple dont la charité profunde
De ton amy, le bien qui en[129] luy habonde,
Que si vouloit les pecheurs condempner[130]
Sentence juste sur iceulx ordonner[131]
Tout aussi tost qu'ilz ont commis offence,
Le povre monde yroit en descadence
Et deffauldroit. Entens bien ce dicté,
Grant besoing est que soye excercité :
Aux deffectifz estre doulz et propice, [16 v°]
Non pas user[132] de rigueur de justice :
Comme piteulx, mettz paine les tyrer[133]

---

126 Leçon rejetée : *enssuyre.*

127 « Le monde n'est monde » (Charles de Bovelles, *Proverbes et dicts sententieux, avec l'interpretation d'iceux*, Paris, S. Nyvelle, 1557, f. 40 r°).

128 La triade augustinienne « la chair, le monde, le diable », développée par saint Bernard (*Meditationes de humana conditione*, chap. 12), est omniprésente dans la littérature de dévotion. Elle donne titre à une moralité à cinq personnages représentée à Paris en 1505-1506 et publiée en 1530 : *Mundus, caro, demonia en laquelle verrez les durs assautz et tentations qu'ilz font au chevalier chrestien et comme par conseil de son bon esprit avec la grace de Dieu les vaincra et a la fin aura le royaume de Paradis.* (Frères Parfaict, *Histoire du théâtre français*, t. 3, p. 106). On retrouve cette thématique des trois dangers affrontés par l'Âme dans les *Continuelles meditations.*

129 Monosyllabique.

130 Leçon rejetée : *condempnes.*

131 Leçon rejetée : *ordonnez.*

132 Leçon rejetée : *uses.*

133 Leçon rejetée : *tyres.*

Par devers moy, en doulceur retyrés.
Aucuneffoys par tribulatïon
Je les espreuve, et par temptacïon,
Par ses deux poinctz retourne le pecheur
À recongnoistre son Dieu et Createur[134].
Ce non pourtant ne vouldroye ordonner
Temptacïon aucunement donner
Que l'on ne puisse porter et sostenir.
À toy sur toustez en peult je souvenir :
Temptacïon, contemple bien mes dictz,
Est le sentier qui meyne en paradis,
Temptacïon faict à cueur retourner,
Bon gré mal gré le pecheur destourner.
Temptacïon qui faict crier helas,
Faict plus de bien à la fin que soulas.
Mais que Pascience conduyse en bon espoir
Le desvoyé esvitant Desespoir[135].
Ses troys pirrattes[136] que j'ay devant nommés
Larrons, faulceres, pour bien les blassonner[137]
Ilz sont là bas pour servir de telz mectz, [17 r°]
Pource, mamye, garde leur entremectz.
Le Monde est prompt promettre sans tenir,
Par ses promesses mainct en a fait venir
À perdition usant de menterie.
Proumect à tous esperance de vie
Longue et certaine, mais quant la mort survient,
De[138] ses promesses, pour vroy, ne luy souvient,
En delaissant comme cault et rusé
Tous ceulx qu'il a par promesse abusé.
Daventage, la Chair ne faict pas moins.
Et puys le Dyable, des deux freres germains,

134 *Cf. Complaincte*, f. 22 r° et note 68.

135 Voir ci-dessus v. 150.

136 Le monde, la chair, le diable. Métaphore du « navire infernal » des voyages allégoriques de l'âme. Par ex. *Continuelles meditations*, f. 52 r°-v°.

137 Leçon rejetée : *blassonne.*

138 Leçon rejetée : *des.*

Cil tient la peaultre du navyre infernal,
Le conduysant comme grant gouvernal
Voir, de tel sorte que si la creature
Ne se retyre desoubz la couverture
De ma passion doloureuse et acerbe,
À grande paine, notte bien ce proverbe,
Se abscentera de ses larrons predictz
Que n'en reçoipve dix mille contredictz.
Saulveté aultre ne veillez enchercher
Que mon cousté, vien toy dedans cacher.
Prou large il est et au long profendu, [17 v°]
Pour tous pecheurs amplement estandu.
Voire et sans doubte aulcun ennemy[139] me faire,
Aprochés vous en moy voullant complaire,
Courez, trottés, avec mesure et ordre,
À haulte voix criés misericorde
Juste le fust de mes tressainctes armes,
C'est de ma croix où receuz les alarmes
De mort mordant[140] qui sur moy eut vigueur
Pour heur venir à vous aultres milleur.
Ainsi le fist Marïa Magdalaine,
Semblablement la bonne Egipcïenne[141],
Quë au plus tost que ma croix embrassée
Heurent ensemble estaché leur pensée,
La Chair, le Monde, en cas pareil le Dyable,
Lesard infaict, puant, abhominable,
Ilz ne craignyrent telle secte mauldicte,
Considerant qu'el estoit interdicte
Pour la poursuyte de mon emprinse saincte.

---

139 Dissyllabe. Faut-il corriger, comme le propose Yves Giraud (éd. citée, p. 68) : *ennuy ?*

140 Expression topique chez les rhétoriqueurs. Ex. Jean Lemaire de Belges, *Plainte du Désiré* (*Œuvres*, éd. J. Stecher, Louvain, 1882-1885 ; Genève, Slatkine Reprints, 1969, t. 3, p. 158).

141 La légende de Marie l'Égyptienne, surnommée la « pécheresse », qui mena, pendant quarante-sept ans, la vie la plus austère au milieu du désert, connut un vif succès au Moyen Âge, attesté par les diverses versions françaises de la *Vie de sainte Marie l'Egyptienne*, par le poème de Rutebeuf et par la *Légende dorée* de Jacques de Voragine. Voir l'introduction de *La Vie de sainte Marie l'Égyptienne. Versions en ancien et moyen français*, éd. P. F. Dembowski, Genève, Droz, 1977. *Cf. Continuelles meditations*, f. 8 r°.

O mon espouse, m'amyë et sans faincte,
Je t'avertis tout ainsi que doit faire
Le bon amy, garde de te deffaire
Et corrumpre la foy que m'as promise. [18 r°]
Tu as[142] de par moy entendu la divise
Des troys faulceres qui font certainement
Mainte povre ame aller à dampnement.
Croy le conseil de ton loyal espoux,
Non pas d'iceulx, et tu auras repoux
Avecques moy en mon palais royal,
Auquel jamais n'entre cueur desloyal.
Celuy est dit le manoir d'oraison
Où Charité et ma fille Raison
Ont *audivi*, gouverne toy par eulx,
Et les enssuy, il t'en adviendra[143] mieulx.
Qui est la fin du dicté[144] que t'envoye,
Prenent congé atant que je te voye

Fin par moy : K. d'Amboyse

142 Tu‿as : monosyllabe.

143 Leçon rejetée : *adivendra.*

144 « Ce mot [dit, dict, dicté, dictié, dittié], jusqu'au commencement du XVIe siècle, désigne un poème de n'importe quelle forme et sur n'importe quel sujet » (G. Hecq et L. Paris, *La Poétique française au Moyen Âge et à la Renaissance*, Paris, Librairie Émile Bouillon / Bruxelles, Société belge de librairie, 1896, p. 71).

LES CONTINUELLES MEDITATIONS

LE MANUSCRIT

Velin, 235x150 mm, 80 feuillets, écriture du XVIe siècle à longues lignes (19 à la page). Orné de treize miniatures. Lacunes après les f. 5 v°, 7 v°, 14 v°, 22 v°, 25 v°, 37 v°, 52 v°, 54 v° et 65 v°. Reliure en veau marron, portant au centre du plat supérieur estampé et doré : *F. / REMY.* Et au centre du plat inférieur : *MEGRET*
Sur le contre-plat supérieur est collée une étiquette : *Ce Livre est Intitulé* La Passe Solitaire, et vie Spirituelle, *par Remy Megret, MS. small folio, containing 13 drawings, nearly the size of the page, beautifully coloured.*
The above work is apparently written in the fifteenth century and is in fact a kind of Pilgrim's Progress.
Sous l'étiquette, à gauche, est noté, au crayon à papier : *1/4.*
Au centre :

13 plates
80 leaves
La Vie Spirituelle ;
a
Pilgrim's Progress

Un peu plus bas, au centre : *8*
F. 2 v° : écu aux armes d'Amboise
Au f. 80 r° :

Ce livre est intitulé (comme Il est facille de colliger
par le discours) La Passe solitaire, et vie
spirituelle, ou contemplative, donnée pour
Instruction, a tous amateurs de dieu,
et non moins util que necessaire
a ceux quy en vauldront faire
profession : et pourtant Je vous
prie le comtempler
Incessamment, et le
ensuivre avec Jesus
grist nostre
mediateur et
redempteur.
amen.

‡ † ‡

Par Remy megret frere en dieu en toute
obeissance et humilitée et a tous
amateurs diceluy.
Ainssy soit.

Note bibliographique recto :
The arms in the first miniature were borne by the family of Amboise, and also by that of Faucigny-Lucinge (Savoy). They are <u>*not*</u> *the Arragon arms.*
The volume belonged in the 16th cent. to « Frère Rémy Megret, religieux de l'ordre de Prémonstré. »
The MS (an allegorical pilgrimage of the Soul) has no title. It begins : « Les continuelles meditations de la volubilite et soudaine mutation dez creatures raisonnables », and ends : « et finablement apres avoir paye le tribut de nature parvenir en la terre de promission la ou reside lessance divine cest paradis. Amen. »
Rémy Megret, in a note at the end, says that the title of the work is « La Passe solitaire, et Vie Spirituelle, ou Contemplative. »

Provenance

Angleterre, collection privée, puis Bodleian Library.
Le manuscrit est accompagné de deux documents de la fin du XIXe siècle.

– Note de Allan Heywood Bright

In March 1898 I was at Oxford and spent a morning at the Bodleian with Falconer Madan[1]*. With his assistance I deciphered a good deal of the writing on the first page of this M. S. I believe it to be*

CE LIVRE APARTIENT
a frere Remi Megret
de l'ordre de Premonstre natif
de Vervin demeurant au mo-
naster de notre dame de
Thenailles assez pres de
Douay College Royal.

The arms on the first illumination which are paly of six or and gules I have not found out nor what the letters P. K. mean.

The work is clearly an original one of the 16th *century as it alludes to Henry 8th of England who succeeded in 1509. It cannot however be later than 1539 as the Monastery of Thenailles was broken up in this year.*

Allan H. Bright

– Lettre de Jaggard à A. H. Bright :

Shakespeare House
Liverpool, IN April 27 1896

A. H. Bright Esq.
Mill Basile
West Derby

Dear Sir,

In accordance with our promise we write to say that our lady client is unable to furnish us with any reliable information regarding the French manuscript. To quote from her letter she says –

« The book came into the possession of our family from a friend many years ago and its former history I do not know – » « But for my present circumstances I would not dream of parting with it »

1 Falconer Madan (1851-1935), bibliothécaire de la Bodleian Library, bibliographe et historien du livre.

We much regret the paucity of this information.
Yours obediently

Jaggard[2]

2 En haut, à gauche de la lettre, un tampon précise : « Jaggard, Bookseller, Liverpool ».

L'ATTRIBUTION ET LA DATATION

Les Continuelles meditations, dénomination que nous retenons d'après l'*incipit* du manuscrit, est conservé à la bibliothèque Beinecke de Yale sous le titre de *La Passe solitaire*, suivant la note portée, au XVIe siècle, par le prémontré Remy Megret. Le *Catalogue raisonné* de la bibliothèque de Charles-Louis van Bavière, au début du XIXe siècle, fait de ce premier possesseur l'auteur de l'œuvre anonyme[1] dont le titre a pu entraîner confusion avec *La Passe solitaire* de Pierre Doré, publié en 1547. Eugenio Maria Donadoni, en 2016, a attiré l'attention sur ce manuscrit, vendu chez Christie's en juillet 2014, et remis en question avec pertinence ces attributions successives[2]. Les armes d'Amboise qui figurent sur le premier folio ouvrent la voie d'une nouvelle enquête : Catherine d'Amboise serait-elle l'autrice de ces *Continuelles meditations* ? L'étude du texte – à laquelle invite E.-M. Donadoni – ne permet pas de conforter cette hypothèse. Si le copiste est un contemporain de ceux des *Prudens* ou de celui de la *Complaincte*, tant la graphie et la morphologie présentent de points communs, en revanche l'auteur se distingue par une syntaxe et un vocabulaire qui ne sont pas ceux de Catherine d'Amboise, ni dans les *Prudens*, ni dans la *Complaincte*, ni dans les *Espiltres.* Se remarquent un usage systématique de la réduplication synonymique et une construction très différente des propositions, avec notamment de nombreux cas d'antéposition du participe passé[3], de

1 *Catalogue raisonné de la bibliothèque de feu C. L. van Bavière*, rédigé et mis en ordre par L. F. Gaudefroy, t. 1, Bruxelles, P. J. de Mat, 1816, p. 139, notice 1734 : « La passe solitaire et vie spirituelle ou contemplative, donnée pour instruction à tous amateurs de Dieu, etc. par Remy Megret. In-4°.

2 *French Studies Bulletin*, vol. 37, n° 138, printemps 2016, p. 4-9. Eugenio Maria Donadoni nous a communiqué les enluminures du manuscrit avant sa numérisation par la Beinecke ; qu'il en soit chaleureusement remercié.

3 *qui detenue estoit et envelopée* (4 r°) ; *pandu il fut en croix* (8 r°) ; *Madame, exposé m'avez* (10 v°) ; *merité as* (13 r°) ; *contraincte fut* (13 r°) ; *chassés furent du paradis* (13 v°) ; *celle qui entierement arrestée estoit* (17 v°) ; *ses complissez degectéz en furent* (18 v°) ; *Memoire, qui par assueffaction sujourné avoit* (20 r°) ; *navrée et pollue l'ont* (22 r°) ; *Entendement, qui entendu avoit* (24 v°) ; *L'Ame toute perturbée et estonnée fut* (26 v°) ; *tes enormes pechés que commis tu as* (31 v°) ; *apellé*

l'infinitif régime[4] ou bien encore de l'attribut[5]. Par ailleurs, le lexique fait apparaître davantage de latinismes et termes savants[6], s'accordant avec une allégorie qui laisse mieux entendre les questions doctrinales[7].

Contrairement encore aux trois œuvres de Catherine d'Amboise, les *Continuelles meditations* ne contiennent aucune fiction autobiographique ; après l'introduction, le narrateur-acteur qui s'exprime au masculin s'efface presque complètement, n'intervenant que trois fois par un « je » neutre[8].

Cependant la première miniature du manuscrit représente une dame sommeillant au pied d'un arbre où est suspendu l'écusson des Amboise. Et comme l'a justement observé E. M. Donadoni, l'encadrement de l'enluminure porte les chiffres P et K qui peuvent être ceux de Philibert de Beaujeu et de Katherine d'Amboise. Composée entre 1509 et 1539[9], l'œuvre a bien pu être offerte à Georges ou Charles d'Amboise puis arriver dans la bibliothèque des seigneurs de Lignières, à côté des *Prudens* et de ce livre d'Heures conservé aujourd'hui à la Bodleian Library[10].

Malgré nos réserves sur l'identification de l'auteur, et les nombreuses lacunes du manuscrit, il nous a donc paru utile de publier les *Continuelles meditations*, témoin de la mystique nuptiale et de la pastorale allégorique qui purent influencer le cheminement littéraire et spirituel de Catherine d'Amboise.

---

et invocqué il fut (33 r°) ; *qui lasse et agravée estoit* (35 v°) ; *promys avés me aider* (37 v°) ; *jamais le loier et demerite de peché entendu n'avoit* (43 r°) ; *Quant l'Ame imposé eut fin à son oraison* (45 v°).

4 *qui mouldre faisoit ung mollin* (4 r°) ; *si adjouter foy voulés à mez ditz* (5 r°) ; *si equiper tu veulx le gracieulx navire* (8 r°) ; *si convertir tu te veulx* (8 v°) ; *ces propres enfans mourir en feict* (14 v°) ; *Mais par sa temerité ensuyvre n'a volu mon conseil* (21 r°) ; *oultraiger me feirent et mutiller* (21 v°) ; *la creature tacher doit* (27 r°) ; *luy mesmes tuer et occire se feist* (31 r°) ; *descendre convenoit sept degretz* (38 r°).

5 *la chaleur qui extreme estoit* (9 v°) ; *tresjoyeuse suis du bon et loyable propos* (11 r°) ; *traistre et homicide en fut* (14 r°) ; *deceuz en furent* (14 r°) ; *La pauvre Ame toute timide et tramblante estoit* (30 r°).

6 Par exemple : *tepide, formosité, pernocter, assueffaction, teneritude, verecondeux, ludibriation, incolumité, miseration, indumans.*

7 Notamment la Trinité, avec une référence à Saint-Augustin (5 v°) ; la cause du péché originel : « cause efficiante ne effective » (32 v°) ; Foi et Espérance abolies en l'autre monde (78 r°).

8 F. 9 v°, 28 v°, 46 r°-v°.

9 Voir ci-dessus la lettre d'Allan H. Bright.

10 Liturg. 397.

LE CONTENU

3 r°-v° Le narrateur, fatigué par ses *continuelles meditations* sur l'instabilité des créatures raisonnables, s'endort dans un jardin où fleurs et oiseaux annoncent le printemps. Il fait alors un rêve « digne » d'être raconté, le voyage de l'Ame vers la terre de Promission.

Le moulin de remors

3 v°-7 v° L'Ame, cheminant dans la région de Mondanité, arrive au grand rocher de Conscience d'où jaillit un ruisseau qui active le moulin de remors. La meunière, Cogitation, l'invite à se mirer dans le clair ruisseau pour connaître son état. Contrite et désemparée, elle demande conseil à Cogitation pour trouver Inspiration divine.

Inspiration Divine

7 v°-8 v° Divine Inspiration console l'Ame et l'invite à la suivre jusqu'à la fontaine de Penitence.

Oraison à la Trinité

9 v°-10 v° L'Ame, qui commence à retrouver ses esprits, adresse une prière à la Trinité pour que lui soit accordée la grâce de se bien gouverner pour parvenir au port de Salut.

Quête de Volonté, Memoire, Entendement et Raison perdus dans les régions mondaines

11 r°-12 r° Divine Inspiration explique à l'Ame que, pour parvenir à la fontaine de Penitence, il lui faut d'abord trouver Entendement, Memoire, Volonté et Raison, d'autant qu'elle devra passer dans la forêt de Ferme Propos où elle rencontrera des brigands.

12 v°-14 v° L'Ame, sur les épaules d'Inspiration Divine, s'envole pour chercher Volonté, Memoire, Entendement et Raison, dans la région de Mondanité. Elle arrive à un château dont la Chair est gouvernante et qui tient, avec ses compagnes, Luxure, Dissolution, Amour Folle, Gormandise et Paresse, Volonté dans ses bras. Celle-ci quitte finalement le château après avoir entendu les reproches d'Inspiration Divine.
14 v°-16 v° Entendement est trouvé au château de Contencion Dyabolic et, après les admonestations d'Inspiration Divine, retourne avec l'Ame, sa maîtresse.
16 v°-20 v° Inspiration Divine et l'Ame reprennent leur vol et arrivent dans une forteresse, dont le seigneur est le Monde, en compagnie d'Orgueil, Jactance, Presumption, Arrogance, Ambicion, Avarice et Convoitise. Memoire s'y trouve, sous le gouvernement d'Ambition et, méditant la remontrance d'Inspiration Divine, se décide à suivre l'Ame.
20 v°-22 v° Après avoir repris leur vol, Inspiration Divine, l'Ame, Memoire, Entendement et Volonté, trouvent Raison seule dans un bosquet et habillée de manière indécente. Elle se plaint à Inspiration Divine d'avoir été abandonnée par Entendement, Memoire et Volonté. L'Ame contrite demande à Raison de la soutenir dans sa faiblesse.

Les tribulations du voyage jusqu'à la fontaine de Penitence

23 r°-25 v° L'Ame arrive au manoir de Plaisir Mondain qui, avec Oisiveté et Trop Presumer de la bonté de Dieu, tente de la détourner de son chemin. Ses compagnes viennent à son secours et Entendement repousse Plaisir Mondain.
26 r°-28 v° Honte tâche d'empêcher l'Ame de continuer son voyage.
28 v°-34 v° Honte repoussée, grâce au discours de Memoire, la compagnie poursuit sa route, mais, en traversant une forêt, est assaillie par Desesperance. Divine Inspiration et Raison en viennent à bout.
35 r° Sortant de la forêt, la compagnie doit choisir entre plusieurs chemins ; elle s'engage dans celui de Crainte de Dieu bien qu'il soit pierreux et plein d'épines.
35 v°-37 v° L'Ame adresse son oraison à la « glorieuse Essance divine », et rend grâce à Inspiration Divine de la guider et de l'aider à supporter le chemin semé de pierres d'obstination.

La fontaine de Penitence

38 r°-46 v° Au milieu de la fontaine, d'où jaillissent trois sources d'eau, est dressée la croix. Pour y entrer, avec Entendement, Memoire et Volonté, l'Ame doit descendre sept degrés : connaissance de son péché, abomination du péché, contrition, propos de s'abstenir du péché, fuite des occasions de mal faire, confession et satisfaction. Arrivée au dernier degré, l'Ame se trouve vêtue de nouveaux habits, blancs immaculés.
47 r°-49 r° L'Ame rend grâce à Dieu.

La traversée de la mer du Monde
jusqu'à la terre de Promission

49 v°-51 v° Inspiration Divine explique à l'Ame ce qu'est ce voyage.
52 r°-52 v° La compagnie arrive sur la côte maritime où l'Ame admire nombre de beaux navires. Mais Inspiration Divine la détrompe : ces navires sont à la Chair, au Monde et au Diable. Sur le port, une maisonnette abrite Patience, Foy, Esperance, Charité, Oraison, Contemplation, Humilité, Chasteté, Aulmone, Pitié et plusieurs dames qui accompagneront l'Ame jusqu'au port de la terre de Promission.
53 r°-54 v° Folle Plaisance tente d'entraîner l'Ame sur sa nef.
54 v°-59 v° Inspiration Divine conduit toute la compagnie chez Penitence ; tous s'embarquent sur son navire
57 v°-59 r° L'Ame fait sa prière à Dieu le Créateur.
59 v°-61 v° Le navire, bien équipé, est sous les ordres de Penitence, tandis que Raison et Foi tiennent le gouvernail de franc arbitre ; Volunté et Inspiration Divine s'occupent des voiles et des cordages ; Memoire et Esperance du mat ; Entendement monte à la hune ; Oraison, Aumones et Pitié sont aux avirons ; Humilité, Liberalité, Chasteté, Dilection, Diligence, Patience et Sobrieté sont à la défense du navire, sous le commandement de Charité.
62 r°-64 r° Sept navires, commandés par le prince Orgueil, livrent en vain un premier assaut contre le navire de Penitence, bien défendu.
64 r°-65 v° Se lève un grand vent de prosperité mondaine, mais Inspiration Divine fait abattre les voiles et tirer aux avirons.
65 v°-68 r° Les sept navires tentent un deuxième assaut ; ils sont repoussés grâce à la diligence des vertus.

68 r°-70 r° Un vent des plus violents se lève : c'est le vent d'ypochrisie, qui ne peut mettre en péril le navire bien conduit.
70 r°-73 v° Les sept navires viennent une troisième fois assaillir le navire de Penitence dont les occupants passent à l'offensive et détruisent leurs ennemis mortels.
73 v°-74 v° Après trente ans de voyage, l'Ame et sa compagnie s'approchent du port mortel où se tient Atropos.
74 v°-76 v° L'Ame fait sa prière et prononce le credo.
76 v°-77 v° Malgré le vent de vaine gloire qui se lève, le navire aborde et l'Ame paie le tribut à la mort qui la dépouille de son corps.

La réception en la terre de Promission

78 r°-79 r° L'Ame et sa compagnie – excepté Foy et Esperance – sont accueillies dans un magnifique palais où résonnent des chants harmonieux autour du Roi souverain. Charité lui présente l'Ame qui est reçue comme son épouse et bien aimée fille.
79 r°-79 v° Le narrateur et les destinataires du récit adressent au Créateur une prière collective pour qu'il accorde à tous la grâce d'être purifié par la pénitence et de parvenir au paradis.

LES CONTINUELLES MEDITATIONS

[Yale University, Beinecke Library ms 1201]

[2 v°]
Enluminure 1 : La dame inspirée par Morphée[1]

[3 r°]
Les continuelles meditations de la volubilité et soudaine mutation dez creatures raisonnables, ung certain jour, fatigerent de telle sorte mon paouvre et rural[2] entendement, que pour obvier à plus grans inconveniens fuz contrainct me retirer à la delectation du joyeulx temps de ver qui commençoit à tixtre vestemens de diverses couleurs à la terre, par doulceur et amenité des gracieulx soufflemens de Zephirus que armonieuses chançons ce preparoit de dire pour complaire à dame Flora, laquelle ce disposoit le recepvoir près une belle fontaine donc le ruisseau fluctoit le long d'ugne verte praerie au dessoubz d'ung assés hault rochier où le tres melodieux rossignoul faisoit assés bien son debvoir de regracier le hault Plasmateur de toute choses [3 v°] susdictes[3]. Et lors mes jambes, à la requeste de sensualité, laisserent doulcement tumber le surplus de

1 Enluminure 1 : À droite de l'image, une dame (vêtue d'une robe de velours doré à manchons d'hermine), dans un jardin clos fleuri, sommeille sur une couverture et un coussin bleus, un bouquet dans la main droite et la tête appuyée sur la main gauche, au pied d'un arbre où est suspendu un écu aux armes d'Amboise. Dans le ciel, à gauche, un personnage couronné et nimbé, aux ailes bleues, vêtu de rouge et d'or, tend la main gauche vers la dame endormie et tient, de la main droite, trois flèches (?). L'encadrement à colonnes de l'image, porte en alternance les initiales P et K ; elles ont été presque entièrement effacées dans la colonne inférieure gauche ; ultérieurement le chiffre A a été ajouté.

2 Leçon rejetée : *rusal*. Dans les *Espiltres* (v. 368), Catherine emploie l'expression « langaige rural ».

3 Cette évocation du printemps est topique. *Cf. Le Roman de la Rose*, v. 8376-8382 : [...] si con en printemps pardurable / que cil oisel chascun matin / s'estudient en leur latin / a l'aube du jour saluer, / qui touz leur fet les queurs muer, / Zephyrus et Flora sa fame, / qui des fleurs est deesse et dame [...]. » (Éd. F. Lecoy, Classiques Garnier Numérique, 2004.)

mon corps sur une mote. Et adonc me prins à soumeiller, en quoy faisant vint fischer et mettre davant mez yeulx le dieu de repoux, Morpheus, plusieurs fantasies et matieres dignes d'estre rescitées[4].

Comment l'Ame en cheminant par la region de Mondanité se trouve au molin de remort de conscience

Et pour mieux ellucider et declai[rer] la matiere, est assavoir que, en tel conflict d'esprit respousant, advis me fut veoir l'Ame raisonnable que alloit et venoit par la region de Mondanité où elle suportoit maintes douleurs inexplicables et grans travaulx à creux sans produire[5], en ce [4 r°] voye esplorée et ululante à faire regretz et souspirs piteux par emission de larmes conpuntives[6], comme fille esgarée et sans conduite qui detenue estoit et envelopée de griefve tribulation et inquietude importable. Touteffois passa elle oultre et tant feit qu'elle aperceut ung grant et hault rochier de Conscience, duquel sortoit un ruisseau d'eaue vive qui mouldre faisoit ung mollin nommé remors[7], donc le traquet si impetueusement se mouvoit que impossible est de plus. Et si treshault resonnoit au moyen de ladite fourest et rochier que, du son, l'Ame pecherresse fut toute versicorée et perturbée. En maniere qu'elle

4 Sur le songe-cadre du voyage allégorique, on verra notamment Ph. Maupeu, « La tentation autobiographique dans le songe allégorique édifiant de Guillaume de Digulleville : *Le pèlerinage de Vie Humaine* », *Songes et songeurs (XIIIe-XVIIIe siècle)*, éd. N. Dauvois et J.-Ph. Grosperrin, Presses de l'Université de Laval, 2003, p. 49-68 ; on y trouvera les principales références bibliographiques sur le sujet.

5 La phrase n'est pas claire : on peut comprendre que l'Ame a de grandes souffrances qui n'aboutissent à rien.

6 Le motif des larmes est essentiel dans la littérature pénitentielle. Sur les différents types de larmes spirituelles (de contrition, de compassion, d'affliction et de dévotion), voir G. Hasenohr, « *Lacrimae pondera habent.* Typologie des larmes dans la littérature française des XIIIe-XVe siècles », *Textes de dévotion et lectures spirituelles en langue romane (France, XIIe-XVIe siècles)*, Turnhout, Brepols, 2015, p. 729-746.

7 Le moulin de remors représente ce que les manuels de dévotion nomment la troisième opération de conscience : « [...] pour sçavoir ce qui a esté faict s'il a esté bien faict ou non, si c'est peché ou non. Et ainsi la conscience accuse ou remort quant après le examen que on faict de la chose faicte avec les reigles de honesteté qui sont au souverain judicatoire et on trouve que ce qui a esté faict discorde du dictamen de raison ou que c'est contre charité, ou contre aulcuns des commandemens, adonc la conscience remort. » (Robert Ciboule, *Le livre de meditation sur soy mesmes*, Paris, S. Vostre, 1510, chap. XXXIV, f. XXXIX v°.)

ne savoit où prandre adresse ne que pourpancer. Et elle estant comme en extaisie oudit mol[4 v°]lin se trouva, à l'entrée duquel une dame vint affronter moult encienne, vestue en forme d'une muniere qui mouldre faisoit les parolles non edificatives mes ocieuses des humains. Laquelle voiant l'inconstance et esbaissement de l'Ame la print et saisi<en>t par dessoubz le bras et repouser la fit doulcement sur l'ung de ses sacz, en luy disant :

– Mamye, honneur, joye et premiation vous soit eternelement conferée. Je suis Cogitation qui entretiens et gouverne le molin de remors qui, nuit et jour, moult du ruysseau procedant du dur rochier de conscience que le hault Plasmateur, de son infinie bonté, construit et ordonna près la fourest de Confusion pour et afin que les [5 r°] pouvres pecheurs obstinés, cognoissant leurs forfaiz et deliz, eussent matiere de eulx corriger et emander. Et pour parler à la realle verité, bien je cognois certainement que ignorés le lieu où à presant assistés, ne comment estes defigurée et deturpée. Par quoy, en ensuyvant la charge pondereuse que j'ay de par la divine providence, evidentement vous le exhiberé si adjouter foy voulés à mez ditz. Or venez doncques o moy, mamye, et vous mirés et contemplés vostre similitude et semblance en ce cler ruysseau. Et lors cognoistrés la difformité resultante de vostre personne qui jadis estoit tant specieuse, plaisante et noble. Principalement pour troys raisons. La premiere cause est pour vostre [5 v°] prodution et creation. Car creé vous avez esté à la similitude et ymage du Souverain qui est createur du ciel et de la terre, ainsi comme dit sainct Augustin ou XIIIIe livre de la Trinité lequel dit que combien que l'ame raisonnable de telle nature ne soit que Dieu, neautmoins l'ymage et semblance du Souverain, lequel est de perfection infinie, doit estre investigée en l'essance de l'ame[8]. Car ainsi comme en la Trinité troys personnes y a en une essance, aussi en vostre essance troys choses y sont pousées, c'est l'intelligence, memoire et raison. Secundement pour cause de vostre redemption, car du precieux sang de Jhesus avés esté rachatée, dont il est escript par monsieur sainct Pol[9]. Tiercement

[lacune]

[6 r°]

---

8 Saint Augustin, *Philosophie, catéchèse, polémiques. Œuvres III*, éd. L. Jerphagnon, Paris, Gallimard, « Bibliothèque de La Pléiade », 2002, *De la Trinité*, XIV, 6, p. 628.

9 Romains, 5.

Bien puis dire sans mentir que suis la plus lasche et malheureuse des autres creatures, et la plus imparfaicte, sellon imperfection accidentale introductive[10] de l'homme à salut que oncques mès fut pauvre l'adresse[11]. Las, cheptive, doulente pecherresse, adultere, comment et par quel moyen et source pourray je envers le Createur absconcer mon ingratitude ? Las, or m'avoit il par sa douloureuse mort des prisons caligineuses et infernales racheptée, et, qui plus est, contracté à mariage spirituel[12] avecques moy par regeneration lors que me fut le sainct sacrement de baptesme conferé. Et moy tresfetide et degenerée par une legiereté et inconstance, et pour complaire [6 v°] au vouloir de mon ennemy capital, auquel me suis tellement habandonnée que plus n'oserois davant icelluy me presenter. Car c'est celluy qui est la verité indeficiente, beauté decourante et la sapience eternelle. Que feray je doncques, pauvre desollée qui ay toute ma sustance paternelle[13] consumée et soubmise à servitude tyrannique et subgection egiptiaque[14] ? Las, où yray je, pauvre captive, ne que deviendray je ne où sera mon recours et secours qui tant ay commis de crimes et faict de villains tours ? O malheureux et dannable change que j'ay faict par mon forfaict, qui semblable estois aux anges cellestes quant à puissance intellective[15] ! Et maintenant suis, par une cou[7 r°]stume de peché mortifere, polue, hydeuse et ressamblante plus au Dyable quant en operation difforme que autre creature. Que mauldite soit la delectation de la chair, l'ambition des honneurs mondains, et l'indication dyabolique provocant les ames

10 L'homme, créé à l'image de Dieu, ne peut être imparfait « essentiellement » ; le péché, dans ce sens, est un accident, c'est-à-dire ce qui advient de manière contingente et qui a rendu nécessaire le salut. Voir *Dictionnaire de Patrologie*, éd. A. Sevestre, publié par M. l'Abbé Migne, t. 1, « Augustin, saint », Paris, 1851, p. 615.

11 Faut-il comprendre : le salut, dont la recherche ne fut jamais dénuée de bien ?

12 La mystique nuptiale sous-tend aussi les *Espiltres* (voir par ex. v. 106-109), avec la même image topique de l'âme adultère qui doit être purifiée par l'amendement de soi pour pouvoir être invitée aux noces avec l'Époux divin. Mais ici, l'Époux n'est désigné comme le Christ qu'au f. 55 r° ; dans les autres occurrences, c'est Dieu lui-même, en tant que Sauveur et Rédempteur de l'humanité (y compris par sa mort sur la croix) qui attend l'âme, son épouse, en terre de Promission.

13 C'est-à-dire : l'être dans son essence, tel qu'il a été créé par Dieu le Père.

14 Du latin *œgyptiacus*, « originaire d'Égypte ». L'emploi adjectival, dans diverses expressions, a souvent une connotation péjorative, en rapport avec l'*Exode* et la soumission des Hébreux à Pharaon.

15 C'est par la partie intellective de l'âme que l'homme diffère des autres créatures et, par là seulement, qu'il est proche de la nature des anges (voir Robert Ciboule, ouvr. cité, chap. XXX, f. XXVI).

impenitentes et fameliques à toutes malediction ! Car, par eulx, tombée je suis en la scandaleuse infamie où je me voy de presant tant desolée que plus ne puis. Parquoy, dame d'honneur qui estes mon seul refuge, bien affectueusement supplier vous vouldrois qu'il vous pleust, en cestuy gros affaire, me distribuer quelque bon et salutaire conseil. Et aussi me declairer à qui adroisser me pourrois pour recuperer guerison à [7 v°] mes plaies, et mondiffication à toutes mes ulceres vermineuses. Las, j'ay autreffoys ouy reciter que dame Inspiration moult consoloit et adroissoit les pauvres tepides et desolées ames de leurs salut esloignées. Et pource si trouver je sçavois reffuge et support, infaliblement à elle je m'adresserois, mais je suis par peché tant putrefaicte et abhominable que à peine vouldroit elle de moy s'aprocher.

Comme Inspiration Divine vint consoler la pauvre Ame

Tout ainsi que l'Ame desolée ces piteux regretz et gemissemans faisoit, et avant qu'elle y eust imposé fin, auprès d'elle s'aparut[16]
[lacune]
[8 r°]
tans à moy car je te notiffie que si equiper tu veulx le gracieulx navire de ton franc arbitre[17] vers moy, totalement mondiffieray tes ciquatrices et te restabliray en ton primerin estat du. Or entans doncquez ung peu à mes ditz. Mamye, as tu poinct ouy reciter de l'estat du bon larron qui jadis, en larrecins, pilleries, homicides et autres faictz dignes de sensures, avoit consummé sa vie jusques à ce que, pour son extreme forfaitz, pandu il fut en croix où je l'ay incité de postuller et demander pardon au bon Jesus, ce qui luy fut concedé et octroyé[18] ? Pareillement, considere de quelle vie fut la Magdaleine[19] et Marie egitiaque[20] qui, par mon conseil, à presant eslevés [8 v°] sont et colloqués en felicité et gloire au royaulme de Paradis. Pense et retien que Dieu est si misericordieux

16 Dans le *Pèlerinage de vie humaine* de Guillaume de Digulleville, c'est « Grace Dieu » qui encourage le pèlerin et lui propose de la suivre (*Le Livre du pèlerin de vie humaine (1355)*, éd. G. R. Edwards et Ph. Maupeu, Paris, Le Livre de Poche, « Lettres gothiques », 2015, p. 118, v. 405-419).

17 Sur la question du libre arbitre, voir les *Prudens* (f. 15 r°, et note 74).

18 Luc, 23^{39-43}.

19 Voir plus loin, f. 33 r° et note 78.

20 Voir les *Espiltres*, v. 642.

et remply de si grande bonté qu'il ne veult ne desire la mort et dampnation du pecheur, mais veult qu'il se convertisse et qu'il vive. Et pource, mamye, je te advertis et te declaire que si convertir tu te veulx et avoir contriction de tes mortelles offences et venir te mondiffier à la fontaine de Penitence, que bientost te restabliray ta formosité, et en telle perfection que fuz oncquez. En sorte que tu vivras et regneras, après la mort temporelle et dissolution du corps, en la vie eternelle ordonnée de par la glorieuse et incomprehensible Trinité.

[9 r°]
Enluminure 2 : L'Ame demande aide à Inspiration Divine[21]

Comment l'Ame requiert à Inspiration estre lavée
à la fontaine de Penitence

L'Ame, qui par long temps avoit esté toute atenuée et ebetée, commença à resveiller ses espris et luy monta une challeur de charité quy luy faisoit larmes espan[9 v°]cher et gemissemans en grande copiosité, où j'ay congneu qu'elle estoit en son esprit vexée et de douleur opressée. Touteffoys la chaleur qui extreme estoit commença à soy mollifier par doulces lermes qui d'icelle procedoist. Laquelle tantost après se prosterna et, en ellevant les yeulx vers le ciel, proposa se qui s'ensuit :

– O glorieuse et ineffable Trinité, Pere et Filz et Sainct Esperit en unité, qui par habundance de charité avez toute la machine du monde formée et toutes les creatures celestes et terrestes, en quoy l'on puyt visiblement cognoistre vostre haulte puissance, sapience et bonté infinie, moy qui vostre pauvre ancelle suis, treshumblement vous remercie de ce qu'il vous a pleu me trans[10 r°]metre et envoier Inspiration Divine pour

21 Enluminure 2 : Au centre d'un paysage, l'Ame, en robe blanche ombrée de rose, est à genoux, les mains jointes, et regarde Inspiration Divine, nimbée et ailée, debout, à sa droite, qui tend deux doigts de la main droite vers elle, sa main gauche retenant le grand mantel pourpre doublé de bleu qui couvre en partie sa robe dorée. Ses ailes sont vertes et ses cheveux – blonds comme ceux de l'Ame – sont tressés, sans couvre-tête. L'apparence de ces deux personnifications sera la même dans toutes les enluminures (excepté dans l'enluminure 5 où la forme des robes est différente). Le paysage, verdoyant au premier plan, bleuté au second plan où, au-delà d'une forêt, se dressent plusieurs châteaux, est traversé, horizontalement, par une faille que franchit un ruisseau, formant, à droite, un petit lac de forme ronde. Dans un limbe, à droite, le Christ, tenant la sphère surmontée d'une croix dans la main gauche, tend l'index droit vers la scène terrestre.

me divertir du dangier et peril où j'estois, et me donner conseil, confort et aide. Vous suppliant, incomprehensible et admirable Deité, me impartir la grace de me pover gouverner en sorte que parvenir je puisse au port de Salut, ce que faire ne porrois sans vostre support. Comme assés est recité ou texte de la sacrée Evangile, là où il est dit : *Sine me nichil potestis facere*[22]. Et d'aultre part, à vous, dame incomparable, lumiere de vertus, palme de fecundité, haul cedre de viridité[23], rens graces inmortelles du bon support et aide qu'il vous a pleu, par vostre sagacité et prudence, me distribuer et conferer ensemble de vostre salutifere et louable doctrine. Si vous prie que [10 v°] vostre bon plaisir soit me expouser la forme et maniere comme estre je pourray nectoyée et mondiffiée ses infections dont je suis si oultrageusement enervée que exprimer ne le pourroys. Madame, exposé m'avez de la vertus et condition de la fontaine de Penitence. Si vous requiers que vostre plaisir soit prandre la commission de moy y conduyre ou bien me monstrer le chemin et la voye pour seurement parvenir, et tout ce qu'il vous plaira me commander et enjoindre acomply sera, aidant le souverain Conducteur et Auteur de tout bien.

Comment Inspiration Divine enseigne ce qu'il convient faire pour aller à la fontaine de Penitence

[11 r°]
Enluminure 3 : Inspiration Divine enseigne à l'Ame le chemin de la fontaine de Penitence[24]

22 *Sine me nihil potestis facere* (Jean, 15[5]). Les manuels de dévotion, comme celui de Robert Ciboule, donnent modèles de l'oraison, un des degrés du cheminement vers la « vie pardurable » : il faut « demander l'ayde de la grace de Dieu, sans lequel tu n'as puissance de faire quelque bien, disant nostre Seigneur Jesuchrist en l'Evangile sainct Jehan au quinziesme chapitre : Sine me nichil potestis facere. Sans moy vous ne povés quelque chose faire. » (Ouvr. cité, « Le prologue », f. I v°.)

23 Sont attribués à Inspiration Divine des symboles qui, habituellement, sont ceux de la Vierge, comme la palme et le cèdre ; voir, par exemple, *Le mont de Dieu, chant royal de M. A. Desresques*, v. 34-44 : « On y veoit l'aigneau, la turterelle, / Le pellican, le rosier espineux, / La noble fleur, et le lys entour elle ; / Palmes, cedres, et sethyn plain de neux, Rubys, saphyrs, dyamans lumineux ; [...] / Ce mont estoit Marie toute belle, / Qui eust de Dieu le don presumptueux / De conterer le faulx Sathan rebelle [...]. » (D. Hüe, *Petite anthologie palinodique (1486-1550)*, Paris, Champion, 2002, p. 102.)

24 Enluminure 3 : L'Ame debout, à droite, bras croisés, regarde Inspiration Divine, tendant l'index droit vers le pouce de sa main gauche ouverte. Celle-ci est assise sur un monticule

Après avoir ouy et entendu la supplication et requeste de l'Ame, Inspiration si luy dit :

– Mamye, tresjoyeuse suis du bon et loyable propos que tu me tiens et du gracieulx recueil que tu as faict, lequel cause sera de ton salut. Si te foys sçavoir [11 v°] que mes œuvres te convient imicter, et en ce faisant agreable et plaisante seras à Dieu. Mais, avant que proceder[25] oultre, il te convient plusieurs choses acomplir. Premierement est à noter qu'il convient avoir Entendement, Memoyre et Volunté[26] avecques Raison que tu as, par la region de Mondanité, laissés en plusieurs inniques et damnés occupations. Car sans iceulx ne pourras bonnement fructifier ne parvenir à ton obtat et singulier desir. Secundement passer te convient par la fourest de Ferme Propos où tu obviras et trouveras plusieurs brigans et insidiateurs de chemins ausquelx facillement pourras resister, par le secours de Raison et de ses troys conseilliers. Puis finablement en ladicte fontaine de Penitence te [12 r°] conviendra baigner et mondifier comme dessus je vous declairé et exposé.

– Madame, dist l'Ame, je acompliray tout entierement ce qu'il vous plaira me commender. Mais longue chose sera et difficile de assembler Volunté, Raison et Memoire et Entendement, que j'ay laisséez en diverses regions et contrées separés l'ung de l'autre.

Adonc, Inspiration si luy dyst :

– Je sçay pour vray où sejour il font et leurs repaire, et tout soudain te y conduyray et porteray. Et pour mieulx ce faire, pouse toy sur mes espaules et, pour vent qui vente, ferme soyez sans flechir ne varier. Car, à ung instant, le voyaige aurons acomply, aidant le Createur.

Comment l'Ame par Inspiration quiert Memoire, Entendement et Raison, qui occupés estoient ès choses mondaines

[12 v°]

Quant Divine Inspiration eut l'Ame troussée et eslevée sur ses expaules, elle commença par grande veloxité à prandre son vol par la

vert où apparaît, en bas à droite, une ouverture grise, striée de lignes brisées. Au fond, est figuré le même type de paysage que dans l'enluminure 2.

25 Leçon rejetée : *procedez*.

26 Voir les *Espiltres*, v. 58-59.

region de Mondanité[27]. Et si legierement vola que tout soudain à ung fort chasteau arriverent, qui moult estoit triumphant et plaisant à veoir, autant qu'il est possible. Duquel se disoit estre gouvernante une dame, la Chair nommée, qui fort gorgiase estoit et pompeuse autant et plus que nulle autre qui soit huy. Et avecques elle, avoit Luxure, Dissolution, Amour Folle, Gormandise et Paresse, qui entre leurs bras Volunté tenoient, à laquelle l'Ame va dire :

– Ha Volunté, mamye, entans ung peu à moy. Tu sçais que par ton motif [13 r°] et sans cause evidante, en peril et naufraige seullete m'as laissée et habandonnée, dont digne tu es de reprehension, et merité as d'estre pugnie et chapitrée, sellon rigueur de justice. Si te prie tresaffectueusement qu'il te plaise laisser ceste infame, detestable et perilheuse compaignie, et venir o moy à la fontaine de Penitence où je veulx tirer et m'adresser pour mes plaies guerir et mondiffier.

Volunté fist de la sourde oreille. Touteffoys elle, pressée de parolles, contraincte fut de dire que à peine se departiroit de ladicte societé où elle estoit à merveillez bien traictée. Quoy voyant, Divine Inspiration prinst Volunté par la main et ung peu la retira à l'esquart en luy disant :

– Ha pauvre malheuse[28] folle et [13 v°] insancée, cognois tu point le fol amour de la dame de ce chasteau et la dangereuse demourance d'icelluy ? As tu point ouy reciter de tes anciens peres, c'est de Adam et Esve, de Sodome et Gomorre, de David, Salomon, Sanson, Aristote, Virgile, de Philix, de Thibee et Priamus, de Amon, de Paris, Jason et Medée ? Et plusieurs autres qui tous demourans furent en ce miserable et dangereux chasteau, où il prindrent chascun ung tresmauvais loier et guerdon. Car avant tout œuvre, Adam et Esve, pour la delectation qu'ilz eurent ou goust de la pomme à eulx deffendue, chassés furent du paradis de delices et condamnés à labeurs et travaulx moult penibles, eux et toute [14 r°] leurs posterité. Aussi les habitans de Sodome et Gomorre, pour leur delectation charnelles, fondirent ilz pas en abisme avec leurs grosses cités[29] ? David de sainctеté rempli, traistre et homicide en fut quant mourir tresinnominieusement en fit une pour le peché d'adultere

27 Cette image de l'envol de l'âme est omniprésente dans la littérature de spiritualité ; elle est essentielle notamment chez Jean Gerson (*Méditation sur l'Ascension*, dans *Œuvres complètes*, éd. Mgr. Glorieux, Paris, 1966, vol. 7, p. 390).

28 Faut-il comprendre *malheureuse* ou *maleuse* (méchante, mauvaise) ?

29 Genèse, 19^{24}.

furtivement bati par luy en la personne de Bersabée[30]. Salomon, pere et patron de sapience, à l'apetit et requeste de ses concubines, prevarica et ydolatra[31]. Sanson le fort, par la subtilité cauteleuse de Dalila[32], fut prins de ses ennemis, ses yeulx crevés et sa force aneantie. Aristote et Virgille tant subtilz et sages, deceuz en furent[33]. Pas n'en fit moins Philix, laquelle en mist fin à ses jours piteusement[34]. Piramus [14 v°] et Tibée, de leurs propres glaives, s'en mirent aussi à mort. Medée trescruelle, ces propres enfans mourir en feict[35]. Et pereillement Amon en fut par son frere occis[36]. Parquoy bien je puis par entendement pratic conclure, que veu et consideré que tant de grans et notables personnaiges subcombés sont par telz folz accidens que avecque grande difficulté exenter te porras. Et pource laisse ce lieu de perdicion et te tire soubz mon enseigne. À quoy Volunté ne volut differer, car, sans congé prandre de ceulx du chasteau, sa retraicte fit paisiblement avec Divine Inspiracion.

Comme Entendement fut trouvé au chasteau de Contencion Dyabolic

[lacune]

[15 r°]

cille Entendement qui t'a colloqué et mys entre les mains de ces paillars, satallites, brigans et murtriers ? Quel plaisir et joye as tu en la

30 La phrase n'est pas claire. David, pris de passion pour Bethsabée, l'épouse d'Urie le Hittite, l'entraîne dans l'adultère, puis envoie Urie vers la mort (II Samuel, 11^{2-5} et 11^{14-17}).

31 I Rois, 11^{1-8}.

32 Allusion à la trahison de Samson par Dalila. Chargée par les Philistins de le séduire afin de comprendre comment le maîtriser, elle lui coupe les cheveux, source de sa force (Juges, 16^{4-21}).

33 La légende de Virgile moqué et trompé par la fille de l'empereur dont il était épris est tirée de la *Vita Vergilii* de Donat ; celle d'Aristote, séduit par une jeune indienne, est popularisée par *Le lai d'Aristote*. *Cf. Le Testament de Jean de Meun* dans F. Duval, *Lectures françaises de la fin du Moyen Âge : petite anthologie commentée de succès littéraires*, Genève, Droz, 2007, p. 70-71 : « Luxure est un pechié qui moult se laisse suivre, / Car jusques à la mort à painne s'en delivre ; / Virgile et Aristote en furent ja si yvre, / Que point ne les retrait leur engin ne leur livre. / David et Salemon en furent deceü, / Et maint autre sage homme grant et aparceü. / Qui s'i laisse endormir trop a son sens beü, / Qu'ele rent au dÿable l'ame ou treble treü. »

34 Phyllis, fille du roi de Thrace, est également évoquée dans *La Complaincte*, f. 16 r°.

35 Voir aussi *La Complaincte*, *ibid.*

36 Absalon, pour venger le viol de Tamar par son frère, Amnon, le fait assassiner (II Samuel, 13^{1-29}). *Cf. Prudens*, f. 63 r°-v°.

triste assiete de ce tenebreux val ramply d'angoisse et d'amertume ? Considere ung peu combien souffert tu as de objurgations et subjestions pharoniques[37] pour seullement complaire aux gallans et vrais suppos de celle malheureuse et serpantine societé. Et combien as pernocté en larmes et soupirs innumbrables, en toute penurie, sans aucun repos ne refection prandre aucunement. Recorde toy que le premier habitateur de ce chasteau fut le Dyable qui envie y posa et mist. Laquelle après procura le frati[15 v°]cide que Cayn commist en la personne d'Abel son frere[38]. Il est tout notoire et certain que toutes les monarchies subverties ont esté et mises en ruine par envies, indignations, seditions et guerres civiles et sociales. Et mesmemment l'empire des Romains par trop empiré et demoli en fut, du temps de Syla, Catilina et Marius[39], trop plus que par toutes les guerres precedentes. Et sans aller hystoires querir si enciennes et antiques, consideres les gros discors et mortelles guerres qui ou royaulme de France furent du temps des roys Jehan[40] et Charles VIe[41] par discencion des princes du royaulme, et mesmement de Jehan duc de Bourgoigne, filz de Phellipe, qui [16 r°] par son mauvais couraige, l'an mil quatre cens et sept à Paris, fist traisteusement tuer le bon duc Loys d'Orleans[42], et les Anglois descendre en France, dont

37 Comme « egiptiaque » (voir f. 6 v°), l'épithète « pharonique » peut avoir pour synonyme : mauvais, diabolique.

38 *Cf. Prudens*, f. 11 v°-13 r°.

39 Ces trois noms, énumérés dans le désordre, font allusion à la première guerre civile romaine qui oppose Caius Marius et Sylla en 88-87 av. J.-C., et à la conjuration de Catilina, en 63 av. J.-C. Saint Augustin, dans la *Cité de Dieu* (*Œuvres II*, éd. L. Jerphagnon, Paris, Gallimard, « Bibliothèque de La Pléiade », 2000, p. 130) évoque longuement ces « sanglantes guerres civiles », plus nuisibles que toutes les guerres étrangères, pour montrer l'impuissance des dieux que vénéraient les Romains.

40 Jean II le Bon. Son règne, de 1350 à 1360, est troublé par les débuts de la guerre de Cent Ans et par les intrigues de Charles, roi de Navarre, pour s'emparer du pouvoir. Voir Robert Gaguin, *Les grandes croniques, excellens faitz et virtueux gestes des tresillustres, treschrestiens, magnanimes et victorieux roys de France*, Paris, G. du Pré, 1514, liv. IX, f. CX v°, « Comment le roy Jehan prins en la guerre de Poictou par les Angloys fut mené en Angleterre où il demoura prisonnier l'espace de quatre ans. Pendant lesquelz advint plusieurs maulx en France mesmes à Paris [...]. »

41 Charles VI règne de 1380 à 1422, mais n'exerce réellement le pouvoir qu'entre 1388 et 1392. Ses oncles, les ducs Louis d'Anjou, Philippe de Bourgogne et Jean de Berry, se disputent le pouvoir, et plusieurs révoltes ébranlent le royaume, affaibli encore par la guerre contre les Anglais, alliés aux Bourguignons. Voir Robert Gaguin, ouvr. cité, liv. IX, f. CXXV v° à CLIIII v°.

42 Robert Gaguin, ouvr. cité, liv. IX, f. CXLVII v°, « Jehan duc de Bourgogne homicide du duc d'Orleans », f. CL v°, « La descente des Angloys en France ».

ledit royaulme tant a esté persecuté et fatigé que les socz et areaux des laboureux convertis estoient en glaives mortez, les esglises mises en ruines par force et violence, et les villes et citéz rempliez et circundés de meurtriers, en maniere que nul assuré estoit une seulle heure. Au regart de murmure et de blapheme, ne procure poinct autre exemple que celle des enfans d'Israel qui, pour avoir faulcement murmuré contre le souverain Createur, en la terre de Promission n'entrerent oncques. Et pource Enten[16 v°]dement, mon amy, je te prie pour ton bien salutaire que plus ne face icy d'arest ne sujour, mais retourne avecques l'Ame, ta pauvre maistresse, qui necessairement à de toy afaire.

Comment Memoire trouvée fust ou chasteau du Monde laquelle tout laissa pour venir avecques Inspiration Divine

Après la doulce persuasion remplie d'eloquence artificiele et divine, Entendement ne fict aucun estrif ne refuz à Inspiration. Car bien congneut Entendement qu'elle avoit dit et proposé verité parquoy, sans sejour faire, avec elle retourna. Et dès l'heure, Inspiration Divine de rechief voula tellement que à ung instant arriverent à une grosse forteresse sumptueuse, magnifique et bien acomplie de

[17 r°]
Enluminure 4 : L'Ame et Inspiration Divine arrivent au château du Monde[43]

boys et rivieres avec lieux hesperides, saulsoiez, isles verdoiantes et autres lieux delectables où tant de gens y affluoist et habitoient que la terre toute populée et remplie en estoit et le seigneur dudit lieu s'apelloit le Monde qui avec luy avoit Orgueil, Jactan[17 v°]ce, Presumption, Arrogance, Ambicion, Avarice et Convoitise, tous lesquelx antretenoient et filocaptoist les subjectz estans audit chasteau par plusieurs moiens et diverses sortes, et mesmement Memoire qui soubz le gouvernement d'Ambition estoit,

43 Enluminure 4 : Dans le ciel, à gauche, l'Ame, juchée sur le dos d'Inspiration Divine, vole, précédée et suivie de Volonté et Entendement (jouvenceaux aux ailes rouges et à la robe respectivement grise et pourpre), vers un château. Sur le pont levis, une dame (vêtue d'une robe bleue ourlée de noir et d'or sur une cotte pourpre, coiffée d'un chaperon noir à templette) tient une clef ; dans la tourelle, un personnage royal (barbe et cheveux blancs, couronne d'or, robe bleue à col de fourrure blanche) attend, bras croisés, tandis qu'à sa droite jaillissent les têtes de trois dragons.

de laquelle elle tachoit captiver la benivolence pour parvenir à quelque honneur mondain. L'Ame, Memoire aperceut qu'elle apella par plusieurs et diverses foys, mais Memoire n'en fit pas grande estime, comme celle qui entierement arrestée estoit à Ambicion, Convoitise et Avarice. Et fut, à la parfin, contraincte Inspiration de la saizir au collet. Laquelle prinse, Memoire, ung peu recalcitra. Touteffoys après qu'elle [18 r°] eut aperceu la formosité et sublimité de ceste notable dame, et aussi voiant l'Ame presente, elle leur feit assés doulx et gracieulx recueil. Et icelluy faict, Inspiration Divine à Memoire dit :

– Mamye, Charité me emeut et incite avoir pitié et compassion de vous. Car bien j'aperçoy et cognois que entierement arrestée estes à la mondanité, et que avez en nonchalloir mys vostre Createur et souverain Redempteur, dont à la parfin redarguée porriés estre. Car quelques opulantes richesses que avés en ce val de misere obtenu, laisser les conviendra et habandonner par le rigoureux exploit de mort qui à tous est commune et, qui pis est, rendre conviendra conte et reliqua à ce hault et souverain Juge qui est inmarcessi[18 v°]ble. Parquoy je te prie, Memoire, que ung peu recogites quelle fut la pugnition de Luciabel qui, par orgueil et presumption, faire ce voulut egal et semblable à Dieu. Tu sçais assés que luy et ses complissez degectéz en furent du hault en bas en eternelle peine. Quelle fut aussi la fin du presumptueux edifice de Babel, fors confusion de langaiges qui empescha l'acomplissement de leur ouvraige[44]. Pense que devenuz sont les roys des Assiriens, des Perses, des Medes, de Babiloine, de Jherusalem, de Marcedoine et de Grece[45], chacun sçait leurs petit et malheureux regne. Les ungs ont estés dillaniés et exterminés, les autres emprisonnés et chassés, et les autres soubmys au cruel servaige de Atropaux [19 r°] et de mort tresinnominieuse, pouvrement et miserablement, sans coronne et sans ceptre. Que devint l'orgueil de Priaz[46] et la magnanimité de ces preux enfans tant redoubtés qui furent à mort mys tres piteusement, et leurs superbe et fiere cité de Troy arce et bruslée par les Grecz. Parlons du diffinement de Neron[47], et plusieurs autres empereurs rommains, qui fut tant excecrable et inhumain que langue ne pourroit exprimer ne dire.

44 *Cf. Prudens*, f. 27 v°.
45 *Cf. Complaincte*, f. 11 r°.
46 Priam.
47 *Cf. Prudens*, f. 107 r°-108 v°.

Et si exemple voulés moderne et de plus fresche memoire, considerés plusieurs roys d'Angleterre[48], qui après avoir eu regne par aucun temps en opulante richesse, ont estés bannys et exillés, et mesmement Edouart le second qui rejecté fut et exillé de son propre filz, [19 v°] Edouart le tiers[49]. Parreillement, Henry VIe, filz de Henrry qui couronner se feit roy de France à Paris sans droit ne tiltre, dudit royaulme fut expulsé et chassé, et finablement d'Angleterre privé et mys à mort, dont luy excillé de dueil morut[50]. Samblablement si nous parllons de Richart,

48 Faut-il voir dans ces exemples, une trace de la propagande anti-anglaise, caractéristique du Moyen Âge finissant mais aussi des années 1511-1514, celles de la guerre de la Sainte Ligue à laquelle avait adhéré Henri VIII en novembre 1511 ? On consultera à ce propos S. McKinnon, « Jean Bouchet : l'*Epistre d'Henry VII à Henri VIII*, son "Epistre d'Angleterre" », *Jean Bouchet Traverseur des voies périlleuses (1476-1557)*, éd. J. Britnell et N. Dauvois, Paris, Champion, 2003, p. 53-62.

49 Edouard II règne de 1307 jusqu'à 1327 où il est destitué en faveur de son fils Edouard III, alors âgé de 14 ans et qui ne peut être responsable de l'incarcération et de la mort de son père, en septembre 1327. *Cf.* Jean Bouchet, *Epistres familieres du Traverseur*, Poitiers, J. et E. de Marnef, 1545, « Epistre envoyée au champ elisée par feu Henry, autrefois roy d'Angleterre, à Henri son filz VIII de ce nom, à present regnant [...] », f. I v° : « Puis ledict peuple à changer coustumier, / Après sa mort [Edouard I], Edouard le deuxieme / Leur Roy bening feirent sans diadesme / En leurs prisons mourir, à grant souffrance, / Dont femme estoit Ysabeau de France / Et Edouard leur filz, du nom le tiers, / Ilz feirent Roy sur eulx tresvolontiers. »

50 Cette phrase n'est pas claire. Henri V d'Angleterre, couronné en 1413, épouse la fille de Charles VI, Catherine de France ; en 1420, il est déclaré régent du royaume de France et successeur de la couronne mais il meurt au château de Vincennes en 1422. C'est Henri VI, roi d'Angleterre en 1429, qui est couronné roi de France en 1431. Il est ensuite dépouillé de ses états et mis à mort en 1472, par le commandement d'Edouard IV. *Cf.* Jean Bouchet, ouvr. cité, f. I v°, « Après sa mort [Édouard III], Richard, eut la couronne, / Dont les Angloys font mourir la personne / En leurs prisons par ennuys desplaisans, / Après qu'il eut regné vingt et deux ans : / Et ce au moyen des longues treves prises / Sur les discors, et folles entreprises, / Qu'ilz vouloient lors contre Françoys avoir, / En eslisant (qui fut piteux à veoir) / Ung exillé (qu'on disoit Derby comte) / Henri nommé, comme l'histoire comte : / Lequel ingrat, du bien qu'en France print / En son exil, alors que l'entretint / Le noble roy, nommé Charles sixiesme : / Droissa grant guerre au roy Charles VII. / Qui lors estoit fort jeune et en bas aage, / Et procedant d'ung trop lasche courage, / De ses pays usurpa la pluspart, / Par le secours de ce fier liepard / Duc de Bourgongne, et aultres maulvais princes, / Et se tenoient bandéz et non uniz, / Dont sur la fin ilz furent bien puniz, / Et mesmement Henry, ce cruel sacre, / Lequel mourut du mal sainct Fiacre / Piteusement, sans longuement regner. / Son filz Henry qui se feit couronner / Roy des Françoys sans aulcun tiltre et droit, / Mourut sans regne, en ung lieu fort estroict / Car bien soudain fut de France chassé, / Et tellement par armes pourchassé, / Qu'il s'en alla, sans terre, desconfit, / En Angleterre où feit mal son proffit, / Car Edouard filz au Duc de Dyort, / Après qu'il eut mis à cruelle mort / Son filz aisné, qui fut prince de Galles, / Ce pauvre roy tinst ès prisons regalles, / Où il mourut de dueil et desplaisir [...]. »

sucesseur de Edouart le quart, il fut audit royaulme de Angleterre en plaine bataille occis par Henrry de Richemont[51], pere de Henrry qui à present est. Je porrois dire et raconter plusieurs autres hystoires que j'ay laissé pour cause de briefveté, vous suppliant, Memoire, que vous penciés à vostre affaire, et qu'il vous souvienne du peril et dangier qui est en cestuy val tenebreux. Suyvés doncques l'Ame qui lancer s'en [20 r°] va à la fontaine de Penitence et bien vous en sera.

Comment dame Inspiration et l'Ame, Raison trouverent seullete

Enluminure 5 : L'Ame et Inspiration Divine conversent avec Raison[52]

Memoire, qui par assueffaction sujourné avoit en l'abit de vice, de prime face ne voulut acomplir [20 v°] ne condescendre au voloir de Inspiration Divine. Mais après y avoir eu bien medité, droissa ses helles et fit son vol avec Inspiration, l'Ame, Entendement et Volunté. Lesquelx soudain arriverent en ung boucaige houssu, silvestre, et loing de toutes gens, ouquel trouverent une dame, garnie de formosité [non] equiparable et de gracieulx maintien, apellée Raison. Touteffoys vestue estoit elle et aournée assés scandaleusement en maniere et sorte que mieulx ressembloit à ses vestemens estre voluntaire et foulatre que prudente et arrestée. Laquelle si toust qu'elle aperceut la noble compaignie susdite commença à genuflexir et se prosterner davant Inspiration qu'elle cogneut [21 r°] et aperceut. Et, en grant affluence de lermes, par son dulciloque luy dist :

– Treshaulte et trespuissante dame qui de vostre benigne grace estez duycte à relever de l'infecte ordure et punaisie de vice ceulx qui, par deffault de ne m'avoir obtemperé, y sont succombées et precipités, je voy et cognois que par pitié voulés nectoier et mondifier ceste pauvre Ame

51 Henri Tudor, comte de Richmond, roi d'Angleterre sous le nom d'Henri VII, après qu'il a vaincu Richard III à Bosworth en 1485 ; il règne jusqu'à sa mort, en avril 1509. Lui succède son fils, Henri VIII, qui meurt en 1547.

52 Enluminure 5 : À droite, devant un bâtiment à l'orée d'une forêt, Raison, en robe rouge vif mouchetée d'or à manches grises et surcot bleu, portant un chaperon noir à templette, est à genoux, la main gauche posée sur sa jambe droite et la main droite ouverte, tendue vers Inspiration Divine qui regarde, à sa droite, l'Ame, la main droite ouverte et levée. Derrière elle, Entendement et Volonté (en personnages féminins, cette fois) sont debout et observent la scène.

toute desnuée de vertus, à laquelle j'avois esté baillée par la disposition du hault consistoire, avecques Entendement, Memoire et Volunté pour icelle regir et gouverner. Mais par sa temerité ensuyvre n'a volu mon conseil, dont à vous je me plains comme à ma souveraine. Car après qu'elle eut de ma [21 v°] forme de vivre cognoissance, parce que je la pressoye d'aller le droit chemin en menant vie obstere, elle se mutina et irrita contre moy. Et à l'apetit et requeste de Volunté, qui est cy presente, seullete me laissa. Et avecques elle, Entendement et Memoire prindrent le grant chemin et santier froduleux de Fol Delict et s'en allerent ès habitations dannées de la Chair, du Monde, et du Dyable[53]. Ce considerant, par exortations salubres et monitions meduleuse, me evertuay les retirer, mais aquiesser ne voulurent à moy aucunement. Et qui pis est, oultraiger me feirent et mutiller par les seigneurs desdites habitations. Et non contens de ce, après qu'il m'eurent forcleuse et destituée des beaulx et precieux vestemens de pureté et ho[22 r°]nesteté que le souverain Createur m'avoit données, me difformerent et desguiserent de ces hors[54] et inutilles indumans de scandalle, puis me chasserent et exilerent de leurs societé et compaignie. Au moyen de quoy, pour doubte d'iceulx, laissay l'Ame et me retiray en ce pauvre habitacle où j'ay despuis vescu en grande obsterité et tristesse. Et au regart de l'Ame, bien cognois que mal luy est advenu. Car par faulte de ma conduite, c'est trouvée entre les mains de ces ennemys capitaux qui navrée et pollue l'ont, et mise en piteux courroy et dur servaige où elle est de present. Et si le hault Plasmateur d'elle n'a pitié et compassion, en dangier est de y demourer. Touteffoys certainement je sçay que [22 v°] si adherer veult à vostre conseil et suyvre voz enseignemens que tout bien luy en viendra.

Comment l'Ame en soy excusant respont à Raison ce qui s'ensuyt

An toute parfonde humilité, la pauvre Ame, comme honteuse et confuse, fit responce disant :

– Hellas, verité est, dame Raison, que trop imprudentement laissée et habandonnée vous ay, dont je vis en grande perplexité et desplaisance.

---

53 Voir *Espiltres*, v. 566-567.

54 *Hors :* pour *ords.*

Touteffoys humblement vous supplie et requier qu'il vous plaise mon inbecillité supporter et le cas deffectueux que j'ay commis, et deshormais ne vous rendre si estrangiere pour mez fastidieusez et rigoureuses locutions. Car assez vous cognoissez ma pauvre et debille fra[gilité][55]

[lacune]

[23 r°]

matieres thiollogalles, et mesmement dez œuvres de la creation et redemption des humainz, affin que le labeur de cheminer se entrobliast. Or est il que en tenant leurs adroissez, passerent par une verte praerie circuite et environnée d'une haulte saulsaie, qui ung umbre donnoit assez doulz et souef aux pellerins passans. Et estoit ladite praerie en forme d'une isle parce que ung petit ruysseau la circunvenoit et renfromoit. Et s'apelloit le domicille et manoir de Plaisir Mondain pour lequel regarder l'Ame s'arresta et delaissa sa noble societé, qui tousjours davant marchoit, dont malheur si la cuida sucomber. Car, tout [23 v°] soudain, dame Oysiveté[56] si survint qui estoit jeune comere frisque et gaillarde en sa teneritude, à merveillez mignotement acoustrée, qui du rochier de Remort venoit, laquelle se trouva au passaige acompaignée de Plaisir Mondain et autres, tant escuiers que damoiselles, entre lesquelx estoit ung hault personnaige nommé Trop Presumer de la bonté de Dieu. Lesquelx firent ung arrest sur l'Ame en la blandissant et persuadent par doulces et actractives locutions, et voullant icelle retenir à eulx. Mais incontinant commença à s'escrier ainsi que une pauvre fille faict quant elle est esgarée. Au moyen de quoy, Volunté, Entendement et Memoire oyant [24 r°] sa clameur et sa voie esplorée, derriere eulx regarderent pour veoir que c'estoit. Si trouverent l'Ame à dire[57], parquoy comme

55 D'après la réclame, en bas du folio : *gilité.*

56 Les traités de morale répètent à l'envi que « oisiveté est mère de tous les vices ». Jean Bouchet, dans son éloge de Gabrielle de Bourbon, l'épouse du « Chevalier sans reproche », souligne que les « roynes, princesses et aultres dames, qui ne se doyvent, pour la reverence de leurs estatz, applicquer à mesnager comme les mecaniques, et qui ont serviteurs et servantes pour le faire, doyvent trop mieux applicquer leurs espritz et emploier le temps à vacquer aux bonnes et honnestes lectres concernant choses moralles ou historialles, qui induisent à vertuz et bonnes mœurs, que à oysiveté mere de tous vices, ou à dances, conviz, banquetz, et aultres passe-temps scandaleux et lascivieux [...]. » (*Le Panegyric du chevalier sans reproche. Collection complète des mémoires relatifs à l'histoire de France*, éd. M. Petitot, t. 14, Paris, Foucault, 1826, p. 449.)

57 Comprendre : ils retrouvent l'âme qui manquait.

tous esperdus et effraiés, avecques Raison et Divine Inspiration, coururent au secours de l'Ame. À laquelle cependent, Trop Presumer de la bonté de Dieu avoit jà dit et remonstré à l'Ame que trop estoit folle de suyvir Raison et Divine Inspiration, et que deshormais plus n'auroit de plaisir, joye ne felicité, en ce monde cy. En luy exposant oultre qu'il ne convenoit point qu'elle doubtast aucunement d'estre mise à perdicion et que Dieu tout clement et misericordieux estoit et que tousjours actendoit les pecheurs [24 v°] jusques au dernier souspirail, comme il l'avoit au bon larron faict[58] et à plusieurs aultres. Et davantaige, luy dist qu'elle estoit jeune et deliquate, et que lors qu'elle auroit sa jeunesse passée tout atant seroit de suyvre et imiter Raison[59]. La pauvre Ame fut, par Trop Presumer, toute perturbée et confuse de ouyr toutes ces allegations et remonstrances, tellement qu'elle ne sçavoit que dire ne pancer. Mais Entendement, qui entendu avoit une partie du propos allegué de ce mauldit temptateur et insidiateur, print et saizit l'Ame et l'enmena en disant à icelluy :

– Va mauldit esperit remply de perversité et de toute ferocité judaique, qui, par tes subjections de[25 r°]ceptives et dannées locutions, veulx seduire et mectre à perdition ceste pauvre fille. Tu sçais et cognois clerement que tu es ung desloyal seducteur. Et quelque chose que tu aies proferé et declairé ne contient verité. Car en commun proverbe souvent l'on dit que plus tost prant fin veau que vache, et plus groux nombre de jeunes meurent que vieulx[60]. Lesquelx souvent par faulte de penitence faire et acomplir, avec tes complices, droit s'en vont en peine eternelle. Je confesse assés que le souverain Createur est tousjours bon, piteable et misericors, mais cela s'entend quant parfaictement craindre et aimer on le veult et honnourer. Et pource ne convient il pour [25 v°] penitence acomplir actendre viellesse. Car bien il est difficille que la creature qui tousjours en ordure de peché a vescu puisse sur la fin de ces jours s'amender, mais pour une dannée obstination persevere jusques à la fin, comme l'on voit de jour en jour advenir.

58 Luc, $23^{39\text{-}43}$.

59 Trop Presumer de la bonté de Dieu fait entendre ce que Guillaume de Digulleville nomme « Esperance esmovelee / Qu'on a de vivre longuement, / Qui fait penser treffolement / Quë on ara assés loisir / De son erreur dire et gehir » (éd. citée, p. 682, v. 9204-9208).

60 Le Roux de Lincy, *Livre des proverbes français*, t. 1, Paris, Delahays, 1859, p. 205 : « Aussitôt meurt veau comme vache, / Mort viel et jone ensemble cache. » (Isopet, *Fables* de Robert).

Antendement plusieurs autres bonnes et utiles allegations à Trop Presumer exposa. Lesquelles toutes propousées, elle et l'Ame, avecquez leur noble compaignie, retournerent à leurs droicte voie. Et en passant tousjours outre, Raison repraint les parolles de Entendement et à l'Ame remonstra que arrester

[Lacune]

[26 r°]
que si aucune chose as de l'autruy qu'il te conviendra le rendre et restituer. En quoy faisant, tu acquerras grant deshonneur parce qu'on te extime loyalle, vertueuse et de bonne conscience. Semblablement, il te conviendra reveller et declairer toutes et chascunes tes offensez en ta confession, que tu as perpetré et commis, et plusieurs autres petites joyeusetés relacter, comme baisiers, ambrassemens, folles pancées, esquelles auras consentement donné par Raison. Dequoy tel te extimoit juste, chaste et prudente fille, qui tes insolences et follies cognoistra et te vituperera. Et pource si croire me veulx, retourneras sans delay et [26 v°] t'en viendras avecques ceulx de ma bande auquelx j'ay faict cent mille bons plaisirs et passetemps.

L'Ame toute perturbée et estonnée fut d'ouyr ainsi Honte parler et à regarder se print Raison, Memoire, Entendement et Volunté comme si elle eut vouloir de rompre sondit voyaige et retourner. Touteffoys Memoire, par le commendement de Divine Inspiration, responce feit à Honte en luy disant :

– Je sçay de long temps ce que sçais faire et acomplir. Et comme tu enpesche les ames parvenir à penitence. Et mesmement, pauvre[s] filles qui sont denuéez de toute subvention et aide, mais c'est à elles une grosse soterie et inbecillité. Car il est convenable et de necessité que [27 r°] l'ame qui par peché a offensé son Createur, si dannée et perdue elle ne veult estre[61], qu'elle ait desplaisance de son forffaict en faisant entiere confession, laquelle est ordonnée et faicte en maniere que par icelle le peché de la personne n'est jamais revellé. Et aussi oncques ne fut sceu que, par telle confession, creature vivante aient esté scandalisées. Mais plus y a que Dieu, par sa divine providence, veult et promet que ung peché non confessé davent tous soit revellé et manifeste. Parquoy

61 Correction dans le manuscrit : *estre ~~et~~ quelle.*

la creature tacher doit, incontinent après avoir offensé son Createur, d'en avoir contriction et puis en faire vraye [27 v°] confession. Quant est de la satisfation, bien tu sçais que celuy ou celle qui à son prochain tient tort par injures verbales ou realles, ou par retention de ces biens, qu'il face satisfation selon sa faculté[62]. Et par ce, si aucun a injurié son prochain et villipandé, est il pas plus convenable qu'il se humilie et se reconsille avecques luy et que luy rende ou face restituer secretement par personnes interposites ce qu'il a du sien que de mourir chargé de ce faiz et estre perpetuellement danné ? Est il pas plus utille de endurer ung peu de honte en cestuy val de misere qui n'est que vie transsitoire que d'estre à l'infernale et gehannalle [28 r°] paine à jamais condamné et detenu ? Et pource, mamye, estoupe et sarre ton oye à ceste folle inique et dyablesse, et ensuis Inspiration Divine et bien t'en sera.

La reponce de Memoire fut agreable à tous les assistans, qui oultre passerent sans plus eulx arrester à Honste. Et mesmement l'Ame, qui verecondeuse et craintive estoit, humblement si l'en remercia en luy disant :

– Ha dame Memoire, bien vous suis obligée qui si haultement avés discuté et argué contre Honte, en sorte qu'elle s'en est allée toute confuse sans replique faire. Si vous prie qu'il vous plaise m'avoir tousjours pour recommandée [28 v°] contre mes adversaires. Car bien je cognois que sans le secours de vous, mes dames, mon voiage ne pourray parfaire ne acomplir[63].

Comment l'Ame fut assaillie par Desesperance

An continuant le mien propos dont ay dessus parlé et recité, lesdites dames tousjours cheminerent jusques à ce que la pauvre Ame aperceut une grande et tenebreuse fourest de laquelle virent impetueusement sortir une cruelle, hydeuse et effraiée femme qui le visaige avoit palle et transi, les yeulx ardans comme feu, deux cornes noires, sa robe de larmes semée, tenant plusieurs cousteaulx inhumains, et [29 r°] saincte

62 Memoire expose ce que doivent être les trois moments de la pénitence privée – contrition, confession, satisfaction –, selon une terminologie qui trouve son origine chez les Pères de l'Église (Tertullien, *De la pénitence*, chap. IX). *Cf. Espiltres*, v. 15-16.

63 Voir Jean Gerson, « Pour la fête de la sainte Trinité », *Six sermons français inédits*, éd. L. Mourin, Paris, Vrin, 1946, p. 166 : « De memoire naist congnoissance, et de memoire et congoissance procede voulenté et amour ».

de chevestres et licoulx[64]. Et estoit associée de divers et hydeux personnaiges qui mieulx resembloient à forgerons que autres. De veoir si horribles et hydeuses creatures, fut l'Ame toute perturbée, au moyen de quoy commença à retrograder comme si elle eust volu decliner et evicter ce peril. Mais Inspiration Divine et Raison l'arresterent, auxquelx l'Ame leur dit :

– Hellas, dames d'honneur où tout bien est compris, considerés vous poinct ceste difforme et espoventable creature qui vers nous prent son addresse, le glaive au poing pour nous murtrir et deffaire. Parce vous supplie que plus ne facions icy [29 v°] de sujour en sorte que puissions eviter ce peril. Car la seulle veue de ce monstre terrifficque et hydeux me cause une si merveilleuse crainte et fraieur qu'à peine puis je ung pié anticiper ne mestre davant l'autre. Alors se evertua Entendement, et se ingera de parler le premier à l'Ame en luy disant :

– Ma cher seur, ne soiez si timide, car ceste vielle sempiterneuse, ennemye de vertus, appellée Desesperance, n'a vigueur ne puissance où Raison se treuvent, et ne oseroit, contre le vueil de Inspiration, avancer ung seul coup. Je suis certain qu'elle te viendra exposer et raisonner plusieurs choses inutilles et es[30 r°]poventable pour empescher le tien voiage, mais soiez seure que luy feray briefve et peremptoire responce. Et pource marchons tous hardiment en bonne ordre.

La pauvre Ame toute timide et tramblante estoit, comme la fueille agetée par impetuosité des vans. Laquelle après Entendement, Memoire et Volunté se mist. Et tous à une flanqué[65] passerent assés hastivement par devant icelle mauldite Desesperance, qui soubz ung poirier d'angoisse[66] arrestée c'estoit. Laquelle tout furieusement à l'Ame s'adressa en luy improperant telles rudes parolles mordicatives :

---

64 *Cf. Complaincte*, f. 15 v° et note 48.

65 Terme militaire. On dit « *Flanquer* une muraille ou place de guerre, c'est la garnir de flancs, *Propugnaculis ab latere munire. [...] La gendarmerie flanquoit les gens de pied.* » (Nicot, 1606.)

66 Le poirier d'angoisse est une espèce rustique qui donne des fruits petits et âpres. La signification figurée est d'autant plus évidente. Le *Dictionnaire de l'Académie française* (1694) signale l'expression : « Faire avaler des poires d'angoisse, pour dire donner quelque chagrin, quelque mortification sensible ». La « poire d'angoisse » est aussi un instrument de supplice, un baillon de fer en forme de poire et « que les voleurs mettent par force dans la bouche des personnes pour les empescher de crier. » (Voir E. Faral, « Poire d'Angoise », *Mélanges de philologie et d'histoire offerts à M. Antoine Thomas*, Genève, Slatkine reprints, 1973, p. 149-156.)

– O voies tu, pauvre Ame insancée et malheureuse garce ? Extime tu que Dieu tout puissant qui tant [30 v°] t'a de biens et prerogatives donné et conferé à la requeste et instigation de ses bigotes, pardon te concede des offences et grosses injures que as contre luy perpetré ? Ignores tu que pour ung seul peché que Adam et Aesve commiserent en transgressant le commendement de Dieu furent chassés et bannis de paradis terrestre, et condampné luy et toute sa posterité à peines et labeurs intollerables ? Viença, as tu point leu et ouy reciter que Datan et Abiron, pour ung seul delict commis, furent tous vifz transglotiz et absorbés en terre[67] ? Pareillement, Saul, premier roy d'Israel, pour une seulle desobeissance commise contre la volenté du Createur, fut tellement [31 r°] par ses ennemis poursuivi et persecuté que luy mesmes tuer et occire se feist[68]. Comtemples et consideres combiem fut la pugnition de Oza acerbe et estrange, qui pour seullement avoir à l'arche touché soudainement mourut[69]. Plus y a, regarde en la saincte Escriture celluy qui, le jour du sabat pour ung peu de boys avoir assemblé et cuilly, fut par le commandement de Dieu lapidé[70]. Et qui plus est, Luciabel[71], la plus lumineuse et specieuse creature que oncques Dieu crea, pour un seul peché d'orgueil fut il pas chassé du ciel imperial et condanné avec ses complisses et adherans à peine perpetuelle ? Et toy qui perpetré as non seullement une offence mais plus de mille, ex[31 v°]stime tu que Dieu les vueille te pardonner ? S'il a remis le peché à sainct Pierre[72], ce fut moyenent la grant penitence qu'il feist et observa, et semblablement, la Magdaleine[73] et sainct Paul[74]. Ne presume poinct que pour dire « je me repens », le Createur te vueille l'offence remectre et pardonner. Car, pour certain, dannée seras infalliblement, veu la copiosité de tes enormes pechés que commis tu as, parquoy je ditz pour resolution que à toy est une grosse follie et temerité de prandre tel labeur et peine pour cuider au port de Salut parvenir.

---

67 *Cf. Prudens*, f. 40 r°-41 r°.

68 *Cf. Prudens*, f. 45 r°-48 r° et *Complaincte*, f. 16 r°.

69 Ouzza, chargé de conduire l'Arche d'alliance à proximité de Jérusalem, tend la main pour la retenir, alors que les bœufs, tirant le chariot, font un écart. Pour ce geste trop familier, il est foudroyé, ce qui provoque l'incompréhension de David (I Chroniques, 13^{7-11}).

70 Nombres, 15^{32-36}.

71 *Cf. Prudens*, f. 10 v°-11 r°.

72 Les reniements de Pierre : Matthieu, 26^{69-75} ; Luc, 22^{54-62}.

73 Voir plus loin, f. 33 r°, note 78.

74 Paul, avant sa conversion, participe à la persécution des Chrétiens (Actes, 7^{57} et 8^{1-3}).

Ce fut lors pitié de veoir la pauvre Ame quant elle eust ouy ainsi parler Desesperance, [32 r°] car de grant douleur commença à fremir et cheut toute pasmée, sans pouvoir aucun mot dire. Et croy qu'elle fut alors de dueil et courroux desesperée, n'eust esté le secours et confort que Divine Inspiration et Raison luy feirent, lesquelles prindrent la charge de replicquer à Desesperance en luy disant :

– O mauldit et sedicieux esprit, messagier et poste de raige et de perdition, ambassadeur de dannation, rapporteur d'amertume, ne cesseras tu jamais de infester les pauvres creatures penitentes ? Tu as icy follement proposé et declairé du vouloir et puissance du hault Plasmateur duquel oncques tu n'euz cognoissance. Et semble à ouyr tes [32 v°] inneptes locutions qu'il ne fust bon et puissant par excellence. Tu as exposé aucunes punitions par luy faictes au temps de l'Ancien Testament, et mesmes de Adam et d'Aefve qui sont choses dont ne sçavons la cause efficiante ne effective[75]. Car peult estre que si Adam et Aesve[76] se fusent accusés et non excusés qu'il n'eussent pas si griefvement estés pugnis, mais Adam desproveu de conseil se excusa sur sa partie et sa femme sur le serpent, et puis que delinqué il avoient, chargié autruy ne debvoient[77]. Au regart de Luciabel, le pechié qui commit de sa propre malice le perpetra, et non à l'instigation d'autruy. Parquoy doncques sans aucune difficulté estoit irrimissible, veu aussi que perdon point ne requist ne postula. Et touchant [33 r°] les pugnitions de l'Ancien Testamment que tu as allegué, ce sont choses ocultes qui mistere denotent et figurent. Au regart de la Magdallaine, de sainct Pierre et du glorieux sainct Paul, pardonné il leur fut avant que commancer austerité de vie. Or est il que la denoté Magdallaine, pour seullement avoir pleuré aux piedz du bon Jhesus qui la grande amour et dilection congneut qu'elle avoit à luy, furent tous ses pechés pardonnés ainsi que tesmoigne l'Evangille[78]. Quant est de

75 La différence entre cause efficiente et cause effective est que l'une est en puissance, l'autre en acte. Cette impossibilité, pour l'homme, de comprendre le péché d'Adam est souligné par les gloses de la Bible : « Si peult on demander pour quoy Dieu laissa l'omme tempter. Car il sçavoit bien par devant qu'il cherroit en peché. Or ce et de moult telles autres demandes disons nous tant comme à ceste heure appartient qu'il le veult ainsi. Et se on demande pour quoy il le veult ainsi, c'est une folle demande de demander la cause de la voulenté de Dieu comme il soit la souvetaine cause de toutes causes. » (*Le premier volume de la Bible historiée*, Paris, A. Verard, 1498-1499, f. x.)

76 À deux lignes d'intervalle, le copiste écrit soit un *f* soit un *s* long.

77 *Cf. Prudens*, f. 9 v°, note 43.

78 La tradition de l'Église identifie Marie de Magdala, qui selon Jean se tient avec la mère de Jésus près de la croix (19^{25}) et qui fut la première à voir le Ressuscité (20^{11-18}), à la « pécheresse » qui arrose les pieds du Christ de ses larmes, chez le Pharisien (Luc, 7^{36-49}).

sainct Pierre, apellé et invocqué il fut du souverain Createur en pechant[79], et là luy furent tous ses pechés quistes et remis. Et neaumointz despuis, il fut en la foy catholique titubant et vacillant [33 v°] et blaphema celluy qui une foys luy avoit pardonné, mais trois jours après luy fut l'offence remise[80]. Touchant sainct Paul, pardon aussi il eust avant que prescher la loy euvangelicque, comme raison le vouloit, veu que par ignorance et non par certaine malice il avoit erré. Et pource doncques, mauldite creature, ne use plus de telles parolles ironiques et dannables, autremant desplaisir nous te ferons.

Desesperance, non contente de la responce, furieusement courut sus Memoire et Volunté pour les cuyder navrer si possible luy eust esté, mais Divine Inspiration et Raison se prindrent à faire resistance et à user de leur puissancez en maniere que Desesperance contrainte fut [34 r°] se retirer et fouyr, sans aucun encombrier faire à l'Ame. Laquelle voyant ceste victoire obtenue, tresjoyeuse fut et treshumblement remercia Inspiration. Et atant se misrent en la voye et oultrepasserent ladicte fourest de Desesperance qui enclouse estoit de grans et parfons foussés par lesquelx fluctoient, en lieu d'eaue clere, grans ruisseaux et bourbiers de sanc qui estoit chose moult espouvantable à veoir. Et davantaige en ladicte fourest, Judas, le faulx proditeur, pandu y estoit à ung sucz tout infait et puant[81], et plusieurs autres qui estoient tous mors, prosternés contre terre, les ungs trampersés de glaives et les autres emflés comme crapaulx de venim et poisons [34 v°] mortiferes que eulx mesmes avoient prins. Et là monstrés furent à l'Ame plusieurs Romains et Carthaginiens qui, desesperés des honneurs mondains, occis c'estoient[82]. Et de peur et crainte que l'Ame avoit, loesir n'eust ne faculté d'entendre la declaration et exposition des choses estans en ladicte fourest, mais seullement tachoit d'en sortir et venir à chef. Ce qu'elle feit par le moyen de Inspiration Divine qui tousjours la conduisoit par toute contrée.

---

79 Luc, $5^{1\text{-}10}$.

80 Il faut voir ici une allusion aux trois questions que Jésus, après la résurrection, pose à Pierre (Jean, $21^{15\text{-}17}$), interprétées comme rappel et pardon des trois reniements (Luc, $22^{54\text{-}62}$).

81 La légende qui veut que Judas se soit pendu à un sureau est répandue au Moyen Âge. Voir, par exemple, *Le Mystère de la Passion* d'Arnoul Gréban, v. 21913-21920.

82 *Cf. Complaincte*, f. 16 r°.

Comment l'Ame passa par le chemin de Crainte de Dieu

[35 r°]

Enluminure 6 : L'Ame rencontre Desesperance[83]

Or est il que à l'issue de ladicte fourest, plusieurs chemins[84] trouverent et entre autres ung que Raison nomma Crainte de Dieu qu'elle disoit estre le plus seur et droit chemin pour aller à la fontaine de Penitance. Touteffoys [35 v°] estoit il assés pierreux et remply d'espines qui causoient[85] peine et ennuy à cheminer, en maniere que en passant la pauvre Ame comme fatigée souvant y tumboit, et estoit son vestement nucial en plusieurs lieux tout dirut et dessiré pour la rigueur des espines. Au moyen dequoy la pauvrete commança ung peu se ennuyer. Et comme celle qui lasse et agravée estoit, qui plus tirer ne povoit avant, si se arresta pour ung peu de repox prandre sur une pierre et lors commança à profferer et declairer telles debvotes parolles :

– O souveraine Magesté et admirable Essance, Deité redoubtable et ineffable qui par ton excellante bonté des mains de Pharaon delivrates les [36 r°] enfans d'Ysrael et Daniel de la fosse aux lyons, et Joseph des prisons d'Egyte, treshumblemant vous rens graces inmortelles de ce qu'il vous a pleu me conferer et donner la grace d'avoir evicté plusieurs dangereux passaiges sans aucum detourbier avoir eu. Mais, supernelle Deité, si encore de moy n'avez pitié, tout ce que j'ay faict et commancé peu me proffitera, car sans voustre secours et aide ne puis tirer ne proceder avant, tant suis fatigée et atenuée, vous priant doncques, glorieuse Essance divine, qu'il vous plaise me donner vouloir et puissance de passer oultre en maniere que parvenir je puisse à la fontaine de Penitence que tant j'ay desiré et appeté trouver.

---

83 Enluminure 6 : Dans une forêt, l'Ame, debout et les deux mains levées devant sa poitrine, paumes vers l'extérieur, regarde une dame vêtue d'une robe orangée aux manches à bombarde, tenant de la main droite une épée dressée et, de la gauche, quatre épées ; elle est coiffée d'un casque ailé, surmonté de deux cornes noires. Au pied de cinq arbres apparaissent de grandes taches rouges sur lesquelles posent poignards et épées. [L'illustration se rapporte au chapitre précédent.]

84 Le choix entre plusieurs chemins devant lequel est placée l'amante ou l'âme dans son pèlerinage est une variante du *bivium*, *topos* de la littérature allégorique. Voir Guillaume de Digulleville, ouvr. cité, p. 572, v. 7475-7482, et Gabrielle de Bourbon, *Le Voyage espirituel*, dans *Œuvres spirituelles 1510-1516*, Paris, Champion, 1999, p. 150-151.

85 Leçon rejetée : *causoicst.*

Quant da[36 v°]me Inspiration et Raison urent entendu la priere de l'Ame, d'elle s'approcherent et commancerent à la conforter et consolider. Et d'ung linge blanc, florant comme basme, Raison luy vint à essuyer les grosses lermes de compontion que d'elle tomboyent[86]. Et au regart de Inspiration, d'autre part la consola de parolles doulces et mellifluеuses, en luy disant :

– Ma fille, mamye, j'ay voustre oraison bien ouye et entendue. Si croyez que exaulcée sera de voustre Createur mais que, de voustre part, vouliés mectre peine et diligence d'icelluy acomplir et tousjours vous humilier sur toutes rien[87]. Car humilité rent la personne à Dieu agreable et plaisante. Or [37 r°] levez donc sus, mamye, et Raison et moy vous aiderons à parfaire et acomplir le surplus.

L'Ame ne fut ingrate de si bonnes et grandes consolations, mais en soy levant commança à dire ce qui c'ensuyt :

– O dame de hault paraige, excellante et moult charitable sur toutes dames, qui les desvoyés adressés au port de Salut et qui la vraye source estes de eternelle felicité, sans laquelle impossible est à creature humaine faire ne acomplir aucune fructueuse operation, et vous aussi, dame Raison, qui le tymbre tenez de tout honneur et vertus avecques dame Inspiration, humblemant vous remercie tant que possible m'est du grant support que par si davant [37 v°] m'avés fait et encore proposés de faire. Car par vous j'ay evicté mains dangereux encombres et durz assaulx par mes ennemys enciens. Parquoy deshormais plus ne reste, fors encores ung peu de secours à cheminer par ceste voie qui est moult penible et fastidieuse à gens qui d'y passer n'ont acoustumé, pour la rigueur des pierres et chailloux de obstination qui par la voye sont adjancés et myses[88]. Or est il, dame Inspiration, que promys avés me aider à supporter la fatigable et langoureuse peine dont treshumblement vous remercie. Si vous requiers et supplie qu'il vous plaise tout ainsi que l'avez declairé le faire. Et affin de mieulx acomplir mon dit voya

86 Voir plus haut, f. 4 r°, note 6.

87 L'humilité est un thème privilégié de la prédication. Voir Jean Gerson qui, dans le sermon *Pour la Noël*, dégage trois leçons de l'Incarnation : amour pour Dieu, humilité, et combat contre les erreurs du monde (*Six sermons français inédits*, ouvr. cité, p. 276).

88 Dans le *Jardin amoureux de l'âme*, attribué à Pierre d'Ailly – diffusé par nombre de manuscrits et par l'imprimé jusqu'en 1538 – ce sont les « dures pierres de diverses temptacions que les trois adversaires de l'ame lui getent au devant pour faire ses piez trebucher. Ces trois adversaires sont le monde, la char et le dyable [...]. » (*Le jardin amoureux de l'âme*, éd. I. Fabre, dans *Les Vergers de l'âme. L'allégorie du jardin spirituel à la fin du Moyen Âge*, Paris, Champion, 2019, p. 426.)

[lacune]

[38 r°]

santens les sainctz et debvotz apoustres et disciples du benoist Redempteur Jhesus et des martyrs, confesseurs et vierges. Et au mylieu d'icelle plaisante fontaine estoit mise et intronisée une croix moult replandissante, de laquelle par ung sumptueux artifice l'eau doulce sortoit en grande copiosité et habundance par troys partis d'icelle. Et estoit ès lieux où le benoist Saulveur fut percé et cloué. Et pour entrer en ladicte fontaine, descendre convenoit sept degretz[89] qui construis estoient de marbre luysant comme geme. Ladicte fontaine et la sumptuosité d'icelle, ung sainct homme gardoit qui de blanc linge estoit vestu, constitué en dignité sacerdotalle, en son col aiant un[38 v°]gne precieuse estolle, lequel sur le siziesme degré assis je aperceu. Et adonc l'Ame voyant le lieu si magnificque commença à dire :

– Ma treshonnorée dame, tant avons fait que, par vostre bon et salutaire conseil, sommes venuz à la fontaine qui tant est sumptueuse et magnificque que à peine puis je me saouler de icelle regarder et contempler. Or me dictes, ma dame, s'il est voustre plaisir, que faire je doibs presentemant ?

– Ma fille, mamye, se dit Inspiration Divine, il est expedient et convenable que par les sept degretz descendés en ladite fontaine avecques vos trois conseilliers, c'est Entendement, Memoire et Volunté, qui pareillement sont fort souillés et maculés des infections et pugnaisiez de la Chair, du [39 r°] Monde et du Dyable. Et puis ceste debvote et saincte creature qui au siziesme degré est <et> assixse te lavera et mundiffiera. Et affin que mieulx saiches comprandre l'efficasse de ce hault mistere, tu doibs sçavoir que les sept degretz sont nommés, sçavoir est le premier congnoissance de son peché, le segond est abhomination d'icelluy, le tiers contriction, le quart c'est propos de soy abstenir de peché, le

89 Les degrés qui permettent d'atteindre la fontaine sont sept, comme il y a sept psaumes de la pénitence (Ps. 6, 31, 37, 50, 101, 129, 142) dont le nombre est mis en rapport, depuis Origène, avec les sept moyens par lequel le Chrétien peut obtenir la rémission de ses péchés : le baptême, le martyre, l'aumône, le pardon des injures, la conversion des âmes, la charité ardente et la pénitence (*Homil. 2 in Levit.*). Sur la signification du nombre 7, voir aussi saint Augustin, *Cité de Dieu*, liv. XI, chap. 31, éd. citée, p. 464, et *Enseigner le christianisme*, liv. II, chap. 16, 25, p. 49 : « Et le nombre dix signifie la science du Créateur et de la créature car le nombre trois est le propre du Créateur, et le nombre sept désigne la créature dans sa vie et son corps. »

cincquiesme fuyte des occasions de mal faire, le vi^e^ c'est confession, et le viie satisfation. Et sur chascun degré faire conviendra ce qui est utille et convenable en tel acte, en quoy Raison, Entendement, Memoire et Volunté, enseignement et instruction te donneront par mon conseil.

– C'est bien [39 v°] exposé, ce dit l'Ame. Deliberée suis, madame, d'acomplir tout ce qu'il vous plaira me commander. Sus doncques, Entendement et toute la sequelle, marchés avant et descendons en ceste clere fontaine pendant qu'avons le temps et l'oportunité.

Ce qu'il fut fait et dès lors Raison jusques au dernier degré les conduysit en bonne ordre.

S'enssuyt la narration du premier degré

Et eulx estans sur le premier degré, nommé congnoissance de peché, Memoire commença à propouser et dire :

– Las, pauvre chetive, Ame pecherresse, as tu point clere congnoissance de tes excecrables forfaitz, erreurs, crimes, delitz et desobeissances [40 r°] que tu as commises et fait perpetrer, et premierement et avant tout, euvré en perpetuant et commectant les sept enormes pechés[90] que tu as possedé et entretenuz pour Entendement et Volunté avoir laissé, habandonné et mys en la captivité, puissance de tes ennemys mortelz et pestiffereux ? Car par ce moyen, soubz l'empire de Cupido, commis as les pechés de luxure, glotonnie et paresse, avecques perilleuses circonstances soubz le Monde deceptif. Les pechés d'orgueil et avarice as acquis et possedé, et, soubz le Dyable, le pechés de ire et envie, en quoy faisant tu as transgressé indiscretement les sainctz commandemens du souverain Createur.

90 Le septenaire des péchés – luxure, glotonnie (gourmandise), paresse, orgueil, avarice, ire et envie – s'est fixé à partir du XIIe siècle avec le *Livre des sentences* de Pierre Lombard. Auparavant, on compte huit vices principaux – gourmandise, impureté, avarice, colère, tristesse, paresse, vaine gloire, orgueil – d'après une tradition remontant à Cassien (voir *Les huit vices capitaux : Livres 5-12 des Institutions cénobitiques*, trad. E. Cartier, Paris, Poussilegue Frères, 1868).

[40 v°]

Comme Entendement expose
à l'Ame le second degré

– Hellas, tout ce que avés dit et proposé contient verité, dit la pauvre ame penitente.

Et puis ce faict, Raison commença à dire :

– Or sa, descendons plus bas et verrons ce que avons affaire.

Et eulx estans sur le second degré, apellé abhomination de peché, Entendement va dire à l'Ame :

– Pauvre inveterée et meretrique pecherresse, congnois tu point l'orreur et la detestation des offences par toy commises et perpetrées ? Et premierement, considere ung peu et reduys à memoire que au regart du fol delict de la chair que tu as tant usité, rien n'est plus vil, deshonneste et abhominable que celluy plaisir de luxure [41 r°] qui, après une briefve et momantainé plaisance, retourne en tristesse et mespris de l'acte ort et salle, et davantaige, en dangier et peril du corps qui en pert sa vertus et force, en la perte des biens qui se diminuent et consument et en la damnation de toy. Quant au regart de gormandie, ma doulce seur, mamye, est il rien plus vil et plus nuysant au corps, aux biens et à toy, que prandre sa reffection excessivement, en sorte que l'on soit tout de sens hebeté, qui est ung faict contre toute bonne ordonnance et condition naturelle ? Car parce souvent en suis fait et reputay spectacle de mocquerie et de desrision. Tu sçais et congnoys clerement que par trop habundanment boire [41 v°] et manger plusieurs actes lubricques sont commis, et maintes grosses injures et deshonnestes parolles dictes et proferées[91]. Après le trop boire, souvent noisez procedent, discors et discenssions, jeuz prohibés et deffenduz, et autres dissolutions innumerables. Touchant paresse, est il rien plus à mespriser que de veoir ungne jeune dame oiseuse et sonnolante, preste à recepvoir tristesse, merencolie, soucy, chagrin, ennuy, desplaisir, erreur, scandalle et tous autres delictz ? Si nous voulons speciffier les offences qui se commectent soubz le miserable Monde, ymagine s'il est rien plus dangereux que convoiter les honneurs mondains et acumuler les richesses terriennes. Considere combien de travaulx, peines intolle[42 r°]rables et labeurs

91 La trop grande loquacité et la luxure sont souvent associées au péché de gourmandise. *Cf.* Guillaume de Digulleville, ouvr. cité, v. 8606 et sv., et p. 645, note 1.

infinis ont ceulx qui s'appliquent à poursuyvre et à parvenir aux offices, benefices et autres groz estatz, et qui se desdient et adonnent totallement à acquerir doumaines, possecions et heritaiges. Conbien ont il de procès, noises, picques, discenssions, enuieux et mal veillans[92] ? Nuyt et jour en dangier ne sont il pas de brigans, larrons, insidiateurs de chemins et n'ont ung seul jour de joye ne de repoux ? Souvent advient que tel est eslevé à la sommité de la roue de Fortune qui soudainement et sans y remedier est precipité et mys ou gouffre de scandaleuse pauvreté et mocquerie[93]. Contemple ung peu en quel groz souscy est un fol oltrecuidé et presumptueux qui mieulx s'extime valloir que nul [42 v°] aultre. Il est par tous lieux mesprisé, villipendé et contenné. Considere pareillement en quelle douleur et angoisse est celluy qui monsieur soulloit estre apellé, quant il vient aux aboiéez se rangier soubz la baniere de Ire, tenant le guidon de pauvreté jusques à mandier sa vie. Et au regart des pechés qui soubz la puissance et domination sont du Dyable, plus detestables et dangereux sont que tous les aultres precedans. Car par envie et ire, on ne peult posseder mais toute doulleur et tristesse mentalle et interieure. Ymagine doncques en quelle peine est ung pouvre envieux, lequel voyant son voysin prosperer se consumment corps et ame sans avoir en cella aucung proffit[94].

[43 r°] La pauvre Ame son oye prestoit à toutes ces choses fort hesbahye et confuse, et sembloit bien à la veoir que jamais le loier et demerite de peché entendu n'avoit.

Comment l'Ame se mist sur le tiers, quart et cincquiesme degretz

Après que Entendement eut reduyt à l'Ame, par la direction de Raison, l'orreur et abhomination de peché, toutes flectissantes[95] descendirent sur le tiers degré, contriction nommé. Sur lequel Volunté commença à faire piteuse exclamation en disant :

– O pauvre Ame peccatrice, de vertus degenerée, as tu point de aurreur, confusion et douleur [43 v°] vehemente d'avoir ainsi prevariqué

92 Énumération topique. *Cf. Complaincte*, f. 12 v°.

93 Sur cette allégorie si commune, voir *La Fortune. Thèmes, représentations, discours*, éd. Y. Foehr-Janssens et E. Métry, Genève, Droz, 2003.

94 Après « proffit », a été biffé : ~~*la pauvre*~~ /43 r°/ ~~*ame sans avoir en cella aulcung proffit*~~.

95 Après « flectissantes » est biffé : ~~*desenr*~~.

en suyvant maintes olofacions et odeurs adulterines, qui t'ont causé maintes ludibriations gesticulaires par la concupiscence de ton<t> effrené couraige plain de sensualité, sans aucunement t'avoir apliqué à servir et honorer ton Createur qui, pour toy racheter, a esté flagellé, conspué, et par ces faulx ennemys innomineusement conculqué, comme par si devant l'on t'a rememoré et declairé ? D'autre part, cognois tu point que c'est cestuy qui t'a donné vertus et cognoissance, qui t'a donné santé pour victoire obtenir à l'encontre de tes ennemys, qui t'a donné santé et incolumité de corps ? Qui te peult danner ou saulver, n'esse pas le hault Plasmateur ? Et [44 r°] neautmoins, de ta propre malice et sans rien vouloir cognoistre tous ces grans beneffices, courroucé tu l'as et offencé en tant de sortes, que sy n'estoit l'excellence de sa haulte et incomprenssible bonté et misericorde, tu serois, si possible estoit, cent mille foys dannée. Considere tu point en quelle misere, calamité et subjection as esté despuis ta creation, ne en quelle tristesse et desolation as vescu ? Congnois tu aussi que dignement l'on ne te porroit expliquer l'excellence magniffique d'icelluy ? Pances y, pauvre Ame pecherresse, et perdon luy en demande à presant[96].

Or est il que l'Ame, après qu'elle eut ouy parler Volunté, congneut la preverica[44 v°]cion enorme et mortelle par elle commise. Et alors, sur le degré, cheut toute pasmée de douleur. Et elle revenue de sa pasmaison, sans nombre gecta pleurs, larmes et souspirs en disant :

– O ineffable et indicible liberalité, largiteur de benigne clemence, et des pauvres penitens la totalle confidence, je congnoys la multitude de mes offences par lesquelles j'ay, non une foys mais plus d'ung million de foys, merité estre abhimée par la disposition de ta divine justice dont je me repens et m'en desplaist d'avoir tant forfait, par autent que vous estes si gracieux et debonnaire que langue ne sçauroit exprimer ne dire. Touteffoys, mon Pere celique et mon Redemp[45 r°]teur, je suis deumant informée, par voustre saincte Inspiration et Raison, que vostre misericorde est plus grande, sans degré de comparaison, que toutes les offences que l'on pourroient commetre.

---

96 Volonté tend à l'Ame une sorte de « miroir des pécheurs » : « Pense ung chascun qu'il portera son fais. / Et qu'après mort sera ressuscité / Pour rendre compte à Dieu de ses meffaitz [...]. » (*Le Mirouer des pecheurs et pecherresses* [Jean de Castel], s.l.n.d. [1505-1507], « Ballade contre ceulx et principalement gens de court qui ayment ce malheureux monde pour laisser la vie eternelle », sig. e ii r°.)

Oultre plus, la pauvre Ame en descendent les quatre et V^e degréz, commança à dire :

– Mon Dieu, j'ay propos et vouloir, moienant vostre bonne aide, de non plus vous offencer et de evicter et fouyr les occasions de peché autant qu'il me sera possible. Si vous requiers, mon Createur, qu'il vous plaise, par le merite de vostre saincte et douloureuse Passion et par l'intercession de vostre saincte et sacrée Mere, me donner et remettre tous et chascung lesditz pechéz, crimes et offences.

[45 v°]

Comment l'Ame vint à VIe et VIIe degrés et du lavatoire fait en la fontaine

Quant l'Ame imposé eut fin à son oraison qu'elle fict de genoulx sur lesdits degréz, elle descendit, avecques sa devote et saincte compaignye, sur le VIIe apellé confession où, par le conseil de Rayson et Divine Inspiration, elle dit et declara de bouche humblement, secretement et devotement audit sainct homme toutes les offences que rememorés luy avoient estés par Memoire, avecques leurs circunstances, où elle fut assez prolixe. Et ce fait, avecques Memoire, Volunté et Entendement, descendirent sur le septiesme, apellé satisfation, sur lequel, par le commandement de Raison et par l'ordonnance et au[46 r°]ctorité du prestre, laisserent tous leurs vestemens et ornemans par eulx mal acquis et tout ce que de l'autruy avoient. Et nucz, entrerent en ladicte fontaine où lavéz et nectoiéz furent, depuis le chief jusques aux piedz, en maniere que sur eulx ne demoura cicatrice, infection ne tache[97]. Et ce faict, joyeusement sortirent de ladicte fontaine medicale. Et tout soubdain sur eulx descendit une petite nuée qui tous ensamble les obumbra, Divine Inspiration et Raison avecques eulx. Et tantost après se departit la nuée et se trouverent l'Ame, Entendement, Memoire et Volunté, vestus d'abis fort blans et sans aucune maculle. Si me fut dit et exposé que le benoist [46 v°] Sainct Esprit descendu estoit en ladite nuée qui ainsi clariffiés les avoit[98]. L'Ame de toutes pars se recordoit et à ses conseilliers demandoit,

---

97 Cette purification par immersion se réfère, avant le baptème chrétien, à celui de l'Ancien Testament (Ésaïe, 1[16]).

98 Dans la Bible, la nuée signale la présence de Dieu (Psaumes, 18[10]).

c'est assavoir à Entendement et aultres, si aucune macule plus n'avoit. À quoy responce luy firent et luy dirent que non, et que, en tel estat, tresplaisante à Dieu seroit, pourveu que deshormais abstenir se voulut de vivre en la sorte que le temps passé avoit fait[99]. Et qu'il convenoit bien graces en rendre au Createur, dont il avoit à ce precieulx et digne lavatoire conduyte. Au moyen de quoy la debvote Ame en terre se prosterna, et après que par humilité ce fut inclinée et baissée, aient les mains joinctez, par contemplation les yeulx vers le ciel elleva, et à Dieu l'oraison fit qui c'ensuit.

[47 r°]
Enluminure 7 : L'Ame et sa compagnie à la fontaine de Penitence[100]

Comment l'Ame à Dieu rend grace apprèz
qu'elle fut lavée en la fontaine

– O vray Dieu omnipotent, immense, admirable, collateur de indulgence, qui forméz m'avez à voustre saincte semblance, par liberallité et sans estre à ce contraint[101], voire de mort eternelle [47 v°] rachaptée, par la mort temporelle que vous pleust prendre en l'abre de la croix, pour le salut de toute humaine creature voulant tendre à salutation. O souverain Seigneur, Roy des roys, Plasmateur du ciel et de la terre, que chascun craint et redoubte comme celluy qui toute chose peult construire et desmollir. O superhabondance de misericorde qui, par vostre inestimable bonté, promis avez aux povres penitens pardonner; et qui, par excellence de charité, la mort ne voulez du pecheur, mais voulez, par voz miserations, qu'il se convertisse et, à ce faire, secours luy donnés, conseil, confort et aide, ainsi qu'il vous a pleu faire à moy, pouvre et meschante; dont je vous remercie, mon Dieu, mon Saulveur

99 *Cf. Espiltres*, v. 560-561.

100 Enluminure 7 : À droite, devant une fontaine, remplie par six jets d'eau, un personnage portant un vêtement sacerdotal blanc à col bleu orné d'une croix, montre de la main droite la fontaine et tend la gauche vers l'Ame, les mains jointes, et dévêtue comme les trois personnages postés derrière elle, au sommet d'un escalier qui descend, en sept degrés, vers la fontaine. Inspiration Divine, dans le coin gauche, tend l'index droit et la main gauche ouverte vers l'Ame et ses compagnes. Au second plan se dresse un arbre et le clocher d'une église.

101 *Cf. Espiltres*, v. 29 et 50.

et Directeur, [48 r°] mon Conducteur et Defenseur, de la grace qu'il vous a pleu me faire, premierement en la recongnoissance de ma misere, secondement du reconfort de voustre inspiration, tiercement de ce que j'ay mon entendement, ma memoire et ma volunté peu retirer de la puissance du monde, de la chair et du dyable, où je lez avois asservis comme pouvres esclavez, quartement de ce que j'ay raison recuperée pour iceulx garantir et saulver, et moy dès en avant myeulx conduyre que je n'ay fait le temps passé, et finablement de ce que, non obstant les persuasions mauvaisez à moy faictes par Desesperance, Honte et Presumption, j'ay passé par contrition, confession et satis[48 v°]fation, jusques à avoir esté mundiffiée et lavée, et semblablement mais Entendement, Memoire et Volunté, en maniere que, de present, je ne congnois tache sur moy qui me griefve. Si vous prie, mon Dieu, qu'il vous plaise, par les merites et intercessions de voustre tant amoureuse Mere, la treshaulte et tresexcellente princesse des cieulx, madame Marie, la lignée royalle de David, en qui virginité tousjours a esté, et aussi, par les intercessions de toute voustre court celleste, me pardonner, acquicter et remectre tous et chascun les maulx, crimes, delictz et offences, que j'ay commis contre voustre volunté, tant de cueur que de bouche que d'operation, et que semblablement j'ay fait faire et donné occasion quant [49 r°] ad ce. Et oultre, me donner la grace de non plus y retourner, et la vertus et puissance de vertueusement resister aux temptations et effors de mes ennemys, visibles et invisibles, et fere les ouvres par lesquelles je puisse finablement parvenir, moyennant le merite de votre doloureuse Passion, à la gloire eternelle. Amen

Comment l'Ame se met à chemin pour aller en la terre de Promission

[49 v°]

Enluminure 8 : L'Ame rend grâce à Dieu[102]

Après que l'Ame eut mys fin à son oraison, Volunté luy demanda qu'elle estoit deliberée de faire, et lors Divine Inspiration luy fit responce qu'il convenoit en la terre de Promission aller vers son vray Espoux qui la recepvroit joyeuse[50 r°]ment pourveu qu'elle s'entretint en l'estat où elle estoit. À quoy fit responce l'Ame que c'estoit ce que plus desiroit, en demandant à Divine Inspiration le chemin pour y parvenir. Laquelle luy dist :

– Ma fille, mamye, pour aller en la terre de Promission, il fault passer la mer de ce monde qui est grande et spacieuse, et sur laquelle plusieurs veisseaux y a et navires, pour tirer tant en la terre de Promission que celle de Perdition[103]. Mais dame Penitence, qui le gouvernement a de ceste noble fontaine, se tient sur le port et a la charge de passer les vrais penitens, et pource, mamye, si tu es deliberée d'acomplir le voiaige, voluntiers te conduyray et t'asorreray jusques là. Et t'avertis d'une chose, c'est que à [50 v°] bien ou à mal, il te convient passer ceste mer et aller en l'une ou l'autre desdites terres. Au regard de la terre de Promission, je te fois sçavoir qu'il y a toute joye et liesse, et jamais pleur n'y est ne tristesse, tousjours les habitans ont properité et beaulté, et jamais n'enlaidissent, tousjours jeunes sans avoir vieillesse, tousjours ont repoux et jamais labeur, tousjours richesse et jamais pouvreté, sans envie, sans villennie quelconque, et treuve la creature tout ce que desirer

102 Enluminure 8 : L'Ame, au bord d'un chemin pierreux, est à genoux, mains jointes, en prière ; derrière elle, trois personnages blonds sont debout : le premier, Penitence, vêtu de gris et coiffé d'une toque rose foncé (comme dans les miniatures suivantes), tend l'index droit vers l'Ame et tient la main gauche ouverte et levée ; le deuxième, vêtu de bleu, tête nue, tient l'index droit levé, tandis que le troisième (féminin), vêtu de rose foncé, cheveux déliés et sans coiffe, regarde la scène. Du ciel, descendent, à droite, des rayons lumineux vers l'Ame. À l'arrière-plan apparaît une cité dans un paysage bleuté.

103 La métaphore de la mer du monde, qui trouve son origine dans la philosophie stoïcienne, est renouvelée par les psaumes, par toute la patristique et en particulier par saint Augustin. Dans les voyages et pèlerinages allégoriques, elle s'accompagne de tout un réseau d'images et de motifs. Voir Guillaume de Digulleville., ouvr. cité, p. 914-915, v. 12416-12417 et note 1.

pourroit jamais et mieulx[104]. Mais touchant la terre de Perdition, les habitans d'icelle n'ont autre chose que peine sempiternelle, dueil, souscy, merencolye et angoisses et tenebres, sans espoir de [51 r°] repoux, et tous les tormens dont on se pourroit adviser souffrir leur convient. Pense doncques, mamye, auquel lieu tu veulx aller ne quel party tu veulx tenir.

– Hellas madame, ce dit l'Ame, de voustre grace tousjours m'avez bien conduite et conseillée jusquez icy, pource vous prie qu'il vous plaise continuer et prandre la charge de me conduyre en ladite terre de Promission, car c'est le lieu là où je pretends faire ma perpetuelle demeure.

– C'est tresbien dit et proposé, se dit Volunté, mais vous aurés ung merveilleux labeur, car Penitence a ung navire assez estroit qui est pouvre et mal vitaillé, et si est subget à tous vens marins, moult foible pour resister contre les faulx pirates, larrons et [51 v°] estrelins de mer[105].

– Quoy, dit Raison, vous avez peur, Volunté ? Considerés vous poinct qu'il vault mieulx ung peu endurer pour ung bien eternel avoir que de prandre ung plasir legier et transitoire pour perpetuellement estre dampnée et tormentée ? Ignorés vous que le navire de Penitence a esté composé par le Redempteur Jhesus, par lequel tant de martirs et confesseurs ont passé ? Cuydez vous que oudit navire n'y ait gens de guerre assez puissans pour resister à tous les ennemys qui sont sur mer ?

– Or sus, ce dit Inspiration, chacun preigne couraige et cheminons par ceste belle voye herbuez que dame Oraison a, en ce point, cultivée et adjancée.

---

104 Apocalypse, 21[4, 27].

105 Les « estrelins » ou « esterlins » ou « ostrelins » désignent, en général, les habitants du nord-est de l'Allemagne ou des villes hanséatiques. Commines emploie le terme dans ce sens (*Mémoires*, V, 18) et désigne ces « ostrelins » comme ennemis des Français et des Anglais, fort craints pour leurs « navires de guerre en la mer » et pour leur puissance combattive (III, 5). Rabelais use également trois fois de ce mot (*Gargantua*, chap. 33 ; *Quart livre*, Prologue ; *Pantagrueline pronostication*, chap. 5 – voir *Revue des Études rabelaisiennes*, vol. 7, 1909, p. 342-344). Le terme a souvent une signification péjorative [Cotgrave : An *Easterling; one of the East parts, or of the Hanse-townes, of Germanie; also, a drunken huffs-nuff, swaggerer, swash-buckler*] ; ici « estrelins » peut se comprendre comme « dangereux ennemis ».

Comment l'Ame et sa compaignie arriverent sur la couste de la mer

[52 r°]
Enluminure 9 : L'Ame et sa compagnie sur la côte de la mer du Monde[106]

Par le commandement de Inspiration, chacun se mist à chemin, et tant feirent que dedans peu de temps furent près de la couste de la mer, sur laquelle y avoit grant nombre de belles navires que l'Ame regardoit voluntiers et moult y prenoit plaisir. Quoy voyant, Divine Inspiration luy dist :

– Ma fille, mamye, ses navi[52 v°]res que tu voys et regarde, il sont à la Chair, au Monde et au Dyable, qui tant de maulx t'on fait commectre, et sçay bien que leurs pervez et iniques assaulx te causeront plusieurs ennuis. Mais de ce ne te soucie, car virillement nous y resisterons si croire tu me veulx et adjouster foy à mez ditz. Voiz cy le port et la maisonnete de dame Penitence qui est acompaignée de Foy, Esperance, Charité, de dame Oraison, de Comtemplation, de Humilité, Liberalité, Chasteté, Aulmone, Pitié, et plusieurs autres nobles dames, qui toutes sont stillées à la guerre de la mer, si te conduyront, si tu veulx, jucques au port de la terre de Promission.

– Madame, dit l'Ame, je feray tout ce qu'il vous plaira me commander. Prenez donc, si voustre plaisir est, la charge, avec dame Raison, de parler à Penitence pour

[lacune]

[53 r°]
gestes que vous estes en doubte et perplexité grande, et que n'avez au cueur joye, soulas ne consolation. Je ne sçay si plus me congnoissés, mais je vous declaire que longtemps y a que vous et moy avons fait de bonnes et grosses cheres par la region de Mondanité. Si desirois de tout mon cueur vous faire quelque bon service. J'entens bien que voulés passer ceste mer comme pellerins, pource suyvre me debvez. J'ay cy ung

106 Enluminure 9 : Au bord de la mer, L'Ame, la main droite levée, se tient derrière Inspiration Divine et devant une dame aux cheveux blonds tressés vêtue de bleu, qui porte les deux mains à sa tête. Inspiration Divine converse avec Penitence qui tend les deux index en direction de navires : deux ont accosté, et un autre approche, toutes voiles dehors.

navire beau et grant, bien equippé de toutes chosez necessairez, soit de vivres, d'artillerie et autres equipaige, et oultre plus en icelluy y a gens de tous estas qui ont divers instrumens doulx et armonieulx à souhait. Et pource, s'il vous plaist y venir, [53 v°] nous ferons une grosse chiere, et vous traiteray[107] si bien que aurés matiere de vous en contenter.

La povre Ame fut toute estonnée d'ouyr ainsi blandir et declicquer Folle Plaisance. Et regarda Entendement, Memoire et Volunté pour sçavoir qui feroit la responce. Mez Entendement et Memoire, qui commançoient jà à oublier Inspiration et Raison, ne sçavoient que dire. Au regart de Volunté, elle fut toute troublée et commençoit à vaciller et tituber, et n'eust esté que Raison, avec dame Inspiration, retourna tout soudain vers eulx, se fussent acordés à aller avec Folle Plaisance. Mais anticipés furent, et commança Raison à tancer Entendement, Memoire et Volunté, et leurs dire que c'estoit à eulx grant honte d'avoir ainsi laissé Inspira[54 r°]tion, et qu'il c'estoient mys en grant dangier de remestre la pouvre Ame en la misere dont elle estoit à si grand labeur sortie. Volunté cuyda lors replicquer à Raison en luy disant que elle mesmes avoit tort d'avoir l'Ame ainsi laissée, qui estoit desnuée de toute subvention et aide. Mais adonc Divine Inspiration moult rigoureusement, pour Raison, duplica[108] en luy disant que ce n'estoit pas à Raison de suyvre l'Ame mais convenoit à eulx mesmes de suyvre Raison[109]. L'Ame, oiant telle discution et conflict de langaige, bien congneut qu'elle avoit trop follement failly d'avoir l'ouye prestée à Folle Plaisance, jaçoit ce qu'elle n'y eust donné aucum consentement ne fait cogitation moreuse. Touteffois elle se humilia vers Dieu et luy cria mercy par le conseil de Divine Inspira[54 v°]tion, dont elle se trouva bien allegée, car l'offence, qui seullement venielle estoit, remise luy fut et pardonnée, et atant s'en retourna Folle Plaisance toute confuse à son navire. Et Divine Inspiration avec toute sa sequelle d'aultre part s'en allerent à la loge de Penitence.

107 Après « traiteray », un mot est biffé : ~~*bien*~~ *si bien.*

108 Après « duplica » un mot est biffé : ~~*que*~~ *en.*

109 Parce qu'entendement, mémoire et volonté sont les trois constituants de « l'Ame devote » et de sa « sœur, Raison la sage » ; voir Jean Gerson, « Sermon pour la fête de la sainte Trinité », ouvr. cité, p. 166, Second dialogue – Raison : « Ne es tu pas une seule et simple substance ? Certes oÿ ! Neantmoins tu as trois vertuz, qui sont memoire, entendement et voulenté. »

Comment Divine Inspiration et Penitence parlerent ensemble

[Lacune]
[55 r°]
et macules ainsi que l'Ame a semblablement esté, et sans avoir merité grace d'eulx retirer de ceste infection, et malheureuse et dampnable compaignie. Icelluy Createur, qui est souverainement piteux et misericors, voiant l'Ame pecherresse au molin de remort de conscience, m'avoit envoyé vers elle pour ces faultes et erreurs luy remonstrer, ce que j'ay faict à mon povoir, et de sorte qu'il ont estés nectoyés et mondiffiés à voustre fontaine où ilz ont recouvert les vestemens de grace. Et parce qui leur convient prandre party et aller en la terre de Promission ou de Perdicion, ce qu'ilz ne pevent faire sans passer la grant mer de ce monde, et que l'Ame desire sur toutes choses soy rendre et presanter à son Espoux Jhesus en la terre de Promission, je [55 v°] l'ay cy amenée vers vous, saichant que plus seurement la pourrés passer et conduyre que nulle aultre. À ceste cause, vous prie que voustre plaisir soit d'en prandre la charge et, en ce faisant, vous acomplirays le vouloir de celluy Createur qui est nostre souverain Seigneur et Maistre, et me ferés plaisir.

Après ce que Divine Inspiration eut mys fin à son propos, dame Penitence commança à parler et luy rendre son salut en disant :

– Tres irrefragrable et superauctanticque dame, qui la vraye source estes de toute perfection de vertus, en qui gyst toute haulte magnificence, vous soyés la tresbien venue avecques voustre noble societé, merciant le souverain Createur et vous de ce qu'il vous a pleu tant vous humilier de venir me veoir et visiter en ma pouvre habitation, car de ce je n'estois [56 r°] digne. Et sachés, madame, que le plus grant honneur, la plus grande consolation, la plus excellente joye, le plus asseuré confort, la plus amoureuse delectation, et le plus delectable plaisir que je pourroys avoir en ce monde, c'est par vous d'estre visitée. Car votre veue me conforte, voustre parler me conssolle, votre presence me rend seurette, et vostre assistance me cause repoux, et ne convient aucunement que l'Ame et sa noble compaignie se souscie[nt] ne contristent puis qu'il vous plaist, en faveur de Charité, prandre la charge de leurs voiaige acomplir, pour lequel parfaire j'ay le navire tout prest et bien equippé de tout ce qu'il luy fault, ainsi que pourrés veoir plus applain, là où toutes choses requises pour resister contre noz ennemys y [56 v°] sont. Et d'autre part, j'ay cy des dames et damoiselles qui bien en sçavent le tour et la pratique, et à ce faire sont toutes usitées. Et pource, madame, quant voustre plaisir sera, affin qu'il ne vous ennuye, nous monterons et mectrons la voille au vent, cependent que le temps est transquille et qu'il ne court aucun mauvais vent.

Comment il monterent tous ensamble sur mer et se misrent en la navire de Penitence[110]

[57 r°]
Enluminure 10 : L'Ame et sa compagnie sur le navire de Penitence[111]

Dame Inspiration et Penitence droit au port de la mer s'appliquerent où la naviere estoit, et les suyvoient l'Ame, Entendement, Memoire et Volunté, et autres de la compaignie, sans oblier Raison. Touteffoys avant que entrer audit navire l'A[57 v°]me, par l'exhortation de Divine Inspiration, fit sa priere à Dieu le Createur en grant humilité en disant :

– O doulx et amoureux Plasmateur qui estes la fornaise de charité, inextinguibile Mediateur triumphant et Saulveur des creatures, qui tant avez aymé non seullement moy, pouvre captive pecherresse, mais aussi toute nature humaine par l'effusion de voustre precieulx et digne sang en l'arbre de la croix, l'avés de peine eternelle rachatée. Quant je medite[112] se hault mistere et que donné m'avez estre avecques ung corps mortel et, pour icelluy regir et gouverner, Entendement, Memoire et Volunté

110 La métaphore est topique dans la prédication : la pénitence est un navire qui flotte sur la mer du monde pour mener l'homme au port de Paradis ; les vents contraires représentent les tentations diaboliques. Voir Jacques de Voragine, *Sermones aurei*, éd. R. Clutius, t. 1, Cracovie, C. Bartl, 1760, p. 13, « *Sabbato post cineres. Sermo I., i. declarat quare per navem pœnitentia intelligatur.* »

111 Enluminure 10 : Un soldat (portant un sayon pourpre sur son armure dorée), casqué, lance au poing gauche, s'engage sur une passerelle qui, de la côte, conduit à la nef où Inspiration Divine et trois autres personnages, têtes couvertes (d'un chaperon jaune, d'un casque ailé, d'un heaume), sont assis, tandis que deux autres sont accrochés au mat pour s'occuper des voiles. Le soldat semble arriver d'un autre navire qui a accosté.

112 La méditation et l'oraison de l'Ame, qui succèdent aux enseignements reçus et qui précèdent l'embarquement vers la terre de Promission, marquent une étape conforme à ce que recommandent les manuels de dévotion. Voir Robert Ciboule, ouvr. cité f. I v° : « La premiere chose est doctrine. La seconde est saincte meditation. La tierce est oraison. La quarte est operation. Et la cinquiesme chose est contemplation. »

soubz la conduite de Raison, et oultre plus creé avez non seullement [58 r°] la terre, la mer, les bois, les arbres, les bestes et poissons pour la nourriture de humaine nature, mais aussi le ciel empire pour nous y colloquer. Et d'autre part les planetes sont et les signes que influent qualités ès personnes, avecques la lune et souleil pour nous esclarer et conduyre, dont treshumblement vous remercie, souverain Dieu[113]. Vous voiés et congnoissés ma pouvre fragilité sensuelle, pressées par les tentations et subjections de mes ennemys, grans prevaricateurs. À quoy Raison resiste par l'aide de voustre Divine Inspiration qu'il vous a pleu me transmetre et m'envoier en maniere que bien souvent entr'eulx guerre y a et discord. Hellas, mon Dieu, je considere qu'il [58 v°] me convient presentement passer ceste mer perilleuse où cent mille dangiers y a et naufrages, provenans tant de la part des ennemys de nature humaine que du souflement et effort des vens impetueux, au moyen dequoy pourray facillement estre submergée et perie. Parquoy, mon Dieu, qui estes ma ferme foy, ma paix, mon reffuge, ma reffection, ma richesse, mon amour, ma dilection, mon vray espoux et mon expectation, vous prie que, par la vertus de voustre douloureuse passion, qu'il plaise à voustre souveraine bonté avoir pitié de moy, et me donner la grace de pouvoir resister aux assaulx de mes ennemys, et evader la fureur de leur mauldite puissance, et davantaige donner aussy [59 r°] transquillité de temps, et que je puisse faire les œuvres par lesquelles je puisse parvenir en la terre de Promission, et user et joyr du vray heritaige à moy promis, pour vous contempler en la gloire pardurable, avecques les biens heureux esleuz qui, sans cesse, vous rendent louanges inmortelles. Amen.

– Se dit Inspiration Divine, et puis que voustre oraison est parachevée, qui à Dieu est agreable, il convient, mamye, entrer en ce beau navire.

Et lors, Inspiration entra la premiere, puis elle dit à Raison :

– Venez après, et n'obliez Foy, Esperance et Charité[114] car elles sçavent bien le tour et le stille du navigaige mieulx que autres. Pareillement aussi,

113 *Cf. Espiltres*, v. 37-48.

114 Dans la tradition du voyage spirituel, les trois vertus théologales interviennent au moment crucial de la traversée, mais ne sont pas nécessairement embarquées sur la nef. *Cf.* Jean Gerson, *La montaigne de contemplation*, *Œuvres complètes*, éd. Mgr Glorieux, vol. 7 : *L'œuvre française*, Paris, Desclée et Cie, 1966, p. 53 : « [...] Ymaginons une grant mer tres perilleux ou vont et vienent diverses manieres de gens en diverses nefs pour tendre finalement en un port. Et comme la plus grant partie de ces nefs perissent en mainte guise, pour les perils et tempestes qui y sont, au rivage de ceste mer s'eslieve une roche

entrés, ma fille, mamye, et avecquez vous, Entendement, Memoi[59 v°]re et Volunté. Et au regard de vous, dame Pacience[115], nous ne povons rien fere sans vous, et pource venés au dedans et amenés Oraison, Humilité et toute voustre noble caterve.

Comment l'ordre fut mys ou navire de Penitence

Tous les dessuditz, en la forme et maniere que je vous ay dessus declairé, entrerent en la navire de Penitence, laquelle tresbien equippée estoit de toutes chosez requises à tel affaire, comme dit ay. Et entre autres choses, est assavoir qu'il y avoit grande quantité de vin d'amour divine, et aussi du biscuit de saincte doctrine et des avirons de perseverance, des ars turquois et artillerie

[60 r°]
Enluminure 11 : L'Ame et sa compagnie appareillent sur le navire de Penitence[116]

de Resistance. Et oultre, y avoit force pouldre de canon de abhomination de peché. Mais, avant que desancrer, fut mys ordre entre les assistans en maniere que chascun eut sa charge. Premierement, le patron du navire estoit dame Penitence. Raison avecques dame Foy commises furent au gouvernail de franc [60 v°] arbitre[117], Volunté avecques Divine Inspiration à la conduite des voillez de purité et du cordage de longanimité, Memoire avec Esperance à soustenir le mas de parfaicte foy. Et Entendement fut mys à la hune de contemplation pour faire le guet[118].

---

moult haute, ou cil est a seurté qui y est, et de laquelle il puet tout veoir ce qui se fait en ceste grant mer sans son peril. En ceste roche sont trois estaiges ou tabernacles [...]. Au premier ymaginons que foy i soit logée, au second esperance, ou tiers carité. »

115 *Cf. Complaincte*, « Des louanges de Patience », f. 17 v°.

116 Enluminure 11 : Le navire de Penitence s'éloigne de la côte ; l'Ame et Inspiration Divine se tiennent à la poupe, tandis que deux personnages (vêtus de gris et tout enchaperonnés), sont sur la vergue pour détacher les voiles, et Charité, avec une aide, s'occupe des canons. Un autre navire apparaît à tribord.

117 La raison ne saurait seule guider la liberté humaine. Dans le « Sermon pour la Trinité » de Jean Gerson, Foy accompagne Raison pour aider l'Ame à « mieux cognoistre ce qui reluisoit ou miroir et en l'imaige de l'ame » (*Six sermons français inédits*, éd. L. Mourin, Paris, Vrin, 1916, p. 166).

118 Selon les manuels de dévotion, « contemplation vient de intelligence » (Robert Ciboule, ouvr. cité, f. III r°).

Oraison, Aulmousne et Pitié prindrent la charge de tirer[119] aux avirons, et d'autre part Humilité, Liberalité, Chasteté, Dilection, Diligence, Patience et Sobrieté, et leurs sequelle arméez furent du harnoys de bon vouloir, et prindrent chascunes d'elles ung arc turquoys de resistance pour combatre les ennemis. Touchant l'artillerie qui estoit chargée de la pouldre de abhomination de peché, dame Charité, qui fut commise chef et capitaine des [61 r°] gens de guerre, en prinst la charge. Et bailla à l'Ame l'escu de crainte d'offenser Dieu, pour soy deffandre sur le tillat. Et cella fait et ordonné en la forme susdite, fut mise la voille au vent qui lors alloit et singloit droit contre orient, là où est la terre de Promission assise, et alloiest tousjours en chantant chans doulx et amoureux, et rempliz de toutes simphoniez. Mais avant qu'il fussent guerez loing, Raison qui le gouvernail tenoit du navire cogneut qu'il y avoit jà de la faulte. Car Volunté, qui commise estoit au cordaige, laissoit aller la voille à tous vens. Au moyen dequoy se prindrent à crier :

– Droissés tous la voille, la voille !

Quoy voiant, Divine Inspiration commença à tancer [61 v°] et blasmer Volunté et luy dire :

– Où pensés vous, Volunté, entendés vous point ce que Raison dit ? Estes vous jà lasse de bien faire ? Certes la saison n'en est pas venue. Il convient veiller et mectre peine à conduyre voustre cordaige de meilleure sorte que n'avez fait, aultrement en dangier mectez vous et la pouvre Ame, voire en sorte qu'on ne vous y pourroit secourir que ce ne fut à bien <à> grant peine.

Volunté fut toute honteuse, et commença à soy excuser en disant :

– Pardonnés moy, madame, s'il vous plaist, car la faulte que j'ay commise n'a esté par malice mais pour ailleurs penser, dont je suis tresdeplaisante et confuse. Si vous prommetz par bonne foy que deshormais peine mectray de si bien me acquiter en mon office et charge pondereuse que plus n'en seray blasmée.

119 Nous corrigeons : *tires.*

[62 r°]
Enluminure 12 : L'assaut du prince Orgueil contre le navire de Penitence[120]

Comment le premier assault fut donné à l'Ame par sept navires

Le navire redroissé fut à son point, et joyeusement en Dieu commancerent à naviger, mais peu y demourerent sans dangier car [62 v°] Entendement, qui en la hune estoit, de loing aperceut venir sept grosses navires[121] bien equippées qui alloient aussi impetueusement comme ung traict d'arbaleste. Et parce que congneut aux enseignes que pirates c'estoient et larrons de mer, commença à crier :

– Alarme, bonnes gens, sonnés trompetes et clarons, car voicy gens tous deliberés de combatre qui contre nous l'assault viennent donner.

Penitence fit dilligence, par les cordes de longanimité, de monter en la hune de contemplation, et lors elle apperceust que c'estoient les sept ennemys mortelz et capitaulx des pouvres ames penitentes, qui leur venoient faire et delivrer la guerre. Parquoy, tout incontinant, descen[63 r°]dit et, avecques dame Charité, par le conseil de Divine Inspiration, mist ordre à tous ceulx qui estoient audit navire pour eulx deffendre. En quoy faisent, le prince d'Orgueil avec ses complices commancerent à faire leur approche, mais Charité, qui la charge avoit de l'artillerie, les salua de trois ou quatre faulcons, en maniere qu'ilz reculerent ung peu et doubterent d'aprocher. Toutteffois par suscession de temps, voulurent enclore et surprandre le navire de Penitance, et tournoient tout alentour d'icelluy, lequel fut tresbien assailly et aussi bien deffendu par Humilité[122], Chasteté, Liberalité et autres vertus, qui

---

120 Enluminure 12 : À gauche, le navire de Penitence, toutes voiles dehors, décharge ses canons contre trois navires qui sont à l'attaque, tirant boulets de feu et flèches, sous ordre d'Orgueil portant armure et heaume gris. L'Ame, appuyée sur le mât du navire de Penitence regarde les yeux grands ouverts dans la direction des ennemis, tandis que sa compagnie s'active à la défense.

121 Comme l'Ame a dû passer sept degrés avant de parvenir à la fontaine de Penitence (voir plus haut) elle doit affronter sept navires de perdition, qui sont les sept péchés capitaux, commandés par le plus dangereux d'entre eux, Orgueil. Dans l'allégorie des vices que Jean Gerson introduit dans un de ses sermons sur la *Nativité nostre Seigneur*, « Male Volonté » a pour principal capitaine, « Orgueil le fol presumptueux » (*Six sermons*, ouvr. cité, p. 303).

122 Depuis la *Psychomachie* de Prudence, Orgueil a pour antagoniste dame Humilité. On verra par exemple, *Le chasteau de labour* de Pierre Gringore, Paris, P. Pigouchet pour

la charge avoient de la deffandre par le chasteau de davent, et semblablement Entendement qui en la hune [63 v°] estoit, tous lesquelx faisoient merveilles de combatre et gecter dars et vires, entremellées de grous coups de canon, serpentines, bonbardez et colevrines. Et au regart de Volunté, par la conduite de Divine Inspiration, fut sage et prudente ne aucunement faillit à la conduicte des voilles de purité, ne firent aussi Raison et Foy, car il conduyrent et addresserent le gouvernail ainsi qu'il apartenoit, en sorte que les ennemys recullés furent assés loing, sans ce que personne du navire de Penitence blecé fut. Touteffois Entendement, Memoire et Volunté fort ce commançoient à lasser. Et croy que au millieu de l'affaire recruz fucent, n'eust esté Divine Inspiration qui consolation leur [64 r°] donnoit. Et quant est de l'Ame, plusieurs coups de son escu de crainte de Dieu receut, et tellement se couvroit que point navré ne fut, dont elle rendit graces immorte[lle]s à Dieu, comme aussi feirent tous ceulx de la compaignye, joyeux de la victore obtenuez.

Du vent de prosperité mondaine

Ainsi que l'Ame et toute la noble caterve divisoient des grandes ruades et coups qui avoient esté données audit conflict, et de ceulx qui mieulx deffanduz c'estoient, se leva ung grant vent tresimpectueux en l'air, appellé le vent de prosperité mondaine qui [64 v°] commença à faire enfler la mer par grandes vagues, et tellement que Volunté esbaye se trouva, disant que plus soustenir ne pouvoit le faiz, et que les voilles de purité feroient toutes trebucher. Et de fait, intention avoit de tout laisser, n'eust esté Divine Inspiration qui luy donna mananimité et couraige, et appella Humilité pour secours luy donner. Mais il n'estoit possible de plus y rien faire qui valust. Parquoy Penitence et Divine Inspiration abatre firent les voilles et tirer aux avirons de perseverance, où estoient Oraison, Pitié et Aumosne qui suffisante n'estoient. Parquoy

S. Vostre, 1500, sig. b iii v°, et le *Petit traicté des doulleurs de la Passion* de Gabrielle de Bourbon (*Œuvres spirituelles*, ouvr. cité, p. 92) : « [...] madame Humilité, laquelle est si ancienne que dès ce que Dieu eut creé l'ordre angelicque, elle gecta son gage de bataille contre Orgueil et ses complices, c'est assavoir Lucifer et sa bende, et tellement combatit qu'ilz furent tous vaincus [...] »). Sur la tradition psychomachique dans la littérature allégorique, voir Ph. Maupeu, *Pèlerins de vie humaine. Autobiographie et allégorie narrative de Guillaume de Deguileville à Octovien de Saint-Gelais*, Paris, Champion, 2009, p. 175-177.

tous ensemble à tirer se misrent ausditz avirons, fors ceulx qui la charge avoient du gouvernail et du mas. Et pensoient l'A[65 r°]me et ses trois conseilliers estre perdus, car les vagues si grosses parfoys estoient qu'il couvroient tout le navire. Ce voyant, la pouvre Ame à Divine Inspiration se complaignoit, en luy disant :

– Hellas, madame, je voy bien que perdus nous sommes si le vent ne se change. Las, pouvre fille, que feras tu ? Je ne sçay, ca[r] je croy que nul remede n'y a de pover[123] resister à la rigueur de ce mauldit vent de prosperité.

Lors la consola Divine Inspiration et luy dit :

– Mamye, prenez vigueur et couraige, le tout bien se portera, Dieu aidant. Et puis que Oraison, Aulmousne, Humilité, et autres vertus tirent aux avirons, garde vous n'avez de submerger. Mais, sur toute rien, convient le tout porter patiemment et louer Dieu de telle adversité. Car par [65 v°] ce moyen, il vous consolera. Cecy est la mer de ce monde qui, de sa nature, tousjours est perilleuse et dangereuse. Et encore, qui plus est, cecy n'est que commancement, j'espere bien que nous en aurons bien d'aultres. Et pource deliberés vous de vous mectre près de Pascience, et de supporter les adversitéz de ce voiaige comme celle qui a bien merité avoir plus d'affliction.

Du segond assault des sept navires

Le temps de prosperité cessa, au moyen dequoy chascun se remist à son premier estat et ordre, et graces en rendirent à Dieu, et pour eulx consoler et refreschir des adversités qui leur estoient survenuez et aussi pour leurs reffection

[Lacune]

[66 r°]

luez que vous ne fustes à l'autreffois et ne vous esbaissés de chose que voiés, mais seullement tachés à vous deffendre. Car quant est de moy et des autres vertus, nous ne vous laisserons point tumber en inconvenient, et de ce ne vous souciez.

L'Ame, Entendement, Memoire et Volunté feirent responce qu'il feroient merveille et qu'on ne s'en souciast. Et atant remonta Entendement

123 Leçon rejetée : *poyer.*

en la hune de contemplation, bien garny de dars et d'autre traict. Et aussi Orgueil, le prince des vices, de l'autre part remonstroit et enhortoit à tous ses complices et leurs adherans l'affaire qu'ilz avoient, en leur disant :

– Enffans, vous debvez avoir memoire et souvenance de l'assault cruel qui naguiere fut [66 v°] par nous donné à la navire de Penitence où l'Ame raisonnable est. Et aussi sçavés comment ceulx qui dedans sont se deffendirent vertueusement, et nous chasserent, et à honte nous recule<re>rent, de sorte que nous fusmes contrainctz tourner en fuyte. Or sachés que, dedans leur dite navire, y a une femme moult subtille qui fait merveilles de nous batre d'artillerie, c'est Charité. Pource fault il tacher sur tous la combatre, puis après Entendement et Memoire. Au regart de Volunté, nous l'aurons assés tost et facillement. Il y a semblablement Raison qui n'est pas de fort grande resistance. Quant est de Divine Inspiration, lors que seulle se verra, droit au ciel empiré elle s'envollera, dont elle est venue. Et touchant les sept vertus[124] à nous [67 r°] tousjours contraires, souvent avons obtenu sur elles victoire, et encore mieulx le ferons que jamais se voullés prandre haulcun couraige et faire voustre debvoir ainsi qu'il appartient.

Tous les sept ennemis capitaulx et leur adherans, par sermans, promirent de ainsi le faire. Et atent commancerent à mectre la voille au vent, et tant singlerent que, en peu d'heure, ilz aprocherent du navire de Penitence qu'ilz assaillirent vigoureusement par grandz coups de coulevrines, bombardez et langues serpantines[125], mais cestuy rigoureux assaulx de rien ne proffita car Charité, qui d'autre part estoit en la navire de Penitence, faisoit tout trambler de la grant quantité des canons et autres pieces d'artillerie dont elle tiroit contre eulx avecques le feu de fervant [67 v°] amour. Et ce neautmoins, lesdits sept navires, qui separés s'estoient les ungs des aultres et mys en sept bandes, s'aprocherent si près dudit navire de Penitence qu'ilz estoient bort à bort. Et voulloient entrer dedans, mais les sept vertus qui bien armés estoient, et de bons bastons et grans engins equippés estoient, se deffandirent si vertueusement, par le secours de Divine Inspiration et de Penitence, que, à grans coups de picques et à force de traict, chasserent leurs ennemys qui tournerent en

124 C'est-à-dire : Humilité, Libéralité, Chasteté, Dilection, Diligence, Patience et Sobriété. Voir plus haut leur rôle, f. 61 r°.

125 Le canon, dit « serpentine » – qui doit son nom à sa forme – arme le navire de Penitence ; sur le navire d'Orgueil, il se transforme en symbole des tentations diaboliques.

fuite bien navrés et blecés, crians et hullans comme dyables deschainés. Et adont l'Ame, voiant la desconfiture et qu'ilz avoient leurs ennemys subjugés, commença à soy gecter à terre et, en ellevant les yeulx vers le [68 r°] ciel, graces immortelles rendit à Dieu, et après tout se mistere fait, les navires visitées furent et acoustrées par Penitance qui des precieulx oignemens avoit et lavatoires fortifficatis[126]. Touteffoys creature n'y avoit qui plaies eut mortelle, mais seullement l'on trouva Volunté, Memoire et Entendement avecques l'Ame qui receuz avoient aucuns petis coups de traictz de vaine gloire bien legiers, dont ilz furent soudain gueris par la vertus des oignemens desquelz ilz furent et mondiffiés. Parquoy se remisrent à perfaire leur voyaige en devisant de la grace que Dieu leur avoit d'avoir par deulx foys surmonté lesditz sept navires.

Commant l'Ame fut en grant dangier pour le vent d'ypochrisie

[68 v°]
Enluminure 13 : L'Ame dans la tempête du vent d'hypocrisie[127]

Et en navigeant, quelque peu après, ung autre merveilleux vent s'eleva, appellé le vent de ypochrisie[128], qui du premier soufflement cuyda submerger la navire de Penitence, n'eut esté que les voilles de purité s'envelloperent avecques les cordes de sollicitude [69 r°] en maniere que ce mauldit vent ne trouva que bien peu de resistance et passa oultre sans mal faire. Et aussi pource que Charité, Foy et Esperance se misrent à tirer aux navirons, qui myeulx en savoient la praticque et subtillité que les autres. Au regart de l'Ame, Entendement, Memoire et Volunté

126 La métaphore médicale – voir aussi 46 r° « fontaine medicale » – d'origine biblique (par ex. Ésaïe, 1[6] ; Jérémie, 8[22], 46[11], 51[8]), largement utilisée par les Pères de l'Église, est un lieu commun de la littérature pénitentielle. *Cf. Prudens*, f. 135 v°.

127 Enluminure 13 : L'Ame, debout à la poupe, prie, secondée par Inspiration Divine, tandis qu'une énorme vague soulève le navire au milieu duquel le personnage de Penitence tient les mains jointes, entouré de ses compagnons.

128 Dans la tradition des voyages allégoriques, l'hypocrisie ou la fainte religion est un obstacle, et non des moindres, auquel se heurte le pèlerin. Chez Guillaume de Digulleville, l'hypocrisie est le nom du manteau que porte Orgueil (v. 9829 et sv., éd. citée, p. 720) ; chez Gabrielle de Bourbon (*Le Voyage espirituel*, éd. citée, p. 170), l'hypocrisie est un personnage, mère de Faincte Devotion qui tend ses « raitz pour attraper les pauvres ames devotes ».

eurent telle peur que Entendement tunba du hault de la hune au bas sans soy mal faire, et les autres de leurs hault, presque tous pasmés[129] demourerent. Quoy voyant Raison, qui ferme tenoit le gouvernail, pria treshumblement Inspiration de donner couraige aux dessusditz. Ce qu'elle feit et les releva en leur disant :

– Sus, sus, mes amys, levez vous et reprenez vigueur, car cecy n'est rien, l'oraige est jà passée. Mais sachés que ce vent est pour le temps presant [69 v°] aussi impetueux et dangereux que vent qu'on sache point, car il est si infect que toutes bonnes operations infectionne, et les rend maculées et infructueuses, et par son impetuosité abat et precipite la rectitude des hommes et femmes. Et a esté tresbien fait à vous, ma doulce fille, mamye, et aussi à Memoire et Volunté, de vous humilier et prosterner contre terre quant il est venu, car c'est le souverain remede pour resister à icelluy. Et avec se, pas ne convient tenir l'estomac vague mais prandre fault peu et souvent du vin d'amour divine et du pain biscuyt[130] de saincte doctrine.

– Hellas, dit l'Ame à Inspiration, madame, j'ay eu tant d'assaulx par mes ennemys mortelz et par le vent de prosperité mondaine mais je n'en [70 r°] ay point encore eu de pareil ne si vehement comme celluy. Ca[r] ledit vent m'a si fort esbaye et estonnée que je ne sçavois si j'estois en ciel, en terre ou mer.

– Au regart de moy, dit Entendement, quant je [l']aperceu venir, me suis preparé pour descendre de la hune affin de obvier à sa fureur, mais il m'a surprins à cordage et gecté du hault en bas, sans avoir aucun mal, dont je rendz graces à Dieu.

– Or cessons de plus parler de ceste matiere, ce dit dame In[s]piration, et nous remectons en nos lieux pour acomplir nostre voiaige.

Ce qui fut fait, et commancerent à mectre la voile au vent et navigerent comme davant.

129 Leçon rejetée : *palmés.*

130 Le pain biscuit est un pain passé deux fois au four, afin qu'il se conserve plus longtemps, notamment pour les voyages.

Du tiers assaulx fait pars septiesme navires

[70 v°]

Le navire de Penitence, après l'orage passé du vent d'ypochrisie, eust assés bon temps et transquille et s'approcherent fort de la terre de Promission où l'Ame vouloit descendre. Mais il eurent une nouvelle et tierce guerre par les sept ennemys mortelz qui de rechief les vinderent assaillir. Touteffoys, avant qu'il arrivassent, ilz furent aperceuz par l'eschoguete, c'est Entendement, qui estoit en la hune de contemplation, veillant nuyt et jour, qui en advertit Penitence et Raison. Et au regart de Inspiration, bien congneut le secret de leur tradicieuse approche. Au moyen de quoy elle dist à l'Ame :

– Mamye, on dit communement que au tiers coup est la lute[131], vous sçavez que nous avons esté assailliz à deux diverses foys par voz ennemys mortelz, et que la pre[71 r°]miere foys, ilz ont estés si bien servis que impossible leur a esté d'eux approcher. À la seconde, nous avons estés si près les ungs des autres, que nous avons main à main combatu. Et present, nous est besoing mieulx se deffendre que jamais, car ses paillars, larrons, meurtriers et homicides des pouvres ames penitentes se sont renforcés, et ont prins engins tous nouveaulx pour nous combatre. Et pource deliberons nous de nous deffendre, en sorte que nous puissons avoir la palme de victoire pour triumpher comme vrais gendarmes inmitateurs du Saulveur et Redempteur.

Vous estes icy sept vertus, jadis ordonnées pour resister aux effors de ces sept detestables pirates et larrons, advis m'est que vous estes assés bien armées pour leur faire [71 v°] la reste. Et pource vous prie ne vous esparignés aucunement. Au regart de Foy, Esperance et Charité, ce sont vertus infalibles et insuperables quant occuper on les veult et mectre en besoigne.

Ainsi que Divine Inspiration faisoit les remonstrances susdites et que plusieurs autres choses declaroit pour donner couraige à la noble conpaignie, oyrent les trompetes et clerons sonner avecques gros tabours, et canons bruyre par l'air comme si le ciel et la terre se fussent assamblés, qui causa une merveilleuse crainte à l'Ame, laquelle commença à c'escrier :

131 Le Roux de Lincy, *Livre des proverbes françois*, t. 2, Paris, A. Delahays, 1859, p. 231 : « A trois fois voit-on la lutte » (*Adages françois*) XVIe siècle.

– O souverain Dieu, qui m'avez par cy devant tant fait de biens, graces et privileges, aiez maintenant de moy pitié. Secourés moy, glorieuse Vierge pucelle, et vous, benoistz sainctz de la court [72 r°] celestielle, car sen voz intercessions, je suis perdue et submergée.

Le cry de l'Ame feit grant peur à Entendement, Memoire et Volunté, lesquelx neautmoins deliberent eulx deffendre et mourir pour le secours de l'Ame. Au regart d'Oraison, et autres[132] paranimphez de vertus commises à tirer aux advirons, faisoient merveilleusement bien leur devoir de obvier à la rencontre desditz sept navires qui tousjours à grans coups d'artillerie s'approchoient, jaçoit ce qu'il fussent chassés par Charité moult dilligentement. Et tellement que avant que l'aproche fut faicte bort à bort, y eut plusieurs gens desdictes sept navires occis et mis à mort, tant par artillerie que par coups de traict et feu gregyas que gectoient les sept vertus et autres gens dudit navire de Penitence qui faisoient [72 v°] merveilles d'eulx deffendre. La bataille fut grande et dura long temps et jusquez ad ce que les gens desditz sept navires commancerent à diminuer et eulx fatiger, parquoy ceulx du parti de Penitence prindrent de rechief couraige et leur creut le cueur, et de nouveau recommancerent à tirer traict et artillerie si dru que la pluspart desditz sept navires furent percés, rompuz et brisèz. Quoy voyant, Charité qui estoit capitaine et le chief dez vertus feit aprocher le navire de Penitence desditz sept navires esquelx entrerent, sçavoir est Humilité en celluy d'Orgueil, Liberalité en celluy d'Avarice, Chasteté en celluy de Luxure, Diligence en celluy de Paresse, Pacience en celluy de Ire, Sobrieté en celluy de Gormandise, et Dilection en cel[73 r°]luy d'Envie. Lesquelles vertus occirent et mirent à mort les maistres desdittez navires, desquelles sortirent victorieuses mais, avent que en sortir, elles briserent et submergerent leurs ennemys au plus grant bruit et infection qu'on veit jamais, car du lieu où fut la deconfiture et submertion sortoit une flamme obumbrée d'ugne noire fumée infaicte et puante plus que souffre. Celle desconfiture ne fut pas faicte sans le grant travail de l'Ame et de ces troys conseilliers qui receurent plusieurs coups, mais ilz se garentirent de leurs escuz et pavois en maniere qu'ilz ne furent point blecéz, autmoins mortellement. Après la victoire obtenue, et qu'on congneut qu'il n'y avoit personne à dire de [73 v°] la compaignye du navire de Penitence, la joye fut grande

132 Après « autres », un terme a été biffé : ~~*vertus*~~ *paranimphez*.

à merveillez, et se mist chascun à rendre graces et louanges à Dieu comme bien tenuz estoient. Puis visiterent leurs plaies qui furent lavés et gueris par Penitence acés tost parce qu'elles n'estoient mortelles. Et cella fait, ancrerent leur navire, prindrent du repos et repurent du vin et biscuit qui estoit audit navire.

Du vent de vaine gloire et comme l'Ame entre en la terre de Promission et paia le tribut de nature

Le voyaige de l'Ame fut assés loing et dura par vingt ou trante ans sur mer, pendent lequel lesditz assaulx reitererent par plusieurs foys, mais l'Ame fut tousjours victorieuse, moiennant la compaignye qu'elle avoit. [74 r°] Et tant firent par leurs journées qu'ilz approcherent d'un port[133] sur lequel estoit ung personnage haul et fier que rien n'avoit que les oz sans peau aucune ne yeulx, ne bouche, ne cheveux, ne oreilles, plus hydeux que monstre de mer arregarder qui se nommoit Atropaux[134], autrement la Mort. L'Ame approchoit tousjours dudit port, mais elle ne le veioit pas parce qu'elle avoit le doz tourné vers elle. Touteffois à la parfin et qu'ilz en furent bien près, Divine Inspiration luy dist :

– Mamye, nous sommes près du port mortel par lequel prandrés terre et entrerés au pays de Promission, mais il fauldra paier le tribut du[135] sur ledit port, et davantaige aurons de la tormente sur ce passaige car il y est subgect. Et pource recommandés vous à Dieu, et vous mectés en bon estat affin [74 v°] que soiés si agreable à icelluy que vous puissions devant luy presenter.

Quant la pouvre Ame eut ouy parler Divine Inspiration, elle fut toute triste et commencerent les larmes à luy tunber si treshabondamment que l'une n'actandoit l'autre[136]. Et, en ceste douleur, se mect de genoulx et tant les mains vers les cieulx en disant :

---

133 Leçon rejetée : *part.*

134 Atropos, l'une des trois parques, réduite à un squelette, perd ses attributs féminins, comme dans l'illustration de Robinet Testart pour *Les Echecs amoureux* d'Evrart de Conty, BnF, fr. 143, f. 14 v°.

135 Lacune. Comprendre : *tribut de nature.*

136 Les oraisons en larmes et gémissements sont préparation de l'esprit pour « franchement aller et eureusement entrer en la gloire de paradis » (Jean Gerson, *L'eternelle consolation ou l'imitation de J.-C.*, Toulouse, 1854, p. 258).

– O ineffable bonté, puissance infinie et sapience inenarrable, je croy de cueur fermement que vous estes ung seul Dieu eternel, universel, incommuable, incomprehensible, tout puissant et ineffable, et que vous estes trois personnes en une essence, substance, nature simple, et que le Pere est generant le Filz naissant, le Sainct Esperit procedant, consustanciaulx, coegaulx, compontens et coeternelz, et qu'il est ung commancement de toutes choses, sçavoir est vous, [75 r°] mon Dieu, mon Createur qui avés fait et formé les cieulx, la terre, les elemens, et toutes creatures visibles et invisibles, et que votre cher Filz a esté incarné de toute la Trinité, d'autant que les œuvres d'icelles sont inseparables, ou sainct et sacré ventre de la glorieuse sacrée Vierge pucelle qui le conceut par la vertus du Sainct Esperit, et le porta par neuf moys puis l'anfenta, alaicta et nourist du precieulx laict de ses virginales mammelles. Et lequel pour le salut et redemption de nature humaine a esté batu, flagellé, demosqué, et finablement estandu et cloé en une croix où après, quant il eust rendu l'esperit, son sainct et precieulx cousté eut fandu dont sortit[137] peur sang en la remission de tous pechés, et eaue clere pour l'ablution d'iceulx dont, par [75 v°]<par> la conduite de Divine Inspiration, j'ay esté lavée en la saincte et salutaire fontaine de Penitence. Et oultre, quant souffert eut mort, fut son sainct et precieulx corps ensevely, et ala son esprit ès enfers delivrer les sainctz peres. Puis au troisiesme jour, resçuscita et, au quarentiesme, monta ès cieulx où il se siet à votre dextre, dont il envoya le benoist Sainct Esprit, du Pere et Filz procedant, sur les apostres qui les remplist de grace, et si viendra juger au final jugement que tous resçusciterons generalement, les vifz et mors, pour colloquer les bons en gloire et les mauvais en torment perpetuel. Et telle est ma foy et ma creance, en adherant oultre et croiant ce que que l'Esglise saincte croit et tient sans y vouloir en rien varier [76 r°] ne contrevenir[138]. Helas, mon Dieu, il a pleu à votre imperiale magesté me mectre au monde et donner ung corps mortel, pour la conduite

137 Leçon rejetée : *sortir.*

138 Le credo, contenant les « 12 articles de la foy selon les 12 apostres » tient une place importante dans l'enseignement donné aux laïcs. Jean Gerson en offre deux modèles, l'un simplifié (« A.B.C. des simples gens », *O.c.*, vol. 7, p. 155), l'un plus développé (« Breve introduction à la foi chrétienne », *id.*, p. 207). Les prières à Dieu le Père, telles qu'en contiennent les livres d'Heures, en vulgarisent aussi le modèle (voir *Heures à l'usage de Paris*, s. d. [c. 1488] sig. c ii v° « Oraison à Dieu le Pere laquelle se doit dire par maniere de protestation humble et devote »).

duquel j'ay eu de vous Entendement, Memoire, Volunté et Raison dont j'ay souvent abusé, et commis par ce moyen tant d'offenses mortellez contre voz sainctz commandemens que je n'en sçay le nombre, dont je me repans par autant que m'avez commandé le contraire, si vous prie, mon Createur, Redempteur et Saulveur, qu'il vous plaise avoir pitié de moy et me pardonner toutes et chascunes lesdites offences en maniere que je puisse estre presentée davant vous qui estes mon Seigneur et mon Espoux en la terre de Promission, et vous estre agreable et plaisante, vous [76 v°] priant oultre plus que je puisse evader tous les perilz de ceste mer mondaine et avoir victoire contre tous mes ennemys visibles et invisibles.

– Amen, dirent Raison, Entendement, Memoire et Volunté, et que nous puissions aussi aller avecques vous.

L'oraison de l'Ame fut assés longue et prolixe, car elle ne se pouvoit saouler de soy recommander à Dieu craignent le passaige dudit port mortel. Auquel approchant, commença ung vent merveilleux et ung auraige espouventable, appellé le vent de vaine gloire qui fesoit tituber et chanceller la navire de Penitence de tous coustés, et s'eslevoient de grans vagues de presumption qui se mectoient audit navire[139]. Mais Esperance, qui soubz le [77 r°] matz de foy estoit, avecques engins à ce requis, faisoit merveilles de regecter lesdites vagues de presumption. Et au regard de Raison, travailloit moult au gouvernail de franc arbitre. Quant est d'Entendement, il estoit avecques l'Ame qui ne faisoit rien que prier Dieu, Memoire se donnoit garde du cordaige et Volunté des voilles, auquelx Divine Inspiration donnoit couraige disant :

– Mes amys, resistés à ce malheureux et mauldit vent qui est de telle nature que voluntiers se esleve sur la fin du voiage pour faire perdre le fruit du labeur qu'on a prins sur ceste perilleuse mer mondaine. Resistés, Raison et vous, Memoire et Volunté, et vous souvieigne de tant de labeurs et miseres que le bon Jhesus a souffertz et endurés en ceste mer pour [77 v°] le salut des creatures, et avecques ce les biens qu'il a fait à

139 Chez Guillaume de Digulleville, Vaine Gloire est un attribut d'Orgueil, son « soufflet » (éd. citée, p. 704, v. 8547). Même si, dans la liste des péchés capitaux, elle est, à partir du XIIe siècle, considérée comme une subdivision de l'orgueil, les traités de morale à l'intention des laïcs lui confèrent une place particulière. Voir, par exemple, *Le Livre nommé Fleur de vertu, translaté d'italien en françoys par Françoys de Rohan, archevesque de Lion*, BnF, fr. 1877, chap. XXIX « De vaine gloire », f. 59 : « De la vaine gloire se list en la somme des vices que quand l'homme sera vaincu et tous les vices vaincuz la vaine gloire luy demoure le derrenier. »

l'Ame. Et d'autre part, les maulx que vous et elle avez commyz contre luy et que, sans sa grande bonté et misericorde, ne pourrés entrer en la terre de Promission. Humiliés vous, monstrés la purité de voz cueurs, car ce mauldit vent vous veult faire acroire que vous valez mieulx cent foys que vous ne faictes.

La consolation de dame Inspiration fut si grande que, par l'aide des autres vertus, laditte navire fut garantie dudit vent et oraige de vaine gloire. Lequel vent passa ainsi qu'il abordoient contre la terre. Auquel lieu, ce personnaige treshideux dont j'ay dessus parlé, appellé la Mort, pour le tribut, despouilla l'Ame de son corps mortel. Et s'en alla [78 r°] l'Ame en la terre de Promission[140], qui estoit tresredolente et odoriferante, avecques Divine Inspiration, Raison, Entendement, Memoire, Volunté et Charité, et avec les autres vertus, exepté Foy et Esperance[141].

Comment l'Ame fut receue en la terre de Promission et presentée devant son Espoux

Ainsi que l'Ame entroit, se trouverent plusieurs gentilz escuyers tous vestus de blanc, tant beaulx, honnestes et plaisans qu'il est impossible à langue de le sçavoir exprimer ne dire. Lesquelx feirent reverance à l'Ame et à sa compaignye, et les menerent en ung beau et triumphant palais garni de toutes richesses [78 v°] si merveilleuses et magnificques que plus ne pourroient, dedans lequel estoient sans nombre de gens de tous estatz, disantz plusieurs chans armonieux et demenans joye et jubilation tout autour du roy souverain. Lequel receut l'Ame qui luy fut par dame Charité presentée, et luy dist :

– Venez, ma bien aimée fille et espouse[142], venez, mamye qui peine et labeur avez pris à vous preparer pour m'estre agreable, et qui souvent refection donné m'avez lors que fain j'avoys, et vestu quant tout neu j'estoys[143]. Et par autant que je sçay que vous y avez fait ce que avez

140 Après *Promission* est biffé : ~~*en la terre,*~~ *qui.*

141 La foi et l'espérance sont abolies en l'autre monde : « Car notre salut est objet d'espérance ; et voir ce qu'on espère, ce n'est plus espérer : ce qu'on voit, comment pourrait-on l'espérer encore » (Romains, 8[24]). Et « la foi est la garantie des biens que l'on espère » (Hébreux, 11[1]). Voir saint Augustin, *Enseigner le christianisme*, I, 38 (*Œuvres* III, éd. L. Jerphagnon, Paris, Gallimard, « Bibliothèque de La Pléiade », 2002, p. 31).

142 *Cf. Espiltres*, v. 510 et sv. où les noces spirituelles sont symbolisées par l'anneau.

143 Matthieu, 25[35-36].

peu selon votre humaine[144] fragilité, pardonné je vous ay toutes les faultes que vous avez contre moy commises. Et vous reçoy comme ma vraye espouse et ma [79 r°] bien aimée fille. Et davantaige vous baille lieu ceans avecques les autres bien heureux. Et en signe de perpetuelle aliance, je vous donne ce chappellet garny de fleurs de gloire, avecques ce rameau de palme et de joye eternelle.

L'Ame fut lors colloquée au trosne des confesseurs bien joyeuse et non sans cause.

Nous prirons tous le Createur qu'il nous doint à tous la grace que nous puissions estre lavéz, mondiffiéz en la fontaine de Penitence. Et que par la mer de ce miserable monde, nous puissions passer victorieux et superateurs de la Chair, du Monde et du Dyable et de toute espece de peché et finablement, après avoir payé le tribut de nature, parvenir en la terre de Promission [79 v°] là où reside l'essance divine, c'est Paradis. Amen

144 Leçon rejetée : *humanité.*

VARIANTES

Complaincte de la dame pasmée contre Fortune (BnF, NAF 19738)

[Nous n'avons pas pris en compte les variantes orthographiques et celles liées à des transcriptions différentes de la prononciation]

a fastigué que je estoys seul
b eslus
c en ma chambre ung jeune homme d'esglise vestu de noir
d me presenta que je commençay à lire
e que vi par icelles tombay pasmé comme mort sur mon lit
f en icelle
g infirmite. Soudain survint en
h et oultre avoit
i d'un eaue soupistique
j puis comença les dens me dessarrer, le nefz destouper et aultres conduitz
k feuz adverti
l de nature
m et les rouges helles
n *Le titre est placé après l'enluminure 2*
o ung peu relevé
p laisse
q seul
r sans mere, loing de mon pais en la region
s oppulente richesse. Helas Fortune
t renclous
u plusieurs princes et seigneurs qui par vous sont elevés
v toute aultre plaisance
w Fortune
x pour le myeulx
y parens et amys où estoit
z de feu mons^r mon pere lequel par son hault savoir et prudence estoit l'escrin pectoral du roy, le receptacle de ses secretz, et le conducteur de toutes bonnes et louables entreprises. Ha variante et falible Fortune, a tous humains tant dure et importune, que vous ay je malfait, que vous ay je mesdit ?
aa doloureux jours ? Ha fiere mort
ab Vien tarder sans aucunement tarder celle qui n'a plus
ac *Le titre du chapitre suit la 3e enluminure.*
ad la jeune dame dont il pense qu'il y aye une fortune et luy montre que Fortune c'est Dieu

ae esdites paroles : *la lettrine L, pour laquelle la place a été préparée, est manquante*
af en me disant
ag mon amy
ah dangereux
ai atribuerent
aj aultres seignouries
ak qu'il n'y a
al et que doivons
am maison et eternelle
an où il n'y a doleur
ao de haine ou d'amour divine
ap Et pource, mon amy
aq *Le titre est placé après la miniature.*
ar dès le commencement d'iceluy
as et soubmis et toutes leurs posterités
at la diversité
au contre les Romains
av plus avant veoir
aw messaiger
ax folles
ay sont les corps
az Quartement, je diz que le monde
ba quatre vingtz ans
bb n'en reste
bc du monde audit aage
bd que quarente ans
be discordes
bf melencolies
bg inconveniens et aultres malheuretés
bh n'em sont
bi seigneuries, ce qui
bj les hystoires modernes et antiques
bk noble de tant plus aisgrement
bl leurs
bm presidens, advocatz, conseillers
bn tant en perte
bo Il ne vous fault
bp mariés voyre qui sont de grosse maison qui aucuneffoys mal sont traicteez
bq groux et urgens
br que des reguliers
bs catterres, d'apoplecies
bt voz afflictions et en considerant
bu La description – *Le titre est placé après la miniature.*
bv que vestue estoit de noyr et en l'une de ses mains ung glaive tenoit et en l'autre
bw et estoit sa robe semée de lairmes
bx en disant telles parolles mordifficatives : de quoy vous sert tel propoux
by allegence
bz de ce
ca et desplaisir cesse

cb de plus revoir
cc fille de ire et de envye [,] de douleur et mere de despoir
cd qui est
ce maladies, pertes
cf le deshonneur
cg *Le titre est placé après la miniature.*
ch Je [*La lettrine J n'a pas été réalisée, mais l'enlumineur a bien noté la lettre*] fuz bien joyeuse quant je eu ouy parler de pacience. C'est à dire, Raison, vous m'avés dit
ci nous la laissa
cj les choses adverses
ck des jambes
cl la plus grande
cm Quant à prejudice [*sic* !], le gendarme prudent
cn qui a tant de maulx paciemment enduré pour les humains en l'arbre de la croix duquel on peult avoir par pacience
co fait sa demourance
cp soubz la croix
cq par chemin
cr *Le titre est placé après la miniature.*
cs et tant cheminasmes
ct où nous fusmes bien traictés
cu ostelliere
cv faire chemin
cw avec Raison et moy pour
cx Mais avant que partir, ladicte hostelliere, qui s'appeloit Bonne Memoire
cy Jhesus Crist pour rachater
cz et que après
da malades
db fait
dc qu'il
dd à une grande
de qu'il a se douleurs pour nous endurées
df les amender
dg faire plus meriter
dh qui nous que [*sic*]
di la septiesme fut
dj parmet
dk à ses enffans.
dl *Le titre est placé après la miniature.*
dm Et nous consola
dn du long et difficile
do de mon pere Jhesus
dp vous et autres
dq le mal pour bien
dr les grans biens qu'il fit aux juifz
ds maladies
dt traistre desloyal Judas, luy pardonna
du de la maison
dv qui est la sapience eternelle fut

dw de maison autre
dx tresor de toute minerve
dy que homme sain
dz susdictes
ea imposées à ung seul corps qui celuy
eb tant qu'il fut
ec pour salut jusques à sa mort
ed et à tort.
ee qu'il
ef l'aveugle ne le filz
eg tousjours jusques à
eh qu'il cognoissoit
ei ung
ej qui estoit l'ingratitude
ek Et après eu longuement plouré
el à vous
em et vous aurés tresbonne
en tantost après

ANNEXE I

Georges d'Amboise

Les Nouvelles complaintes de tous estas, en forme de vision, touchant la mort de tresillustre, tresrenommé et tressingulier prelat mons^r^ Georges d'Amboise, en son vivant legat en France et archevesque de Rouen

[BnF, ms. 24315, f. 100 v°-104 v°]

Gisant envers dessoubz grans arbres vers
Lors que l'esté prent son commencement,
Je m'endormys et veiz signes divers
Ce me sembloit au haultain firmament :
Le clerc Phebus changoit son vestement
Tant beau tant cler et tant irradieux,
Soy complaignant au souverain des dieux
Des grans rigueurs de la dure Atropos
Qui chant de pleur pour chant melodieux [101 r°]
Luy preparoit et labeur pour repos.

Les cielz aultains furent adonc attains
D'obscurité et despouilléz tous nudz
De leur clarté pour les raions estains
Dudit Phebus, et furent detenus
Le dieu Pluto et le dieu Vulcains
De fouldroier ou commouvoir furies
Par le moien des haultes seigneuries
De Jupiter benin et amiable
Lequel voiant les clertés deperies
Du doulx Phebus soy monstroit piteable.

Les elemens et tous leurs mouvements
Furent troublez, dont oisilons en l'air
Rendirent lors piteux gemissemens
Comme impuissans de plus en hault voler,
Si qu'il convint les aulcuns devaller
En attendant que fut hors la fumiere
D'entour Phebus et qu'il repris lumiere
Pour resplendir en tous lieuz haultz et bas
Comme il faisoit en sa clerté premiere
Qui leur causoit tous plaisirs et esbatz.

Je veis humains levans ès cielz les mains,
Tristes, pensifz et melencollieux,
Et par exprèz Normans, Françoys, Rommains
Et aultres gens estranges de maintz lieux
Craignans telz faictz estre presagieux
De quelque effect contre bien politique.
Puis je vy là un prelat autentique
Dont Atropos les membres transperçoit
Tant que j'en fu rendu tout fantastique
Que tout mon sang et mon cueur fremissoit. [101 v°]

Adonc je vey ung homme ès cieulx ravy
De troys vertus dictes theologales,
Acompaigné et de tout assouvy
De quatre aultres nommées cardinales
Et oultre plus de toutes les morales,
Prenant l'effect de Foy et d'Esperance
Et Charité qui luy feist asseurance
Pour les grans biens qu'il omosna jadis
Au bon moien de sa perseverance
Qui luy ouvrit les huys de paradis.

Tel vision queroit provision
De bon conseil contre perplexité,
Et verité chassoit illusion
Hors de devant foible capacité.

Allors me fut haultement recité
Par bon renom et begnine credence
Que cest homme faisoit sa residence
Devant les dieux ; Georges estoit nommé,
En son vivant legat plain de prudence,
De tous humains ung des biens renommé.

Je fu joyeux de veoir qu'en si haultz lieux
Estoit monté aprèz son mortel pas,
Ce non obstant que j'amasse trop mieulx
Qu'aux dieux eut pleu differer son trespas,
Mais leur plaisir à cela n'estoit pas,
Comme je croy, affin qu'en tout honneur
Fut par apprèz plus triumphant seigneur
En dellaissant les honneurs peu durables
Et recevant pour son proufit greigneur
Gloire sans fin et joies perdurables.

Je ouys aprèz de son corps au plus prèz [102 r°]
Les durs regretz et les grefves complaintes
Que dame Foy faisoit par motz exprèz.
Par les vigueurs de iceluy corps estainctes,
France portoit ses robes de deul tainctes,
Et Normendie en habit d'une vefve
Disant : helas que n'as tu donné trefve,
Dame Atropos, à mon espoux loyal
Qui procuroit par tout la paix tant soefve
Et bon conseil au noble sang royal.

Le sainct Pere qui sur l'Eglise impere
Plaignoit la mort de son bon aduiteur,
Et nonobstant que Foy fut bien prospere
Si queroit elle ung nouveau zelateur
Qui des maulvais feust vray reformateur
Ainsi qu'estoit cestuy prelat vivant
Lequel des dieux fut l'honneur poursuyvant
Aux quelz prioit de cueur et de pensée

Qu'apprèz luy vint ung prelat l'ensuivant
Pour achever la chose commencée.

Le noble arroy du trescrestien Roy
Et tous estas d'esglise et de noblesse
Furent marris de si cruel desroy
Fait si souldain que nous et les nos blesse,
Ainsy disant que à tout bon cueur noble est ce
Plaindre la mort d'un si grand personnage
Qui a voulu tout le temps de son aage
Procurer paix entre seigneurs et princes,
Soy demonstrant en tout prudent et sage
Jouxte ses faictz congnuz par les provinces.

Ses bons parens estoient comparens[1]
Combléz de doeul oultre le commun cours [102 v°]
Dont les regretz furent si apparens
Que si Raison ne leur eut fait secours
Les jours d'aulcuns eussent peu estre courtz.
Mais les haultz dieux au moyen de Constance
Leur donnerent de Prudence accointance
Si que au moien d'icelle en ses obseques
N'espargnerent or, argent ou substance,
Leurs propres corps ne leur vies avecques.

Religions de toutes regions,
Signantement les nouveaux reforméz,
Je vy venir comme par legions
Bien tost apprèz qu'en furent informéz,
Prians les dieux à voix bien conformées
Que de l'esprit plain d'amour et concorde
Du bon legat eussent misericorde
Et qu'il leur pleust les princes inspirer
De ne souffrir en l'Esglise discorde
Par qui contre eulx erreur peult conspirer.

1 *Comparens* : présents.

Je veis docteurs, legistes, orateurs
Et aultres gens gardans bonne police
Disans ainsi : O l'honneur des pasteurs
Pourtant se mort vous a mys soubz sa lice
Si n'est ce pas que votre nom fallisse
Car tout ainsi que bruyt et renommée
Vous avez eu vie sur tous nommée.
Aussy vivez en memoire eternelle
Apprèz qu'avez la vie consommée
Qui aux bons cueurs sembloit tant solennelle.

Justice estoit auprèz qui lamentoit
En regretant son loial protecteur,
Et de douleur et couroult qu'el sentoit [103 r°]
Disoit : hellas, hellas, mon amateur,
Apprèz le Roy, mon souverain ducteur,
Qui tant avez esté laborieux
Devant les dieux immortelz, glorieux
Et triumphans, soiez vous satiffaict
Là où puissez comme victorieux
Avoir repos assouvy et parfaict.

Adoncq marchants et laboureurs des champs
Voians leurs biens tous les jour prosperer,
Moiennant paix qu'ont esté adrechans
Le Roy et luy, se prindrent à plourer
Voulans des dieux humblement implorer
Aide et secours pour le temps advenir,
Les deprians à l'esprit subvenir
Qui procuroit tousjours la paix en France
Et la faisoit à hommes parvenir
Sans endurer par ennemys souffrance.

Lors povres gens, mendians, indigens
À haulte voix disoient tous : helas,
Hellas, pourquoy sont les dieux diligens
De nous oster le prelat des prelatz,

Nostre recours, nostre parfait soulas,
Qui nous gardoit tout temps d'estre affaméz,
Celuy sur tous qui nous a tant améz
Qu'en nous avoit mys son affection.
Devant les dieux immortelz et saintz
Pour son loier ait il reffection.

Finablement selon son testament
Veis inhumer son corps en deux parties : [103 v°]
Les entrailles furent premierement
Aux Celestins de Lyon imparties,
Son corps apprèz veis porter ès parties
De Neüstrie d'auctorité roialle,
Puis en Rouen, ville archiepiscopalle,
En nostre dame honnestement poser
Ainsy qu'avec son espouse loialle
Où par honneur se devoit reposer.

En iceulx lieux je ne vey jamais mieulx
Faire qu'on fist de la part des amys
Touchant les faictz et ditz obsequiaux
Sollenniséz, car rien n'y eust obmys.
Se tous humains eussent esté submys
À comparer, ilz n'eussent pas mieulx faict
Qu'en iceulx lieux chacun faisoit de faict.
Et par exprèz quand son corps fut receu
Dedens Rouen l'amour fut veu parfaict
Qu'en son vivant bien avoit aperceu.

Tout cecy veu, je fu assez pourveu
De revenir et le mectre en memoire
Et tout ainsy que je l'avois preveu.
Aprèz que j'euz papier et escriptoire,
Je m'esveillay et escripvis l'istoire
Tant pour l'honneur de son noble parage
Que de tous ceulx qui ont fervent courage
Pour obvier aux langartz dangereux

Qui comme chiens tous forcenéz de rage
Veullent ronger son bon nom tant envieux.

Incident

Telz detracteurs de la loy, infracteurs
Interpretans à malle qualité [104 v°]
Les doubles cas, sont reputéz menteurs
Et de la rage ont la proprieté.
Qui une fleur plaine d'amenité
Tourne en venin et non obstant la mouche
En fait miel qui est grande reprouche
À telles gens suivans la masle part
Qui de la fleur feroient chose doulce
Se de mesditz faisoient le depart.

L'humble facteur et petit orateur
À monsieur d'Aulx[2] veult adresser ce don
Du quel il est le simple serviteur
À qui il peult bien rendre le guerdon,
Luy depriant qu'il luy face pardon
S'en cest escript treuve rien à reprendre.
Par son amour luy a fait entreprendre
Et de tous ceulz de sa noble lignye
Aux quelz les dieulx veullent honneur imprendre
Et apprèz mort gloire et joie infinye.
Amen

2 François-Guillaume de Castelnau de Clermont-Lodève (1480-1540), fils de Pierre-Tristan de Castelnau et de Catherine d'Amboise, sœur du cardinal Georges d'Amboise, archevêque d'Auch (Aulx) de 1507 à 1538.

ANNEXE II

Jean Bouchet

Epistres morales et familieres du Traverseur,
J. et E. de Marnef, Poitiers, 1545.

Epistres Familieres du Traverseur.

[xi v°]

Epistre x.

Epistre envoyée par l'acteur à ladicte Vicontesse de Thouars, en la personne de l'ame, qui rescrit à son amy par amours Jesus, par le bon Ange.

Longtemps y a Prince tresgratieulx,
Que j'ay desir presenter à tes yeulx
Une requeste assez estrange à veoir,
Mais je n'ay peu, ne puys puissance avoir
De m'exhiber davant ta noble face,
Et tellement qu'il fault que je la face
Par ceste epistre escripte des[1] mes pleurs
Sur le papier d'angoisseuses douleurs, [xii r°]
Que promptement par ce courrier t'envoie,
Lequel s'est mis pour cest affaire en voie ;
Et m'a promis que la verras de brief,
Et que j'auray de mon mal si tresgrief
Bon reconfort, mais (helas) trop je doubte
Que mon epistre et requeste on deboute ;
Tant au moyen des faultes que j'ay faictes
Encontre toy, qui ne sont satisfaictes,
Que pour la foy de loyalles amours

1 *Dès* ? ou est-ce une coquille pour *de* ?

Que j'ay faulsée, en faisant plusieurs tours
Trop inhumains contre ta seigneurie.
Las, tu m'avoys tant aymée, et cherie,
Qu'impossible est au mondain amoureux
Navré du dard d'amours tresvigoreux,
De tant aymer celle, qui l'aime aussi,
Chascun le sçayt, il n'y a car, ne si.
Car il est vray que ton Pere eternel,
Et toy aussi son consubstantiel
M'avez formée, et faicte en ame et corps,
Par amoureux et gratieux accords.
Non que besoing vous eussiez de me faire,
Ne que de moy jamais on eust affaire,
Mais seullement ton Pere trespuissant
Voulant complaire à toy Filz sapient,
Par la bonté de la tierce personne
Qui de vous deux procede, et dont resonne
L'amoureux bruit, ainsi que dit le sage,
Fut accomply ce merveilleux ouvrage.
Puys pour mon corps nourryr en cestuy monde
L'on me bailla la terre toute ronde,
En sa beaulté divers fruictz produisant,
Aussi les eaues, ce qui m'est bien duysant,
Et le Soleil tresclair, qui va tousjours
Pour mesurer et compasser les jours,
Les moys, les ans, et pour les fruictz produire
Par sa chaleur ; et la Lune pour luyre,
Et esclarsir les tenebres nocturnes.
Les cours des cieulx, et leurs cours diuturnes
Furent crées, et tous les elemens,
Pour me donner vie et nourrissemens.
Après, mon ame à l'image fut faicte
De trois en un, de justice parfaicte ;
Pour une foys, après avoir vescu
En cestuy monde, et le Diable vaincu,
Joyr de toy par amour eternelle
En ta maison royalle, et supernelle :

Où l'on peut prendre, avoir et accepter
Tous ses plaisirs, sans un en excepter.
Et pour regir tout cest acoustrement
On me bailla memoire, entendement,
Et volunté par dispos deifique ;
Semblablement une garde angelique
Qui est celuy qui l'epistre presente
Davant ton trosne, et à toy seul presente.
Mais bon Jesus, comme mal gratieuse,
De tous ces biensfaictz soudain oblieuse,
Car au parler, et dire d'un paillard
Je t'oubliay[2], plus soudain que paille ard,
Qui me mena bien tost après ma faulte
En un bordeau, qui fuz dame si haulte,
Et là je fuz à tous abandonnée
Comme la chair qui est aux bancs donnée ;
Tant et si fort que moy tresmalheureuse,
Je devins lors infecte, et veroleuse,
Hideuse à veoir, et en face terrible,
Et plus cent foys en ame, et corps horrible.
On me feit pis, car on me dejecta,
Et cestuy là le premier me jecta
Sur le fumier, qui m'avoit desfleurée,
Où par long temps ma douleur fut plorée,
Au grand dangier des bestes devorables,
N'eussent esté tes regards secourables.
Car nonobstant que je t'eusse forfaict
Comme j'ay dit, sans avoir satisfaict,
Tu t'en allas proposer à ton Pere
Le deshonneur, le mal, et vitupere
Où j'habitois, le priant doulcement
Qu'il eust pitié de mon rabaissement.
Et sur cela le conseil assembla,
Auquel tresbien premierement sembla
Qu'on ne devoit jamais me pardonner,

2 Leçon rejetée : *t'ay oubliay.*

Ni à[3] mon mal aucun secours donner :
Et qu'impossible il estoit me guerir,
Si non qu'on fist de tes membres courir
Ruysseaux de sang, où lavée seroit,
Et que par là seulement gueriroit.
  O bon Jesus tu fuz si amyable
De moy meschante, et si trespitoyable,
Que tu vouluz de ton trosne descendre,
Et mortel corps pour l'amour de moy prendre
Qui fut en croix cruellement pendu,
Percé de cloux, et ton cousté fendu,
Dont vinst le sang, auquel je fuz lavée
Si nettement, que ma chair enclavée
D'infections par ce sainct lavement
Fut nettoyée, et mise entierement
Hors de l'horreur, où peché m'avoit mise.
  Puys quand je fuz en mon estat remise,
Tu fuz si bon, et si fort me prisas,
Que moy meschante en espouse prise as ;
Et me promis douaire en ton empire
En toy servant, sans plus devenir pire. [xii v°]
  Or moy pensant promesse te tenir
Et purement deslors me maintenir,
Je te promis qu'ainsi je le feroie,
Et que jamais je ne t'offenseroie.
  Mais (qui me poise à dire et proferer)
De t'offenser n'ay voulu differer.
  Voulu comment, m'advient il bien de dire
Que j'ay voulu sans point y contredire
Un aultre amy prendre pour quelque temps,
Et te laisser par mespris et contens,
Consyderé que tu m'as tant aymée ?
  Ne doy je point estre de tous blasmée ?
Ne doyvent point les astres et les cieulx
Me fouldroyer en lachrymables lieux ?

3 Leçon rejetée : *N'a.*

(Helas) pourquoy me nourrist plus la terre ?
Que ne me font tous les Anges la guerre ?
(Helas) pourquoy par si grand appareil
M'esclairent plus la Lune et le Soleil ?
Que fait le feu qu'il ne me brusle et ard,
Puys qu'offensé je t'ay par un tel art ?
Tout l'air en put, et la mer en murmure.
    Ne suys je point meschante creature,
D'avoir laissé l'amoureux si parfaict
Pour en prendre un ort, villain, et infect ?
Voire qui quiert en lieu de me bien faire,
Mon ame et corps desconfire et deffaire ?
Las ce peché, cestuy la seulement,
Qui au bordeau me mist premierement.
    Et si n'estoit que bien je me recorde
De la grandeur de ta misericorde,
De ta doulceur et grant' benignité,
Veu que j'ay tant vers toy demerité,
Plus ne vouldrois vivre entre les humains,
Je m'occirois de mes cruelles mains.
    Mais je sçay bien que tu prends du plaisir
En ceux qui ont douleur et desplaisir
De leurs pechéz, et s'en vont repentant ;
O bon Jesus, las je me repens tant,
Tu voys mon cœur, et congnois ma tristesse,
Et sçais tresbien qu'à moy chose triste est ce
D'avoir ainsi soudain à la vollée
Ma foy vers toy follement violée.
    Quand de ce cas et forfaict me souvient
Je me transiz, mon cœur tout froid devient,
Recongnoissant ma faulte et mon offense
Où il n'y a replique ne deffense,
Dont envers toy je me puisse excuser ;
Mais au contraire il m'en fault accuser,
Ce que je fais par ceste epistre et lettre,
Te promettant de jamais ne commettre
(Mon seul Seigneur et Amy tresloyal)

En dict ne faict tour qui soit desloyal,
Mais t'obeir, comme ta chaste espouse.
   Et le mien cœur (qui maintenant repouse
On souvenir des tresgrands benefices
Que tu m'as fais, en lieu de malefices)
À toy Jesus, non à aultre je livre,
En protestant d'orenavant de vivre
Tout apart moy, comme la Tourterelle,
Laquelle vit toute seule apar elle,
Quand son pareil elle a du tout perdu ;
En attendant que le tribut rendu
Soit à la mort, par moy selon l'usage
De cestuy monde et de l'humain lignage.
Sans plus bailler mon cœur ailleurs qu'à toy,
Te suppliant avoir pitié de moy,
Et me donner par amour, et par don
De tous mes maulx, et mes pechez pardon ;
En me gardant de plus y retourner,
Et des pecheurs nullement m'atourner,
Mais te servir en ce monde fragile
Si bien apoint, que mon esprit agile
Tous les neuf cieulx si puisse pervoller,
Et purement aux nopces convoller
Dont nous avons celebré fiensailles
Sur les saincts fons, et dont les espousailles
Se parferont en ton eternel estre,
Où par biensfaictz je desyre tant estre.
   Escript au lieu secret de ta maison,
Où bien souvent je te fais oraison
Par mon bon Ange, et de la main de celle
Qui se maintient estre ta povre ancelle.

ANNEXE III

Charles Morel

Chant royal dialogué par messire Charles Morel

[BnF, ms. fr. 379, f. 33 r°-v°][1]

[33 r°]
Enluminure : Nature converse avec Raison[2]

Nature :

Respondz, Raison !

Raison :

Fay ton propos, Nature !

Nature :

Où est Marie ?

Raison :

Inthronisée es cieulx.

Nature :

En quel honneur ?

Raison :

En regial stature.

1 Ce texte se trouve également (de façon anonyme) dans les ms BnF fr. 2206, f. 6 v°-7 v° (*Chant royal de Nostre Dame en dyalogues*) et fr. 1538, f. 195 r°-196 r° (*Champ royal*).

2 Enluminure : À gauche, devant une forêt, Nature, nue et cheveux déliés, tourne les yeux, l'index de la main droite et la paume de la main gauche vers Raison. Celle-ci, debout devant une cité, regarde Nature en levant la main droite tandis que sa main gauche soulève un pan du mantel à capuche recouvrant sa robe.

Nature :

Où triomphante ?

Raison :

Avec les immortieulx.

Nature :

Regardant qui ?

Raison :

Dieu, son filz specieux.

Nature :

Le voit elle ?

Raison :

Clerement, face à face.

Nature :

Que luy donne il ?

Raison :

Plenitude de grace.

Nature :

Oultreplus quoy ?

Raison :

Don d'immortalité.

Nature :

Voire, mais quel ?

Raison :

Son pur corps vivifié.
Pour estre ès cielz.

Nature :

En quelle qualité ?

Raison :
Impassible, plein de gloire assouvie.

Nature :
Son[3] corps est mort ?

Raison :
Il a eu sepulture.

Nature :
Est il infect ?

Raison :
Nenny, non, se m'ayst Dieux.

Nature :
Et quoy doncques ?

Raison :
Exempt de pourriture.
Sanctifié, voire tout radieux.

Nature :
En terre gist ?

Raison :
On ne scait en quelz lieux.

Nature :
En Josaphat ?

Raison :
Homme jamais, n'y trace.

Nature :
Pourquoy, Raison ?

3 Leçon rejetée en suivant les autres manuscrits : *Mon.*

Raison :

Ce n'est pas là sa place.

Nature :

Y est il plus ?

Raison :

Nenny, en verité.

Nature :

Où est il donc ?

Raison :

Veulx tu que je le die ?

Nature :

Ouy, je t'en pry.

Raison :

En lieu d'auctorité.
Impassible, plein de gloire assouvie.

Nature :

Je m'esbahy.

Raison :

Regarde l'Escripture :

Nature :

Qu'en dict elle ?

Raison :

Que son corps plantureux
Fut le sacraire où Dieu print nourriture.

Nature :

Trop bien cela, mais il est pulvereux.

Raison :

Veulx tu dire son temple beneureux
Estre en cendre ?

Nature[4] :
La loy veult qu'il se face.

Raison :
Non faict, non faict, mais je veulx bien qu'on sace,
Pour contenter loy et humanité,
Qu'il a esté ung temps privé de vie
Et puis après il est resuscité
Impassible, plein de gloire assouvie.

Raison :
Le croys tu pas ?

Nature :
Je dy à l'advanture
Que estre ne peult vivant ne fructueux
Car nous avons par la loy de droicture
Que tout corps mort doibt estre luctueux.

Raison :
Cela s'entend des corps defectueux
Là où peché a regné une espace.
Mais ta raison si n'a point d'efficace :
En ung pur corps remply de sainctité
Comme celuy de la Vierge Marie
Lequel doibt huy vivre en agilité
Impassible, plein de gloire assouvie.

Raison :
Que dys tu plus ?

Nature :
J'ay commis forfaicture

4 Leçon rejetée : *Raison.*

De vouloir dire ung tel corps vicieux

Raison :

Qu'en concludz tu d'icelle creature ?

Nature :

Qu'elle a le corps couronné glorieux
Au sainct siege des martyrs precieux.

Raison :

Il n'est pas, non, en region si basse !

Nature :

Est il plus hault ?

Raison :

Je te dy qu'il surpasse
De tous les sainctz la luminosité
Et des anges la haulte hierarchie.

[33 v°]

Nature :

Je croy doncques qu'il soit en dignité
Impassible, plein de gloire assouvie.

[*Envoy*][5]

Vierge royal, des anges[6] l'oultrepasse,
Plus radiant que ruby ne topace,
Preserve nous de toute infirmité
Et les transis de ceste maladie.
Fay qu'ilz voyent ton corps resuscité
Impassible, plein de gloire assouvie.

---

5 Mention présente dans les deux autres manuscrits.

6 Leçon rejetée : *aultres* (*anges* dans BnF, fr. 1538, f. 196 r° et *angelz* dans BnF, fr. 2206, f. 7 v°).

ANNEXE IV

Michel d'Amboise

La Penthaire de l'Esclave fortuné : où sont contenues plusieurs lettres et fantasies composées nouvellement en l'an 1530, Paris, Alain Lotrian et Denis Janot, s. d.

[BnF, Res 8° BL 8750]

À treshaulte et puissante dame ma dame Katherine d'Amboyse, et dame de Lignieres l'Esclave fortunay son treshumble serviteur donne salut et felicité eternelle.

La cause ma Dame dont me suis persuadé te presenter don si peu frugalle[1] comme cestuy que presentement t'envoye, c'est que je congnois si gracieuse ta haultesse qu'elle prent aussi esgal contentement de chose à elle de bon cueur presentée combien que pusille soyt comme si opulante luy estoit donnée. Qui est voullenté approchante de la divine, pource qu'aux dieux l'oraison du povre est autant extimée que du riche et les dons des deulx en pareille humilité offers esgallement receuz. Si doncques madame je te presente ce que j'ay et qui est en ma puissance ne regarderas s'il te plaist la petitesse du don, mais le cueur de celuy qui t'en faict present, me tenant en ceste reputation qui si le possible m'estoit concedé de meilleur te le donner que meilleur le recepveroys. Mais puis que l'effect ne peult advenir tel que le desire il te plaira prendre le vouloir pour satiffation en recompense de tant de bien qu'il t'a pleu jusques icy m'impartir : lesquieulx si vouloys nombrer ne me seroyt suffisant la vie encores qu'elle me fust aussi longue otroyée comme anciennement au vieil Mathieu Sallé[2] pour faire declaration du moindre. Touteffoys que ne veulx demeurer ingrat tant envers toy madame que du moins puis

1 Fructueux, fécond.

2 Expression proverbiale qui viendrait de la déformation de *Mathusalem.*

qu'aultrement n'y puis satiffaire ne t'en face mercyment treshumble par cestuy mien escript. Lequel je te supplye prendre aussi agreable comme de bon cueur il t'est precipité, en attendant que plus sçavente Calliope cellebre ton nom digne de beaucoup plus haulte muse que la mienne, encores peu saige et docte pour sommerement desduire toutes les vertus qu'on peult veoir au jardin de ta magnificence floronner. Et jaçoyt que l'entreprendre à moy est de trop grant charge, si esse que je ne veulx me taire ou bien ou mal devant que j'en aye faict declaration selon ma capacité à ceulx qui vouldront regarder les coulleurs de ceste mienne Panthaire, laquelle j'ay ainsi nommée pour la diversité des matieres qui sont contenues en icelle. Se tu y treuves chose digne de la lime je te requiers humblement vouloir excuser l'erreur l'atribuant plus à la legiereté de l'entendement du facteur qu'à son imbecilité, pource que il peult estre que par soubdaineté j'ay obmis, ou bien trop mys quelques vers lesquieulx j'eusse bien peu amander si en meureté de couraige les eust trutinéz[3] en esperance que me feras tant d'honneur comme je t'en requiers te suppliray ma tresreverée dame que je demeure tien jusques aux cendres et me retenir à jamais de tesplus obeissans serviteurs, au nombre desquieulx je veulx s'il te plaist vivre et mourir. Et encores après mort s'il est vray ce que dit le poete en son sixiesme des Eneides aux champs elizées t'acompaigner par immortel service sans jamais prendre repos nomplus que le larron Sisiphus que là ou icy je ne mette devant les miennes toutes les affaires tiennes dont tu vouldras onerer ma petite puissance que tu trouveras à jamais preste te faire l'obeissance en laquelle par tant de biens faitz tu m'as obligé. Je prye au Createur du monde qu'il te les vueilles rendre et te donner bonne vie et longue avecques le comble de tous les bons desirs que par voulenté gracieuse souhaittes en cestuy monde.

3 Trutiner < *trutinare* : examiner.

Les Epistres veneriennes de l'Esclave fortuné privé de la court d'amours, nouvellement faictes et composées par luy. Avecques toutes ses œuvres, Paris, Denis Janot pour Alain Lotrian, s.d. [1532]

[BnF, Res Ye 1622]

[xv v°]
La douziesme Epistre envoyée à haulte et puissante dame ma dame Katherine d'Amboyse dame de Lignieres.

Hersoir bien tard mon cueur à s'esmoyer
Et mes deux yeulx prindrent à lermoyer
Pour les ennuitz, qui le mien corps tourmentent
Si que mes nerfz sans cesser en lamentent
Et mes esperitz de bon sens separéz
Ainsi qu'aigneaulx par les champs esgaréz
Ne sçavans où retirer leur nature
Pour obtenir franche et seure pasture
Je me plaignois de mon adversité
De mon malheur, misere, et povreté
Je detestoys Fortune la mauvaise
Qui ne voulut oncques me donner ayse
Ains de douleurs assez grande largesse
Où j'ay tousjours consommé ma jeunesse.
Excogitant les accidens divers
Dont tous les jours mes cinq cens sont couvers
Banny d'espoir d'avoir jamais plaisir
Legier vouloir vint le mien cueur saisir
Par mort soubdaine et de mes propres mains
Me separer d'avecques les humains
Et tout ainsi ma vie terminer
Comme Dido fist la sienne finer
Quant elle vit le Troyen equippage
Pour s'en aller sortir hors de Cartaige.
Doncques voulant mon vueil executer
Sans nullement le peril discuter [xvi r°]
Où je mestoys pour me tuer mon ame

De son fourreau la mienne espée deslame
Et contremont m'esvertue la lever
À celle fin que je peusse trouver
Fin à ma peine, et languissant remort
Par malheureuse et oultrageuse mort.
Or voulant jà finer ma triste vie
Devant moy fut Raison, qui me devye
L'espée du poing, et me crye : ha bourreau
Hola, hola, remetz en ton fourreau
Ton fer mortel, ne soys tant oultraigeux
De te tuer, car ce ne sont pas jeux.
Celuy qui est de soymesme homicide
À tout jamais avecq Pluton reside
Où il endure intollerable maulx.
Il te vault mieulx tollerer les travaulx
Qui sont mondains et bien tost finissables
Qu'endurer ceulx, qui sont infinissables.
Cuyde tu donc que par ainsi mourir
Peusse efforcer tes accidens perir
Certes nenny, aultrement te fault faire
Pour alleger ton douloureux affaire
Prens bon vouloir, laisse ta fantasie
Qui ne provient fors que de frenaisie
Prens esperance, et en Dieu te conforte
Qui te donra contre tes maulx main forte.
Cyrus qui fut nommé Pano polyte[4]
Par Theodose fut presul[5] trespolite
Qui par avant estoit en grant povresse.
Mandro qui fut un marinier de Gresse
Après grant peine, et tourment soustenu
Fut empereur famé et bien congneu.
Basilius, sorty de Macedoyne
Après maintz maulx fut empereur ydoine ;
Et Romulus nourry par une loue [xvi v°]
Que maintenant si grandement on loue

4 Cyrus de Panopolis.
5 Presul < *praesul* : chef, homme qui commande. Polite : brillant.

Ne vit on pas imperateur de Romme
Tulie Servie au temps passé povre homme
Fut roy aussi de la gente togalle.
Tamburlanus par une sorte egalle
Qui les pourceaulx gardoit en povre arroy,
Fut quelque foys des Scithes creé roy.
Tous les preditz en leur grande indigence
S'ilz eussent eu si folle impacience
Que de bouter fin à leurs povres vies
N'eussent esté leurs personnes ravies
En tel honneur, et telle dignité
Comme j'ay jà cy devant recité.
 De quoy concluz que tu soys patient
Car estre il peult, c'est à bon escient
(Que je le ditz) que Fortune tresgrande
Au temps qui vient gros honneurs, te demande.
Et comme dit en sa Parthanesie
Mantuanus remply de poesye
Celuy qui grant, et excellent doit estre
On voit tardif et treslant le sien estre.
 Raison se teut et tant d'elle j'aprins
Que mon bon sens aucunement reprins
Et appaisay quelque peu ma fureur.
Je touteffoys encore en ma terreur
Luy ditz, Raison que veulx tu que je face ?
Malheureux suis si bien tost ne trespasse
Ne scez tu pas que ne sçay où tirer
Pour me sçavoir de mon mal retirer
Nul ne me quiert tout mortel me dechasse,
Chascun me fuyt, et peine me pourchasse
Ne sçay, pourquoy fors que c'est mon malheur.
Alors Raison, je congnois ta douleur
Mais si me croys pour fin mettre à ycelle
Tu prendras, et si le te conseille, [xvii r°]
Vers une dame hardiment ton chemin.
Je congnois bien tant son cueur estre humain
Et sa bonté si franche et gracieuse

Qu'elle vouldra t'estre doulce et piteuse
Et te donner alleviation
De ta misere, et griefve passion.
Oncq Lucina ne fut tant liberalle
Aux Chrestiens, ne Dido cordialle
Aux Yllians, ne Paula aux Romains
Comme ceste est à chascun des humains.
C'est en largesse une aultre Therlinda,
Sobre trop plus que n'estoit Columba
Plus que ne fut hospitalle Phillis
Doulce trop plus que ne fut Æmillis
Que Thomiris de trop plus magnanine
Riche sur toute, et sur toute humillime
Qui faict son nom en maintz pays famer.
    Dieu et ses sainctz on la voit tant aymer
Que la plus part du jour elle consomme
Et bien souvent la nuyt laisse son somme
Pour exorer[6] et prier humblement.
    Le sien parler desduyt si doctement
Que Paulia qui fut des Grachus mere
Auprès de ceste, auroit cas de se taire.
    Que diray je ? Au monde n'a pareille
C'est de bonté la dame nompareille
Elle a le bruyt d'estre tant pitoyable
Tant magnificque, amene, et amyable
Que je ne crains qu'ayde ne te donne
Quant congnoistra l'ennuy qui t'environne.
Elle scet bien aussi maintz en sont seurs
Comme jadis les siens predecesseurs
T'ont amené des Italles en France
Et t'ont tousjours nourry dès ton enfance
Comme celuy qui par eulx fus esté [xvii v°]
Hors des tetins, qui t'ont jeune, allaicté.
Ung temps tu fus aussi son escollier
Parquoy vouldra plus tost te deslier

6 Implorer.

De ces liens où te tient povreté.
Son cueur sera pour ces causes incité
Par moy Raison à te pourchasser estre
Où seurement à jamais pourras estre
Et subvenir à tes necessitéz.
Considere les propos recitéz
Dificulté n'en faitz aulcunement
Te retirer dessoubz son vestement
Qui est couvert (si bien tu t'en recorde)
Et tout partout plain de misericorde
Mercy aura de toy et de tes maulx
Et mettra fin sans faulte à tes travaulx
Se luy en faitz humblement la priere.
Elle est pour l'heure au chasteau de Ligniere.
Cherche la tost, metz fin à ma doctrine
Si as desir que de brief ton mal fine.

Plus longuement pour l'heure ne parla
À moy Raison mais si tost s'envola
Que sur ma foy ne sceuz qu'elle devint.
Mais touteffoys tresbien il me souvint
Du bon propos qu'elle m'avoit tenu
Suivant lequel je suis vers vous venu
Noble contesse où j'ay mis mon aymer
Trop plus que nul que je peusse nommer
Veu les biens faitz qu'il t'a pleu de me faire
Et si souvent qu'ay peur de te desplaire
D'importuner encores ta haultesse
Pour subvenir à ma grande povresse
Vers qui madame en tresdoulce efficace
Il te plaira tourner ta gente face
Et prendre esgard par maniere suave
À ton Michel, ton servant et esclave [xviii r°]
Lequel ne sçait de quel boys faire flesche
Si ton regard envers luy tu ne fleche.
Je te requier ayes de luy pitié
Et vueilles tant luy porter d'amytié
Qu'il ayt par toy de son piteulx martire

Tresbriefve yssue, aultrement à mort tyre.
Et ne regarde aux faultes preterites
Mais s'il te plaist delaissant ses merites
Pour Dieu, pour bien, pour honneur, et noblesse,
Faitz luy secours en sa triste destresse.
En esperant que se bien tu me donne
Par charité, par doulceur, par aulmosne,
Je fineray mon escript en ce lieu
Priant ma dame au doulx plasmateur Dieu
Te donner grace en vie longuement
Prendre et avoir tout ton contempnement.

Fin de la douziesme espistre

GLOSSAIRE

[*P* = *Prudens* ; *C* = *Complaincte* ; *E* = *Espiltres* ; *CM* = *Continuelles meditations*]

Abitude : habitation (*P* 57 v°)
Abhimer : anéantir, jeter dans l'abîme infernal (*CM* 44 v°)
Aboié : celui contre qui on aboie (*CM* 42 v°)
Abondance (d') : intensément (*E* 9 r°)
Abrevier : abréger (*P* 49 v°)
Abscenter (s') : s'éloigner (*P* 55 r°) ; échapper à (*E* 17 r°)
Absconcer : cacher (*CM* 6 r°)
Absorber : engloutir, anéantir (*P* 86 r°)
Abstinez (< *obstinare*) : opiniâtreté (*P* 128 v°)
Acerbe : triste (*P* 3 r°)
Acobler : acoupler (*P* 34 r°)
Acomparager (s') : se comparer à (*P* 86 r°)
Acomply (faire à l') : entièrement, au plus haut degré (*P* 46 v°)
Acoustrer : arranger (*E* 12 r° ; *CM* 68 r°)
Acoustrement : arrangement (*E* 2 v°)
Adjuteur : celui qui guide, aide (*P* 22 v°)
Adjutoire : guide (*P* 23 v°, 123 v°)
Administrer : donner (*C* 6 r° ; *E* 11 v°)
Adnnichiler : voir *anichiller*
Adresser : diriger (*P* 7 r°, 19 v°, 43 v° ; *CM* 13 r°) ; guider (*CM* 7 v°, 37 r°) ; renseigner (*P* 43 v°)
Adroesse, adroisse : celui qui montre la voie, guide (*P* 133 v°, 135 v°) ; action de redresser, d'amender (*CM* 6 r°)
Prendre son adresse : se mettre en chemin vers (*CM* 4 r°, 29 r°)
Advantageuse : qui offre des avantages (*P* 25 r°)
Adulterin : falsifié, altéré (*CM* 43 v°)
Affaires : soucis, difficultés (*P* 102 r°)
Avoir affaire : avoir besoin (*E* 2 r° ; *CM* 16 v°)
Mal affaire : mauvaise nature, mauvaise conduite (*P* 13 v° ; *E* 8 r°)
Affectueusement : instamment (*CM* 13 r°)
Afflenbé : enflammé (*P* 31 v°)
Affuyre (s') : se réfugier (*E* 7 v°)
Affyer : assurer, promettre (*P* 55 r°)
Agravé : accablé (*P* 16 v°, 79 v° ; *CM* 35 v°)
Ahontager, ahontaiger : couvrir de honte, déshonorer (*P* 75 v°, 110 r°)
Ahontée : déshonorée (*P* 50 r°)
Aige : âge (*P* 125 r°, 125 r°)
Ains : mais (*P* 29 v°, 69 v°, 98 v°, 103 r°)
Ains que : avant que (*P* 24 v°, 93 v°, 98 v°, 127 v°)
Allegence : soulagement (*E* 8 v°)
Almific : bienfaisant (*P* 20 r°, 21 v°)
Altissime : haute et puissante (*P* 12 v°, 34 r°, 60 r°)
Ambuler : avancer, cheminer (*P* 46 r°, 74 v°, 75 v°, 77 r°) ; évoluer dans, persévérer (*P* 31v°)
Amyable : bienveillant, miséricordieux (*E* 3 r°)
Amenieux : agréable (*P* 5 r°)
Ancelle : servante (*CM* 9 v°, *E* 6 v°)
Anichiller (< *annichilare*) : réduire à néant (*P* 40 v°, 41 v°, 68 v°, 81 r°)
Anonchallir : laisser sans soin, mépriser (*P* 69 v°)

Anticiper : mettre devant, avancer (*CM* 29 v°; agir avant pour empêcher qqc (*CM* 53 v°)
Aoust, oust : troupe armée (*P* 45 r°, 54 v°, 55 r°, 112 r°, 121 r°)
Apeter : désirer (*P* 133 v°, 134 v° ; *C* 27 r° ; *CM* 36 r°)
Appareil (en grant) : de façon majestueuse (*E* 4 r°)
Appetit : goût, souhait (*P* 83 v°)
À l'apetit de : selon le désir, la volonté de (*CM* 14 r°, 21 v°)
Applain : voir *Plain*
Appointer : faire un accommodement (*P* 74 v°)
Aprehension : idée (*P* 11 r°)
Apriveser : apprivoiser (*P* 114 r°)
Aquilon : Nord (*P* 83 r°)
Araisonner : converser, discuter (*P* 5 r°) ; chercher à persuader (*P* 9 r°)
Arce : incendiée (*CM* 19 r°)
Ardoir : brûler, incendier (*P* 73 r° ; *E* 4 r°)
Areau : charrue (*CM* 16 r°)
Arnois : armure (*C* 7 r°) ; troupe, équipage (*CM* 60 v°)
Arrequoy (à recoi) : à l'écart (*E* 10 r°)
Arresté : ferme, résolu (*CM* 20 v°)
Arriane : arienne (*P* 115 v°)
Art : habileté (*P* 57 v° ; *E* 2 v°, 4 r°)
Art : voir *Ardoir*
Artificiel : fait selon l'art (*CM* 16 v°)
Asné : aîné (*E* 10 v°)
Asorrer : assurer la sauvegarde (*CM* 50 r°)
Aspirer : inspirer (*P* 78 r°)
Assister : être présent (*CM* 5 r°)
Assizes : règlements (*P* 37 r°)
Assovy : satisfait (*P* 19 v°)
Assueffaction : accoutumance, habitude (*CM* 20 r°)
Astinence : le fait d'être privé de qqc (*P* 111 v°)
Atant, atent : là-dessus, aussitôt (*P* 10 r°, 11 v°, 13 r°, 14 r°, 15 v°, 22 v° 27 r°, 36 v°, 44 r°, 80 v°, 105 v°, 129 r° ; *C* 20 v° ; *CM* 34 r°, 54 v°, 66 r°, 67 r°) ; pour l'instant, en attendant (*E* 6 r°)
Atant que : autant que (*P* 79 r° ; *E* 11 r°) ; en attendant que (*E* 18 r°)
Atenué : affaibli (*CM* 9 r°, 36 r°)
Atoucher (à) : toucher à (*P* 70 v°)
Atourné : enveloppé, paré (*P* 61 v°, 88 r°) ; équipé, paré (*E* 9 v°)
Attenué : affaibli (*P* 18 v°)
Aucunesfoys : parfois (*C* 7 r° ; *E* 16 v°)
Aulcun : un, quelqu'un (*P* 50 r°) ; certain (*C* 7 r°)
Aulcuns : quelques, quelques-uns (*P* 4 r°, 50 v°)
Aulcunement : en quelque façon (*P* 67 r°)
Aventure (à l') : au hasard (*P* 44 r°)
Se mettre à l'aventure : se hasarder (*E* 1 v°)
Par avanture : le cas échéant (*P* 9 r°)
Avoir (n') rien à qqc : ne pas avoir de lien avec qqc, ne pas être concerné par qqc (*P* 90 r°)

Bailler : donner (*P* 52 r°, 82 r°, 102 r° ; *C* 18 r°, 18 v°, 19 r° ; *CM* 21 r°, 61 r°, 79 r° ; *E* 2 r°, 2 v°, 5 v°, 14 r°, 15 r°)
Banc : étal de marchand (*E* 2 v°)
Benedictz : bienheureux (*E* 10 v°)
Biblienne : de la Bible (*P* 101 v°)
Bienheuré : bienheureux (*P* 123 r°)
Blandir : flatter (*P* 9 r°, 65 r° ; *CM* 23 v°, 53 v°)
Blandissement : flatterie (*P* 99 r°, 116 r°)
Blasphemer qqc : injurier, maudire (*P* 16 v°, 30 v°, 45 r°)
Blasonner : dépeindre, caractériser (*E* 16 v°)
Borreulx : bourreaux (*P* 91 v°)
Bourne : borne (*P* 130 v°)
Boursier : trésorier (*C* 26 r°)
Bouter : mettre (*P* 108 r°)
Boutillier : échanson (*P* 51 r°)
Brahaigne : stérile (*P* 59 r°, 59 v°)
Brasser : machiner (*P* 10 r°, 126 v°)
Brief (de) : rapidement, sous peu (*E* 1 v°)

Bruyt : renommée (*P* 4 r°, 5 v°, 34 v°, 57 r°, 82 v°, 85 r°, 88 r°) ; son (*E* 2 r°)

Cager à : engager à (*P* 39 v°)
Caligineux : obscur, ténébreux (*CM* 6 r°)
Calumpnyeux : faux, trompeur (*C* 15 v°)
Cas : occasion, circonstance (*P* 12 r°, 44 r°,) ; affaire délictueuse (*P* 95 v°) ; péché (*P* 8 v° ; *CM* 22 v°) –
Par cas parail : semblablement, aussi (*P* 10 r°, 17 r°, 27 v°, 33 v°, 60 r°, 77 r°, 88 r°, 108 r°)
Casse (voix) : enrouée (*P* 9 v°)
Caterre : catarrhe, gros rhume (*C* 14 v°)
Caterve : troupe, assemblée (*CM* 59 v°, 64 r°)
Caulauder : louer, combler d'éloges (*P* 6 r°, 22 r°, 23 v°, 35 r°, 35 v°, 77 v°, 106 v°, 132 r° ; *E* 12 v°)
caulaudable : louable (*P* 7 r°, 34 r°)
Cault : rusé, malin (*E* 17 r°)
Cause motifve : cause première (*P* 31 r°)
Cautelle : ruse (*P* 128 v°)
Celic, celique : céleste (*E* 8 v° ; *CM* 44 v°)
Ces : chez (*P* 55 v°)
Chacherieuse (< *coacticare* ?) : dissimulée (*P* 63 v°)
Chaille (ne te – *imp. v. chaloir* : avoir de l'importance) : ne t'inquiète pas (*E* 15 r°)
Chaistre (< *castrum*) : château fort (*P* 134 r°)
Chalumeau : flûte champêtre (*E* 12 v°)
Chan (lict de) : camp (*P* 1 v°)
Chasteau de davent : partie surélevée à la proue du bateau (*CM* 63 r°)
Chere (faire maulvaise) : avoir triste mine (*C* 1 v°)
Chevestre : corde, courroie (*CM* 29 r°)
Chief (venir à) : venir à bout de (*P* 46 r°, 62 v°)
Chore : cor (*E* 12 v°)
Circuir : tourner autour (*P* 11 v°)
Circunvenir : environner (*CM* 23 r°)
circund : environné (*CM* 16 r°)
Clarin : instrument à vent au son aigu (*E* 12 r°)
Cler : savant (*P* 35 v°)
Climat : région, territoire (*P* 24 v°, 78 v° ; *E* 10 r°)
Cloux, *s. m.* : clos, enclos (*P* 64 v°)
Cognoissans, *subst. m. pl.* : ceux qui connaissent, qui sont informés de (*P* 76 r°)
Colevrine, coulevrine : couleuvrine, canon long et mince (*CM* 63 v°, 67 r°)
Collaphizer : donner des coups, souffleter (*C* 21 v°)
Collateur : celui qui confère (*CM* 47 r°)
Collauder : voir *Caulauder*
Colloquer : placer, établir (*P* 25 v°, 45 v°, 133 v° ; *E* 10 v° ; *CM* 8 v°, 15 r°, 58 r°, 75 v°, 79 r°)
Commendation : estime, consideration (*P* 37 r°)
Commission : exécution (*P* 92 r°)
Compasser : régler (*E* 2 r°)
Complexion : tempérament (*P* 116 v°)
Complessionné : constitué (*P* 67 v°, 68 r°, 131 v°)
Compontens : conjoints (*CM* 74 v°)
Comporter : porter avec soi (*E* 15 r°)
Comprins : composé, traité (*P* 30 r° ; *E* 10 v°)
Concept : conception (*E* 11 v°)
Conclavé : cloué (*P* 78 v°)
Conclure : tirer conclusion de qqc, s'engager à qqc par un accord (*E* 5 v°, *E* 14 r°)
Conculquer : opprimer (*CM* 43 v°)
Condempner : condamner (*P* 134 r°)
Condicionné (bien ou mal) : de bonne ou mauvaise nature, de bonnes ou mauvaises mœurs (*P* 87 r°, 88 r°, 89 v°, 112 v° ; *C* 9 v°)
Condigne : juste, approprié (*P* 17 r°, 20 r°, 28 v°, 37 v°)
condignement : avec la dignité suffisante (*P* 35 v°)

Conducture : conductrice, guide (*P* 48 v°, 63 v°, 90 r°, 96 v°)

Confesseur : Chrétien qui a confessé sa foi au temps des persécutions (*CM* 79 r°)

Confidence : confiance (*P* 6 r°, 21 r°, 22 v°, 77 r°, 131 v° ; *CM* 44 v°)

Confort : réconfort (*P* 62 r°)

Confus : troublé, bouleversé (*CM* 43 r°)

Confondre : faire disparaître (*P* 4 r°)

Confusion : honte (*P* 17 v°, 30 v° ; *C* 5 v°)

  Confusible : qui apporte la honte (*P* 26 v°, 39 v°, 44 v°)

Conjecture, conjointure : union en mariage (*E* 14 v°)

Connommé : surnommé (*P* 61 r°)

Conpuntif : empreint d'une grande tristesse causée par le sentiment du péché (*CM* 4 r°)

Conquerir : gagner (*P* 100 v°)

Conquester : conquérir (*P* 102 r°, 126 r°, 130 v°, 126 r°, 130 v°)

Consistoire : assemblée délibérante (*P* 18 r°, 18 v°, 22 v° ; *E* 3 r° ; *CM* 21 r°)

Consolider : rendre plus assuré (*CM* 36 v°)

Conspuer : cracher sur (*CM* 43 v°)

Contempner : mépriser (*C* 17 r° ; *CM* 42 v°)

  Contenpnement : mépris (*P* 27 v°)

  Contens : mépris (*E* 4 r°)

Contradition (sans) : assurément (*P* 51 v°)

Contraire : adversaire (*P* 103 v°)

Contredict : opposition (*E* 8 v°, 10 v°, 17 r°)

Contremander : demander le contraire (*P* 96 v°)

Contristable : affligeant, pénible (*C* 6 v°)

Controverse : hostile, opposé à (*P* 36 r°)

Controuver : imaginer, inventer une chose fausse (*P* 50 r°)

Conturber (se) : se troubler (*C* 18 v°)

Convaincre : vaincre (*P* 62 r°, 88 r°, 123 v°)

  Convaincu : vaincu (*P* 4 r°, 91 v°, 109 v°, 110 r°)

Convelescence (venir en) (<*convalesco*) : croître, prendre des forces (*P* 102 r°)

Conversation : genre de vie (*P* 101 r°)

Copiosité : abondance (*CM* 9 v°, 31 v°, 38 r°)

Cothidiennement : quotidiennement (*P* 60 r°, 101 r°)

Coul : col, cou (*P* 73 v°, 110 v°)

Coulleur (donner) : faire croire qqc par feinte (*P* 50 r°)

Courage : pensée, état d'esprit (*P* 26 v°, 118 v° ; *CM* 16 r°, 43 v°)

Courir sus, seur : attaquer (*P* 28 v° ; *C* 3 v°)

Courrier : messager (*E* 1 v°)

Courroy : passage (*CM* 22 r°)

Cousté : côté (*P* 54 v°)

Covoictise : convoitise, désir immodéré (*C* 7 v°)

Crudelité : cruauté (*P* 65 v°)

  Cruante : cruelle, terrible (*P* 61 r°)

Cueur (du bon du) : du meilleur de soi-même, en toute sincérité (*E* 6 v°, 13 v°)

Cuider : croire, penser (*C* 5 v° ; *P* 49 r°, 55 v°, 86 v° ; *CM* 51 v°)

  cuider + inf. : essayer de (*P* 2 r°, 11 r°, 12 v°, 27 v°, 46 v°, 55 r°, 75 r°, 76 r°, 90 r°, 98 v°, 99 r°, 102 r°, 110 v°, 116 v°, 119 v°, 126 v° ; *CM* 23 r°, 31 v°, 33 v°, 54 r°) ; faillir, être sur le point de (*CM* 68 v°)

Cuite [*quitte*] : tranquillité (*C* 8 r°)

Curre : char (*P* 44 r°, 45 r°, 65 r°)

Custode : garde, protection (*P* 24 v°)

Deceptif : trompeur (*CM* 25 r°)

Deception : tromperie (*P* 128 v°)

Decevoir : tromper (*E* 16 r° ; *CM* 14 r°)

Declicquer : dégoiser (*CM* 53 r°)

Decliner : éloigner (*CM* 29 r°)

Deconfiture : déroute (*CM* 73 r°)

Decourir : couler (*E* 3 r°)

  Decourante (beauté) : jaillissante (*CM* 6 v°)

Decraché : conspué (*C* 21 v°)
Decrepite, *subst. f.* : décrépitude (*P* 105 v°)
Decrepiteux : décrépit, caduc, déchu (*P* 16 v°, 48 r°)
Deduire (se) : se divertir (*C* 11 v°)
Deffaillir : décliner, dépérir (*E* 16 r°)
Deffaire : détruire (*P* 25 v°, 53 r°, 55 v°, 73 v°, 77 v°, 81 v°, 96 v°, 100 v°, 103 r° ; *E* 4 r°)
Se deffaire : se donner la mort (*E* 4 v°, 17 v°) ; se séparer de (*E* 17 v°)
Deffectif, deffectueux : faux, trompeur (*P* 26 v°, 39 v°) ; faible, pécheur (*P* 76 r° ; *E* 10 r°, 16 v°)
Degaster : détruire (*P* 81 v°, 92 v°)
Degecté : rejeté, chassé (*E* 3 r°, 4 v° ; *CM* 18 v°)
Degouter : couler (*P* 73 r°)
Deificque : divin (*P* 135 r° ; *E* 2 v°)
Delict : plaisir des sens (*CM* 21 v°)
Delinquer : commettre une faute (*P* 52 r° ; *CM* 32 v°)
Delivre : libre (*P* 38 v°)
Demeriter : meriter (*P* 30 v°)
Demerite : faute (*P* 11 r°, 14 r°, 40 v°, 42 r°, 50 v°, 51 r°, 108 v°, 118 r°) ; ce que l'on mérite en fonction de ses fautes (*CM* 43 r°)
Dempnement : damnation (*E* 10 v°, 18 r°)
Democquer, demosquer : railler, se moquer (*P* 76 r° ; *C* 21 v°, 27 r° ; *CM* 75 r°)
Demourée : lieu de séjour, résidence (*E* 3 r°)
Departir : diviser (*P* 69 v°)
Se de(s)partir : se partager, se diviser (*P* 52 v°) ; partir (*P* 92 v°, 93 r°)
Depiesser : mettre en pièce (*P* 80 r°)
Deplaisant : mécontent (*P* 2 r° ; *CM* 61 v°)
Depriser : mépriser (*P* 41 r°)
Derechief : de nouveau (*P* 5 r°)
Derrain (au) : au bout, à la fin (*P* 47 v°)
Descendre (se) : s'abaisser à ou s'avilir à (*P* 86 v°)
Deschasser : chasser (*P* 124 v°, 134 r°, 124 v° ; *C* 18 r°)
Desconfire : mettre en déroute, vaincre l'ennemi (*P* 55 v°)
Desconfort : désolation, désespoir (*C* 5 v)
Descripre : écrire (*P* 45 r°, 60 v°, 101 r°, 101 v°, 113 r°, 133 r°)
Descripvante, subst. f. : celle qui écrit (*P* 68 r°)
Desduyre : exposer en détail (*P* 49 r°)
Desgetter : mettre hors, mettre à l'abri de (*P* 38 r°, 40 v°)
Desnué : dépourvu, dépouillé (*P* 11 v°) ; dénudé (*P* 32 v°),
Despencier : celui qui s'occupe des dépenses (*P* 71 r°, 71 v°)
Despendre : dépenser (*P* 119 r°, 119 v°)
Despit : dépité, irrité (*P* 47 v°)
Desplasir (faire) : faire du mal (*P* 64 v°)
Despoir : désespoir (*C* 16 v°)
Desprouveux : dépourvu (*P* 40 v°)
Desroguer : déroger (*P* 115 v°, 119 r°)
Desrompre : rompre, détruire (*P* 72 v°)
Desservir : mériter (*P* 3 r°, 11 r°, 15 v°, 36 r°, 41 v°, 42 r°, 42 v°, 44 v°, 59 r°, 66 r°, 73 r°, 77 r°, 86 v°, 90 v°, 91 v°, 112 v°, 115 r°)
Destouper : déboucher (*C* 2 r°)
Desvyer : sortir de la bonne voie (*E* 9 v°)
Detenir : saisir (*CM* 4 r°)
Detracter : médire (*C* 26 v°)
Detourbier : empêchement, obstacle (*CM* 36 r°)
Deturpé : souillé (*CM* 5 r°)
Deul : douleur (*P* 89 v°)
Devorable : qui dévore, vorace (*E* 3 r°)
Devynement : présage (*P* 61 v°)
Dict : susnommé (*E* 8 r°)
Dicté : parole, précepte (*E* 16 r°) ; composition en vers (*E* 18 r°)
Diffame : déshonnorant, infame (*P* 119 r°)
Diffame : infamie (*P* 11 v°)
Diffiner : finir (*P* 86 v°)
Diffinement : fin, chute (*CM* 19 r°)

Difforme : hideux, laid (*P* 71 r°)
Dillanier : déchirer (*CM* 18 v°)
Diminuer : s'affaiblir (*CM* 72 v°)
Dire (trouver à, avoir à) : regretter, déplorer (*CM* 73 r°)
Directement : avec droiture (*P* 23 r°)
Dirut : abîmé, en pièces (*CM* 35 v°)
Discret : sage (*P* 1 v°, 46 v°, 55 r°, 68 r°)
Dispos : disposition (*E* 2 v°)
Divertir : détourner, changer de voie (*P* 39 v° ; *C* 19 v° ; *CM* 10 r°) ; sortir du bon chemin, s'égarer (*E* 15 v°)
Diviser : ordonner (*P* 25 v°, 134 v°) ; exposer, déclarer (*P* 26 r°, 72 v° ; *C* 24 v° ; *CM* 64 r°)
Divise : propos, description (*P* 25 v° ; *E* 18 r°)
Dominateure : souveraine (*P* 116 r°)
Doubter : redouter, craindre (*P* 19 r°, 79 v° ; *C* 1 v° ; *E* 1 v°, 7 r° ; *CM* 24 r°, 63 r°)
Doubte : crainte (*E* 9 v° ; *CM* 22 r°)
Sans doute : assurément (*E* 17 v°)
Faire doubte : douter (*E* 9 v°)
Doulceur : bienveillance, affection (*E* 4 v°, 16 v°)
Doulcement : humblement (*E* 3 r°) ; de façon bienveillante (*C* 5 r° ; *E* 10 v°)
Drame : drachme (*P* 35 v°)
Duict : instruit (*CM* 21 r°)
Dulciloque : langage agréable et doux (*CM* 21 r°)
Dupliquer : répondre aux arguments de qqn (*CM* 54 r°)
Duysans : utile, agréable (*E* 2 r°)
Duysible : utile (*P* 73 r°)

Effect : fait (*P* 12 r°, 26 v°, 36 r°, 54 r°, 56 r°, 62 r°, 81 r°, 97 r°, 101 v°, 112 r°, 113 r°) ; action, vertu (*P* 19 r°, 31 v°, 37 v°, 45 r°, 56 r°, 58 v°, 61 v°, 62 v°, 106 r° ; *C* 15 v°) ; accomplissement, execution (*P* 121 v°)
Efficace : effet, vertu active de qqc (*P* 5 v°, 19 r°, 42 r°, 57 v°, 60 r°, 104 v°) ; vertu (*P* 56 r°) ; puissance, pouvoir (*P* 9 r°, 12 v°, 21 r°, 32 v°, 122 v° ; *CM* 39 r°)
Effons : éphod (*P* 47 v°)
Effraié : effrayant (*CM* 28 v°)
Effrené : sans retenue, sans mesure (*CM* 43 v°)
Emander : s'amender, se rendre meilleur (*CM* 5 r°)
Emerveiller (s') : être surpris (*P* 50 r°)
Empartoys : en ta solitude (*P* 112 r°)
Empire (ciel) : ciel empyrée, séjour des bienheureux (*CM* 58 r°, 66 v°)
Emprandre : entreprendre (*P* 7 r°, 12 v°, 22 r°, 44 r°, 76 v°, 88 r°, 128 v°) ; prendre (*E* 7 r°)
Emprinse, enprise : entreprise, action (*P* 6 r°, 11 r°, 36 v°, 50 r°, 58 r°, 63 v°, 74 v°, 107 v° ; *E* 8 r°, 9 v°, 17 v°)
Emprins : empreint, rempli (*E* 15 v°)
Enchanterie : enchantement, sortilège (*P* 110 r°, 110 v°)
Encharger : donner l'ordre de (*P* 122 v°)
Encheoir : voir *Eschoir*
Enchercher : rechercher (*P* 43 r°)
Enclavé : entouré, empreint (*E* 3 v°)
Enclore : cerner, encercler (*CM* 62 v°)
Encombrier : dommage (*P* 103 v° ; *CM* 34 r°)
Encourcer : provoquer la colère de qqc, (*P* 66 r°)
Enerver : affaiblir (*CM* 10 v°)
Engarder (de) : garder de, empêcher (*P* 64 r°)
Engin : habileté, ruse (*P* 113 v°)
Enhorter, ennorter : faire connaître, avertir (*CM* 66 r°) ; exhorter, conseiller (*P* 123 v°)
Ennuy : souffrance (*E* 1 v°)
Ennuyer (se) : s'affliger (*CM* 35 v°)
Enscien : ancien (*P* 67 v°, 68 r°, 86 r°)
Ensuyvir : suivre, poursuivre (*P* 53 v°, 63 v°) ; suivre (*P* 69 v°)
Entant que : puisque (*P* 73 r°)
Entrelasser : entourer, enlacer, emmêler (*P* 7 r°)

Entremets : assaut, attaque (*E* 17 r°)
Entreprise : projet, pensée (*C* 11 v°)
Entroblier : oublier quelque peu (*CM* 23 r°)
Ennuy : affliction, tourment (*C* 4 v°, 5 v°, 12 r°, 12 v°, 14 r°)
Enseigne : trace (*C* 19 v°) ; enseignement (*C* 19 v°) ; signe (*E* 9 r°)
Envers : renversé (*P* 90 r°)
Epetacion : accomplissement (*P* 123 v°)
Epiloguer : commenter (*P* 50 v°)
Errer : cheminer (*C* 22 r°)
Esbair (s') : s'étonner (*P* 72 v°)
Esbayhir : semer le trouble (*P* 127 r°)
Hesbahy, esbaye : frappé d'un fort d'étonnement (*CM* 43 r°, 64 v°, 70 r°)
Esbany : bani (*P* 64 r°)
Escande : scandale (*P* 28 r°)
Eschauguecte : guetteur (*E* 16 r° ; *CM* 70 v°)
Eschoir : arriver (*P* 8 r° 56 v°, 91 r° ; *E* 7 v°) ; tomber (*P* 7 v°, 93 r°, 107 v° ; *E* 8 v°)
Escroitre : accroître (*P* 31 v°, 66 r°, 102 v°)
Esfondrer : enfoncer, défoncer (*P* 90 v°)
Espac[e] de qqn : domaine où s'exerce le pouvoir ou la compétence de qqn (*P* 119 r°)
Espandre : répandre (*P* 69 v°) ; étendre (*P* 69 v°)
Esparce : répandue (*P* 100 v°)
Especial (en) : particulièrement, spécialement (*P* 133 v°)
Espense : troublée, préoccupée (*P* 18 v°)
Espie : espion (*P* 94 r°)
Esposer : exposer (*P* 87 v°)
Espreu (tout) : exprès (*P* 131 r°)
Espris, *p.p.* de *esprendre* : saisi (*P* 110 r°)
Esqueulx : auxquels (*C* 24 v°)
Esquiparer : comparer (*P* 35 v°, 43 r°)
S'equiparer : se considérer comme l'égal de (*P* 109 v°)
Equiparable : comparable, égal (*CM* 20 v°)
Essayer : tester (*P* 39 r°)
Estaché : attaché (*P* 118 r° ; *E* 17 r°)
Estonné : ébranlé (*CM* 26 v°, 70 r°)
Estouper : boucher (*CM* 28 r°)
Estrange : étranger (*E* 15 v°)
Estrangier : écarté, éloigné (*CM* 22 v°)
Estre : demeure (*E* 5 v°)
Estrelin de mer : écumeur de mer (*CM* 51 v°)
Estrif : contestation (*CM* 16 v°)
Esvanouyr : être bouleversé, défaillir (*E* 10 v°)
Evader : échapper à, éviter (*P* 100 r° ; *CM* 58 v°)
Esvayhir : attaquer (*P* 127 r°)
Exaulcer : exalter, glorifier (*P* 33 v°, 53 r°, 59 r°, 87 v°, 131 v°, 133 v°)
Excercité : mis en pratique (*E* 16 v°)
Exiter à + inf. : pousser à (*P* 16 r°, 27 v°)
Exorbité : énormité (*P* 74 r°)
Exortement : exhortation (*P* 8 v°, 9 r°, 10 r°, 15 v°, 42 v°, 70 r°, 71 r°)
Expavescent (< *expavescentia*) : effrayé (*P* 9 r°, 19 r°)
Expettacion : attente, espoir (*P* 5 v° ; *CM* 58 v°)
Exploicter : agir avec ardeur (*P* 94 v°)
Exploit : acte notifiant une décision de justice (*CM* 18 r°)
Explorateur(e) : autrice (*P* 36 r°) ; interprète (*P* 51 r°)
Expolier : spolier (*P* 103 r°)
Expositeur : celui qui compose ou présente un discours (*P* 87 r°)
Extasie : extase (*P* 5 r°)
Externatif : ennemi, hostile (*P* 16 v°)
Extimer : estimer (*P* 103 v°)

Fabricateur : Créateur (*P* 11 r°, 12 v°, 38 v°, 110 r°) ; géniteur (*P* 16 v°)
Fabricque (la totale) : toute la création (*P* 7 r°, 12 v°, 16 r°, 34 v°, 107 r°)
Facende : occupation (*P* 46 r°)
Faconde : apparence (*P* 3 r° ; *E* 11 v°)
Facture : créature (*P* 14 v°, 20 r°, 41 v°)

Faillir : prendre fin (*C* 11 r°)
Falible : trompeuse (*C* 6 v°, 11 v°)
Faindre (se) : hésiter, manquer de courage (*P* 35 r°)
Fais : fardeau (*P* 1 r°, 7 r°, 19 r°, 21 r°, 37 v° ; *E* 12 v°)
Fais (mon) : état, manière d'être (*P* 1 v°)
Falace : ruse, tromperie (*P* 11v°, 17 r°, 109 v°, 119 r°)
Fantasie : activité de l'imagination (*P* 10 r°, 60 v°, 67 r°) ; inquiétude (*P* 21 r°)
Farcerye : conte bouffon, plaisant (*P* 128 r°)
Fascier : contrarier, fâcher (*P* 58 r°)
Fastidier : fatiguer (*P* 18 r°)
Fastidié : ennuyé, fatigué (*P* 1 v°, 113 r°)
Faulcer : trahir (*E* 1 v°)
Faulcon : canon (*CM* 63 r°)
Faulz : plein de fausseté (*P* 58 r° ; *E* 1 v°, 2 v°, 4 r°)
Favorisante, : partiale (*P* 41 v°)
Feaulz, *pl. de feal* : loyal (*P* 45 r°) ; fidèle (*P* 127 v°)
Fes : voir *Fais*
Fiance : confiance (*P* 1 v°, 126 r°)
Fier : cruel, implacable (*C* 7 r°)
Filocapter : séduire (*CM* 17 v°)
Finablement : finalement (*P* 135 v°)
Finer : finir, terminer (*P* 47 v°, 51 v°, 55 v°, 94 v°, 118 r°, 120 r°)
Flanquer : se tenir sur le côté de qqc pour le défendre (*CM* 30 r°)
Flexir : fléchir (*P* 21 r°, 134 r°)
Flectissant : humble (*CM* 43 r°)
Fluant : qui se répand (*C* 3 v°)
Fluctuant : agité (*P* 2 v°)
Florer : répandre une odeur agréable (*CM* 36 v°)
Fonde : fronde (*P* 77 v°)
Forbani : banni, chassé (*P* 8 v°, 11 v°, 68 v°)
Forcenerye : folie furieuse (*P* 31 v°, 100 r°)
Forclus : exclu, privé (*P* 12 v° ; *E* 11 r° ; *CM* 21 v°)
Formosité : beauté (*CM* 8 v°, 18 r°, 20 v°)
Fors : excepté, sauf (*P* 84 r° ; *C* 6 r°)
Fors que : si ce n'est que (*C* 5 r°)
Fort : difficile (*P* 17 v°, 51 r°, 61 v°)
Se faire fort de : se porter garant de (*E* 9 r°)
Foul : fou (*P* 90 r°) ; immoral (*E* 2 v°)
Fousse : fosse (*P* 66 r°, 71 v°)
Foy : serment de fidélité (*E* 1 v°)
Franc : noble, libre (*E* 11 r°)
Freur : frayeur (*P* 17 r°)
Frisque : pimpant, alerte (*CM* 23 v°)
Frustre : vain (*P* 9 v°)
Fulcir : soutenir, aider (*E* 10 v°)
Furiosité : fureur (*P* 117 v°)
Fust : bois de la croix (*E* 17 r°)
Fuytif : fugitif (*P* 121 v°)

Gaillard : dispos, hardi (*CM* 23 v°)
Garce : fille (*CM* 30 r°)
Garder : prendre garde à qqc (*E* 17 r°)
Garder de + inf. : veiller à ne pas faire qqc (*E* 17 v°)
Garde : protection (*E* 2 v°)
Avoir garde : avoir crainte (*E* 15 r° ; *CM* 65 r°)
Gehannal : de l'enfer (*CM* 27 v°)
Gendarme : soldat (*C* 13 v°)
Generacion : extraction, naissance (*P* 61 r°)
Genuflexir (< lat. chrét. *genuflectere*) : fléchir les genoux en signe d'adoration ou de respect (*CM* 20 v°)
Gesticulaire : qui se fait par geste (*CM* 43 v°)
Glotonnye : gloutonnerie (*P* 108 v° ; *CM* 40 r°)
Gorgiase : élégante (*CM* 12 v°)
Goucter : considérer (*C* 14 r°)
Gracier : remercier, rendre grâces (*P* 5 v°, 19 v°, 20 r°, 35 r°, 38 r°, 57 r°)
Graces : qualités morales et spirituelles (*P* 4 r°, 33 v°, 38 r°, 38 v°, 76 v°) ; bienveillance (*P* 6 v°, 8 r°)
Gracieulx : plein de grâce divine

(*P* 3 v° ; *E* 1 r°, 2 r°) ; agréable, bienfaisant (*P* 20 v°, 89 v°)

Mal gracieuse : ingrate (*E* 2 v°) – *Gracieusement* : avec bienveillance (*P* 8 r°)

Gratieusité : bienveillance (*P* 67 v°)

Gregyas (feu) : feu gregeois (*CM* 72 r°)

Grevable : pénible, qui pèse (*P* 122 r°)

Grevain : pénible, douloureux (*P* 8 r°)

Grevance : dommage (*P* 12 r°)

Griefver : nuire, porter préjudice (*CM* 48 v°)

Grief, gref, adj. : pénible (*P* 10 r°, 59 v° ; *E* 1 v° ; *CM* 4 r°) ; grave (*P* 14 r°, 76 r°) ; malheureux (*P* 28 r°)

subst. m. : dommage (*P* 121 r°)

Griefz : griffes (*P* 128 v°)

Grinbondeux (< *graim*) : méchant, sournois (*P* 16 v°)

Gubernateur : gouverneur (*P* 22 r°, 40 r°, 116 r°, 121 v°, 126 r°)

Guerdonner : récompenser (*P* 59 r°)

Guerdon : don en retour, récompense (*P* 5 v°, 38 v°, 66 r° ; *CM* 13 v°)

Guydon : guide (*P* 133 v°), enseigne (*CM* 42 v°)

Habitateur : habitant (*CM* 15 r°)

Habiter : se trouver habituellement (*E* 3 r°)

Harnoys : voir *Arnois*

Haultain : haut, céleste (*P* 9 r° et *passim*) ; grande (*P* 31 r°, 87 r°)

Heur : sort, destin (*E* 17 v°)

Hoir, oir : héritier, descendant (P 43 v°, 57 r°, 59 v°)

Honi : sali, entâché (*C* 5 v°)

Hontaige (estre à) : être déshonoré (*P* 110 r°)

Hort, hor : voir *ord*

Hostiné : obstiné (*P* 49 v°)

Houssu : touffu (*CM* 20 v°)

Huller : hurler (*CM* 67 v°)

Ignareté : erreur (*P* 31 r°)

Illec : en ce lieu (*C* 4 v°, 11 r°, 21 r°)

Imbecille : faible intellectuellement (*P* 81 v°)

Inbecillité : faiblesse (*CM* 22 v°, 26 v°)

Impassible : incapable d'agir et de parler (*P* 38 r°)

Imperiel : impérial (*P* 121 v°)

Impetration : demande, prière (*P* 4 r°, 73 r°)

Impetrer : solliciter, demander (*E* 8 v°)

Impetuosité : violence (*P* 41 r°)

Importable : insupportable, intolérable (*CM* 4 r°)

Incensible : insensé (*P* 31 r°)

Inceste : personne qui a commis un inceste (*P* 29 r°)

adj. : incestueux (*P* 65 v°)

Incolumité (< *incolumis*) : bonne santé (*CM* 43 v°)

Incommuable : immuable (*CM* 74 v°)

Incomprehensible : inconcevable, incommensurable (*P* 1 r°, 19 v°, 22 r°, 30 v°, 37 r°, 47 r°, 79 v°, 100 r°, 102 v°, 106 v°)

Incontinant : aussitôt, sur le champ (*P* 5 r° et *passim* ; *C* 10 v° ; *CM* 27 r°)

Inconveniant (par) : accidentellement (*P* 44 r°)

Indeficient : qui ne fait jamais défaut (*CM* 6 v°)

Indigenter : rendre misérable (*P* 26 v°)

Indiscret : qui manque de sagesse (*P* 67 v°)

Indiscretement : inconsidérément (*CM* 40 r°)

Indumans (< *indumentum*) : vêtements (*CM* 22 r°)

Inexuperable : qu'on ne peut surpasser (*P* 25 v°)

Infameté : infamie (*P* 87 r°, 88 r°)

Infect, infaict : corrompu, infesté (*C* 10 v° ; *CM* 69 v°, 73 r°)

Infectionner : corrompre (*CM* 69 v°)

Inferer : lancer (*P* 36 r°)

Infulcience (< *infulcio*) : inspiration (*P* 110 r°)

Inmarcessible : inaltérable (*P* 18 r° ; *CM* 18 r°)

Innumerable : innombrable (*P* 37 r°)
Inobedience : désobéissance (*P* 8 r°, 9 r°, 40 v°, 46 r°, 59 r°, 66 r° ; *C* 14 r°)
Inproperer : couvrir de reproches en faisant honte (*P* 10 v°, 28 v° ; *CM* 30 r°) ; blâmer (*P* 42 v°)
Inproveu : dépourvu (*P* 13 r°)
Inundations : ondes (*E* 12 v°)
Insanyé : insensé, privé de raison (*P* 98 v°)
Insidiateur : celui qui dresse des embûches (*CM* 24 v°)
Insidiateur de chemins : voleur de grand chemin (*CM* 11 v°, 42 r°)
Insuparable, insuperable : qui ne peut être surpassé (*P* 131 v° ; *CM* 71 v°)
Intellige : pensée (*P* 65 v°)
Intencieux : de bonne volonté (*P* 21 r°)
Interdict : maudit (*P* 11 v°, 28 r°, 65 v°, 66 r°, 72 r°, 83 r°, 109 v°, 111 v° ; *E* 13 v°)
Interposite : intermédiaire (*CM* 27 v°)
Interpreter : expliquer, rendre compréhensible (*E* 15 v°)
Introniser : placer, installer (*CM* 38 r°)
Inventif, inventive, *subst.* : inventeur, inventrice, celui ou celle qui est à l'origine de (*P* 2 r°, 33 v°, 34 r°, 35 v°, 81 v°, 116 v°, 124 v°)
Inventerresse : inventrice (*P* 33 v°, 35 r°)
Inventoire (par) : par une relation complète (*E* 11 r°)
Invertuosité : vice (*P* 40 v°, 111 v°, 119 r°)
Invertueusement : vicieusement (*P* 120 r°)
Investiguer : rechercher (*C* 8 v° ; *CM* 5 v°)
Ironique : erroné (*CM* 33 v°)
Irrecuparable : irrécupérable (*P* 101 v°)
Itel : tel, semblable (*E* 14 r°, 15 v°)

Jaçoit… que : bien que (*CM* 72 r°)
Jaulier : geôlier (*P* 50 v°)
Jornée (gagner la) : gagner une bataille (*P* 47 v°)
Jour (prandre) : fixer la date (*P* 94 r°)
Judicateure : justice (*P* 91 r°)
Juste (< *juxta*) : à côté de, près de (*P* 71 v°, 121 r° ; *E* 17 v°)

Lacrimable : en larmes, éploré (*P* 21 r°, 50 r°) ; rempli de larmes, qui rend triste (*E* 4 r°)
Ladrye : ladrerie, lèpre (*P* 121 v°)
Ladre : lépreux, mendiant (*C* 27 r°)
Lairray : *ind. fut. 1* de *laisser* (*P* 29 r°)
Lancer : se précipiter (*CM* 19 v°)
Langagier (mauvais) : médisant (*P* 33 v°)
Langoureux : pénible, douloureux (*CM* 37 v°)
Largiteur : dispensateur (*CM* 44 v°)
Las [lacs] : liens (*C* 5 r°)
Lassus : au ciel, là-haut (*P* 11 r°, 18 r°, 135 r° ; *E* 10 v°)
Lavatoire : lieu où l'on se lave (*CM* 45 v°, 46 v°) ; ce avec quoi on se lave (*CM* 68 r°)
Leans : là (*P* 55 v°)
Lez : à côté de (*P* 71 v°)
Libidinosité : luxure (*P* 114 v°, 119 v°)
Lice : femme lascive (*P* 18 r°)
Lieu (avoir) : avoir sa place (*P* 34 v°, 50 r°, 111 r°)
Locution : parole (*CM* 22 v°, 23 v°, 25 r°, 32 v°)
Loier : récompense (*CM* 13 v°)
Loignet, *adj.* : éloigné (*P* 71 v°)
Loing : à une grande distance dans l'espace et dans le temps (*CM* 73 v°)
Los : louange (*P* 5 v°, 55 r°, 88 r°) ; gloire, renommée (*P* 32 r°, 34 v°)
Loyable : louable (*CM* 11 r°)
Lucerne : lanterne, lumière (*P* 133 v°)
Luctueux (< *luctuosus*) : funeste, déplorable (*P* 87 v°)
Ludibriation (< *ludibrium*) : insulte, moquerie (*CM* 43 v°)

Machiné : pris de mauvaises pensées (*P* 12 v°)

Maculé : souillé (*P* 22 r°; *C* 10 v°; *CM* 69 v°)
Maculle : tache, souillure (*E* 12 r°; *CM* 46 r°)
Magnificque : qui mérite d'être exalté (*P* 3 r° et *passim*; *E* 2 r°)
Main (faict à sa) : soumis à sa volonté (*P* 50 r°)
Mais : si ce n'est, excepté (*CM* 42 v°)
Mais que : pourvu que (*E* 13 v°, 16 v°; *CM* 36 v°)
Semblablement mais : de plus, et aussi (*CM* 48 v°)
Maldite : maudite (*P* 91 r°)
Malheurté : malheur (*C* 11 v°)
Malheuse : mauvaise (*CM* 13 r°)
Malle : mauvaise (*C* 13 v°)
Mamement : voir *Mesmement*
Mander : commander (*P* 46 r°, 54 v°); faire savoir (*P* 71 r°, 82 r°, 83 v°, 92 v°, 96 v°, 123 r°)
Mandement : commandement (*P* 127 v°)
Manuellement : de la main (*P* 86 r°)
Mansion : demeure (*C* 8 v°)
Marc : marque (*E* 13 v°)
Matiere subjette : sujet (*P* 25 r°)
Matricule : matrice, utérus (*C* 12 r°)
Matutin : du matin (*E* 12 r°)
Maulvaisté, mauvaistié : méchanceté (*P* 49 r°, 69 v°, 117 v°)
Mecquanicque : qui relève des sciences techniques (*P* 106 v°); manuel, artisan (*C* 14 r°)
Mecte : borne, limite (*P* 133 v°)
Meduleux : substanciel, plein d'instruction (*CM* 21 v°)
Melliflu, melliflueux : doux, coulant comme miel (*P* 5 r°, 17 r°, 78 v°, 83 r°; *CM* 36 v°)
Mender : envoyer (*E* 13 v°)
Menstrueux : menstruel (*C* 12 r°)
Mercier : remercier (*P* 38 r°, 57 r°)
Mercy (prendre à) : avoir pitié de (*P* 46 r°)
Meretrique : propre aux prostituées (*CM* 40 v°)
Merveille (à) : extraordinairement (*P* 1 v°, 18 v°, 27 v°, 43 r°, 122 r°)
Merveilleux : extraordinaire (*P* 5 r°, 18 v°, 40 v°, 114 r°, 125 r°; *CM* 29 v°, 68 v°, 71 v°); surprenant, effrayant (*P* 51 r°, 51 v°); très pénible (*CM* 51 r°) –
Merveilleusement : extraordinairement (*CM* 72 r°)
Mery : mérité (*P* 37 r°)
Mescognoistre (se) : se surestimer, se tromper sur soi-même (*P* 68 v°)
Meschant : mauvais (*E* 3 v°, 4 r°, 8 r°)
Mesmement : en particulier (*P* 131 r°; *CM* 19 v°)
Mesprendre : commettre une faute (*E* 7 r°, 7 v°)
Mesprins : faute (*E* 15 v°)
Message : messager (*E* 9 v°)
Mestier : besoin (*P* 69 r°)
Mets (servir qqn de tel) : jouer un sale tour (*E* 17 r°)
Meurtrir : tuer, assassiner (*P* 90 r°, 100 r°, 117 r°)
Mignotement : élégamment (*CM* 23 v°)
Militer : combattre, faire la guerre (*P* 68 r°, 88 r°, 132 r°)
Minerve : sagesse (*C* 15 v°)
Miseration : pitié, compassion (*CM* 47 v°)
Misericors : miséricordieux (*CM* 55 r°)
Mistionné : mélangé (*C* 10 r°)
Moleste : offence, tourment (*E* 14 r°)
Molliffier : atténuer (*CM* 9 v°)
Monarche, monarcque : monarchie (*P* 62 v°, 100 v°; *C* 5 v°)
Mondanité : monde (*CM* 3 v°, 11 v°, 12 v°, 18 r°, 53 r°)
Mondain : de ce monde (*P* 3 r°, 5 v°, 17 r°, 62 v°, 77 v°, 79 r°, 100 v°; *C* 4 v°, 6 v°, 16 v°, 22 v°, 23 r°, 25 v°, 27 r°, 28 v°; *E* 1 v°, 9 r°; *CM* 7 r°, 12 r°, 17 v°, 23 r°, 23 v°, 34 v°, 41 v°, 64 r°, 69 v°, 76 v°, 77 r°)

Mondiffier : purifier (*P* 135 v°; *CM* 8 r°, 8 v°, 10 v°, 12 r°, 13 r°, 21 r°, 39 r°, 48 v°, 55 r°, 68 r°, 79 r°)
Mondiffication : purification (*CM* 7 v°)
Monde : pur (*E* 2 r°, 12 r°)
Monicion : conseil, avertissement (*C* 26 r°; *CM* 21 v°)
Morceau : morsure (*P* 82 r°)
Mordicatif : piquant, blessant (*CM* 30 r°)
Moreux : désagréable, chagrin (*CM* 54 r°)
Morigené (bien) : bien éduqué (*P* 61 r°)
Morne : abattu (*C* 1 r°)
Mothe : tertre, colline (*P* 84 v°)
Mouvante (cause) : motrice, première (*P* 39 v°)
Moyen (au) : à cause (*E* 1 v°; *CM* 4 r°, 29 r°, 35 v°)
Muable : inconstant (*P* 34 r°)
Multude : multitude (*P* 65 v°)
Mundiffier : voir *Mondiffier*
Murmurer : protester, récriminer (*P* 36 r°, 94 r°; *C* 16 v°; *E* 4 r°; *CM* 16 r°)
Murmure : protestation (*P* 53 v°, 59 v°, 128 r°; *CM* 16 r°)
Murtrir : tuer, assassiner (*CM* 29 r°)
Musser : cacher (*P* 83 r°)
Mut : privé de parole, muet (*P* 2 r°)

Naguiere : depuis peu (*CM* 66 r°)
Naviron : aviron (*CM* 69 r°)
Navré : blessé (*E* 1 v°; *CM* 67 v°)
Necte : pure (*C* 2 r°, *E* 2 r°, 2 v°, 12 r°)
Nectement : parfaitement (*E* 3 v°)
Noise : querelle (*P* 43 v°, 64 r°)
Nonchaloir : négligence, indifférence (*P* 13 v°)
Mettre à nonchaloir : dédaigner, négliger (*P* 27 v°, 40 v°, 69 v°, 88 v°; *CM* 18 r°)
Noul : nul (*P* 92 r°)
Nouvalité : nouveauté (*P* 87 v°)
Nucial : nuptial (*CM* 35 v°)
Nunciateur : messager (*P* 15 v°, 81 v°, 116 r°)

Obceque : service funèbre (*P* 52 r°)
Obediance : obéissance (*P* 15 v°, 38 v°, 39 r°, 77 v°, 80 v°, 100 v°)
Obediant : celui qui est soumis, obéissant (*P* 38 v°, 52 v°)
Object : ce qui occupe l'esprit, la pensée (*P* 40 r°, 60 v°); conception de l'esprit (*P* 67 r°)
Obsterité : austérité (*CM* 22 r°)
Obstere : austère (*CM* 21 v°)
Obumbrer (< *obumbro*) : couvrir de ténèbres (*P* 45 r°, *CM* 73 r°), couvrir d'ombre (*CM* 46 r°)
Obtat : voir *Optat*
Objurgation : blâme, vif reproche (*CM* 15 r°)
Obvier : résister, s'opposer (*C* 5 v°, *CM* 3 r°, 70 r°, 72 r°); rencontrer (*CM* 11 v°)
Occire : tuer, massacrer (*P* 49 r°, 58 r°, 79 v°, 116 r°, 116 v°, 117 r°, 119 v°; *CM* 72 r°, 73 r°)
Occis, subst. m. : celui qui a été tué (*P* 64 r°)
Ocieux : oiseux, inutile (*CM* 4 r°)
Offerture : offrande (*P* 59 v°)
Oignement : onguent (*CM* 68 r°)
Oiseux : désœuvré, oisif (*CM* 41 v°)
Olofacion : résultat de l'olfaction (*CM* 43 v°)
On : dans le, au (*P* 44 r°, 50 v°, 51 v°, 87 v°, 92 v°, 101 v°, 120 r°, 122 v°); avec (*P* 26 v°, 30 r°); où (*P* 65 v°)
Oncques mais : jamais, à aucun moment (*CM* 6 r°)
Operacion : action (*C* 8 v°)
Oppresser : opprimer (*P* 54 r°)
Optat : souhait (*P* 6 r°, 72 v°, 113 v°; *CM* 11 v°)
Oratorerie : art de l'éloquence, rhétorique (*P* 134 r°)
Ord, ordoux : souillé, vil (*P* 16 v°; *E* 3 r°, 4 r°, 5 v°, 7 v°, 8 r°, 10 v°, 13 v°; *CM* 22 r°, 41 r°)

Ordement : vilainement (*P* 91 v°)
Orine : urine (*P* 74 v°)
Os : voir *Aoust*
Oultrageusement : excessivement (*CM* 10 v°)
Oultraige : témérité (*P* 126 r°)
Oultré : surpassant tout (*E* 12 r°)
Oultrecuidance : présomption (*P* 66 r°, 67 v°, 86 r°, 108 r°, 109 v°)
Outrecuidé : présomptueux (*P* 28 r°, 68 r°, 90 r°, 92 r°)
Oultrepasser : dépasser, surpasser (*P* 4 v°, 18 v°) ; passer outre (*P* 63 r°, 77 v°) ; franchir (*CM* 34 r°)
Oultrepasse : modèle, patron, celui qui surpasse toute chose ou tout autre (*P* 77 v°, 79 r°, 108 v°, 113 r°, 115 v°, 132 r° ; *E* 7 r°)
Oultreplus : en outre (*P* 6 r°, 12 v°, 17 r°, 26 r°, 38 r°, 40 v°, 53 r°, 61 v°, 79 v°, 81 v°, 108 r°, 108 v°, 132 r°, 134 r°)
Oust : voir *Aoust*

Pactionner : faire un pacte (*P* 74 v°)
Palmé : évanoui (*CM* 69 r°)
Palus, pallus : marais (*P* 11 r°, 87 r°)
Par soy (à, en) : à l'écart (*P* 18 r°, 78 r°, 95 v°, 112 r° ; *E* 5 r°), intérieurement (*P* 17 r°, 19 r°, 91 r°)
Par non que : pourvu que (*P* 111 v°)
Par quoy, parquoy : c'est pourquoi (*P* 101 r° et *passim* ; *CM* 5 r° et *passim*)
Paragon : modèle (*E* 15 r°)
Paranimphe : celle qui accompagne, compagne (*CM* 72 r°)
Pardurable : éternel (*P* 99 r°, 135 v° ; *C* 8 v° ; *CM* 59 r°)
perdurablement : éternellement (*C* 23 r°)
Parfaire, perfaire : accomplir, mener jusqu'au bout (*CM* 68 r° ; *E* 5 v°, 8 v°)
Parfaict : achevé (*P* 89 v° ; *E* 2 v°)
Parfin (à la) : finalement (*P* 101 v° ; *CM* 17 v°, 18 r°, 74 r°)
Parfond : profond (*P* 83 v°, 134 r°)
Au parfons : au plus profond (*P* 38 v°)
Parmettre, premettre : permettre (*P* 71 r°, 112 r°, 112 v°)
Parvoller : parcourir, franchir en volant (*E* 5 v°)
Pascent, pascient : patient (*P* 77 r°)
Passionné : tourmenté de souffrances physiques (*C* 12 v°)
Patrice : patricien (*P* 134 r°)
Peaultre : timon (*E* 17 r°)
Peccatrice : pécheresse (*CM* 43 r°)
Peperir, *subst. m.* : enfantement (*P* 30 v°)
Percreu : dont la croissance est achevée (*P* 43 v°)
Percursant [precursant] : devançant (*E* 12 r°)
Permanable : perdurable (*E* 10 v°)
Permission (terre de) : voir *Promission*
Pernocter : passer la nuit (*CM* 15 r°)
Perplexité : détresse (*P* 94 v°, 112 r°)
Pertinacité : opiniâtreté (*P* 73 r°)
Pertuys : trou (*P* 72 v°)
Perve : mauvais (*CM* 52 v°)
Pesant : éprouvé par une maladie ou un malheur (*C* 1 r°)
Pestifereux : funeste, mortel (*CM* 40 r°)
Piessa : depuis longtemps (*P* 19 v°, 21 r°)
Pite (importance) : minime, maigre (*P* 46 r°)
Piteux, piteable : digne de pitié (*P* 2 v°, 3 v°, 4 v°, 5 v°, 12 v°, 71 v°, 62 r°, 90 r°, 101 v°, 122 r° ; *E* 13 r°, 16 v° ; *CM* 4 r°, 7 v°, 22 r°, 43 r°) ; pitoyable, lamentable (*P* 61 r°, 108 v°, 109 r° ; *C* 1 v°, 6 v°, 11 v°) ; miséricordieux (*P* 21 r°, 22 v°, 39 v°, 69 v°, 96 r° ; *E* 3 v° ; *CM* 25 r°, 55 r°) ; plein de pitié (*P* 54 v°, 59 r°, 61 v° ; *C* 23 r°, 28 r°)
Piteusement : pieusement (*P* 78 v°) ; avec pitié (*P* 98 v°, 111 v°) ; avec miséricorde (*P* 22 v°, 54 v°) ; lamentablement (*P* 88 v° ; *CM* 14 r°, 19 r°)
Pitoiable, pitoyable : voir *Piteux*
Plaictz : assemblée de justice (*P* 37 r°)

Plain (plus à) : plus en détail (*P* 26 r°, 81 v°, 87 v° ; *CM* 56 r°)
Plaisance : plaisir (*C* 4 r°) ; gré, volonté (*E* 11 v°)
Planchier : plafond (*P* 15 r°)
Plasmateur : Créateur (*P* 8 v° et *passim* ; *CM* 22 r°, 43 v°, 47 v°, 57 r°-v°)
Ploidoier : plaider, contester en justice (*P* 53 v°)
Pluthonicque : de Pluton, des enfers (*P* 10 v°, 16 v°)
Poeterie : poésie (*P* 134 r°)
Poix : poids (*P* 67 v°, 101 r° ; *E* 9 v°)
Polue : corrompue (*P* 30 v°)
Pompeux : magnifique (*P* 34 v°)
Pondereux : lourd, pénible (*P* 16 v°, 18 v°, 26 v°, 59 r°, 59 v°, 79 v° ; *CM* 61 v°)
Portement : conduite (*P* 8 v°)
Poste : messager (*CM* 32 r°)
Postuller : demander, solliciter (*CM* 8 r°, 32 v°)
Potestés : Puissances (*E* 11 r°)
Pourpancer, pourpenser : méditer (*P* 17 r°, 24 v°, 29 r°, 30 v°, 31 v°, 34 v°, 78 r° ; *C* 1 v°) ; penser (*P* 19 r°, 31 r°, 49 r°, 77 v°, 91 v°, 107 v°, 110 r° ; *CM* 4 r°)
Pourpos, pourpoux : voir *Propous*
Proposer : concevoir une idée (*P* 6 r°) ; mettre en avant, présenter, prononcer (*P* 64 r°, 64 v°, 98 r° ; *CM* 32 r°)
Proposicion : propos, déclaration (*P* 29 r°, 64 r°, 66 v°, 128 r°)
Pourtant : c'est pourquoi (*P* 42 r°, 86 r°, 95 r°)
Pourtant que : parce que (*P* 60 v°, 67 v°, 70 v°, 73 r°, 80 r°, 83 v°, 84 v°, 95 v°, 102 v°, 113 v°, 117 v°, 129 r°)
Ce non pourtant : cependant, malgré cela, néanmoins (*P* 34 v°, 46 r° ; *E* 1 v°, 13 v°)
Porter : supporter (*P* 4 v° ; *C* 26 r°)
Pousé que, posé que : bien que, encore que (*P* 3 v°, 5 v°, 6 v°, 10 r°, 15 v°, 18 r°, 21 r°, 29 v°, 30 r°, 30 v°, 39 r°, 39 v° 43 v°, 50 v°, 60 v°, 63 v°, 64 r°, 64 v°, 65 r°, 78 v°, 103 r°, 103 v°, 115 v°, 116 r°, 119 r°, 123 v° ; *E* 5 v°, 13 v°)
Pouvant (non povant mes) : n'en pouvant mais (*P* 122 r°)
Povreté : mal, souffrance (*P* 8 r°, 10 r°, 122 v°)
Pover : pouvoir (*CM* 10 r°, 65 r°)
Prandre : peindre (*P* 121 r°, 121 v°)
Predecessens : prédécesseurs (*P* 118 r°)
Predire : dire avant, annoncer (*E* 14 r°)
Predict : susnommé (*P* 1 v° et *passim* ; *E* 17 r°)
Prefix : précise (*P* 94 r°)
Premediter : considérer (*P* 35 v°, 77 r°)
Premiation : récompense (*CM* 4 v°)
Premier que : avant (*P* 115 v°)
Premettre : annoncer, promettre (*P* 112 r°, 112 v°)
Premis : annoncé, promis (*P* 15 v°, 22 r°, 75 r°)
Premission : permission (*P* 122 v°) ; promesse (*P* 122 v°)
Preparatoires, *subst. f. pl.* : préparatifs (*P* 122 r°)
Prerogatif : qui donne une prérogative (*P* 25 r°, 25 v°, 32 r°)
Presumption : indice, signe (*C* 9 r°) ; supposition (*C* 9 v°) ; orgueil (*C* 10 v°)
Presumptif (signe) : annonciateur (*C* 22 v°)
Preterit : passé (*P* 1 r°, 7 v°, 16 r°, 59 r°)
Prevariquer : dévier, s'écarter de la loi divine (*C* 22 v° ; *CM* 14 r°, 43 v°) – *Prevericacion* : transgression de la loi divine (*CM* 44 r°-v°)
Prevaricateur : qui transgresse la loi divine (*CM* 58 r°)
Prevoir : considérer (*E* 1 v°), examiner (*E* 8 r°)
Preveue : examinée auparavant (*E* 11 r°)
Primerin : premier, originel (*CM* 8 r°)
Privée (bête) : apprivoisée (*P* 15 r°)
Proceder : continuer, poursuivre (*P* 4 v°,

21 v°, 22 v°, 24 v°, 28 v°, 58 r°, 75 r°, 93 v°, 107 v°)

Procelle (< *procella*) : tempête (*P* 134 v°)

Prochasser : pourchasser (*P* 64 r°)

Proditeur : traître (*CM* 34 r°)

Profiter : évoluer, faire des progrès, prospérer (*P* 78 v°)

Progeniture : origine, extraction (*P* 19 v°)

Prolice : prolixe (*P* 73 r°)

Promission (terre de) : Terre promise (*P* 42 r°, 56 v°, 57 r°, 100 v°)

Pronuncer : annoncer (*P* 55 v°, 60 r°)

Propice : bienveillant (*E* 16 v°)

Proposer : présenter (*E* 3 r°)

Propous : propos, discours (*P* 18 v°, 23 v°, 24 v°, 31 r°, 39 v°, 40 v°, 52 r°, 61 r°, 128 r°, 131 v°; *E* 8 v°, 8 v°, 9 v°, 10 r°, 13 v°); pensée (*P* 49 v°)

Propugnateur (< *pugnator*) : combattant (*P* 135 r°)

Protester : s'engager à (*E* 5 r°)

Protraire : portraire, dessiner (*P* 121 r°)

Proverbe : déclaration, enseignement (*E* 17 r°)

Proviseur : gouverneur (*C* 23 r°)

Prou : très (*E* 17 v°)

Proucher (se) : se rapprocher (*P* 93 r°)

Prudentement : avec sagesse (*P* 102 r°)

Punaisie, pugnaisie : infection, corruption (*P* 14 v°, 16 v°; *CM* 21 r°, 38 v°)

Putrefaict : corrompu (*P* 2 r°, 16 r°, 23 v°, 27 v°, 44 v°, 65 v°, 88 v°, 108 r°, 131 v°; *E* 4 v°, 13 v°; *CM* 7 v°)

Rais : piège (*P* 11 v°, 22 v°)

Raison : oraison (*P* 93 r°)

Raisonner : résonner (*E* 2 r°)

Ramentevoir : rappeler (*P* 4 r°)

Rapaiser : apaiser (*P* 102 r°)

Rapineux : rapace (*P* 17 r°)

Rapporteur : porte-parole (*CM* 32 r°)

Rassoty : sot, hébété (*P* 98 r°)

Ravissant : prédateur, féroce (*P* 11 v°, 17 r°, 22 v°)

Ravissement : rapt, vol (?) (*C* 26 v°)

Recheif (de) : de nouveau (*P* 49 v°, 127 v°)

Recite : récit (*P* 58 v°)

Reciter : raconter (*E* 8 r°); exposer, expliquer (*CM* 7 v°, 10 r°)

Reciter de : parler de (*CM* 13 v°)

Reclamé : appelé, clamé (*E* 8 v°)

Recogiter : se rappeler (*C* 21 v°; *CM* 18 v°)

Recorder : rappeler à l'esprit (*P* 53 v°; *E* 4 v°; *CM* 15 r°)

Recordacion : mémoire, souvenir (*P* 30 v°, 51 r°)

Recouvert : recouvré (*P* 129 r°; *CM* 55 r°)

Recreation : réconfort, délassement (*P* 128 r°)

Recueil : accueil (*CM* 11 r°, 18 r°)

Rediger : remettre, ramener à (*C* 21 r°)

Redarguer, redarquer : blâmer (*P* 2 r°, 6 v°, 15 v°, 91 v°, 117 r°; *CM* 18 r°)

Redolent : odorant, agréablement parfumé (*CM* 78 r°)

Redonder : abonder (*P* 21 v°, 37 v°, 56 r°, 86 r°, 103 v°, 104 r°); rejaillir sur, contribuer à (*P* 42 r°, 95 r°; *C* 28 r°); retentir (*E* 12 v°)

Reduire : ramener à l'obéissance, à la foi (*P* 38 v°); rappeler (*CM* 43 r°)

Refferer : rapporter, raconter (*P* 25 r°, 39 v°, 50 r°, 51 v°, 119 v°, 132 v°)

Refulgent : resplendissant (*P* 3 r°, 5 r°, 5 v°, 12 v°, 21 v°, 22 r°, 23 r°, 31 v°, 34 v°, 35 v°, 58 v°, 76 v°, 79 r°, 83 r°, 104 v°)

Regnieux : qui renient *P* 33 v°)

Regracier : voir *Gracier*

Regrectz : plaintes, lamentations (*C* 4 v°; *E* 9 v°)

Reille : règle (*P* 135 v°)

Remenbrer : se souvenir, remettre en mémoire (*P* 8 v°; 21 r°)

Remambrance : souvenir (*P* 85 r°)

Remis : repoussé (*P* 109 v°)

Renclos : enfermé (*C* 4 v°)

Recloz : clos (*C* 24 v°)

Renger à (se) : être disposé à, s'appliquer à (*E* 14 v°)
Renonciateur : renégat (*P* 111 r°)
Repositoyre : écrin, ciboire (*E* 14 v°)
Repouser : reposer (*P* 79 r°)
Reproche : déshonneur (*P* 4 r°)
Repue : halte (*C* 19 v°, 20 v°, 22 v°, 23 r°)
Reputer pour : prendre en considération en lieu et place de (*P* 34 r°)
Resasyé : rassasié (*P* 128 r°)
Rescouz : délivré (*P* 38 r°)
Resolution : conclusion (*CM* 31 v°)
Reste : reliquat d'un compte (*CM* 71 v°)
Retarder : empêcher (*P* 22 v°)
Rethoric, *subst. m.* : maître de rhétorique (*P* 10 r°)
adj. : éloquent (*P* 40 v°)
Retirer : mettre à l'abri, recueillir (*E* 16 v°)
Retourner (se) : revenir (*P* 73 r°)
Retrograder : revenir en arrière (*CM* 29 r°)
Revolver (< *revolvo*) : revenir (*P* 81 r°)
Rien : chose (*CM* 36 v°, 65 r°)
Rigoureux : dur, sévère (*P* 75 r°)
Rigueur : obstination (*C* 4 r° ; *E* 2 v°) ; dureté inflexible (*P* 75 r°)
Rural : simple, grossier (*CM* 3 r° ; *E* 10 v°)
Ruyssel : ruisseau (*P* 54 v°)

Sa bas : ici-bas (*P* 77 r° ; *C* 8 v°)
Sage (faire que sage) : agir sagement (*P* 9 r°)
Salubre : qui a une action favorable sur l'esprit (*CM* 21 v°)
Salutation : Salut (*CM* 47 v°)
Salutifere : qui apporte le Salut (*CM* 10 r°)
Samblance (en) : semblable à (*P* 121 r°)
Saouler (se) : se lasser (*CM* 38 v°, 76 v°)
Sapience : sagesse (*CM* 9 v°, 14 r°, 74 v°)
Sapientement : sagement (*P* 104 v°)
Sarrer : fermer (*CM* 28 r°)
Satrappe : personnage malfaisant (*P* 11 v°, 46 v°, 77 v°)
Sattalite : homme de main (*P* 43 r°, 80 v°, 108 r°, 112 r°, 122 r°, 126 v° ; *CM* 15 r°)
Satisfation : pénitence (*CM* 27 v°, 39 r°, 45 v°, 48 r°-v°)
Sattifaict : expié, racheté (*E* 1 v°, 3 r°)
Saulsoiez : voir *Soullaye*
Saulve : sauf (*P* 75 r°, 127 r°)
Saulveté : Salut (*E* 17 r°)
Scabreux : rude (*P* 2 r°)
Scabraire : périlleux (*E* 8 v°)
Scandalisé : déshonoré, diffamé (*CM* 27 r°)
Sciens, *subst. m.* : celui qui est savant, instruit (*P* 68 r°, 70 v°)
Segrect : secret (*P* 50 r°)
Segretement : secrètement (*P* 47 r°)
Secte : bande (*E* 17 v°)
Seigneurie (prendre seigneurie sur) : dominer, gouverner (*C* 10 v°)
Sejour (faire) : demeurer longtemps, s'attarder (*P* 96 r° ; *CM* 16 v°)
Sempiternel : éternel (*CM* 50 v°)
Sempiterneux : qui n'a pas d'âge, très vieux (*CM* 29 v°)
Sensualité : sensibilité, partie sensitive du corps (*C* 4 r°, 27 v° ; *CM* 3 v°)
Sentencier : juger (*P* 91 r°)
Sequelle : compagnie (*CM* 39 v°, 54 v°, 60 v°)
Sercher : chercher (*C* 17 r°)
Serf : cerf (*P* 128 v°)
Serpentine : canon très alongé (*CM* 63 v°)
Servielle : servile (*P* 88 r°)
Seuret : assuré (*CM* 56 r°)
Sibillacion : souffle du vent (*E* 12 v°)
Signet : sceau, cachet (*P* 96 r°)
Simplesse : humilité, honnêteté (*E* 14 v°)
Singlement : navigation (*P* 61 v°)
Soief : doux, suave (*P* 136 r° ; *CM* 23 r°)
Sorcerie : sortilège, ensorcellement (*P* 110 r°)
Soterie : folie, sottise (*CM* 26 v°)
Soubris : voir *Supprendre*
Souef : voir *Soief*
Souffresté : souffrance infligée à qqc (*P* 77 r°)
Soulas : plaisir, réconfort (*CM* 53 r° ; *E* 16 v°)

Soullaye : saulaie (*E* 10 r°; *CM* 17 r°)
Souloir : avoir coutume (*P* 11 r°; *C* 16 r°; *CM* 42 v°)
Souspiral : soupir (*C* 1 v°; *CM* 24 v°)
Souvenir : rappeler (*E* 16 v°)
Specieux : qui a une belle apparence (*CM* 5 r°, 31 r°)
Speciosité : apparence (*P* 18 v°)
Statue : idole (*P* 18 r°)
Stille : art, procédé, technique (*P* 34 v°)
Stillé à : exercé pour, habile à (*CM* 52 v°)
Subjestion, subjection : mauvaise inspiration, (*CM* 15 r°, 24 v°)
Subjuguer : soumettre (*P* 46 r°, 53 r°, 62 r°, 90 r°, 92 r°, 93 v°, 123 v°, 125 v°, 125 v°; *CM* 67 v°)
Substanter : nourrir (*P* 71 v°)
Substanciel : consubstantiel (*E* 1 v°)
Subvention : aide, secours (*CM* 26 v°).
Succomber : détruire, faire succomber (*P* 15 r°, 40 r°, 112 r°); tomber sous (*P* 50 v°)
Sucz : sureau (*CM* 34 r°)
Suffisant : capable, en mesure de faire qqc (*CM* 64 v°)
Superateur : vainqueur (*CM* 79 r°)
Superbité : orgueil (*P* 27 v°, 65 r°, 86 r°, 90 v°, 95 v°)
Supernel : céleste (*E* 2 v°; *CM* 36 r°)
Suporter : soutenir (*P* 4 r°; *CM* 22 v°)
Support : soutien (*P* 4 r°; *C* 5 v°; *E* 8 r°; *CM* 7 v°, 10 r°, 37 r°)
Suppediter : dompter, vaincre (*P* 93 v°, 109 v°, 110 r°, 126 r°)
Suppelatif : tout puissant (*P* 34 v°)
Supprendre : saisir (*P* 1 v°, 12 v°, 18 v°, 46 r°, 47 r°, 50 v°, 76 r°); prendre par surprise (*P* 17 r°, 22 v°, 46 v°, 54 v°)
Survaincre : vaincre (*P* 99 r°, 121 r°)
Sus : allez, debout ! (*P* 4 r°, 15 r°, 20 r°, 54 v°, 79 v°; *CM* 37 r°, 39 v°, 51 v°, 69 r°); sur (*P* 10 r° et *passim*); sous *P* 9 r° et *passim*)
Par sus tout / tous : par-dessus tout / tous (*P* 7 r° et *passim*)
Par sus : par en haut (*P* 77 r°)
Su(s)citer : ressusciter (*P* 21 v°, 57 r°, 99 r°)
Suyvir : poursuivre (*P* 61 r°)

Taciturnes (en fassons) : tacitement (*E* 2 r°)
Tarder : arrêter, retenir (*C* 7 r°)
Sans tarder : sans attendre (*C* 7 r°)
Tellement que : de telle manière que (*CM* 72 r°)
Tendre : fragile, défaillant (*P* 67 r°, 81 r°, 124 v°)
Tendu : orné (*C* 20 v°)
Teneritude : délicatesse (*CM* 23 v°)
Tenir : détenir (*P* 75 r°)
Tenir à : être redevable à (*P* 11 v°)
Tepide : tiède (*CM* 7 v°)
Terrificque : effrayant, terrifiant (*CM* 29 v°)
Tester : attester (*P* 50 r°)
Timide : craintif (*P* 121 r°)
Tixtre : tisser (*CM* 3 r°)
Tollir : enlever, prendre (*P* 2 v°, 4 v°; *C* 5 r°)
Tour (faux) : mauvaise action, tromperie (*C* 26 r°; *E* 1 v°, 5 r°)
Tousjours (à tousjours mais) : à tout jamais (*P* 70 v°)
Tout (du) : entièrement (*E* 5 r°)
Traditeur : traître (*P* 28 v°)
Tradicieux : traître, rusé (*CM* 70 v°)
Tradicieusement : traîtreusement (*C* 26 r°-v°)
Traditive : savoir transmis (*P* 35 v°)
Traicté : composition narrative ou didactique (*E* 11 r°)
Transglotir : engloutir (*P* 44 r°, 45 r°; *CM* 30 v°)
Translater : transporter (*P* 24 v°, 79 r°); traduire (*P* 134 r°)
Transmigrer : traverser (*E* 12 r°)
Transvoliter : traverser en volant (*E* 11 v°)
Traquet : pièce de bois dont le mouvement fait tomber le blé sous la meule d'un moulin (*CM* 4 r°)
Travail : peine, effort, souffrance (*P* 8 v°,

61 v° ; C 10 v°, 11 v°, 13 r° ; CM 3 v°, 13 v°, 41 v°, 73 r°)
Travailler : peiner (C 27 r° ; CM 77 r°)
Travaillé : fatigué (P 55 v°)
Trebucher : renverser, faire tomber (CM 64 v°)
Tremeur : crainte (P 17 r°, 19 r°, 22 v°, 52 v°, 55 r°, 74 v°, 79 v°)
Tres (si) : tellement (P 59 v°)
Trespasser : transgresser (P 98 v°)
Trespercer : transpercer (P 55 v°)
Triomphemment : triomphalement (P 62 v°)
Triranie : tyrannie (P 93 r°)
Trotter : marcher à pas rapides, se hâter (E 17 v°)
Trousser : installer (CM 12 v°)
Truage : tribut (P 95 v°)
Trufler de : se moquer de (P 26 v°)
Tugurion : chaumière (C 23 r°)
Tymbre : marque du blason qui distingue le degré de noblesse ou de dignité (CM 37 r°)
Tyrer (se) : se réfugier (E 3 v°, 17 r° ; CM 14 v°)

Ululant : poussant des gémissements (CM 4 r°)
Usiter : avoir l'habitude de (CM 56 v°)

Vacabond : vagabond (P 84 v°)
Vague : vide (CM 69 v°)
Valable : estimable (P 24 r°, 32 v°, 58 r°, 61 r°)
Value : prix, valeur (P 5 v°, 122 v°)
Vausist : *subj. imp. 3 de valoir* (P 16 v°)
Veaultrer : abaisser (P 95 v°)
Veil : vouloir, volonté (E 4 v°, 14 r° ; CM 29 v°)
Vellin : venin (P 87 v°)
Ventiller : divulguer (P 36 r°)
Ver (temps de) : printemps (CM 3 r°)
Verecondeux : réservé, honteux (CM 28 r°)
Vermineux : plein de vers, de vermine (CM 7 v°)
Versicoré : (de *verser* et *cueur*) bouleversé (CM 4 r°)
Vertir : changer (P 11 r°)
Vesseaulx : vases, récipients (E 12 r°)
Veufve de : privée de (P 56 v°)
Vexacion : tourment (P 46 v° ; C 3 v°)
Vexer : tourmenter (P 46 v° ; CM 9 v°)
Viateur : voyageur – celui qui est de passage sur terre – (P 23 r°)
Vigiller : veiller (P 63 r°)
Villenner : injurier, vilipender (P 17 r°) ; outrager (P 26 v°)
Villenye, villannye : infamie (P 26 v°, 117 r°)
Villain : infame (C 12 r°)
Vire : trait d'arbalète (CM 63 v°)
Viridité (< *virir*) : vigueur (CM 10 r°)
Visiter : examiner (P 37 r°)
Vitailler : ravitailler (CM 51 r°)
Vituperer : blâmer (P 29 v° ; CM 26 r°)
Vitupere : injure, blâme (P 8 r°, 16 v°, 30 r°, 120 r°) ; action blâmable (E 13 v°)
Vituperable : qui porte le blâme (P 30 v°)
Voire, voir, veoir : en vérité, assurément (P 38 r°, 63 v° ; E 4 r°, 17 r°, 17 v°) – *Pour v(e)oir* : à dire vrai (E 1 r°, 7 v°)
Vollée (à la) : de façon légère (E 4 v°)
Volubilité : facilité à tourner (CM 3 r°)
Vouler : voler (CM 16 v°)
Voluntaire : qui ne veut faire qu'à sa volonté (CM 20 v°)
Vroy (pour) : vraiment (P 36 r°, 54 v° ; E 17 r°)
Vueil : voir *Veil*
Vuider : vider (P 56 v°)
Vulgant : langage vernaculaire (P 131 v°)
Vulneré : blessé (P 82 r°)

Yre : colère (P 26 r°, 46 r°, 50 r°, 50 v°, 57 r°)
Yreux, ireux, yreur : impitoyable (P 2 r°) ; courroucé (P 44 r)
Yré : courroucé (P 50 r°)

Zyzennye : zizanie (P 126 v°)

BIBLIOGRAPHIE

SOURCES

MANUSCRITS

Bible historiale, BnF, fr. 15370.

BOCCACE, *Des cas des nobles hommes et femmes*, Fondation Martin Bodmer, cod. Bodmer 174.

Cents proverbes moraux, BnF, fr. 1990.

Champz royaux faiz et composéz à la louenge de la Vierge, BnF, fr. 1538.

[*Chants royaux*], BnF, fr. 379.

Chants royaux, ballades et rondeaux de Puys normands de l'Immaculée Conception, BnF, fr. 19369.

Chants royaux, rondeaux et ballades du puy de musique de Rouen, BnF, fr. 25534.

Chants royaux sur la Conception, BnF, fr. 1537.

[CICÉRON], *De l'amitié*, traduction Laurent de Premierfait, BnF, fr. 126, f. 153-189.

DEMOULINS DE ROCHEFORT, François, *Traité des vertus cardinales*, BnF, fr. 12247.

Ditz des saiges extraits du livre des vices et vertus nommé la somme le Roy, BnF, fr. 572.

Dictz et Proverbes des saiges (Les), BnF, fr. 916.

[Flavius Josèphe] *Le Livre de Josephus de l'ancienneté des Juifs*, BnF, fr. 5082.

[*Fleur de vertus*] *Le Livre nommé Fleur de vertu, translaté d'italien en françoys par Françoys de Rohan, archevesque de Lion*, BnF, fr. 1877.

Histoire des trois rois (L'), BnF, fr. 982.

Histoire du roy Artus, BnF, fr. 19163.

Hystoires romaines de Jean Mansel, BnF, fr. 54.

La Epystole de Paul, ou Histoire romaine d'Eutrope, avec les additions de Paul Diacre, BnF, fr. 688.

MARTIAL D'AUVERGNE, *Matines*, BnF, Rothschild 476.

Miroir d'humilité (Le), BnF, fr. 739.

Ovide moralisé en prose, BnF, fr. 137.

Recueil d'anciennes poésies françaises. XVe *siècle*, BnF, NAF 10032.

Recueil de poésies des XVe *et* XVIe *siècles*, BnF, fr. 24315.
Recueil de rondeaux, ballades, chants royaux en l'honneur de la Vierge, BnF, fr. 2206.
Roman de la rose, BnF, fr. 12595.
Roman de la rose, British Library, Harley 4425.
VALÈRE MAXIME, *Faits et Dits memorables*, BnF, Arsenal 5196 Res.
Vers et poésies de Marguerite d'Orleans, duchesse d'Alençon, sœur du roy François premier, BnF, fr. 1722.
Tresor de sapience (Le), BnF, Arsenal 5076.

IMPRIMÉS

Éditions anciennes

AMBOISE, Michel d', *La Penthaire de l'Esclave fortuné*, Paris, Alain Lotrian et Denis Janot, 1530.
AMBOISE, Michel d', *Les Complainctes de l'Esclave fortuné. Avecques vingt epistres et trente rondeaulx d'amours*, Paris, Jehan Sainct Denis, 1529.
AMBOISE, Michel d', *Les Epistres veneriennes de l'Esclave fortuné privé de la court d'amours, nouvellement faites et composées par luy. Avecques toutes ses œuvres*, Paris, Denis Janot pour Alain Lotrian, s.d. [1532].
[ANDRELINI, Fausto] *Les Faictz et Gestes de tresreverend pere en Dieu monsieur le legat, translatéz de latin en françoys par maistre Jehan d'Ivry bachelier en medecine selon le texte de Fauste Andrelin*, s.l.n.d. [Paris, c. 1509].
[BIBLE] *Le Premier volume de la Bible historiée*, Paris, Antoine Verard, 1498-1499. BnF, RES A 270.
[BIBLE] *Le Second volume de la Bible historiée*, Paris, Antoine Verard, [c. 1505]. BnF, ARS FOL-T-509 (2).
BOCCACE, *De la genealogie des dieux*, Paris, Antoine Verard, 1498.
BOCCACE, *Des cas et ruyne des nobles hommes et femmes*, Paris, Jehan du Pré, 1483.
BOCCACE, *Des nobles et cleres femmes*, Paris, Antoine Verard, 1493.
[BOÈCE] *Le Livre de Boece de consolation de philosophie*, Bruges, Colard Mansion, 1477.
BOUCHET, Jean, *Epistres morales et familieres*, Poitiers, J. et E. de Marnef, 1545.
BOUCHET, Jean, *Les Regnars traversant les perilleuses voyes des folles fiances du monde*, Paris, Antoine Verard, s. d. [1503-1504].
BOVELLES, Charles de, *Proverbes et Dicts sententieux, avec l'interpretation d'iceux*, Paris, Sebastien Nyvelle, 1557.
GOMES DE TRIER, *Le Jardin de recreation [...]. Soubz le nom de six mille Proverbes, et plaisantes rencontres Françoises*, Amsterdam, Paul de Ravesteyn, 1611.
GUALLA, Jacobus, *Papie Sanctuarium*, Pavie, Jacob de Burgofranco, 1505.

FONTAINE, Charles, *Sensuyvent les ruisseaux de Fontaine*, Lyon, Thibauld Payan, 1555.

GRINGORE, Pierre, *Heures de Nostre Dame, translatées [...] par Pierre Gregoire*, Paris, Jehan Petit, c. 1525.

GRINGORE, Pierre, *Le Chasteau de labour*, Paris, Pierre Pigouchet pour Simon Vostre, 1500.

HABERT, François, *Epistres heroides, tressalutaires, pour servir d'exemple à toute ame fidele*, Paris, Michel Fezandat, 1550.

[HENRI SUSO], *L'Orloge de sapience*, Paris, Antoine Verard, 1493.

[JEAN DE CASTEL], *Le Mirouer des pecheurs et pecherresses*, s.l.n.d. [1505-1507].

JEHAN HENRY, *Livre de la toute belle sans pair qui est la Vierge Marie*, Paris, Jehan Petit, c. 1516.

JEHAN HENRY, *Le Livre de meditation sur la reparation de nature humaine*, Paris, Jehan Petit, s.d. [c. 1516].

LA ROCHE, Nicolas de, *De morbis mulierum curandis, authore Nicolao Rocheo doctore medico*, Paris, Jean Foucher, 1542.

La Mer des histoires, Lyon, Jehan du Pré, 1491, 2 vol.

Les Quatre filz Aymon, Lyon, Jean de Vingle, 1497.

LESNAUDERIE, Pierre de, *La Louange de mariage*, Paris, Nicolas Couteau, 1527.

Lucan, Suetoine et Saluste en françoys, Paris, Antoine Verard, 1500.

NICOLE GILLES, *Annales et Chroniques*, Paris, Galliot du Pré, 1549.

[OROSE], *Le Premier [second] volume de Orose en françois*, Paris, Antoine Verard, 1504.

[OVIDE], *La Bible des poetes. Metamorphose [d'Ovide moralisée* par Thomas Walleys, trad. Collard Mansion], Paris, Antoine Verard, 1493.

Psaultier [Le] nostre Dame selon saint Jerosme, Paris, Antoine Verard, c. 1500-1501.

ROBERT CIBOULE, *Le Livre de meditation sur soy mesme composé par maistre Robert Cybolle*, Paris, Simon Vostre, 1510.

ROBERT GAGUIN, *Les Grandes croniques, excellens faitz et virtueux gestes des tresillustres, treschrestiens, magnanimes et victorieux roys de France*, Paris, Galliot du Pré, 1514.

SAINT-GELAIS, Octovien de, *Les XXI epistres d'Ovide*, s.l., 1538.

SAINT-GELAIS, Octovien de, et Blaise D'AURIOL, *La Chasse et le Depart d'Amours*, Paris, Antoine Verard, 1509.

Vie de la tresillustre et vertueuse Françoise d'Amboise (La), jadis Duchesse de Bretagne, et Religieuse de l'Ordre de la glorieuse Vierge Marie du Mont-Carmel, par Fr. L. Religieux Carme Reformé, Paris, Joseph Cottereau, 1634.

VINCENT DE BEAUVAIS, *Le premier [-quint] volume de Vincent, Miroir historial*, Paris, Antoine Verard, 1495-1496.

Éditions modernes

ALAIN CHARTIER, *Le Livre de l'Espérance*, éd. François Rouy, Paris, Champion, 1989.

AMBOISE, Katherine d', *Les Devotes epistres*, éd. Abbé Jean-Jacques Bourassé, Tours, Imprimerie A^{d} Mame et Cie, 1861.

AMBOISE, Catherine d', *Les Devotes epistres*, éd. Yves Giraud, Fribourg, Éditions Universitaires, 2002.

AMBOISE, Catherine d', *Poésies*, éd. Catherine M. Müller, Montréal, CERES, « Inedita et rara », 2002.

ANNE DE FRANCE, *Les Enseignements d'Anne de France, duchesse de Bourbonnois et d'Auvergne, à sa fille Susanne de Bourbon*, éd. A.-M. Chazaud, Moulins, C. Desrosiers, 1878.

ARNOUL GREBAN, *Le Mystère de la Passion de notre sauveur Jésus-Christ*, éd. Micheline de Combarieu de Grès et Jean Subrenat, Paris, Gallimard, 1987.

AUGUSTIN, saint, *Œuvres II. La Cité de Dieu*, dir. Lucien Jerphagnon, Paris, Gallimard, « Bibliothèque de La Pléiade », 2000.

AUGUSTIN, saint, *Œuvres III. Philosophie, catéchèse, polémique*, dir. Lucien Jerphagnon, Paris, Gallimard, « Bibliothèque de La Pléiade », 2002.

Bible (La). Traduction œcuménique (TOB). Édition intégrale, Paris, Les Éditions du Cerf / Villiers-le-Bel, Société Biblique Française, 1998.

BOCCACE, *Des cleres et nobles femmes (Ms. Bibl. Nat. 12420 – Chap. I-LII)*, éd. Jeanne Baroin et Josiane Haffen, Annales Littéraires de l'Université de Besançon, n° 498, Paris, Les Belles Lettres, 1993.

BOCCACE, *Les Femmes illustres. De mulieribus claris*, éd. Jean-Yves Boriaud, Paris, Les Belles Lettres, 1995.

BOCCACE, *Tutte le opere di Giovanni Boccaccio*, vol. 9 *De casibus virorum illustrium*, éd. Pier Giorgio Ricci et Vittorio Zaccaria, Milan, Mondadori, « Classici Mondadori », 1983.

BOÈCE, *Consolation de la philosophie*, préface de Marc Fumaroli, trad. Colette Lazam, Paris, Payot et Rivages, 2006.

BOÈCE, *Le Livre de Boece de consolacion*, éd. Glynnis M. Cropp, Genève, Droz, 2006.

BOUCHET, Jean, *La Déploration de l'Église militante*, éd. Jennifer Britnell, Genève, Droz, 1991.

BOUCHET, Jean, *Le Panegyric du chevalier sans reproche. Collection complète des mémoires relatifs à l'histoire de France*, éd. M. Petitot, t. XIV, Paris, Foucault, 1826.

BOUCHET, Jean, *Œuvres complètes, Tome II, Le Labirynth de fortune et Sejour des trois nobles dames*, éd. Pascale Chiron et Nathalie Dauvois, Paris, Classiques Garnier, 2015.

BOURBON, Gabrielle de, *Œuvres spirituelles, 1510-1516*, éd. Evelyne Berriot-Salvadore, Paris, Champion, 1999.

CHAMPIER, Symphorien, *La Nef des dames vertueuses*, éd. Judy Kem, Paris, Champion, 2007.

CHRISTINE DE PIZAN, *Heures de contemplacion sur la Passion de Nostre Seigneur Jhesucrist*, éd. Liliane Dulac, René Stuip et Earl Jeffrey Richards, Paris, Champion, 2017.

CHRISTINE DE PIZAN, [*Le Livre de la Cité des Dames*], *La Città delle dame*, dir. Patrizia Caraffi, éd. Earl Jeffrey Richards, Rome, Carocci, 2004.

CHRISTINE DE PIZAN, *La Mutacion de Fortune*, éd. Suzanne Solente, Paris, A. et J. Picard, 1959-1966.

CHRISTINE DE PIZAN, *Le Livre de l'advision Cristine*, éd. Christine Reno et Liliane Dulac, Paris, Champion, 2001.

CHRISTINE DE PIZAN, *Le Chemin de longue étude, ms. Harley 4431*, éd. Andrea Tarnowski, Paris, Le Livre de poche, « Lettres gothiques », 2000.

CHRISTINE DE PIZAN, *Le Livre des trois vertus*, éd. Charity Cannon Willard et Eric Hicks, Paris, Champion, 1989.

CHRISTINE DE PIZAN, *Œuvres poétiques de Christine de Pisan*, éd. Maurice Roy, Paris, Firmin Didot, 1886.

CRETIN, Guillaume, *Œuvres poétiques*, éd. Kathleen Chesney, s.l.n.d. [Paris, 1932].

DUFOUR, Antoine, *Les Vies des femmes célèbres*, éd. G. Jeanneau, Genève, Droz, 1970.

FABRI, Pierre, *Le Grand et vray art de pleine rhétorique*, éd. A. Héron, Genève, Slatkine, 1969.

Florent et Octavien : chanson de geste du XIVe siècle, éd. Noëlle Laborderie, Genève, Slatkine, 1991.

GEORGES CHASTELAIN, *Œuvres*, éd. Kervin de Lettenhove, Bruxelles, V. Devaux, 1866.

Grandes chroniques de France (Les), éd. Jules Viard, Paris, Société de l'Histoire de France, 1920-1953.

GUILLAUME DE DEGUILEVILLE, *Le Livre du pèlerin de vie humaine*, éd. Graham Robert Edwards et Philippe Maupeu, Paris, Le Livre de Poche, « Lettres gothiques », 2015.

GUILLAUME DE LORRIS, JEAN DE MEUN, *Le Roman de la Rose*, éd. Armand Strubel, Paris, Le Livre de Poche, « Lettres gothiques », 1992.

HUGUES DE SAINT-VICTOR, *L'Art de lire Didascalicon*, trad. Michel Lemoine, Paris, Le Cerf, « Sagesses chrétiennes », 1991.

JACQUES DE VORAGINE, *La Légende dorée*, trad. Jehan de Vignay, éd. Brenda Dunn-Lardeau, Paris, Classiques Garnier, 1997.

JACQUES LEGRAND, *Archiloge Sophie et Livre des bonnes mœurs*, éd. Evencio Beltran, Paris, 1986.

JEAN D'OUTREMEUSE, *Ly Myreur des histors*, éd. Ad. Borgnet, Bruxelles, M. Hayez, 1864.

JEAN D'AUTON, *Chronique de Louis XII*, éd. René de Maulde La Clavière, Paris, Renouard, 1889-1895.

JEAN GERSON, *Œuvres complètes*, vol. VII *L'Œuvre française*, éd. Mgr Glorieux, Paris, Desclée et Cie, 1966.

JEAN GERSON, *Six sermons français inédits*, éd. Louis Mourin, Paris, Vrin, 1946.

JEAN MESCHINOT, *Les Lunettes des Princes*, éd. Christine Martineau-Genieys, Genève, Droz, 1972.

LE DUC, Gilles (1692), J. B. DUPRÉ (1786), *Mémoires inédits pour servir à l'histoire de la ville et des seigneurs de Linières-en-Berri*, éd. Lucien Jeny, Bourges, Imprimerie et lithographie H., 1890.

LEMAIRE DE BELGES, Jean, *Œuvres*, éd. J. Stecher, Louvain, 1882-1885 ; Genève, Slatkine Reprints, 1969.

Li Fet des Romains, compilé ensemble de Saluste et de Suetone et de Lucan, texte du XIII*e siècle*, éd. Louis-Fernand Flutre et Kornelis Sneyders de Vogel, Droz-Paris, Wolters-Gröningue, 2 tomes, 1938 ; Slatkine reprints, Genève, 1977.

Livre du Chevalier de La Tour Landry (Le), pour l'enseignement de ses filles, éd. Anatole de Montaiglon, Paris, P. Jannet, 1854.

MARGUERITE DE NAVARRE, *L'Heptaméron*, éd. Gisèle Mathieu-Castellani, Paris, Le Livre de Poche, « Classiques de Poche », 1999.

MAROT, Jean, *Le Voyage de Gênes*, éd. Giovanna Trisolini, Genève, Droz, 1974.

MARTIN LE FRANC, *L'Estrif de Fortune et Vertu*, éd. Peter F. Dembowski, Genève, Droz, 1999.

[NICOLAY, Nicolas de], *Description du Berry et diocèse de Bourges au* XVI*e siècle, par Nicolas de Nicolay, Dauphinois, géographe et valet de chambre du roi Charles IX*, éd. Victor Advielle, Paris, Auguste Aubry, 1865.

ORIGÈNE, *Traité des principes*, trad. Marguerite Harl et *al.*, Paris, 1976.

OROSE, *Histoires (contre les Païens)*, éd. Marie-Pierre Arnaud-Lindet, 3 vol., Paris, Les Belles Lettres, 2003.

PSEUDO-DENYS L'ARÉOPAGITE, *Œuvres complètes*, trad. Maurice de Gandillac, Paris, 1943.

RABELAIS, *Les Cinq livres*, éd. Jean Céard, Gérard Defaux et Michel Simonin, Paris, Le Livre de Poche, « La Pochothèque », 1994.

Recueil de poésies françoises des XV*e et* XVI*e siècles*, éd. Anatole de Montaiglon, t. 13, Paris, P. Daffis, 1877.

Renaut de Montauban, éd. Jacques Thomas, Genève, Droz, 1989.

RICHARD DE FOURNIVAL, *Le Bestiaire d'amour*, Caen, Paris, Auguste Aubry, 1860.

Roman de Renart le contrefait (Le), éd. Gaston Raynaud et Henri Lemaitre, Paris, Champion, 1914, 2 vol.

SAINT-GELAIS, Octovien de, *Le Séjour d'honneur*, éd. Frédéric Duval, Genève, Droz, 2002.

[SÉNÈQUE] *Seneque des IIII vertus. La formula honestae vitae de Martin de Braga, traduite et glosée par Jean Courtecuisse (1403)*, éd. Hans Haselbach, Francfort, Peter Lang, 1975.

Somme le roi par Frère Laurent (La), éd. Edith Brayer et Anne-Françoise Leurquin-Labie, Paris, Société des Anciens Textes Français, 2008.

THENAUD, Jean, *Le Triumphe des vertuz. Le triumphe de Prudence*, éd. Titia J. Schuurs-Janssen et René E. V. Stuip, Genève, Droz, 1996.

THENAUD, Jean, *Le Triumphe des vertuz. Second traité. Le Triumphe de Force*, éd. Titia J. Schuurs-Janssen et René E. V. Stuip, Genève, Droz, 2002.

Vie de sainte Marie l'Égyptienne (La). Versions en ancien et moyen français, éd. Peter F. Dembowski, Genève, Droz, 1977.

[VINCENT DE BEAUVAIS] *Miroir historial* par Jean de Vignay, éd. Mattia Cavagna, Paris, Société des Anciens Textes Français, 2017.

[VIDOUE, Pierre], *Palinods présentés au Puy de Rouen. Recueil de Pierre Vidoue (1525), précédé d'une introduction par E. de Robillard de Beaurepaire*, Rouen, Léon Gy, 1897.

VIRGILE, *Énéide*, trad. Maurice Lefaure, éd. Sylvie Laigneau, Paris, Le Livre de Poche, « Classiques de Poche », 2004.

ÉTUDES

ARNOULD, Jean-Claude et Thierry MANTOVANI (dir.), *Première poésie française de la Renaissance*, Paris, Champion, 2003.

AVRIL, François et Nicole REYNAUD, *Les Manuscrits à peintures en France. 1440-1520*, Paris, Flammarion, Bibliothèque Nationale, 1994.

BAUMGARTNER, Emmanuelle, « Énéas et Anténor, deux figures de la trahison », *Cahiers du CRISIMA*, n° 3. *Félonie, trahison, reniement au Moyen Âge*, 1997, p. 261-270.

BEAUNE, Colette, « Clovis dans les grandes chroniques de France », *Clovis histoire et mémoire*, dir. Michel Rouche, Paris, Presses de l'Université de Paris-Sorbonne, 1997, p. 191-211.

BEAUNE, Colette, *Naissance de la nation France*, Paris, Gallimard, 1985.

BEAUNE, Colette et Élodie LEQUAIN, « Femmes et histoire en France au XVe siècle : Gabrielle de La Tour et ses contemporaines », *Médiévales*, vol. 38, printemps 2000, p. 111-136.

BERGERON-FOOTE, Ariane, *Les œuvres en prose de Catherine d'Amboise, dame de Lignières (1481-1550)*, position de thèse de l'École Nationale des Chartes, 2002.

BÉRIOU, Nicole, « L'intercession dans les sermons de la Toussaint », *L'Intercession du Moyen Âge à l'époque moderne. Autour d'une pratique sociale*, dir. J.-M. Moeglin, Genève, Droz, 2004, p. 126-156.

BERRIOT-SALVADORE, Evelyne, « Les manuscrits de Gabrielle de Bourbon et de Catherine d'Amboise : miroir d'un itinéraire », *Dix ans de recherche sur les femmes écrivains de l'Ancien Régime : influences et confluences. Mélanges offerts à Hannah Fournier*, dir. G. Poirier, Presses de l'Université de Laval, 2008, p. 89-112.

BERRIOT-SALVADORE, Evelyne, « Vies et morts exemplaires : les *Prudens et Imprudens* de Catherine d'Amboise », *De bonne vie s'ensuit bonne mort. Récits de mort, récits de vie en Europe (XVe-XVIIe siècle)*, dir. P. Eichel-Lojkine, Paris, Champion, 2006, p. 17-41.

Boccace en France. De l'humanisme à l'érotisme, Bibliothèque Nationale, 1975.

BOISLISLE, Arthur-Michel de, « Inventaire des bijoux, vêtements, manuscrits et objets précieux appartenant à la comtesse de Montpensier. 1474 », *Annuaire-Bulletin de la Société de l'Histoire de France*, 1880, t. 17, p. 297-309.

BONALI-FIQUET, Françoise, « La bataille d'Agnadel », *Passer les monts : Français en Italie, l'Italie en France (1494-1525)*, dir. J. Balsamo, Paris, Champion, 1998, p. 227-243.

BOTTINEAU-FUCHS, Yves, *Georges Ier d'Amboise. Un prélat normand de la Renaissance*, Rouen, Éditions PTC, 2005.

BOZZOLO, Carla, « La conception du pouvoir chez Laurent de Premierfait », *Préludes à la Renaissance. Aspects de la vie intellectuelle en France au XVe siècle*, dir. C. Bozzolo et E. Ornato, Paris, CNRS, 1992, p. 191-205.

BOZZOLO, Carla et Ezio ORNATO (dir.), *Préludes à la Renaissance. Aspects de la vie intellectuelle en France au XVe siècle*, Paris, CNRS, 1992.

BRITNELL, Jennifer, *Jean Bouchet*, Edimbourg, University Press, 1986.

BRITNELL, Jennifer, « Jean Bouchet's Prayers in French for the laity, *Les cantiques et oraisons contemplatives* », *BHR*, vol. 38, 1976, p. 421-436.

BRITNELL, Jennifer et Nathalie DAUVOIS (dir.), *Jean Bouchet Traverseur des voies périlleuses (1476-1557)*, Paris, Champion, 2003.

BROWN, Cynthia J. et Anne-Marie LEGARÉ (dir.), *Les femmes, la culture et les arts en Europe entre Moyen Âge et Renaissance*, Turnhout, Brepols, 2016.

BUTTAY-JUTIER, Florence, *Fortuna. Usages politiques d'une allégorie morale à la Renaissance*, Paris, Presses de l'Université Paris-Sorbonne, 2008.

CALAME-LEVERT, Florence, Maxence HERMANT et Gennaro TOSCANO (dir.), *Une Renaissance en Normandie. Le cardinal Georges d'Amboise bibliophile et mécène*, Éditions Gourcuff Gradenigo, 2017.

CERQUIGLINI-TOULET, Jacqueline, *« Un engin si soutil », Guillaume de Machaut et l'écriture au* XIV*e siècle*, Paris, Champion, 1985.

CHIRON, Pascale, « Les songes de gloire des grands rhétoriqueurs : écriture de l'histoire, histoire de la gravure », *Histoire et littérature au siècle de Montaigne. Mélanges offerts à Claude-Gilbert Dubois*, Genève, Droz, 2001, p. 109-126.

CHIRON, Pascale, « Traduction et "conversion" des épîtres héroïdes d'Ovide à la Renaissance », *Anabases*, vol. 17, 2013, p. 119-133.

COLLOMBET, F. (éd.), *Mélanges théologiques historiques et moraux, empruntés des œuvres de saint Jérôme*, t. II, Lyon, Paris, Perisse frères, 1842.

CONTE, Sophie, Alicia OÏFFER-BOMSEL et María Elena CANTARINO-SUÑER (dir.), *Boèce au fil du temps. Son influence sur les lettres européennes du Moyen Âge à nos jours*, Paris, Classiques Garnier, 2019.

COOPER, Richard, « Le thème de la fortune dans la poésie de Michel d'Amboise (c. 1505-c. 1547) », *Il tema della fortuna nella letteratura francese e italiana del Rinascimento. Studi in memoria di Enzo Giudici*, Florence, Leo S. Olschki, 1990, p. 107-122.

COURCELLE, Pierre, *La Consolation de philosophie dans la tradition littéraire*, Paris, Études augustiniennes, 1967.

CROIZY-NAQUET, Catherine, *Écrire l'histoire romaine au début du* XIII*e siècle : l'« Histoire ancienne jusqu'à César » et les « Faits des Romains »*, Paris, Champion, 1999.

CURTIUS, Ernst Robert, *La Littérature européenne et le Moyen Âge latin*, Paris, PUF, 1956.

DAUVOIS, Nathalie, « Prudence et politique chez les grands rhétoriqueurs », *La Vertu de prudence entre Moyen Âge et âge classique*, dir. E. Berriot-Salvadore, C. Pascal, F. Roudaut et T. Tran, Paris, Classiques Garnier, 2012, p. 55-71.

DELDICQUE, Mathieu, « Bibliophile de mère en fille : Marie de Balsac († 1504) et Anne de Graville († 1540) », *Les Femmes, la culture et les arts en Europe entre Moyen Âge et Renaissance*, dir. C. Brown, A.-M. Legaré, Turnhout, Brepols, 2016, p. 73-88.

DELEHAYE, Hippolyte, *Les légendes hagiographiques*, Bruxelles, Société des Bollandistes, 1906.

DELISLE, L. « Notice historique sur la bibliothèque du Cardinal d'Amboise », *Bulletin de la Société de l'Histoire de France*, série 2, t. 3, 1861-1862, p. 99-110.

Diable au Moyen Âge (Le). Doctrine, problèmes moraux, représentations, *Sénéfiance*, n° 16, Aix-en-Provence, 1979.

DORIO, Pauline, « *La Plume en l'absence* » : *le devenir familier de l'épître en vers dans les recueils imprimés de poésie française (1527-1555)*, Genève, Droz, 2020.

DORIO, Pauline, « "Les épîtres de *L'Adolescence clémentine*" : le parti-pris du familier », *Les Voix de « L'Adolescence clémentine », Babel. Littératures plurielles*, Hors-série Agrégation, 2019, p. 123-144.

DORIO, Pauline, « Les *Epistres veneriennes* de Michel d'Amboise : une transformation de l'essai marotique », *Camenae*, vol. 25, mai 2020, p. 1-13.

DUMONT, Jonathan et Laure FAGNART (dir.), *Georges Ier d'Amboise 1460-1510. Une figure plurielle de la Renaissance*, Presses Universitaires de Rennes, 2013.

DUVAL, Frédéric, *La Traduction du* Romuleon *par Sébastien Mamerot*, Genève, Droz, 2001.

DUVAL, Frédéric, *Lectures françaises de la fin du Moyen Âge. Petite anthologie commentée de succès littéraires*, Genève, Droz, 2007.

FABRE, Isabelle, « La "Symphonie inachevée" de Jean Gerson : musique et mystique dans le "Tractatus super Cantica Canticorum" (1429) », *Mystique, langage, musique : dire l'indicible au Moyen Âge*, dir. R. Wetzel et L. Wuidar, Wiesbaden, Reichert, 2019, p. 237-260.

FABRE, Isabelle, *Les Vergers de l'âme. L'allégorie du jardin spirituel à la fin du Moyen Âge*, Paris, Champion, 2019.

FABRE, Isabelle, « *Virgo prudentissima* : Marie, figure exemplaire dans la doctrine du *Chant du cœur* de Jean Gerson », *La vertu de prudence entre Moyen Âge et âge classique*, dir. E. Berriot-Salvadore, C. Pascal, F. Roudaut et T. Tran, Paris, Classiques Garnier, 2012, p. 173-191.

FAURE, Philippe, « Les anges gardiens (XIIIe-XVe siècles). Modes et finalités d'une protection rapprochées », *La Protection spirituelle au Moyen Âge, Cahiers de Recherches Médiévales*, n° 8, 2001, p. 23-41.

FERLAMPIN-ACHER, Christine, *Merveilles et topique merveilleuse dans les romans médiévaux*, Paris, Champion, 2003.

FLUTRE, Louis-Fernand, *Li Fait des Romains dans les littératures française et italienne du XIIIe au XVIe siècle. Les Manuscrits des Faits des Romains*, 2 t. en 1 vol., Slatkine reprints, Genève, 1974.

FOEHR-JANSSENS, Yasmina et Emmanuelle MÉTRY (dir.), *La Fortune. Thèmes, représentations, discours*, Genève, Droz, 2003.

France 1500. Entre Moyen Âge et Renaissance, Paris, Éditions de la Réunion des musées nationaux, 2011.

GARNIER, François, *Le Langage de l'image au Moyen Âge. Signification et symbolique*, Paris, Le Léopard d'or, 1982.

GAULLIER-BOUGASSAS, Catherine, « Les renouvellements de l'*Histoire Ancienne jusqu'à César* dans l'imprimé d'Antoine Verard, le *Volume d'Orose* (1491) », *Raconter en prose. XIVe-XVIe siècle*, dir. P. Cifarelli et *al.*, Paris, Classiques Garnier, 2017, p. 209-224.

GOUJET, Abbé J.-P., *Bibliotheque françoise ou histoire de la litterature françoise*, t. 10, Paris, Mariette, 1745.

GROS, Gérard, *Ave Vierge Marie*, Presses Universitaires de Lyon, 2004.

GROS, Gérard, *Le Poème du Puy marial*, Paris, Klincksieck, 1996.

GROS, Gérard, *Le Poète, la Vierge et le Prince du puy*, Paris, Klincksieck, 1992.

GUENÉE, Bernard, « La culture historique des nobles : le succès des *Faits des Romains* (XIIIe-XIVe siècles) », *La noblesse au Moyen Âge, XIe-XVe siècles. Essais à la mémoire de Robert Boutruche*, dir. Ph. Contamine, Paris, PUF, 1976, p. 261-288.

GUENÉE, Bernard, *Histoire et culture historique dans l'Occident médiéval*, Paris, Aubier-Montaigne, 1980.

HASENOHR, Geneviève, « Aspects de la littérature de spiritualité en France (1480-1520) », *Revue d'Histoire de l'Église*, t. 77, n° 198, 1991, p. 29-45.

HASENOHR, Geneviève, « L'essor des bibliothèques privées aux XIVe et XVe siècles », *Les bibliothèques médiévales du VIe siècle à 1530*, éd. A. Vernet, Paris, Promodis – Éd. du Cercle de la Librairie, 1989, p. 242-257.

HASENOHR, Geneviève, *Textes de dévotion et lectures spirituelles en langue romane (France, XIIe-XVIe siècle)*, Turnhout, Brepols, 2015.

HECQ, Gaëtan et Louis PARIS, *La Poétique française au Moyen Âge et à la Renaissance*, Paris, Librairie Émile Bouillon / Bruxelles, Société belge de librairie, 1896.

HINDMAN, Sandra et Ariane BERGERON-FOOTE, *Flowering of Medieval French Literature. « Au parler que m'aprist ma mere »*, Londres, Paul Holberton, 2014.

HOPPER, Vincent F., *La Symbolique médiévale des nombres*, traduit de l'américain par Richard Crevier, Paris, Gérard Monfort, 1995.

HÜE, Denis, *La Poésie palinodique à Rouen (1486-1550)*, Paris, Champion, 2002.

HÜE, Denis, *Petite anthologie palinodique (1486-1550)*, Paris, Champion, 2002.

HUMPHREY, Illo, « Boèce : l'homme, la carrière, le destin, prosopographie, hagiographie, culte et vénération », *Boèce, Colloquia Aquitana II – 2006*, t. I, Paris, Éditions Le Manuscrit, 2009, p. 49-112.

JENY, Lucien, « Quelques notes sur l'hôtel de Linières à Bourges », *Mémoires de la Société historique, littéraire, artistique et scientifique du Cher (1889-1890)*, série 4, vol. 16, 1901, p. 243-250.

LACASSAGNE, Miren, « *L'Estrif de Fortune et Vertu* de Martin Le Franc. De l'*exemplum* boécien au miroir de Fortune », *Boèce au fil du temps. Son influence sur les lettres européennes du Moyen Âge à nos jours*, dir. S. Conte et *al.*, Paris, Classiques Garnier, 2019, p. 383-396.

LE GALL, Jean-Marie, *Les moines au temps des réformes. France (1480-1560)*, Paris, Champ Vallon, 2001.

LAFFITTE, Marie-Pierre, « Georges d'Amboise et les livres », *Georges Ier d'Amboise, 1460-1510. Une figure plurielle de la Renaissance*, dir. J. Dumont, et L. Fagnart, Presses Universitaires de Rennes, 2013, p. 189-197.

LAFFITTE, Marie-Pierre, « La librairie de Georges d'Amboise à Gaillon », *Léonard de Vinci entre France et Italie*, Actes du colloque international de l'Université de Caen, 3-4 octobre 1996, dir. S. Fabrizio-Costa et J.-P. Le Goff, Presses Universitaires de Caen, 1999, p. 261-273.

LA MURE, Jean-Marie de, *Histoire des ducs de Bourbon et des comtes de Forez*, t. III, Paris, Potier, 1868.

LANGLOIS, Ernest, « Anciens proverbes français », *Bibliothèque de l'École des chartes*, t. 60, 1899, p. 569-601.

LEBIGUE, Jean-Baptiste, « Catherine d'Amboise. *Complainte de la dame pasmee contre fortune*. France, 1525-1540 », *Manuscrit du Moyen-Âge et manuscrits littéraires modernes. La collection de manuscrits des assureurs français*, s. l., janvier 2001, p. 124-129.

LECOQ, Anne-Marie, *François Ier imaginaire. Symbolique et politique à l'aube de la Renaissance*, Paris, Macula, 1987.

LEEKER, Joachim, « Formes médiévales de la vénération de l'Antiquité », *La Transmission des savoirs au Moyen Âge et à la Renaissance*, vol. 1, du XIIe au XVe siècle, dir. P. Nobel, Presses Universitaires de Franche-Comté, 2005, p. 77-98.

LEBSANFT, Franz, « "Heiliger Severin" ? Konstruktion und Dekonstruktion der Boethiusvita », *Gründungsmythen Europas im Mittelalter*, dir. M. Bernsen, M. Becher et E. Brüggen, Bonn University Press, 2013, p. 35-58.

LEGARÉ, Anne-Marie (dir.), *Livres et lectures de femmes en Europe entre Moyen Âge et Renaissance*, Turnhout, Brepols, 2007.

LE ROUX DE LINCY, *Le Livre des proverbes français*, 2 vol., Paris, A. Delahays, 1859.

LOBRICHON, Guy, *La Bible au Moyen Âge*, Paris, Picard, 2003.

LONGEON, Claude, « Catalogue des livres de la bibliothèque de la Maison d'Urfé », *Documents sur la Vie Intellectuelle en Forez au XVIe siècle*, Saint-Étienne, Centre d'études foréziennes, 1973, p. 143-157.

MAULDE LA CLAVIÈRE, René de, *Jeanne de France duchesse d'Orléans et de Berry (1464-1505)*, Paris, Champion, 1883.

MAUPEU, Philippe, *Pèlerins de vie humaine. Autobiographie et allégorie narrative, de Guillaume de Deguileville à Octovien de Saint-Gelais*, Paris, Champion, 2009.

MAURIN, C.-A., *Littérature mariale : les saluts d'amour. I. Les Troubadours de Notre-Dame. (1932-1935)*, Slatkine Reprints, 1977.

MÉRAS, Matthieu, « Du Beaujolais au Berry : les Beaujeu-Linières (XVe-XVIe siècles) », *En Berry, du Moyen-Âge à la Renaissance : pages d'Histoire et d'Histoire de l'Art offertes à Jean-Yves Ribault*, Cahiers d'Archéologie et d'histoire du Berry, 1996, p. 239-243.

MEYER, Paul, « Les premières compilations françaises d'histoire ancienne », *Romania*, vol. 14, 1885, p. 1-81.

MICHON, Cédric, « Georges d'Amboise, principal conseiller de Louis XII », *Georges Ier d'Amboise 1460-1510. Une figure plurielle de la Renaissance*, dir. J. Dumont et L. Fagnart, Presses Universitaires de Rennes, 2013, p. 17-30.

MONFRIN, Jacques, « Les translations vernaculaires de Virgile au Moyen Âge », *Lectures médiévales de Virgile. Actes du colloque de Rome (25-28 octobre 1982)*, Rome, *Publications de l'École française de Rome*, n° 80, 1985, p. 189-249.

MORAWSKI, Joseph, *Dits et Proverbes des sages*, Paris, PUF, 1924.

MORAWSKI, Joseph, *Proverbes français antérieurs au XVe siècle*, Paris, CFMA, n° 47, 1925.

MARCHELLO-NIZIA, Christiane, *La Langue française au XIVe et XVe siècles*, Paris, Armand Colin, 2005.

MÜLLER, Catherine M., « Anne de Graville lectrice de "Maistre Allain" : pour une récriture stratégique de la *Belle Dame sans Mercy* », *Lectrices d'Ancien Régime*, dir. I. Brouard-Arends, Rennes, Presses Universitaires de Rennes, 2003, p. 231-241.

MÜLLER, Catherine M., « Catherine d'Amboise's *Livre des prudents et imprudents* : negotiating space for female voices in political discourse », *Virtue, Liberty, and Toleration. Political Ideas of European Women, 1400-1800*, dir. J. Broad et K. Green, Dordrecht, Springer, 2007, p. 39-56.

MÜLLER, Catherine M., *Marguerite Porete et Marguerite d'Oingt de l'autre côté du miroir*, New York, Peter Lang, 1999.

MÜLLER, Catherine M., « Marie de Clèves, poétesse et mécène du XVe siècle », *Le Moyen Français*, n° 48, 2001, p. 57-76.

MÜLLER, Catherine M., « 'Par amoureux et gracïeux accordz'. La parole mystique de Catherine d'Amboise comme don de miséricorde et poésie en acte. », *De l'écriture mystique au féminin*, dir. G. James, Paris, L'Harmattan, Presses de l'Université Laval, 2005, p. 23-36.

MÜHLETHALER, Jean-Claude, « Quand fortune, ce sont les hommes. Aspects de la démythification de la déesse, d'Adam de la Halle à Alain Chartier », *La Fortune. Thèmes, représentations, discours*, dir. Y. Foehr-Janssens et E. Métry, Genève, Droz, 2003, p. 177-206.

NOBEL, Pierre (dir.), *La Transmission des savoirs au Moyen Âge et à la Renaissance*, vol. 1, du XIIe au XVe siècle, Besançon, Presses Universitaires de Franche-Comté, 2005.

OMONT, Henri, « Note et communication », *Bulletin de la Société nationale des Antiquaires de France*, Paris, Klincksiek, 1891, p. 154-157.

ORNATO, Ezio (dir.), *Un traducteur et un humaniste de l'époque de Charles VI, Laurent de Premierfait*, Paris, Publications de la Sorbonne, 2004.

OROUX, Abbé, *Histoire ecclésiastique de la cour de France*, t. 1, Paris, Imprimerie royale, 1776.

ORTH, Myra D., « Dedicating Women : Manuscript Culture in the French Renaissance, and the Cases of Catherine d'Amboise and Anne de Graville », *Journal of the Early Book Society for the study of manuscripts and printing history*, dir. M. W. Driver, vol. 1, n° 1, 1997, p. 17-47.

ORTH, Myra D., « Family Values : Manuscripts as Gifts and Legacies among French Renaissance Women », *Journal of the Early Book Society for the study of manuscripts and printing history*, vol. 4, 2001, p. 88-111.

ORTH, Myra D., *Renaissance manuscripts : the sixteenth century*, Londres, Hervey Miller, 2015, 2 vol.

PANNIER, Léopold, *Les Lapidaires français du Moyen Âge des XIIe, XIIIe et XIVe siècles*, Genève, Slatkine, 1973.

PARIS, Gaston (éd.), *Chansons du XVe siècle*, Paris, Firmin-Didot, SATF, 1875.

PASSOT-MANNOORETONIL, Agnès, *Poètes et pédagogues de la Réforme catholique*, Paris, Classiques Garnier, 2019.

PASTOUREAU, Michel, *L'Art héraldique au Moyen Âge*, Paris, Seuil, 2009.

PERQUIN DE GEMBLOUX, C.-C., *Histoire de Jeanne de Valois, duchesse d'Orléans et de Berry, reine de France, fondatrice de l'ordre des Annonciades*, Paris, Gaume frères, 1840.

PICOT, Émile, « Complément de l'oraison d'Arnoul Greban à la Vierge », *Romania*, vol. 22, 1893, p. 281-284.

POLO DE BEAULIEU, Marie Anne, « Usage et fonctions des proverbes dans le *Ci nous dit* », *Le Tonnerre des exemples. Exempla et médiation culturelle dans l'Occident médiéval*, dir. M. A. Polo de Beaulieu, P. Collomb et J. Berlioz, Presses Universitaires de Rennes, 2010, p. 345-366.

POMEL, Fabienne, *Les Voies de l'au-delà et l'essor de l'allégorie au Moyen Âge*, Paris, Champion, 2001.

RADOMME, Thibaut, « Guillaume Crétin et la *Déploration sur le trépas de Jean Ockeghem* : les chœurs, les cœurs et la poésie », *Médiévales*, n° 66, printemps 2014, p. 121-139.

RAYNAL, Louis, *Histoire du Berry*, vol. 3, Bourges, De Vermeil, 1844.

READ, Kirk D. et François RIGOLOT, « Discours liminaire et identité littéraire. Remarques sur la préface féminine au XVIe siècle », *Versants*, n° 15, 1989, p. 75-98.

REID, Martine (dir.), *Femmes et littérature. Une histoire culturelle, I Moyen-Âge-XVIIIe siècle*, Paris, Gallimard, « Folio inédit essais », 2020.

RIBAULT, Jean-Yves, « Calvin à Bourges, un état des lieux », *Calvin : naissance d'une pensée*, dir. J. Varet, Presses Universitaires de Rennes, 2012, p. 49-54.

ROBILLARD DE BEAUREPAIRE, Charles de, *Derniers Mélanges historiques et archéologiques concernant le département de la Seine Inférieure [...]*, Rouen. E. Cagniard, 1909.

SACQUIN, M., « Nouv. acq. Fr. 19738. Catherine d'Amboise, Traité de morale sur la fortune », *Manuscrit du Moyen âge et de la Renaissance. Enrichissements du département des Manuscrits, 1983-1992*, dir. J. Sclafer, Paris, BnF, 1994, p. 104-106.

SCHULZE-BUSACKER, Elisabeth, *Proverbes et expressions proverbiales dans la littérature narrative du Moyen Âge français*, Paris, Champion, N.B.M.A., 1985.

SMEETS, Jean Robert, « L'arme et le signe de Caïn dans les traductions de la Bible en vers ancien français », *Romania*, vol. 115, 1997, p. 552-562.

SOUCHAL, Geneviève, « Le Mécénat de la famille d'Amboise », *Bulletin de la Société des Antiquaires de l'Ouest*, 3e trimestre 1976, 4e série, t. 13, p. 485-526, 567-612.

STRUBEL, Armand, « Brunetto Latini : la prudence, mère de toutes les vertus », *La Vertu de prudence entre Moyen Âge et âge classique*, éd. E. Berriot-Salvadore, C. Pascal, F. Roudaut et T. Tran, Paris, Classiques Garnier, 2012, p. 13-31.

STRUBEL, Armand, *« Grant senefiance a » : Allégorie et littérature au Moyen Âge*, Paris, Champion, 2009.

THOMAS, Antoine et Mario ROQUES, « Traductions françaises de la *Consolatio Philosophiae* de Boèce », *Histoire littéraire de la France*, t. 37, 1938, p. 419-488.

TOSCANO, Gennaro, « Le Cardinal Georges d'Amboise (1460-1510) collectionneur et bibliophile », *Les Cardinaux de la Renaissance et la modernité artistique*, dir. F. Lemerle, Y. Pauwels et G. Toscano, Villeneuve d'Ascq, Publications de l'Institut de recherches historiques du Septentrion, 2009, p. 51-88.

VAN BUREN, Anne H., *Illuminating Fashion. Dress in the Art of Medieval France and the Netherlands 1325-1515*, New York, The Morgan Library and Museum, 2011.

VIELLIARD, Françoise, *Manuscrits français du Moyen Âge*, Cologny-Genève, 1975.

VINCENT-CASSY, Mireille, « L'envie au Moyen Âge », *Annales, Économies, Sociétés, Civilisations*, 35e année, nº 2, 1980, p. 253-271.

WETZEL, René et Laurence WUIDAR (dir.), *Mystique, langage, musique : dire l'indicible au Moyen Âge*, Wiesbaden, Reichert, 2019.

DICTIONNAIRES ET BIBLIOGRAPHIES

CALMET, Augustin, *Dictionnaire historique, critique, chronologique, géographique, et littéral de la Bible*, Genève, M.-M. Bousquet, 1730.

DAGENS, Jean, *Bibliographie chronologique de la littérature de spiritualité et de ses sources (1501-1610)*, Paris, Desclée de Brouwer, 1952.

DI STEFANO, Giuseppe, *Nouveau dictionnaire historique des locutions : ancien français, moyen français, Renaissance*, Turnhout, Brepols, 2015.

GÉRARD, André-Marie, *Dictionnaire de la Bible*, Paris, Robert Laffont, « Bouquins », 2003.

JOUANNA, Arlette, Philippe HAMON, Dominique BILOGHI et Guy LE THIEC, *La France de la Renaissance. Histoire et Dictionnaire*, Paris, Robert Laffont, « Bouquins », 2001.

Dictionnaire de biographie française, dir. J. Balteau, M. Barroux et *al.*, t. 2, Paris, Letouzey et Ané, 1933.

Dictionnaire de spiritualité ascétique et mystique, dir. M. Viller, Paris, Beauchesne, 1937-1995, 17 vol.

Dictionnaire des Apocryphes ou collection de tous les livres apocryphes relatifs à l'Ancien et au Nouveau Testament, Paris, Jacques-Paul Migne, 1856, 2 vol.

Dictionnaire des lettres françaises. Le Moyen Âge, dir. G. Grente, éd. revue s. la dir. de G. Hasenohr et M. Zink, Paris, Fayard, « La Pochothèque », 1992.

Dictionnaire des lettres françaises. Le XVIe siècle, dir. G. Grente, éd. revue s. la dir. de M. Simonin, Paris, Fayard, « La Pochothèque », 2001.

Dictionnaire des prophéties et des miracles, t. 2, Paris, Jacques-Paul Migne, 1854.

FISQUET, H., *La France pontificale (Gallia christiana). Histoire chronologique et biographique des archevêques et évêques de tous les diocèses de France, Métropole d'Avignon*, Paris, Étienne Repos, 1864.

HOWELL, James, *Lexicon tetraglotton, an English-French-Italian-Spanish Dictionary [...], with another Volume of the Choicest Proverbs*, Londres, Samuel Thomson, 1660.

PARFAICT, Frères [Claude et François], *Histoire du théâtre français depuis son origine jusqu'à présent*, Paris, Le Mercier, 1745-1749.

RESSOURCES NUMÉRIQUES

Dictionnaire du Moyen Français, version 2020 (DMF 2020). ATILF – CNRS & Université de Lorraine.

Corpus de la littérature médiévale, Classiques Garnier Numérique, 2001.

Dictionnaires des 16e et 17e siècles, Classiques Garnier Numérique, 2007.

GODEFROY – *Le Dictionnaire de l'ancienne langue française et de tous ses dialectes du IXe au XVe siècle*, Classiques Garnier Numérique, 2002.

HUGUET – *Dictionnaire de la langue française du XVIe siècle*, Classiques Garnier Numérique, 2004.

INDEX DES ÉNONCÉS SENTENCIEUX

INDEX DES NOMS

Seuls les noms propres cités dans les *Prudens* (*P*), la *Complaincte* (*C*), les *Espiltres* (*E*), les *Continuelles meditations* (*CM*) figurent ici.
Pour les entrées, Dieu, Jhesus, Vierge Marie, les différentes dénominations sont prises en compte.
L'orthographe des noms correspond à celle de la première occurrence.
Les toponymes sont en italiques.

INDEX DES PERSONNIFICATIONS

TABLE DES MATIÈRES

LES CONTINUELLES MEDITATIONS

IMPRIM'VERT®

Achevé d'imprimer par Corlet,
Condé-en-Normandie (Calvados),
en Mai 2022
N° d'impression : 176025 - dépôt légal : Mai 2022
Imprimé en France